논어와 역사

논어와 역사

2025년 1월 27일 초판 1쇄 발행

지은이 | 이수태
편집　 | 조용종·이만옥
디자인 | 권효정·지화경
펴낸이 | 이문수
펴낸곳 | 바오출판사

등록 | 2004년 1월 9일 제313-2004-000004호
주소 | 고양시 일산동구 일산로205 204-402
전화 | 031)819-3283 / 문서전송 02)6455-3283
전자우편 | baobooks@naver.com

ⓒ 2025 이수태

ISBN 978-89-91428-97-3 03140

이 도서는 2024년 문화체육관광부의 '중소출판사 도약부문
제작 지원' 사업의 지원을 받아 제작하였습니다.

논어와 공자에
관한
모든 것

논어와 역사

이수태 지음

일러두기

1. 이 책에 나오는 논어 번역과 해석 등과 관련된 내용은 저자의 『새번역 논어』(2014)와
   『논어의 발견』(2014), 『공자의 발견』(2015)을 참고로 하기 바란다.
2. 이 책에서는 인물과 사건, 항목을 소개할 때 그 내용이 반복되는 경우가 있는데,
   이는 이 책이 가진 사전적인 특징에서 비롯된 것이다. 단일 표제어 내에서 인물이나
   사건, 항목을 온전하게 이해할 수 있도록 완결성 있게 내용을 서술한 것이다.

머리말

이 책의 필요성을 처음 느낀 것은 1994년 무렵이었다. 당시 나는 졸저 『논어의 발견』(1999)과 『새번역 논어』(1999)의 집필을 시작했다. 두 책을 집필하는 과정에서 나는 논어와 공자에 관한 역사적 지식의 필요성을 절감했다.

여러 가지가 있었지만 그 중 대표적인 것은 역시 공자 당시 노나라의 정치적 상황이었다. 지금과는 너무나도 다른, 봉건왕조 시절의 일이기는 하지만 당시 노나라에도 애공(哀公)이나 정공(定公), 소공(昭公) 등의 군주가 엄연히 있었을 텐데 실권을 행사했다는 삼가(三家)는 어떻게 형성된 존재들이며, 이들과 군주는 어떤 제도적·현실적 권력관계로 연결되어 있었는지 좀 더 구체적으로 알고 싶었다.

이에 대해 봉건제도가 오래 되다보니 신분 질서가 크게 문란해졌고, 그것을 바로잡기 위해 공자가 출현하여 바른 가르침을 베풀었다는 조선조 이래 경학계의 뻔한 답변은 별 소용이 없었다. 그래서 읽어본 많은 논어 관련 서적

중에서 『춘추좌씨전(春秋左氏傳)』(이하 『좌전(左傳)』)이 그 궁금증을 가장 많이 그리고 잘 해소해주었던 기억이 선명하다. 『사기(史記)』는 이미 그 당시에도 역사서로서의 성가에 비해 어딘가 엉성하고 진실에서 멀리 떨어져 있다는 느낌을 확연히 느낄 수 있었다. 그럼에도 불구하고 당시의 논어 연구는 여전히 『사기』, 특히 「공자세가(孔子世家)」에 크게 의존하고 있었다. 그래서 언젠가 『좌전(左傳)』 중심의 논어 관련 역사를 좀 더 깊이 있게 천착해보리라는 생각을 했던 것이다.

그러나 알다시피 『좌전(左傳)』은 정말 읽기가 힘든 책이다. 『좌전』은 사마천의 『사기』를 2~3세기나 앞서는 중국 최고(最古)의 사서로서 그 분량도 만만치 않지만 편년체(編年體) 사서이기 때문에 모든 이야기는 1년 단위로 끊어져 있다. 그러다 보니 매해의 허다한 기록 중에서 논어 독자가 찾고자 하는 인물 혹은 사건을 일목요연하게 찾는다는 것은 만만치 않은 일이었다. 게다가 노나라 역사라고 하지만 막상 노나라의 역사는 전체의 5분의 1도 되지 않을 것이다. 사실상 당시의 세계사라고 할 수 있을 만큼 제(齊)나라, 위(衛)나라, 진(晉)나라, 정(鄭)나라, 초(楚)나라, 채(蔡)나라, 오(吳)나라 등 수많은 나라들의 역사가 함께 뒤섞여 있다. 매해의 역사는 나라순도 아니고, 구태여 말하라면 봄-여름-가을-겨울 순으로 나열되어 있다. 논어와 관련된 사건이나 인물을 일관성 있게 찾아가며 읽는 것이 그만큼 어려울 수밖에 없다. 진작 출현하였을 법한 이런 책이 왜 지금껏 출현하지 못했던가 하는 이유도 바로 그 때문이라 할 수 있다.

2012년 공직에서 은퇴한 후 나는 그동안 논어와 공자에 관해 하고 싶었던 이야기를 추가로 더 쓰고, 그동안 간간이 발표하였던 글을 함께 모아 2015년 늦가을, 『공자의 발견』을 간행하였다. 나는 이 책의 출간과 함께 그동안 세 권의 논어 관련 작업을 통해 우리나라의 수사학(洙泗學)은 비로소 주자(朱子)의 낡은 관념에서 탈피하여 2천 500년 전의 선명한 빛깔을 되찾게 되었노라고 외람된 선언을 하기도 했다.

그리고 이듬해인 2016년 초부터 이 지루한 작업을 시작했다. 그렇게 집필과 출간에 이르기까지 만 8년이라는 적지 않은 시간이 걸렸다. 이 책은 논어에 관한 한 어디까지나 참고서다. 그 점에서 그동안 쓴 세 권의 책과는 기본적으로 성격이 다르다. 외형적으로 볼 때 논어, 공자와 관련된 객관적 역사를 정리·소개하는 책이기 때문에 정작 이 책에 저자 개인은 별로 개입되어 있지 않다. 그러나 작업이 끝나가는 지금에 와서 그 전체 과정을 돌아보니 어쩔 수 없이 이 책에도 '나의 판단과 선택'이 개입되지 않을 수 없었다는 것을 느낀다. 그 판단과 선택을 이 머리말에서 간략히 소개하고자 한다.

우선 이미 말했지만 이 책의 중심적인 내용은 어쩔 수 없이 역사라고 할 수 있다. 그것도 자그마치 2천 500년이 넘는 까마득한 고대사다. 그리고 그에 동원된 역사 자료의 3분의 2 이상이 『좌전』이다. 그 점은 과거의 논어 연구가 주로 사마천의 『사기』, 그 중에서도 「공자세가」에 주로 의존했던 것과 크게 차이 나는 점이다. 사실 공자가 살았던 시대에 직접 기록된 역사는 『좌전』밖에 없다. 비록 『좌전』이 대상으로 하고 있는 역사기간이 노(魯)나라 은공(隱公) 원년(BC 722)에서부터 애공(哀公) 27년(BC 468)까지 255년에 불과하지만 『좌전』은 중국 최고(最古)의 사서로서 이보다 더 오래된 사서가 없을 뿐 아니라[1] 이 책이 접근하고자 하는 춘추 말기, 즉 공자가 살았던 시대와 가장 가까운 시점에서 기록된 유일한 사서다.

사마천의 『사기』는 공자가 살았던 시대에 쓴 책이 아니다. 사마천이 공자의 행적을 집요하게 추적해가며 「공자세가」를 집필하던 때는 이미 공자가 제자들을 가르치던 때로부터 400년도 더 지난 시점이었다. 그래서 사마천이 이

---

1) 혹자는 『서경(書經)』이 있지 않느냐 하지만 『서경』은 중요하고도 오래 된 역사 자료인 것은 사실이지만 그 자체를 역사가 수록, 정리된 사서(史書)라 할 수는 없다.

용한 가장 신뢰성 높은 기초자료도 어쩔 수 없이 『좌전』이었을 것이다. 다른 것이 있다고 해봐야 공자가 죽고 나서 한참 세월이 지난 후에 나온 『예기(禮記)』나 『순자(荀子)』 같은 신뢰성이 한참 떨어지는 전국시대의 자료들뿐이다. 그 밖에 사마천이 스스로의 노력으로 찾아내어 활용했다고 하는 자료들은 그보다도 더 근거가 빈약하고 잡다한 항간(巷間)의 자료들이었을 것이다.

내가 볼 때 그 점은 매우 심각한 문제였다. 이를테면 언젠가 나는 어느 토론석상에서 "공자가 사구(司寇)의 직위에 오르자 노나라의 정치를 그르치고 있던 대부 소정묘(少正卯)를 주살하였다"는 『사기』의 기록이 공자와 초기 유교의 성격을 판단하는 데에 결정적 단서로 활용되는 것을 보았다. 그것은 놀라운 광경이었다. 그런 문제점의 대부분은 사마천의 「공자세가」에 집약되어 있는 듯하다. 사마천의 『사기』 이후 후한대로 가거나 삼국시대, 위진남북조 시대로 가면 모든 것은 더욱 심각해진다. 이를테면 청대의 고증학자 최술(崔述)은 그의 저서 『수사고신록(洙泗考信錄)』에서 위(魏)나라의 왕숙(王肅)이 기원후 3세기에 지은 『공자가어(孔子家語)』의 거짓됨 내지 문제점을 이렇게 고증하고 있다.

『공자가어』는 후세 사람들이 거짓으로 엮은 책이다. 한결같이 다른 책에 있는 내용을 가져다 덧붙이거나 줄였으며 또 고치거나 바꿔 꾸민 책이다. 예컨대 상노편(相魯篇)은 『좌전』과 『사기』에서 따왔으며 변물편(辨物篇)은 『좌전』과 『국어』에서 따온 것이다. 애공문정(哀公問政)과 유행(儒行) 두 편은 『예기』 곡례(曲禮)에서 따왔으며 자공문편(子貢問篇), 자하문편(子夏問篇), 공서적문편(公西赤問篇) 등은 『예기』와 『좌전』에서 따온 것이다. 심지어 『장자』와 『열자』 및 『설원(說苑)』이나 참위서(讖緯書) 등 따오지 않은 곳이 없다. 따라서 어느 한 편이라도 베끼지 않은 것이 없을 정도이다.

그런데 『공자가어』를 원래의 책과 견주어보면 더하거나 빼고 바꾼 부분의 문사(文辭)가 언제나 용약(冗弱)하고 천박하여 원래의 책보다 훨씬 못하며 심지어는 본래의 취지를 잃기 일쑤였다. 바로 이런 관점에서 표절임을 충분히 알 수 있다. 그런데도 세상 사람들은 잘 살피지 않고 공씨 가문에 전해지던 기록이라 여겼으니 이 또한 얼마나 어리석은 짓인가!

왜 이런 문제가 일어났을까? 그것은 결국 공자가 살았던 기원전 500년 무렵과 왕숙이 살았던 기원후 200년 무렵이 결국 700여 년의 세월 동안 떨어져 있었다는 엄연한 사실 때문이었다. 사마천의 「공자세가」가 저술한 수많은 문제점을 안게 된 것도 왕숙보다는 덜 할지 몰라도 역시 그런 똑같은 세월, 즉 400여 년이라는 시간의 간극을 극복할 수 없었기 때문이다. 그래서 나는 무엇보다 이번 작업에서 사마천이 그 세월의 문제를 무리하게 뛰어넘어보려고 아무 자료나 깊은 검증 없이 받아들임으로써 「공자세가」를 문제투성이로 만들고 말았음을 살피고, 그렇게 하여 최대한 오류를 찾아 제거함으로써 진실에 조금이라도 더 가까이 다가가려 한 것이다.

다행히 중국은 청대(淸代)를 거치면서 고증학(考證學)의 거센 바람을 맞아 찌든 관념의 때와 허물을 크게 털어낼 계기를 맞은 것이 사실이지만, 묘하게도 동양 3국은 저마다 새로운 역사의 고비를 맞으면서 이런 문제에서 시원하게 벗어나지는 못했다는 것이 나의 판단이다. 이를테면 "공자가 50세 이후 노나라의 정치에 참여하자 남녀가 길을 갈 때 따로 길을 걸었고 길에 떨어진 물건이 있어도 아무도 주워가지 않았다"는 등의 잡다한 기록, 또 전술한 바와 같이 정사를 문란케 한 대부 소정묘를 주살(誅殺)하였다는 기록 등은 사마천의 사료 판단에 원천적 하자가 있었다고 보아 최술의 비정(批正)을 좇아 나도 단호히 사실에서 제외하였다.

뿐만 아니라 공자의 생애를 구성하자면 어느 누구도 받아들이지 않을 수 없었던, 공자가 십수 년 간이나 노나라를 떠나 타국을 떠돌게 된 이유로 드는 이른바 여악설(女樂說)이니 제육설(祭肉說)이니 하는 사마천의 사설(史說)들 또한 최술과 함께 사료 차원에서 배제하였으니 그것은 20여 년 전 나의 첫 저서인 『논어의 발견』(1999)에서부터 일관되게 지켜온 견해였다.

그런가 하면 『좌전』의 여러 기록에 관해서는 오히려 그와 반대된 평가가 많다. 이를테면 뚜렷한 이유 없이 『좌전』의 기록을 무시하거나 신빙성이 없다고 보는 견해가 많은데, 나는 이 책에서 그 대부분을 사실로 받아들일 필요가 있음을 밝혔다. 『좌전』에는 공자가 등장하는 기록이 42곳이나 된다. 그 중 절반은 공자가 직접 그 역사의 등장인물이었고, 나머지 절반은 공자가 사가(史家) 내지 지식인(知識人)으로서 역사를 보고 논평하는 사람으로 등장한다. 그 중 공자가 직접 등장인물이 되는 경우에는 종종 부정적 평가가 나오곤 하는데, 놀랍게도 그 대부분의 경우 나는 그것을 긍정적으로 돌려놓을 필요가 있다고 보았다. 세부적인 것은 해당 조항의 본문에 가서 언급할 테지만, 여기서 대표적인 몇몇 조항만 언급하면, 공자가 27세 되던 해 담(郯)나라의 군주를 찾아가 고대의 관제(官制)에 대해 배웠다는 기록, 공자가 30세 되던 해, 위나라에서 있었던 '제표(齊豹)의 난(亂)'에서 공자의 친구로 추정되는 종로(宗魯)가 죽었고 그의 장례에 역시 공자의 친구로 추정되는 금뢰(琴牢)가 조문을 가려 하자 공자가 그를 신랄하게 비난한 기록 등을 들 수 있다. 이 기록을 나는 당시의 실화(實話)이자 공자의 도덕적 또는 반봉건적 기준을 보여주는 매우 중요한 사례로 보고 있다.

뿐만 아니다. 맹희자가 공자의 가문이 원래 송(宋)나라 출신이라는 설, 그리고 공자가 성인이 될 수도 있다고 한 예언적 발언, 자신의 두 아들을 공자에게 보내 제자로 삼으라고 했다는 유언 등이 대체로 많은 의심을 받았다. 심지어 만년에 메뚜기 피해가 대규모로 발생해서 계강자(季康子)가 그에게 자문을 구했을 때 공자가 답변한 것도 일반적으로 공자답지 않은 대화로 의심받고 있다.

그러나 그렇게 발췌된 자료로 엮은 이 책은 논어의 주변에 배치된 사실(史實)들을 면밀하게 점검하고 확인해본다는 차원을 결코 넘어서지 않는다. 다시 말해서 이 책은 논어 단편이 담고 있는 높은 정신적 온오(蘊奧)를 『좌전』의 영역으로까지 확대하고 연장하는 것을 목적으로 하지는 않는다는 말이다. 논어 단편이 지닌 정신적 깊이에 접하는 데에는 논어 외에 다른 책이 있을 수 없다. 좌구명(左丘明)은 역사를 다루는 손길에서는 사마천보다 어쩌면 더 엄정한 기준을 가졌던 사람이지만 결코 공자의 수준에 필적하는 정신적 위상을 가졌던 사람은 아니다. 논어의 정체는 오직 논어에 의해서만 발견할 수 있다. 문제는 누가 어떻게 그 정체에 근접할 것이냐 하는 것인데, 이 책은 그런 부분에는 큰 도움을 주지는 못한다는 것이다. 만약 그것을 찾는 데 도움을 받으려면 차라리 『논어의 발견』(1999, 2009, 2014), 『새번역 논어』(1999, 2009, 2014) 그리고 『공자의 발견』(2015)을 읽을 것을 권한다. 이 세 책은 나름대로 논어 단편의 정체에 대한 추구를 목적으로 한 책이기 때문이다.

그러나 이번 책은 애초부터 논어의 정체를 추구하는 것이 목적이 아니라 논어를 둘러싸고 있는 사실(史實)들의 사실성(史實性)을 찾아 나섰다는 것이다. 그리고 그것이 논어 단편들에서 등장하는 역사적 사건이나 대화의 맥락을 이해하는 데 구체적인 도움이 될 것이라고 생각한다. 물론 논어의 정체를 파악하는 일, 보다 구체적으로는 공자에 대한 이해와 객관적 · 역사적 정보에 다가가는 일은 서로 다르다. 그렇지만 결코 서로를 쉽사리 떼어놓을 수도 없다. 역사에서 벗어난 인물과 사건은 있을 수 없기 때문이다.

이 책은 논어는 물론 『좌전』과 『사기』를 비롯한 여러 문헌을 바탕으로 논어 속에 등장하는 역사적 사건과 인물, 나라, 제도, 지리, 사물 등에 대한 모든 정보를 정리한 사전적인 성격의 책이다. 이 책의 부제를 '논어와 공자에 관한 모든 것'이라고 한 것도 바로 그런 이유 때문이다. 따라서 이 책은 공자와 논어의 세계를 이해하는 데 구체적이고 직접적인 도움이 될 것으로 생각한다.

그런 면에서 이 책 뒤에 세세하게 수록한 '찾아보기'는 필요한 정보를 찾아보는 데 유용한 도구가 될 것이다.

그럼에도 이와 같은 역사적 정보에 다가가는 일은 독자가 그 다채로움에 한눈을 팔 경우 논어를 역사의 디테일에 매몰시키는 잘못된 결과를 낳을 가능성도 있다는 말씀을 드린다. 위험한 논어 읽기가 될 것이다. 이 책을 쓰는 데 공들였던 소중한 시간이 그런 엉뚱한 결과를 낳지 않기를 진심으로 바란다. 그 점을 각별히 유념하고 이 책을 읽어주시기 바란다.

이 책을 쓰는 데 적용한 몇 가지 원칙과 기준을 말씀드리면 다음과 같다.

사소한 사항이지만 그동안 공자의 제자로 분류되었던 자천(子賤), 뇌(牢, 琴張), 담대멸명(澹臺滅明), 안로(顔路, 안회의 아버지) 등은 과감히 공자의 제자에서 제외하였다. 자천은 노나라에 사는 훌륭한 사람이었고, 뇌는 공자의 동료이거나 친구 혹은 후배 정도로 보았고, 담대멸명은 제자 자유(子游)의 부하, 안로는 제자 안연의 아버지로만 보았다.

여기서 다루는 모든 역사의 마지막은 춘추시대다. 공자가 죽은 기원전 479년이나 진(晉)나라가 분열된 기원전 453년이 사실상 이곳에서 다루는 모든 역사의 끝이다. 시간적 끝이 아니라 모든 것은 공자에로 최종 수렴된다는 뜻이다. 전국시대는 여기서 다루고자 하는 역사의 장이 아니다. 세계(世系)도 마찬가지다. 우리가 밝히고자 하는 궁극은 공자이고 논어의 세계다. 그 점을 분명히 했다.

또한 춘추시대라고 하지만 많은 사람들이 흔히들 빠져들곤 하는 저 영웅담은 이 책의 목적이 아니다. 제환공(齊桓公)과 진문공(晉文公)도 어쩔 수 없이 언급하였지만 결코 그들의 영웅담이 이 글의 초점은 아니다. 그 영웅담에 공자가 설 자리는 없기 때문이다.

그렇지만 공자 시대의 역사를 이해하게 되면 논어에 대한 이해의 폭은 넓어질 것이다. 깊이 역시 마찬가지다. 이 책을 통해 공자가 어떤 시대를 살았으며, 그가 어떤 전통 속에 있었는가를 이해한다면, 그가 어떤 기단(氣團)을 헤치고 살았던가를 알 수 있게 될 것이다. 그럼에도 불구하고 이 책을 조심스럽게 읽어주시기 바란다. 잘못 읽으면 논어를 역사의 수렁 속으로 끌고 들어가서 종국에는 길을 잃을 수도 있기 때문이다. 그렇게 되면 역사를 읽지 않느니만 못하다. 이점에 대해 다시 한번 당부드린다.

항목을 주로 인물 중심으로 설정하다 보니 동일 사건에 관련된 둘 이상의 인물을 각각 다룰 때에는 내용이 중복되는 경우가 더러 있음을 양해해주기 바란다.

또 공자는 "술이부작"(述而不作)을 강조할 정도로 스스로를 갖추어가는 과정을 자신이 존경하는 누군가를 본받아가는 과정으로 이해했다. 따라서 그가 존경하고 본받고 싶어 했던 인물들을 이 책에서 눈여겨보는 일은 매우 중요하다. 즉 문왕(文王)과 주공(周公), 까마득한 고대에서는 요(堯)와 순(舜), 그리고 우(禹), 또 공자 자신과 비교적 가까웠던 시대의 인물로는 정(鄭)나라의 자산(子産)도 그런 인물 중 하나였다.

자로(子路)나 자공(子貢), 염유(冉有) 등 몇몇 제자들의 경우, 『좌전』에서 뽑아 새롭게 소개하는 기록에서 논어에서와는 또 다른 모습을 발견할 수 있을 것이다. 그것은 『좌전』에 안연(顔淵)의 모습이 단 한 장면도 나오지 않는 것과 어쩌면 같은 궤도라 할 수 있다. 그리고 그것은 또한 공자학단의 안목이 좌구명을 포함한 노나라 공식 사가들의 안목과 어떻게 달랐는지를 보여주는 것이기도 하다. 어느 쪽이 더 낫고 못하고를 떠나 우선 그 서로 다름 속에서 좀 더 생생한 춘추시대의 모습을 두 측면에서 보고 느끼는 계기가 될 수 있기를 바란다.

2024. 7. 20.

이수태

1

공자와 그 제자들

공자 孔子

구(丘), 중니(仲尼)

출생과 배경

공자는 노양공(魯襄公) 22년(BC 551) 노(魯)나라 창평향(昌平鄉) 추읍(陬邑)에서 태어났다. 성은 공(孔), 이름은 구(丘), 자는 중니(仲尼)였다. 그의 출생지에 관해서는 논어 팔일편 제15장에 "추 지방 사람의 아들"(鄹人之子)이라는 말이 나오는 만큼 나름대로 근거가 있다. 그러나 출생연도에 관해서는 명백한 근거가 없어 과거부터 기원전 551년 설과 552년 설이 만만찮게 경합해왔다. 현재 통용되고 있는 기원전 551년은 확정하기 어려운 성인의 출생연도를 언제까지나 미정의 상태로 두기는 어렵다는 차원에서 사마천의 「공자세가」 기록(노양공 22년)에 따라 현대 중국이 하상주(夏商周) 단대공정(斷代工程) 결과(2000년)로 정한 것일 뿐이다. 따라서 지금도 과학적 근거가 있는 것은 아니다.

공자의 가족에 관한 정보도 신뢰할 만한 정보는 별로 없다. 아버지의 이름이 숙량흘(叔梁紇)이고 어머니의 이름이 안징재(顔徵在)라는 사실을 포함하여 그들이 야합(野合)하여 공자를 낳았다는 것 등은 모두 근거 없는 이야기다. 따라서 안씨가 무녀였다느니 니구산(尼丘山)에 기도를 하여 아이를 낳았더니 공자의 정수리가 니구산처럼 생겼다느니 하는 것들은 모두 후대에 지어낸 이야기라고 봐야 한다.

신뢰할 만한 자료에 따라 공자 주변을 다시 점검한다면, 공자의 아버지가 공자가 세 살 때 죽었다는 사마천의 주장은 전혀 근거가 없고, 오히려 공자가 장년이 되었을 때에도 살아 있었던 것 같다. 왜냐하면 논어 자한편 제15장에 나오는 "밖에 나가서는 공경(公卿)을 섬기고 집에 들어와서는 아버지와 형을 섬긴다"는 말이 공자 자신의 구체적 신상 정보와 관련되어 있지 않다고 볼 이유가 없기 때문이다. 공자에게는 실제 형이 하나 있었고 그것은 논어(5/2)에서도 확인이 된다.

다른 가족 관계로는 논어의 몇몇 단편(5/1, 11/8, 16/13)에서 보는 바와 같이 아들 하나와 딸 하나가 있었던 것이 확인된다. 아들 이(鯉, 자는 伯魚)는 아버지를 닮지 않아 특별한 재주가 없었던 것 같은데, 불행히도 공자보다 먼저 죽었다(11/8). 딸은 공야장(公冶長)이라는 자에게 시집을 보냈고(5/1) 형의 딸은 남용(南容)이라는 제자에게 시집을 보냈다(5/2). 이 정도가 공자와 관련된 신상 정보의 거의 전부다. 사마천이 「공자세가」에 수록한 기타 구구한 설들은 대부분 신뢰하기 어렵다.

그에 비하면 『좌전』 소공(昭公) 7년조에 맹희자(孟僖子)의 말로 수록된 공자의 조상에 관한 이야기는 오히려 사실에 가까울 가능성이 높다. 즉 공자의 집안은 원래 송나라에 살던 대부 집안으로 송나라 7대 군주 여공(厲公)의 형 불보하(弗父何)와 그 증손 정고보(正考父)가 모두 공자의 직계 조상이라는 것이다. 그렇다면 『좌전』에 소상히 기록되어 있는 저 '화독(華督)의 난(BC 710)' 때 태재(太宰) 화독에 의해 무참히 피살된 송나라의 사마(司馬) 공보가(孔父嘉)

가 공자의 6대조라는 말이 된다. 노나라로 망명한 것은 화독의 난 직후 5대조 목금보(木金父)에 의해 단행되었다는 설도 있고, 그대로 눌러 살다가 화독가의 핍박이 계속되자 공보가의 증손이자 공자의 증조부인 방숙(防叔) 때 노나라로 옮겨왔다는 설도 있다. 물론 이런 것들은 공자를 이해하는 데 아무래도 좋을 사안들이기는 하다. 그러나 공자와 관련하여 엄청나게 많은 정보들이 대부분 근거가 없는 것들임에 반해 이 사실은 『좌전』에 근거가 있을 뿐 아니라 공자가 살아 있던 당대에 누구보다 공자를 잘 알았던 맹희자의 임종 시 진술로 기록되어 있다는 점에서 「공자세가」에 가서야 처음 등장하는 후대의 기록과는 구별되는 것이다. 물론 구태여 고르자면 5대조 목금보 설이 더 사실에 가까울 것으로 본다.

성장기

사마천은 『사기』 「공자세가」에서 공자의 어린 시절, 젊은 시절, 중장년 시절과 관련한 여러 정보를 남기고 있다. 이는 『사기』 「공자세가」 집필 시 공자에 관한 사마천의 높은 관심과 집요한 노력의 결과일 것이다. 그렇지만 공자와 사마천 사이에는 이미 400년 가까운 세월이 가로놓여 있었다. 후대에 전해진 신뢰할 만한 기록은 400년이 지난 사마천 당시나 2천 500년이 지난 지금이나 크게 차이가 나지 않을 것이다. 따라서 공자에 관한 사마천의 기록은 "그것이 맞다"고 할 만한 것은 많지 않고, 오히려 "그것은 아니다"고 할 수밖에 없는 것이 더 많다. 따라서 공자가 어려서 소꿉장난을 하면서 이미 제기를 늘어놓고 제사 지내는 시늉을 하였다는 등 성인다운 조짐을 보여주는 설화는 사실일 가능성이 거의 없다고 보아야 할 것이다.

오히려 가장 신뢰할 만한 자료인 논어에 매우 중요한 정보가 있는 경우가 많다. 이를테면 "나는 열다섯 살에 배움에 뜻을 두었다"는 진술이 그것이다.

공자의 어린 시절에 대해 이보다 더 중요한 정보가 어디에 있겠는가? 더구나 공자의 자술(自述)이다. 그의 모든 생애가 바로 이 지점에서 비롯되고 있으니 말이다. 이를테면 그가 자신의 필생의 소원 중 하나가 바로 "젊은이들이 그것을 품는 것"이라 한 것도 바로 자신의 이 청소년기 체험이 작용한 결과라 할 수 있다.

『좌전』은 공자의 이 소중한 자술을 뒷받침이라도 하듯이 같은 선상(線上)의 기록 하나를 남겨주고 있다. 바로 『좌전』 소공 17년(BC 525)의 기록이다. 공자가 담(郯)나라의 군주를 찾아가 태곳적의 관제(官制)와 관명(官名)에 대해 배웠다는 것인데, 이 해는 공자가 스물일곱 나던 해였다. 따라서 배움에 뜻을 두었다는 열다섯 살에 비하면 열두 살 더 많았을 때의 일이기는 하지만 『좌전』에 기록된 공자의 구체적 행적으로서는 가장 적은 나이 때문이었다.

『좌전』의 기록자는 구태여 공자의 행동을 기록하려 한 것이 아니라 담나라 군주가 노나라 소공을 찾아와 베풀어진 연회에서 태곳적의 관제와 관명에 대해 아는 바를 이야기한 사실을 기록한 것이다. 그런데 그 얘기를 듣고 공자가 담나라 군주를 찾아가 배웠다는 사실을 후기로 덧붙였던 것이다. 『좌전』의 기록자가 볼 때 공자는 그런 행동을 따로 기록할 만큼 중요한 정치적 인물이 아니었다. 다만 이미 지(知)와 예(禮)에서 남다르게 떠오르고 있었기 때문에 기록자는 이런 부가적 기록으로라도 그의 흔적을 남기고 싶었을 것이다. 공자가 태어나기 전인 양공 10년의 기록에 등장하는, 그다지 중요하지 않은 진근보(秦董父)라는 인물의 자식이 훗날 공자의 제자가 되었다는 기록을 남긴 것도 그런 배경에서 비롯된 것이었다. 이쨌든 담나라 군주를 찾아갔다는 기록은 본의 아니게 배움에 관한 공자의 집요한 의지(志于學)를 『좌전』도 확인해 주는 셈이다.

동시에 이 일화는 공자의 젊은 시절 직업이 창고출납을 관리하는 위리(委吏)였다느니 가축을 키우는 승전(乘田)이었다느니 하는 막연한 『맹자』의 기록에 따르기보다 담나라 군주를 찾아가 고례(古禮)를 물었다는 점에서 역사나 예법을 관장하는 직무를 가지고 있었을 가능성을 더 높게 추정해볼 수 있다.

『좌전』소공 12년, 13년, 14년조에는 각 한 건씩의 역사비평이 공자의 이름으로 남아 있다. 만약 그것이 실제 공자의 발언이라면 공자 나이 22세, 23세, 24세 때의 발언으로 매우 중요한 청년기의 모습을 보여주고 있다고 할 수 있다. 그러나 소공 12년의 사건은 초영왕(楚靈王)의 억제할 수 없는 야욕과 그에 따른 비참한 죽음을 두고 공자가 논평한 것이므로 한참 세월이 지난 후의 역사비평임을 부인할 수 없다. 또 소공 13년의 논평도 초영왕(楚靈王)이 죽은 후 진(晉)나라가 평구(平丘)에서 제후들을 소집했을 때 정나라의 자산이 각국의 공물 기준을 공평하게 정하도록 한 것을 공자가 높이 평가한 것이므로 역시 훗날의 역사비평이 분명하다. 마지막으로 소공 14년의 논평도 진(晉)나라 숙향(叔向)을 "옛사람의 곧음(古之遺直)을 지닌 사람"이라고 높이 평가한 말이기 때문에 역시 중원에 명성을 날리던 숙향에 대한 훗날의 상찬이라고 보는 것이 옳을 것이다. 따라서 세 논평은 모두 공자의 20대 초반을 보여주는 것이라고 말할 수는 없다.

서른 즈음의 공자

이어서 공자는 스스로 "서른에 섰다"고 했는데 과연 서른 즈음에 그는 남다른 존재감을 드러내고 있었다. 『좌전』은 정확히 공자가 서른 살이 되던 해인 소공 20년(BC 522)에 있었던 공자의 언행을 무려 네 건이나 수록하고 있다. 이 네 건의 기록은 놀랍게도 모두 소공 20년 당해 연도에 있었던 공자의 언행이다. 다시 말해서 『좌전』소공 12년, 13년, 14년조에 수록된 발언과는 다르다.

『논어』와 달리 『좌전』은 편년체 역사서로서 언행의 구체적 시점이 드러나 있는 것이 특징이다. 공자가 등장하는 『좌전』의 기록 42가지 중 소공 20년, 즉 공자가 30세 되던 해의 언행 기록 네 건은 한 해의 건수로는 두 번째로 많은 기록이다. 가장 많은 기록은 애공 11년, 즉 공자가 68세 되던 해의 다섯 건인데, 그 해는 공자가 오랜 외유를 끝내고 노나라로 귀국하던 해이기 때문에 그럴 수도 있지만 소공 20년은 특별한 사정이 있었던 해도 아니었다.

그 해는 공자가 30세 되던, 상대적으로 젊은 시절이었다. 혹시 그 해에 공자는 『좌전』의 기록자 좌구명과 모종의 공동작업, 이를테면 『좌전』 편찬 작업이나 기타 역사와 관련된 작업을 함께하고 있었던 것은 아닐까? 아니면 지적으로 가장 왕성한 단계를 보내고 있던 공자의 상황으로부터 좌구명이 각별한 영감을 받고 있었던 것은 아닐까? 그러나 그것은 끝까지 우리의 상상력으로 모색할 수밖에 없을 것이다.

그러면 그 의문의 30세 시절을 보여주는 첫 번째 일화부터 살펴보기로 하자. 이 첫 일화에는 공자가 매우 미미하게만 관련되어 있다. 또 사건의 발생지도 노나라가 아니라 위(衛)나라였다. 그러나 위나라로서는 매우 크고 중대한 사건이었다.

당시 위나라의 군주는 영공(靈公)이었다. 그에게는 맹집(孟縶)이라는 친형이 있었다. 원래 군주가 될 수도 있었으나 다리가 불편한 관계로 배제되었던 형이었다. 일찍이 대부 제표(齊豹)는 이 맹집에게 잘 아는 종로(宗魯)라는 인물을 추천하여 맹집이 수레를 탈 때 그 오른쪽에 앉아 호위하는 임무를 맡게 해주었다. 제표가 맹집에게 좋게 말해주어 맹집도 종로를 믿고 임무를 맡기는 등 맹집과 종로의 관계도 매우 좋았다. 그런데 맹집이 점점 제표를 소홀히 여겨 사구(司寇)의 직책마저 빼앗았다가 일이 있으면 다시 부여하고 채읍 견(鄄)도 역시 빼앗았다가 돌려주곤 했다. 이에 점점 분노가 쌓인 제표는 급기야 맹집을 죽일 생각을 하고 종로에게 "자네는 앞으로 군주의 형의 옆자리에 타지 말게. 내 장차 그를 죽일 것이네" 하였다. 그러자 종로는 "나는 당신 덕분에 맹집님을 모시게 되었습니다. 그리고 당신이 좋게 말씀해주셔서 신임도 얻고 있습니다. 그분이 문제가 많다는 것은 나도 알고 있습니다. 따라서 이해관계로 그분 옆을 떠나지 못한 것은 나의 잘못입니다. 그러나 이제 곤란한 상황이 되었다고 해서 도피한다면 그것은 나를 그분에게 좋게 말씀해주신 당신을 거짓되게 하는 짓입니다. 당신은 그분을 죽일 건가요? 그렇다면 나는 그분을 지키다가 죽겠습니다. 비밀을 지켜 당신을 위하고 맹집님께로 돌아가 죽게 된다면 그 또한 가한 일이 아니겠습니까?" 하였다.

과연 제표 일당은 예고한 대로 영공이 없는 날을 택하여 빈 궁을 습격하여 마침 수레를 타고 나오는 맹집을 공격하여 창으로 후려치니 종로가 등으로 막다가 팔이 끊어짐으로써 결국 종로와 맹집이 모두 죽고 말았다. 이 난리에는 북궁희(北宮喜), 저사포(褚師圃), 자조(子朝) 등이 동참하여 군주의 숙부 남초(南楚, 公子荊)도 활을 맞는가 하면 군주 영공도 난을 피해 한동안 먼 들판에서 지내야 할 정도로 상황이 급박했다. 다행히 북궁희가 난에서 이탈하여 주동자 제표 등을 죽임으로써 난은 진압되고 영공도 다행히 회궁하였다.

이때 노나라의 금장(琴張, 牢)이 종로의 장례에 조상을 가려 했다. 금장이 먼 위나라까지 가서 그를 조상하려 했다는 것은 단순한 조상 계획이 아니었다. 그것은 종로의 죽음에 상찬(賞讚)할 만한 무언가가 있다고 보는 가치관의 표명이었고, 정치적 동조가 포함되어 있었다. 이때 공자가 금장에게 다음과 같이 말했다.

> 제표가 도(盜)가 되고 맹집이 적(賊)이 되었는데 자네는 어찌 그 틈에서 죽은 종로를 조상하려 하는가? 군자는 간사한 것을 받아먹지 않고 난동에 끼어들지 않으며 이익에 끌려 휘말리지 않고 휘말려서 남을 대하지 않는다. 또 불의를 덮어두지 않고 비례를 범하지 않는다.[1]

---

1) 齊豹之盜,而孟縶之賊,女何弔焉?君子不食姦,不受亂,不爲利疚於回,不以回待人,不蓋非義,不犯非禮.

금장은 이름이 뇌(牢)로 논어 자한편 제6장에서 "나는 쓰이지 않았기 때문에 예(藝)에 능하게 되었다'는 공자의 말을 전해주고 있다. 따라서 공자의 제자라기보다는 친구나 동료 혹은 후배일 가능성이 크다. 그런데 공자는 단호히 금장의 판단을 비난하고 있는 것이다.

윗사람과의 신의를 지키기 위해 죽음도 마다하지 않은 종로와 그의 죽음에서 감동을 받아 조의를 표하러 위나라까지 가겠다는 금장, 그리고 그를 단호히 비난한 공자. 그가 세우려 한 더 큰 가치는 무엇이었을까? 나이 서른에 그가 "섰다"고 신인한 이 새로운 가치를 찾는 것이 어쩌면 공자를 알아가는 데 결정적인 열쇠일 수도 있을 것이다. 이 막중한 과제가 먼 훗날 그의 생애의 마지막 단계에서 누구보다 가까웠던 제자 자로의 죽음을 둘러싸고 또 다시 위나라에서 재현될 줄은 공자도 결코 짐작하지 못했을 것이다.

어쨌든 이 사소해 보이면서도 중대했던 공자 30세 때의 조상(弔喪) 일화는 '제표의 난'을 『좌전』에 올리며 굳이 함께 기록하고자 했던 『좌전』 기록자의 의도를 보여주는 것이기도 했다. 과연 그것은 매우 중요한 포인트였다. 그러나 논어나 공자를 탐구하는 후대의 학자들은 거의 대부분 이 조상 일화를 『좌전』에 올린 좌구명의 의도를 헤아려보지 못하였다. 어쩌면 조상 일화야말로 저 끔찍한 '제표의 난'의 본질을 밝히고 정체성을 규명하는 매우 중요한 관건이었음에도 불구하고 말이다. 참으로 안타까운 일이 아닐 수 없다.

역시 공자가 30세 되던 해에 또 하나의 사건이 있었다. 바로 정(鄭)나라의 집정(執政) 자산(子産)의 죽음이었다. 『좌전』은 자산의 죽음만 기록한 것이 아니었다. 좌구명은 이 역사적 인물이 서거하였음을 기록하면서 그 소식을 듣고 공자가 눈물을 흘렸으며(出涕) "그는 옛 인애(仁愛)를 지닌 사람이었다"고 했다는 아주 작은 공자의 발언 기록 하나를 남겼다. 역시 사소한 기록일 수 있지만 자기 나라도 아닌 정나라의, 본 적도 없고 소문으로만 듣던 한 정치인의 서거 소식에 노나라의 한 젊은이가 눈물을 흘렸다는 사실을 어떻게 이해

해야 할까?

『좌전』 기록자도 아마 스스로 놀라며 그 작은 소식을 자산 서거 기록 옆에 남겼을 것이다. 공자가 누군가의 죽음에 눈물을 흘린 것은 제자 안연을 빼고는 아마 자산이 유일했을 것이다. 자산의 삶과 언행을 살펴보는 것은 그 점에서 공자를 제대로 이해하는 첩경이 된다. 그 점에서 이 기록은 매우 중요한 기록이 아닐 수 없다. 자산을 보면 공자의 기초를 볼 수 있기 때문이다.

역시 같은 해의 기록으로 공자는 두 개의 논평을 더 남기고 있다. 전술한 바 『좌전』에 수록된 공자의 모든 논평은 그 사건 당시의 논평인지 세월이 지난 후의 사후 논평인지를 판단해야 한다. 그러나 공자 30세 당시의 이 두 논평은 모두 그 해 사건 당시의 논평으로 보인다.

하나는 집정이던 자산이 죽음을 앞두고 후임 집정이 될 자대숙(子大叔)에게 너무 관대하기만 한 정치는 좋지 않으니 관대함과 엄격함이 조화된 정치를 해야 한다는 당부를 했을 때였다. 실제 자대숙은 집정이 되어 너무 관대한 정치를 하다가 어려움에 봉착하자 다시 엄하게 단속하는 정치로 질서를 잡았다. 이 사실을 『좌전』에 수록하면서 좌구명은 공자의 말, "잘 한 것이다. 정치가 관대하면 백성이 방만해지고 방만해지면 엄함으로 다잡아야 한다"는 취지의 제법 긴 논평을 함께 수록하였다. 공자의 논평은 자대숙의 관대한 정치가 크게 중요한 사건은 아니었기 때문에 아마도 바로 그 당시에 있었던 발언이었음에 틀림없다.

마지막 또 하나의 논평은 같은 해 제나라의 군주 경공(景公)이 패(沛)에서 사냥을 하면서 있었던 일을 둘러싸고 나온 논평이었다. 당시 군주가 사냥 중 멀리 떨어진 곳에 있는 관원을 불렀는데, 관원은 부르는 것을 알면서도 오지 않았다. 영공이 그를 체포한 다음 부름에 응하지 않은 이유를 물었다. 관원의 대답은 "옛날 군주님들이 사냥터에서 대부를 부르실 때는 깃발로 하셨고 사(士)를 부르실 때는 활로 하셨으며 관원을 부르실 때는 모자로 하셨습니다.

그런데 저는 모자로 부르시는 것을 보지 못하였기 때문에 감히 오지 못했던 것입니다" 하였다. 그래서 경공은 관원을 풀어주었다. 이때 공자의 논평은 이러했다.

"직무를 지키는 것이 그 어떤 도를 지키는 것보다 우선 된다." 그러자 기록자인 좌구명도 "나도 그것이 옳다고 본다"는 한마디를 보탰다. 직무를 지키는 것은 사소한 준수행위처럼 보이지만 매우 중요한 공적 행동의 기초라고 공자는 보았고, 기록자도 그렇게 보았다는 것이다. 사안 자체가 어쩌면 사소한 것이기 때문에 그 일이 있고 나서 오랜 세월이 지나서 공자가 논평하였을 가능성은 거의 없다. 그 일이 있던 때에 주변에 바로 알려졌고, 알려지자마자 이런 논평도 함께 나왔을 것이다.

이제 공자의 조상(祖上)을 알아보느라 잠시 살펴보았던 맹희자(孟僖子)의 유언을 다시 보자. 맹희자의 유언은 소공 7년조에 들어 있지만, 사마천이 그 유언을 소공 7년에 있었던 유언으로 본 것은 잘못이었다. 이 유언은 실제로는 훨씬 뒤에 있었다. 다만 맹희자가 소공 7년 초나라에서 돌아온 후 예를 습득하기 위해 매우 노력하였다는 사실을 소공 7년조에 기록하면서 거의 십수년 후에 있었던 이 유언이 당겨져 기록된 것이다. 왜냐하면 이 유언에서 맹희자는 자신의 두 아들을 공자에게 보내 예를 배우게 하라고 했지만, 소공 7년에 두 아들은 아직 태어나지도 않았기 때문이다. 실제 쌍둥이로 추정되는 두 아들은 소공 12년(BC 530)쯤에 태어났고, 맹희자는 소공 24년(BC 518)에 죽었으니까 유언도 역시 소공 24년쯤에 있었다고 보아야 할 것이다. 그때라면 두 아들 열(說)과 하기(何忌)도 열두 살 정도여서 공자에게 교육을 부탁할 만했을 것이다. 그리고 무엇보다 공자도 34세였기 때문에 맹희자와 같은 권력자에게도 알려질 만큼 충분히 성숙해 있었을 것이다. 한마디로 『좌전』의 기록은 전혀 문제가 없다. 단지 유언이 소공 7년조에 앞당겨 기록된 것을 사마천이 그해의 유언으로 착각한 데에서 혼선이 생겼을 뿐이다.

어쨌든 34세 때의 공자는 맹희자뿐만 아니라 좌구명 등에게도 이미 주목받는 인물로 떠오르고 있었던 것이 분명해 보인다. 공자하면 노성한 모습만 연상하는 오랜 관습과 달리 우리는 서른 무렵의 젊은 공자가 이미 그 사유의 대부분을 드러내고 있었다고 보아야 할 것이다. 그 밖에 논어나 『좌전』이 젊은 시절의 공자를 그려 보이고 있는 다른 정보는 눈에 띄지 않는다.

제(齊)나라에 가다

이즈음에 공자의 모든 행적 중 구체성이 가장 크게 떨어지는 한 정보, 곧 공자의 제나라 행에 관해 언급하지 않을 수 없을 것 같다.

공자는 훗날 십수 년에 걸친 장기간의 외유와는 별도로 그 이전, 상대적으로 젊은 시절에 제나라에 갔던 것은 분명해 보인다. 그러나 그 시점이 정확히 언제였는지, 그리고 얼마 동안이었는지, 또 한 번인지 여러 번인지 그 구체적 목적과 내용은 무엇이었는지 전혀 알 수가 없다. 믿을 수 있는 두 자료『논어』와 『좌전』에도 관련 기록이 거의 없기 때문이다. 사마천은 노나라의 소공(昭公)이 계평자(季平子)를 제거하려다 실패하여 노나라를 떠난 것이 소공 25년(공자가 35세 되던 기원전 517년)이기 때문에 그 사건이 있고 얼마 지나지 않아 공자가 제나라에 간 것으로 행적을 구성해놓았다. 다시 말해서 사마천은 공자가 제나라로 간 것을 공자의 나이 35세 때의 일로 기록하고 있다. 그리고 제나라에 가서 고소자(高昭子)의 가신이 되는 한편 경공(景公)과 통하려 하였다 한다. 또 제경공이 공자를 이계(尼谿)의 땅에 봉하려 하였으나 안영(晏嬰)이 유학자의 폐단을 들어 반대하자 결국 공자를 받아들이지 않게 되었다고 기술하고 있다.

얼핏 봐도 어딘가 미심쩍은 이 이야기들에 대해 최술(崔述)은 모두 믿기 어렵다고 판단하고 있다. 심지어 최술이 크게 문제 삼지 않은 제나라로 간 시점 역시 그렇다. 이는 소공이 계평자를 제거하려다 실패하여 노나라를 떠난 것 (소공 25년, 공자 35세)과 공자가 노나라를 떠나 제나라로 간 것을 어떤 형태로 든 연관시켜보려는 생각이 사마천과 최술에게 공통적으로 작용하고 있었기 때문이 아닐까 한다. 따라서 공자의 제나라 행과 관련해서는 시기, 목적, 행 적 등 거의 모든 것을 알 수 없는 것으로 비워둘 수밖에 없다. 노나라로 돌아 온 시점도 마찬가지다. 그러므로 그가 얼마 동안 제나라에 체재했는지도 알 수 없다. 짧으면 1년 미만일 수도 있고 길면 5~6년 이상이었을 가능성도 배 제할 수 없다.

다만 그가 제나라에 갔었다는 사실만은 부인할 수 없고, 거기서 제법 오랫 동안 체재하면서 저 유명한 음악, 소(韶)를 들었다는 사실만큼은 분명하다. 소를 듣고 그는 석 달 동안 고기 맛을 몰랐다고 하니 엄청난 충격을 받았던 모 양이다. 논어에는 이 소 체험을 비롯하여 몇몇 곳에서 음악에 관한 공자의 언 급이 나오지만 우리는 더 이상 소를 들을 수 없고, 그의 음악 관련 진술을 듣 고 이해하기도 어렵다. 또 그 용어나 그것이 전해주는 경험세계가 더 이상 존 재할 수 없는 현실이 안타까울 따름이다. 다만 우리는 공자가 일찍부터 남다 른 음악적 체험을 하고 있었을 뿐 아니라 그것이 이 세상을 바라보는 그의 남 다른 관점과 어떤 형태로든 교호하고 있었으리라고 짐작할 수밖에 없다.

제경공과의 대화 기록은 논어에 단 두 개 단편에 나온다. 그 중 미자편에 실린 단편은 공자를 받아들일 경우 대우를 어떻게 할까 가늠하다가 결국 "내 가 늙어서 당신을 쓸 수 없소" 하는 말에 공자가 떠나고 말았다는 이야기다. 단지 떠돌던 이야기가 수록된 기색이 뚜렷하기에 사실로 보기 어려운 단편이 다. 더구나 수록 위치도 그런 뜬소문들이 집중적으로 모여 있는 미자편이 아 닌가. 그러나 자로편 12장에 나오는 "정치란 임금은 임금답고 신하는 신하다 우며 아버지는 아버지답고 자식은 자식다워지는 것입니다"는 어느 정도 가능 성이 있어 보인다. 그러나 방문 목적마저 분명치 않은 이 방문에서 과연 경공과의 만남이 가능했을지 등을 생각해보면 그마저도 확실하다고 보기는 어렵다. 어쩌면 제자들을 가르치는 과정에서 있었던 화두가 누군가에 의해 제경공과의 대화로 바뀐 것일 수도 있다. 전반적으로 시기와 내용을 확정하기 어려운 이 제나라 방문은 공자의 생애에서 다른 어떤 사안보다 모호하게 남아있을 수밖에 없을 것 같다.

노나라 소공이 계평자를 제거하려다가 오히려 삼환의 역공을 당해 노나라에서 쫓겨나 7년간이나 나라 밖을 전전하게 된 소식을 공자가 노나라에서 들었든 제나라에서 들었든 이 사건은 공자의 경험에 깊은 갈등을 안겨주었을 것이다. 소공은 주변 일부 나라에서 귀국을 주선하기도 했으나 계평자의 주도면밀한 외교력에 막혀 결국 귀국하지 못하고 소공 32년(BC 510) 진(晉)나라의 변방 간후(乾侯)에서 죽고 말았다. 공자의 나이 42살 때였다.

양호(陽虎)의 난

이듬해 소공의 아우 정공(定公)이 군주가 되었지만 군주의 교체가 노나라의 정치에 어떤 변화를 초래하였기보다는 그보다 5년 후인 정공 5년(BC 505) 소공과 그렇게 치열하게 대립하던 계평자가 죽은 것이 어쩌면 노나라 정치에 더 큰 변화를 초래하였다. 불행히도 그것은 일단 좋지 않은 변화였는데, 계평자의 가신이던 양호가 주도한 일련의 정변이 그것이었다.

양호는 계평자의 아들 계환자(季桓子)가 아직 미숙한 틈을 타서 계씨가의 가재(家宰) 중량회(仲梁懷)와의 불화를 빌미로 정변을 일으켜서 계환자 등을 잡아가두는 한편 노나라의 정권을 거머쥐었다. 그리고 강력한 공포정치를 실시하면서 정치를 전단하였다. 10월이 되자 양호는 공하막(公何藐)[2]을 죽여서

---

2) 공자막(公何藐)은 중량회(仲梁懷)의 다른 이름으로 추정된다.

삼엄한 분위기를 조성하였고, 계환자와는 직문(稷門)의 안쪽에서 맹약을 맺기도 하고 큰 맹세를 하는 행사 후 계환자의 사촌 공보문백(公父文伯)[3]과 계평자의 고모부 진천(秦邊)을 제나라로 추방하였다.

무단정치가 일견 자리를 잡은 것으로 보이던 정공 7년 무렵 양호는 정치 기반을 확고히 하기 위해 공자를 정치 무대에 끌어들이려 노력한 흔적이 논어의 두 개 단편에 남아 있다. 가장 유명한 것은 바로 양화편 제1장이다.

양호는 공자를 영입하려고 했던 것 같고 공자는 이를 회피했던 것 같다. 먼저 양호는 공자에게 삶은 돼지 한 마리를 선물했다. 공자에게 답례 기회를 부여하여 활용하기 위해서였을 것이다. 공자는 일부러 양호가 없는 틈을 타서 인사를 하러 양호의 집을 찾아갔는데 공교롭게도 그를 길에서 만나고 말았다. 양호는 공자에게 "보배로운 것을 품고 있으면서도 나라를 혼미하게 내버려둔다면 어질다 할 수 있겠소?" 하고 제법 논리적으로 접근해 들어간다. 공자가 즉답이 없자 "그럴 수 없을 것이오" 하고 자문자답을 한 후 이어서 "나랏일에 간여하기를 좋아하면서도 자주 기회를 놓친다면 지혜롭다 할 수 있겠소?" 하고 더 근접되게 추궁해 들어간다. 공자가 여전히 즉답을 하지 않자 이번에도 "그럴 수 없을 것이오" 하고 자문자답을 한 후 "해와 달은 가고 세월은 나와 함께 하지 않소" 하고 공자의 결론을 촉구하였다. 이에 공자는 "알겠습니다. 내 장차 관직을 맡겠습니다" 하고 말했다.

이 결론을 두고 대부분의 논어 해석자들은 공자가 양호를 피하기 위하여 원칙적인 답변을 한 것이지 구체적 참여를 승낙한 것은 아니라고 보았다. 맞을 것이다.

같은 양화편 20장에는 공자가 유비(孺悲)라는 사람의 면회 요청을 병을 핑

---

3) 공보문백(公父文伯)은 공보목백(公父穆伯)의 아들이자 계평자(季平子)의 조카였다. 그의 어머니가 『국어(國語)』에 여덕(女德)으로 여러 유명한 문장을 남긴 경강(敬姜)이다.

계로 거절하고는 일부러 거문고를 연주하여 돌아가는 그의 귀에 들리게 하였다.[4]

『예기』에 의하면 그는 한때 공자로부터 사상례(土喪禮)를 배운 후배였다고 하니 필시 그 인연에 기대어 공자를 설득해보라고 양호가 보낸 심부름꾼이었을 것이다. 물론 공자가 이런 회유에 동의하지는 않았다. 그러나 무수한 논어 해석자들처럼 양호의 이런 시도는 어처구니없는 것이었고, 따라서 공자도 애초부터 그에 응할 리가 없었다고 보아야 할까? 설혹 같은 결론에 이르더라도 상황과 논리가 그렇게 단순하지만은 않았을 것이다.

양호는 공자를 잘 알고 있었고, 우연히 만나 나눈 대화를 보더라도 양호는 공자가 가르치는 핵심이 주로 인(仁)과 지(知)에 있다는 것도 알고 있었다. 그가 공자를 회유하고자 했을 때에는 나름대로 영입 가능성이 있다고 보았기 때문이라 할 수 있다. 만약 양호가 보기에 공자는 말해볼 것도 없이 거부할 것이라 생각했다면 아예 시도도 하지 않거나 반대 진영이라 생각하고 축출 내지 제거하려 하지 않았을까? 과연 그는 공자를 어떻게 보고 있었을까?

양호가 보기에 공자는 항상 원칙적이고 고답적인 이야기를 하지만 편당적으로 어느 세력에 속하는 사람으로 보이지는 않았을 것이다. 또 공자는 정치에 관심이 많고 정치현실에 비판적인 사람이라 보았을 가능성이 높다. 그렇다면 현실에 대한 부정적 인식에서 자신과 통하는 점이 있다고 보았을 가능성이 있다. 게다가 공자의 명성과 노나라 사람들이 보이는 그에 대한 존경심을 정치적으로 활용하기 위해 그를 영입하려 하지 않았을까? 한마디로 공자는 양호의 입장에서 볼 때 정치적 이용가치가 높았던 셈이다. 그러나 공자는 끝까지 양호를 회피하였고, 동시에 불필요한 갈등을 만들지도 않았다. 그것이 현명했던 것은 결국 양호는 정공 8년(BC 502) 10월 스스로의 지나친 야

---

4) 孺悲欲見孔子,孔子辭以疾,將命者出戶,取瑟而歌,使之聞之.

심이 문제를 일으켜 결국 계환자를 포함한 삼환의 반격을 받았다. 그래서 노도에서 도망쳐서 양관(陽關)에서 버티다 결국 진(晉)나라로 달아남으로써 4년 정도 이어진 배신(陪臣)의 난은 종막을 고하게 되었다.

협곡(夾谷)의 회담

노나라가 양호의 그늘에서 완전히 벗어나 질서를 되찾은 것은 정공 9년(BC 501)이었다. 그리고 바로 그 이듬해인 정공 10년(BC 500) 여름에 정공은 제나라의 축기(祝其, 일명 夾谷)에서 제경공(齊景公)을 만나 평화조약을 체결함에 공자는 보좌역으로 참여하였다. 이 자리는 소공의 망명과 양호의 치세 등으로 어지러웠던 세월을 뒤로 하고 그간 양국 간에 얽히고설킨 현안들을 정리하는 자리였다.

이 현안 정리에 노나라가 공자를 참여시켰다는 것은 무엇을 의미할까? 양호의 치세는 군주뿐만 아니라 삼환의 체면을 여지없이 손상시킨 것이었다. 공자를 정공과 삼환이 합의하여 정치에 참여시켰다는 것은 실추된 질서를 회복하는 데에 무엇보다 큰 힘이 되었을 것이다.[5]

어쨌든 이 회담에서 제나라는 노나라측에서 나오는 공자가 용기가 없는 사람임을 기화로 정치적·군사적 기선을 제압하기 위해 제나라 동쪽 내(萊)땅의 야만족들을 앞세워 무력시위를 했다. 이에 공자는 정공과 함께 회담장을 박차고 나오며 그것이 우호조약을 체결하는 자리에 걸맞는 예의가 아니며, 오히려 제나라 경공의 선한 의도를 욕되게 하는 짓이라고 강력히 항의했

---

5) 양호의 난 이후 공자가 노나라의 정치에 참여하게 되는 이 과정은 매우 흥미로운 정치적 역학구도를 보여준다. 이는 조선조 중종반정(中宗反正)에서 신하들이 포악한 연산군을 몰아내고 중종을 앉혔을 때 중종이 추락한 왕의 권위를 회복시키는 차원에서 조광조(趙光祖)를 전격 등용한 것과 매우 유사하다. 또 공자가 노나라를 떠나게 되는 것도 조광조가 죽음에 이르게 되는 것과 큰 틀에서 분명한 유사점이 있다.

다. 이에 제경공이 내인(萊人)들을 물리치면서 다시 협상이 진행되었다. 그러나 제나라는 여전히 맹약 내용에 "향후 제나라가 군사행동을 전개할 때에 노나라는 전차 300대로 지원해야 하여 그렇지 않을 때는 이 맹약에 따라 상응하는 조치를 한다"는 위협적인 내용을 집어넣으려 했다. 이에 공자는 협상 실무자를 시켜 만약 그렇게 나온다면 우리도 제나라가 문양(汶陽)의 땅을 돌려주지 않는다면 그렇게 하겠다고 강경히 대응했다. 결과는 기록되어 있지 않지만 아마 노나라의 이런 강한 반발로 제나라의 이 무리한 요구는 관철되지 못했을 것이다.

맹약이 끝나고 경공이 향연을 베풀려 하자 공자는 제나라의 양구거(梁丘據)에게 상세한 전례를 들어 그것이 관례가 아니며 제나라 군주의 덕을 밝히는 것이 못된다고 하여 취소시키게 하였다. 어쨌든 이 협상으로 인하여 노나라는 제나라에 빼앗겼던 운(鄆), 환(讙), 귀음(龜陰) 세 군데의 땅을 모두 성공적으로 돌려받게 되었다.

이 회담은 춘추시대의 무수한 회담, 협정, 맹약 등에 비해 특별히 중대한 회담은 아니었지만 노(魯)와 제(齊) 사이의 회담으로서는 매우 중요한 회담이었고, 특히 공자가 공식적인 외교 업무에 참여한 기록상 첫 번째 업무였기 때문에 공자의 명성과 함께 역사에 너무나도 유명한 회담으로 남게 되었다.

그러나 이것은 그냥 하나의 회담이기만 했던 것이 아니라 이를 효시로 공자학단이라는 하나의 학문집단이 정치 현실에 줄줄이 뛰어드는 계기가 되었다. 뿐만 아니라 채 반세기도 지나기 전에 천하가 온전히 무력으로 영토를 확장해가는, 이른바 전국(戰國)의 시대로 변하면서 그 틈바구니에서 인간과 국가가 무엇을 어떻게 추구해야 하는가를 치열하게 모색하는 다양한 지식인 집단, 소위 제자백가(諸子百家)를 출현시키는 계기가 되었다.

한편 공자가 노나라의 사구가 된 것은 언제쯤일까? 축기의 회담과 상관관계가 있겠지만 그보다 앞에 갑자기 사구가 되었다고 보기보다는 그런 경력을 쌓은 후에 사구가 되었다고 보는 것이 좀 더 자연스럽지 않을까.

그러나 사마천의「공자세가」는 이 협곡 회담에 앞서 정공이 공자를 중도재(中都宰)로 임명하였고, 그랬더니 사방이 모두 공자의 통치방법을 따랐다고 했다. 이어서 공자는 곧 사공(司空)으로 승진했다가 대사구(大司寇)까지 되었다고 기록하고 있다. 이 모두 믿을 수 없다. 믿을 수 있는 것은, 공자가 사구가 되어 과거 계환자가 소공의 무덤을 다른 선대 군주들의 무덤과 떨어뜨려 쓴 것을 바로잡기 위해 전체 무덤의 주변에 도랑을 파서 한 경내에 들게 하였다는『좌전』의 기록 정도일 것이다.

공자가 사구가 된 것이 사실이었다면 공자가 대부(大夫)가 된 것은 마찬가지로 사실이었다고 보아야 할 것이다. 일각에서는 공자가 원래 사(士)의 신분이었다는 사실에 지나치게 무게를 두는 바람에 대부로 신분 상승이 이루어졌다는 사실을 잘 받아들이려 하지 않는다. 오히려 그 높지 않은 사의 신분에 그를 머물러두는 것이 그를 더 청렴한 모습으로 유지시키는 것처럼 묘한 가정을 해온 것이 사실이다. 그러나 춘추시대의 역사를 보면 사가 대부로 신분 상승이 되는 것은 결코 드문 일이 아니었다. 위나라의 대부선(大夫僎)은 공숙문자(公叔文子)에 의해 함께 대부가 된 것이 기록되어 있고, 그 점이 높이 상찬되고 있는가 하면 그렇게 하지 못하고 사의 계급에 묶어두게 된 경우에는 소졸한 짓으로 비판을 받기도 했다. 공자는 스스로 자신이 종대부지후(從大夫之後), 즉 대부의 말석에서 따른다고 하여 대부가 되었을 뿐 아니라 그에 따른 하대부로서의 지켜야 할 예가 있음을 강조하기도 했다.[6]

---

6) 당연히 일부 해석자들은 대부들의 뒤를 따른다는 이 말이 대부들 뒤에서 사의 신분으로 따른다는 것을 말하고 있는 것으로 그릇 해석해온 것이 사실이다.

공자학단의 등장

그러면 공자학단은 언제 어떻게 형성되었을까? 유감스럽게도 논어나 『좌전』 등에는 그것을 알려주는 직접적 정보가 없다. 다만 매우 중요한 단서가 있으니 바로 제자들의 나이이다. 『사기』 「중니제자열전」이나 「공자세가」에 기록된 제자들의 나이는 공자가 노나라를 떠나 있던 십수 년을 전후하여 뚜렷이 두 그룹으로 나누어져 있다. 우선 외유 이전 제자들이 공자와 갖는 나이 차이는 염유 29세, 안연 30세, 자공 31세 등으로 평균 30세 연하였다. 또 외유 이후 제자들의 경우는 증삼 46세, 자장 48세, 자하 44세로 평균 46세 연하였다.

공자가 68세의 나이로 노나라에 돌아왔을 때 바로 후기 제자들이 찾아와 배우기 시작했다고 보면, 당시 그들의 나이는 증삼 22세, 자장 20세, 자하 24세였다. 요즈음으로 치면 결국 고등학교를 졸업하고 대학에 진학할 때쯤 공자에게로 나아간 셈이다. 그리고 이 학습 개시 연령이 전기 제자들의 경우에도 동일했다고 보면 공자는 결국 52세 안팎의 나이 때부터 제자들을 가르치기 시작했을 것 같다. 객관적으로 그때는 빠르면 양호의 치세 때거나 늦으면 양호가 도망가고 노나라가 정상을 되찾았을 때일 것이다.

물론 이런 추정에서 공자와 아홉 살밖에 차이가 나지 않았던 자로(子路)는 예외로 할 수밖에 없다. 그는 아마도 매우 남다른 인연으로 제자가 되었을 것이다. 「중니제자열전」에는 "내가 자로를 제자로 얻은 이후로는 험한 소리가 귀에 들리지 않게 되었다"(自吾得由,惡言不聞於耳)는 말이 있다. 이 말은 자로는 공자를 만나기 이전부터 이미 정의(正義)와 신의, 용기 등으로 유명했다는 것, 그리고 공자는 자로를 만나기 이전에는 그의 독특한 가치관이 일반인들에게 잘 수용이 되지 않았을 뿐 아니라 자주 오해나 미움을 샀다는 것을 말해주고 있다. 자로가 공자의 제자가 되었다는 것은 일반인들이 보기에 뜻밖의 일로 보였을 것이다. 그리고 무슨 말을 하는지 잘 모르겠지만 크게 와 닿지 않는 소리만 지껄이던 노인을 자로가 스승으로 모시고 따른다면 거기에는 무언가가 있기 때문이 아니겠는가, 하고 전처럼 함부로 험한 소리(惡言)를 하지는 않게 되었을 것이다.

제자들은 공자를 무척 신뢰하고 존경했지만 개별적으로 보면 공자의 생각을 깊이 이해할 수 있었던 제자는 극소수에 불과했다. 자로만 해도 정치적·사회적 문제에서는 공자와 생각이 적잖이 달랐다. 그 다름은 실은 공자의 사유를 따라갈 수 없었던 데에 기인한 것이었다. 그 때문에 공자와 자로는 종종 의견 충돌로 비칠 정도로 견해가 대립되기도 했다.

염유(冉有)는 공자에 대한 존경심은 컸지만 현실 정치에 더 관심이 많았고, 그 속에서 균형감각을 발휘했기 때문에 스승과 의견이 다른 것이 많았던 것 같다. 안연(顔淵)은 공자의 생각을 누구보다 정확히 이해할 수 있었던 매우 특출한 제자였다. 공자는 안연을 제자로 얻고 나서 크게 고무되었던 것 같다. 그는 자로와 함께 공자의 외유에 끝까지 동참했던 것 같다. 자공(子貢)은 스승에 대한 남다른 존경심이 있었다. 그리고 그에게는 스승을 정확히 해독하지 못하면서도 타고난 감수성으로 스승의 중심을 놀랄 만큼 잘 추적하는 남다른 능력이 있었다. 이 묘한 능력은 공자의 말을 후세에 남기는 데에 누구보다 큰 역할을 하였을 것으로 본다. 이 밖에도 전반기 제자로는 재아, 유자, 자유, 중궁, 민자건 등이 있었다.

삼가의 읍성을 허물다

『좌전』은 정공 12년(B.C498) 여름 자로가 계씨가의 가재가 되어 삼가의 성을 허물기 시작했다고 기록하고 있다. 우선 공자가 축기의 회담에 참여한 것은 정공 10년 여름이고, 자로가 계씨가의 가재가 된 것은 그보다 2년 뒤였다. 따라서 자로가 가재가 된 데에는 공자의 적극적 추천이 있었을 것이다. 그리고 자로가 가재가 되는 것과 읍성을 허무는 것은 기록상 별 시차가 없다. 이는 그를 가재로 등용하는 것이 읍성을 허문다는 분명한 목적 하에서 이루어졌음을 말해준다.

먼저 숙손씨는 스스로 후읍(郈邑)의 성을 허물었다. 왜냐하면 숙손씨의 종주 숙손무숙(叔孫武叔)은 이미 후읍의 읍재로 있던 공약막(公若藐)이나 마정(馬正)으로 있던 후범(侯犯)으로부터 크게 시달려왔기 때문이다. 이어서 계씨가 비읍(費邑)의 성을 허물려고 하자 공산불뉴(公山不狃)와 숙손첩(叔孫輒)이 비읍 사람들을 이끌고 노도를 쳐들어왔다. 정공과 삼환은 함께 계씨의 궁으로 들어가 계무자를 모시는 대(臺)에 올랐는데, 비읍 사람들이 거기까지 쳐들어와 정공의 옆으로까지 밀려오자 공자가 신구수(申句須)와 악기(樂頎)에게 내려가 칠 것을 명령하자 결국 비읍 사람들을 고멸(姑蔑)에까지 추격하여 패퇴시켰다. 이 기록에 대하여는 일반적으로 논어를 통하여 공자에 대한 이미지를 갖게 된 많은 사람들이 '공자의 공격명령'이라는 낯선 모습에서 사실 여부를 회의하는 정서를 가지기 쉽다. 그러나 당시의 여건을 보면 누구라도 그런 위치에서는 할 수 있는 당연하고 정상적인 행동이었다. 결국 비읍의 성은 계획대로 허물 수 있었다.

마지막 남은 맹씨의 성읍(成邑)의 성이 있었는데 성읍의 성은 제나라에서 가까워 맹씨도 허물고 싶은 생각이 별로 없었다. 성이 허물어지면 제나라의 침략이 용이해지기 때문이었다. 그래서 성읍측은 허물지 않고 버티었고, 맹씨도 적극적으로 나서지 않은 결과 정공이 직접 나서서 성을 포위하였지만 결국 허물지 못하고 말았다. 기록의 행간을 살펴보면 결국 이 타도(墮都) 사업은 정공과 자로가 주도하고 삼가가 이해관계에 따라 적당히 참여하기도 하고 손을 빼기도 했던 것으로 보인다.

이 미완의 사업을 끝으로 당분간 『좌전』은 공자나 자로의 적극적 모습을 더 이상 보여주지 않고 있다. 그러나 사마천의 「공자세가」는 타도 이후 공자가 노나라를 떠나기까지 분주히 공자의 활약을 기록하고 있다. 즉 정공 14년에 공자는 대사구로서 재상의 일을 겸직(攝相)하게 되자 얼굴에 화색이 돌았다고 하며, 정사를 문란하게 한 대부 소정묘(少正卯)를 주살하는가 하면, 정치를 맡은 지 석 달 만에 상인들이 값을 속이지 않게 되었고, 남녀가 길을 걸을 때 따로 걸었으며, 길에 떨어진 물건이 있어도 주워가지 않게 되었다고 한다. 물론 이런 기록은 사마천의 사가로서의 기본적 감각이 결여된 안이한 기록이다.

타도 사업 이후 시기가 분명하게 명시된 『좌전』의 기록은 정공 15년(BC 495) 1월의 사소한 기록이다. 주(邾)나라 은공(隱公)이 노나라를 방문할 때 그가 선물로 가지고 온 옥(玉)을 정공에게 바치는데, 두 사람의 자세가 별나서 옆에서 지켜본 자공에 의하면 정공은 자세가 너무 낮아 기운이 쇠퇴했고, 은공은 자세가 너무 높아 거만해 보였다는 것이다. 그래서 자공은 두 분 다 오래 살지 못할 것 같다고 했는데 과연 그해 5월에 정공이 죽었다. 이때 공자가 "자공의 말이 불행히도 적중하였으니 이로 인하여 자공이 말 많은 자가 되겠구나" 하였다는 것이다.

추측컨대 그 해 1월 이미 정공은 병이 깊어 있었던 모양이다. 문제는 그것보다 이때 자공이 정공을 가까이서 지켜볼 정도로 군주의 의전과 관련한 직무를 맡고 있었던 것 같다는 사실이다. 그리고 공자는 자공의 그런 말을 들었다는 점에서 그 해 1월에는 아직 노나라에 있었던 것 같다. 따라서 이 사소한 기록은 공자가 노나라를 떠난 것이 정공 14년이라고 한 「공자세가」의 오류를 보여주고 있는 셈이다.

노나라를 떠나 위나라로 가다

또한 「공자세가」에서는 공자가 노나라를 떠난 이유로, 제나라가 노나라의 정치를 타락시키려고 보낸 80명의 무희들을 정공과 계환자가 받아들여 정사를 게을리 했기 때문이라는 소위 여악설(女樂說)과, 정공이 교제(郊祭)를 지내고도 대부들에게 제육(祭肉)을 나누어주지 않는 것을 보고 실망했기 때문이라는 제육설(祭肉說)을 들고 있다. 그 중 여악설은 논어에도 들어와 있을 만큼 널리 파급되어 있던 설이다.

상식적으로 추정한다면 양호가 도망가고 나서 군주와 삼가의 실추된 권위를 회복하기 위해 공자가 정치에 참여하고 자로가 과감히 타도까지 추진하였으니 삼환으로서는 양호의 치세에서 벗어난 지도 이미 7년, 이제 다시 삼환 중심의 정치질서를 강화할 필요가 있다고 여기지 않았을까? 바로 그때 정공이 죽은 것이다. 삼환은 이제 더 이상 정공을 축으로 하여 구축되었던 공자-자로의 체제에 의존할 필요성이 없게 된 것이다. 더구나 가재가 된 자로를 참소하는 논어 헌문편 38장과 같은 일이 있었다면 상황은 더욱 그러했을 것이다.

공백료(公伯寮)가 계손씨(季孫氏)에게 자로를 참소하자 자복경백(子服景伯)이 그 사실을 선생님께 알리며 말했다.
"그분은 확실히 공백료에 대해 미혹된 신임을 지니고 있지만 나의 힘은 오히려 그를 참시하여 광장에 내걸 수 있습니다."
선생님께서 말씀하셨다.
"도(道)가 장차 행해지는 것도 명이고 도가 장차 폐하는 것도 명이다. 공백료가 명을 어떻게 하겠는가!" 14/38

공자의 어조에는 어딘가 나라를 떠나는 사람의 비장함이 느껴진다. 추정컨대 공자와 자로는 정공이 죽은 그 해, 곧 기원전 495년에 그야말로 자의반 타의반[7]으로 노나라를 떠나 위나라로 간 것 같다. 공자와 자로에게 정공이 죽었다는 것은 마치 일찍이 동문양중(東門襄仲)의 아들 공손귀보(公孫歸父)에게 그를 누구보다 잘 돌봐주었던 선공(宣公)의 죽음과 같은 것이었을 것이다.

당시 공손귀보는 진(晉)나라에 갔다가 귀국길에 선공이 죽었다는 소식을 듣고, 곧바로 제나라로 망명하고 말았다. 정공의 죽음을 맞은 공자와 자로는 위(衛)나라로 떠나는 것을 선택하였는데, 공자의 성격상 갈등이 표면화되어 떠오르기 전에 조용히 떠난 것 같다. 이것은 훗날 그가 돌아올 때 예의를 갖춘 정중한 귀국 초청을 받고 올 수 있었던 이유이기도 했을 것이다. 일단 목적은 노나라를 떠나는 것이었을 뿐 위나라로 간 것은 그에 따른 소극적 선택이 아니었을까 한다. 이 위나라행에 동참한 제자들은 자로 외에 안연, 염유가 있었던 것 같고, 그 밖에 누가 더 동참하였는지는 알 수 없다. 다만 이미 직무를 가지고 있던 자공은 동행하지 않았을 가능성이 많다.

논어 자로편 9장에 소묘된 한 정경은 이때 위나라 도읍에 도착한 망명객들의 모습을 선연히 보여주고 있다.

선생님께서 위나라에 가셨을 때 염유가 마차를 몰았다. 선생님께서 말씀하셨다.

"사람들이 많구나."

염유가 말했다.

"이미 사람들이 많아졌으니 무엇을 더해야 합니까?"

선생님께서 말씀하셨다.

"풍요하게 해야 한다."

염유가 말했다.

"이미 풍요하게 되었다면 무엇을 더해야 합니까?"

선생님께서 말씀하셨다.

---

7) 삼환은 정공이 서거한 이때에 마찰 없이 자로를 퇴진시키고 싶었을 것이고, 공자 또한 그들의 바람이 무엇인지를 아는 이상 정공 서거를 빌미로 조용히 직위를 떠나고 싶었을 것이다. 그리고 당연히 여악설이니 제육설이니 하는 유치한 논리가 노나라를 떠나는 이유가 될 수는 없었을 것이다. 필자는 과거 『논어의 발견』 「VI. 공자와 그의 시대」에서 이 참소사건이 자로가 다시 위나라로 떠난 일의 계기가 되었을 것으로 판단했으나 이에 대한 판단을 여기서 바꾼다.

"가르쳐야 한다." 13/9

공자와 자로가 노나라를 떠난 정공 15년(BC 495)에서 되돌아온 애공 11년(BC 484)까지의 기간은 햇수로 12년이었다. 공자의 나이로는 57세에서 68세까지의 기간이었다. 어쩌면 공자 같은 인물이 가장 왕성하게 활동할 기간에 모국을 떠나 있었던 셈이다. 논어나 『좌전』에서도 그 기간에 속하는 것이 분명하게 밝혀진 언행은 그리 많지 않다. 특히 『좌전』에는 딱 하나의 기록만 전해지고 있으니, 애공 3년(BC 492) 60세의 공자가 노나라에서 일어난 대형 화재 소식을 진(陳)나라에서 들었다는 기록이다. 그것은 연도와 장소가 함께 밝혀져 있는 유일한 기록이기도 했다. 나머지 기록을 추정되는 연도와 장소에 따라 공자의 행적을 구성해보면 다음과 같다.

우선 공자는 위나라에서 영공의 부인 남자(南子)를 만난 것으로 보인다. 물론 남자의 요청에 따라 만났겠지만 어떤 이야기가 오갔는지는 알 수 없다. 다만 이 만남을 자로가 달갑게 여기지 않았던 것 같은데, 이는 남자를 둘러싸고 나오는 이야기가 좋지 않았을 것이고 따라서 공자가 그녀를 만난다는 사실 자체가 자로는 불명예스럽다고 생각했을 것이다. 그래서 그런지 공자의 반응은 완강한 부인이었다. 남자는 정공 14년, 그러니까 공자가 아직 노나라를 떠나기 한 해 전에 괴외(蒯聵)로부터 피살될 뻔한 위기를 넘겼고, 위나라는 괴외가 도망가고 그 일당도 모조리 축출되는 홍역을 겪은 직후였다. 후대인들은 종종 이 공자와 남자의 만남을 두고 여러 가지 억측을 하기도 하지만 이 만남은 단순한 만남이었고 자로의 불만과 공자의 단호한 부인 이상의 어떤 사건으로 이어지지는 않았을 것이다.

논어에는 공자와 위령공과의 대화 한 건이 수록되어 있다. 만약 대화가 있었다면 이 첫 방문 때의 대화일 것이다. 위령공은 애공 2년(BC 491)에 죽는다. 따라서 공자가 노나라를 떠나 위나라로 가던 해의 2년 후에 죽으니 그 해에 만나지 않았다면 다시 만나기는 어려웠을 것이다. 대화의 내용인즉 영공이 진(陣)을 치는 법을 물으니 공자는 "제례에 관해서는 들은 것이 있으나 군사 문제에 관해서는 배우지 못했습니다" 하고 떠났다는 것이다. 어딘가 모르게 전국시대의 타성화된 화법을 보는 느낌이다. 남자도 만났으니 위령공도 만났을 가능성은 있으나 설사 만났다 하더라도 어리석은 군주와 생산적인 대화는 어려웠을 것이다.

「공자세가」에 의하면 공자는 자로의 손위동서인 안탁추(顏濁鄒)의 집에 약 10개월을 머물다 진(陳)나라를 향해 떠났다고 한다. 물론 누구 집에 얼마나 머물렀는지 사마천이 어떻게 알았는지 모르겠지만 그런 정보는 사실 별 소용 없는 정보이기는 하다. 다만 공자의 행선지가 진(陳)나라였던 것은 확실한 것 같다. 공자 일행이 의봉인(儀封人)이라는 사람과 만나 나눈 논어 3/24의 특이한 대화는 이 이동과정에서 있었던 것으로 추정된다.

　의봉인이 자청하여 선생님을 만나 뵙고 말했다.

　"군자가 이 정도라면 내가 일찍이 만나 보지 못한 바도 아니오."

　종자(從者)[8] 가 그것을 보고는 나와서 말했다.

　"여러분, 어찌 선생님의 초라한 신세에 낙담하십니까? 천하가 무도해진 지 오래되었으니 하늘은 장차 우리 선생님을 목탁(木鐸)으로 삼으실 것입니다."

3/24

---

8) 전통적인 해석과 달리 바르게 해석한 논어 3/24에 등장하는 종자(從者)는 과연 누구인가? 1999년 출간한 나의 『새번역 논어』에서 나는 그 제자를 자공(子貢)으로 추정하였다. 이는 그를 제외하고는 공자를 그렇게 예언할 만한 제자가 달리 없다고 보았기 때문인데 이 추정은 적어도 거기까지는 자공이 동반하였을 것으로 보는 또 다른 추정을 전제하고 있었다. 그러나 아무래도 자공은 공자의 외유에 동반한 것 같지는 않다. 그렇다면 누구였을까? 지금의 나는 그를 외유에 동반한 것이 확실한 안연(顏淵)으로 보고 있다. 안연은 공자보다 먼저 죽었지만 외유에서 돌아와 그는 자공을 만나 얼마간의 일화를 그에게 들려주었을 것이고, 그 중 하나가 이 단편으로 전해지게 되었을 것으로 본다. 3/24의 원문은 다음과 같다. 儀封人請見曰;君子之至於斯也,吾未嘗不得見也.從者見之,出曰;二三子!何患於喪乎?天下之無道也久矣,天將以夫子爲木鐸.

오랫동안 의봉인이라는 은자(隱者)가 공자를 만나보고 감복하여 엄청난 예언가적 발언을 한 것으로 잘못 해석되어왔던 이 단편은 어쩌면 공자의 이 고난의 여정과 그의 전체 생애를 역으로 예언한 단편이 되고 말았다. 공자는 그의 생각이나 상식과는 너무나도 다른 수많은 장애와 장벽에 부딪히게 되었다. 그리고 그 부딪힘에서 비롯된 불꽃 속에서 그의 남다른 모습을 유감없이 보여주고 있다.

수난

위나라에서 진(陳)나라로 가려면 거치게 되는 곳이 광(匡)이다. 광은 위나라 땅이었던 적이 많지만 송나라, 정나라, 노나라 등이 모두 가까워 여러 나라들의 손길을 타기도 했던 땅이다. 노나라도 정공 6년 정나라로부터 광을 빼앗아 차지했으니 말이다. 어쩌면 10여 년이 지났지만 광 땅의 사람들이 공자 일행을 핍박했다면 이때 노나라가 광을 차지한 사건과 모종의 연관이 있는 것일지도 모른다. 그러나 『좌전』은 더 이상 기록이 없고 다만 논어가 다음 세 단편을 그나마 관련성이 있는 단편으로 남기고 있다.

선생님께서 말씀하셨다.
"하늘이 나에게 덕을 내셨는데 환퇴(桓魋)가 나를 어찌 하겠느냐?" 7/24

선생님께서 광 지방에서 위기에 처하셨을 때 말씀하셨다.
"문왕(文王)은 이미 돌아가셨으나 문(文)은 여기에 남아 있지 않느냐! 하늘이 이 문(文)을 없애고자 했다면 후에 죽을 자들은 이 문(文)과 함께하지 못하였을 것이다. 하늘도 이 문을 없애지 않는다면 광(匡) 사람들이 나를 죽인들 무엇 하겠느냐?" 9/5

선생님께서 광 지방에서 위기에 처하셨을 때 안연이 뒤처졌다 오니 선생님께
서 말씀하셨다.

"나는 네가 죽은 줄 알았다."

안연이 말했다.

"선생님께서 계시는데 제가 어찌 감히 죽겠습니까?" 11/24

논어는 결코 당시에 있었던 그 사건을 보여주려고 이 단편들을 남긴 것
이 아니다. 논어의 의도는 그보다 훨씬 숭고한 것이다. 그 점을 모르지 않지
만 잠시 공자의 행적을 재구성한다는 좁은 목적을 위해 조금 더 파고들어보
자. 우선 사마천은 「공자세가」에서 광이 언급된 두 단편과 광이 언급되지 않
은 나머지 한 단편을 분리시켜 두 개의 사건이 있었다고 보고 있다. 그는 우
선 공자 일행이 광에 왔을 때 그곳 사람들이 공자를 양호로 착각하여 앞길을
막으며 5일간이나 포위하여 험악하게 대하다가 오해가 풀리고 나서야 비로
소 풀어주었다고 기록하고 있다. 그러나 두 단편을 보면 공자와 안연 두 사
람 모두 사선(死線)을 넘어 간신히 살아난 흔적을 여실히 보여주고 있음에도
그것이 사람을 착오한 때문이라는 어처구니없는 이유를 들고 있다. 그것도 5
일간이나!

어쨌든 풀려난 공자 일행은 가까운 포(浦)로 가서 한 달이나 머물다가 다시
위나라로 돌아가 거백옥(蘧伯玉)의 집에 머물렀다고 기록하고 있다. 그리고
그때 비로소 남자를 만났다고 한다. 사마천의 갈팡질팡하는 행적 구성은 그
렇다 치더라도 논어의 유명한 구절들을 자신이 구성한 행적에 적절히 끼워넣
어 그 구절이 가진 의미마저 왜곡한 것은 불행한 일이었다.

이를테면 영공이 부인과 함께 마차를 타고 옆에는 환관 옹거(雍渠)를 태운
채 궁문을 나서는데 공자는 뒤차를 타고 오게 하였더니 공자가 "나는 덕 좋
아하기를 색 좋아하듯 하는 사람을 보지 못하였다"고 말한 것으로 구성함으

로써 후대의 모든 논어 해석에서 색(色)이 여색(女色)이 되고 만 것은 대표적인 참사였다. 왜냐하면 호덕(好德)과 호색(好色)이 한 자리에서 언급될 때의 호색은 어디까지나 보임새를 좋아하는 것 또는 번지르르한 겉치레를 탐하는 것을 말하기 때문이다.

다시 위나라를 떠난 공자가 진나라로 가기 위해 송나라를 거치게 되었고, 이때 환퇴의 핍박을 받았다고 사마천은 행적을 구성하고 있다. 그리고 나무 아래에서 공자와 그 제자들이 학습을 하자 공자를 죽이려고 그 나무를 뿌리째 뽑아버렸다고 한다. 이 이야기도 엉성하기 짝이 없다. 청대의 최술은 결국 이 두 수난이 결국 하나일 가능성을 조심스레 내비쳤다. 당시 광이 송나라 땅이었다는 증거가 없고, 또 환퇴가 광에 있었다고 보기 어렵다는 점에서는 하나의 사건으로 단정하기 어려운 것도 사실이다.

그러나 세 단편이 모두 목숨이 경각에 이른 심각한 위기 상황을 말하고 있다는 점, 환퇴를 언급하고 있는 7/24의 말미가 "환퇴가 나를 어찌 하겠느냐?"로 되어 있고 광을 언급하고 있는 9/5의 말미가 "광 사람들이 (나를 죽인들) 무엇 하겠느냐?"로 거의 같을 뿐 아니라 의미상으로는 7/24가 결국은 9/5에 대한 부실한 기록으로 보인다는 점에서는 하나의 사건일 가능성이 매우 높다. 특히 『예기』가 보여주고 있는 다음 이야기는 이 비극적 충돌이 어떻게 부상하게 되었는지를 보여주는 매우 주목할 만한 기록이 아닐 수 없다.

> 옛날 선생님께서 송나라에 계실 때 환사마(桓司馬, 桓魋)가 스스로 석곽(石槨)을 만드는 데 삼 년이 걸려서도 완성하지 못하는 것을 보시고 '이렇게 사치할 바에야 차라리 죽으면 빨리 썩는 것이 낫다'고 하셨다.[9]

---

9) 昔者夫子居於宋,見桓司馬自爲石槨,三年而不成.夫子曰,若是其靡也,死不如速朽之愈也.『禮記』檀弓上

제자 자유(子游)의 말로 기록된 이 이야기는 환퇴의 끝없는 욕심이 공자의 가르침과 충돌하였을 가능성을 보여준다. 보석 등을 둘러싼 환퇴의 물욕은 너무나도 유명하고 일관되어 있기 때문이다. 그러나 그 이상으로 이야기를 끌고 갈 수는 없다.

사마천은 이 수난 이후 공자와 그 일행은 정나라로 갔다고 한다. 지리적으로 볼 때 정나라는 거칠 수도 있고 거치지 않을 수도 있어 보인다. 거쳤다고 본 사마천이 정나라에서 남긴 일화는 현실성이 크게 떨어진다. 공자의 외모를 두고 이마는 요임금을 닮았느니 목덜미는 고요를 닮았느니 하는 가운데 풀죽은 모습은 마치 "집 잃은 개"(喪家之狗)와 같았다는 말은 기이하게도 많은 후대인들의 공감을 얻었다. 그러나 이는 전국시대 초입의 유가들이 가지고 있던 초췌한 자의식에 불과했으니 사실로 볼 여지는 너무나도 빈약하다. 어쨌든 정나라에 들렀는지 여부는 확인조차 할 수 없고, 어렴풋이 확인되는 광에서의 수난을 거쳐 그럭저럭 공자 일행은 진(陳)나라에 도착한 것 같다.

진(陳)나라와 채(蔡)나라

애공 3년 되던 해, 그러니까 기원전 492년 공자는 진나라에 있었던 것이 『좌전』에 의해 확인되니, 그 해나 그 전 해에 왔을 것이다. 그러나 확인할 수 있는 것은 그것밖에 없다. 진나라에 와서 공자가 무엇을 했는지는 알 수 없다. 논어에 남아 있는 기록이라고는 진사패(陳司敗)라는 벼슬아치와 나눈 대수롭지 않은 대화 하나와 진나라에서 양식이 떨어져 고생했다는 기록뿐이다.

진나라에 계실 때 양식은 떨어지고 종자들은 병이 나 일어나지를 못했다. 자로(子路)가 화가 나서 뵙고 말했다.

"군자에게도 궁함이 있습니까?"

선생님께서 말씀하셨다.

"군자는 궁하더라도 참고 견디나 소인은 궁하면 선을 넘는다." 15/2

이 단편을 보완하여 주는 자료가 있다면 『맹자』에 나오는 "군자가 진나라와 채나라에서 궁핍에 시달렸던 것은 아래위로 교제가 없었기 때문이다"[10] 하는 말 정도가 될 것이다. 유력한 현지의 대부 등이 공자 일행의 존재와 역할을 인정하고 경제적 뒷받침을 해가며 활용하지 않았기 때문이라는 이야기가 아닐까 한다. 그러나 이 이야기보다 더 포괄적인 환경을 보여주는 단편이 있으니 바로 다음 단편이다.

선생님께서 진나라에 계실 때 말씀하셨다.

"돌아가야겠구나! 돌아가야겠어! 나를 따르는 젊은이들(吾黨之小子)은 과격하고 단순하여 찬란하게 기치는 세웠으나 그것을 어떻게 마름질해 나가야 할지는 알지 못하는구나!" 5/22

여기서 말하는 "나를 따르는 젊은이들"을 전통적으로 노나라에 두고 온 젊은이들로 본 것은 참혹한 일이었다. 오당(吾黨)은 공자가 말하는 나의 무리, 즉 당시 진나라 현지에서 공자를 따르며 배우던 제자들로 보아야 한다. 진나라에 와서 진나라 젊은이들을 가르치지 않았다면, 그리고 노나라에서 데리고 온 젊은이들만 가르쳤다면 무엇 하러 진나라에 왔겠는가? 유력한 대부들을 만나 나라 정치에 영향을 미치려는 생각도 있었겠지만 커가는 젊은이들에게 가르침을 전하려는 생각이 어쩌면 훨씬 더 강하지 않았을까. 그런데 그렇게 희망을 걸었던 젊은이들이 급진적이고 단순해서 공자의 가르침을 이해하지도 수

---

10) 孟子曰;君子之戹於陳蔡之間,無上下之交也.『孟子』盡心下

용하지도 못했다면 어쩌면 돌아가야겠다는 탄식의 말이 나오지 않았겠는가?

당시 진나라는 매우 어려운 여건이었다. 이미 초나라는 두려움의 대상이었는데 신생 오나라가 초나라와 지역 패권을 다투고 있었기 때문에 진나라는 그 틈바구니에서 여러 가지로 힘들 수밖에 없었다. 더 문제인 것은 그런 객관적 여건보다 그런 상황에서 나라를 끌고 나가야 하는 위정자들의 자세였다. 애공 1년이던 기원전 494년, 오나라는 진회공(陳懷公)을 불렀다. 회공은 올 것이 왔구나 싶어 대부들을 불러놓고 "초나라 편이고자 하는 자는 오른편에 서고 오나라 편이고자 하는 자는 왼편에 서시오" 하고 물었다. 이에 대부들은 자기 소유지나 거주지에 따라 줄을 섰다. 자신의 이익에 따라 줄을 선 대부들도 그렇지만 무엇보다 군주가 그렇게 줄을 세웠다는 것이 진나라의 기막힌 현실이었다. 그런 나라에서 젊은이들만 온전할 수 없는 것이 결국 공자가 한탄할 수밖에 없는 젊은이들을 만들어놓았던 셈이다.

그러나 공자는 돌아가지 않고 채(蔡)나라로 옮겨갔다. 이 채나라행은 원래 계획이었는지 진나라에서 계획된 것인지는 알 수 없다. 그러나 공자가 노나라를 떠나 제법 오래 머문 나라로서는 위나라와 진나라, 채나라밖에 없다고 할 수 있는데, 위나라는 노나라의 인근국이기 때문에 노나라를 떠나는 과정에서 혹은 되돌아가는 과정에서 갈 수도 있다고 보지만 진나라와 채나라는 모두 노나라에서 제법 먼 나라들이다. 이 두 나라는 묘한 공통점이 있다. 열거하면 다음과 같다.

우선 둘 다 작은 나라다. 그러나 무시해도 좋을 정도의 나라는 아니었다. 진나라는 순(舜) 임금의 후예를 봉한 나라였고, 채(蔡)나라는 무왕의 바로 밑 아우 채숙(蔡叔)을 봉한 나라로서 모두 높은 명분으로 빛나는 나라들이었다. 그럼에도 불구하고 진나라는 궁중의 음란과 타락으로 휘청거리다가 기원전 534년 초나라 영왕(靈王)에 의해 멸망하였다. 그러다가 5년 후 영왕이 죽고 등극한 영왕의 동생 평왕(平王)의 민심회유책에 의해 다시 세워진 나라였다. 공자가 진나라를 방문하였을 때는 그렇게 멸망하였다가 재건된 지 30여 년이 지난 시점이었다. 그 점은 채나라도 마찬가지였다. 이미 한 번씩 멸망의 경험이 있던 두 나라를 잇달아 방문한 것은 우연이었을까? 아무래도 의도적이었다고 보는 것이 옳을 것이다. 그렇다면 어떤 의도였을까? 밑바닥까지 이르러 본 나라는 그만큼 근본에서 모든 것을 다시 돌아보고 공자의 조언을 받아들이지 않을까 하는 기대가 있지 않았을까. 그러나 공자가 그런 의도를 가지고 있었을 가능성은 높지만 두 나라의 실제 여건은 그렇지 못했다. 공자는 진나라와 채나라에서 자신을 좇던 자들을 싸잡아 이렇게 말했다.

선생님께서 말씀하셨다.
"진나라와 채나라에서 나를 좇던 자들은 모두 문에도 이르지 못했다."
子曰;從我於陳蔡者,皆不及門也. 11/2

논어 5/22의 吾黨(나의 무리들)을 "노나라 고향마을"로 왜곡 해석했던 역대 유학자들은 여기서는 從我於陳蔡者(진과 채에서 나를 좇던 자들)이라고 꼼짝할 수 없도록 분명히 말하니까 이번에는 불급문(不及門)을 왜곡하여 "문하에 없다"고 해석하는 늪으로 빠져들었다. 이 말은 진나라 채나라에서 자신을 좇던 현지의 젊은이들이 모두 극히 기초적인 이해에도 미달하였다는 말이다. 다른 해석의 여지는 없다. 급문(及門), 승당(升堂), 입실(入室) 등은 공자가 자주 쓴, 학습자의 이해 진도(進度)를 가리키는 표현이었을 뿐이다. 승당은커녕 급문도 인정할 수 없어 죄다 불급문이라고 진채 젊은이들의 수준을 표현하였을 때 공자는 얼마나 막막했을까? 초보적인 이해의 수준도 갖추지 못한 젊은이들을 두고 과연 무엇을 가르쳐야 이 한심한 나라의 수준을 바꾸어놓을 수 있을까? 어쩌면 자신의 조언에 귀를 기울여줄 위정자들보다 자신의 가르침에 눈을 반짝여줄 젊은이들에 더 기대를 가졌을 수도 있었을 텐데 말이다.[11]

채(蔡)나라는 애공 2년(BC 493)에 주래(州來)로 이국(移國)을 했으니까 이때는 이국 후 얼마 되지 않아 매우 어수선할 때였을 것이다. 따라서 과연 공자가 갔다고 하는 채나라가 이 옮겨간 하채(下蔡)인지 옮기기 전의 신채(新蔡)로서 위정자들이 빠져나간 백성들만의 나라였는지는 불분명하다.

초나라의 유명 정치인 섭공(葉公)을 만난 것은 이 채나라에 머물면서 당시 그곳에 와 있던 섭공을 공자가 만난 것으로 보인다. 섭공이 등장하는 대화는 세 개 단편에 남아 있는데, 하나는 공자가 어떤 사람인지 섭공이 자로에게 묻는 것이고, 다른 둘은 공자와 섭공과의 직접 대화다. 세 대화는 모두 논어의 뛰어난 명단편을 이루고 있다.

진나라와 채나라에 공자 일행이 각각 얼마나 오랫동안 머물렀는지는 알 수 없다. 대략 각각 3년 안팎의 기간으로 추정되니 도합 6~7년 정도를 머물지 않았을까 한다.

다시 위나라로

그 후 공자 일행은 다시 위나라로 돌아왔다. 「공자세가」는 그 시기를 애공 6년(BC 489)이라 하였지만 그 역시 불확실하다. 만약 그 해에 위나라로 간 것이 사실이라면 그는 노나라로 돌아가기 전까지 5년을 위나라에 있었던 셈인데 그 기간에 비하면 그 사이에 있었던 기록이 너무 없다. 『좌전』은 공자가 노나라를 떠나는 기록도 남기지 않았지만 돌아올 때까지의 기록도 전술한 진나라에 있으면서 노나라의 화재소식을 들은 것 외에는 무엇 하나 남기지 않았다. 지금까지 그 12년간을 기술하는 데에 참고한 자료는 전부 논어에 의존한 것

---

11) 논어 5/22와 11/2에 대한 어처구니없는 해석은 마치 이 두 단편을 잘못 해석하는 것이 목적이거나 한 것처럼 잘못 해석되어왔다. 정말 이 두 단편을 엉뚱하게 해석해온 중국과 한국의 역대 해석가들의 잘못된 해석은 좀처럼 이해할 수가 없다. 오호 애재라! 주자와 정자가 그랬고, 퇴계와 율곡이 다 그랬다.

이다. 그런데 논어는 알다시피 공자의 행적을 기록한 책이 아니다. 그나마 행적이 녹아든 몇몇 자료가 남아 있다는 것은 다행이 아닐 수 없다.

위나라에서 공자가 무엇을 하며 어떻게 지냈는지 알 수 있는 자료는 거의 없다. 심지어 위나라의 젊은이들을 가르쳤을 것으로 짐작되는 최소한의 자료마저 없다. 따라서 그 문제에 관해서는 공백으로 비워두는 수밖에 없다. 다만 공문자(孔文子)의 가문으로부터 일정한 지원을 받고 그에 따라 필요한 정치적 지원을 했던 것은 사실인 것 같다.

『좌전』은 애공 11년 겨울, 위나라의 대부 태숙질(太叔疾)이 위나라에서 송나라로 달아난 사실을 기록하고 있다. 태숙질의 사위는 공문자였는데, 그는 태숙질에게 본부인을 내쫓고 자기 딸과 결혼하도록 만들었다. 태숙질의 본부인은 그동안 위나라에 와 있던 송조(宋朝)의 집안 여자였는데 영공이 죽고 나서 송조가 원래 살던 송나라로 도망갔기 때문에 그렇게 한 것이었다. 그런데 태숙질은 전 부인의 여동생을 사랑하여 그녀가 살 집을 따로 마련해주는 등 여전히 공문자의 눈에서 벗어나는 짓을 하자 공문자는 태숙질을 공격하기 위해 공자를 찾아가 자문을 구했다. 공자는 "전례(典禮)에 대해서는 배운 적이 있지만 군사 일에 대해서는 들은 바가 없습니다"[12] 하고 반대했다. 논어 15/1에서 위령공과 대화할 때 공자가 했다는 말[13]과 거의 같은 이 답변은 두 답변 중 어느 하나 혹은 두 답변 모두 사실이 아닐 가능성을 시사하고 있다. 그러나 자문과 관계없이 결국 공문자는 태숙질의 전 처제를 쫓아내고 말았던 것 같다. 이에 공자는 위나라를 떠나려 했고, 공문자가 그것을 알고는 황급히 만류하여 공자는 다시 머무르려 했는데 마침 노나라에서 예물을 갖추어 공자를 초청하자 결국 노나라로 돌아오고 말았다고 한다.

---

12) 胡簋之事則嘗學之矣;甲兵之事,未之聞也『좌전』哀公11(BC 484, 공자 68세 시)

13) 俎豆之事則嘗聞之矣.軍旅之事,未之學也 논어 15/1

귀국

노나라를 떠나던 해가 정공이 죽던 해(BC 495)가 맞다면 12년 만의 귀국이었다. 조용한 귀국이었던 것 같다. 염유는 언젠가부터 계강자의 가재가 되어 있었으니 공자가 노나라로 정중히 초대를 받아 들어올 수 있었던 데에는 아마도 염유의 노력이 컸을 것이다.

그가 돌아온 시점은 애공 11년 겨울(BC 484)이었는데, 그 해 봄 노나라는 제나라와 만만치 않은 전투를 치렀기 때문에 제법 어수선할 때였다. 이 전투 기록에는 공자가 전투 상황과 관련한 이야기를 담고 있기 때문에 마치 전투 당시에 노나라에 있었던 것처럼 보이기도 한다. 그렇지만 전투는 봄에 있었고 공자는 겨울에 귀국한 것이 명시적으로 기록되어 있기 때문에 공자의 말은 귀국 후 생생하게 전해지는 전투에 대해 사후 언급한 것으로 보는 것이 옳을 것이다. 이 전투에 대해『좌전』의 기록에는 염유의 과감하고 용감한 지휘를 언급하고 있기도 하지만 특히 공자가 그에 대해 "의로웠다"고 칭찬하고 있는 것이 돋보인다.

이런 상황에서 더욱 어수선한 일이 추진되고 있었으니 계강자가 토지세를 인상하는 전부법(田賦法)을 시행하려 했다는 것이다. 계강자는 염유(冉有)를 공자에게 보내 의견을 듣고자 하였으나 공자는 세 번의 질문에도 대답하지 않았다. 나중에 계강자가 직접 공자에게 의견을 물었지만 공자는 역시 대답하지 않고 있다가 나중에 염유에게 현재의 구부법(丘賦法)만으로도 충분하다는 뜻을 전했으나 계강자는 결국 이듬해에 가서 전부법을 시행하고 말았다. 그러나 논어를 보면 염유가 말 심부름만 하지 않고 전부법 시행을 적극적으로 추진하여 공자가 "내 제자가 아니다. 너희들은 북을 울려가며 그를 성토해도 좋다"고 할 정도로 염유를 나무라고 있다.

이듬해인 애공 12년(BC 483)에는 아마 공자는 새로운 젊은이들을 제자로 받아들여 가르쳤을 것이다. 이를테면 증삼(曾參)을 위시하여 자하(子夏), 자장(子張), 번지(樊遲), 공서화(公西華) 등은 이때 공자의 제자로 되었을 것이다. 다만 『사기』「중니제자열전」에 자장의 출신국은 진(陳)나라, 자하의 출신국은 위나라, 자유의 출신국은 오나라 등으로 되어 있는 것을 볼 때 이들은 어쩌면 외유기간 중 각자의 출신지역에서 공자와 인연을 맺어 따라 왔을 가능성도 배제할 수 없다. 그 해에 소공(昭公)의 부인 오맹자(吳孟子)가 죽었는데 공자는 문상을 갔다가 문상 후 계강자를 방문했는데, 그가 상복을 입고 있지 않은 것을 보고 자신도 상복을 벗고 인사를 했다는 간단한 기록이 남아 있다. 아마 계강자와 입장이 다르다는 것을 구태여 드러내고 싶지 않았고 드러낼 필요도 없었기 때문일 것이다.

2년 후인 애공 14년(BC 481) 노나라 서쪽 대야(大野)에서 사냥을 하였는데 우연히 낯선 짐승을 잡았다. 공자에게 보여주었더니 공자가 "기린(麒麟)이다" 하여 비로소 상서로운 짐승인 줄 알게 되었다. 기린을 잡은 것은 우연이었을 것이다. 당시 혹은 후대에 획린(獲麟)에 의미를 둔 것은 전적으로 부질없는 일이다.

같은 해 6월에 제나라에서는 대부 진성자(陳成子)가 간공(簡公)을 시해하였다. 대부가 군주를 시해하는 일은 주나라 건국 초기부터 늘 있었던 일이지만 제나라의 간공 시해사건은 군주의 혈통이 강(姜)씨에서 진(陳, 田)씨에게로 실질적으로 넘어가는 결정적 전기가 되었고, 주(周)나라 전체 역사에서도 봉건주의의 기본 틀이 와해되는 것을 보여준 상징적 사건이었다. 이 사건은 노나라 소공의 망명사건과 연이은 양호(陽虎)의 난, 그리고 진(晉)나라가 조(趙), 한(韓), 위(魏)로 분열되는 등 봉건 기초가 와해되는 3대 사건으로 시현되면서 춘추시대의 뚜렷한 종말을 알리고 있었다.

공자는 사흘간 목욕재계를 하고 애공을 찾아가 제나라를 칠 것을 세 번이나 청했다. 그러나 애공은 국력이 제나라에 딸리는 현실에서 어떻게 칠 수 있겠느냐고 했다. 공자는 진성자가 시해를 했기 때문에 제나라 내부의 반발세력을 끌어들이면 가능하다고 방안을 제시했으나 애공은 계강자와 상의해보라고 할 뿐이었다. 공자는 사양하고 물러날 수밖에 없었다.

이듬해 위나라에서 대부 공문자가 죽자 진(晉)나라에서 호시탐탐 기회만 노리던 괴외는 아들 첩(輒, 出公)에게 돌아갔던 위나라 군주의 지위를 빼앗기 위하여 몰래 위나라 도성으로 잠입하여 공문자의 아들 공회(孔悝)를 잡아 겁박하여 군주의 지위를 빼앗았다. 공자는 위나라의 정변 소식을 듣자 "자고(子羔)는 돌아올 것이지만 자로는 죽을 것이다" 하였다. 과연 자로는 자신이 의탁하고 있던 공회를 구하기 위해 나서다가 괴외의 세력에 의해 죽고 말았다. 애공 15년 말이었다.

그로부터 약 4개월이 지난 애공 16년 4월, 공자도 죽음을 맞았다. 향년 73세. 곤고하던 긴 외유에서 돌아온 지 5년 만에 그는 눈을 감았다. 『좌전』은 애공이 내린 짧은 조문 한 편을 기록했고 그에 따른 자공의 비판을 실었을 뿐이다.

특별한 것이 있었다면 『춘추』라는 전체 경문(經文)을 애공 16년 4월의 짧은 공자 사망 기록(夏四月己丑,孔丘卒)을 끝으로 마감했다는 사실일 것이다. 단 한마디의 부수적인 설명도 없이 244년에 걸친 전체 『춘추』 경문을 공자의 사망 기록으로 마쳤다는 것은 그 어떤 웅변보다 강한 울림을 이 인물의 생애에 실어주는 것이다.

그의 사후 제자들은 그의 어록을 편찬해서 그를 직접 보고 가르침을 듣지 못한 사람들도 그 내용을 접할 수 있도록 하는 작업을 추진했다. 그것은 성공적으로 추진되어 후에 약간의 왜곡이 가미되기는 했지만 비교적 공자의 모습을 잘 남겨서 동양의 위대한 성현으로 자리 잡게 하는 데에 가장 큰 역할을 하였다. 그것은 전 인류와 후세에 이어지는 너무나도 큰 역사적 성과가 아닐 수 없다.

공자 연표

연표 1 : 상고시대 ~ 춘추기록 이전(~ BC 723)

시대	BC	出生前	주요 역사
요순시대	?	?	요(堯) 임금에 의한 선양(禪讓) 본위의 왕국 등장
하나라	2070	1519	우(禹) 임금에 의한 세습왕조 하(夏) 창건
은나라	1600	1049	탕(湯) 임금에 의한 세습왕조 상(商) 창건
주나라	1046	495	무왕(武王)에 의한 세습왕조 주(周) 창건
〃	841	290	여왕(厲王) 체(彘)로 쫓겨남. 공화정 개시(~BC 828)
〃	806	255	주선왕(周宣王)이 정(鄭)나라를 세우고 아우 환공(桓公)을 봉함.
〃	770	219	평왕(平王)이 도읍을 호(鎬)에서 낙읍(洛邑)으로 옮기다.(東遷)
〃	767	216	정무공(鄭武公)이 동괵(東虢)을 멸망시키고 신정(新鄭)으로 동천

연표 2 : 춘추기록 이후 ~ 공자 출생 이전(BC 722 ~ BC 552)

시대	BC	出生前	주요 역사
은공 1	722	171	노나라에서 춘추(春秋) 기록을 시작하다.
은공 8	715	164	정나라가 팽(祊) 땅을 노나라의 허전(許田)과 임의로 교환하다.
은공 11	712	161	노나라의 대부 우보(羽父)가 은공(隱公)을 시해하다.
환공 2	710	159	정(鄭)나라와 채(蔡)나라가 초(楚)를 두려워하여 회합을 갖다.
환공 18	694	143	노환공의 제나라 방문 중 부인 문강(文姜)과 제양공(齊襄公)의 간통이 있어 제양공이 이를 숨기느라 노환공을 살해하다.
장공 9	685	134	제나라 공자 규(糾)와 소백(小白)이 경쟁 끝에 소백이 환공(桓公)으로 등극하고 규의 신하였던 관중(管仲)을 신하로 받아들이다.
장공 15	679	128	제환공(齊桓公)이 춘추시대 첫 패자(霸者)가 되다.
장공 32	662	111	노장공(魯莊公) 죽다. 후계 문제로 세 서자 중 숙아(叔牙)가 제거되고 계우(季友)가 반(般)을 세우나 경보(慶父)가 그를 죽이다.
민공 2	660	109	경보가 민공(閔公)을 죽이다. 애강과 간통하던 경보, 자살하다.
희공 1	659	108	희공(僖公)이 계우에게 문양(汶陽)의 토지와 비(費) 땅을 하사하다.
희공 2	658	107	제환공이 여동생 애강(哀姜)을 민공 시해와 간통의 죄로 죽이다.

시대	BC	出生前	주요 역사
희공 4	656	105	제환공이 초나라를 침공하였으나 충돌을 피하고 맹약을 맺다.
희공 4	656	105	진헌공(晉獻公)의 부인 여희(麗姬)가 거짓 참소를 올려 세자 신생(申生)이 죽고 공자 중이(重耳)와 이오(夷吾)는 출분(出奔)하다.
희공 9	651	100	제환공이 규구(葵丘)에서 제후들과 회합하고 동맹을 확인한다.
희공 12	648	97	제나라 관중(管仲)이 주나라로 초빙되어 천자(天子)를 알현하다.
희공 25	635	84	진(晉)나라에 중이(重耳)가 귀국하여 62세에 문공(文公)이 되다.
희공 28	632	81	진문공(晉文公)의 연합군이 성복(城濮)에서 초나라 자옥(子玉, 成得臣)의 대군과 싸워 크게 이기고 천토(踐土)에서 맹약을 맺다.
희공 28	632	81	천자가 하양(河陽, 溫)으로 와서 진문공을 패자로 인정하다.
문공 3	624	73	진목공(秦穆公)이 맹명(孟明) 등용 후 서융(西戎)의 패자가 되다.
문공 18	609	58	노나라 문공이 죽자 동문양중(東門襄仲)이 태자와 그 동모제를 죽이고 둘째부인이 낳은 선공(宣公)을 세우다.(殺嫡立庶)
문공 18	609	58	양중이 입서를 반대한 숙중혜백(叔仲惠伯)을 죽여 말똥 속에 묻다.
선공 2	607	56	진(晉)나라 조씨가의 조천(趙穿)이 진령공(晉靈公)을 시해하다.
선공 3	606	55	초장왕(楚莊王)이 구정(九鼎)의 무게를 묻다.
선공 8	601	50	『춘추(春秋)』에 처음으로 오(吳)나라와 월(越)나라가 등장하다.
선공 10	599	48	진령공(陳靈公)이 두 신하와 함께 난잡한 짓을 일삼다 피살되다.
선공 11	598	47	초장왕이 군주를 시해한 진(陳)나라의 하징서를 죽이고 진나라를 멸망시켰다가 신숙시(申叔時)의 건의를 듣고 다시 복구시키다.
성공 2	589	38	진(晉)나라가 제나라에게 문양(汶陽) 땅을 노나라에 돌려주라고 하다.
성공 17	574	23	진(晉)나라가 삼극씨(三郤氏-郤錡,郤犨,郤至)를 죽이다.
양공 5	568	17	노나라 계문자(季文子)죽다. 장례 때 검소했던 삶에 다들 놀라다.
양공 8	565	14	자산(子産)이 정(鄭)나라 정치를 비판하자 아버지(子國)가 꾸짖다.
양공 10	563	12	정나라에서 서궁지란(西宮之難) 발생, 子駟, 子國, 子耳 등이 죽다.
양공 11	562	11	계무자(季武子)가 노나라에 삼군(三軍)을 편성하여 실권을 쥐다.
양공 14	559	8	오(吳)나라 계찰(季札)이 군주의 자리를 끝내 사양하여 주목받다.
양공 19	554	3	정나라 자전(子展)과 자서(子西)가 독재하던 자공(子孔)을 죽이다.
양공 19	554	3	자전은 당국(當國)이, 자서는 청정(聽政)이, 자산은 경(卿)이 되다.

연표 3 : 공자 재세 시(BC 551 ~ BC 479)

시대	BC	生後	주요 역사
양공 22	551	1	공자 출생
양공 25	548	4	제나라에서 대부 최저(崔杼)가 군주를 시해하다.
양공 29	544	8	오나라의 계찰(季察)이 주요 제후국들을 예방하다.
양공 30	543	9	정나라 자산(子産), 집정(執政)이 되다.
양공 31	542	10	노나라 양공(襄公) 졸하고 아들 소공(昭公)이 등극하다.
소공 5	537	15	공자, 배움에 뜻을 두다.(志于學)
소공 5	537	15	계무자(季武子), 중군(中軍)을 폐지하여 군주의 권한이 무력화되다.
소공 8	534	18	초(楚)나라 영왕(靈王)이 진(陳)나라를 멸망시키다.
소공 11	531	21	초(楚)나라 영왕(靈王)이 채(蔡)나라를 멸망시키고 채나라의 태자를 제사의 희생으로 쓰다.
소공 13	529	23	학정을 펼치던 초영왕 초나라 사람들의 공격을 받고 자살하다.
소공 14	528	24	초나라 평왕이 등극하여 진(陳), 채(蔡) 두 나라를 재건해주다.
소공 17	525	27	공자, 담(郯)나라 군주를 찾아가 고대 관제(官制)에 대해 듣다.
소공 20	522	30	공자, 서다.(而立)
소공 20	522	30	공자, 종노의 죽음을 조상(弔喪)하려는 금뇌(琴牢)를 비난하다.
소공 20	522	30	정나라 집정 자산(子産)이 죽자 그 소식에 공자가 눈물을 흘리다
?	?	?	공자, 제나라에 가다.
소공 25	517	35	노소공(魯昭公), 계평자 제거 친위정변 실패로 망명을 떠나다.
소공 27	515	37	오나라의 태자 광(光)이 군주를 죽이고 스스로 왕이 되다.(합려)
소공 32	510	42	소공, 노나라로 돌아오지 못하고 진나라 간후(乾侯)에서 객사하다.
정공 1	509	43	노나라 소공의 아우 정공(定公)이 군주로 등극하다.
정공 4	506	46	오(吳)나라가 강해지면서 초나라 도읍 영(郢)을 점령하다.
정공 5	505	47	노나라 계평자(季平子)가 죽고 계환자(季桓子)가 가문의 종주가 되자 가신 양호(陽虎)가 반란을 일으켜 노나라의 권력을 탈취하다.
정공 5	505	47	초나라가 진(秦)나라의 구원으로 간신히 국력을 회복하다.
정공 8	502	50	양호가 삼환마저 제거하려다 역공을 당해 진(晉)나라로 망명하다.
정공 10	500	52	공자, 노정공(魯定公)을 도와 제경공(齊景公)과 평화협정을 맺다.

시대	BC	生後	주요 역사
정공 10?	500	52	공자, 노나라의 사구(司寇)가 되다.
정공 12	498	54	자로가 계씨가의 가재(家宰)가 되어 삼가(三家)의 읍성을 허물다.
정공 14	496	56	위나라 태자 괴외(蒯聵)가 영공의 부인 남자(南子)를 죽이려다 실패하여 진(晉)나라로 망명하다.
정공 15	495	57	노정공 죽다.
정공 15?	495	57	공자, 노나라를 떠나 위나라로 가다.
애공 2?	493	59	공자, 진(陳)나라로 가다.
애공 2	493	59	위령공(衛靈公) 죽고 손자 출공(出公)이 군주가 되다.
애공 2	493	59	채(蔡)나라가 주래(州來)로 나라를 옮기다.(下蔡)
애공 3	492	60	공자, 진(陳)나라에서 노나라의 화재 소식을 듣다.
애공 3	492	60	노나라 계환자 죽고 아들 계강자(季康子)가 종주가 되다.
애공 5?	490	62	공자, 진(陳)나라에서 채(蔡)나라로 가다. 섭공(葉公)을 만나다.
애공 8?	487	65	공자, 채(蔡)나라에서 위(衛)나라로 가서 공문자(孔文子)를 돕다.
애공 11	484	68	제나라가 노나라를 쳤으나 노나라의 적극적 대응으로 물러가다.
애공 11	484	68	공자, 위나라에서 노나라로 돌아오다.
애공 14	481	71	제나라 진항(陳恒)이 간공을 시해하자 공자 벌제(伐齊)를 청하다.
애공 14	481	71	대야(大野)에서 사냥을 하다가 기린(麒麟)을 잡다.
애공 14	481	71	송경공(宋景公)의 총애를 받던 환퇴(桓魋)가 오히려 경공을 죽이려 하다가 계획이 발각되어 도망가다.
애공 15	480	72	위나라 공문자(孔文子) 죽다.
애공 15	480	72	괴외가 위나라 출공(出公)을 축출하는 과정에서 자로(子路) 죽다.
애공 16	479	73	공자 죽다.

연표 4 : 공자 몰후(BC 478 ~)

시대	BC	歿後	주요 역사
애공 17	478	1	진(陳)나라, 초(楚)나라에 의해 최종 멸망하다.
애공 22	473	6	월왕 구천(句踐) 오나라를 멸망시키고 오부차(吳夫差) 자살하다.
애공 27	468	11	노나라 계강자 죽고 곧 이어 애공도 죽다.
	453	26	조(趙), 한(韓), 위(魏)씨가 지백(知伯)을 죽이고 진(晉)나라를 사실상 삼분(三分)하다.(戰國時代 개막)
	445	34	채(蔡)나라, 초나라에 의해 최종 멸망하다.
	403	76	주나라 위열왕(威烈王)이 조(趙), 한(韓), 위(魏)를 정식 제후국으로 임명하다.
	320	159	맹자(孟子), 위(魏)나라 혜왕(惠王)을 만나 인정(仁政)을 설파하다.
	256	223	진(秦)나라가 주(周)나라 왕실을 멸망시키다.
	248	231	초고열왕(楚考烈王)이 노나라를 멸망시키고 노경공(魯頃公) 죽다.
	221	258	기원전 230년부터 기원전 221년 사이에 진(秦)이 한,조,위,초,연,제(韓,趙,魏,楚,燕,齊) 등 전국칠웅(戰國七雄)을 모두 멸망시키다.
	206	273	진(秦)나라 통일 16년 만에 멸망하다.
	202	277	한(漢)나라 개막(전한:BC 202~AD 8)
	108	371	사마천(司馬遷), 아버지 사마담(司馬談)에 이어 태사령(太史令)이 되어 『사기(史記)』 집필을 계속하다.
	후25	503	후한(後漢) 개막 (AD 25~AD 220)

공자 재세 시 주왕실(周王室)과 노공실(魯公室), 그리고 삼환(三桓)

공자	주나라 왕실	노나라 공실	계손씨가	맹손씨가	숙손씨가
출생(BC 551)	靈王(~BC 545)	襄公(~BC 542)	季武子(~BC 535)	孟莊子(~BC 550)	叔孫穆子(~BC 538)
재세	景王(~BC 520)	昭公(~BC 510)	季悼子(~BC 530)	孟孝伯(~BC 542)	叔孫昭子(~BC 517)
		定公(~BC 495)	季平子(~BC 505)	孟僖子(~BC 518)	叔孫成子(~BC 505)
			季桓子(~BC 492)	孟懿子(~BC 481)	
별세(BC 479)	敬王(~BC 477)	哀公(~BC 468)	季康子(~BC 468)	孟武伯(~BC ?)	叔孫武叔(~BC 470)

공자 관련 논어 단편

아래 18편의 공자 관련 단편은 일부만 발췌하여 추정 시대 순으로 배열하였다. 발췌 기준은 그 내용보다 공자의 중요한 상황 관련 언행이나 중요 인물과의 대화 위주로 하였다.

7/15

선생님께서 제(齊)나라에 계실 때 소(韶)를 들으시고 석 달 동안 고기 맛을 모른 채 말씀하셨다.

"음악을 하는 것이 이런 경지에까지 이를 줄은 미처 몰랐구나!"

子在齊聞韶,三月不知肉味.曰;不圖爲樂之至於斯也!

2/21

어떤 사람이 공자에게 말했다.

"선생님께서는 어째서 정치를 하지 않으십니까?"

선생님께서 말씀하셨다.

"서경에 '효성스러우시오! 효성이야말로 형과 아우에게 우애를 다하게 하고 정사에까지 베풀어지는 것이오!' 하는 말이 있습니다. 이도 또한 정치니 어찌 그것만을 정치라 하겠소."

或謂孔子曰;子奚不爲政?子曰;書云,「孝乎惟孝,友于兄弟,施於有政」,是亦爲政,奚其爲爲政.

17/5

공산불요(公山弗擾)가 비읍에서 반역을 꾀하고 선생님을 부르자 선생님께서 가시려고 하셨다. 자로(子路)가 못마땅해하며 말했다.

"가지 마십시오. 하필 공산씨에게 가시려고 하십니까?"

선생님께서 말씀하셨다.

"무릇 나를 부르는 자라면 어찌 하찮은 자이기야 하겠느냐? 만약 나를 쓰는 자가 있다면 나는 그곳을 동방의 주(周)나라로 만들겠다."

公山弗擾以費畔,召. 子欲往. 子路不說曰;末之也已. 何必公山氏之之也.子曰;夫召我者,而豈徒哉?如有用我者,吾其爲東周乎.

17/1

양화(陽貨)가 공자를 만나려 하였으나 공자께서 만나지 않으시자 공자께 돼지를 선물로 보냈다. 공자께서 그가 없을 때를 틈타 사례하러 갔는데 길에서 그를 만나게 되었다. 그가 공자에게 말했다.

"오시오. 내 당신과 할 말이 있소."

그가 말했다.

"보배로운 것을 품고 있으면서도 나라를 혼미하게 내버려둔다면 어질다 할 수 있겠소?"

그가 말했다.

"할 수 없을 것이오. 나랏일에 간여하기를 좋아하면서도 자주 기회를 놓친다면 지혜롭다 할 수 있겠소?"

그가 말했다.

"할 수 없을 것이오. 해와 달은 가고 세월은 나와 함께하지 않소."

공자께서 말씀하셨다.

"알겠습니다. 내 장차 관직을 맡겠습니다."

陽貨欲見孔子,孔子不見,歸孔子豚.孔子時其亡也,而往拜之,遇諸塗.謂

孔子曰;來,予與爾言.曰;懷其寶而迷其邦,可謂仁乎?曰;不可.好從事而亟

失時,可謂知乎?曰;不可.日月逝矣.歲不我與.孔子曰;諾.吾將仕矣.

3/19

정공(定公)이 물었다.

"임금은 신하를 부리고 신하는 임금을 섬겨야 하지 않겠습니까?"

공자께서 대답하셨다.

"임금은 신하를 예로써 부리고 신하는 임금을 충심으로써 섬겨야 할

것입니다."

定公問;君使臣,臣事君,如之何? 孔子對曰;君使臣以禮,臣事君以忠.

6/28

선생님께서 남자(南子)를 만나시니 자로(子路)가 못마땅해하였다. 선생

님께서 맹세하여 말씀하셨다.

"내가 잘못한 것이 있다면 천벌을 받겠다. 천벌을 받겠다."

子見南子,子路不說.夫子矢之曰;予所否者,天厭之!天厭之!

7/24

선생님께서 말씀하셨다.

"하늘이 나에게 덕을 내셨는데 환퇴(桓魋)가 나를 어찌 하겠느냐?"

子曰;天生德於予,桓魋其如予何!

9/5

선생님께서 광(匡) 지방에서 위기에 처하셨을 때 말씀하셨다.

"문왕(文王)은 이미 돌아가셨으나 문(文)은 여기에 남아 있지 않느냐! 하늘이 이 문(文)을 없애고자 했다면 후에 죽을 자들은 이 문(文)과 함께하지 못하였을 것이다. 하늘도 이 문을 없애지 않는다면 광(匡) 사람들이 나를 죽인들 무엇 하겠느냐?"

子畏於匡,曰;文王既没,文不在兹乎!天之將喪斯文也,後死者不得與於斯文也.天之未喪斯文也,匡人其如予何?

15/2

진나라에 계실 때 양식은 떨어지고 종자들은 병이 나 일어나지를 못했다. 자로(子路)가 화가 나서 뵙고 말했다.

"군자에게도 궁함이 있습니까?"

선생님께서 말씀하셨다.

"군자는 궁하더라도 참고 견디나 소인은 궁하면 선을 넘는다."

在陳絶糧,從者病,莫能興.子路慍見,曰;君子亦有窮乎?子曰;君子固窮,小人窮斯濫矣.

5/22

선생님께서 진나라에 계실 때 말씀하셨다.

"돌아가야겠구나! 돌아가야겠어! 나를 따르는 젊은이들은 과격하고 단순하여 찬란하게 기치는 세웠으나 그것을 어떻게 마름질해 나가야 할 지는 알지 못하는구나!"

子在陳曰;歸與!歸與!吾黨之小子狂簡,斐然成章,不知所以裁之.

7/20

섭공(葉公)이 자로에게 공자에 관해 물었으나 자로는 대답하지 못했다. 이를 두고 선생님께서 말씀하셨다.

"너는 왜 그의 사람됨이 발분하면 먹는 것을 잊고 즐거움으로써 근심을 잊으며 장차 늙음이 오리라는 것도 모르고 있는 사람이라고 말하지 않았느냐?"

葉公問孔子於子路,子路不對.子曰;女奚不曰,其爲人也,發憤忘食,樂以忘憂,不知老之將至云爾.

13/16

섭공(葉公)이 정치에 대해 묻자 선생님께서 말씀하셨다.

"가까이 있는 자는 기뻐하고 멀리 있는 자는 오는 것입니다."

葉公問政.子曰;近者說,遠者來.

17/7

필힐(佛肸)이 부르자 선생님께서 가시려 하니 자로가 말했다.

"옛날 제가 선생님께 듣기로는 '자신이 직접 불선한 일을 행한 자에게 군자는 가담하지 않는다'고 하셨습니다. 필힐은 중모(中牟)에서 반역을 꾀한 자입니다. 선생님께서 그에게 가시겠다니 어찌 된 일입니까?"

선생님께서 말씀하셨다.

"그렇다. 그런 말을 한 적이 있다. 그러나 '갈아도 얇아지지 않는다면 견고하다 할 수 있지 않겠느냐? 검게 물들이려 해도 검어지지 않는다면 희다 할 수 있지 않겠느냐? 내가 어찌 박이겠느냐? 어찌 능히 매달 려만 있고 먹히지는 않겠느냐?"

佛肸召.子欲往.子路曰;昔者由也聞諸夫子曰,「親於其身爲不善者,君子 不入也.」佛肸以中牟畔,子之往也,如之何?子曰;然,有是言也.「不曰堅乎? 磨而不磷,不曰白乎?涅而不緇.」吾豈匏瓜也哉!焉能繫而不食?

11/2

선생님께서 말씀하셨다.

"진나라와 채나라에서 나를 좇던 자들은 모두 문에도 이르지 못했다."

子曰;從我於陳蔡者,皆不及門也.

12/19

계강자(季康子)가 도둑을 걱정하여 공자에게 묻자 공자께서 대답하셨다.

"단지 당신께서 욕심 부리지만 않는다면 설혹 상을 준다 하더라도 훔 치지 않을 것입니다."

季康子患盜,問於孔子.孔子對曰;苟子之不欲,雖賞之不竊.

9/14

선생님께서 말씀하셨다.

"내가 위(衛)나라에서 노(魯)나라로 돌아온 후에야 음악이 바르게 되었고 아(雅)와 송(頌)이 각각 제 자리를 잡게 되었다."

子曰;吾自衛反魯,然後樂正,雅頌各得其所.

14/22

진성자(陳成子)가 간공(簡公)을 시해하자 공자께서 목욕재계하고 조정에 나아가 애공(哀公)에게 고하여 말씀하셨다.

"진항(陳恒)이 그 임금을 시해하였으니 청컨대 토벌하시기 바랍니다."

애공이 말했다.

"삼환에게 말해보시오."

공자께서 말씀하셨다.

"나는 대부의 뒤를 좇는 처지이므로 감히 고하지 않을 수 없었던 것이나 임금께서는 삼환에게 말해보라 하시는구나."

삼환에게 가서 말하니 불가하다 하자 공자께서 말씀하셨다.

"나는 대부의 뒤를 좇는 처지이므로 감히 고하지 않을 수 없었던 것이다."

陳成子弑簡公.孔子沐浴而朝,告於哀公曰;陳恒弑其君,請討之.公曰;告夫三子.孔子曰;以吾從大夫之後,不敢不告也.君曰,告夫三子者.之三子告,不可.孔子曰;以吾從大夫之後,不敢不告也.

2/4

선생님께서 말씀하셨다.

"나는 열다섯에 배움에 뜻을 두었고 서른에 정립되었으며 마흔이 되어서는 현혹되지 않았고 쉰이 되어 천명을 알게 되었고 예순이 되어서는 귀가 순응하였으며 일흔이 되어서는 마음 내키는 대로 행하더라도 법도를 넘지 않았다."

子曰;吾十有五而志于學,三十而立,四十而不惑,五十而知天命,六十而耳順,七十而從心所欲,不踰矩.

『좌전』의 공자 관련 기록

『좌전』 속에는 총 42개의 공자 관련 기록이 있다. 그 중에 공자가 직접 등장하는 22개의 기록을 여기에 소개한다.

○ 襄公10(BC 563, 공자 출생 12년 전)

우리 노나라 군대가 돌아오자 맹헌자(孟獻子)는 진근보(秦堇父)를 우익으로 삼았다. 훗날 진근보가 진비자(秦丕玆)[14]란 아들을 낳았는데 그는 공자를 스승으로 섬겼다.

師歸,孟獻子以秦堇父爲右.生秦丕玆,事仲尼.

○ 昭公07(BC 535)

9월에 공이 초나라에서 돌아왔다. 맹희자가 주고받는 예(相禮)를 행할 수 없었음을 부끄럽게 여겨, 이에 예를 배웠는데, 예에 능한 사람이 있기만 하면 좇아 배웠다. 그가 죽으려 할 때, 그 대부들을 불러 말하였다. "예는 사람의 근간이다. 예가 없으면 설 수가 없다. 듣건대 통달한 자로 공구라는 자가 있다는데, 성인의 후손으로, 송나라에 망하였다 한다. 그 조상 불보하(弗父何)는 송나라의 군주가 될 수 있었으나 여공(厲公)에게 사양하였다. 정고보(正考父)에 이르러, 대공, 무공, 선공을 보좌하여, 삼명이 되어 더욱 공경하게 하였으므로, 정의 명에서, '일명에 등을 숙이고, 이명에 몸을 숙이며, 삼명에 허리를 숙이어, 담장을 따라가니, 또한 감히 나를 업신여김이 없었다. 이로 된 죽을 쑤고, 이로 묽은 죽을 쑤어, 내 입에 풀칠했다.' 그 공경함이 이와 같았다. 장손흘이 말

---

14) 사마천의 『사기』 「중니제자열전」에는 이름과 언행기록이 남은 제자 29명과 이름과 나이 기록만 남은 제자 여섯 명, 그리고 이름(자 포함)만 남은 제자 42명 등 총 77명의 제자가 기록되어 있다. 여기에 이름만 남은 제자 중에 진상(秦商)이라는 제자가 있는데, 그의 자가 자비(子丕)였다고 기록되어 있다.

하기를, '성인 중에 밝은 덕을 가진 자가 있다면, 당대에 빛을 보지 못하면, 그 후손 중에 반드시 통달한 사람이 있게 된다' 하였다. 지금 그 조짐이 공구(孔丘)에게 나타나려 하고 있다. 내가 만약 죽게 되면, 반드시 열(說)과 하기(何忌)를 그분에게 부탁하여, 그를 섬기게 하고 그에게 예를 배워, 직위를 안정케 하라. 그리하여 맹의자(孟懿子)와 남궁경숙(南宮敬叔)은 중니를 스승으로 모셨다. 중니가 말했다. 능히 허물을 고칠 수 있는 사람이 군자다. 『시』에서 말하기를 '군자를 본받는다'고 하였는데, 맹희자는 본받았다고 할 수 있을 따름이다.

九月,公至自楚.孟僖子病不能相禮,乃講學之,苟能禮者從之.及其將死也,召其大夫,曰:「禮,人之幹也.無禮,無以立.吾聞將有達者曰孔丘,聖人之後也,而滅於宋.其祖弗父何以有宋而授厲公.及正考父,佐戴武宣,三命茲益共,故其鼎銘云:『一命而僂,再命而傴,三命而俯,循牆而走,亦莫余敢侮.饘於是,鬻於是,以餬余口.』其共也如是.臧孫紇有言曰:『聖人有明德者,若不當世,其後必有達人.』今其將在孔丘乎! 我若獲沒,必屬說與何忌於夫子,使事之,而學禮焉,以定其位.」故孟懿子與南宮敬叔師事仲尼.仲尼曰,能補過者,君子也.詩曰,'君子是則是效'孟僖子可則效已矣.

○ 昭公17(BC 525, 공자 27세 시)

중니가 그 말을 듣고, 담자를 찾아보고 그에게서 배웠다. 얼마 후 다른 사람에게 일러 말하였다. 내가 듣건대 "천자의 백관이 직무를 잃으면, 관학이 사방 변경의 나라에 있게 된다" 하였는데 확실히 그렇구나.

仲尼聞之,見於郯子而學之.既而告人曰:「吾聞之,『天子失官,官學在四夷』,猶信.」

○ 昭公20(BC 522, 공자 30세 시)

금장(琴張)이 종노(宗魯)가 죽었다는 소식을 듣고 조상을 가려 하니 공자가 말하기를 "제표가 도적이 되고 맹집이 죽음을 당했는데 너는 어째 그 틈에서 죽은 종노를 조상하려 하느냐? 군자는 간사한 음식을 먹지 않고 난을 받아들이

지 않고 이익에 끌려 악에 휘말리지 않고 휘말려서 남을 대하지 않고 불의를

덮어두지 않고 비례를 범하지 않는다" 하였다.

琴張聞宗魯死,將往弔之.仲尼曰:「齊豹之盜,而孟縶之賊,女何弔焉?君子不食姦,

不受亂,不爲利疚於回,不以回待人,不蓋不義,不犯非禮.」

○ 昭公20(BC 522, 공자 30세 시의 일)

자산이 죽자, 중니가 그 말을 듣고, 눈물을 흘리며 말했다. "옛 인애의 유풍을

가셨나."

及子産卒,仲尼聞之,出涕曰:「古之遺愛也.」

○ 定公01(BC 509, 공자 43세 시의 소급 기록)

공자가 사구였을 때, 도랑을 내어 여러 묘를 합쳤다.

孔子之爲司寇也,溝而合諸墓.

○ 定公09(BC 501, 공자 51세 시. 조간자가 양호를 받아들이자 한 말)

중니가 말하기를 "조씨도 아마 대대로 난을 만날 것이다."

仲尼曰:「趙氏其世有亂乎!」

○ 定公10(BC 500, 공자 52세 시의 유명한 회담)

10년 봄에, 제나라와 강화하였다. 여름에 정공(定公)이 축기에서 제나라 경공

(景公)과 회합하였는데, 축기는 협곡이었다. 공구가 보필하였다. 이미(犂彌)가

제나라 군주에게 말했다. "공구는 예는 알지만 용기가 없으니, 내(萊) 사람으

로 하여금 군사로 노후를 위협하게 하면, 반드시 뜻을 얻을 것입니다." 제후가

그대로 따랐다.

공구는 공을 모시고 물러나며 말했다. "병사들로 하여금 저들을 내쫓게 하십

시오! 두 나라 임금이 잘 만나고 있는데, 먼 곳 오랑캐의 포로들이 무기를 가지고 어지럽히니, 이는 제나라 임금이 제후들에게 명한 것이 아닙니다. 먼 곳 사람은 중원을 도모하지 못하고 오랑캐는 중화를 문란하게 하지 못하며 포로는 동맹을 맺는 데 간섭하지 못하고 무기는 우호를 맺는 자리에 가까이 이르면 안 됩니다. 이런 것은 천지신명께는 볼썽사나운 것이고 도덕상에 있어서는 의를 욕하는 것이며 사람에게는 예를 잃은 것입니다. 그러므로 제나라 임금이 반드시 그렇게 시킨 것은 아닙니다"라고 했다. 제나라 임금은 이 소식을 듣고 갑자기 내(萊) 사람들을 물리쳤다. 바야흐로 동맹을 맺을 때 제나라 사람이 동맹을 맺는 문서에 기재하기를 "앞으로 제나라 군사가 국경 밖으로 나가 제후를 정벌할 때 노나라는 병거 300승을 내어 제나라를 돕지 않는다면 이 동맹의 서약에 의한 저주를 받을 것이다"라고 했다. 공자는 노나라 대부인 자무환에게 명하여 제나라 사람을 만나 읍하고 대답하게 하기를 "당신네가 우리에게 문양의 땅을 돌려주지 않으면 우리가 당신에 제나라의 명을 받을 때도 또한 이 동맹에 의한 벌을 받을 것이오"라고 하게 했다.

제나라 임금이 장차 정공을 대접하려고 하는데 공자가 제나라 대부 양구거에게 말하기를 "제나라와 노나라 사이의 오랜 관습을 당신은 어째서 듣지 못하시었소. 동맹이 이미 이루어졌는데 또한 연회를 베풀면 이는 제나라 집사만 수고스럽게 하는 것이오. 또한 예기는 조정 종묘 문 밖을 나가지 못하는 법이고 종경은 야외에서 연주할 수 없는 것이니 만일 연회를 갖추고 예악을 완비했다면 이는 곧 종묘의 예악을 야외에다 베푸는 것이고 만일 연회를 준비해놓고 예악을 준비하지 않는다면 이는 오곡의 알맹이를 버리고 쭉정이를 차지하는 것이오. 예절이 갖추어지지 않으면 양국의 임금을 욕되게 하는 것이고 예의를 버리면 명성을 더럽히는 것이니 그대는 어째서 이를 생각지 않소이까? 무릇 향연은 도덕을 밝히는 것인데 덕을 밝힐 수 없다면 그만두는 것만 같지 못하오" 하였다. 그래서 곧 향연을 열지 않았다. 뒤에 제나라 사람들은 운 환귀음의 땅을 돌려주었다.

十年春,及齊平.夏,公會齊侯于祝其,實夾谷.孔丘相,犁彌言於齊侯曰:「孔丘知禮
而無勇,若使萊人以兵劫魯侯,必得志焉.」齊侯從之.孔丘以公退,曰:「士兵之!兩君
合好,而裔夷之俘以兵亂之,非齊君所以命諸侯也.裔不謀夏,夷不亂華,俘不干盟,
兵不偪好——於神爲不祥,於德爲愆義,於人爲失禮,君必不然.」齊侯聞之,遽辟
之.將盟,齊人加於載書曰:「齊師出竟而不以甲車三百乘從我者,有如此盟!」孔丘
使茲無還揖對,曰:「而不反我汶陽之田,吾以共命者,亦如之!」

齊侯將享公.孔丘謂梁丘據曰:「齊魯之故,吾子何不聞焉?事既成矣,而又亨之,
是勤執事也.且犧象不出門,嘉樂不野合.饗而既具,是棄禮也;若其不具,用秕稗
也.用秕稗,君辱;棄禮,名惡.子盍圖之!夫享,所以昭德也.不昭,不如其已也.」乃不
果享.齊人來歸鄆讙龜陰之田.

O 定公12(BC 498, 공자 54세 시의 드문 군사행동)

계씨는 비성을 헐어버리려고 했다. 그러나 공산불뉴와 숙손첩은 비(費)읍 사
람들을 이끌고 노나라의 도성을 습격했다. 노나라 정공은 세 대신인 중손하
기, 숙손주구, 계손사와 함께 계씨의 궁 안으로 들어가 계손숙의 누대 위로 오
르자 비읍 사람들이 공격해와 이겨내지 못했으므로 그들은 쳐들어와 정공의
곁까지 다가왔다. 이에 중니가 신귀수와 악기에게 명하여 누대 아래로 내려가
그들을 토벌하게 하자 비인들이 패배하고 나라 사람들이 그들을 추격하여 고
멸에서 쳐부수었다. 그리하여 공산불뉴와 숙손첩은 제나라로 도망했으므로
마침내 비성을 허물었다.

季氏將墮費,公山不狃叔孫輒帥費人以襲魯.公與三子入于季氏之宮,登武子之
臺.費人攻之,弗克.入及公側,仲尼命申句須樂頎下,伐之.費人北.國人追之,敗諸
姑蔑.二子奔齊,遂墮費.

○ 定公15(BC 495, 공자 57세 시)

여름 5월 임신날에, 정공이 돌아가셨다. 중니가 말했다. 賜의 말이 불행히도
맞아떨어졌으니, 이는 賜로 하여금 말이 많은 사람이 되게 하는 것이로다.

夏五月壬申,公薨.仲尼曰:「賜不幸言而中,是使賜多言者也.」

○ 哀公03(BC 492, 공자 60세 시)

공자가 진나라에 있다가, 화재가 났다는 말을 듣고 말했다. "환공의 사당(祠堂)
과 희공의 사당일 것이다!"

孔子在陳,聞火,曰:「其桓僖乎!」

○ 哀公11(BC 484, 공자 68세 시)

공자가 말했다. "방패와 과를 잡고 사직을 지킬 수 있었으니, 미성년자의 상례
를 쓰지 않아도 된다."

孔子曰:「能執干戈以衛社稷,可無殤也.」

○ 哀公11(BC 484, 공자 68세 시, 염유에 대한 칭찬)

염유가 제나라 군사를 향해 창을 쓰게 하였으므로, 능히 그 군사를 뚫고 들어
갈 수 있었다. 공자가 말했다. "의로웠다."

冉有用矛於齊師,故能入其軍.孔子曰:「義也.」

○ 哀公11(BC 484, 공자 68세 시 위나라에서)

공문자가 노하여 태숙질을 공격하려 하자 중니가 말렸다. 그러나 결국 공문자
가 태숙질의 처를 빼앗았다.

文子怒,欲攻之,仲尼止之.遂奪其妻.

○ 哀公11(BC 484, 공자 68세 시)

공문자가 태숙질을 공격하려 할 때 중니를 찾았다. 중니가 말했다. "전례(典禮)의 일은 일찍이 배운 적이 있으나 군사 일은 들어본 적이 없습니다." 물러나 말에 수레를 지우게 하고 말했다. "새가 나무를 택하지 나무가 어찌 새를 택하겠는가?" 공문자가 황급히 말리면서 말했다. "제가 어찌 감히 사적인 것을 헤아리겠습니까? 선생님을 찾은 것은 위(衛)나라의 난 때문입니다." 멈추려는데, 노(魯)나라 사람이 폐백으로 부르니, 이에 귀국했다.

孔文子之將攻大叔也,訪於仲尼. 仲尼曰:「胡簋之事,則嘗學之矣;甲兵之事,未之聞也.」退,命駕而行,曰:「鳥則擇木,木豈能擇鳥?」文子遽止之,曰:「圉豈敢度其私,訪衛國之難也.」將止,魯人以幣召之,乃歸.

○ 哀公11(BC 484, 공자 68세 시, 유명한 전부법 시행)

계손이 전지에 부세를 매기려 하여, 염유에게 공자를 찾아 물어보게 하였다. 중니가 말했다. "나는 모른다." 세 번을 찾아가서, 마침내 말하기를, 그대는 국가의 원로이며 그대를 기다려 행하고자 하거늘, 어찌 그대는 말을 하지 않습니까?' 하였다. 중니는 대답을 하지 않고, 가만히 염유에게 말하였다. 군자가 일을 행할 때는 예에서 헤아려 베풀 때는 두터운 것을 취하고 일은 그 들어맞는 것을 들며 세금을 거둘 때는 가벼운 것을 따라야 한다. 이렇게 하여야 나도 또한 족할 것이다. 예를 헤아리지 않고 탐욕에 끝이 없다면, 전부세를 매겨도, 또한 부족하게 될 것이다. 또한 계손이 행하려 하는 것이 법도에 맞게 한다면 주공의 법이 있으며, 구태여 하고자 한다면, 또한 어찌 나를 찾느냐?" 그러나 계손씨는 말을 듣지 않았다.

季孫欲以田賦,使冉有訪諸仲尼. 仲尼曰:「丘不識也.」三發,卒曰:「子爲國老,待子而行,若之何子之不言也?」仲尼不對,而私於冉有曰:「君子之行也,度於禮:施取其厚,事擧其中,斂從其薄. 如是,則以丘亦足矣. 若不度於禮,而貪冒無厭,則雖以田賦,將又不足.且子季孫若欲行而法,則周公之典在;若欲苟而行,又何訪焉?」弗聽.

○ 哀公12(BC 483, 공자 69세 시)

공자가 조상(소공의 부인상)에 참석하였다가 계씨에게 갔다. 계씨가 상복을 입
지 않아, 공자도 상복을 벗고 절하였다.

孔子與弔,適季氏.季氏不絻,放絰而拜.

○ 哀公12(BC 483, 공자 69세 시)

겨울 12월에, 메뚜기가 발생하였다. 계손이 중니에게 물었다. 중니가 말했
다. "제가 듣건대 대화성이 숨은 뒤라야 메뚜기들이 모두 숨는다고 합니다.
지금 대화성이 아직 서쪽으로 흐르니 역법을 맡은 사람이 착오를 일으킨 것
입니다."

冬十二月,螽,季孫問諸仲尼.仲尼曰:「丘聞之,火伏而後蟄者畢.今火猶西流,司曆
過也..」

○ 哀公14(BC 481, 공자 71세 시, 기린 포획)

14년 봄에 서쪽 대야에서 사냥을 하였는데 숙손씨의 어자 자서상이 기린을 잡
아 상서롭지 못하게 여겨 우인에게 내렸다. 중니가 그것을 살펴보고는 말하기
를 "기린이다" 하니 그런 다음에야 가져갔다.

十四年春,西狩於大野,叔孫氏之車子鉏商獲麟,以爲不祥,以賜虞人.仲尼觀之,
曰,「麟也」,然後取之.

○ 哀公14(BC 481, 공자 71세 시)

갑오날, 제나라 진항이 그의 군주 임(壬)을 서주에서 죽였다. 공자께서 사흘간
목욕재계하고 제나라를 칠 것을 노나라 군주께 청하였다. 애공이 말하길, "노

나라는 제나라 때문에 시달려 약해진 지 오래인데 그대가 제나라를 치자는 것은 장차 어찌하자는 것이오?' 대하여 말하기를 "진항이 그의 군주를 시해했으니 제나라 백성으로서 그를 따르지 않는 자가 반은 될 것이옵니다. 노나라 백성을 제나라 백성의 반에다 가세시킨다면 이길 수가 있사옵니다." 애공이 말하기를 "그렇다면 계손에게 말하시오." 공자께서는 그만두겠다고 사절하고 물러나 일러 말씀하시길, "내 이 나라 대부의 끝자리나마 차지하고 있는 처지라 할 말을 하지 않을 수가 없었다" 하셨다.

甲午,齊陳恒弒其君壬于舒州.孔丘三日齊,而請伐齊三.公曰:「魯爲齊弱久矣,子之伐之,將若之何?」對曰:「陳恒弒其君,民之不與者半.以魯之衆加齊之半,可克也.」公曰:「子告季孫.」孔子辭,退而告人曰:「吾以從大夫之後也,故不敢不言.」

○ 哀公15(BC 480, 공자 72세 시)

공자는 위'나라에 난리가 났다는 말을 듣고, 말하였다. "시(柴)는 올 것이고, 유(由)는 죽을 것이다."

孔子聞衛亂,曰:「柴也其來,由也死矣.」

○ 哀公16(BC 479, 공자 73세로 卒)

여름 4월 기축일에 공구가 죽었다. 애공이 조문을 내렸다. "하늘이 야속하구나. 잠시라도 더 나라의 원로를 이 세상에 남아 있게 하지 않고, 나 이 사람을 자리에서 쫓아내려 하는구나. 외로운 나는 오랜 병중에 있는 듯하니. 아, 슬프다. 공자여! 어쩔 줄 모르겠구나. 자공이 가로되, 군주는 노나라에서 죽지 못할 것이다! 공자의 말 중에, '예를 잃으면 혼미해지고, 명분을 잃으면 잘못을 행한다.' 뜻을 잃으면 혼미해지고 처할 곳을 잃으면 잘못을 저지른다. 살아서 등용하지 못했으면서 죽어서 조문하는 것은 예가 아니다. 자신을 '一人'이라고 칭한 것은 명분에 맞지 않다. 군주는 두 가지를 잃었다."

夏四月己丑,孔丘卒. 公誄之曰:「旻天不弔,不憖遺一老,俾屛余一人以在位,煢煢余在疚. 嗚呼哀哉尼父!無自律.」子贛曰:「君其不沒於魯乎!夫子之言曰:『禮失則昏,名失則愆.』失志爲昏,失所爲愆. 生不能用,死而誄之,非禮也;稱一人,非名也. 君兩失之.」

『좌전』속 공자의 역사비평

다음은 『좌전』속에 나오는 모두 42개의 공자 관련 기록 중에서 그의 역사비평을 담은 20개의 기록이다.

○ 僖公28(BC 632)

중니가 말하였다. "신하가 임금을 부른 것은 가르침이 될 수 없다. 그러므로 천자가 하양에서 사냥을 했다'라고 사서에 기록하였는데, 사냥할 땅이 아니었음을 말하였고, 또한 덕을 밝힌 것이다."

仲尼曰:「以臣召君,不可以訓. 故書曰『天王狩于河陽』,言非其地也,且明德也.」

○ 文公02(BC 625)

중니가 말했다. '장문중은 不仁한 것이 세 가지였고 不知한 것이 세 가지였다. 유하혜를 밑에 뒀으며, 여섯 개의 관문을 폐지하여 치안을 망쳤고, 첩에게 포를 짜도록 하여 영리사업을 한 것이 세 가지의 不仁한 점이다. 쓸데없는 기물인 산절조절(山節藻梲)을 만들었고, 희공과 민공의 묘 위치를 바꾸도록 하였으며, 바닷새인 원거(鶢鶋)가 노나라 동문 밖에서 4일 동안 머물자 제사지내게 한 것이, 세 가지 不知한 점이다.'"

仲尼曰:「臧文仲,其不仁者三,不知者三. 下展禽,廢六關,妾織蒲,三不仁也. 作虛器,縱逆祀,祀爰居,三不知也.」

○ 宣公02(BC 607)

공자가 말하였다. "동호(董狐)는 과거의 훌륭한 사관으로서 서법에 숨김이 없었다. 조선자(趙宣子)는 과거의 훌륭한 대부이니 법을 위해 오명을 받아들였다. 애석하다, 아예 국경을 넘었더라면 오명은 면할 수 있었을 텐데."

孔子曰:「董狐,古之良史也,書法不隱.趙宣子,古之良大夫也,爲法受惡.惜也,越竟乃免.」

○ 宣公09(BC 600)

공자가 말하였다. "『시경』에서 말하기를, '백성들이 사벽한 이 많거늘, 스스로 사벽함을 세우지 말기를'이라 하였으니, 아마 설야를 이르는 것인저!"

孔子曰:「詩云:『民之多辟,無自立辟.』其洩冶之謂乎!」

○ 成公02(BC 589)

중니께서 그 얘기를 들으시고 말씀하셨다. "아깝다. 여러 읍을 상으로 주는 것만 못했다. 신분에 맞지 않는 기물과 지위를 나타내는 칭호는 사람에게 함부로 허락해줄 수 없는 것이다. 이것에 관한 일은 군주의 중대한 일이다. 명호로 위신을 나타내고, 위신으로 기물을 지키며, 기물로 예를 갈무리 하고, 예로써 의를 행하며, 의로써 이익을 내고, 이익을 가지고 백성들을 다스리는 것이 정치의 대강이다. 남에게 빌려준다면, 남에게 정사를 맡기는 것이다. 정치가 망하면, 나라가 그것을 따를 것이니, 그리 되는 것을 막을 수 없다."

仲尼聞之曰:「惜也,不如多與之邑.唯器與名,不可以假人,君之所司也.名以出信,信以守器,器以藏禮,禮以行義,義以生利,利以平民,政之大節也.若以假人,與人政也.政亡,則國家從之,弗可止也已.」

○ 成公17(BC 574)

공자가 말하기를 "포장자(鮑莊子, 鮑牽)의 지혜는 해바라기만 못하다. 해바라기는 잎으로 해를 가려 자신의 뿌리를 보호한다."[15]

仲尼曰：「鮑莊子之知不如葵, 葵猶能衛其足.」

○ 襄公23(BC 550)

중니가 말하였다. "지혜롭기는 어려운 것이다. 장무중의 지혜를 가지고서도, 노나라에 용납되지 않았으니 까닭이 있는 것이다. 일을 함에 순리를 따르지 않고 시행함에 헤아리지 않아서이다. 『하서(夏書)』에서 말하기를, '이것을 생각함이 여기에 있다' 하였으니, 순리에 따르고 헤아려 베풀라는 것이다."

仲尼曰：「知之難也. 有臧武仲之知, 而不容於魯國, 抑有由也. 作不順而施不恕也. 夏書曰：『念茲在茲』, 順事恕施也.」

○ 襄公25(BC 548)

공자는 말씀하시기를, "志에 이르길, '말로 뜻을 족하게 하고, 글로 말을 족하게 한다' 했다. 사람이 말을 하지 않으면 누가 그 뜻을 알 것인가? 그리고 말을 할 뿐 글이 없다면 그 말 전해짐이 길지 않다. 진(晉)나라가 패자인데, 정나라가 허락도 받지 않고 진(陳)나라를 침략하였으니 문사(정나라에 그럴 권한이 부여된 경위가 기록된)가 아니었으면 정나라는 공을 이루지 못하였을 것이다. 그 점에서 문사는 신중히 다루어야 한다."

仲尼曰：「志有之：『言以足志, 文以足言』. 不言, 誰知其志? 言之無文, 幸而不遠. 晉爲伯, 鄭入陳, 非文辭不爲功. 愼辭也.」

---

15) 포장자(鮑莊子)는 제나라의 대부로서 경극(慶克)의 비리를 국무자(國武子)에게 고발했다가 도리어 자신의 발이 잘리는 월형(刖刑)을 당했다.

○ 襄公27(BC 546)

중니가 이 예법을 기록하여 올리게 한 것은 문사(文辭)가 많다고 생각하여서
이다.

仲尼使擧是禮也,以爲多文辭.

○ 襄公31(BC 542)

중니가 이 말을 듣고 말하였다. "이로써 살펴보건대 사람들이 자산(子産)을 어
질지 않다고 한다면 나는 믿지 않을 것이다."

仲尼聞是語也,曰:「以是觀之,人謂子産不仁,吾不信也.」

○ 昭公05(BC 537)

중니가 말했다. "숙손소자가 수우의 공로에 보답하지 않은 일은 범인은 할 수
없는 일이다. 주임이 이런 말을 했다. '위정자는 사사로운 수고에 보상하지 않
고 사적인 원한에 죄를 묻지 않는다.' 『시』는 '바른 덕을 실천하면 천하가 그를
따른다'고 말하지 않는가!"

仲尼曰:「叔孫昭子之不勞,不可能也.周任有言曰:『爲政者不賞私勞,不罰私怨.』
詩云:『有覺德行,四方順之.』」

○ 昭公07(BC 535)

중니가 말했다. "허물을 고칠 수 있는 사람은 군자다. 『시』에서 말하기를 '군자
는 본받는다'고 하였는데, 맹희자는 본받았다고 할 수 있을 따름이다."

仲尼曰:「能補過者,君子也.詩曰『君子是則是效』,孟僖子可則效已矣.」

○ 昭公12(BC 530)

중니가 말하였다. "옛 기록이 있는데, '자신을 극복하여 예를 회복함이 인이다'

라고 하였다. 실로 훌륭하도다! 초영왕이 이렇게 할 수 있었다면 어찌 건계에서 치욕(기질의 공격을 받고 자살)을 당하였겠는가?'

仲尼曰:「古也有志:『克己復禮,仁也.』信善哉!楚靈王若能如是,豈其辱於乾谿?」

○ 昭公13(BC 529)

중니가 자산에 대하여 말하였다. "이 행보로 족히 나라의 기틀을 다졌도다. 『시』에서 말하기를, '즐겁도다, 군자여, 나라의 기틀이라네'라 하였는데, 자산은 군자로 즐거움을 구한 자이다. 또한 말하였다. '제후를 규합하여 공물의 기준을 제정하였으니 예에 맞았다.'"

仲尼謂子産:「於是行也,足以爲國基矣.詩曰:『樂只君子,邦家之基.』子産,君子之求樂者也.」且曰:「合諸侯,藝貢事,禮也.」

○ 昭公14(BC 528, 숙향에 대한 공정한 평가)

중니가 말하였다. "숙향은 옛사람의 정직한 유풍이 있다. 나라를 다스림에 형법을 제정하여 친속을 숨기지 않았다. 아우 숙어(叔魚)의 죄악을 세 번 꾸짖어 엷아지거나 줄어들지 않게 하였다. 도의라 하겠으니 곧다 할 수 있겠다. 평구의 회맹에서는 그 재물 탐함을 꾸짖고 위나라를 너그러이 용서하니 진나라가 포학해지지 않게 하였다. 노나라의 계손을 돌려보내면서 그 속임을 일컫고 노나라는 너그러이 용서하니 진나라가 잔학해지기 않게 하였다. 형후의 송옥에서는 그 탐욕을 말하여 형법을 바로잡았으니 진나라가 치우치지 않게 하였다. 세 번 말하여 세 번 죄악을 없앴으며 세 가지 이익을 더하였다. 친속을 죽이고 더욱 영예로워졌으니 도의를 행하였기 때문이다!'

仲尼曰:「叔向,古之遺直也.治國制刑,不隱於親.三數叔魚之惡,不爲末減.義也夫,可謂直矣!平丘之會,數其賄也,以寬衛國,晉不爲暴.歸魯季孫,稱其詐也,以寬魯國,晉不爲虐.刑侯之獄,言其貪也,以正刑書,晉不爲頗.三言而除三惡,加三利.殺親益榮,猶義也夫!」

○ 昭公20(BC 522, 공자 30세 때, 있을 수 있는 당해 연도 역사비평)

(제나라 군주가 사냥터에서 사냥터를 지키는 관리를 부름에 관리가 오지를 않자 그를 체포하여 이유를 물었더니 "사냥 중에 군주가 대부를 부를 때는 깃발로, 사(士)를 부를 때는 활로, 관리를 부를 때는 모자로 부르셨는데 저는 모자로 부르지 않으셔서 감히 나오지 못했습니다" 하여 그를 풀어주게 하였다는 기록 뒤에) 중니가 말하였다. "도를 지킴이 관직을 지킴만 못하다."

仲尼曰:「守道不如守官.」

○ 昭公20(BC 522, 공자 30세 때, 당해 연도 평가)

중니가 말하였다. "훌륭하도다! 정치가 너그러우면 백성이 태만해지고 태만해지면 엄하게 하여 바로잡는다. 엄해지면 잔인해지고 잔인해지면 너그러이 하여 시행한다. 너그러움으로 엄함을 조절하고 엄함으로 너그러움을 조절하니 정치는 화해로워진다. 『시』에서 말하기를 '백성들 몹시 수고로우니 조금이나마 편안해졌으면 중원 은혜롭게 하여 사방 편안케 하네'라 하였으니 너그러운 정치를 편 것이다. '함부로 남을 따르는 자들 버려두지 않고 좋지 못한 자들 삼가며 약탈하고 포학한 짓 하는 자와 일찍이 밝음 두려워 않는 이들 막아주기를 했으니 엄한 것으로 바로잡는 것이다. 먼 곳 사람 편안하게 하고 가까운 사람 따르게 하여 우리 임금 안정시키기를'이라 하였으니 화해로움으로 균형을 맞춘 것이다. 또 말하기를 '강하지도 않고 늘어지지도 않으며 군세지도 않고 부드럽지도 않아 정치 폄이 넉넉하니 갖은 복 모여드네'라 하였으니 화해로움이 지극한 것이다."

仲尼曰:「善哉!政寬則民慢,慢則糾之以猛.猛則民殘,殘則施之以寬.寬以濟猛, 猛以濟寬,政是以和.詩曰『民亦勞止,汔可小康;惠此中國,以綏四方』,施之以寬也.『毋從詭隨,以謹無良;式遏寇虐,慘不畏明』,糾之以猛也.『柔遠能邇,以定我王』,平之以和也.又曰『不競不絿,不剛不柔,布政優優,百祿是遒』,和之至也.」

○ 昭公28(BC 514, 공자 38세 때, 당해 연도(?) 위헌자 인사 평가)

중니가 위자가 등용한 일을 듣고는 의롭게 여겨 말하였다. "가까이는 친속을 잃지 않고 멀리는 등용함을 잃지 않았으니 의라 할 만하다. 또한 그가 가신에게 명한 것을 듣고는 충성스럽게 생각하여 『시』에서 말하기를 '영원히 천명에 부합하니 스스로 많은 복록 구하리라'라 하였으니 충성스러운 것이다. 위자의 등용은 의롭고 명령은 충성스러우니 진나라에 오래도록 그 후손이 있을 것이다."

仲尼聞魏子之擧也,以爲義,曰:「近不失親,遠不失擧,可謂義矣.」又聞其命賈辛也,以爲忠,「詩曰『永言配命,自求多福』,忠也.魏子之擧也義,其命也忠,其長有後於晉國乎!」

○ 昭公29(BC 513, 공자 39세 때, 당해 연도 晉나라 刑鼎鑄造에 관한 평가)

중니가 말하였다. "晉나라는 망할 것이다! 그 법도를 잃었으니. 진나라는 당숙이 전해준 법도를 지켜서 그 백성을 다스려야 하며 경대부는 직책대로 그들을 지켜야 하고 백성들은 이에 의거해 귀인을 존중할 수 있고 그 가업을 지킬 수 있다. 귀천 간에 어그러지지 않는 것이 이른바 법도이다. 문공은 이로 인해 관위의 차서를 관장하는 관직을 만들었고 피려(被廬)의 법을 만들어 맹주가 되었다. 지금 이 법도를 버리고 형정(刑鼎)을 만들었으니 백성들은 정(鼎)만 살피게 될 것으로 어떻게 귀인을 존중하겠는가? 귀인은 무슨 가업을 지키겠는가? 귀천에 차서가 없으면, 어떻게 나라를 다스리겠는가? 또한 저 범선자의 형법은 이에서 열병할 때 만든 것으로 晉나라의 어지러운 제도이니 그 어찌 법이 되겠는가?"

仲尼曰:「晉其亡乎!失其度矣.夫晉國將守唐叔之所受法度,以經緯其民,卿大夫以序守之,民是以能尊其貴,貴是以能守其業.貴賤不愆,所謂度也.文公是以作執秩之官,爲被廬之法,以爲盟主.今棄是度也,而爲刑鼎,民在鼎矣,何以尊貴?貴何業之守?貴賤無序,何以爲國?且夫宣子之刑,夷之蒐也,晉國之亂制也,若之何以爲法?」

○ 哀公06(BC 489, 공자 63세 때, 당해 연도 역사비평)

공자가 말했다. "초소왕은 큰 도를 안다. 나라를 잃지 않음이 마땅하다! 『하서』에서 말하기를 저 요임금은 저 하늘의 강상 따라, 이 중원의 지방 가지셨다네. 이제 (걸왕은) 그 행실을 잃어 그 기강 어지럽히고, 이에 멸망하였도다' 하였고, 또 말하기를, '길흉화복이라는 것은 모름지기 자기로 말미암아 떳떳함을 따르면 되는 것이다."

孔子曰:「楚昭王知大道也.其不失國也,宜哉!夏書曰,惟彼陶唐,帥彼天常,有此冀方.今失其行,亂其紀網,乃滅而亡.又曰,允出兹在兹.由己率常,可矣.」

자로 子路
유(由)

자로는 노양공(魯襄公) 31년(BC 542) 노(魯)나라에서 태어났으며 변읍(卞邑) 사람이었다. 성명은 중유(仲由)였고, 자는 자로(子路) 또는 계로(季路)라고 했다. 그는 공자의 제자로서 수많은 제자들 중에서 단연 특출했는데, 그것은 그가 공자와 불과 아홉 살 차이로 다른 제자들에 비해 나이가 훨씬 많았기 때문이다. 공자의 제자들 중에도 물론 나이가 많은 제자가 있었지만, 공자가 노나라를 떠나기 전에 제자가 된 초기 제자들은 공자보다 평균 30세 정도의 연령 차이가 있었다. 때문에 공자는 자로를 대할 때 어느 정도 나이대접을 하곤 했다. 이를테면 공자는 그를 부를 때 "유"(由)라고만 불렀다. 이는 자공(子貢)을 부를 때 "사야"(賜也), 증삼(曾參)을 부를 때 "삼아"(參乎)라고 하고 호격어조사를 붙인 것과 다른 것이었다.[16]

자로가 어떤 인물인지에 대해서는 구태여 그런 점을 알리기 위해 기록한 것도 아닌 논어에 너무나도 여러 단편에 그 사람됨이 소상히 밝혀져 있다. 이를테면 망망대해에 한 조각 뗏목을 타고 떠도는 것 같은 상황이지만, 자로는 그런 상황도 기꺼이 함께할 사람이라는 공자의 탁월한 인물평을 받을 수 있었다.(5/7)

용기를 좋아하고 옳고 그름을 판단하는 문제 앞에서 결코 망설이지 않는 자로의 모습은 그가 등장하는 거의 모든 단편을 단지 일별해 보는 것만으로

---

16) 단순히 주격(主格) 어조사가 아닌 호격(呼格) 어조사로서 야(也)가 자로의 이름 뒤에 붙어 있는 논어 17/8의 사례는 오히려 해당 단편이 위작임을 보여주는 증거가 되기도 한다.

도 누구나 알 수 있다. 그의 사람됨은 그만큼 선명하고 확실했다. 그 점은 깊이 생각하고 여러 특성을 진지하게 살펴보지 않으면 제대로 알기 어려운 공자와 크게 다른 점이기도 했다. 그것은 스승 공자와 제자 자로가 서로 다른 점이기만 한 것이 아니라 때로는 충돌도 하고 갈등을 만들어내는 측면이기도 했다. 그 때문에 자로는 공자에 대해 남다른 존경심이 있었지만 사안에 따라서는 공자와 의견 상충을 드러내기도 했고, 심지어 공자는 자로의 주장은 내 주장과 다르다고 공개적으로 선언하기도 하였다.

선생님께서 말씀하셨다.
"유(由)의 비파를 어찌 나의 문(門)에서 타느냐?"
문인들이 자로를 존경하지 않자 선생님께서 말씀하셨다.
"유(由)는 마루에는 올라왔으나 방 안에는 들어오지 못했다." 11/16

이 이야기를 하는 과정에서 당시 후배 제자들은 선배 제자인 자로를 공경하기도 했고 공자는 그런 상황을 인정하기도 했던 것을 알 수 있다. 물론 이런 상황이 조성된 것은 단지 자로의 나이가 많았기 때문만은 아니다. 자로는 의로운 일이라면 발 벗고 나서는 사람이었고, 용기에 관한 한 자타가 공인하는 사람이었다. 공자와 제자들이 위나라에 갔을 때 공자가 위령공의 부인인 남자(南子)를 만났을 때 자로는 기뻐하지 않았다.(不說) 공자는 자로의 반응에 황급히 자신이 잘못한 것이 없다고 부인했다. 왜 그렇게 단호한 어조로 부인했는지는 그녀를 만난 이유와 더불어 도무지 알 수 없는 일이었다.

또 공산불요(公山弗擾)가 비읍(費邑)에서 반역을 꾀하고 공자를 불렀을 때, 그리고 필힐(佛肹)이 중모(中牟)에서 반역을 꾀하고 역시 공자를 불렀을 때 그가 가려고 하자 자로는 극력 반대했다. 이런 강직한 기질 때문에 어떤 제자들은 공자를 존경하면서도 현실적으로는 자로의 행보를 더 주목하고 그의 주장에 더 귀를 기울이기도 했다. 공자는 그런 상황을 역설적으로 다음과 같이 이야기하기도 했다.

"내가 자로를 제자로 둔 이후부터는 사람들의 비난을 듣지 않게 되었다."[17]

이 기록은 물론 자로에 대한 칭찬인 동시에 자로의 한계를 짚은 것이다. 공자는 위정자들과 이야기할 기회가 있으면 끊임없이 자로를 쓸 만한 인물 제1순위로 천거하였다. 결국 자로는 정공 12년(BC 498) 계씨가의 가재로 등용되었다. 자로의 나이 45세 되던 해였다. 그는 양호로 인하여 망신을 당한 삼환의 체면을 되살리는 데에 중요한 인물이 되었다. 자로에 대해 한 번도 언급을 하지 않던 『좌전』은 비로소 그가 계씨가의 가재가 된 사실과 함께 그의 등용을 기점으로 삼환의 거점 읍, 비(費), 후(郈), 성(成)의 세 성(城)을 무너뜨리기 시작했음을 기록하고 있다. 우여곡절 끝에 두 읍의 성은 무너뜨렸으나 결국 맹씨가의 거점 읍이었던 성(成)읍의 성은 허무는 데에는 실패하고 말았다.

자로에 관한 『좌전』의 다음 기록은 자로가 계씨가의 가재가 되고 나서 2년이 지난 애공 14년(BC 481)에 등장한다. 노나라 인근 소주(小邾)나라의 대부 역(射)이 구역(句繹)의 땅을 가지고 노나라로 도망쳐 와서 말했다. "자로께서 나와 약정을 해주신다면, 맹약 맺는 일은 하지 않겠습니다." 그래서 계강자가 자로에게 말했더니 자로는 거절했다. 계강자가 다시 염유를 시켜 자로에게 "천승지국(千乘之國)인 노나라의 맹약은 믿지 않고 당신의 말을 믿겠다고 하는데 당신은 어찌 그것을 수치라 하십니까?" 했다. 자로는 "노나라가 소주나라와 싸우는 일이 있다면 나는 감히 그 싸움의 이유를 묻지 않고 싸우러 나가 적의 도성 밑에서 죽어도 좋습니다. 그러나 지금 그 사람은 소주나라를 배신

---

17) 自吾得由,惡言不聞於耳. 『사기』 「중니제자열전」

하고 온 불충한 신하인데 그가 말하는 대로 들어준다면, 그건 그의 잘못을 옳게 만들어주는 셈이니 저는 그렇게 할 수 없습니다" 하였다. 자로다운 대응이 아닐 수 없었다.

이듬해인 애공(哀公) 15년(BC 480) 가을, 자로가 위나라에 있으면서 제나라를 실질적으로 좌지우지하고 있던 진성자(陳成子)의 형 진관(陳瓘)과 만나 노나라와 제나라가 불필요하게 갈등을 일으킬 필요가 있겠느냐고 설득하는 모습을 볼 수 있다. 그렇다면 자로는 애공 14년 하반기든 15년 상반기 중에 계씨가의 가재를 그만두고 위나라로 옮겨왔을 것이다. 물론 그것은 삼환의 읍성을 허무는 과정에서 빚어진 삼환과의 갈등 때문이거나 소주나라 대부 역의 제안을 거부하여 계강자와의 관계가 틀어졌기 때문일 가능성이 높다. 만약 다른 가능성이 있었다면 애공 15년 위(衛)나라에서 공문자가 죽었기 때문에 공씨 가문의 필요에 따라 초청받았을 가능성도 있다. 어쨌든 위나라에 올 때 자로는 자신을 따르는 자고를 함께 데리고 온 것 같다.

공문자는 위령공(衛靈公)의 딸 백희(伯姬, 孔姬)와 결혼하여 공회(孔悝)를 낳아 당시는 이미 공회가 가문의 종주가 되어 있었다. 그런 공문자가 죽자 진(晉)나라에 망명가서 조간자에게 의탁해 있던 위나라의 태자 괴외는 여장(女裝)을 하고 공씨가의 궁성으로 잠입하여 변란을 일으킨 후 누나인 백희와 함께 공회를 압박하여 자신을 군주로 추대하도록 강압하였다. 공씨가의 가신 난령(欒寧)은 변란이 일어났음을 알고 누구보다 먼저 자로에게 알리는 한편 자신은 군주인 출공(出公)을 모시고 유유히 노나라로 도망쳤다.

자로는 변란 소식을 듣고 황급히 도성으로 들어가려 하는 중에 자고를 만났다. 자고는 성문이 이미 닫혔기 때문에 들어갈 수 없을 뿐 아니라 상황이 위급한 만큼 들어가지 않는 것이 좋겠다고 충고했다. 그러나 자로는 공씨 가문의 녹을 먹고 있는 처지에서 공회가 잡혀서 협박을 당하고 있는 상황을 두고 볼 수만 없다며 어렵게 성내로 들어갔다. 그런 다음 대에 올라 있는 괴외를 향해 공회의 석방을 요구하면서 만약 불응하면 대에 불을 지르겠다고 위협하였다. 겁이 난 괴외는 석걸(石乞)과 우염(盂黶)을 시켜 대적하게 하였다. 이 싸움에서 자로는 창을 맞고 죽었다.

이때 공자는 노나라에서 위나라의 난리 소식을 듣고 "자고는 돌아올 것이나 자로는 죽을 것이다"라고 말했다 한다. 논어에는 "유와 같은 사람은 순리의 죽음을 맞지 못할 듯하다"(11/14)는 공자의 말이 수록되어 있는데, 역시 같은 사건이 배경이었을 것이다. 공회는 어쩔 수 없이 괴외를 위나라의 군주로 추대하였다. 그가 곧 장공(莊公)이다.

공자학단은 어떻게 보면 학단의 제2인자가 죽었지만 논어는 그 어디에도 자로의 죽음과 관련된 다른 기록을 남기지 않고 있다. 안연이 죽고 나서 제법 여러 기록이 논어에 남아 있는 것과 달리 자로의 죽음과 관련된 기록은 논어에 남아 있지 않다. 안연의 죽음 앞에서 목 놓아 통곡했던 공자는 자로의 사망 소식을 듣고 과연 어떤 모습을 보였을까? 돌이켜보면 40여 년 전 위나라 제표(齊豹)의 난 때 종로(宗魯)가 자신을 돌봐주고 있던 맹집(孟縶, 衛靈公의 형)을 몸을 던져 경호하다가 죽은 것을 의롭게 여겨 공자의 친구 금뢰(琴牢)가 조문을 가려하자 금뢰를 맹렬히 비난했던 공자였다. 누구보다 사랑했던 제자였던 만큼 공자는 역시 눈물을 보였을까? 아니면 40여 년 전과 마찬가지로 어리석은 죽음이었다고 그를 또 나무랐을까? 논어에도 『좌전』에도 공자는 아무런 반응을 남기지 않았다. 다만 자로가 그렇게 비참하게 세상을 떠나고 단 4개월 후 그도 노나라에서 조용히 세상을 떠났을 뿐이다.

자로 관련 주요 논어 단편(16개)

9/26

선생님께서 말씀하셨다.

"해진 솜두루마기를 입고 여우나 담비 털옷을 입은 자와 함께 서서도 부끄러워하지 않을 사람은 바로 유(由)일 것이다."

子曰;衣敝縕袍,與衣狐貉者立而不恥者,其由也與.

5/7

선생님께서 말씀하셨다.

"도(道)가 행해지지 않아 뗏목을 타고 바다 위에 떠도는 것 같구나. 나를 따를 자는 바로 유(由)일 게다."

자로(子路)가 그 말을 듣고 기뻐하자 선생님께서 말씀하셨다.

"유(由)는 용기를 좋아하는 것은 나보다 더 하나 뗏목감을 구할 바가 없구나."

子曰;道不行,乘桴浮于海.從我者其由與.子路聞之喜.子曰;由也好勇過我,無所取材.

12/13

선생님께서 말씀하셨다.

"몇 마디 말로써 소송을 판결할 수 있는 자는 곧 유(由)일 것이다."

자로는 대답을 미루는 일이 없었다.

子曰;片言可以折獄者,其由也與!子路無宿諾.

5/26

안연과 계로가 모시고 있는데 선생님께서 말씀하셨다.

"각자 자기 소망을 말해보지 않겠느냐?"

자로가 말하였다.

"수레와 말을 타고 가벼운 가죽옷을 입고 벗들과 더불어 함께 즐기다가 그것들이 못쓰게 되어도 유감이 없기를 원합니다."

안연이 말하였다.

"선을 내세움이 없기를, 헛되이 베풂이 없기를 원합니다."

자로가 말하였다.

"선생님의 소망을 듣기 원합니다."

선생님께서 말씀하셨다.

"늙은이들은 그것을 누리고 벗들은 그것을 믿고 젊은이들은 그것을 품는 것이다."

顏淵季路侍. 子曰;盍各言爾志?子路曰;願車馬, 衣輕裘, 與朋友共, 敝之而無憾. 顏淵曰;願無伐善, 無施勞. 子路曰;願聞子之志. 子曰;老者安之, 朋友信之, 少者懷之.

7/12

자로가 말했다.

"선생님께서 삼군을 지휘하신다면 누구와 함께하시겠습니까?"

선생님께서 말씀하셨다.

"맨손으로 호랑이를 잡으려 들거나 걸어서 강을 건너려 하다가 죽더라도 뉘우치지 않는 사람과 나는 함께하지 않겠다. 일에 임해서는 두려워하고 궁리하기를 좋아하여 마침내 이루는 자와 반드시 함께할 것이다."

子路曰;子行三軍則誰與?子曰;暴虎馮河,死而無悔者,吾不與也.必也臨
事而懼,好謀而成者也.

5/8

맹무백(孟武伯)이 물었다.

"자로(子路)는 어진가요?"

선생님께서 말씀하셨다.

"모르겠습니다."

또 그가 묻자 선생님께서 말씀하셨다.

"유(由)는 제후의 나라에서 병무(兵務)를 관장시킬 수는 있을 것입니다.
그러나 그가 어진지는 모르겠습니다."

"구(求)는 어떻습니까?"

선생님께서 말씀하셨다.

"구(求)는 천 호(戶)의 고을에서 읍재를 맡기거나 백승(百乘)의 가(家)에
서 가재를 맡길 수는 있을 것입니다. 그러나 그가 어진지는 모르겠습
니다."

"적(赤)은 어떻습니까?"

선생님께서 말씀하셨다.

"적(赤)은 허리띠를 매고 조정에 나아가 빈객과 더불어 담론하게 할 수
는 있을 것입니다. 그러나 그가 어진지는 모르겠습니다."

孟武伯問;子路仁乎?子曰;不知也.又問.子曰;由也,千乘之國,可使治其
賦也.不知其仁也.求也,何如?子曰;求也,千室之邑,百乘之家,可使爲之宰

也.不知其仁也.赤也,何如?子曰;赤也,束帶立於朝,可使與賓客言也.不知
其仁也.

6/28
선생님께서 남자(南子)를 만나시니 자로(子路)가 못마땅해하였다. 선생
님께서 맹세하여 말씀하셨다.
"내가 잘못한 것이 있다면 천벌을 받겠다. 천벌을 받겠다."
子見南子,子路不說.夫子矢之曰;予所否者,天厭之!天厭之!

7/20
섭공(葉公)이 자로에게 공자에 관해 물었으나 자로는 대답하지 못했
다. 이를 두고 선생님께서 말씀하셨다.
"너는 왜 그의 사람됨이 발분하면 먹는 것을 잊고 즐거움으로써 근심
을 잊으며 장차 늙음이 오리라는 것도 모르고 있는 사람이라고 말하지
않았느냐?"
葉公問孔子於子路,子路不對.子曰;女奚不曰,其爲人也,發憤忘食,樂以忘
憂,不知老之將至云爾.

11/14
"유(由)와 같은 사람은 순리의 죽음을 맞지 못할 듯하다."
若由也,不得其死然.

11/16
선생님께서 말씀하셨다.

"유(由)의 비파를 어찌 나의 문(門)에서 타느냐?"

문인들이 자로를 존경하지 않자 선생님께서 말씀하셨다.

"유(由)는 마루에는 올라왔으나 방안에는 들어오지 못했다."

子曰;由之瑟,奚爲於丘之門?門人不敬子路.子曰;由也升堂矣,未入於室也.

11/19

시(柴)는 어리석고 삼(參)은 노둔하며 사(師)는 편벽되고 유(由)는 거칠다.

柴也愚,參也魯,師也辟,由也喭.

11/26

자로(子路)가 자고(子羔)를 비읍(費邑)의 읍재(邑宰)를 삼자 선생님께서 말씀하셨다.

"남의 자식을 해치는구나."

자로가 말했다.

"백성이 있고 사직이 있는데 어찌 꼭 책을 읽어야만 배우겠습니까?"

선생님께서 말씀하셨다.

"이런 까닭에 말만 그럴듯하게 하는 자를 미워하는 것이다."

子路使子羔爲費宰.子曰;賊夫人之子.子路曰;有民人焉,有社稷焉,何必讀書然後爲學?子曰;是故惡夫佞者.

17/5

공산불요(公山弗擾)가 비읍에서 반역을 꾀하고 선생님을 부르자 선생님께서 가시려고 하셨다. 자로(子路)가 못마땅해하며 말했다.

"가지 마십시오. 하필 공산씨에게 가시려고 하십니까?"

선생님께서 말씀하셨다.

"무릇 나를 부르는 자라면 어찌 하찮은 자이기야 하겠느냐? 만약 나를 쓰는 자가 있다면 나는 그곳을 동방의 주(周)나라로 만들겠다."

公山弗擾以費畔, 召. 子欲往. 子路不說曰; 末之也已. 何必公山氏之之也. 子曰; 夫召我者, 而豈徒哉? 如有用我者, 吾其爲東周乎.

17/7

필힐(佛肹)이 부르자 선생님께서 가시려 하니 자로가 말했다.

"옛날 제가 선생님께 듣기로는 '자신이 직접 불선한 일을 행한 자에게 군자는 가담하지 않는다'고 하셨습니다. 필힐은 중모(中牟)에서 반역을 꾀한 자입니다. 선생님께서 그에게 가시겠다니 어찌 된 일입니까?"

선생님께서 말씀하셨다.

"그렇다. 그런 말을 한 적이 있다. 그러나 '갈아도 얇아지지 않는다면 견고하다 할 수 있지 않겠느냐? 검게 물들이려 해도 검어지지 않는다면 희다 할 수 있지 않겠느냐? 내가 어찌 박이겠느냐? 어찌 능히 매달려만 있고 먹히지는 않겠느냐?"

佛肹召. 子欲往. 子路曰; 昔者由也聞諸夫子曰, 親於其身爲不善者, 君子不入也. 佛肹以中牟畔, 子之往也, 如之何? 子曰; 然, 有是言也. 不曰堅乎? 磨而不磷, 不曰白乎? 涅而不緇. 吾豈匏瓜也哉! 焉能繫而不食?

15/2

진나라에 계실 때 양식은 떨어지고 종자들은 병이 나 일어나지를 못했다. 자로(子路)가 화가 나서 뵙고 말했다.

"군자에게도 궁함이 있습니까?"

선생님께서 말씀하셨다.

"군자는 궁하더라도 참고 견디나 소인은 궁하면 선을 넘는다."

在陳絶糧,從者病,莫能興. 子路慍見,曰;君子亦有窮乎?子曰;君子固窮,小人窮斯濫矣.

9/11

선생님께서 중병이 드시자 자로가 문인으로 하여금 가신 역할을 수행케 하니 선생님께서 병중에 말씀하셨다.

"유(由)가 거짓을 행한 지도 오래되었구나. 가신이 없는데도 가신이 있는 것처럼 하였으니 내가 누구를 속이겠는가? 하늘을 속이겠는가? 또 내가 가신의 보살핌 속에서 죽는 것보다 차라리 너희들의 보살핌 속에서 죽는 것이 낫지 않겠느냐? 또한 내가 비록 거창한 장례를 치를 수 없다 하더라도 길거리에서 죽기야 하겠느냐?"

子疾病,子路使門人爲臣,病間,曰;久矣哉,由之行詐也.無臣而爲有臣,吾誰欺?欺天乎?且予與其死於臣之手也,無寧死於二三子之手乎?且予縱不得大葬,予死於道路乎?

생략 단편 : 6/8, 9/11, 11/3, 13/3, 17/8

『좌전』의 자로 관련 기록

○ 定公12(BC 498)

중유가 계씨의 가재가 되어, 세 도읍의 성을 허물려 해, 이에 숙손씨가 후읍(郈邑)의 성을 허물었다. 계씨가 비읍(費邑)의 성을 허물려 하자, 공산불뉴와 숙손첩이 비읍의 사람들을 거느리고 노나라를 습격하였다. 공과 세 사람이 계씨의 궁으로 들어가 계무자의 대(臺)에 올랐다. 비읍의 사람들이 공격하였으나 이기지 못하였다. 들어와 공의 곁에까지 닥치자, 중니가 신구수와 악기에게 명을 내려 그들을 치게 했다. 비읍 사람들이 패배했다. 노나라 사람들이 그들을 뒤쫓아가 고멸성에서 그들을 물리쳤다. 두 사람(공손불뉴와 숙손첩)은 제나라로 달아났고, 드디어 비읍을 무너뜨렸다. 이어 성성(成城)도 쳐부수려고 했으나 공렴처보(公斂處父)가 맹손에게 말하기를 "성성을 함락당하면 제나라 사람들이 반드시 노나라 도성의 북문으로 쳐들어옵니다. 더구나 성성은 맹손씨의 본거지이니 성성이 없어지면 맹손씨도 없어지는 것입니다. 나으리께서는 우선 모른 체하십시오. 제가 함락당하지 않도록 하겠습니다"라고 하였다. 겨울 12월에 노나라 정공이 성읍을 포위했으나 이기지 못했다.

仲由爲季氏宰,將墮三都,於是叔孫氏墮郈.季氏將墮費,公山不狃叔孫輒帥費人以襲魯.公與三子入于季氏之宮,登武子之臺.費人攻之,弗克.入及公側,仲尼命申句須樂頎下,伐之.費人北.國人追之,敗諸姑蔑.二子奔齊,遂墮費.將墮成,公斂處父謂孟孫:「墮成,齊人必至于北門.且成,孟氏之保障也.無成,是無孟氏也.子僞不知,我將不墮.」十二月,公圍成,弗克.

○ 哀公14(BC 481)

소주나라의 대부 역(射)이 구역(句繹)의 땅을 가지고 노나라로 도망쳐 와서 말했다. "계로가 나와 약정을 해주신다면, 맹약 맺는 일은 하지 않겠습니다." 그래서 자로에게 시켰더니 자로는 거절했다. 계강자가 염유를 시켜 자로에게 말하게 하기를 "천승지국(千乘之國)인 노나라의 맹약은 믿지 않고 당신의 말을 믿겠다고 하는데 당신은 어찌 그 일을 수치라 하시오?" 했다. 자로가 답하길, "노나라가 소주나라와 싸우는 일이 있다면 나는 감히 그 싸움의 이유를 묻지 않고 싸우러 나가 적의 도성 밑에서 죽어도 좋습니다. 그 사람은 불충한 신하인데 그가 말하는 대로 들어준다면, 그건 그의 잘못을 옳게 만들어주는 셈이니 저는 그렇게 할 수 없습니다."

小邾射以句繹來奔, 曰:「使季路要我, 吾無盟矣.」使子路, 子路辭. 季康子使冉有謂之曰:「千乘之國, 不信其盟, 而信子之言, 子何辱焉?」「魯有事于小邾, 不敢問故, 死其城下可也. 彼不臣, 而濟其言, 是義之也, 由弗能.」

○ 哀公15(BC 480)

가을에 제나라의 진관(陳讙, 진성자의 형)이 초나라로 가다가 위나라를 지나게 되었는데 중유(仲由)가 그를 보고 말했다. "하늘이 혹 진씨를 도끼로 삼아 이미 공실을 쪼개어 없애고 다른 사람으로 하여금 갖게 할지 알 수가 없으며 끝내 누리게 할지도 또한 알 수 없소이다. 노나라를 잘 대하여 때를 기다리면 또한 옳지 않겠습니까? 왜 꼭 나쁘게 대하려 하십니까?" 자옥(子玉, 陳讙)이 말하였다. "그렇소. 나는 명을 받고 초나라에 가는 길이니 그대가 누군가를 시켜 내 아우(陳成子)에게 말해보시오."

秋, 齊陳讙如楚, 過衛, 仲由見之, 曰:「天或者以陳氏爲斧斤, 旣斲喪公室, 而他人有之, 不可知也; 其使終饗之, 亦不可知也. 若善魯以待時, 不亦可乎! 何必惡焉?」子玉曰:「然. 吾受命矣, 子使告我弟.」

○ 哀公15(BC 480)

난령(欒寧)이 술을 마시려다, 고기가 채 익지 않은 중에 난이 일어난 것을 듣고 자로(子路, 季子)에게 알리게 하였으며, 획(獲)을 불러 수레를 매게 하고는 가면서 술을 마시고 고기를 먹으면서 위후 첩을 모시고 도망쳐 왔다. 자로가 들어가려다가 자고(子羔)가 나오려는 것을 만나 말했다. "문이 이미 닫혔습니다." 자로가 말하였다. "내 잠시 가봐야겠네." 자고가 말했다. "이를 수 없습니다, 화를 당하지 마십시오." 계로는 "내 공씨의 녹을 먹어온 사람이니 곤란을 피할 수는 없네." 자고는 그 길로 떠났다. 자로가 도읍으로 들어가려 성문에 이르니, 공손감(公孫敢)이 성문을 지키며 "들어오지 마시오." 자로가 "이는 공손인데 이익을 구하면서도 그 어려움에서는 달아나고 있습니다. 저는 그렇지 않으니 그 녹을 구한다면 반드시 그 환란을 구원하겠습니다." 어떤 사자가 나오자 이에 들어가 말하였다. "태자가 어찌 공회(孔悝)를 쓰겠습니까? 비록 죽인다고 하더라도 반드시 누가 그 뒤를 이을 것입니다." 또한 말하였다. "태자는 용기가 없어 대에 불을 질러 반쯤 타면 반드시 공숙(공회)을 풀어 줄 것입니다." 태자는 그 말을 듣고 두려워하였으며 석걸과 우염을 보내어 자로와 싸우게 하여 창으로 그를 치니, 갓끈이 끊어졌다. 자로가 말하기를 "군자는 죽을 때 갓을 벗지 않는다" 하면서 갓끈을 묶고 죽었다. 공자께서 위나라에 난리가 났다는 소식을 들으시고, "고시는 피해 올 것이나 자로는 죽을 것이다"라고 말씀하셨다.

欒寧將飮酒,炙未熟,聞亂,使告季子;召獲駕乘車,行爵食炙,奉衛侯輒來奔.季子將入,遇子羔將出,曰:「門已閉矣.」季子曰:「吾姑至焉.」子羔曰:「弗及,不踐其難!」季子曰:「食焉,不辟其難.」子羔遂出,子路入.及門,公孫敢門焉,曰:「無入爲也.」季子曰:「是公孫也,求利焉,而逃其難.由不然,利其祿,必救其患.」有使者出,乃入,曰:「大子焉用孔悝?雖殺之,必或繼之.」且曰:「大子無勇,若燔臺,半,必舍孔叔.」大子聞之,懼,下石乞 盂黶適子路,以戈擊之,斷纓.子路:「君子死,冠不免.」結纓而死.孔子聞衛亂,曰:「柴也其來,由也死矣.」

자공 子貢
사(賜)

자공은 공자의 제자로서 성은 단목(端木), 이름은 사(賜)였다. 자는 자공(子貢)인데 자공(子贛)으로 쓰기도 한다. 「중니제자열전」에 의하면 공자보다 31세 아래였다고 한다. 공자의 나이도 정확하지 않기 때문에 이 나이 차이가 얼마나 정확한지는 알 수 없다. 「중니제자열전」에 의하면, 위나라 사람이라고 하는데 『좌전』 애공 11년조에도 그를 언급하면서 "위나라 출신의 사"(衛賜)라는 말이 나오는 것을 보면 그것은 사실인 것 같다.

자공은 염유, 안연 등 비슷한 또래의 몇몇 제자들과 더불어 공자의 전기(前期, 외유 전) 제자들 중에서는 대표적인 제자였다. 그는 한마디로 인간적인 사람이었다. 그는 매월 한 번씩 형식적으로 치러지는 제례에 양들이 희생(犧牲)으로 죽어가는 것을 안타까워했고 친구들이 어려움이 처하면 자신을 돌보지 않고 뛰어들어 도와주기도 했다. 진자금(陳子禽)이나 숙손무숙(叔孫武叔) 같은 사람은 자공의 그런 인간적 측면에 감동하여 자공이 오히려 공자보다 더 낫다고 평가하기도 했다. 특히 나중에 자공이 외교업무에 투입되어 위나라, 제나라, 오나라 등의 주요 정치인들과 나누는 외교적인 대화를 보면 그들이 자공을 얼마나 신뢰했는지 엿볼 수 있다. 물론 자공이 자신에 대한 주변의 이런 과도한 평가를 인정하지 않고, 공자와 자신은 비교 자체가 불가능하다며 스승을 평가하는 것은 감동적이기까지 하다. 그는 공자 생전에 공자를 성인으로 평가한 몇 안 되는 제자 중 한 사람이었다.

공자는 자공의 이런 인간적 면모가 오히려 매우 위험한 세속적 잣대로 작용할 우려가 있음을 인지하고 자공을 늘 깨우쳐주고 있는 것은 놀랄 만한 일

호련(瑚璉)

이었다. 공자는 자공의 지적 수준을 다소 불만스럽게 생각하고 아쉬워했다. 자공은 엄밀히 따질 때 그 지적 수위가 공자가 바라는 수위에 이르지는 못했다. 그런데도 어떤 현안에 부딪히면 그것이 가지는 의미랄까 속성을 그 수위에 이른 사람과 거의 동일한 수준에

서 포착하고 감을 잡는 묘한 능력(億則屢中)이 있었다. 자공도 그 점을 잘 알고 있었다. 이를테면 자공이 어느 날 공자에게 자신에 대해 평가해달라고 했더니 공자는 "너는 그릇이다"고 하였다. 공자는 일찍이 "군자는 그릇이 아니다"고 했던 것이다. 그래서 어떤 그릇이냐 했더니 공자는 제기의 하나인 "호련(瑚璉)이다"라고 했다. 이런 섬세한 점들을 둘러싸고 전개되는 공자와 자공의 대화는 공자와 자공 사이에게만 상호 인지되는 측면이 있다. 제3자에게는 극히 예외적으로만 들리는 이런 대화의 내용은 논어의 가치를 한없이 높이고 있다.

『좌전』에서 자공은 정공 15년(BC 495)에 처음으로 모습을 드러내고 있다. 그의 나이 26세로 추정될 때였다. 그는 주(邾)나라 군주가 노나라 정공(定公)을 예방하여 선물을 전달하는 모습을 보았더니, 주나라 군주는 상체를 으스대듯이 젖히는 반면 정공은 상체를 구부정히 하고 있어 정공은 오래 살지 못할 것 같다는 말을 하였는데 과연 몇 달 후 정공은 죽고 말았다. 이 말을 듣고 공자는 "불행히도 자공의 말이 적중했구나. 이로 인해 자공이 말 많은 사람이란 소리를 듣겠다" 하였는데, 이 사소한 대화는 일반적으로 공자가 노나라를 떠난 시점이 사마천에 의해 전해진 정공 13년보다 2년 정도 더 늦을 가능성을 시사하면서 동시에 자공이 26세 되던 해에 이미 군주를 측근에서 지켜볼 정

도로 중요한 의전 관련 직책을 맡고 있었음을 시사해준다. 물론 이 재직 기록이 그의 이르고도 계속적인 재직을 의미한다면, 자공은 공자의 외유에 동행하지 않았다는 뜻도 될 것이다. 공자의 위나라행에 염유가 측근으로 수행한 것을 보면 일단 자공은 최초의 위나라행에는 동반하지 않았을 수도 있다. 그러나 나중에 일부는 외유에서 돌아오기도 하고 추가로 떠나기도 했을 수 있으니까 단정할 수는 없다.

자공은 공자의 제자들 중에서는 『좌전』에 가장 많이 출현한다. 물론 그도 역시 정공 15년에 나온 것을 제외하고는 애공 7년(BC 488)에 비로소 모습을 보이는데, 그때 공자는 아마 채나라에서 활동하고 있었거나 다시 위나라로 돌아와 있었을 것이다. 그때 자공은 이미 계강자의 막료 중 한 명으로 외교 무대에 등장하고 있는데 오나라의 태재 비(大宰嚭)가 계강자를 불렀음에도 불구하고 불응하자 태재 비는 협박조로 "이게 어떤 예의인가?" 하고 따졌다. 이에 자공이 노나라가 대국을 두려워하다 보니 그런 것이라며 논리적이고도 슬기롭게 대응하여 화를 피한다.

4년 후인 애공 11년(BC 484)에는 제나라와 노나라가 그 전 해의 전투로 인하여 크게 싸워 다행히 노나라가 제나라를 물리치기는 했지만 그 때문에 여름에 애공이 오나라 군주 부차(夫差)와 만나 제나라를 쳤다. 그 전쟁에서 오나라는 제나라에 대승을 거두었고, 제나라의 수급 3천을 노나라 군주에게 바쳤다. 부차가 숙손주구에게 갑옷과 칼, 창을 사하하며 "그대의 군주를 잘 받들고 지시에 잘 따르라" 했는데 숙손주구가 어떻게 대답해야 할지 몰라 머뭇거리자 자공이 나아와 "주구는 갑옷 등을 잘 받들고 군주님을 따를 것이옵니다" 하고 대신 대답하였다.

이듬해인 애공 12년(BC 483)에는 애공이 오나라 부차(夫差)와 탁고(橐皐)에서 회담을 하였는데, 부차는 태재 비로 하여금 노나라와 과거에 맺었던 맹약을 다시 체결하라고 지시하였다. 이에 자공은 태재 비에게 "했던 맹약을 다시 체결하는 것은 애초의 맹약이 효력이 약하다는 것을 스스로 인정하는 것밖에 아닙니다" 하고 주장하여 오나라의 요구를 거부하였다. 자공의 주장은 매사에 이렇게 논리적이었다.

또 그 회합에서 위나라의 군주는 늦게 도착하여 그 벌로 맹주인 오나라가 위나라 군주의 숙소 둘레에 울타리(圍籬)를 조성하여 함부로 나갈 수도 없게 연금을 시켰는데 함께 갔던 자복경백(子服景伯)이 자공으로 하여금 위나라를 위하여 오나라 측에 항변을 하게 하였다. 이에 자공이 역시 태재 비에게 나아가 "위나라 임금이 늦었다는 것은 위나라 내부에 오나라와의 회합을 찬성하는 신하들이 있는 반면 반대하는 신하들도 적지 않았기 때문입니다. 찬성하는 것은 오나라가 바라는 바이고 반대하는 것은 오나라가 바라지 않을 것입니다. 그런데 지금 위나라 군주에게 저런 조치를 한다는 것은 결국 참석을 반대한 신하들에게 더 명분을 주는 일입니다. 그렇게 해서야 어떻게 오나라가 제후국들의 신뢰는 얻고 패업을 이루겠습니까?" 하였다. 그 말을 태재 비가 일리 있다 생각하여 오나라 군주에게 보고하여 결국 위나라 군주를 풀어주게 하였다.

또 3년 뒤인 애공 15년(BC 480) 겨울에 노나라의 자복경백이 화평회담을 위해 제나라에 갈 때 자공이 수행하였다. 제나라에 가서 자공은 맹씨가의 가신이자 성읍(成邑)의 읍재로 있다가 맹유자(孟孺子)의 가혹한 정책을 견디지 못해 그 해 초에 성읍을 이끌고 제나라에 붙어버린 공손숙(公孫宿, 公孫成)을 만났다. 자공은 그에게 "사람은 다 누군가의 신하가 될 수밖에 없으니 지내다 보면 갈등도 생길 수 있는 법이오. 제나라가 지금은 당신을 잘 대해준다고 하지만 언젠가는 딴 마음을 갖지 않겠소? 당신은 주공의 후손으로 큰 혜택을 누렸는데 불의를 저지르고 지금은 모국에 해를 끼치려 하고 있으니 장차 이 일을 어찌 하려 하오?" 하였다. 그러자 공손숙은 "그런 말을 진작 들었더라면 좋았을 텐데…" 하고 이반(離叛)을 후회하였다.

또 진성자(陳成子)가 일행을 숙소로 안내하며 말하길 "우리 군주님께서는 제게 말을 전하시기를 '나는 위나라 군주와 친하게 지내듯 노나라 군주와도 친하게 지내고 싶소' 하셨소." 이에 자공이 나서서 "우리 군주님의 소원도 마찬가지입니다. 과거에 진(晉)나라가 위나라를 쳤을 때 제나라는 위나라를 도와주려고 진나라의 관씨(冠氏)를 공격하느라 전차 500대를 잃기도 했습니다. 또 위나라에 제수(濟水) 서쪽에 있는 세 곳의 땅을 나누어주었습니다. 그런데 지금 오나라가 우리 노나라에 위기를 조성함에 제나라는 그 위기를 틈타 두 곳의 땅을 점령하니 우리 군주께서는 제나라가 두려워진 것입니다. 만약 위나라 군주가 귀국의 군주님을 대하듯 여건을 조성해주신다면 그것은 우리의 바라는 바입니다" 하였다. 이 말에 진성자가 갈등을 느끼고 성읍을 노나라에 돌려주었다. 그러나 읍재를 하던 공손숙은 성읍의 무장군인들만 데리고 제나라의 영(嬴)으로 들어가버렸다.

이런 사례들로 볼 때 자공은 적어도 외교 분야에서는 국제적으로도 이미 소문난 인사가 되었을 뿐 아니라 그 언변과 논리, 차분한 설득력 등에서 많은 사람들의 인정을 받았던 것 같다.

이듬해인 애공 16년(BC 479) 4월 공자가 죽었을 때 논어는 아무런 기록도 남기지 않았으니 공자의 말씀을 기록한다는 취지에서 볼 때 논어로서는 기록할 것이 없었을 것이다. 『좌전』은 그의 죽음을 전체 경문의 마지막으로 삼음으로써 기록할 수 있는 그 어떤 기록보다 강력한 메시지를 담았다. 그리고 애공의 조문을 남겼는데, 자공은 이 애공의 조문에 대해 "살아 있을 때 등용하지 못하고 죽고 나서 조문이 무슨 예의인가? 또 천자만이 쓰는 여일인(余一人)이라는 말을 제후가 썼으니 그것도 잘못된 것이다" 하고 냉혹하게 평가했다.

『좌전』은 공자가 죽고 그로써 『춘추』 경문도 종료되고 난 후 11년간의 기록을 더 남기고 있는데, 그 마지막 2년인 애공 26년과 27년의 기록에 자공의 모습을 두 차례 더 담고 있다. 애공 26년에는 위나라의 출공이 아버지 괴외에 의해 쫓겨나서 성서(城鉏)에 머무르고 있을 때 활을 자공에게 뇌물로 보내주고 "내가 위나라 도읍으로 돌아갈 수 있겠는가?" 하고 물었다. 돌아갈 수 있게 도와달라는 뜻도 포함되어 있었을 것이다. 자공은 "신은 알지 못합니다" 하였으니 완곡하게 거절한 셈이었다. "귀환할 수 있도록 간절히 노력하는 친척도 없고 대신(大臣)도 없는데 어떻게 귀환이 될 것인가?" 하고 주변으로부터 사람을 얻지 못한 출공의 딱하고 한심한 처지를 비판한 것이었다.

또 애공 27년에는 월나라가 후용(后庸)을 노나라에 보냈다. 노나라가 점령한 주(邾)나라의 땅 일부를 주나라에 돌려줄 것을 요구하기 위해서였다. 이때 맹약을 체결하기 위하여 평양(平陽)에 애공과 삼가의 종주들이 모두 불려왔는데, 이 굴욕적인 맹약 자리에 자공은 오지 못했다. 그래서 계강자가 "만약 자공이 이 자리에 있었더라면 이런 굴욕적인 맹약은 체결하지 않았을 텐데…" 하고 아쉬움을 피력하였다. 이에 맹무백(孟武伯)도 "왜 그를 부르지 않았느냐"고 계강자에게 한탄하였고, 숙손문자(叔孫文子)도 "다음부터라도 그를 각별히 챙기시오" 하고 자공에 대한 공통된 신뢰와 기대를 보여주었다.

『좌전』 마지막 두 해에 그려진 자공의 모습은 숙손무숙이나 진자금이 논어 자장편에서 말한 바 "자공이 공자보다 낫다"고 했던 인물평이 우연이 아님을 보여주는 대표적인 사례처럼 보인다. 그는 그만큼 남의 호감을 얻는 탁월한 존재였다. 그러나 그는 공자가 자신의 그런 면모를 조금도 칭찬하지 않고 오히려 우려했던 것을 잘 알고 또 이해했다. 정말 그는 특출하면서도 슬기로운 제자였던 것이 틀림없다.

겸하여 자공에 대해 반드시 하고 넘어가야 할 이야기가 둘 있으니, 그것은 모두 사마천이 남긴 기록이다. 결론부터 이야기하자면 이 두 기록의 이야기는 『좌전』에는 흔적조차 없다. 그 하나는 『사기』 「화식열전(貨殖列傳)」에 나오는 것으로 자공이 일찍이 조(曹)나라, 노나라에서 물자를 싸게 사서 비축한 다음 시기를 기다려 비싸게 팔아 엄청난 부를 축적했으며, 그 부를 토대로 수많은 제후들과 화려하게 교제하였다는 것이다. 이것은 누군가가 터무니없는 근거에서 만든 자료를 사마천이 부주의하게 채집한 것으로 전적으로 신뢰할 수 없는 것이다.

논어 11/20에 등장하는 안회와 자공을 비교하는 매우 수준 높은 단편을 판단함에 있어서 "회는 천명이 가까웠으나 자주 공허에 빠졌고"(回也其庶乎, 屢空)의 공(空)을 쌀궤의 빔으로 황당하게 해석하는가 하면, "사는 천명을 받지 못하고 보배로운 것만 늘려 갔으나"(賜不受命而貨殖焉)의 화식(貨殖)은 수명(受命)의 높은 정신적 차원에 자공이 미달하고 있는 모습을 은유적으로 보여주고 있음을 알아차리지 못하고 그것을 아예 비유 이전의 직설로 받아들인 것이 11/20이 맞이한 단편으로서의 기구한 운명이었다.[18]

다른 하나는 『사기』「중니제자열전」에는 자공을 이야기하면서 제나라가 노나라를 치려고 하자 공자가 노나라의 위기를 타개해줄 사람이 없느냐 하자, 자로가 나서서 펼친 일련의 활약상이 소개되어 있다. 먼저 자로는 제나라로 가서 전상(田常)을 만나 제나라가 노나라를 치는 것이 전혀 무익함을 설득하였다. 그리고 잇달아 오나라, 월나라, 진(晉)나라를 방문하여 그의 탁월한 외교력과 설득력으로 강대국들의 대치구도를 완전히 자신이 원하는 구도로 뒤바꾸어놓는다. 물론 이는 대부분 허구로서 조작된 일화일 뿐이다. 위에서 소개한 바와 같이 자공은 오나라의 태재 비를 비롯한 몇몇 인물들과 만나 뛰어난 논리로 그들을 설득했던 것은 사실인데 그가 그런 탁월한 외교력과 설득력을 가졌다는 부분적 사실에 기초하여 완전히 엉뚱한 활약상을 그려놓은 것이다. 사마천은 자공 외에도 여러 인물에 관해 이런 터무니없는 역사를 기록했는데, 이는 물론 사마천이 작위적으로 만들어놓았다기보다는 누군가가

---

18) 화식(貨殖)이라는 말이 은유가 아닌 직설로 받아들여지면서 그것이 자공의 중대한 속성으로 자리 잡았고, 또 「화식열전」이라는 『사기』 열전의 한 편명으로까지 자리 잡게 된 것은 동양유학사에 있어서 웃지 못할 에피소드가 된 셈이다.

그려놓은 엉터리 사실에 현혹되어 이를 열전으로 받아들인 것으로 보인다. 이런 측면이 사마천의 사가로서의 업적과 명성을 크게 훼손시켰다 하지 않을 수 없다.

자공 관련 주요 논어 단편(17개)

2/13

자공이 군자에 관해 묻자 선생님께서 말씀하셨다.

"먼저 그 말을 행하고 나서 그 말을 좇는다."

子貢問君子, 子曰; 先行其言, 而後從之.

3/17

자공(子貢)이 곡삭제(告朔祭)에서 양을 희생으로 쓰는 예법을 없애려 하자 선생님께서 말씀하셨다.

"사(賜)야, 너는 그 양을 사랑하지만 나는 그 예를 사랑한다."

子貢欲去告朔之餼羊. 子曰; 賜也, 爾愛其羊, 我愛其禮.

5/4

자공(子貢)이 물었다.

"저는 어떠합니까?"

선생님께서 말씀하셨다.

"너는 그릇이다."

자공이 말하였다.

"어떤 그릇입니까?"

선생님께서 말씀하셨다.

"호련(瑚璉)이다."

子貢問曰;賜也,何如?子曰;女器也.曰;何器也?曰;瑚璉也.

5/9

선생님께서 자공(子貢)에게 말씀하셨다.

"너 자신과 회(回)를 비교할 때 누가 낫다고 보느냐?"

자공이 대답하였다.

"제가 어떻게 감히 회를 넘보겠습니까? 회는 하나를 들으면 열을 알지
만 저는 하나를 들으면 둘을 알뿐입니다."

선생님께서 말씀하셨다.

"그만 못하단다. 나와 너는 그만 못하단다."

子謂子貢曰;女與回也,孰愈?對曰;賜也,何敢望回?回也,聞一以知十.賜
也,聞一以知二.子曰;弗如也.吾與女,弗如也.

5/13

자공(子貢)이 말하였다.

"선생님의 문화론(文化論)은 들어 볼 수 있었으나 선생님께서 인성(人
性)과 천도(天道)에 대해 말씀하시는 것은 들어 볼 수 없었다."

子貢曰;夫子之文章,可得而聞也.夫子之言性與天道,不可得而聞也.

6/30

자공(子貢)이 말했다.

"만약 백성들에게 널리 베풀어서 많은 사람을 구제할 수 있다면 어떠합니까? 가히 어질다 할 수 있겠습니까?"

선생님께서 말씀하셨다.

"어떻게 어진 정도이겠느냐? 필시 성인의 경지일 것이니 요임금과 순임금도 그 문제만은 부심했었다. 실로 어진 자는 스스로 서기를 바라서 남을 세우고 스스로 통달하기를 바라서 남을 통달시키며 가까운 데서 능히 예(例)를 드니 그것이 어짊의 비결이라 할 수 있다."

子貢曰;如有博施於民,而能濟衆,何如?可謂仁乎?子曰;何事於仁,必也聖乎!堯舜其猶病諸.夫仁者,己欲立而立人,己欲達而達人,能近取譬,可謂仁之方也已.

9/12

자공(子貢)이 말하였다.

"여기에 아름다운 옥이 있는데 궤 속에 감추어 간직해야 하겠습니까? 아니면 좋은 상인을 만나 팔아야 하겠습니까?"

선생님께서 말씀하셨다.

"팔아야지! 팔아야지! 나는 살 사람을 기다리는 자다."

子貢曰;有美玉於斯,韞匵而藏諸?求善賈而沽諸?子曰;沽之哉!沽之哉!我待賈者也.

12/24

자공(子貢)이 벗에 대해 묻자 선생님께서 말씀하셨다.

"충고해서 잘 이끌되 안 될 것 같으면 그쳐서 스스로 욕을 당하지는 말 것이다."

子貢問友.子曰;忠告而善道之,不可則止,無自辱焉.

15/3

선생님께서 말씀하셨다.

"사(賜)야, 너는 나를 많이 배워서 아는 자로 보느냐?"

자공이 대답했다.

"그렇습니다. 그렇지 않습니까?"

선생님께서 말씀하셨다.

"그렇지 않다. 나는 하나로써 모든 것을 꿰고 있단다."

子曰;賜也,女以予爲多學而識之者與?對曰;然.非與?曰;非也.予一以貫之.

15/10

자공(子貢)이 어짊을 추구하는 것에 대해 묻자 선생님께서 말씀하셨다.

"장인이 자기 일을 잘하려면 반드시 먼저 자신의 연장을 벼리듯이 어느 한 나라에 거하게 되면 그 나라 대부 중에서 현명한 자를 섬기고 그 나라 선비 중에서 어진 자를 벗해야 한다."

子貢問爲仁.子曰;工欲善其事,必先利其器.居是邦也,事其大夫之賢者,友其士之仁者.

15/24

자공(子貢)이 물었다.

"한 마디 말로서 일생 동안 행할 만한 것이 있습니까?"

선생님께서 말씀하셨다.

"그것은 서(恕)다. 자기가 하고자 하지 않는 바를 남에게 베풀지 마라."

子貢問曰;有一言而可以終身行之者乎?子曰;其恕乎!己所不欲,勿施於人.

17/19

선생님께서 말씀하셨다.

"나는 아무 말도 하고 싶지 않다."

자공(子貢)이 말했다.

"선생님께서 만약 아무 말씀도 하지 않으시면 저희들은 무엇을 전술(傳述)하겠습니까?"

선생님께서 말씀하셨다.

"하늘이 무슨 말을 하더냐? 사철이 운행하고 만물이 자랄 뿐 하늘이 무슨 말을 하더냐?"

子曰;予欲無言.子貢曰;子如不言,則小子何述焉?子曰;天何言哉?四時行焉,百物生焉,天何言哉?

7/16

염유(冉有)가 말하였다.

"선생님께서는 위나라 임금을 도와주실까?"

자공이 말하였다.

"그래, 내가 여쭈어 보지."

자공이 들어가 물었다.

"백이숙제는 어떤 사람입니까?"

선생님께서 말씀하셨다.

"옛 현인이다."

자공이 말하였다.

"원망하였습니까?"

선생님께서 말씀하셨다.

"어짊을 구해서 어짊을 얻었는데 또 무엇을 원망했겠느냐?"

자공이 나와서 말했다.

"선생님께서는 도와주지 않으실 것이네."

冉有曰;夫子爲衛君乎?子貢曰;諾,吾將問之.入曰;伯夷叔齊何人也?曰;古
之賢人也.曰;怨乎?曰;求仁而得仁,又何怨?出曰;夫子不爲也.

19/21

자공(子貢)이 말했다.

"군자의 잘못은 마치 일식이나 월식과 같아서 잘못이 있으면 모든 사
람들이 다 그것을 보게 되고 잘못을 고치면 모든 사람들이 다 그것을
우러르게 된다."

子貢曰;君子之過也,如日月之食焉.過也,人皆見之.更也,人皆仰之.

19/23

숙손무숙(叔孫武叔)이 조정에서 대부들에게 말했다.

"자공이 중니(仲尼)보다 더 낫습니다."

자복경백(子服景伯)이 그 일을 자공에게 고하자 자공이 말했다.

"궁궐의 담장에 비유하여 말하면 나의 담장은 어깨 정도에 이르러 궐 내(闕內)의 온갖 좋은 것이 다 드러다 보이지만 선생님의 담장은 한없이 높아 그 문을 찾아서 들어가지 않으면 그 종묘의 아름다움과 백관의 많음을 보지 못합니다. 그 문을 찾아내는 자가 필시 적을 것이니 그분께서 그렇게 말씀하시는 것도 어쩌면 당연하지 않겠습니까?"

叔孫武叔語大夫於朝曰;子貢賢於仲尼. 子服景伯以告子貢. 子貢曰;譬之宮牆,賜之牆也及肩,闚見室家之好. 夫子之牆數仞,不得其門而入,不見宗廟之美,百官之富. 得其門者或寡矣,夫子之云不亦宜乎?

19/24

숙손무숙(叔孫武叔)이 중니(仲尼)를 헐뜯자 자공이 말했다.

"소용없는 짓이다. 중니는 헐뜯을 수 없는 존재다. 다른 사람의 훌륭함이란 언덕과 같아서 그래도 넘을 수 있지만 중니는 해나 달과 같아서 도저히 넘을 수가 없다. 사람이 비록 제 스스로 해나 달과의 관계를 끊으려 하더라도 그것이 해와 달에게 무슨 손상을 입힐 수 있겠느냐? 다만 자신의 식견 없음만 드러낼 뿐이다."

叔孫武叔毀仲尼. 子貢曰;無以爲也. 仲尼不可毀也. 他人之賢者,丘陵也,猶可踰也. 仲尼,日月也,無得而踰焉. 人雖欲自絶,其何傷於日月乎?多見其不知量也.

생략 단편 : 1/10, 1/15, 5/12, 5/15, 6/8, 9/6, 12/6, 11/3, 11/13, 11/17,

『좌전』의 자공 관련 기록

○ 定公15(BC 495)

15년 봄에, 주나라 은공이 와서 조현하였다. 자공이 그 예를 보았다. 주자(邾子)가 옥을 높이 들면 그 얼굴이 우러르고 공이 옥을 낮게 받으면 그 얼굴을 숙였다. 자공이 말했다. "예로 살펴보건대 두 임금은 모두 곧 죽을 것이다. 예라고 하는 것은 사생과 존망의 주체로 좌우와 주선, 진퇴, 부앙을 여기서 취하며 조회와 제사, 상례와 전쟁을 여기에서 살피게 된다. 지금 정월에 서로 조현하면서 모두 법도에 맞지 않으니 마음이 이미 무너진 것이다."

十五年春,邾隱公來朝.子貢觀焉.邾子執玉高,其容仰;公受玉卑,其容俯.子貢曰:「以禮觀之,二君者,皆有死亡焉.夫禮,死生存亡之禮也,將左右周旋進退俯仰,於是乎取之;朝祀喪戎,於是乎觀之.今正月相朝,而皆不度,心已亡矣.」

○ 定公15(BC 495, 정공 죽다.)

여름 5월 임신날에, 공이 돌아가셨다. 중니가 말했다. "사(賜)의 말이 불행히도 맞아떨어졌으니, 이는 사로 하여금 말이 많은 사람이 되게 하는 것이로다."

夏五月壬申,公薨.仲尼曰:「賜不幸言而中,是使賜多言者也.」

○ 哀公07(BC 488)

오나라 태재 비가 계강자를 부르므로 계강자는 자공으로 하여금 인사말을 하게 하였다. 이때 오나라 태재 비가 말하기를 "나라의 임금도 장기 여행으로 나가 있고 대부도 문 앞까지 나오지 아니 하니 이것이 무슨 예절인가?"라고 하였다. 자공이 대답하기를 "어찌 예절이라 하겠습니까? 대국을 두려워해서입니다. 대국이 제후에게 예절로 명령하지 아니하고 있습니다. 만일 예절에 맞게 하지 않는다면 그 속에 감추고 있는 화를 어떻게 헤아릴 수 있겠습니까? 우리 임금님께서 이미 명령을 따르셨는데 그 대부가 어찌 감히 그 나라를 버리고 함부로 출행하겠습니까? 옛적에 태백이 조복을 입고 조모를 쓰고 주나라의 예절을 수행하였는데, 태백이 죽은 후에 그의 아우 중옹이 형의 지위를 계승하였는데 머리카락을 자르고 몸에 화문을 그려넣었으며 알몸에 장식을 하였으니 어찌 예절에 맞는다고 하겠습니까? 그러나 그럴 이유가 있어서 그렇게 한 것이었습니다"라고 하였다. 그리하여 증(鄫)에서 회맹한 뒤에 돌아와서 오나라는 예를 버리니 성공할 수 없는 나라라고 여겼다.

大宰嚭召季康子,康子使子貢辭. 大宰嚭曰:「國君道長,而大夫不出門,此何禮也?」對曰:「豈以爲禮,畏大國也. 大國不以禮命於諸侯,苟不以禮,豈可量也?寡君旣共命焉,其老豈敢棄其國?大伯端委以治周禮,仲雍嗣之,斷髮文身,嬴以爲飾,豈禮也哉?有由然也.」反自鄫,以吳爲無能爲也.

○ 哀公12(BC 483)

애공이 탁고(橐皐)에서 오나라 임금과 회합하였다. 오나라 임금이 태제 비를 보내어 맹약을 거듭할 것을 청해왔다. 애공이 이를 원하지 않았으므로 자공을 시켜 대답하게 하였는데 "맹서라는 것은 그 성신을 견고하게 하는 것이다. 그러므로 마음으로 그 의리를 견고히 하고 옥백의 폐백으로 이를 존중하여 받들고 언어로 신의를 맺고 명신으로 화복을 구한다. 우리 임금은 진실로 맹약을 하였다면 변경하지 않으시니 만약 오히려 고칠 수 있는 것이라면 날마다 맹서한들 무슨 이익이 있겠느냐고 생각하고 계실 것인데 이제 그대가 말하기를 '반드시 맹서를 거듭해야 하겠다'고 하니 만약 거듭하여 그것을 따뜻하게 할 수 있다면 또한 그것은 식어서 차가워질 수 있을 것이다"라고 하였다. 그래서 동맹을 다시 체결하지 않았다.

公會吳于橐皐, 吳子使大宰嚭請尋盟. 公不欲, 使子貢對曰:「盟, 所以周信也, 故心以制之, 玉帛以奉之, 言以結之, 明神以要之. 寡君以爲苟有盟焉, 弗可改也已. 若猶可改, 日盟何益? 今吾子曰『必尋盟』, 若可尋也, 亦可寒也.」乃不尋盟.

○ 哀公12(BC 483)

자복경백이 자공에게 말하였다. "제후들의 회맹에서 일이 끝나면 맹주가 예를 드려 회맹하는 곳의 주인에게 음식을 보내어 이로써 서로 고별을 합니다. 지금 오나라는 위나라에 예를 행하지 않고 임금의 거처에 울타리를 쳐 그를 어렵게 하니 그대는 어찌 태재를 만나보지 않습니까?" 이에 자공은 비단 한 묶음을 청하여 갔다. 말이 위나라의 일에 미치자 태재 비가 말했다. "과군께서는 위나라 임금을 섬기기를 원하였는데 위나라 임금이 늦게 와서 과군이 두려워하여 그를 붙잡아두려는 것이오." 자공이 말했다. "위나라 임금이 올 때는 반드시 대부들과 상의를 했을 것이며 대부들이 원하기도 하고 않기도 하여 이 때문에 늦었을 것입니다. 오기를 원한 사람은 그대의 무리이고 오기를 원하지 않은 사람은 그대의 원수입니다. 위군을 잡아둔다면 그대의 무리를 무너뜨리고 적을 높이는 것이니 대체로 그대의 무리를 허물어 그 뜻을 얻게 될 것입니다. 또한 제후를 회합하고 위나라 임금을 잡아두니 누가 감히 두려워하지 않겠습니까? 무리를 허물고 적을 높이어 제후를 두렵게 하면 아마 패업을 이루기 어렵게 될 것입니다." 태재 비가 기뻐하여 이에 위나라 임금을 풀어주었다. 위후는 돌아와 오랑캐의 말을 흉내 내었다. 자지(子之)가 아직 어렸는데 말하길 "임금은 필시 난을 면치 못하고 오랑캐에게 죽을 것이다! 잡혀 있다가 또 그 말을 하니, 그들을 따를 것임이 확실하다."

子服景伯謂子貢曰:「夫諸侯之會,事旣畢矣,侯伯致禮,地主歸餼,以相辭也.今吳不行禮於衛,而藩其君舍以難之,子盍見大宰?」乃請束錦以行.語及衛故,大宰嚭曰:「寡君願事衛君,衛君之來也緩,寡君懼,故將止之.」子貢曰:「衛君之來,必謀於其衆,其衆或欲或否,是以緩來.其欲來者,子之黨也;其不欲來者,子之讎也.若執衛君,是墮黨而崇讎也,夫墮子者得其志矣.且合諸侯而執衛君,誰敢不懼?墮黨崇讎,而懼諸侯,或者難以霸乎!」大宰嚭說,乃舍衛侯.衛侯歸,效夷言.子之尙幼,曰:「君必不免,其死於夷乎!執焉而又說其言,從之固矣.」

○ 哀公15(BC 480)

겨울에 제나라와 강화를 맺었다. 자복경백이 제나라로 갔는데, 자공이 부사가 되어 (성읍의 읍재였던) 공손성을 만나보고는 말하였다. "사람은 모두 신하인데, 남을 배반하는 마음을 가지고 있으니 하물며 제나라 사람이 비록 그대를 위해준다 하더라도 두 마음을 갖지 않겠는가? 그대는 주공의 후손으로 큰이익을 누리고 있는데도 오히려 의롭지 못한 일을 생각하고 있소이다. 이익을 얻을 수도 없고 종국(宗國)을 잃게 되었으니 그것을 어디에 쓰겠소?" 공손성이 말하였다. "훌륭하오! 내 일찍이 이런 말을 듣지 못하였소." 진성자가 관사로 가서 사자를 보고 말하였다. "저희 임금께서 저로 하여금 말하게 하기를 '과인은 임금님 섬기기를 위나라 임금 섬기듯 하기를 바라오'라 했습니다." 자복경백이 자공에게 읍하고 나아가게 하여 대답하였다. "과군의 바람입니다. 지난날 진나라 사람이 위나라를 쳤는데 제나라 사람이 위나라 때문에 진나라 관씨를 쳐서 병거 500대를 잃었습니다. 이 때문에 위나라에 땅을 주었는데, 제수 서쪽에서 작과 미, 행 이남까지 500 사의 호적을 주었습니다. 오나라 사람이 우리나라에 난을 일으키니 제나라는 그 어려움을 이용하여 환과 천을 점령하니 저희 임금은 이 때문에 마음이 얼어붙었던 것입니다. 만약 위나라 임금이 임금을 섬기는 것을 보게 된다면 실로 바라는 바입니다." 진성자가 이를 근심하여 이에 성읍을 노나라에 돌려주니 공손숙(공손성)은 그 군병을 데리고 영(嬴)으로 들어갔다.

冬,及齊平.子服景伯如齊,子贛爲介,見公孫成,曰:「人皆臣人,而有背人之心,況齊人雖爲子役,其有不貳乎?子,周公之孫也,多饗大利,猶思不義.利不可得,而喪宗國,將焉用之?」成曰:「善哉!吾不早聞命.」陳成子館客,曰:「寡君使恒告曰『寡人願事君如事衛君.』」景伯揖子贛而進之,對曰:「寡君之願也.昔晉人伐衛,齊爲衛故,伐晉冠氏,喪車五百.因與衛地,自濟以西,禚媚杏以南,書社五百.吳人加敝邑以亂,齊因其病,取讙與闡,寡君是以寒心.若得視衛君之事君也,則固所願也.成子病之,乃歸成,公孫宿以其兵甲入于嬴.

○ 哀公16(BC 479, 공자의 죽음 시 애공의 반응에 대한 자공의 솔직한 논평)

여름 4월 기축일에 공구가 죽었다. 공이 조문을 내렸다. "하늘이 야속하구나. 잠시라도 더 나라의 원로를 이 세상에 남아 있게 하지 않고, 나 이 사람을 자리에서 쫓아내려 하는구나. 외로운 나는 오랜 병중에 있는 듯하니 아, 슬프다. 공자여! 어쩔 줄 모르겠구나." 자공이 말하기를, "군주는 노나라에서 죽지 못할 것이다! 스승님이 말씀하시길 '예를 잃으면 혼미해지고, 명분을 잃으면 잘못을 행한다'고 하셨다. 뜻을 잃으면 혼미해지고 처할 곳을 잃으면 잘못을 저지른다. 살아서 등용하지 못했으면서 죽어서 조문하는 것은 예가 아니다. '一人'이라고 칭한 것은 명분에 맞지 않다. 군주는 두 가지를 잃었다."

夏四月己丑,孔丘卒.公誄之曰:「旻天不弔,不憗遺一老,俾屏余一人以在位,煢煢余在疚.嗚呼哀哉尼父!無自律.」子贛曰:「君其不沒於魯乎! 夫子之言曰:『禮失則昏,名失則愆.』失志爲昏,失所爲愆.生不能用,死而誄之,非禮也;稱一人,非名也.君兩失之.」

○ 哀公26(BC 469)

위나라 출공이 성서에 나가 있을 때 활을 자공에게 주고 묻게 하기를 "내가 들어가겠는가?" 하였다. 자공은 머리를 조아리고 활을 받으며 대답했다. "신은 알지 못합니다." 그리고 몰래 사자에게 말했다. "지난날 성공이 진나라로 피하자 영무자와 손장자가 완복에서 맹세를 하여 임금이 들어갔소. 또 헌공이 제나라로 피하고 자선과 자전이 이의에서 맹세를 하여 임금이 들어갔소. 지금 임금님은 거듭 피신 중인데 안으로 헌공 때 같은 친척이 있다는 말이 들리지 않고 밖으로 성공 때 같은 경이 있는 말이 들리지 않으니 저는 들어갈 수 있는 길을 모르겠소. 『시』에서 말하기를, '강대한 것은 사람에 있으니 사방에서 순종한다' 하였으니, 사람만 얻는다면 사방을 주재할 것이니 나라쯤이야 뭐가 어렵겠습니까?"

衛出公自城鉏使以弓問子贛,且曰:「吾其入乎?」子贛稽首受弓,對曰:「臣不識也.」私於使者曰:「昔成公孫於陳,甯武子孫莊子爲宛濮之盟而君入.獻公孫於齊,子鮮子展爲夷儀之盟而君入.今君再在孫矣,內不聞獻之親,外不聞成之卿,則賜不識所由入也.詩曰:『無競惟人,四方其順之.』若得其人,四方以爲主,而國於何有?」

○ 哀公27(BC 468)

애공 27년 봄에 월나라 임금이 후용(后庸)을 사자로 보내어 노나라를 방문하였는데, 노나라에서 점거한 주(邾)나라의 전지 중 태 지방의 위까지를 경계로 하여 주나라에 돌려주라고 하기 위해서 온 것이다. 그래서 2월에 애공이 후용과 평양에서 맹서하게 되자 계강자와 숙손문자, 맹무백 세 사람이 모두 이에 따랐다. 계강자가 오랑캐와 맹서하는 것을 수치로 여겨 자공을 생각하며 말하기를 "만약에 그가 여기 있었더라면 우리가 이런 따위의 맹서를 하는 데까지는 이르지 않았을 것이다" 했다. 맹무백도 말하기를 "그렇지요. 왜 그를 부르지 않으셨소?" 하였다. 계강자는 다시 "이제부터 부르겠소" 하였다. 숙손문자

도 말하기를 "이후로라도 그를 소중히 생각하시오"라고 하였다

二十七年春,越子使后庸來聘,且言邾田,封于駘上.二月,盟于平陽,三子皆從.康
子病之,言及子贛,曰:「若在此,吾不及此夫!」武伯曰:「然.何不召?」曰:「固將召
之.」文子曰:「他日請念.」

안연顏淵
회(回)

안연은 공자의 제자로서 노나라 사람이었으며 성은 안(顏), 이름은 회(回), 자
는 자연(子淵)이었다. 통칭 안연(顏淵)이라 했다. 공자보다 30세 연하였다. 논
어에는 부자(父子)가 함께 등장하는 경우가 두 차례 있는데, 안연과 그의 아버
지 안로(顏路)가 그 한 경우이고, 증삼(曾參)과 그의 아버지 증석(曾晳)이 다른
한 경우다. 그러나 증삼과 증석이 모두 공자의 제자인 것은 논어와 『맹자』에
서도 확인되는 바이지만 안로도 과연 공자의 제자인지는 논어에 나오는 자료
만으로는 확인할 수 없다. 아마 제자는 아니었다고 보아야 할 것이다.

안연은 공자의 제자 중에서 가장 지적 수준이 높은 제자였다. 자공은 자신
은 하나를 알면 둘을 알 뿐인데 안연은 하나를 알면 열을 안다고 하여 자신은
결코 안연을 따라갈 수 없다고 분명한 수준 차이를 인정했다. 오죽하면 공자
자신도 스스로 안연만 못하다고 하였겠는가? 실제 어떤 수준의 이야기는 제
자들 중에서 오직 안연만이 이해할 수 있었던 것이 사실이었을 것이다. 따라
서 안연이 함께한 자리와 함께하지 않은 자리에 따라 공자가 하는 말도 서로
달랐으리라 짐작할 수 있다. 그는 말이 없었고, 그 과묵함이 그의 사려 깊음

과 일체화되어 있었을 것이다.

공자와 안연의 사제로서의 인연이 맺어진 것은 역시 모든 인간관계에서와 마찬가지로 우연이겠지만, 공자가 자신의 학단에 새로 들어온 안연이라는 젊은이를 처음 만나고 겪어가면서 그가 남다른 젊은이라는 것을 알아간 것은 그야말로 희열의 과정이었을 것이다. 논어 2/9는 오늘날 그것을 읽는 사람들도 거기에서 공자가 느꼈던 놀라움과 희열을 고스란히 추체험할 수 있을 정도다.

선생님께서 말씀하셨다.
"내가 회(回)와 더불어 말해보면 종일토록 한마디 반론도 없는 것이 마치 바보 같다. 그러나 물러난 뒤 그 하는 바를 살펴보면 또한 족히 배운 것을 구현하니 회는 결코 바보가 아니다." 2/9

오죽하면 처음 한때 그가 바보가 아닐까 하고 의심했던 사실마저 스스로 돌이켜보며 공자는 그가 비범한 존재임을 확인하고 있는데, 이 관계는 참으로 경이롭고 기적적이기까지 하다. 이후 논어는 안연에 대한 공자의 지치지 않는 인정과 칭찬, 찬탄으로 나열되어 있다.

논어에 보면 위(衛)나라의 한 변방에서 의봉인이라는 사람이 일부러 공자를 찾아와 대담을 나눈 뒤 결례에 가까운 실망의 뜻을 표했고, 그때 한 제자가 나서서 자신의 스승은 장차 하늘이 시대의 목탁(木鐸)으로 삼으실 것이라는 소신에 찬 발언을 하는 것을 볼 수 있다.

의봉인(儀封人)이 자청하여 선생님을 만나 뵙고 말했다.
"군자가 이 정도라면 내 일찍이 만나 보지 못한 바도 아니오."
종자가 그것을 보고는 나와서 말했다.

"여러분, 어찌 선생님의 초라한 신세에 낙담하십니까? 천하가 무도해진 지 오래되었으니 하늘은 장차 우리 선생님을 목탁으로 삼으실 것입니다." 3/24

이 단편은 오랜 세월동안 몇 구절에 대한 해석을 그르침으로써 마치 은자(隱者)인 의봉인이라는 사람이 공자의 위대성을 유일하게 알아보고 예언한 것으로 해석되었지만 실은 그것이 아니었다. 종자(從者)는 단지 공자의 제자였을 뿐이고, 그 제자는 안연이었을 것으로 추정된다. 약간의 가능성이 있다면 자공이 가진 남다른 안목을 주목할 수는 있지만, 자공은 공자의 이 외유에 동참하지 못했던 것이 분명하다. 그러나 안연이 있었다면 필시 그 기회를 포착하고 이 단편의 발언을 했을 것이며, 오랜 여행 후 노나라로 돌아와 안연은 그 이야기를 자공에게 들려주었을 것이다. 그래서 그도 세상을 떠나고 스승도 어느덧 세상을 떠난 후 그 희대의 기회에 있었던 꿈같은 한 장면을 까마득한 후세의 우리들에게도 들려주게 되었을 것이다.

안연과 공자의 관계는 그런 점에서도 다른 그 어떤 제자들과의 관계와도 달랐다. 안연은 공자를 아버지처럼 여기고 따랐으며 공자는 안연을 자식처럼 생각했다. 그것은 그들의 특별한 관계를 딱딱하고 타성에 젖은 부자 관계로 돌리는 것이 아니라 모든 인간관계 중에서 가장 가까운, 소위 친(親)의 관계로 근접시킬 정도였음을 보여주고 있다. 그런 사정이 공자에게 어떤 의미를 가지고 있었는지 헤아려보면 외유에서 돌아와 안연이 갑자기 죽었을 때 공자가 보인 반응을 이해할 수 있을 것이다. 늘 가까이 있던 제자들이 보기에도 공자의 반응은 예상을 크게 뛰어넘는 것이었다. 공자는 통곡하며 울었다. 제자들이 공자에게 그 사실을 확인시켰을 때 공자는 "내가 그를 위해 통곡하지 않는다면 누구를 위해 통곡하겠느냐"고 반문할 정도였다. 그것은 결코 편애는 아니었다. 대표적으로 안연이 죽었을 때 그의 아버지 안로가 공자의 수레를 안연의 장사(葬事)에 덧곽으로 쓰게 해줄 수 있는지 타진했는데, 그것은 공자가 그만큼 자신의 자식을 사랑했던 것을 알고 있었기 때문이었을 것이다. 그러나 공자는 그 요구를 단호히 거절하였다. 이유는 장례는 검소할 필요가 있고, 또 대부가 된 자신의 입장에서 수레가 꼭 필요하다는 것뿐이었다.

안연이 죽고 나서 공자는 배우기를 좋아하는 제자가 있느냐는 계강자의 질문에 안연이 죽은 후론 아무도 없다고 허탈하게 대답하였다. 논어에 안연은 적지 않은 단편에 등장하지만 그 대부분은 안연에 대한 공자의 언급일 뿐 안연 자신을 직접 보여주는 단편은 많지 않다. 있다 하더라고 한정된 단편에 매우 짧은 글귀로 나타나고 있어 대부분 수수께끼 같은 모습만 보여주고 있다. 그러나 그 짧고 수수께끼 같은 글귀를 치밀하게 추적해보면 대부분 공자가 제자들에게 가르친 내용 중에서 극히 높은 수준의, 초상식적(超常識的) 언설이다. 그런 언설은 종종 제자들이 공자의 가르침에 동의하지 못하거나 이해하지 못한 영역인 경우가 대부분인데, 그럼에도 불구하고 놀랍게도 안연은 그것을 정확하게 꿰뚫고 이해에 달하고 있었던 것이다. 안연에게 들려주거나 안연을 표현하기 위해 했던 말은 2천 500년이 지난 지금까지도 제대로 해석조차 되지 못한 수수께끼 같은 구절로 남아 있다. 예를 들면, 不遷怒라던가 不貳過, 혹은 無伐善이나 無施勞, 또는 一日克己復禮,天下歸仁焉 같은 구절이 대표적이다.[19]

공자가 안연과 자공의 깊은 내면적 사정을 대조하며 밝힌 단편에서 두 사람의 정신적 심연은 이루 말할 수 없는 수준의 조명을 받고 있다. 대표적으로 "회(回)는 천명(天命)에 가까웠으나 자주 공허에 빠졌고(回也其庶乎,屢空) 사(賜)는 천명을 받지 못하고 보배로운 것만 늘려 갔으나 짐작하면 자주 적중했

---

19) 5/26, 6/3, 12/1 등에 산포되어 있는 이런 만만찮은 구절들이 실제 어떤 의미를 담고 있는지에 대해서는 여기에서 굳이 다루지 않는다. 왜냐하면 이 책은 어디까지나 논어와 공자를 그 주변적 상황을 통해 살펴보고 관찰하려는 목적을 갖고 있기 때문이다. 이 구절에 대한 자세한 내용은 『논어의 발견』을 참고하기 바란다.

다"(11/20)는 말은 너무나도 절묘하다. 두 사람은 마치 공자로부터 이 소묘 하나를 얻기 위해 세상에 태어난 것 같은 엄청난 행운의 느낌을 받는다. 또 안연이 그로부터 얻은 "자주 공허에 빠졌다"(屢空)는 한마디에 상응하는 자기 자신의 발분의 모습이야말로 지구상 그 어떤 시대 그 어떤 문명에서도 얻기 힘든 저 9/10의 위대한 자화상이 가능했던 것이다.

특이한 것은 『좌전』은 안연에 대해 단 한 줄의 기록도 남기지 않고 있다는 것이다. 그러나 그것은 특이한 것이 아니라 사실 당연한 것이었다. 안연은 『좌전』 기록자의 입장에서 볼 때 전혀 중요한 인물이 아니었다. 그는 노나라의 위정자들로부터 단 한 번도 이름이 거론되지 않았고, 공자 또한 그들에게 안연을 이야기하지 않았다. 자로와 염유, 공서화, 자공 등이 자주 거론된 것과는 양상이 크게 달랐다. 그 점에서 안연은 현실 정치로부터 일정하게 거리를 유지하고 있던 스승 공자와 가장 닮은 사람이었다고 할 수 있다.

많은 논어 학자들이 안연에 대해 심도 있는 접근을 하고 싶었으나 하지 못했다. 그 이유는 대부분 남겨진 자료가 얼마 없다는 것이었다. 그러나 꼭 그것만일까? 지금도 안연은 피상으로서만 접근하고 있지 그 핵심을 짚어가며 접근하는 학자들은 거의 없다. 그 점에서 논어의 비밀, 공자의 비밀은 아직도 안연에게 남아 있다고 할 수 있다. 안연을 아는 것이 공자를 알아가는 과정에서 우리에게 남겨진 마지막 영지라고. 설혹 기록되지 못하여 영영 가려지고 말았다 하더라도 바로 그 미지의 모습으로. 영원히 다가갈 수 없는 한 신비한 인간의 모습으로. 인류의 어느 누구에게도 있지 못했던, 오직 공자에게만 가능했던 한 기적적인 인간으로서.

안연 관련 주요 논어 단편(15개)

2/9

선생님께서 말씀하셨다.

"내가 회(回)와 더불어 말해보면 종일토록 한마디 반론도 없는 것이 마치 바보 같다. 그러나 물러난 뒤 그 하는 바를 살펴보면 또한 족히 배운 것을 구현하니 회는 결코 바보가 아니다."

子曰;吾與回言,終日不違如愚.退而省其私,亦足以發,回也不愚.

11/4

선생님께서 말씀하셨다.

"회(回)는 나를 도와주는 자가 아니로구나. 내 말에 기뻐하지 않음이 없으니!"

子曰;回也,非助我者也.於吾言無所不說.

5/9

선생님께서 자공(子貢)에게 말씀하셨다.

"너 자신과 회(回)를 비교할 때 누가 낫다고 보느냐?"

자공이 대답하였다.

"제가 어떻게 감히 회를 넘보겠습니까? 회는 하나를 들으면 열을 알지만 저는 하나를 들으면 둘을 알뿐입니다."

선생님께서 말씀하셨다.

"그만 못하단다. 나와 너는 그만 못하단다."

子謂子貢曰;女與回也,孰愈?對曰;賜也,何敢望回?回也,聞一以知十.賜
也,聞一以知二.子曰;弗如也.吾與女,弗如也.

6/11

선생님께서 말씀하셨다.

"훌륭하구나. 회(回)는! 한 그릇의 밥과 한 쪽박의 물만 가지고 누추한
거리에 살면 여느 사람이라면 그 고충을 이기지 못할 텐데 회만은 그
즐거움을 바꾸지 않으니. 훌륭하구나. 회는!"

子曰;賢哉回也!一簞食,一瓢飮,在陋巷,人不堪其憂,回也不改其樂,賢哉
回也!

5/26

안연과 계로가 모시고 있는데 선생님께서 말씀하셨다.

"각자 자기 뜻을 말해보지 않겠느냐?"

자로가 말하였다.

"수레와 말을 타고 가벼운 가죽옷을 입고 벗들과 더불어 함께 즐기다
가 그것들이 못쓰게 되어도 유감이 없기를 원합니다."

안연이 말하였다.

"선을 내세움이 없기를, 헛되이 베풂이 없기를 원합니다."

자로가 말하였다.

"선생님의 뜻을 듣기 원합니다."

선생님께서 말씀하셨다.

"늙은이들은 그것을 누리고 벗들은 그것을 믿고 젊은이들은 그것을 품

는 것이다."

顔淵季路侍. 子曰;盍各言爾志?子路曰;願車馬,衣輕裘,與朋友共,敝之而無憾. 顔淵曰;願無伐善,無施勞. 子路曰;願聞子之志. 子曰;老者安之,朋友信之,少者懷之.

3/24[20]

의봉인(儀封人)이 자청하여 선생님을 만나 뵙고 말했다.

"군자가 이 정도라면 내가 일찍이 만나 보지 못한 바도 아니오."

종자가 그것을 보고는 나와서 말했다.

"여러분, 어찌 선생님의 초라한 신세에 낙담하십니까? 천하가 무도해진 지 오래되었으니 하늘은 장차 우리 선생님을 목탁(木鐸)으로 삼으실 것입니다."

儀封人請見曰;君子之至於斯也,吾未嘗不得見也. 從者見之,出曰;二三子!何患於喪乎?天下之無道也久矣,天將以夫子爲木鐸.

11/24

선생님께서 광(匡) 지방에서 위기에 처하셨을 때 안연(顔淵)이 뒤처졌다 오니 선생님께서 말씀하셨다.

"나는 네가 죽은 줄 알았다."

안연이 말했다.

---

20) 이 단편을 이 곳 '안연' 조항의 관련 단편으로 넣은 것은 이 단편에 등장하는 종자를 안연으로 보는 필자의 해석적 입장 때문이다.

"선생님께서 계시는데 제가 어찌 감히 죽겠습니까?"

子畏於匡,顏淵後.子曰;吾以女爲死矣.曰;子在,回何敢死?

12/1

안연(顏淵)이 어짊에 대해 묻자 선생님께서 말씀하셨다.

"자신을 이겨내고 예를 되찾는 것이 어짊을 도모하는 것이다. 어느 하루 자신을 이겨내고 예를 되찾는다면 천하가 어짊에 돌아올 것이다. 어짊을 도모하는 것이 자기에게서 비롯되지 남에게서 비롯되겠느냐?"

안연이 말했다.

"그 세목을 묻고자 합니다."

선생님께서 말씀하셨다.

"예가 아니면 보지 말고 예가 아니면 듣지 말며 예가 아니면 말하지 말고 예가 아니면 움직이지 마라."

안연이 말했다.

"제가 비록 불민하나 그 말씀을 잘 받들겠습니다."

顏淵問仁.子曰;克己復禮爲仁.一日克己復禮,天下歸仁焉.爲仁由己,而由人乎哉?顏淵曰;請問其目.子曰;非禮勿視,非禮勿聽,非禮勿言,非禮勿動.顏淵曰;回雖不敏,請事斯語矣.

9/10

안연(顏淵)이 탄식하며 말하였다.

"쳐다보면 더욱 높아지고 파면 더욱 견고해지며 앞에 있다 여기고 바라보면 어느새 뒤에 있구나. 선생님께서는 차근차근 사람을 잘 이끌어주시니 학문으로써 나를 박학하게 하시고 예로써 나를 다잡아 주신다. 그만두고자 하여도 그럴 수도 없고 나의 재주는 이미 다하였는데 우뚝하게 아직도 서 있는 것이 있는 듯하여 비록 그것을 따르고자 하지만 따를 길이 없구나."

顔淵喟然歎曰;仰之彌高,鑽之彌堅,瞻之在前,忽焉在後.夫子循循然善誘人,博我以文,約我以禮.欲罷不能,旣竭吾才,如有所立卓爾,雖欲從之,末由也已.

11/20

선생님께서 말씀하셨다.

"회(回)는 천명(天命)에 가까웠으나 자주 공허에 빠졌고 사(賜)는 천명을 받지 못하고 보배로운 것만 늘려 갔으나 짐작하면 자주 적중했다."

子曰;回也其庶乎.屢空.賜不受命而貨殖焉,億則屢中.

11/9

안연(顔淵)이 죽자 선생님께서 말씀하셨다.

"아아! 하늘이 나를 버리는구나! 하늘이 나를 버리는구나!"

顔淵死.子曰;噫!天喪予!天喪予!

11/10

안연(顔淵)이 죽자 선생님께서 애통하게 우시니 종자가 말했다.

"선생님께서는 애통해하시는군요."

선생님께서 말씀하셨다.

"애통해한다고? 그 사람을 위해 애통해하지 않는다면 누구를 위해 애통해하겠느냐?"

顔淵死,子哭之慟. 從者曰;子慟矣.曰;有慟乎?非夫人之爲慟而誰爲?

11/11

안연(顔淵)이 죽자 문인들이 장례를 후하게 치르고자 하였다.

선생님께서 말씀하셨다.

"옳지 않다."

문인들이 후하게 장례를 치르니 선생님께서 말씀하셨다.

"회(回)는 나를 아버지처럼 대했으나 나는 그를 자식처럼 대하지 못하고 말았구나. 내가 아니라 저들이 그렇게 한 것이다."

顔淵死,門人欲厚葬之.子曰;不可.門人厚葬之.子曰;回也,視予猶父也.予不得視猶子也.非我也,夫二三子也.

6/3

애공이 물었다.

"제자 중에서 누가 배우기를 좋아합니까?"

공자께서 대답하셨다.

"안회라는 자가 있어서 배우기를 좋아했습니다. 그는 노(怒)를 옮기지 않았고 잘못을 이중으로 하지 않았는데 불행히도 단명하여 죽고 말았습니다. 지금은 아무도 없어 배우기를 좋아한다는 자를 들어보지 못했습니다."

哀公問;弟子孰爲好學?孔子對曰;有顔回者好學,不遷怒,不貳過,不幸短命死矣. 今也則亡, 未聞好學者也.

9/20

선생님께서 안연을 일컬어 말씀하셨다.

"애석하구나. 나는 그가 나아가는 것만 보았지 멈춰 있는 것을 보지 못하였다."

子謂顏淵曰;惜乎!吾見其進也,未見其止也.

생략 단편 : 6/7, 7/11, 9/19, 11/3, 11/7, 11/8, 15/11

염유 冉有

구(求)

염유는 공자의 제자로서 노나라 사람이었으며 성은 염(冉), 이름은 구(求), 자는 자유(子有)였다. 공자보다 29세 연하였다. 통상 염유로 불렸으며, 후에 나이가 들고 지위가 높아지고 나서는 후배들로부터 염자(冉子)라는 존칭으로 불리기도 했다. 그는 공자가 외유에서 돌아오기 얼마 전 계강자의 가재가 되었는데, 계강자가 하고자 하는 것은 무엇이든 다 받아들여 추진했던 것 같다. 이를테면 그는 여러 가지 현실 문제를 둘러싸고 공자와 다른 입장을 취했는데, 그때마다 공자의 견해를 받아들이기보다는 계강자의 판단대로 추진하는 경우가 많았다. 가장 대표적인 것은 공자가 귀국하던 해에 계강자는 세금을 크게 인상하는 전부법(田賦法)을 시행하려 했고, 공자는 이를 강력히 반대했지만 염유는 결국 계강자의 뜻대로 이를 시행하고 말았다. 이때 공자는 제자들에게 "내 제자가 아니다 너희들은 북을 울려가며 그를 성토해도 좋다"고 비난할 만큼 신랄했다. 또 제나라에 사신으로 가는 공서적(公西赤)을 위해 그의 어머니에게 곡식을 얼마나 보내줄 것인지 공자의 의견을 구한 적이 있었다. 공자는 1부(釜)를 보내드리라고 했지만 염유는 그때도 다섯 병(五秉)을 보냈다. 그것은 공자가 말한 것보다 자그마치 125배나 되는 양의 곡식이었다.

만약 공서적의 입장에서 봤을 때 자신의 정치적 배경에 염유 같은 선배가 자신을 돌봐준다면 그는 자연스럽게 매사에 염유를 따르고 의지하지 않겠는가? 그는 스스로 그런 정치적 관계를 자신의 후배들과의 관계에서 설정하였을 뿐 아니라 계강자 등 자신의 상사들과의 관계에서도 알아서 설정하였을 것이다. 이를테면 계강자가 태산에서 천자만이 지내는 여제(旅祭)를 지내려 하자 공자가 이를 알고 강력히 반대하며 염유에게 말릴 것을 당부했지만 염유는 끝내 그렇게 하지 않았다.

그는 공자의 제자들 중에서 어쩌면 가장 현실 감각이 뛰어났고, 그 점에서 공자의 이상주의적 지향과 잘 맞지 않았다. 공자를 존경하기는 했지만 공자의 방침을 전적으로 수용하기에는 늘 지나칠 정도로 현실적이었다. 논어 옹야편에서 그가 공자에게 "선생님의 도(道)를 좋아하지 않는 것은 아니나 힘이 부족합니다" 하고 말한 것은 자신의 한계에 대한 솔직한 고백이었다고 할 수 있다. 이에 대해 공자가 "힘이 부족한 자는 중도에서 포기하는데 지금 너는 스스로 한계를 긋고 있다"고 지적한 것은 그로 하여금 더 이상 달아날 수 없도록 퇴로를 차단하는 방편이었는지도 모른다.

어쨌든 논어에 나오는 염유 관련 단편들을 보면 염유는 학문에 별로 뜻이 없어 보이고, 공자의 가르침에 성실히 귀를 기울이지도 않는 이단아처럼 보인다. 그럼에도 불구하고 공자는 염유에 대해 천실지읍(千室之邑)이나 백승지가(百乘之家)의 재(宰)를 맡길 만하다고 능력을 인정하는가 하면, 또 그의 예(藝)를 거듭 칭찬하기도 했다. 그러나 구체적으로 어떤 점이 그런지는 기록이 없다.

『좌전』에서 바로 그 일단이 드러난다. 공자가 노나라로 귀국하던 애공 11년(BC 484) 제나라는 군사를 이끌고 지난 해 노나라의 군사행동에 대한 보복으로 노나라의 청(淸) 땅에 진주해 있었다. 염유는 계씨가의 가재였는데 계강자가 제나라의 동향에 놀라 어떻게 군사적 대응을 해야 할지 염유에게 물었다. 염유는 군주와 삼환이 적절히 역할을 분담하여 적을 막고 싸우는 구체적 방안을 제시했다. 그러나 삼환은 선뜻 나서지 않았다. 이에 염유는 나라 정치를 계손씨가 행하고 있으니 맹손씨와 숙손씨가 나서려 하지 않는 것은 당연한 일이라며 결국 우장군으로는 맹무백의 당숙인 맹유자(孟孺子)가, 좌장군으로는 염유 자신이 나서게 되었다. 이 싸움에서 맹유자가 이끄는 우군은 제나라 군사에 맞서지 않고 도망친 반면 염유가 이끄는 좌군은 염유의 우측 전사 번지의 조언에 따라 명령 복종을 강력히 시달하고 상벌을 세 번이나 주지시키자 드디어 신속하게 움직였다. 그리하여 좌군은 적의 무장병 80명의 목을 치는 전과를 올림으로써 제나라는 전열이 흔들려 결국 그날 밤부터 퇴각하기 시작했다. 염유는 추격을 하려 했으나 계강자가 허락하지 않았다.

마침 위나라에서 노나라로 귀국한 공자는 이 전투 소식을 듣고 창과 방패를 들고 제대로 싸운 소년병들은 성인들과 동일하게 장사를 치러주는 것이 옳다고 조언했다. 또 제나라 군사를 향하여 창을 들고 정면 돌진하여 군진을 와해시킨 염유에 대해서는 "의로웠다"는 칭찬을 아끼지 않았다. 『좌전』에 등장하는 이 이미지 때문에 염유는 논어에서 얻은 다소 천덕꾸러기 같은 이미지를 크게 만회할 수 있었다.

그러나 그 해 말에 계강자가 전쟁의 와중에도 전부법을 시행하여 세금을 크게 올리려 했다는 전술한 사건이 있었다. 그리고 역시 앞서 언급한 것처럼 염유가 공자의 조언을 수용하지 않고 권력의 흐름만 좇아 제멋대로 시행한 일들 또한 이때에 있었던 것 같다. 애공 14년(BC 481)에 있었던 일, 즉 소주(小邾)나라 대부 역(射)이 자신의 소유지를 가지고 노나라에 귀속해올 터이니 다른 것은 요구하지 않는 대신 자로가 보증만 해주면 좋겠다는 조건을 내건 일이 있었다. 그런데 그 조건을 거부하는 자로와 그것을 받아달라는 계강자 사이에서 부지런히 말 심부름을 한 것도 가재였던 염유였다. 이런 껄끄러운 일에서 염유는 마치 계강자의 입 속의 혀처럼 원활하게 움직였다.

그래서 그랬을까? 공자가 죽고 한참 세월이 흐른 애공 23년(BC 472), 염유는 여전히 계강자의 가재로서 송나라의 상사(喪事)에 계강자를 대신하여 참석한 것을 볼 수 있다. 그가 계강자의 가재가 된 것을 가장 늦게 잡아도 애공 11년인데 애공 23년까지만 가재를 했다 하더라도 염유는 13년째 가재를 한 셈이다. 자로가 정공 12년에 가재가 되었으니 자로가 가재로 있었던 기간은 짧으면 1년, 길어도 4년을 넘기지 않았을 것이다. 그에 비하면 최소한 13년 이상 가재를 해왔다는 것은 염유의 권력친화적 기질을 다분히 보여주는 것이라 할 수 있다.

공자가 죽은 후 제자들은 공자학단의 운영이나 공자어록의 편찬, 학설의 계승, 사견의 피력 등과 관련하여 나름대로 약간씩 행적을 남기곤 했지만 염유는 이 여전한 가재노릇을 제외하고는 어디에도 학단과 관련한 기록을 남기지 않고 있다. 어쩌면 공자가 죽고 자신이 나름대로 정치 무대에서 높은 역할을 맡고부터는 그는 더 이상 공자학단과 관련된 분야에는 관심이 없었을지도 모른다.

염유 관련 주요 논어 단편(6개)

6/12

염구(冉求)가 말했다.

"선생님의 도(道)를 좋아하지 않는 것은 아니나 힘이 부족합니다."

선생님께서 말씀하셨다.

"힘이 부족한 자는 중도에서 포기하는데 지금 너는 스스로 한계를 긋고 있다."

冉求曰;非不說子之道,力不足也.子曰;力不足者,中道而廢,今女畫.

13/9

선생님께서 위나라에 가셨을 때 염유가 마차를 몰았다. 선생님께서 말씀하셨다.

"사람들이 많구나."

염유가 말했다.

"이미 사람들이 많아졌으니 무엇을 더해야 합니까?"

선생님께서 말씀하셨다.

"풍요하게 해야 한다."

염유가 말했다.

"이미 풍요하게 되었다면 무엇을 더해야 합니까?"

선생님께서 말씀하셨다.

"가르쳐야 한다."

子適衛,冉有僕.子曰;庶矣哉.冉有曰;既庶矣,又何加焉?曰;富之.曰;既富矣,又何加焉?曰;教之.

3/6

계씨(季氏)가 태산에서 여제(旅祭)를 지내려 하자 선생님께서 염유(冉有)에게 말씀하셨다.

"네가 말릴 수 없겠느냐?"

염유가 대답하였다.

"어쩔 수 없습니다."

선생님께서 말씀하셨다.

"슬프다! 태산의 신이 임방만도 못하단 말인가!"

季氏旅於泰山.子謂冉有曰;女弗能救與?對曰;不能.子曰;嗚呼!曾謂泰山
不如林放乎!

6/4

자화(子華)가 제나라에 사신으로 가게 되자 염자(冉子)께서 자화의 어머니를 위해 곡식을 보내 줄 것을 청하니 선생님께서 말씀하셨다.

"여섯 말 넉 되를 드려라."

더 보내 줄 것을 청하자 말씀하셨다.

"한 섬 여섯 말을 드려라."

염자께서 곡식 여든 섬을 보내 주자 선생님께서 말씀하셨다.

"적(赤)이 제나라로 갈 때 살찐 말을 타고 가벼운 갖옷을 입었다. 내가 듣기로 군자는 위급함을 돌보아 주지 부유함을 지속시켜 주지는 않는다고 했다."

子華使於齊,冉子爲其母請粟.子曰;與之釜.請益.曰;與之庾.冉子與之粟五秉.子曰;赤之適齊也,乘肥馬,衣輕裘.吾聞之也,君子周急不繼富.

11/18

계씨(季氏)는 주공(周公)보다 부유한데도 구(求)가 그를 위해 부세(賦稅)를 걷어 더욱 부유하게 해주니 선생님께서 말씀하셨다.

"내 제자가 아니다. 너희들은 북을 울려 가며 그를 성토해도 좋다."

季氏富於周公,而求也爲之聚斂,而附益之.子曰;非吾徒也.小子鳴鼓而攻之,可也.

13/14

염자가 조정에서 돌아오자 선생님께서 말씀하셨다.

"어째서 늦었느냐?"

염자가 대답했다.

"정사(政事)가 있었습니다."

선생님께서 말씀하셨다.

"그의 일이다. 만약 정사가 있었다면 비록 내가 참여하고 있지 않지만 나도 더불어 그것을 알았을 것이다."

冉子退朝.子曰;何晏也?對曰;有政.子曰;其事也.如有政,雖不吾以,吾其與聞之.

생략 단편 5/8, 6/8, 7/16, 11/3, 11/13, 11/23, 11/25, 11/27, 14/13, 16/1

『좌전』의 염유 관련 기록

○ 哀公11(BC 484)

11년 봄, 제나라가 식(郞)의 전역 때문에 국서와 고무비가 군사를 거느리고 우리나라를 쳐서 청(清)에 이르렀다. 계손이 가재인 염구에게 말하였다. 제나라 군사가 청(清)에 있는 것은 반드시 노나라 때문일 것이니 어쩌면 좋겠는가? 구가 말하였다. 한 사람은 지키고 두 사람은 공을 따라 변경에서 그들을 막습니다. 계손이 말하였다. "할 수 없다." 구가 말했다. "봉강의 사이에 있으십시오." 계손이 두 사람에게 알리니, 두 사람은 안 된다고 하였다. 구가 말했다. "불가하다면, 임금께선 나가시지 않아야 합니다. 한 사람이 군사를 이끌고 성을 등지고 싸우는데 합류하지 않는 자는 노나라 사람이 아닙니다. 노나라의 경대부 집안이 제나라의 병거보다 많고 한 집안의 병거를 대적하기에도 넉넉하니 그대는 무엇을 근심하십니까? 두 사람이 싸우지 않으려 하는 것은 당연하니 정권이 계씨이기 때문입니다. 그대가 살아 있을 때 제나라 사람이 노나라를 쳤는데 싸울 수 없다면 그대의 치욕이며 제후들에게서 설 수 없을 것입니다." 계손이 조회에 따르게 하여 당씨지구에서 기다렸다. 숙손무숙이 불러서 싸움에 대하여 묻자 대답하였다. "군자에게 심원한 생각이 있으니, 소인이 어떻게 알겠습니까?" 맹의자가 억지로 그에게 묻자 대답하였다. "소인은 재주를 생각하여 말하고 역량을 헤아려 대는 사람입니다." 무숙이 말했다. "이는 나는 대장부가 되지 않았다는 말이다." 물러나서 병거를 검열하였다. 맹유자 설이 우장군이 되었고 안우가 어자가 되었으며 병설이 오른편 전사가 되었다. 염구가 좌장군이 되었으며 관주보가 어자가 되었고 번지가 오른편 전사가 되었다. 계손이 말했다. "번지는 어리다." 염유가 말했다. "명을 따를 수 있습니다." 계씨의 갑사는 7천 명이었고 염유는 무성 사람 300명을 자기의 보병으로 삼아 늙은이와 어린 사람이 궁을 지키고, 우문 밖에 주둔하였다. 5일이 지나서야 우

사가 따랐다. 공숙무인이 지키는 사람들을 보고 눈물을 흘리며 말했다. "일은
많고 부세가 무거우며, 위에서는 계책도 없고 군사들은 죽을 수 있으니 어떻
게 백성을 다스리겠는가? 내 아마 그렇게 말했으니, 감히 힘쓰지 않겠는가?"
군사가 교외에서 제나라 군사와 싸웠다. 제나라 군사는 직곡에서 왔는데, 군
사가 시내를 넘지 않았다. 번지가 말하였다. "싸울 수 없는 것이 아니라 그대
를 믿지 않는 것이니 청컨대 세 번 명을 내리면 건널 것입니다." 그대로 하였
더니 무리들이 따랐다. 군사가 제나라 군사 속으로 들어갔다. 우사가 달아나
자 제나라 사람들이 그들을 쫓았다. 진관과 진장이 사수를 건넜다. 맹지측이
나중에 들어와 후위가 되어 화살을 뽑아 그 말을 때리며 말하였다. "말이 나가
지 않았다." 임불뉴의 대오가 말하였다. "달아나는 것이오?" 불뉴가 말하였다.
"누가 못하다는 것인가?" 말하였다. "그러면 그만두는 것입니까?" 불뉴가 말했
다. "어찌 현명하다 하겠는가?" 천천히 걸어가 죽었으면 군사가 갑사의 머리
80개를 얻으니 제나라 사람은 군진을 이룰 수가 없었다. 밤에 간첩이 말했다.
"제나라 사람이 도망갑니다." 염유가 세 번 추격하게끔 청하였지만, 계손은 허
락하지 않았다. 맹유자가 사람에게 말했다. "나는 안우보다는 못하고 병설보
다는 현명하다. 자우는 예민하여 나는 싸우고 싶지 않은데 침묵할 수 있으며
설은 '말을 몰라라' 한다." 공위가 그 총애하는 동자 왕기와 함께 수레를 탔다
가 함께 죽어 같이 파묻었다. 공자가 말했다. "방패와 과를 잡고 사직을 지킬
수 있었으니 미성년자의 상례를 쓰지 않아도 된다." 염유가 제나라 군사에게
창을 쓰게 하였으므로 그 군사에게 들어갈 수 있었다. 공자가 말했다. "의에
맞다."

十一年春,齊爲鄎故,國書高無丕帥師伐我,及淸.季孫謂其宰冉求曰:「齊師在淸,必
魯故也,若之何?」求曰:「一子守,二子從公禦諸竟.」季孫曰:「不能.」求曰:「居封疆之
間.」季孫告二子,二子不可.求曰:「若不可,則君無出.一子帥師,背城而戰,不屬者,
非魯人也.魯之羣室衆於齊之兵車,一室敵車優矣,子何患焉?二子之不欲戰也宜,

政在季氏.當子之身,齊人伐魯而不能戰,子之恥也,大不列於諸侯矣.」季孫使從於朝,俟於黨氏之溝.武叔呼而問戰焉.對曰:「君子有遠慮,小人何知?」懿子强問之,對曰:「小人慮材而言,量力而共者也.」武叔呼而問戰焉,對曰,君子有遠慮,小人何知?懿子强問之,對曰,小人慮材而言,量力而共者也.武叔曰,是謂我不成丈夫也.退而蒐乘.孟孺子洩帥右師,顏羽御,邴洩爲右.冉求帥左師,管周父御,樊遲爲右.季孫曰:「須也弱.」有子曰:「就用命焉.」季氏之甲七千,冉有以武城人三百爲己徒卒,老幼守宮,次于雩門之外.五日,右師從之.公叔務人見保者而泣,曰:「事充,政重,上不能謀,士不能死,何以治民?吾旣言之矣,敢不勉乎!」師及齊師戰于郊.齊師自稷曲,師不踰溝.樊遲曰:「非不能也,不信子也,請三刻而踰之.」如之,衆從之.師入齊軍.右師奔,齊人從之.陳瓘陳莊涉泗.孟之側後入以爲殿,抽矢策其馬,曰:「馬不進也.」林不狃之伍曰:「走乎?」不狃曰:「誰不如?」曰:「然則止乎?」不狃曰:「惡賢?」徐步而死.師獲甲首八十,齊人不能師.宵諜曰:「齊人遁.」冉有請從之三,季孫弗許.孟孺子語人曰:「我不如顏羽,而賢於邴洩.子羽銳敏,我不欲戰而能默,洩曰『驅之』.」公爲與其嬖僮汪錡乘,皆死,皆殯.孔子曰:「能執干戈以衛社稷,可無殤也.」冉有用矛於齊師,故能入其軍.孔子曰:「義也.」

유자 有子

약(若)

유자는 공자의 제자로서 노나라 사람이었으며 성은 유(有), 이름은 약(若), 자는 자유(子有)로 공자 사후 공자학단의 지도자로 선출된 후에는 주로 존칭인 유자(有子)로 불린 것 같다.

그에 대해 알려진 사항은 매우 적다. 그는 논어에 단 네 번밖에 나오지 않으며, 그나마 세 번은 제1학이편에 몰려 있고 나머지 한 번은 제12안연편에 나온다. 또 모두 공자가 세상을 떠난 후에 있었던 대화나 발언들이다.

학이편은 매우 특별한 편이다. 논어의 첫 번째 편이기도 하지만 16개 장밖에 안 되는 이 학이편은 전체 단편의 절반 가까이가 공자의 말씀이 아니라 제자들의 말씀이다. 그 중에서도 세 개 장이 바로 유자의 말씀으로 구성되어 있고, 또 그 중 하나는 제1편 2장에 배치되어 있다. 제자들의 말씀이 많이 배치되어 있다는 것은 적어도 이 학이편만은 공자의 어록을 만든다는 목적보다 어린 제자들에게 공문(孔門)의 기초 덕목을 가르친다는 학단의 교육적 목적에 더 치중해 있었음을 보여준다. 게다가 전체 논어의 두 번째 위치에 유자의 단편이 배치되어 있다는 것은 그가 공자에 뒤이어 학단의 지도자로 자리 잡았음을 과시하는 의미가 있는 것 같다.

『맹자』 등문공(滕文公) 상편에 등장하는 글을 참고하면, 공자가 죽은 후 제자들은 공자학단을 이끌고 갈 지도자로 유약(有若)을 추대했던 것 같다.

> 훗날 자하, 자장, 자유가 유약이 성인과 흡사하다는 이유로 공자를 모시던 바
> 에 따라 그를 모시고자 하여 증자에게 강권하니 증자가 그럴 수 없다. 장강과
> 한수의 물로 씻고 가을볕에 말렸으니 희고 흰 것이 더 보탤 것이 없다.[21]

이 기록에 따르면 유약을 추대하는 과정에서 증자의 반대에 부딪히기도 했던 모양이나 일단 그가 지도자로 선출되었던 것은 사실로 보인다. 사마천의 「중니제자열전」은 유자가 공자보다 13세 연하였다고 기록하고 있고, 『공

---

21) 他日,子夏子張子游,以有若似聖人,欲以所事孔子,事之,彊曾子,曾子曰:不可.江漢以濯之,秋陽以暴之,晧晧乎,不可尙已.『맹자』 등문공(滕文公) 상편

자가어』에 따르면 36세 연하였다고 한다. 그러나 13세 연하설은 그가 공자에 이어 학단의 지도자가 되었다는 점에 무리하게 초점을 맞춘 연령이 아닐까 한다.

그러나 유자가 초기 지도자였다는 점을 생각할 때 그가 학이편에 남긴 세 편의 글은 모두 남다른 의의를 가지고 있는 듯하다. 그 중 그동안 잘못된 해석에 휘말려 그 의미를 온전히 드러내지 못하고 있던 제13장은 바르게 해석할 경우 마치 맹자가 그 시대에 와해될 위기에 처해 있던 인의예지(仁義禮知)를 재건하기 위하여 이른바 측은지심(惻隱之心), 수오지심(羞惡之心), 사양지심(辭讓之心), 시비지심(是非之心) 등의 평상적인 마음들이 각각 인의예지의 실마리(端緒)가 되므로 이 네 실마리(四端)를 잘 육성하여 잃어버린 인의예지를 다시 세울 필요가 있다고 역설한 소위 사단(四端) 이론을 연상케 한다. 다시 말해서 유자는 맹자에 앞서 의(義)와 예(禮)를 잃어가고 있던 당시에 그에 가깝고(近) 친한(親) 믿음(信)과 공손함(恭)을 맹아(萌芽)로 삼아 의와 예를 되살려 나가자는 일련의 근친설(近親說)을 주장했던 것이다. 그 점에서 학이편 제13장은 그것이 가지고 있는 교훈 자체보다 유자를 둘러싸고 있던 상황 내지 역사를 말해준다는 점에서 매우 중요한 단편으로 보인다. 바르게 해석한 단편의 의미를 추적할 때 공자가 떠난 시대를 맡았던 제2대 지도자로서 그는 높은 책임감을 가지고 발언한 느낌이 없지 않다.

그러나 등장 당시부터 증자의 거부반응에 부딪혀야 했던 그는 지도자로서의 위상이 확보된 이후에도 제자들로부터 제기되는 여러 저항에 휘말렸던 것 같다. 「중니제자열전」에는 어처구니없는 일로 그가 비난을 받는 모습이 그려져 있다.[22] 그가 언제까지 공자학단의 지도자 역할을 하였는지는 모르겠지만

---

22) 공자가 죽자 제자들은 그를 사모한 나머지 유약의 모습이 공자와 닮아 제자들이 서로 상의하여 그를 스승으로 세워 공자를 모시듯 모셨다. 훗날, 한 제자가 나아가 "예전에 공자께서 행차를 하심에 저에게 우산을 준비시킨 적이 있었는데 과연 그날 비가 왔습니다. 제가 '선생님께서는 어떻게 비가 올 줄 아셨습니

세월이 지나고 나서 지도자의 자리는 결국 증자에게로 넘어갔던 것 같다.

『좌전』에는 유약의 이름이 딱 한 번 등장한다. 애공 8년(BC 487)에 오나라가 노나라를 침공하였을 때 노나라의 대부 미호(微虎)가 야간에 오나라 군주 부차(夫差)의 숙소를 기습공격하기 위하여 병사 700명을 모아 체력검증을 거쳐 정예군 300명을 선발하는 것이었는데, 그 최종 선발인원에 유약이 포함되어 있었다는 기록이다. 물론 그 기습공격 계획은 너무 무모하다 하여 취소되고 말았지만 왜 그런 기록이 남게 되었는지, 또 유약의 이름은 어떤 취지에서 기록되었는지 모호한 것이 사실이다. 아마 그의 애국심이나 용감성 등을 드러내기 위한 취지가 아니었을까 한다.

또 한 가지 모호한 것은 논어 12/9에 실린 유자와 애공의 대화 기록이다. 이 대화 기록은 그 자체만으로 보면 욕심 많은 군주와 바른 말을 거침없이 하는 유자 사이에 있을 법한 대화다.

애공(哀公)이 유약(有若)에게 물었다.

"흉년이 들어 재정이 부족한데 어떻게 하면 좋겠소?"

유약이 대답했다.

"어째서 철전법(徹田法)을 쓰지 않으십니까?"

애공이 말했다.

"십분의 이로도 나는 오히려 부족한데 십분의 일인 철전법을 가지고 어떻게 한

까? 하고 물으니 『시』에 이르기를 달이 필성(畢星)에 걸리니 큰비가 올 징조로다 하지 않았느냐. 간밤에 달이 필성에 머물러 있었느니라' 하셨습니다. 그런데 훗날 달이 필성에 머물렀는데도 결국 비가 오지 않았습니다. 또 상구(商瞿)는 나이가 많아도 자식이 없어서 그의 어머니가 소실을 얻어주려 했습니다. 그때 공자께서 상구를 제나라에 보내시려 하자 그의 어머니가 그런 사정을 말했습니다. 공자께서는 '걱정 마시오. 구(瞿)는 마흔 살이 넘어 아들 다섯을 두게 되리라' 하셨는데 과연 그렇게 되었습니다. 감히 여쭙노니 '공자께서는 어떻게 이런 것들을 미리 아셨습니까?' 하고 물었다. 유약은 묵묵할 뿐 대응하지 못했다. 제자들은 일제히 일어나 "유자여! 그 자리를 비키시오. 그곳은 당신이 앉아 있을 자리가 못 됩니다" 하고 외쳤다. 『史記』「仲尼弟子列傳」

단 말이오?"

유약이 대답했다.

"백성이 풍족하면 임금께서 누구와 더불어 부족하시겠으며 백성이 부족하면 임금께서 누구와 더불어 풍족하시겠습니까?" 12/9

그러나 애공 당시 노나라의 징세권은 이미 군주의 손을 떠난 지 오래였다. 중군(中軍)의 폐지로 군주의 징세권이 삼환의 수중으로 넘어가고 군주는 삼환이 제공하는 약간의 공(貢)에 의존하여 살게 된 지 거의 60여 년이 지났다. 따라서 아무 권한도 없는 군주가 새삼스레 세금을 더 걷겠다는 등 유자는 그렇게 더 걷어 누구와 더불어 풍요를 누리시겠냐는 등 철지난 대화를 나누는 이 단편은 누구에 의해 어떤 목적으로 작성되었는지 궁금하다. 누군가가 유자를 돋보이게 하기 위한 위작이라면 이 또한 유감스럽기 짝이 없는 일이다.

그런가 하면 『예기』 단궁상(檀弓上)편에는 상례(喪禮)에서 유자의 행동이 공자의 행동에 비해 수준이 낮았음을 비교논평하기도 하고, 제나라의 대부 안자(晏子)를 평가할 때도 유자의 안목이 증자의 안목에 미치지 못함을 드러내기도 한다. 또 『예기』 단궁하(檀弓下)편에는 유약이 죽었을 때 도공(悼公)이 조문을 갔고 자유(子游)가 좌측에서 안내하였음을 기록하고 있다. 유약이 매우 비중 있는 인사였음을 말해주는 것이다. 그 점에서 유자라는 제자를 둘러싼 이런 서로 상충되는 기록들을 어떻게 해석해야 할지는 여전히 과제로 남아 있다.

유자 관련 논어 단편(4개)

12/9

애공(哀公)이 유약(有若)에게 물었다.

"흉년이 들어 재정이 부족한데 어떻게 하면 좋겠소?"

유약이 대답했다.

"어째서 철전법(徹田法)을 쓰지 않으십니까?"

애공이 말했다.

"십분의 이로도 나는 오히려 부족한데 십분의 일인 철전법을 가지고 어떻게 한단 말이오?"

유약이 대답했다.

"백성이 풍족하면 임금께서 누구와 더불어 부족하시겠으며 백성이 부족하면 임금께서 누구와 더불어 풍족하시겠습니까?"

哀公問於有若曰;年饑,用不足,如之何?有若對曰;盍徹乎?曰;二,吾猶不足,如之何其徹也?對曰;百姓足,君孰與不足?百姓不足,君孰與足?

1/2

유자(有子)께서 말씀하셨다.

"그 사람됨이 효성스럽고 우애로우면서 윗사람 범하기를 좋아하는 자는 드물다. 윗사람 범하기를 좋아하지 않으면서 변란 일으키기를 좋아하는 자는 지금껏 없었다. 군자는 기본에 힘쓸 것이니 기본이 갖추어지면 도(道)가 열리게 된다. 효성스럽고 우애롭다는 것은 어짊의 기본이 되겠구나."

有子曰;其爲人也孝弟,而好犯上者,鮮矣.不好犯上,而好作亂者,未之有
也.君子務本,本立而道生.孝弟也者,其爲仁之本與.

1/12

유자께서 말씀하셨다.

"예의 효용으로서 조화가 귀중하다. 옛 왕들의 도(道)도 그 점에서 아
름다웠던 것인데 작고 큼이 다 여기서 비롯하였다. 행해지지 않는 것
이 있으면 조화의 원리를 알아 조화시켜야겠지만 예로써 조절하지 않
는 한 역시 행해지지 못할 것이다."

有子曰;禮之用,和爲貴.先王之道,斯爲美,小大由之.有所不行,知和而和,
不以禮節之,亦不可行也.

1/13

유자께서 말씀하셨다.

"믿음직함은 의로움에 가까우니 말한 것을 지킬 수 있다. 공손함은 예
에 가까우니 치욕을 멀리할 수 있다. (이처럼) 그 친한 것을 잃지 않음
으로써 또한 종통(宗統)을 이어갈 수 있다."

有子曰;信近於義,言可復也.恭近於禮,遠恥辱也.因不失其親,亦可宗也.

『좌전』의 유자 관련 기록

○ 哀公08(BC 487)

노나라 대부 미호(微虎)는 야음을 타서 오나라 왕의 숙소를 공격하려고 하였다. 그래서 개인적으로 부하 700인을 모아 천막을 쳐놓고 그 밑에서 세 번씩 뛰게 하여 마침내 300명을 최종 선발하였는데, 그 중에는 공자의 제자 유약도 끼어 있었다. 이들이 진군하여 직문 안에 이르니 어떤 사람이 계손을 보고 말하기를 "오나라를 해치기는 어렵고 우리나라 군사만 많이 죽일 뿐이니 그만두기만 못합니다"라고 하였으므로 곧 제지하여 가지 못하게 하였다.

微虎欲宵攻王舍, 私屬徒七百人三踊於幕庭, 卒三百人, 有若與焉. 及稷門之內, 或謂季孫曰, "不足以害吳, 而多殺國士, 不如已也." 乃止之.

재아 宰我
여(予)

재아는 공자의 전기 제자로서 성은 재(宰), 이름은 여(予), 자는 자아(子我)였다. 노나라 사람이었다고는 하나 공교롭게도 그의 나이에 관한 정보는 어디에도 없다. 대개 전기 제자들과 비슷하게 공자보다 30세 전후의 연하가 아니었을까 한다. 그와 관련한 논어 단편은 다섯 개에 불과하다. 그 중 자공과 더불어 그를 말을 잘하는 제자로 분류하고 있는 11/3의 공문사과(孔門四科)를 제외하면 네 개의 단편만 남는데, 기이하게도 그 네 단편은 하나같이 평이하지가 않다. 네 단편은 모두 공자와 재아의 생각이 불일치하며, 거기서 비롯한 갈등이나 꾸중이다. 이런 양상은 다른 제자들과의 사이에서는 좀처럼 볼 수 없는 것이기 때문에 재아는 단연 공문 내의 이단아처럼 부각된다.

특히 논어 17/21을 통해 공자는 삼년상(三年喪)이라는 특정한 예법을 지지하고 있다는 점에서 후대의 누군가가 공자와 재아의 의견대립을 빙자하여 삼년상을 공문의 공식 예법으로 확립시키려 시도했던 것이 아닌가 하는 의혹을 갖게 한다. 이 점은 재아와 더불어 아마 쉽게 해소되지 못할 의문점으로 남을 것 같다.

그러나 이 네 개의 단편에서 엿보이는 것들을 넘어 재아가 공지학단에서 이단아적 행동이나 발언을 했다는 사례는 더 이상 발견되지 않는다. 오히려『맹자』에 나오는, 그 사실 여부를 완전히 믿기는 어렵지만 재아가 "내가 볼 때 공자께서는 요순보다 훨씬 뛰어나시다"(宰我曰:以予觀於夫子賢於堯舜遠矣)고 발언했다는 것은 상당히 의외가 아닐 수 없다. 이런 신앙고백에 가까운 발언은 공자의 제자 중에서도 자공 등 특별한 몇몇 사람만이 할 수 있는 성격의 발언이었다. 어쩌면 재아는 공자의 특별한 편달(鞭撻)에 힘입어 다른 제자들보다 그 점에 관한 한 더 뛰어난 안목을 갖추게 되었던 것은 아닐까?

재아 관련 논어 단편(5개)

5/10

재여(宰予)가 낮잠을 자니 선생님께서 말씀하셨다.

"삭은 나무에는 조각을 할 수 없고 분토(糞土)로 된 담장에는 흙손을 댈 수 없다. 여(予)에게 무슨 꾸지람을 하겠느냐?"

선생님께서 말씀하셨다.

"처음에는 내가 사람을 대함에 그 말을 듣고 그 행동을 믿었으나 지금은 내가 사람을 대함에 그 말을 듣고 그 행동을 살핀다. 여(予)로 인하여 이를 고쳤다."

宰予晝寢. 子曰;朽木不可雕也,糞土之牆,不可杇也.於予與何誅?子曰;始吾於人也,聽其言而信其行.今吾於人也,聽其言而觀其行,於予與改是.

3/21

애공(哀公)이 재아(宰我)에게 사(社)에 관해 묻자 재아가 대답하였다.

"하후씨(夏后氏)는 소나무로써 하였고 은나라 사람은 잣나무로써 하였으며 주나라 사람은 밤나무로써 하였습니다."

"백성들로 하여금 두려워 떨게 한 것입니다."

선생님께서 그 말을 들으시고 말씀하셨다.

"이루어진 일은 설명하지 않고 끝난 일은 간하지 않으며 이미 지나간 일은 탓하지 않는 법이다."

哀公問社於宰我.宰我對曰;夏后氏以松,殷人以柏,周人以栗.曰;使民戰栗.子聞之曰;成事不說,遂事不諫,既往不咎.

6/26

재아(宰我)가 물었다.

"어진 자는 비록 함정 속에 어짊이 있다고 일러주더라도 그 말을 따르겠군요."

선생님께서 말씀하셨다.

"어찌 그렇기야 하겠느냐? 군자는 (함정 쪽으로) 가게 할 수는 있지만 (함정에) 빠지게 할 수는 없으며 속일 수는 있지만 어리석게 만들 수는 없다."

宰我問曰;仁者雖告之曰;井有仁焉,其從之也.子曰;何爲其然也?君子可逝也,不可陷也.可欺也,不可罔也.

17/21

재아(宰我)가 물었다.

"삼년상은 기간이 너무 깁니다. 군자가 삼 년간 예를 도모하지 않으면 예가 필경 무너지고 삼 년간 음악을 도모하지 않으면 음악이 반드시 무너질 것입니다. 옛 곡식이 이미 다하고 새 곡식이 이미 나오며 나무를 비벼 불도 새로 바꾸는 만큼 1년이면 되리라 봅니다."

선생님께서 말씀하셨다.

"쌀밥을 먹고 비단옷을 입는 것이 너에게는 편안하냐?"

재아가 말했다.

"편안합니다."

"네가 편안하다면 그렇게 하여라. 실로 군자가 상중에 있을 때에는 맛있는 것을 먹어도 맛있지 않고 음악을 들어도 즐겁지 않으며 집에 거해도 편안하지 않은 까닭에 그렇게 하지 않는 것이다. 그러나 지금 네가 편안하다면 그렇게 하여라."

재아가 나가자 선생님께서 말씀하셨다.

"여(予)는 어질지 못하구나. 자식은 태어나서 삼 년이 지난 후에야 부모의 품을 벗어나니 실로 삼년상은 천하 공통의 상례다. 여(予)도 그 부모로부터 삼 년 동안의 사랑은 받았을 것이다."

宰我問;三年之喪,期已久矣.君子三年不爲禮,禮必壞.三年不爲樂,樂必
崩.舊穀旣沒,新穀旣升,鑽燧改火,期可已矣.子曰;食夫稻,衣夫錦,於女安
乎?曰;安.女安則爲之.夫君子之居喪,食旨不甘,聞樂不樂,居處不安,故不
爲也.今女安,則爲之.宰我出.子曰;予之不仁也.子生三年,然後免於父母
之懷.夫三年之喪,天下之通喪也.予也有三年之愛於其父母乎.

11/3

덕행 : 안연, 민자건, 염백우, 중궁.

언변 : 재아, 자공.

정치 : 염유, 계로.

학문 : 자유, 자하.

德行,顏淵,閔子騫,冉伯牛,仲弓.言語,宰我,子貢.政事,冉有,季路.文學,子
游,子夏.

염백우 冉伯牛
경(耕)

염백우는 공자의 제자로 성은 염(冉), 이름은 경(耕), 자는 백우(伯牛)였다. 관
련기록이라고는 논어에 남아 있는 두 단편밖에 없어 그에 대한 세부적인 정보

에는 더 이상 접근할 길이 없다. 『사기』 등도 그의 나이에 대한 정보마저 없다.

어쨌든 그는 공문사과에서 덕행의 제자로 분류되었지만 6/10에서 보듯이 문병을 간 공자가 방에 들어가지도 못하고 겨우 창문을 통해 손만 잡고 제자의 가혹한 질병 이환을 한탄하고 있다. 이 때문에 훗날 그의 질환이 나병이었을 것으로 추정했지만 역시 추정에 불과했고, 다른 언행의 기록이 없기 때문에 그는 그때의 병으로 죽었을 것으로 본다.

염백우 관련 논어 단편(2개)

6/10

백우(伯牛)가 질병에 걸리자 선생님께서 문병을 가서서 들창을 통해 그 손을 잡고 말씀하셨다.

"이럴 수가! 운명이로구나! 이 사람에게 이런 병이 생기다니! 이 사람에게 이런 병이 생기다니!"

伯牛有疾, 子問之, 自牖執其手, 曰; 亡之! 命矣夫! 斯人也而有斯疾也! 斯人也而有斯疾也!

11/3

덕행 : 안연, 민자건, 염백우, 중궁.

언변 : 재아, 자공.

정치 : 염유, 계로.

학문 : 자유, 자하.

德行, 顔淵, 閔子騫, 冉伯牛, 仲弓. 言語, 宰我, 子貢. 政事, 冉有, 季路. 文學, 子游, 子夏.

자고 子羔

시(柴)

자고는 공자의 제자로서 성은 고(高), 이름은 시(柴), 자는 자고(子羔) 또는 계고(季羔)였다. 나이는 공자보다 30세 연하였다는『사기』「중니제자열전」의 설과 40세 연하였다는『공자가어』의 설이 엇갈린다. 자로가 자고를 비읍의 읍재로 삼았다면 자로가 계씨가의 가재로 있을 때였을 것이고 그렇다면 정공 당시였을 것이다. 공자보다 40세 연하였다면 당시 자고는 10대 중반밖에 안 된다. 따라서 최소한 공자보다 30세 연하였거나 그보다 조금 더 나이가 많았을 것으로 보인다.

공서화가 염유를 후견인으로 여겼던 것처럼 자고는 자로를 후견인처럼 여기고 따랐던 것 같다. 그는 애공 15년 자로를 따라 위나라에 가서 공씨가문을 섬기고 있었다. 그 해에 공문자가 죽었기 때문에 공씨가의 종주는 공회였다. 이때를 틈타 군주 출공의 아버지 괴외는 망명지 진나라에서 위나라로 잠입하여 공회를 협박, 자신을 군주로 옹립하도록 강요하였다. 이 소식을 듣고 자로가 성내로 들어가려 할 때 자고를 만났다. 자고는 자로에게 "성문이 이미 닫혔습니다. 어려울 것 같으니 개입하지 않는 것이 좋을 것 같습니다" 하였다. 그러나 자로는 공회의 어려움을 외면할 수 없다며 성내로 들어가 공회를 구출하려 했으나 결국 반정세력에게 피살되고 말았다.

공자는 노나라에서 위나라의 이 반정소식을 듣고 "자고는 돌아올 것이나 자로는 죽을 것이다"고 예언했다. 자고는 이때 노나라로 돌아갔는데 2년 후 자로도 공자도 죽은 후인 애공 17년, 노나라와 제나라가 몽(蒙)에서 만나 맹약을 맺을 때 역대 맹약 시 어느 나라의 누가 소귀(牛耳)를 잡았느냐는 맹무백의 질문에 답변하고 있다. 공자는 그가 제자로 있을 때 "자고는 어리석다"(愚)는 다소 직설적인 말로 그를 평가했다. 이런 약간의 행적으로 볼 때 자고는 평범하고 눈치 빠른 관료로 평생을 비교적 무사안일하게 살았던 사람이 아닌가 한다.

자고 관련 논어 단편(2개)

11/19

시(柴)는 어리석고 삼(參)은 노둔하며 사(師)는 편벽되고 유(由)는 거칠다.

柴也愚,參也魯,師也辟,由也喭.

11/26

자로(子路)가 자고(子羔)를 비읍(費邑)의 읍재(邑宰)를 삼자 선생님께서 말씀하셨다.

"남의 자식을 해치는구나."

자로가 말했다.

"백성이 있고 사직이 있는데 어찌 꼭 책을 읽어야만 배우겠습니까?"

선생님께서 말씀하셨다.

"이런 까닭에 말만 그럴듯하게 하는 자를 미워하는 것이다."

子路使子羔爲費宰. 子曰;賊夫人之子. 子路曰;有民人焉,有社稷焉,何必

讀書然後爲學?子曰;是故惡夫佞者.

『좌전』의 자고 관련 기록

○ 哀公15(BC 480)

계자(季子, 子路)가 들어가려다가 자고가 나오려는 것을 만나니 자고가 말했다. "문이 이미 닫혔습니다." 자로가 말하였다. "내 잠시 가봐야겠소." 자고가 말했다. "이를 수 없습니다. 화를 당하지 마십시오." 자로는 "내 공씨의 녹을 먹어온 사람이니 곤란을 피할 수는 없소." 자고는 그 길로 떠났다.

季子將入,遇子羔將出,曰:「門已閉矣.」季子曰:「吾姑至焉.」子羔曰:「弗及,不踐其難!」季子曰:「食焉,不辟其難.」子羔遂出,子路入.

○ 哀公15(BC 480)

공자는 위나라에 난리가 났다는 말을 듣고, 말하였다. "시(柴)는 올 것이고, 유(由)는 죽을 것이다."

孔子聞衛亂,曰:「柴也其來,由也死矣.」

○ 哀公17(BC 478)

무백이 고시에게 물었다. "제후가 회맹하면 누가 소귀를 잡습니까?" 계고가 말했다. "증연의 전역에서는 오나라 공자 호조였고 발양의 전역에서는 위나라 석퇴였습니다." 무백이 말했다. "그렇다면 내 차례다."

武伯問於高柴曰:「諸侯盟,誰執牛耳?」季羔曰:「鄫衍之役,吳公子姑曹;發陽之役,衛石魋.」武伯曰:「然則彘也.」

공서화 公西華

적(赤)

공서화는 공자의 후기제자로서 성은 공서(公西), 이름은 적(赤), 자는 자화(子華)였다. 그는 공자보다 42세 연하였다 한다. 공서화는 단지 다섯 개의 단편에 등장하지만 그를 알기에 그리 부족한 숫자는 아니라는 느낌을 준다.

우선 논어 5/8에서 맹씨가의 종주인 맹무백이 공자에게 세 사람의 제자가 어진지 여부를 묻는다. 그 셋은 자로, 염유, 공서화였다. 공자는 이 질문을 듣고 "공서화는 허리띠를 매고 조정에 나아가 빈객과 더불어 담론하게 할 수는 있을 것입니다. 그러나 그가 어진지는 모르겠습니다" 하고 대답하였다. 그런데 11/27에 보면 이들 세 사람이 다시 등장한다. 비록 증석이 약간 다른 역할로 참여하고 있기는 하지만 전체적인 구도는 비슷하다. 다들 공자의 제자로 있을 때의 구도이지만, 이 구도는 금방 현실 정치의 구도로 바뀌어 얼마 후 자로는 계환자의 가재가 되어 노나라를 개혁하는 과제에 뛰어들고, 또 얼마 후 염유도 계환자의 아들 계강자의 가재가 되는가 하면, 또 얼마 후 공서화는 제나라에 사신이 되어 떠난다. 결국 공서화를 포함한 세 사람은 모두 자신의 소망대로, 또 주변 사람들의 예상대로 되었던 셈이다. 공서화의 소망은 원대하지도 크지도 않았다. 종묘의 일이나 제후들의 회동을 거드는 작은 일을 하고 싶어 했고 결국은 그렇게 된 셈이다.

『예기』 단궁편에 보면 공서화는 공사가 죽었을 때 그의 지(志)를 지었다고 기록되어 있다. 아마 그런 역할을 맡은 것에 대해 공서화는 나름대로 보람과 기쁨을 느꼈을 것이다. 그의 성향으로 볼 때 그도 『좌전』에 충분히 기록을 남길 만한 사람임에도 기록은 남아 있지 않다.

공서화 관련 주요 논어 단편(2개)

5/8

맹무백(孟武伯)이 물었다.

"자로(子路)는 어진가요?"

선생님께서 말씀하셨다.

"모르겠습니다."

또 그가 묻자 선생님께서 말씀하셨다.

"유(由)는 제후의 나라에서 병무(兵務)를 관장시킬 수는 있을 것입니다. 그러나 그가 어진지는 모르겠습니다."

"구(求)는 어떻습니까?"

선생님께서 말씀하셨다.

"구(求)는 천 호(戶)의 고을에서 읍재를 맡기거나 백승(百乘)의 가(家)에서 가재를 맡길 수는 있을 것입니다. 그러나 그가 어진지는 모르겠습니다."

"적(赤)은 어떻습니까?"

선생님께서 말씀하셨다.

"적(赤)은 허리띠를 매고 조정에 나아가 빈객과 더불어 담론하게 할 수는 있을 것입니다. 그러나 그가 어진지는 모르겠습니다."

孟武伯問;子路仁乎?子曰;不知也.又問.子曰;由也,千乘之國,可使治其賦也.不知其仁也.求也,何如?子曰;求也,千室之邑,百乘之家,可使爲之宰也.不知其仁也.赤也,何如?子曰;赤也,束帶立於朝,可使與賓客言也.不知其仁也.

자화(子華)가 제나라에 사신으로 가게 되자 염자(冉子)께서 자화의 어머니를 위해 곡식을 보내 줄 것을 청하니 선생님께서 말씀하셨다.

"여섯 말 넉 되를 드려라."

더 보내 줄 것을 청하자 말씀하셨다.

"한 섬 여섯 말을 드려라."

염자께서 곡식 여든 섬을 보내 주자 선생님께서 말씀하셨다.

"적(赤)이 제나라로 갈 때 살찐 말을 타고 가벼운 갖옷을 입었다. 내가 듣기로 군자는 위급함을 돌보아 주지 부유함을 지속시켜 주지는 않는다고 했다."

子華使於齊,冉子爲其母請粟. 子曰;與之釜. 請益.曰;與之分.冉子與之粟五秉.子曰;赤之適齊也,乘肥馬,衣輕裘.吾聞之也,君子周急不繼富.

생략 단편 : 7/36, 11/23, 11/27

민자건 閔子騫
손(損)

민자건은 공자의 제자로서 성은 민(閔), 이름은 손(損), 자는 자건(子騫)이었다. 그가 언제쯤 공자의 문하에 들어왔는지 불확실하다. 나이도 「중니제자열전」에 의하면 공자보다 15세 연하,『공자가어』에 의하면 50세 연하라고 하여 큰 차이를 보인다. 논어 11/3 공문사과에서 덕행의 제자로 분류되었듯이, 그는 말수가 적었고 효성스러웠으며 비읍의 읍재가 되어 정치적으로 대두되는 것도 완강히 거부하였다.

그에 대해서는 이런 일화가 남아 있다. 일찍이 어머니가 자식 둘을 남기고 죽자 아버지가 계모를 맞아들여 다시 자식 둘을 낳았다. 계모는 자신이 낳은 아들만 보살피고 민자건은 학대를 하였다. 어느 날 아버지가 출타하기 위해 맏아들에게 수레를 몰게 하였는데 너무 추워 떨다가 말고삐를 놓치게 되었다. 그래서 아들의 옷소매를 만져보니 말할 수 없이 얇았다. 집에 돌아가 계모의 자식들의 옷소매를 보니 모두 두툼하였다. 그래서 계모를 쫓아내려 하자 민자건이 나서서 "어머니가 계시면 저 혼자 헐벗게 되지만 어머니가 안 계시면 네 자식이 모두 헐벗게 됩니다" 하며 만류하였다. 그래서 아버지는 생각을 바꾸게 되었고, 이를 계기로 가족들이 화목하게 되었다 한다. 당대에 만들어진 『예문유취(藝文類聚)』에 등장하는 일화인 만큼 사실일 가능성은 거의 없지만 민자건에 대한 후대인들의 인식이 어떠했는지 보여주는 일화가 아닐 수 없다.

비읍의 읍재도 민자건은 계강자에 의해 단지 물망에만 올랐을 뿐 실제 취임은 하지 않았을 것으로 보인다.

민자건 관련 논어 단편(5개)

6/9
계씨(季氏)가 민자건(閔子騫)을 비읍(費邑)의 읍재(邑宰)로 삼으려 하자 민자건이 말했다.

"나를 위하여 거절 말씀을 잘 드려 주십시오. 만약 다시 나를 부르러 오는 자가 있다면 나는 필시 문수(汶水)가에 있을 것입니다."

季氏使閔子騫爲費宰.閔子騫曰;善爲我辭焉.如有復我者, 則吾必在汶上矣.

11/3

덕행 : 안연, 민자건, 염백우, 중궁.

언변 : 재아, 자공.

정치 : 염유, 계로.

학문 : 자유, 자하.

德行,顔淵,閔子騫,冉伯牛,仲弓.言語,宰我,子貢.政事,冉有,季路.文學,子游,子夏.

11/5

선생님께서 말씀하셨다.

"효성스럽구나. 민자건(閔子騫)은! 남들은 그의 부모형제가 한 말에 끼어들지 못하니."

子曰;孝哉,閔子騫!人不間於其父母昆弟之言.

11/13

민자(閔子)께서 선생님을 곁에서 모시고 있을 때에는 화평한 모습이었고 자로는 당당한 모습이었으며 염유와 자공은 기꺼운 모습이었다. 선생님께서는 즐거워하셨다.

閔子侍側,誾誾如也. 子路,行行如也. 冉有,子貢,侃侃如也. 子樂.

11/15

노나라 사람들이 장부(長府)를 짓자 민자건(閔子騫)이 말하였다.

"예대로 두면 어떤가? 굳이 다시 만들어야 하나?"

선생님께서 말씀하셨다.

"저 사람은 말을 않지만 말을 하면 반드시 핵심을 찌른다."

魯人爲長府. 閔子騫曰;仍舊貫,如之何?何必改作?子曰;夫人不言,言必有中.

자유 子游
언(偃)

자유는 공자의 후기 제자로서 성은 언(言), 이름은 언(偃), 자는 자유(子游)였다. 그는 「중니제자열전」에 의하면 공자보다 45세 연하였고 오(吳)나라 사람이라고 한다. 그러나 『공자가어』에 의하면 공자보다 35세 연하였으며 노나라 사람이라고 한다. 어떤 기록이 맞는지는 그다지 중요한 것이 아니다. 그에 관한 다른 세부적인 정보는 자료가 없는데 논어에 기록된 것도 자유를 크게 특징지을 만한 것은 못 된다. 굳이 들자면 11/3의 소위 공문사과에서 그는 자하와 함께 문학(文學), 그러니까 고전(古典)에 박학했다는 평을 받았다. 오늘날로 친다면 나름대로 학문적 깊이가 있는 제자였던 셈이다.

그는 무성(武城)의 읍재가 되었는데, 이는 그의 현실감각이 뛰어났음을 보여주는 것이 아닐까 한다. 그런가 하면 공자로부터 "닭 잡는 데 소 잡는 칼을 쓴다"는 얘기를 들었다는 것은 그의 현실적 정무처리가 약간은 이상주의적이었지 않았나 하는 짐작을 하게 한다. 물론 공자는 자유의 자기변론을 듣고 그의 말이 옳다고 인정하고 자신의 발언은 우스개였을 뿐이라고 하였다. 19/12에서 자유가 자하의 제자들을 사이에 두고 간접적인 논쟁이 벌어진 것도 자세히 보면 자유가 가진 생각이 어딘가 보편성이 있고 뛰어난 추상능력을 보여주고 있는 것 같다. 공자가 죽은 후 그는 자하, 자장과 함께 유자를 공자학단의 지도자로 추대하였다. 유자는 지도자로 추대되었으나 오래 유지하지는 못한 것 같지만, 자유는 학단의 이런 현실적 문제에도 깊이 개입하는 등 다방면으로 능력 있는 사람이었음에 틀림없어 보인다.

특히 19/12에서 자유는 친구 자장(子張)을 두고 "물 뿌리고 쓸고(洒掃), 응하고, 대하고(應對), 나아가고 물러서는(進退)" 소소한 일에는 뛰어나지만 근본적인 문제로 가면 제대로 하는 것이 없다고 하였다. 그만큼 자신은 보다 근본적인 문제에 치중했음을 자인하는 것으로, 이런 점이 공자로 하여금 닭 잡는 데에 소 잡는 칼을 썼지만 그렇다고 해서 그것이 잘못이라고 할 수 없다는 인정을 받았다. 이것은 매우 흥미로운 공문의 한 화두로 남은 것 같다.

자유 관련 주요 논어 단편(6개)

2/7

자유(子游)가 효도에 관해 묻자 선생님께서 말씀하셨다.

"오늘날의 효도라는 것은 능히 부양할 수 있는 것을 말한다. 개나 말에 이르러서도 모두 키울 수는 있는 것이니 공경하지 않는다면 무엇으로 구별하겠느냐?"

子游問孝,子曰;今之孝者,是謂能養.至於犬馬,皆能有養,不敬,何以別乎?

6/14

자유(子游)가 무성(武城)의 읍재(邑宰)가 되자 선생님께서 말씀하셨다.

"너는 사람을 얻었느냐?"

자유가 말하였다.

"담대멸명(澹臺滅明)이라는 사람이 있는데 행함에 있어서 샛길을 찾지 않고 공무가 아니고는 일찍이 저의 방에 들른 적이 없었습니다."

子游爲武城宰.子曰;女得人焉耳乎?曰;有澹臺滅明者,行不由徑,非公事,未嘗至於偃之室也.

17/4

선생님께서 무성(武城)에 가셔서 거문고로 노래하는 소리를 들으셨다.

선생님께서 빙그레 웃으시며 말씀하셨다.

"닭을 잡는 데 어찌 소 잡는 칼을 쓰느냐?"

자유가 대답했다.

"전에 제가 선생님께 듣기로 '군자가 도를 배우면 사람을 사랑하고 소인이 도를 배우면 부리기가 쉽다'고 하셨습니다."

선생님께서 말씀하셨다.

"얘들아, 언(偃)의 말이 맞다. 아까 내가 한 말은 우스개였을 뿐이다."

子之武城,聞弦歌之聲.夫子莞爾而笑曰;割雞焉用牛刀?子游對曰;昔者偃也聞諸夫子曰,君子學道則愛人,小人學道則易使也.子曰;二三子,偃之言是也.前言戲之耳.

19/14

자유(子游)가 말했다.

"상을 당해서는 슬픔에 이르는 것으로 그쳐야 한다."

子游曰;喪致乎哀而止.

19/12

자유(子游)가 말했다.

"자하의 제자 아이들은 물 뿌리고, 쓸고, 응하고, 대하고, 나아가고 물러서고 하는 데에 있어서는 웬만큼 하나 도무지 지엽적인 것이다. 근본적인 것을 따져 보면 이렇다 할 것이 없으니 어쩐 일이냐?"

자하가 그 말을 전해 듣고 말했다.

"아아, 언유(言游)는 지나치구나! 군자의 도 중에서 어떤 것을 먼저 전하고 어떤 것을 뒤로하여 게을리 하겠느냐? 초목에 비유하여 말한다면 각 부위별로 서로 다른 것과 같다. 군자의 도를 어떻게 거짓으로 가르치겠느냐? 처음과 끝을 함께 갖춘 이는 오직 성인뿐일 것이다."

子游曰;子夏之門人小子,當洒掃應對進退則可矣,抑末也.木之則無,如之何?子夏聞之曰;噫!言游過矣.君子之道,孰先傳焉?孰後倦焉?譬諸草木,區以別矣.君子之道,焉可誣也?有始有卒者,其唯聖人乎!

19/15

자유(子游)가 말했다.

"내 친구 자장(子張)은 어려운 일을 해내는 데에 있어서는 유능하다. 그렇지만 아직 어질지는 못하다."

子游曰;吾友張也,爲難能也,然而未仁.

생략 단편: 4/26, 11/3

중궁 仲弓

옹(雍)

중궁은 공자의 제자로서 전기 제자가 아닌가 추정된다. 그의 성은 염(冉), 이름은 옹(雍), 자는 중궁(仲弓)이었다. 중궁은 특이하게 『사기』나 『공자가어』 어느 자료에도 나이에 관한 언급이 없다. 또 그가 계씨가의 가재가 되었다는 것은 논어 13/2에 나오지만 그때가 언제인지는 역시 밝혀져 있지 않다.

그러나 공자가 노나라로 돌아온 애공 11년 계씨가의 가재는 이미 염유가 맡아 수행하고 있었고, 염유는 공자가 죽을 때까지도 여전히 그 직을 맡고 있었다. 때문에 중궁이 가재를 맡아 13/2의 대화를 공자와 나누었다면, 자로가 계씨가의 가재가 되어 삼가의 영유읍성을 허무는 작업을 하던 정공 12년이 지난 이후 공자가 자로 등과 노나라를 떠난 것으로 보이는 정공 15년 이전의 어떤 시점이 아니었을까 한다.

그는 맨 처음 나오는 논어 5/5에서 말을 잘 하지 못한다는 평으로 첫 모습을 선보이고 있다. 공자는 그것이 결코 문제될 것이 아니라고 적극 변호해준다. 11/3의 공문사과에서 그는 덕행(德行)의 제자로 열거되었다. 공자는 심지어 중궁의 몸가짐과 처신에서 남면(南面)의 역량을 발견하기도 했다. 덕행의 제자가 네 명이나 열거되어 있지만 중궁의 이러한 측면은 확실히 독특한 면모가 아닐 수 없다. 양호의 치세를 벗어난 이후 과감히 자로와 같은 인물을 가재로 선택했던 계환자가 그의 강한 개성과 원칙주의를 감당하기 어려웠다면 어쩌면 중궁은 그다음 선택지(選擇肢)로서 적합하다고 보았을 가능성이 높다.

다만 논어 6/6과 13/2에는 공자가 다른 어느 제자와도 나눈 바 없는 독특한 주제로 대화하고 있는데, 이는 매우 주목할 만한 것이다. 이 두 대화에서 공자는 사람이 스스로를 닦고 세울 수만 있다면 그 결과에 따라 다 제 몫의 소용(所用)을 갖게 된다는 믿음을 보여주고 있다. 이것은 공자에게서만 볼 수 있는 중대한 신념이다. 이런 신념을 흘러가는 물처럼 자연스럽게 받아들일 수 있는 사람의 안목을 생각해보는 것은 놀랍고도 즐거운 일이다. 중궁이 마침 공자의 이런 가르침을 필요로 할 때였다는 점에서 우리는 오늘날도 그에게 신세를 지고 있다고 할 수 있다.

전국 초기의 유학자로 순자(荀子)가 남긴 저술 『순자』에 등장하는 자궁(子弓)이 항상 중니(仲尼)자궁(子弓)이라는 연칭으로 불리고 있다는 점에서 흔히 자궁은 중궁과 동일인으로 여겨지고 있다. 전국시대 한때 순자학파들에게는 중궁이 공자와 위상을 함께할 정도로 명성이 높아져 있었던 시절이 있었기 때문이 아닌가 한다. 그러나 자세한 학설이 남아 있지 않기 때문에 추정에서 더 나아가기는 어려운 것이 현실이다.

중궁 관련 논어 단편(7개)

5/5

어떤 사람이 말하였다.

"옹(雍)은 어질기는 하나 말재간이 없습니다."

선생님께서 말씀하셨다.

"말재간이야 무슨 소용이 있겠습니까? 능란한 구변으로 남을 제압하면 남에게 미움만 자주 받게 됩니다. 그가 어진지는 모르겠지만 말재간이야 무슨 소용이 있겠습니까?"

或曰;雍也,仁而不佞.子曰;焉用佞?禦人以口給,屢憎於人.不知其仁,焉用佞?

6/1

선생님께서 말씀하셨다.

"옹(雍)은 남면(南面)하게 할 만하다."

子曰;雍也,可使南面.

6/2

중궁(仲弓)이 자상백자(子桑伯子)에 관해 묻자 선생님께서 말씀하셨다.

"괜찮다. 단순하다."

중궁이 말했다.

"경(敬)에 자리하여 단순함을 행하고 그로써 그 백성을 대한다면야 또한 괜찮지 않겠습니까? 그러나 단순함에 자리하여 단순함을 행하면 이는 지나치게 단순한 것이 아니겠습니까?"

선생님께서 말씀하셨다.

"옹의 말이 맞다."

仲弓問子桑伯子. 子曰;可也, 簡. 仲弓曰;居敬而行簡, 以臨其民, 不亦可乎?

居簡而行簡, 無乃大簡乎? 子曰;雍之言然.

6/6

선생님께서 중궁(仲弓)에게 말씀하셨다.

"얼룩소의 새끼가 붉고 뿔이 반듯하다면 비록 쓰지 않으려 하더라도
산천의 신이 그를 버리겠느냐?"

子謂仲弓曰;犁牛之子, 騂且角, 雖欲勿用, 山川其舍諸?

11/3

덕행 : 안연, 민자건, 염백우, 중궁.

언변 : 재아, 자공.

정치 : 염유, 계로.

학문 : 자유, 자하.

德行, 顔淵, 閔子騫, 冉伯牛, 仲弓. 言語, 宰我, 子貢. 政事, 冉有, 季路. 文學, 子
游, 子夏.

12/2

중궁(仲弓)이 어짊에 대해 묻자 선생님께서 말씀하셨다.

"문을 나서기를 귀한 손님을 맞는 것처럼 하고 백성을 부리기를 큰 제

사를 올리는 것처럼 하여라. 자기가 하고자 하지 않는 바를 남에게 베풀지 마라. 나라에 있어서도 원망하지 말고 대부의 가(家)에 있어서도 원망하지 마라."

중궁이 말했다.

"제가 비록 불민하나 그 말씀을 잘 받들겠습니다."

仲弓問仁.子曰;出門如見大賓,使民如承大祭.己所不欲,勿施於人.在邦無怨,在家無怨.仲弓曰;雍雖不敏,請事斯語矣.

13/2

중궁(仲弓)이 계씨(季氏)의 가재(家宰)가 되어 정사에 대해 묻자 선생님께서 말씀하셨다.

"관리들을 먼저 바로잡되 작은 잘못은 용서하고 훌륭한 인재를 등용하여라."

중궁이 말했다.

"훌륭한 인재인지를 어떻게 알고 등용합니까?"

선생님께서 말씀하셨다.

"네가 아는 사람을 등용하여라. 네가 알지 못하는 사람이라 해도 다른 사람들이 그를 내버려두겠느냐?"

仲弓爲季氏宰,問政.子曰;先有司,赦小過,擧賢才.曰;焉知賢才而擧之?曰;擧爾所知.爾所不知,人其舍諸?

자하 子夏
상(商)

자하는 공자의 후기 제자로서 성은 복(卜), 이름은 상(商), 자는 자하(子夏)였다. 후기 제자의 대표적인 사람이 증자, 자장, 자하라 한다면, 자하는 증자보다 두 살 위고 자장보다는 네 살 위로 그나마 나이가 가장 많았다. 셋 중에서 자하와 자장은 기질이랄까 성격이 뚜렷이 차이가 나서 자주 비교되곤 했는데, 특히 논어 11/17에서 공자와 자공이 이들 두 신입제자들을 두고 다음과 같이 대화한 것이 그런 비교를 더욱 촉진시켰을 것이다.

> 자공이 물었다.
> "사(師)와 상(商) 중에서 누가 더 낫습니까?"
> 선생님께서 말씀하셨다.
> "사는 지나치고 상은 모자란다."
> 자공이 말했다.
> "그러면 사가 더 낫습니까?"
> 선생님께서 말씀하셨다.
> "지나친 것은 모자라는 것과 같다." 11/17

유명한 과유불급(過猶不及)이 도출된 대화이기도 하지만, 이 대화는 후에 중용(中庸)이나 양단(兩端), 광견(狂狷) 등 주목할 만한 개념들과 연동되면서 유가철학의 중요한 변수로 자리 잡았다. 자장의 성격이 당당하고 저돌적임에 반해 자하는 치밀하고 섬세했다. 『공자가어』에 의하면 그는 위나라 사람이었다고 한다. 그 때문인지 공자 사후 위나라에서 가까운 서하지방에 가서 살면서 젊은이들을 가르쳤던 것 같다. 이 지역은 후에 삼진(三晉)시대에 위(魏)나라의 영역이 되었는데, 자하는 위문후(魏文侯)의 스승이 되어 위나라에 공자의 학문을 뿌리내리게 하는 데에 큰 역할을 하였다.

자하는 공자가 교언영색(巧言令色)을 경계했던 것처럼 외양보다는 실질을 중시하고(賢賢易色) 형식에 치우치지 않는 것(色難)을 무엇보다 중시했다. 그의 발언은 나름대로 공자학단의 주목을 끌어 논어 제1~3편에 각 한 개씩의 단편을 남기는가 하면, 제자들의 발언을 모아놓은 제19자장편에는 제3장부터 13장까지 자그마치 11개 장에 그와 관련된 단편이 무더기로 수록되어 있다. 그 중 적지 않은 단편은 진나라 땅에서 꽃 피운 공자의 학문답게 높은 수준에 달해 있다. 그러나 이역에서 정치적 지원까지 받아가며 발전한 자하의 이론은 학파 내에서 비판도 적잖이 받았던 것 같다. 19/3에 보이는 자장의 비판, 19/12에 보이는 자유의 비판이 그것이다.

또 『예기』 단궁상편에 보면 자하가 아들을 잃고 나서 눈이 먼 이야기가 나오는가 하면, 서하(西河)가에서 마치 자신이 공자인 척 행세했다며 증자로부터 비판받는 이야기도 나온다. 어쨌든 자하는 일찍 죽은 자로나 안연, 그리고 너무 뛰어난 외교적 능력 때문에 정치 현실에 얽매여 학단의 미래나 공학의 발전에는 기여하기 어려웠던 자공 등 초기 제자들보다 공자의 학문을 중원에 널리 펼치는 데 큰 기여를 한 것이 틀림없어 보인다.

자하 관련 주요 논어 단편(9개)

1/7

자하(子夏)께서 말씀하셨다.

"현명함을 중히 여기고 겉모습은 가벼이 여길 것이다. 부모를 섬김에 그 힘을 다할 수 있고 임금을 섬김에 그 몸을 바칠 수 있으며 벗들과 사귐에 말에 믿음성이 있다면 비록 배우지 못하였다 하더라도 나는 반드시 그를 배웠다고 하겠다."

子夏曰;賢賢易色.事父母能竭其力,事君能致其身,與朋友交,言而有信,雖曰未學,吾必謂之學矣.

2/8

자하(子夏)가 효도에 관해 묻자 선생님께서 말씀하셨다.

"겉모습만으로는 (효도라 하기) 어렵다. 일이 있을 경우에 젊은 사람이 그 노고를 도맡고 술과 음식이 있을 경우에 어른이 드시게 한다 해서 과연 그것을 효도라 하겠느냐?"

子夏問孝,子曰;色難.有事,弟子服其勞,有酒食,先生饌,曾是以爲孝乎?

11/3

덕행 : 안연, 민자건, 염백우, 중궁. 언변 : 재아, 자공. 정치 : 염유, 계로. 학문 : 자유, 자하.

德行,顔淵,閔子騫,冉伯牛,仲弓.言語,宰我,子貢.政事,冉有,季路.文學,子游,子夏.

11/17

자공(子貢)이 물었다.

"사(師)와 상(商) 중에서 누가 더 낫습니까?"

선생님께서 말씀하셨다.

"사는 지나치고 상은 모자란다."

자공이 말했다.

"그러면 사가 더 낫습니까?"

선생님께서 말씀하셨다.

"지나친 것은 모자라는 것과 같다."

子貢問;師與商也,孰賢?子曰;師也過,商也不及.曰;然則師愈與?子曰;過
猶不及.

12/5

사마우(司馬牛)가 시름에 차서 말했다.

"남들은 다 형제가 있는데 나만 홀로 없구나."

자하가 말했다.

"내가 듣기로 '죽고 사는 것에는 명이 있고 부귀는 하늘에 달렸다'고 했
소. 군자가 경건하여 과실이 없고 다른 사람들과 함께 함에 공손하여
예가 있으면 온 세상 사람이 다 형제요. 군자가 어찌 형제 없는 것을 한
탄하겠소!"

司馬牛憂曰;人皆有兄弟,我獨亡.子夏曰;商聞之矣.死生有命,富貴在天,
君子敬而無失,與人恭而有禮,四海之內,皆兄弟也.君子何患乎無兄弟也!

13/17

자하(子夏)가 거보(莒父)의 읍재(邑宰)가 되어 정치에 대해 묻자 선생님께서 말씀하셨다.

"빨리 하려 하지 말고 작은 이익에 집착하지 마라. 빨리 하려 하면 목표에 이르지 못하고 작은 이익에 집착하면 큰 일이 이루어지지 못한다."

子夏爲莒父宰,問政.子曰;無欲速,無見小利.欲速則不達,見小利則大事不成.

19/6

자하(子夏)가 말했다.

"널리 배우고 뜻을 극진히 하며 간절히 묻고 가까운 데에서 생각하면 어짊이 그 가운데에 있다."

子夏曰;博學而篤志,切問而近思,仁在其中矣.

19/8

자하(子夏)가 말했다.

"소인은 잘못이 있으면 반드시 꾸민다."

子夏曰;小人之過也必文.

19/13

자하(子夏)가 말했다.

"벼슬을 하면서 여력이 있으면 배우고 배우면서 여력이 있으면 벼슬을 할 것이다."

子夏曰;仕而優則學,學而優則仕.

생략 : 3/8, 6/13, 11/17, 12/23, 19/3, 19/4, 19/5, 19/7, 19/9, 19/10, 19/11, 19/12

자장 子張
사(師)

자장은 공자의 후기 제자로서 성은 전손(顓孫), 이름은 사(師), 자는 자장(子張)이었다. 『사기』「중니제자열전」에 의하면 그는 공자에 비해 48세 연하였으며 진(陳)나라 사람이라고 한다. 노나라의 가까운 이웃나라가 아니었다는 점에서 자장은 공자가 외유 중 진나라에 들렀을 때 제자가 되어 노나라까지 따라왔을 가능성이 있다. 그랬다면 그는 통상적으로 젊은이들이 공자의 제자가 된 연령보다 다소 어렸을 때 제자가 되었다고 볼 수 있다. 물론 추정에 불과하다.

자장에 대해서도 남아 있는 기록은 논어밖에 없다. 그에 대한 공자의 인물평은 "자장은 지나치고 자하는 모자란다"고 했을 때의 지나치다(過)는 것과 또 다른 자리에서 말한 편벽되다(辟)는 것이 있다. 공자의 이러한 평가는 제19자장편에 실린 두 동학의 평가 "내 친구 자장은 어려운 일을 해내는 데에 있어서는 유능하다. 그렇지만 아직 어질지는 못하다"(19/15)와 "당당하구나, 자장은! 그러나 그와 함께 어짊을 도모하기는 어렵다"(19/16)에 고스란히 이어져 있다. 추상적 평가만 남아 있을 뿐 구체적 사례가 소개되어 있지 않아 좀 막연하기는 하지만 자장의 사람됨을 짐작할 수 있다.

공교롭게도 자장을 둘러싼 이런 평가는 공자가 진나라에 있으면서 한탄했다는 말, "나를 따르는 젊은이들은 과격하고 단순하여 찬란하게 기치는 세웠으나 그것을 어떻게 마름질해 나가야 할지는 알지 못하는구나!" 하는 말과 매우 잘 부합하는 것 같다.

자장은 『예기』 단궁편에 여러 번 등장하지만 크게 중요한 내용을 담고 있지는 않다. 그는 학문적으로든 정치적으로든 주목할 만한 인물로 성장한 것 같지는 않다.

자장 관련 주요 논어 단편(9개)

2/18

자장(子張)이 녹을 위해 배우자 선생님께서 말씀하셨다.

"많이 들어 의심스러운 것은 제쳐 놓고 나머지를 신중히 말하면 허물이 적을 것이다. 많이 보아 위태로운 것은 제쳐 놓고 나머지를 신중히 행하면 뉘우침이 적을 것이다. 말에 허물이 적고 행동에 뉘우침이 적으면 녹은 그 가운데에 있다."

子張學干祿, 子曰; 多聞闕疑, 愼言其餘, 則寡尤. 多見闕殆, 愼行其餘, 則寡悔. 言寡尤, 行寡悔, 祿在其中矣.

11/17

자공(子貢)이 물었다.

"사(師)와 상(商) 중에서 누가 더 낫습니까?"

선생님께서 말씀하셨다.

"사는 지나치고 상은 모자란다."

자공이 말했다.

"그러면 사가 더 낫습니까?"

선생님께서 말씀하셨다.

"지나친 것은 모자라는 것과 같다."

子貢問;師與商也,孰賢?子曰;師也過,商也不及.曰;然則師愈與?子曰;過猶不及.

11/19

시(柴)는 어리석고 삼(參)은 노둔하며 사(師)는 편벽되고 유(由)는 거칠다.

柴也愚,參也魯,師也辟,由也喭.

11/21

자장(子張)이 선인(善人)의 도에 대해 묻자 선생님께서 말씀하셨다.

"발자취를 좇지 않고는 또한 방안으로 들어가지 못한다."

子張問善人之道.子曰;不踐迹,亦不入於室.

12/6

자장(子張)이 명철함에 대해 묻자 선생님께서 말씀하셨다.

"은밀히 제기되는 참소와 감정적인 하소연을 받아들이지 않는다면 명철하다 할 수 있을 것이다. 은밀하게 제기되는 참소와 감정적인 하소연을 받아들이지 않는다면 원대하다 할 수 있을 것이다."

子張問明.子曰;浸潤之譖,膚受之愬,不行焉,可謂明也已矣.浸潤之譖,膚受之愬,不行焉,可謂遠也已矣.

15/6

자장이 행해짐에 대해 묻자 선생님께서 말씀하셨다.

"말이 진실되고 믿음직하며 행동이 극진하고 경건하면 비록 야만한 나라에서라도 행해질 것이지만 말이 진실되지 않고 믿음직하지 않으며 행동이 극진하지 않고 경건하지 않으면 비록 문명한 곳에선들 행해지겠느냐? 서면 그것이 바로 앞에 늘어서 있음을 보고 수레에 타면 그것이 멍에에 걸려 있음을 본다면 그런 후에야 행해질 것이다."

자장(子張)이 그 말씀을 띠에 적었다.

子張問行.子曰;言忠信,行篤敬,雖蠻貊之邦行矣.言不忠信,行不篤敬,雖州里行乎哉?立則見其參於前也,在輿則見其倚於衡也,夫然後行.子張書諸紳.

19/2

자장(子張)이 말했다.

"덕을 지니면서도 넓지 못하고 도를 믿으면서도 독실하지 못하면 덕과 도가 어떻게 있다 할 수 있으며 어떻게 없다 할 수 있겠는가?"

子張曰;執德不弘,信道不篤,焉能爲有?焉能爲亡?

19/15

자유(子游)가 말했다.

"내 친구 자장(子張)은 어려운 일을 해내는 데에 있어서는 유능하다. 그렇지만 아직 어질지는 못하다."

子游曰;吾友張也,爲難能也,然而未仁.

19/16

증자(曾子)께서 말씀하셨다.

"당당하구나, 자장은! 그러나 그와 더불어 어짊을 도모하기는 어렵다."

曾子曰;堂堂乎,張也!難與並爲仁矣.

생략 단편 : 2/23, 5/19, 12/10, 12/15, 12/21, 14/43, 15/42, 17/6, 19/1, 19/3, 20/2

증자曾子

삼(參)

증자는 공자의 후기 제자로 성은 증(曾), 이름은 삼(參), 자는 자여(子輿)였다. 그는 공자보다 46세 연하였다고 하며 노나라 남무성(南武城) 사람이라 한다. 아버지 증석도 시기는 달랐겠지만 역시 공자의 제자였다.

증자는 공자의 후기 제자들 중에서 가장 중요한 인물로 볼 수 있다. 물론 전기 제자인 자로나 안연, 자공, 염유처럼 논어라는 하나의 세계를 형성하는 데에는 그다지 큰 역할을 했다고 볼 수 없다. 그렇지만 만년의 공자로부터 학문의 요체를 이어받아 공문(孔門)의 전통을 형성하고 후대인들로 하여금 전승토록 한 점에서는 큰 공헌을 했다. 공자 사후 그는 공자학단의 새 후계자를 정할 때 유약을 추대하려는 자하, 자장, 자유의 시도에 반대했던 것 같다.(『맹자』滕文公上) 그러나 일단 유약이 선출되었던 것 같고 증자는 유약이 물러난 다음에 두 번째로 학단의 책임자가 되어 동학과 후학들에게 많은 지지를 받았던 것으로 보인다.

그는 천성적으로 매우 진지하고 신중한 사람이었다. 공자는 증삼을 평가하여 "노둔하다"(魯)고 한 적이 있는데, 이 말은 긍정적인 의미와 부정적인 의미를 함께 가지고 있는 말이다. 즉 신중하고 진지하다는 차원에서는 긍정적인 의미지만 다른 한 측면에서는 함께 가져야 할 밝고 경쾌하고 즐거운 차원의 부족을 의미했다.

논어 학이편 제4장과 9장도 그의 신중함이 전형적으로 반영되어 있지만, 특히 제8태백편에 수록된 다섯 개 장은 어떤 의미에서 너무 무겁고 조심스럽기만 하여 도를 추구하는 행위를 답답하고 지둔할 뿐 아니라 이러한 방침이 각 개인들에게 요구될 경우 공학(孔學) 자체를 의무적으로 강요하면서 각 개인의 자발성을 억누르는 것으로 자리 잡게 만들 수도 있다. 실제 유학은 그 후의 역사에서 이런 사회적 요인을 중심으로 너무 무겁게 자리 잡아간 측면이 강하다.

그러나 당시만 해도 증자의 이런 진지한 측면은 공자 사후 방향을 잡지 못해 휘청거리던 초기 공자학단에 강한 응집력을 제공한 것 같다. 첫 번째 지도자로 선임되었던 유자(有子)가 이 역할을 제대로 수행하지 못해서 발생하였던 일부 혼선은 증자의 이런 측면에 힘입어 분명하게 자리 잡았음이 틀림없다. 더구나 훗날 그는 공자의 손자 자사(子思)를 가르쳤고, 자사는 또 맹자의 스승이 되어 유가의 전통을 이어가는 데에 더욱 상징적인 존재가 되었는가 하면 나중에는 종성(宗聖)으로까지 추앙되기에 이르렀다.

『효경(孝經)』에 증자가 등장하여 공자와 여러 대화를 나누지만 이것은 한 대의 필요성에 따라 지어진 위경(僞經)임이 분명하기 때문에 참고하거나 거론할 여지는 없다.

증자 관련 주요 논어 단편(7개)

1/4

증자(曾子)께서 말씀하셨다.

"나는 하루에도 몇 번씩 자신을 살펴본다. 남을 위해 도모함에 있어 진실치 못하지는 않았던가? 벗들과 교제함에 있어 믿음성이 없지는 않았던가? 이어받은 가르침을 아니 익히지는 않았던가?"

曾子曰;吾日三省吾身.爲人謀而不忠乎?與朋友交而不信乎?傳不習乎?

8/4

증자(曾子)께서 병이 드시자 문하 제자들을 불러 모으시고 말씀하셨다.

"내 발을 펴고 내 손을 펴 다오. 시(詩)에서 말한 것처럼 '두려워 떨며 조심조심하기를 깊은 못가에 임한 듯 살얼음을 딛는 듯' 하였으나 이제부터는 내가 거기에서 벗어남을 알겠구나. 애들아."

曾子有疾,召門弟子曰;啓予足,啓予手.詩云,戰戰兢兢,如臨深淵,如履薄

冰,而今而後,吾知免夫,小子.

8/5

증자께서 병이 드시어 맹경자(孟敬子)가 문병을 가니 증자께서 긴한 말씀을 하셨다.

"새가 죽으려 할 때에는 그 울음소리가 슬프고 사람이 죽으려 할 때에는 그 말이 선합니다. 군자가 도(道)에 관해 귀중하게 여겨야 할 것이 세 가지가 있으니 행동거지에 있어서는 난폭함과 거만함을 멀리하는 것, 얼굴빛을 바로잡음에 있어서는 믿음직함에 가까워지는 것 그리고 말투에 있어서는 비루하고 속됨을 멀리하는 것입니다. 제례(祭禮)에 관한 일이라면 담당관이 따로 있습니다."

曾子有疾,孟敬子問之.曾子言曰;鳥之將死,其鳴也哀.人之將死,其言也善.君子所貴乎道者三.動容貌,斯遠暴慢矣.正顔色,斯近信矣.出辭氣,斯遠鄙倍矣.籩豆之事,則有司存.

8/7

증자께서 말씀하셨다.

"어린 임금을 부탁할 수 있고 사방 백리인 나라의 존망을 맡길 수 있으며 중대사에 임하여 그 절개를 빼앗을 수 없다면 군자다운 사람일까? 군자다운 사람일 것이다."

曾子曰;可以託六尺之孤,可以寄百里之命,臨大節,而不可奪也.君子人與?君子人也.

8/8

증자께서 말씀하셨다.

"선비는 뜻이 크고 굳세지 않으면 안 되니 임무는 막중하고 길은 멀기 때문이다. 어짊을 자신의 임무로 삼았으니 또한 막중하지 않으냐! 죽은 다음에야 끝이 나니 또한 멀지 않으냐!"

曾子曰;士不可以不弘毅,任重而道遠.仁以爲己任,不亦重乎!死而後已,不亦遠乎!

11/19

시(柴)는 어리석고 삼(參)은 노둔하며 사(師)는 편벽되고 유(由)는 거칠다.

柴也愚,參也魯,師也辟,由也喭.

19/19

맹씨(孟氏)가 양부(陽膚)를 사사(士師)로 등용하자 양부가 증자께 물으니 증자께서 말씀하셨다.

"위정자들이 도를 잃어서 백성들이 흩어진지 오래되었다. 만약 범죄의 진상을 알아내더라도 애긍히 여길 일이지 기뻐할 일은 아니다."

孟氏使陽膚爲士師,問於曾子.曾子曰;上失其道,民散久矣.如得其情,則哀矜而勿喜.

생략 단편 : 1/9, 4/15, 8/6, 11/25, 14/28, 19/16, 19/17, 19/18

번지 樊遲

수(須)

번지는 공자의 제자로 공자가 노나라로 돌아온 이후 제자가 된 후기 제자다. 성은 번(樊), 이름은 수(須)라 하며 자는 자지(子遲)라 한다. 제나라 사람이라고도 하고 노나라 사람이라고도 한다. 나이는 「중니제자열전」에 의하면 공자보다 36세 연하라고 하나 『공자가어』에 나오는 46세 연하가 맞을 것 같다.

번지는 애공 11년 노나라가 제나라와 전쟁을 하게 되어 염유가 좌장군(左師)을 맡게 되었을 때 그의 전차 오른편 전사로 싸웠다. 그때 계강자가 번지를 가리키며 너무 어리지 않느냐 하니 염유가 "제 몫을 할 것입니다" 하고 대답하는 모습이 나온다. 만약 공자보다 36세 연하였다면 염유보다는 일곱 살 아래가 되어 좌장군을 맡은 염유에 비해 어리다고 표현할 수는 없었을 것이다. 그러나 46세 연하였다면 그 해 22세가 될 테니까 아직은 좀 어리다는 표현이 적절했을 것이다.

그는 비록 어렸지만 노나라 병사들이 제나라 군사들이 돌진해오는 것을 보면서도 도랑을 건너가려 하지 않자 "건너가지 못해서 그러는 것이 아니라 당신을 믿지 않아서 그러는 것입니다. 상벌에 대해서 세 번 선언하여 도랑을 넘도록 하십시오" 하고 조언했다. 과연 염유가 상벌에 대해 세 번 선언하자 모두들 도랑을 건너갔다. 그리하여 우장군이 지휘하는 노나라 우군은 제나라 군사에 쫓겨 달아났지만 염유가 지휘하는 좌군은 제나라 군사를 정면 돌파하여 수급(首級) 80을 베는 승리를 거두었다. 이로 인하여 결국 그날 밤 제나라는 퇴군을 하여 얼마 후 귀국한 공자로부터 염유는 "의로웠다"는 인정을 받기도 하였는데, 거기에는 번지의 역할도 없지 않았던 셈이다.

이 전쟁 직후 공자가 12년에 걸친 외유를 마치고 노나라로 돌아왔기 때문에 번지는 그때 공자의 문하에 들어간 것으로 보인다. 따라서 논어에 번지가 등장하는 여러 대화는 모두 이 전쟁 이후에 있었던 것이라 할 수 있다. 그는 공자에게 먼저 이것저것 물어보기를 좋아했던 것 같다. 그는 지(知) 또는 인(仁), 숭덕(崇德), 변혹(辨惑) 등 큼직한 질문을 다짜고짜로 제기하곤 해서 어떨 때 공자로부터 좋은 질문을 하였다고 칭찬을 받기도 했다.(12/22) 그러나 농사짓는 법에 관해 물었다가 소인이라는 비판까지 받는 것(13/4)으로 볼 때 그만큼 진지했다기보다는 큰 과제들에 관해 알고 싶은 호기심이 컸던 것 같다. 공자가 번지의 질문을 받고 결과보다는 그에 이르는 과정에서의 노력과 진지성을 강조한 것(先難而後獲 6/22, 先事後得 12/21)은 그 때문이 아니었을까.

어쨌든 어린 나이에 좌장군의 오른편 전사를 맡을 만큼 적극적이었던 번지는 공자학단에서는 아니더라도 노나라 정치에서라도 무언가 역할을 하지 않았을까. 그렇지만 『좌전』이 공자의 죽음에서 끝났기 때문에 그 역시도 알 수 없는 일이 되고 말았다.

번지 관련 주요 논어 단편(4개)

6/22

번지(樊遲)가 앎에 대해 묻자 선생님께서 말씀하셨다.

"백성을 의롭게 하는 일에 힘쓰고 귀신을 공경하면서도 멀리하면 안다 할 수 있을 것이다."

어짊에 대해 묻자 말씀하셨다.

"어진 사람은 어려움을 먼저 겪고 나중에 그 결과를 얻으니 그리하면 어질다 할 수 있을 것이다."

樊遲問知.子曰;務民之義,敬鬼神而遠之,可謂知矣.問仁.曰;仁者先難而後獲,可謂仁矣.

12/22

번지(樊遲)가 선생님을 따라 무우(舞雩) 아래에서 거닐며 말했다.

"감히 덕을 숭상하는 것과 못된 마음을 다스리는 것, 미혹됨을 판별하는 것에 대해 묻고자 합니다."

선생님께서 말씀하셨다.

"좋은 질문이다. 일하는 것을 우선으로 하고 그 결과는 나중으로 하는 것이 덕을 숭상하는 것이 아니겠느냐? 자신의 나쁜 점을 공박하고 남의 나쁜 점을 공박하지 않는 것이 못된 마음을 다스리는 것이 아니겠느냐? 일순간의 분함 때문에 자기 일신을 잊고 부모에게까지 화를 미치는 것이 미혹됨이 아니겠느냐?"

樊遲從遊於舞雩之下,曰;敢問崇德,脩慝,辨惑.子曰;善哉問!先事後得,非崇德與?攻其惡,無攻人之惡,非脩慝與?一朝之忿,忘其身以及其親,非惑與?

12/23

번지(樊遲)가 어짊에 대해 묻자 선생님께서 말씀하셨다.

"사람을 사랑하는 것이다."

앎에 대해 묻자 선생님께서 말씀하셨다.

"사람을 아는 것이다."

번지가 미처 이해하지 못하자 선생님께서 말씀하셨다.

"곧은 것을 들어 굽은 것 위에 놓으면 능히 굽은 것을 곧게 할 수 있다."

번지가 물러나와 자하를 보고 말했다.

"아까 내가 선생님을 뵙고 앎에 대해 묻자 선생님께서 '곧은 것을 들어 굽은 것 위에 놓으면 능히 굽은 것을 곧게 할 수 있다'고 하셨는데 무엇을 말씀하신 것인가?"

자하가 말했다.

"뜻 깊은 말씀이군. 순임금은 천하를 다스리게 됨에 뭇사람 중에서 골라 고요(皐陶)를 등용하시니 어질지 못한 자들이 멀어져 갔고 탕임금은 천하를 다스리게 됨에 뭇사람 중에서 골라 이윤(伊尹)을 등용하시니 어질지 못한 자들이 멀어져 갔소."

樊遲問仁.子曰;愛人.問知.子曰;知人.樊遲未達.子曰;擧直錯諸枉,能使枉者直.樊遲退.見子夏曰;鄕也,吾見於夫子而問知,子曰,擧直錯諸枉,能使枉者直,何謂也?子夏曰;富哉言乎!舜有天下,選於衆,擧皐陶,不仁者遠矣.湯有天下,選於衆,擧伊尹,不仁者遠矣.

13/4

번지(樊遲)가 농사짓는 법을 배우고자 청하니 선생님께서 말씀하셨다.

"나는 농사짓는 늙은이만 못하다."

밭농사 짓는 법을 배우고자 청하니 말씀하셨다.

"나는 밭농사 짓는 늙은이만 못하다."

번지가 나가자 선생님께서 말씀하셨다.

"소인이로구나. 번수(樊須)는! 윗사람이 예를 좋아하면 백성이 감히 불경스럽게 굴지 못하고 윗사람이 의로움을 좋아하면 백성이 감히 복종하지 않을 수 없고 윗사람이 신의를 좋아하면 백성이 감히 성의를 다하지 않을 수 없게 된다. 실로 그렇게만 하면 사방의 백성들이 포대기에 어린아이를 싸서 업고 몰려올 텐데 농사짓는 법이 무슨 필요가 있겠느냐?"

樊遲請學稼.子曰;吾不如老農.請學爲圃.曰;吾不如老圃.樊遲出.子曰;小人哉!樊須也.上好禮則民莫敢不敬,上好義則民莫敢不服,上好信則民莫敢不用情.夫如是,則四方之民襁負其子而至矣,焉用稼?

생략 단편 : 2/5

『좌전』의 번지 관련 기록

○ 哀公11(BC 484)

맹유자(孟孺子) 설(洩)이 우사를 거느렸고 안우가 어자가 되었으며 병설(郱洩)이 거우가 되었다. 염구가 좌사를 거느렸으며 관주보가 어자가 되었고 번지(樊遲)가 거우가 되었다. 계손이 말했다. "번수(樊須)는 어리다." 염유가 말했다. "명을 따를 수 있을 것입니다."

孟孺子洩帥右師,顔羽御,郱洩爲右.冉求帥左師,管周父御,樊遲爲右.季孫曰:「須也弱.」有子曰:「就用命焉.」

번지가 말하였다. "싸울 수 없는 것이 아니라 그대를 믿지 않는 것이니 청컨대 세 번 명을 내리면 건널 것입니다." 그대로 하였더니 무리들이 따랐다.

樊遲曰:「非不能也,不信子也,請三刻而踰之.」如之,衆從之.

백어 伯魚

이(鯉)

백어는 공자의 아들이다. 이름은 이(鯉), 자는 백어(伯魚)였다. 기원전 532년에 태어나 기원전 483년까지 50세 남짓을 살았던 것으로 알려져 있다. 공리(孔鯉)가 태어났을 때 소공이 공자에게 잉어를 선물로 보내주어서 이름을 이(鯉)로 지었다고 하나 당시 스무 살이던 공자를 생각하면 있을 수 없는 일이다.

진항에 대한 백어의 대답을 토대로 유추해보면 백어는 대화 당시 아직 시(詩)도, 예(禮)도 배우지 못했던 것으로 보인다. 실제 배우지 못했을 뿐 아니라 그런 방면에 별 조예도 없었던 것이 아닌가 한다.

딸을 시집보낸 이야기가 있고 다른 아들에 관한 언급이 없는 것을 보면 공자는 아들과 딸 하나, 두 남매를 두었던 것으로 보인다. 그러나 백어는 자신은 학문 분야에 뚜렷한 재능을 가지고 있지 못했지만 아들(공자의 손자) 자사(子思)를 낳아 그가 맹자의 스승이 되었다는 점에서 나름대로 초기 유교사에서 상징적 역할을 한 셈이 되었다.

백어 관련 논어 단편(2개)

11/8

안연(顔淵)이 죽자 안로(顔路)가 선생님의 수레를 덧널로 썼으면 하고 청하였더니 선생님께서 말씀하셨다.

"재주가 있든 없든 역시 각자 자기 자식을 말하지요. 이(鯉)가 죽었을 때에도 널은 있었으나 덧널은 없었소. 내가 수레를 덧널로 쓰고 걸어가지 않는 것은 내가 수레를 타고 대부의 뒤를 좇아야 하므로 걸어갈 수 없기 때문이오."

顔淵死,顔路請子之車以爲之椁.子曰;才不才,亦各言其子也.鯉也死,有棺而無椁.吾不徒行以爲之椁,以吾從大夫之後,不可徒行也.

16/13

진항(陳亢)이 백어(伯魚)에게 물었다.

"당신은 역시 달리 들은 것이 있겠지요?"

백어가 대답했다.

"없습니다. 일찍이 혼자 서 계실 때 내가 바삐 뜰을 지나가는데 '시는 배웠느냐?'고 하시기에 '아직 배우지 못했습니다' 했더니 '시를 배우지 않으면 말을 할 수가 없단다' 하셨습니다. 나는 물러나 시를 배웠습니다. 후일 또 홀로 서 계실 때 내가 바삐 뜰을 지나가는데 '예는 배웠느냐?'고 하시기에 '아직 배우지 못했습니다' 했더니 '예를 배우지 않으면 설 수가 없단다' 하셨습니다. 나는 물러나 예를 배웠습니다. 이 두 가지를 들었습니다."

진항이 물러나와 기뻐하며 말했다.

"한 가지를 물어서 세 가지를 얻었다. 시에 대해 들었고 예에 대해 들었으며 또 군자는 자기 자식을 멀리한다는 것을 들었다."

陳亢問於伯魚曰;子亦有異聞乎?對曰;未也.嘗獨立,鯉趨而過庭.曰,學詩乎?對曰,未也.不學詩,無以言.鯉退而學詩.他日又獨立,鯉趨而過庭.曰,學禮乎?對曰,未也.不學禮,無以立.鯉退而學禮.聞斯二者.陳亢退而喜曰;問一得三.聞詩,聞禮,又聞君子之遠其子也.

공야장 公冶長
지(芝), 장(長 또는 萇)

공야장은 공자의 사위로 원래 제자였던 것으로 추정된다. 성은 공야(公冶), 이름은 지(芝)라고도 하고 장(長 또는 萇)이라고도 한다. 논어에 한 차례 등장하는 것을 제외하고는 다른 기록이 전혀 없다. 어쨌든 공자의 말에서 추정한다면, 그는 이 말을 할 당시 영어(囹圄)의 상태에 있었던 것으로 보이나 어떤 일에 관련되었는지는 알 수 없다. 역시 공자의 말에서 추정한다면, 그는 의로운 일을 하려다가 체포, 구금되었거나 최소한 누명을 쓰고 구금되었을 가능성이 크다. 죄를 지어 수감 중인 사람에게 "그의 죄가 아니다"고 말하며 과감히 사위로 삼는 결단에서 공자의 파격을 엿볼 수 있다.

> ## 공야장 관련 논어 단편(1개)
>
> 5/1
>
> 선생님께서 공야장(公冶長)을 두고 말씀하셨다.
>
> "가히 사위를 삼을 만하다. 비록 영어(囹圄)의 상태에 있지만 그의 죄가
> 아니다" 하고 당신의 딸을 그에게 시집보내셨다.
>
> 子謂公冶長;可妻也,雖在縲絏之中,非其罪也.以其子妻之.

남용 南容

남용에 대해서는 두 개의 논어 단편밖에 남아 있는 자료가 없다. 그가 공자의
제자였을 것이라는 점은 충분히 짐작이 된다. 두 단편 모두 남용을 공자가 형
의 사위, 즉 조카사위로 삼으면서 그를 선택한 이유를 제시하고 있는데, 두 이
유가 서로 다르다. 꼭 하나의 이유여야 하는 것이 아니므로 두 제자가 서로
달리 듣거나 관찰한 결과였을 수도 있다.

5/2에 제시된 이유는 약간의 해석이 필요할 것 같다. 일반적으로 邦有道不
廢는 나라에 도가 있으면 버림을 당하지 않는다, 즉 기용되어 쓰임을 받는다
는 뜻으로 풀이하고 있으나 여기서 不廢는 도에 대한 추구를 폐하지 않는다
는 뜻으로 보아야 한다. 한편 邦無道免於刑戮은 무도한 세상이라 하여 도를
확립한다는 취지만으로 억지로 도를 세우기 위해 무리를 하다가 목숨마저 잃

을 정도로 무모하지는 않았다는 뜻이 된다. 말하자면 시중(時中)할 줄 아는 사람이었다고 본 것이다.

남용을 논어 14/6의 남궁괄(南宮适)이나 맹의자의 형 남궁경숙(南宮敬叔)과 동일인으로 보는 견해가 있으나 그럴 가능성은 거의 없다.

남용 관련 논어 단편(2개)

5/2

선생님께서 남용(南容)을 두고 말씀하셨다.

"나라에 도가 있어도 추구함을 폐하지 않겠고 나라에 도가 없더라도 처형은 면할 사람이다"

하고 당신 형의 딸을 그에게 시집보내셨다.

子謂南容;邦有道不廢,邦無道免於刑戮.以其兄之子妻之.

11/6

남용(南容)이 시 백규(白圭)를 여러 번 반복하여 외우자 공자께서 당신 형의 딸을 그에게 시집 보내셨다.

南容三復白圭,孔子以其兄之子妻之.

원사原思
헌(憲)

원사는 공자의 제자로서 전기 제자였을 것으로 추정된다. 성은 원(原), 이름은 헌(憲), 자는 자사(子思)였다. 공자보다 얼마나 연하였는지는 「중니제자열전」에는 언급이 없고 『공지기어』에만 36세 연하로 기록되어 있다.

논어 6/5에 보면 원사가 재(宰)가 되었다고만 되어 있고, 어느 가(家) 혹은 어느 읍의 재가 되었다는 말이 없다. 이 때문에 전통적으로 공자의 재가 되었다고 해석하는 경우가 많으나 그렇게 되면 14/1의 이야기와 맞지 않는다.

그 때문에 혹시 6/5를 기록할 때 그것을 밝히기 어려운 여건이 아니었을까, 다시 말해 당시 원사를 임명한 권력이 양호나 그에 준한 누군가가 아니었을까 추정해볼 수 있다. 그렇다면 두 단편에 나타난 공자의 말과도 일정한 연관성이 있어 보인다. 다만 그렇게 해석할 경우 원사의 나이는 『공자가어』가 기록하고 있는 36세 연하보다는 훨씬 많아야 할 것이다. 어쨌든 6/5는 무언가 받을 명분이 없는 곡식을 받았을 때를 배경으로 하고 있고, 14/1은 부끄러운 녹을 먹고 있는 상태를 배경으로 하고 있는 듯한 점을 고려할 필요가 있다.

원사 관련 논어 단편(2개)

6/5

원사(原思)가 가재가 되었을 때 그에게 곡식 구백이 주어졌으나 사양하
였다.

선생님께서 말씀하셨다.

"그럴 것 없다. 그것을 네 이웃이나 마을 사람들에게 주어라."

原思爲之宰, 與之粟九百, 辭. 子曰; 毋, 以與爾鄰里鄉黨乎.

14/1

헌(憲)이 부끄러움에 관해 묻자 선생님께서 말씀하셨다.

"나라에 도가 있어도 녹을 먹고 나라에 도가 없어도 녹을 먹는 것이 부
끄러운 짓이다."

憲問恥. 子曰; 邦有道穀, 邦無道穀, 恥也.

무마기 巫馬期

무마기는 공자의 제자로 논어 7/33 외에는 자료가 없다. 7/33을 보면 무마기
는 공자를 따라 진(陳)나라에 갔고, 그때 진나라의 사패(司敗, 노나라의 사구에
해당)를 만난 것으로 보인다. 『공자가어』는 무마기를 진(陳)나라 사람이라 하
였는데, 그렇다면 무마기는 공자가 진나라에서 만나 인연을 맺은 현지 제자
였다는 말이 된다. 그러나 만약 그렇다면 진사패(陳司敗)가 노소공(魯昭公)에
관한 자세한 사항을 무마기에게 물었을 리가 없었을 것이다. 『공자가어』가

신뢰할 수 없는 자료임을 보여주는 한 보기가 아닐 수 없다. 무마기는 노나라에서 공자를 따라갔던 노나라 제자임이 분명하다.

무마기 관련 논어 단편(1개)

7/33

진(陳)나라의 사패가 물었다.

"소공(昭公)께서는 예를 아셨습니까?"

공자께서 말씀하셨다.

"예를 아셨습니다."

공자께서 물러나시자 (사패가) 무마기(巫馬期)에게 읍하며 나아와 말했다.

"내가 듣기로 군자는 제 무리에 치우치지 않는다고 했는데 군자도 역시 제 무리에 치우칩니까? 임금께서는 오(吳)나라로부터 부인을 취하셨는데 같은 성씨인지라 오맹자(吳孟子)라고 불렀습니다. 임금께서 예를 아셨다면 누군들 예를 모르겠습니까?"

무마기가 이를 말씀드리니 선생님께서 말씀하셨다.

"나는 다행이다. 조금만 잘못이 있어도 반드시 사람들이 그것을 아니!"

陳司敗問;昭公知禮乎?孔了曰;知禮.孔子退,揖巫馬期而進之曰;吾聞君子不黨,君子亦黨乎?君取於吳,爲同姓謂之吳孟子.君而知禮,孰不知禮?巫馬期以告.子曰;丘也幸,苟有過,人必知之.

진자금 陳子禽

항(亢)

진자금은 성은 진(陳), 이름은 항(亢), 자는 자금(子禽)으로 공자의 제자라고 하는 사람도 있고 자공의 제자라고 하는 사람도 있다. 그러나 논어 1/10을 보면 그는 공자 외유의 일정 부분을 함께하였음이 틀림없고, 또 자공은 따로 자신의 제자를 거느린 기록이 없으므로 공자의 제자로 보는 것이 옳다. 나이는 『공자가어』에만 공자보다 40세 연하로 기록되어 있다. 그는 공자에 대한 강한 호기심을 가지고 있었던 것은 분명해 보이지만 제대로 이해하고 있다는 느낌은 들지 않는다. 그러나 오히려 그런 점들로 인해 후세의 논어 독자들로 하여금 공자에 근접시키는 가교적 역할을 하고 있는 것 같다.

진자금 관련 논어 단편(3개)

1/10

자금(子禽)이 자공(子貢)에게 물었다.

"선생님께서는 어느 한 나라에 이르시면 반드시 그 나라의 정치 상태를 아십니다. 스스로 그것을 구하신 것입니까? 아니면 누가 얘기해준 것입니까?"

자공이 말하였다.

"선생님께서는 온후함과 선량함과 공손함과 검약과 겸양을 기준으로 하여 그것을 얻는 것이오. 선생님께서 구하시는 것은 여느 사람이 구하는 것과는 다를 것이오."

子禽問於子貢曰;夫子至於是邦也,必聞其政.求之與,抑與之與?子貢曰; 夫子溫良恭儉讓以得之.夫子之求之也,其諸異乎人之求之與.

16/13

진항(陳亢)이 백어(伯魚)에게 물었다.

"당신은 역시 달리 들은 것이 있겠지요?"

백어가 대답했다.

"없습니다. 일찍이 혼자 서 계실 때 내가 바삐 뜰을 지나가는데 '시는 배웠느냐?'고 하시기에 '아직 배우지 못했습니다' 했더니 '시를 배우지 않으면 말을 할 수가 없단다' 하셨습니다. 나는 물러나 시를 배웠습니다. 후일 또 홀로 서 계실 때 내가 바삐 뜰을 지나가는데 '예는 배웠느냐?'고 하시기에 '아직 배우지 못했습니다' 했더니 '예를 배우지 않으면 설 수가 없단다' 하셨습니다. 나는 물러나 예를 배웠습니다. 이 두 가지를 들었습니다."

진항이 물러나와 기뻐하며 말했다.

"한 가지를 물어서 세 가지를 얻었다. 시에 대해 들었고 예에 대해 들었으며 또 군자는 자기 자식을 멀리한다는 것을 들었다."

陳亢問於伯魚曰;子亦有異聞乎?對曰;未也.嘗獨立,鯉趨而過庭.曰,學詩 乎?對曰,未也.不學詩,無以言.鯉退而學詩.他日又獨立,鯉趨而過庭.曰, 學禮乎?對曰,未也.不學禮,無以立.鯉退而學禮.聞斯二者.陳亢退而喜曰;

問一得三.聞詩,聞禮,又聞君子之遠其子也.

19/25

진자금(陳子禽)이 자공에게 말했다.

"당신은 공손하십니다. 중니(仲尼)가 어떻게 당신보다 더 낫겠습니까?"

자공이 말했다.

"군자는 한 마디로 지혜로워지기도 하고 한 마디로 지혜롭지 못해지기
도 하니 말이란 불가불 신중히 해야 하오. 선생님께 미칠 수 없는 것은
마치 사다리를 타고 하늘에 올라갈 수 없는 것과 같소. 선생님께서 나
라나 대부의 가(家)를 맡으셨다면 이른바 세우면 곧 서고 이끌면 곧 가
고 편안케 하면 곧 모여오고 움직이면 곧 조화되었을 것이오. 그의 삶
은 영광스러웠고 그의 죽음은 슬펐소. 어떻게 그에 미칠 수 있겠소?"

陳子禽謂子貢曰;子爲恭也.仲尼豈賢於子乎?子貢曰;君子一言以爲知,一
言以爲不知,言不可不愼也.夫子之不可及也,猶天之不可階而升也.夫子
之得邦家者,所謂立之斯立,道之斯行,綏之斯來,動之斯和.其生也榮,其死
也哀.如之何其可及也?子.君而知禮,孰不知禮?巫馬期以告.子曰;丘也幸,
苟有過,人必知之.

사마우 司馬牛

경(耕)

사마우는 공자의 제자로서 성은 사마(司馬), 이름은 경(耕), 자는 자우(子牛)였다. 나이에 관한 정보는 없다. 관련 단편은 세 개에 불과하다. 사마우의 질문에 공자가 대답하고 있는 단편이 둘, 사마우의 근심스런 독백에 사하가 조언을 하고 있는 단편이 나머지 하나다. 그러나 이 세 단편에서 얻을 수 있는 사마우에 대한 정보는 특별한 것이 없다. 12/5에서 그는 형제가 없다는 사실을 근심하고 있다. 송나라 환퇴의 아우 중 사마우가 있어 동명이인인지 동일인인지가 오랫동안 논란이 되기도 하였으나 동일인으로 보기는 어렵다는 것이 일반적인 견해다.

사마우 관련 논어 단편(3개)

12/3
사마우(司馬牛)가 어짊에 대해 묻자 선생님께서 말씀하셨다.
"어진 자는 그 말이 힘겹다."
사마우가 말했다.
"말이 힘겨우면 어질다 할 수 있습니까?"
선생님께서 말씀하셨다.
"그것을 행하기가 어려운데 그것에 대한 말이 힘겹지 않을 수 있겠느

냐?"

司馬牛問仁.子曰;仁者其言也訒.曰;其言也訒,斯謂之仁已乎?子曰;爲之難,言之得無訒乎?

12/4

사마우(司馬牛)가 군자에 대해 묻자 선생님께서 말씀하셨다.

"군자는 근심하지 않고 두려워하지 않는다."

사마우가 말했다.

"근심하지 않고 두려워하지 않으면 군자라 할 수 있겠습니까?"

선생님께서 말씀하셨다.

"안으로 살펴보아 병통이 없으면 무릇 무엇을 근심하고 무엇을 두려워하겠느냐?"

司馬牛問君子.子曰;君子不憂不懼.曰;不憂不懼,斯謂之君子已乎?子曰;內省不疚,夫何憂何懼?

12/5

사마우(司馬牛)가 시름에 차서 말했다.

"남들은 다 형제가 있는데 나만 홀로 없구나."

자하가 말했다.

"내가 듣기로 '죽고 사는 것에는 명이 있고 부귀는 하늘에 달렸다'고 했소. 군자가 경건하여 과실이 없고 다른 사람들과 함께 함에 공손하여 예가 있으면 온 세상 사람이 다 형제요. 군자가 어찌 형제 없는 것을 한탄하겠소!"

司馬牛憂曰;人皆有兄弟,我獨亡.子夏曰;商聞之矣.死生有命,富貴在天,
君子敬而無失,與人恭而有禮,四海之內,皆兄弟也.君子何患乎無兄弟也!

증석 曾晳

점(點)

증석은 증자의 아버지다. 그는 아들과 시기적으로는 겹치지 않겠지만 함께
공자로부터 가르침을 받았던 제자였다. 성은 증(曾), 이름은 점(點), 자는 자석
(子晳)이었다. 공자와의 나이 차이는 자료가 없다. 이 단편은 논어에서 가장
긴 단편이자 내용과 형식이 다른 단편과 크게 다르다. 구전되던 것을 다소 늦
게 논어에 수록하게 됨에 따라 형식이 달라졌을 것으로 본다. 일각에서는 증
자를 높이기 위하여 만든 완전한 위작으로 보기도 한다.

증석에 관해서는 『맹자』 진심하편에 "금장(琴張)과 증석과 목피(牧皮) 같은
사람이 공자께서 말씀하시는 광자(狂者)다"라고 한 맹자의 말에서 광자로 지
명되고 있다. 공자 당시와는 이미 세월의 차이가 커서 결코 직접 경험하지도
듣지도 못했을 텐데 맹자가 어떤 경위로 그 셋을 광사라고 말하였는지는 알
수 없다. 광자가 어떤 인간 유형인지는 알기도 어렵지만, 설사 안다 하더라도
그 세 사람의 행적이 거의 남아 있지 않기 때문에 구체적인 행태를 통해 확인
할 수도 없다는 것이 아쉽다.

증석 관련 논어 단편(1개)

11/27

자로(子路)와 증석(曾晳)과 염유(冉有)와 공서화(公西華)가 선생님을 모시고 앉아 있을 때 선생님께서 말씀하셨다.

"내가 너희들보다 나이가 조금 더 많으나 나를 대함에 있어서 그 점을 개의치 마라. 평소 말하기를 '나를 몰라준다'고 하는데 만약 누군가가 너희를 알아준다면 어떻게 하겠느냐?"

자로가 불쑥 나서 대답했다.

"천승의 나라가 대국들 사이에 휘말려 군사 정벌에 시달리고 그로 인하여 기근에 허덕이더라도 제가 힘쓰면 대략 삼 년 안에 용기를 가질 뿐 아니라 그 타개책을 알게 할 수 있습니다."

선생님께서 빙긋이 웃으셨다.

"구(求)야, 너는 어떠하냐?"

염유가 대답했다.

"사방이 육칠십 리나 오륙십 리 되는 지역을 대상으로 제가 힘쓰면 대략 삼 년 안에 백성들의 생활을 풍족하게 할 수 있겠지만 그 예악에 관해서는 군자의 도움을 기다려서 하고자 합니다."

"적(赤)아, 너는 어떠하냐?"

적이 대답했다.

"무엇을 할 수 있다고 말하지는 못하겠고 배우고 싶을 뿐입니다. 종묘의 일과 제후의 회동 시 예복과 예관을 갖추고 행하는 일에서 작은 보좌역이 되고 싶습니다."

"점(點)아, 너는 어떠하냐?"

느리게 비파를 타다가 치렁하고 비파를 내려놓고 일어나 대답했다.

"세 사람이 말한 바와는 다릅니다."

선생님께서 말씀하셨다.

"무슨 상관이 있겠느냐? 각자 자기 뜻을 말하는 것이다."

점이 말했다.

"늦은 봄에 봄옷이 다 되거든 어른 대여섯 명, 동자 예닐곱 명과 너불어 기수(沂水)에서 목욕하고 무우(舞雩)에서 바람을 쐬면서 읊조리며 돌아오는 것입니다."

선생님께서 깊이 탄식하며 말씀하셨다.

"나는 점(點)과 함께하겠다."

세 사람이 나가니 증석이 뒤에 남아 있다가 말하였다.

"저 세 사람의 말이 어떠합니까?"

선생님께서 말씀하셨다.

"각자 자기 뜻을 말했을 따름이다."

증석이 말했다.

"선생님께서는 어째서 유(由)의 말에 빙긋이 웃으셨습니까?"

선생님께서 말씀하셨다.

"나라 일은 예로써 해야 함에도 그 말에 겸양하는 바가 없기에 웃은 것이다."

"그러면 구(求)가 말한 것은 나라일이 아닙니까?"

"어떻게 사방이 육칠십 리나 오륙십 리라 하여 나라로 보지 않겠느냐?"

"그러면 적(赤)이 말한 것은 나라일이 아닙니까?"

"종묘와 회동에 관한 것이니 제후의 일이 아니고 무엇이겠느냐마는 적이 작은 일을 하면 누가 능히 큰 일을 하겠느냐?"

子路,曾晳,冉有,公西華侍坐.子曰;以吾一日長乎爾,毋吾以也.居則曰,不吾知也.如或知爾則何以哉?子路率爾而對曰;千乘之國,攝乎大國之間,加之以師旅,因之以饑饉,由也爲之,比及三年,可使有勇,且知方也.夫子哂之.求,爾何如?對曰;方六七十,如五六十,求也爲之,比及三年,可使足民.如其禮樂,以俟君子.赤,爾何如?對曰;非曰能之,願學焉.宗廟之事,如會同,端章甫,願爲小相焉.點,爾何如?鼓瑟希,鏗爾舍瑟而作,對曰;異乎三子者之撰.子曰;何傷乎?亦各言其志也.曰;莫春者,春服旣成,冠者五六人,童子六七人,浴乎沂,風乎舞雩,詠而歸.夫子喟然歎曰;吾與點也.三子者出,曾晳後.曾晳曰;夫三子者之言何如?子曰;亦各言其志也已矣.曰;夫子何哂由也?曰;爲國以禮,其言不讓,是故哂之.唯求則非邦也與?安見方六七十如五六十而非邦也者?唯赤則非邦也與?宗廟會同,非諸侯而何?赤也爲之小,孰能爲之大?

칠조개 漆雕開

계(啓)

칠조개는 공자의 제자로 성은 칠조(漆彫), 이름은 계(啓)였다. 자는 자개(子開)라는 설도 있고 자약(子若)이라는 설도 있다. 『공자가어』에 의하면 그는 채

(蔡)나라 사람이라고 한다. 그렇다면 공자가 채나라에 갔을 때 만나 노나라로 데려온 제자로 볼 수도 있으나 『공자가어』의 신빙성이 워낙 낮아 신뢰하기는 어렵다. 공자가 누군가에게 직접 관직을 맡으라고 얘기하는 경우는 드문데, 공자에게는 충분히 경험을 쌓고 배웠느냐도 중요하지만 그보다 더 중요한 것은 항상 스스로의 미진함을 인정하고 더 배우려고 하는 진솔한 자세였다. 그 점에서 실제 대화였다고 본다.

칠조개 관련 논어 단편(1개)

5/6

선생님께서 칠조개(漆彫開)에게 관직을 맡으라 하시니 그가 선생님께 말하였다.

"그것을 감당할 수 있을지 저는 자신이 없습니다."

선생님께서 기뻐하셨다.

子使漆彫開仕. 對曰;吾斯之未能信. 子說.

2

노(魯)나라

노鲁나라

노(魯)나라는 주나라의 중요한 제후국이었지만 결코 강대국은 아니었다. 세력으로만 보면 약소국도 아닌 중간 정도의 나라였다. 춘추시대에 중원의 인구는 대략 3천만 정도였다고 하는데, 노나라 인구는 약 100만 정도였다고 한다. 한 번도 패권국으로 등장한 적이 없고 진(晉)나라를 대국으로 섬겼는가하면 인근의 제(齊)나라와는 자주 전쟁을 하는 사이였지만 항상 더 큰 나라로보아 두려워했다.

노나라가 모든 제후국들 가운데에서 주목받은 이유는 나라의 크기 때문이아니라 주로 문화적 탁월성 때문이었다. 그것은 춘추 말기에 공자라는 인류사의 걸출한 인물을 배출하였다는 데에서 무엇보다 잘 드러난다. 심지어 전국시대에 태어난 맹자도 사실상 노나라 사람이나 다름없다. 그를 배출한 추(鄒)나라는 춘추시대에는 주(邾)나라로 불렸는데 사실상 노나라의 속국에 가까웠고, 거리도 노나라와는 서울과 인천 정도밖에 떨어져 있지 않았다.

이처럼 노나라가 다른 나라와 달리 문화적 탁월성을 갖출 수 있었던 데에는 이유가 있었다. 우선 노나라는 옛 은나라 강토에서 가까워 그 문화적 전통을 이어받을 수 있었다는 점이다.[1] 은나라 유민들을 모아 세운 송(宋)나라와위(衛)나라도 노나라에서 매우 가까웠다. 이에 비하면 왕도인 호경(鎬京)이나낙읍(洛邑)은 은나라의 옛 거점에 비하면 현저히 서쪽에 치우쳐 있었고, 오랑캐인 융적(戎狄)과도 군사적·문화적으로 가까웠다. 그런 의미에서 노나라는주나라 왕도보다 더 안전하게 전통문화 유산이 보존되고 발전할 여건이 갖추

---

1) 심지어 노도(魯都), 후일의 곡부(曲阜)는 한때 은나라의 수도였던 적도 있었다.

어져 있었던 셈이다.

또 한 가지 이유라면 노나라가 다름 아닌 주공(周公)의 나라였다는 점이다. 주공은 형인 무왕(武王)을 지극한 정성으로 도왔고, 무왕의 이른 죽음 이후 어린 조카 성왕(成王)을 사심 없이 보필하였다. 『서경(書經)』의 여러 글들에서 지금도 볼 수 있는 바와 같이 주공은 주대 천년의 기틀을 잡았다는 점에서 어쩌면 주나라는 주공의 나라, 그가 꾸었던 '천년의 꿈'을 담았던 나라라고 할 수 있다. 비록 그는 노나라에 발도 딛지 못하고 죽었지만, 그의 아들 백금(伯禽)과 그 후손들이 다스려간 이 나라는 어딘가 다를 수밖에 없었을 것이다. 실제 주공의 조카 성왕은 다수의 예법을 노나라에 관한 한 천자에 준하여 시행할 수 있도록 특례를 허용하기도 했다.

아버지 주공을 대신하여 노나라에 부임한 백금은 노공(魯公)이라고도 불렸는데, 46년이라는 오랜 기간 동안 재위했다는 것을 제외하고는 전해지는 내용은 거의 없다. 사마천은 그의 『사기(史記)』「노주공세가(魯周公世家)」에서 삼감(三監)의 난을 평정한 자가 백금이라고 적고 있으나, 자신의 「주본기(周本紀)」에서는 주공이 평정했다고 해서 두 기록이 불일치한다. 사마천의 『사기』에는 동일 사건에 대해 이처럼 서로 일치하지 않는 기록이 적잖이 눈에 띈다.

백금 이후 노나라 군주의 승계 과정은 다행히 끊이지 않고 기록되고 있으나 자세한 사실은 남아 있지 않다. 다만 제5대 유공(幽公) 때 그 동생이 형을 죽이고 스스로 등극하여 위공(魏公)이 되었다는 기록이 있다. 또 제8대 헌공(獻公) 때는 주나라 여왕(厲王)이 잔학한 짓을 하다가 백성들의 거센 저항을 받아 체(彘)로 달아나 거기서 죽는 심각한 혼란을 겪기도 했다. 제10대 무공(武公) 때는 주나라 선왕(宣王)이 무공의 두 아들 괄(括)과 희(戱) 중에서 동생인 희를 유독 좋아하여 무리하게 그를 후계자로 삼게 함으로써 훗날 무공이 죽자 결국 둘째아들 희가 즉위하게 되었으니 그가 의공(懿公)이다. 그러나 의공 9년 되던 해에 노나라 사람들은 괄의 아들 백어(伯御)를 앞세우고 의공을 시해하니 결국 백어가 군주가 되었다. 백어가 군주가 되고 11년 되던 해 주선왕은 노나라를 정벌하여 백어를 죽이고 여러 사람들의 의견을 들어 무공의 셋째 아들 칭(稱)의 사람됨이 훌륭하다 하여 그를 옹립하니 그가 바로 효공(孝公)이다. 그러나 주선왕의 편애에서 비롯된 이 일련의 살육사건 이후 제후들이 점점 왕명을 어기게 되었다는 사마천의 기록도 눈여겨 볼 필요가 있다.

효공에 이어 제14대 혜공(惠公)이 46년간 재위 후 뒤를 이은 제15대 은공(隱公)은 시호만큼이나 좀 어두운 배경을 가지고 있다. 『좌전』에 의하면 혜공의 정비는 송나라 군주 무공(武公)의 장녀였는데 아들을 낳지 못하고 죽었다. 그래서 신분이 낮은 성자(聲子)를 계실(繼室)로 맞아 나중에 은공이 되는 아들 식(息)을 낳았다. 후에 혜공은 또 다시 송나라 무공의 둘째딸 중자(仲子)를 데려와 비로 삼았고 중자는 아들 윤(允)을 낳았다. 혜공이 죽었을 때 성자가 낳은 아들 식은 나이가 들었고 중자가 낳은 윤은 어렸다. 그러나 중자는 죽은 정비의 동생이었기 때문에 정실로 취급되는 반면 성자는 계실이어서 일단 나이가 든 성자의 아들 식이 은공이 되는데, 이는 원칙이 아니지만 다수 국인들이 지지함에 따른 어쩔 수 없는 선택이었다. 그 때문인지 은공은 중자의 아들 윤에 대해 섭정을 하는 것으로 보아 『춘추』도 즉위하였다는 표현을 쓰지 않았다.

게다가 은공은 즉위 전 송나라에서 부인을 얻어왔는데 워낙 미색이라 아버지 혜공이 빼앗아 자신의 부인으로 삼기도 하였다. 그러나 이런 일은 드물기는 하지만 춘추시대에 더러 있었던 일이라 그럭저럭 넘어갔던 모양이다.

은공 8년에 노나라는 가지고 있던 땅 허전(許田)을 정나라가 가지고 있던 팽읍(祊邑)과 교환하였다. 허전은 일찍이 주성왕(周成王)이 주공에게 주왕을 배알할 때 조숙읍(朝宿邑)으로 삼게 해준 땅으로, 노나라에서는 멀었지만 정나라에서는 가까웠다. 또 팽읍은 일찍이 주선왕(周宣王)이 정환공(鄭桓公)에게 주어 탕목읍(湯沐邑)으로 삼게 한 땅으로 정나라에서는 멀었지만 노나라에서는 가까웠다. 그러나 주나라의 동천(東遷) 이후 두 땅은 거의 원래의 용도대

춘추시대 노나라와 그 인근

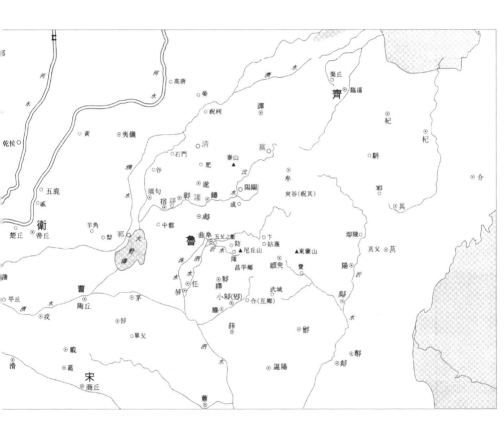

齊
魯
衛
曹
宋

棗丘
臨淄
紀
杞
高唐
晏
稅柯
譚
淸
泰山
贏
介
石門
肥
逐
牟
郱
酈
鄆
甖
陽關
成
須句
宿
夾谷(稅其)
其
黃
夷儀
乾侯
五鹿
戚
羊角
郲
鄆
大野澤
中都
楚丘
帝丘
蒲
平丘
戎
曲阜
五父之衢
卞
姑蔑
鄆陵
防
尼丘山
莒父
莒
陳
沂水
昌平鄉
顓臾
陽
費
東蒙山
任
郕
邾
繹
沂水
武城
郯
沂水
小邾(郳)
合(互鄉)
滕
薛
郜
鄶
單父
戴
葛
瀋
商丘
蕭
沮陽
郜
偪陽
郯

로 쓰이지 않을 만큼 의례가 붕괴되었기 때문에 두 나라는 왕의 허락도 없이 교환했는데 이는 그만큼 왕권의 쇠약을 의미했다.

은공 11년 대부 우보(羽父)는 은공에게 점점 장성해가는 윤이 장차 자라 어떻게 나올지 모르니 그를 죽이겠다는 뜻을 비쳤다. 그러나 은공은 애초부터 자신은 섭정을 하는 터이기에 곧 윤에게 군주의 지위를 물려주고 은퇴하겠다고 하였다. 이에 우보는 자신의 발언이 누출될까 두려워 이번에는 윤에게 마치 은공이 윤을 살해할 의도가 있는 것처럼 거짓말을 하고 자신이 은공을 죽이겠다고 하자 윤이 허락하였다. 이에 우보가 은공을 살해하고 윤을 세웠으니 그가 곧 16대 환공(桓公)이었다.

환공은 따지고 보면 자신의 형이자 군주를 죽이고 군주가 된 셈이다. 그후 환공은 제나라에서 부인을 얻어 아들을 낳았는데, 생일이 환공과 같았기 때문에 이름을 동(同)이라 하고 태자로 삼았다.

환공 18년 봄 환공은 부인과 함께 제나라를 방문하는 계획을 수립했다. 대부 신수(申繻)가 만류했지만 환공은 듣지 않고 방문을 강행했다. 사실 제나라 양공(襄公)의 여동생인 환공의 부인은 과거 양공과 통간하던 사이였다. 그런데 이 방문 기간 중에 두 사람은 다시 통간을 하였고, 환공은 이 사실을 눈치채게 되었다. 제양공은 이런 사실을 감추기 위하여 환공을 술에 취하게 한 뒤 공자(公子) 팽생(彭生)을 시켜 환공을 수레에 태우는 척하며 그의 허리를 꺾어 죽여버렸다. 노나라는 그 내막을 눈치 챘지만 어찌하는 수가 없어 결국 공자 팽생을 처형하는 선에서 해결할 수밖에 없었다. 이후 노나라는 태자 동(同)을 군주로 세웠으니 그가 장공(莊公)이다.

때는 기원전 712년, 노나라가 개국한 지 300년을 훨씬 넘어서고 있었고 왕도의 동천 후 52년이 지난 시점이었다. 주나라는 물론 노나라 같은 만만치 않은 제후국에서도 이런 어처구니없는 사건들이 일어나 왕조의 기틀을 뒤흔들고 있었다.

환공에게는 맏아들 동 외에 경보(慶父), 숙아(叔牙), 계우(季友)의 세 아들이 있었다. 훗날 장공(莊公)이 된 동은 정실인 숙강(叔姜)이 낳은 두 적자보다 측실인 맹녀(孟女)가 낳은 서자 반(班)을 군주로 삼고자 하였다. 이에 장공은 숙아와 계우에게 의견을 물어보았다. 숙아는 "경보가 있지 않습니까" 하였고 계우는 "목숨을 다하여 반을 옹립하겠습니다" 하였다. 이에 장공은 안전한 후사를 계우에게 부탁하였다. 계우는 장공의 지시를 받아 형인 숙아에게 독주를 내리며 "이 술을 마시면 후손의 제사를 받겠지만 마시지 않으면 제사를 받지 못할 것입니다" 하였다. 숙아는 결국 독주를 마시고 죽었다.

또 둘째 경보는 당시 장공의 부인이던 애강(哀姜)과 통간하고 있었기 때문에 애강의 여동생 숙강이 낳은 아들 개(開)를 추대하려고 사람을 시켜 맹녀가 낳은 반(班)을 죽여버렸다. 그리고 개를 세웠으니 그가 곧 민공(閔公)이다. 이에 계우는 반의 동생 신(申)을 데리고 진(陳)나라로 도망갔다. 경보는 그 후에도 애강과의 통간을 지속하면서 민공 추대에 만족하지 않고 직접 자신이 군주가 되려고 대부 복기(卜齮)를 시켜 민공을 죽이게 하였으니, 민공은 결국 즉위 2년 만에 피살되고 말았다. 노나라 사람들이 이를 알고 경보를 죽이려 하자 경보는 주(邾)나라로 달아났다.

결국 신을 데리고 진나라로 도망가 있던 계우가 주나라를 거쳐 신을 데리고 다시 노나라로 복귀하니 사람들은 신을 옹립하여 민공의 뒤를 잇게 하였다. 그가 곧 33년을 재위하게 되는 희공(僖公)이다. 후에 계우는 뇌물을 가지고 주나라에 가서 경보를 요청하자 명분이 없는 주나라는 결국 경보를 계우에게 넘겨주었다. 경보는 잡혀가면서 구명(救命)을 간청했으나 계우가 들어주지 않자 결국 목을 매어 자살하고 말았다. 또 주나라에 함께 도망가 있던 애강은 제환공(齊桓公)이 직접 제나라로 불러내어 죽였다. 결국 장공을 제외한 노환공(魯桓公)의 세 아들 중에서 살아남은 아들은 계우밖에 없었다.

계우가 태어날 무렵 아버지 노환공이 점을 쳤더니 "남자아이로 이름은 우

(友)가 될 것이며, 군주의 오른편에 서서 군주를 도울 것입니다. 그분의 계씨(季氏) 가문이 망하게 되면 노나라가 번창하지 못 할 것입니다" 하였다. 다시 점을 쳤더니 "대유(大有) 괘가 건(乾) 괘로 변하였으니 군주의 지위를 가진 분과 대등한 존경을 받게 될 것입니다" 하였다. 아기의 손바닥에 무늬가 있어 보니 友자였다. 그래서 이름을 우로 하였다.

이런 설화적 이야기는 노나라에서 삼가(三家)의 지위나 운명이 군주에 버금갈 정도로 탁월함을 보여준다. 희공 원년에 문양(汶陽)과 비(費)의 땅을 계우에게 하사하였으니 이는 결국 계사(繼嗣)의 공을 높이 치하한 것이었다. 그러나 경보(慶父)나 숙아(叔牙)는 죽었지만 각각 맹손씨(孟孫氏)와 숙손씨(叔孫氏)라는 가문으로 번창해갔으니, 이는 그 과정에서의 언약을 지키는 일이었다. 이리하여 노나라에서 가장 성대한 가문은 계손씨(季孫氏) 가문이 되었고, 맹손씨와 숙손씨 가문은 그다음으로 큰 가문으로 발전해갔다. 삼가로 불렸던 이 세 가문은 환공의 세 아들에서 비롯되었다고 하여 삼환(三桓)이라고도 불렀다.

희공(僖公)이 33년 재위 후 죽고 아들 흥(興)이 즉위하니 곧 문공(文公)이다. 문공 때는 적(狄)의 침략이 심해서 어려움을 겪었는데, 숙손득신(叔孫得臣)이 북적(北狄)의 수령 교여(喬如)를 사로잡았다. 그래서 그는 아들 선백(宣伯)의 이름을 숙손교여(叔孫僑如)[2]라고 지었다.

문공이 18년 재위 후 죽었을 때 그에게는 정비 애강이 낳은 악(惡)과 시(視), 그리고 차비(次妃) 경영(敬嬴)이 낳은 퇴(俀)가 있었다. 공교롭게도 이때의 권력자는 양중(襄仲)이었는데, 희공(僖公)의 동생이었다. 사는 곳이 노나라 동문(東門) 근처였기 때문에 동문양중(東門襄仲)이라고도 불렀다. 당시 문

---

2) 춘추시대에는 자신이 사로잡은 원수의 이름을 자기 아들의 이름으로 지어 명예를 길이 남기는 관습이 있었다.

공의 차비였던 경영이 동문양중을 극진히 섬겼기 때문에 양중은 경영이 낳은 퇴(倭)가 군주가 되기를 바랐다. 양중의 의도에 대해 숙중혜백(叔仲惠伯)[3]이 강력히 반대하였는데, 이는 노나라 사람들의 일반적인 견해였다. 그러나 양중은 제나라 혜공에게 도움을 요청하였고, 혜공은 노나라와 좋은 관계를 유지할 필요가 있어 지원을 약속했다. 그러자 양중은 느닷없이 애강이 낳은 악(惡)과 시(視) 두 아들을 죽였다. 그리고 경영이 낳은 퇴를 군주로 옹립하였으니 그가 곧 선공(宣公)이다. 뿐만 아니라 그는 숙중혜백도 죽여서 그의 시신을 말뚝 가운데에 묻었다. 그러나 이 엄청난 만행을 보고도 노나라의 삼가를 포함하여 어느 누구도 저항하지 못했다. 기원전 609년에 일어난 이 사건은 노나라 사람들에게 절망적 무도(無道)의 감정을 안겨준 첫 번째 사건이었다. 공자가 태어나기 58년 전이었다.

애강은 영구히 노나라를 떠나 친정인 제나라로 귀국하였다. 애강은 저자거리를 돌아다니며 "하늘이시여! 양중이 무도하게도 적자를 죽이고 서자를 세웠나이다!" 하며 울면서 외쳐서 사람들이 모두 눈물을 흘렸다. 노나라 사람들이 이 소식을 듣고 그녀를 애강(哀姜)[4]이라고 불렀다.

이 사건은 통칭 살적입서(殺嫡立庶)라고 불렸다. 노나라 공실의 권위가 떨어지고 삼가의 권위가 상대적으로 제고되는 계기가 되었다. 이 살적입서 이후 실추된 공실의 권위는 제도적으로 노나라의 제도에 반영되었으니, 그 첫 번째 제도가 양공 11년에 있었던 중군(中軍)의 설치였다. 기원전 562년 계무자(季武子)는 노나라에 중군을 설치하여 노나라를 삼군(三軍) 체제로 만들었으니, 원래 노나라는 이군(二軍) 체제가 옳지만 삼군으로 만든 것이었다. 물론 삼군은 삼가가 각각 1군씩을 맡도록 하여 군주의 직할 권한을 크게 줄인 것이

---

3) 숙아(叔牙)의 손자이자 무중휴(武仲休)의 아들
4) 문공의 부인 애강(哀姜)은 민중들이 통칭으로 부른 것이기 때문에 장공(莊公)의 부인을 애강(哀姜)이라고 부른 시호(諡號)와는 다르다.

었으니 개편의 목적은 뻔한 것이었다.

그 후 양공이 죽고 소공이 군주가 되었다. 소공 2년에 진(晉)나라는 한선자 (韓宣子, 韓起)가 집정이 되었는데, 이를 알리기 위해 노나라의 소공을 예방하였다. 그때 한선자는 노나라의 대사(大史)에게서 책을 얻어 보게 되었는데 역의 상(易象)과 노의 춘추(魯春秋)를 보고 말하기를 "주나라의 예법이 다 노나라에 남아 있군요. 저는 이제야 주공의 덕과 주나라가 천자의 나라가 된 까닭을 알겠습니다" 하였다.

그리고 다시 세월이 지나 기원전 537년, 소공 5년 되던 해였다. 계무자는 다시 노나라의 3군 체제를 2군 체제로 되돌렸다. 외형적으로는 원칙이 아닌 3군 체제를 2군 체제로 되돌린 것 같지만 실제로는 군주의 직할군을 없애서 그것을 다시 삼가가 나누어 갖는 체제로 만드는 것이었다. 즉 군주의 권한을 사실상 완전히 무력화했던 것이다. 소공은 이런 조치들로 자신의 손이 점점 비어간다는 것, 자신이 점점 무력해지고 있다는 것을 알고 있었다. 19살의 나이에 아버지 양공으로부터 권력을 이양받았지만 자신을 바라보는 삼환들의 눈길이 얼마나 모멸감에 젖어 있는지 알고 있었다.

거사일은 소공 25년, 기원전 517년이었다. 소공은 후손씨(郈孫氏), 장손씨 (臧孫氏) 등 몇몇 반삼환 세력들과 조율한 다음, 9월 무술날에 바로 계씨의 집으로 치고 들어가 계평자의 동생 계손공지(季孫公之)를 죽였다. 계평자는 대 (臺)에 올라가 소공에게 간청하기를 "군주님께서는 저의 죄를 살피시지도 않고 담당관으로 하여금 먼저 무기로 저를 치게 하고 계십니다. 청컨대 저를 기수(沂水)가에 두시고 저의 죄를 심문하소서" 하였다. 그러나 소공은 듣지 않았다. 소공은 결국 후손(郈孫)에게 맹의자(孟懿子)를 데려오라 하였다. 그 사이에 마침 종주 숙손소자(叔孫昭子)가 출타 중이었던 숙손씨 가문은 가재인 사마종려(司馬鬷戾)를 중심으로 "계씨가 있는 것과 없는 것이 우리에게 어느 쪽이 이로운가?"를 따졌다. 이때 다들 "계씨가 없으면 숙손씨도 없게 된다"는 결론에 이르렀다. 이에 사마종려는 "그렇다면 계씨를 구합시다" 하고 숙손씨 가문의 사람들을 데리고 계손씨의 집으로 몰려가 이미 갑옷을 벗고 쉬고 있는 군주 측 사람들을 축출하였다. 이때 맹손씨 가문의 사람들도 당도하여 사세를 보니 이미 숙손씨 가문의 깃발이 꽂혀 있는 것을 보고 후소백(郈昭伯)을 체포하여 남문 서쪽에서 그를 죽였다. 소공은 부득이 일부 강경파들과 함께 제나라로 달아나 양주(陽州)에서 머물렀다.

한 나라의 군주가 자기 나라에 발을 못 딛고 나라 밖을 전전하며 다니다가 결국 7년 만에 객사를 하고만 이 사실은 춘추시대의 역사에서 비슷한 사례를 찾아보기 힘든 대사건이었다. 제나라 군주가 노제(魯齊) 접경지역인 운(鄆)을 점령하여 소공에게 제공하거나 송나라 군주가 진(晉)나라 군주에게 좋은 말을 해주어 소공의 노나라 복귀를 다각적으로 도우려 했지만 쉽게 성사되지 않았다. 소공은 진(晉)나라의 도움으로 노나라에 돌아가고 싶었지만 전반적으로 사태가 이렇게 모양 사납게 전개된 배경에서 명분이 희박한 쪽은 계평자보다는 소공이었다. 진(晉)나라에서 망명을 받아주지 않아 결국 그 변방인 간후(乾侯)에 머무르는 중에도 무리한 논리와 행위로 명분이 부족한 쪽은 늘 소공 측이었다. 계평자는 종종 간후에 머물고 있는 소공과 그 수행자들에게 말은 물론 기거에 필요한 비품을 보내주기도 했다. 그러나 타협을 주선하는 진나라 등의 노력에 어느 정도 진전이 보이게 되면 소공 측은 번번이 강경안을 제시하여 일을 어렵게 만들곤 했다.

결국 기원전 510년 소공의 죽음으로 타협점에 이르기 어렵던 문제가 해결되자 노나라는 소공의 동생을 군주로 추대하였으니 그가 곧 정공(定公)이다.(자세한 사항은 '소공' 조항 참조) 그러나 소공이 정공으로 교체된 것만으로 노나라에 새로운 변화가 도래할 수 있을 것으로 보기는 어려웠다. 왜냐하면 새로운 것은 이미 군주의 변화에 부수하여 초래되기는 어려운 것이었기 때문이다.

소공이 죽고 다시 5년이 더 지나 계평자가 죽었다. 계평자가 죽고 나자 과연 이런 현실적인 힘들에 억눌려 지내온 힘들이 무엇이었는지가 드러났다. 그것은 계평자의 가신이었던 양호(陽虎) 같은 배신(陪臣)의 출현이었다. 그는 느닷없이 나타나 이제 갓 대부로 역할을 하기 시작한 계환자와 그의 사촌 공보문백(公父文伯)을 잡아 자신의 무단정치(武斷政治)에 복종하도록 했다. 심지어 계평자의 혈족이던 공하막(公何藐)⁵⁾을 죽이기도 하고 계환자의 사촌 공보문백과 고모부 진천(秦遄)을 제나라로 추방하기도 했다. 정공도 삼환도 양호가 지시하는 대로 움직이지 않을 수 없는 실정이었다. 이렇게 무단정치로 노나라의 모든 권력을 한 손아귀에 넣고 주무르던 양호는 급기야 삼가의 종주를 모두 갈아치우되, 특히 맹씨가의 종주는 양호 자신이 직접 맡고 계씨가의 종주는 계환자에서 계오(季寤)로, 숙손씨가의 종주는 숙손무숙(叔孫武叔)에서 그의 배다른 동생 숙손첩(叔孫輒)으로 교체하여 자신의 입맛대로 권력을 재구성하고자 했다. 결국 이 무리한 계획은 사전 정보 누출 등으로 제대로 추진되지 못했다. 특히 공동운명체임을 자각한 삼가의 협동작업으로 결국 양호의 무리는 삼가의 연합전선에 밀려났고, 양관(陽關)에서 버티기도 하였으나 결국 이곳저곳을 전전하다가 진(晉)나라의 조간자(趙簡子) 아래에 가서 자리를 잡게 되었다. 약 4년간 양호가 계환자를 밀치고 끌고 가던 배신정치는 끝이 나고 노나라의 정치는 다시 정공과 삼환이라는 옛 체제로 돌아가게 되었다.(자세한 사항은 '양화' 조항 참고)

무엇보다 양호에 의한 배신정치의 종막은 공자에게는 새로운 기회였다. 양호의 치세 동안 집요하게 정치 참여를 권고 받았지만 공자는 교묘히 회피하고 있었다. 그러나 공자에게 다시 회복한 군주와 삼환의 참여 요구는 더 이

---

5) 공하막(公何藐)은 두예(杜預)에 의할 경우 계씨의 일족이라고만 하였으나 전후 관계로 미루어 볼 때 계씨의 가재 중량회의 다른 이름(아마도 본명)이었을 것으로 추정된다.

상 회피할 수 없었다. 공자는 사구(司寇)로 임명되었던 것이 사실인 것 같고, 그 신분으로 정공 10년(BC 500)에 정공을 수행하여 제나라 경공과 축기(祝其)에서 평화회담을 추진하였다.

공자의 축기 회담 참여를 계기로 공자의 제자들이 잇달아 노나라의 정치에 참여하였다. 가장 대표적인 제자가 자로였으니 그는 정공 12년, 기원전 498년 계씨가의 가재가 되었다. 이는 삼환으로서도 공자학단으로서도 획기적인 조치였다. 자로의 당면한 목표는 삼가의 세 읍성, 비읍(費邑), 성읍(成邑), 후읍(郈邑)의 성(城)을 허무는 것이었다. 견고하게 쌓아올린 읍성은 삼가가 정치세력으로 성장하는 과정에서는 각 가문을 위한 거점이자 세력 기반이었다. 그렇지만 그 정치세력이 대부의 가문 정도에 머무르지 않고 점점 읍재(邑宰)나 가신장(家臣長) 등의 배신(陪臣)에게까지 내려가자 결국 배신세력들의 도전 거점이 되고 있었다. 숙손씨 가문의 후읍은 무난히 성을 헐었으나 계손씨 가문의 비읍은 읍재인 공산불뉴(公山不狃)와 읍인들의 저항이 거셌다. 그들이 노나라 도읍으로까지 쳐들어와 군주와 삼환, 그리고 공자마저도 위협을 받다가 간신히 그들을 몰아내고 성읍을 허물기도 하였다. 그리고 맹손씨 가문의 성읍은 맹씨 가문으로서는 존치의 필요성이 있었고, 또 제나라의 위협에 직면해 있는 노나라로서는 스스로 무장해제하기 어렵다는 문제점도 있었다. 결국 성읍의 성은 그대로 둘 수밖에 없었다.

정공 15년 되던 해, 기원전 495년 정공은 오래 살지 못하고 세상을 떠났다. 소공의 죽음이 정공을 부상시켜주었고, 정공의 부상이 공자나 그 제자들의 정치적 역할을 가능하게 해주었다면 정공의 죽음은 공자와 그 제자들에게 부여되었던 그 짧은 역할을 서둘러 거두어갔던 것 같다. 양호의 퇴출로 삼환은 한동안 공자학단을 수용할 수 있었지만 삼환은 공자학단의 저 불편한 원칙을 오래 수용할 의향은 없었고, 그것은 정공의 죽음을 계기로 직간접적으로 공자와 그 학단에 전달되었을 것이다. 다시 말해서 공자와 일부 제자들에 의해 간신히 선보였던 낯선 원칙들은 결국 남아 있지 못하고 출분(出奔)의 운명을 겪지 않을 수 없었다. 그렇게 하여 공자와 그 제자들을 위(衛)나라로 또 진(陳)나라, 채(蔡)나라로 전전케 한 것은 더 이상 노나라의 역사를 구성하는 일이 아니라 공자학 내지 유교라는 더 크고 새로운 정신의 전개 과정일 수밖에 없었다.

정공이 죽고 그의 아들 애공(哀公)이 군주가 되었다. 애공 때 남방의 초(楚)나라, 오(吳)나라, 월(越)나라가 급격히 세력 다툼을 전개하였다. 전통적 문화권 바깥에 있던 민족들이 다투어 들어오게 된 것은 춘추시대가 종막을 고하고 서서히 전국시대가 펼쳐지고 있음을 예고하는 것이었다. 특히 애공은 삼환과의 관계가 일찍이 소공 때 못지않게 나빠졌다. 소공 때와 같은 표면적인 사건은 뚜렷이 부각되지 않았지만 매우 심각한 갈등이 전개되어 애공은 신생월나라의 세력에 의존하는 경향을 노골적으로 보였고, 삼환은 애공이 월나라를 끌어들여 자신들을 제거하려는 이러한 대응에 강한 불쾌감과 저항을 노출하고 있었다. 애공 16년 공자는 73세의 나이로 조용히 세상을 떠났다. 거인의 퇴장은 그 자체로 노나라에 어떠한 변화도 만들어내지 못했고 세상은 아무 일도 없었던 것처럼 흘렀다.

『좌전』의 마지막 기록은 애공 27년이었다. 그 해에 애공이 죽은 것 같은데,『좌전』은 애공의 죽음 여부에 대해 상당히 모호하게 기록하고 있다. 사마천의『사기』에는 애공의 죽음이 분명하게 기록되어 있는데, 그 역시도 자연사인지 피살인지 자살인지 원인이 분명하지 않다. 사마천은 「노주공세가」에서 애공의 아들 도공(悼公)의 모습을 리얼하게 소묘하면서 그의 아버지 애공의 비참했던 모습을 잘 웅변해주고 있다.

도공의 시대에 삼환이 강대해지자 노나라 군주는 작은 제후와 같았고 삼환의 가세보다 나약해졌다.[6]

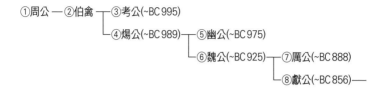

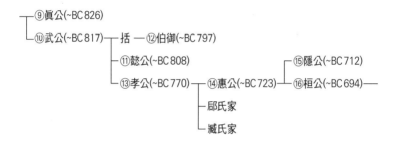

---

6) 悼公之時,三桓勝,魯如小侯,卑於三桓之家.

노나라 관련 논어 단편(7개)

3/23

선생님께서 노나라의 악사장에게 말씀하셨다.

"음악은 알 수 있습니다. 처음 시작할 때에는 흩어진 것들이 모이는 듯
하고 따르다 보면 조화가 이루어지고 명료해지고 찬연해지니 이로써
이루어지는 것입니다."

子語魯大師樂曰;樂其可知也.始作,翕如也.從之,純如也,皦如也,繹如也,
以成.

5/3

선생님께서 자천(子賤)을 두고 말씀하셨다.

"군자로구나, 이런 사람은! 노나라에 군자다운 자가 없다면 이 사람이
어디서 이러함을 취할 수 있었겠느냐?"

子謂子賤;君子哉若人!魯無君子者,斯焉取斯?

6/24

선생님께서 말씀하셨다.

"제(齊)나라가 한 번 변하면 노(魯)나라의 상태에 이를 것이고 노나라가
한 번 변하면 도(道)에 이를 것이다."

子曰;齊一變至於魯,魯一變至於道.

9/14

선생님께서 말씀하셨다.

"내가 위(衛)나라에서 노(魯)나라로 돌아온 후에야 음악이 바르게 되었고 아(雅)와 송(頌)이 각각 제 자리를 잡게 되었다."

子曰;吾自衛反魯,然後樂正,雅頌各得其所.

11/15

노나라 사람들이 장부(長府)를 짓자 민자건(閔子騫)이 말하였다.

"예대로 두면 어떤가? 굳이 다시 만들어야 하나?"

선생님께서 말씀하셨다.

"저 사람은 말을 않지만 말을 하면 반드시 핵심을 찌른다."

魯人爲長府.閔子騫曰;仍舊貫,如之何?何必改作?子曰;夫人不言,言必有中.

13/7

선생님께서 말씀하셨다.

"노나라와 위나라의 정치는 형제와 같다."

子曰;魯衛之政,兄弟也.

14/15

선생님께서 말씀하셨다.

"장무중(臧武仲)이 방읍(防邑)을 구실로 자신의 후계자를 세워 달라고 노나라에 요구하였는데 비록 임금을 협박한 것은 아니라고 하나 나는 믿지 않는다."

노공 魯公

노공은 노나라의 최초의 군주였던 주공(周公)이 주나라의 초기 건국에 일에 바빠 노나라 현지에 가지 못함에 따라 사실상 최초의 군주가 될 수밖에 없었던 그의 아들, 세계상으로는 두 번째 군주인 백금(伯禽)을 말한다. 그가 노나라의 군주로 책봉된 것은 성왕(成王) 원년이었다. 46년간 재위하고 강왕(康王) 16년에 죽었다. 노공 백금이 죽고 아들 추(酋)가 즉위하였으니 그가 제3대 고공(考公)이다. 고공이 재위 4년 만에 죽고 그의 동생 희(熙)가 즉위하였으니 그가 제4대 양공(煬公)이다. 양공도 재위 6년 만에 죽고 양공의 아들 재(宰)가 즉위하였으니 그가 유공(幽公)인데, 그의 동생이자 백금의 손자인 비(濞)가 형 유공을 시해하고 군주가 되니 그가 제6대 위공(魏公)이다. 그는 무려 50년 동안 재위하였다.

　손자 대에서 시해로 군주의 지위가 이어지는 사태가 생긴 것을 제외하고는 특별히 기록된 역사적 사실이 없다. 『사기』「노주공세가」에 의하면 삼감(三監)의 난이 백금의 재위시절에 일어났고 백금이 평정한 것으로 기록되어 있으나 이는 아버지 주공 대에 일어나 주공이 평정한 것이 맞다. 또 『서경』에 남아 있는 비서(費誓)가 노공 백금의 소작이라고 알려져 왔으나 이는 고증 결과 제19대 희공(僖公)의 소작으로 밝혀졌다.

노공 관련 논어 단편(1개)

18/10

주공(周公)이 노공(魯公)에게 말했다.

"군자는 그 친족에게만 편중하지 않아 대신들로 하여금 써주지 않는다고 원망하게 하지 않는다. 오래 함께해 온 사람은 큰 문제가 없는 한 버리지 않는다. 한 사람에게 모든 것이 갖추어져 있기를 요구하지 않는다."

周公謂魯公曰;君子不施其親,不使大臣怨乎不以.故舊無大故,則不棄也.無求備於一人.

소공 昭公

소공은 노나라의 제24대 군주로 기원전 542년에서 기원전 510년까지 32년간 재위했다. 양공(襄公)이 재위 31년을 끝으로 세상을 떠났을 때 태자는 호나라 공녀 출신의 첩 경귀(敬歸)가 낳은 아들 자야(子野)였다. 그러나 그는 양공이 죽고 석달 만에 건강을 해쳐 죽고 말았다. 할 수 없이 경귀의 여동생 제귀(齊歸)가 낳은 아들 주(裯)를 후계자로 세웠다. 당시 주는 나이가 19살이었음에도 불구하고 아버지 양공의 상을 슬퍼하는 기색이 없었고, 어린아이처럼 철이 없어서 숙손목숙(叔孫穆叔, 叔孫穆子)은 후계자 옹립을 반대할 정도였다. 그러나 계무자(季武子)는 주를 끝내 군주로 세웠다. 그가 바로 소공이다.

소공 원년이던 기원전 541년에 공자는 아직 11살의 소년이었다. 실제 나이로 따진다면 공자는 기원전 551년생이고 소공은 기원전 560년생이기 때문에 공자보다 9살 연상이다. 그 정도면 공자의 기억 속에 양공은 흐릿하게만 남았을 것이고, 어린 시절부터 노나라의 군주라고 하면 자신보다 9살 더 많았던 이 소공이 군주로 자리 잡아 40대 초반까지 군림했던 것이다.

소공 초기의 가장 중요한 사건은 소공 5년(BC 537)에 있었던 중군(中軍) 폐지라고 할 수 있다. 노나라에 삼가가 형성된 이후 이들은 군사제도의 개편을 통해 군주의 권한을 축소하고 삼가, 특히 계씨가의 세력을 확장해왔다. 일찍이 양공 11년(BC 562)에 계무자가 주동이 되어 노나라의 군사편제를 상하 양군제에서 중군을 추가한 삼군(三軍)제로 편성하여 세 가문이 각각 1군씩을 거느리게 되었다.

그리고 나서 25년이 지난 소공 5년에 이번에는 중군을 폐지시켰는데, 이역시 계무자의 조치였다. 겉으로만 보면 마치 과거의 양군제로 되돌아간 합당한 조치처럼 보이지만 중군을 폐지하면서 삼군 당시 군주가 가지고 있던 형식적 지배권을 완전히 박탈하고 전체 국민의 2분이 1을 계씨가가 차지하고 나머지 4분의 1씩을 맹씨, 숙손씨 두 가문이 차지하도록 한 것이 사실상 중군 폐지의 실상이었다. 군주는 군사문제든 징세문제든 완전히 배제되어 삼가가 적당히 제공하는 소위 공물(貢物)에 의지하여 살아갈 수밖에 없게 되었다. 『좌전』마저도 "중군을 폐지한 것은 공실(公室)을 비하시킨 것이었다"고 표현할 정도였다.

양공 11년의 삼군 편성 시에도 숙손목숙은 계무자의 계획을 강력히 반대했지만 계무자가 강행했던 것이다. 소공 5년에는 강력한 반대자 숙손목숙이 그 전 해(BC 538)에 죽고 없었기 때문에 계무자가 계획을 강행할 수 있었던 셈이다. 어쩌면 일부러 그가 죽기를 기다렸던 것인지도 모른다. 아직 군주로서의 기반이 취약하던 24살의 소공으로서는 속만 태울 뿐 달리 저항조차 할 수 없었을 것이다. 그 해 공자는 15살이었다. 계무자의 이 조치가 어떤 조치인가 하는 것을 어렴풋이 알아챌 수도 있었을 것이다.

이후 노나라는 아주 중대한 변화 없이 유지되었다. 전체 중원을 볼 때도 중요한 사건이라면 초나라가 소공 8년(BC 534)에 진(陳)나라를, 소공 11년(BC 531)에 채(蔡)나라를 각각 멸망시켰다가 이후 초나라에 평왕(平王)이 들어선 기원전 529년에 다시 이 두 나라를 재건시켜주었다는 정도가 될 것이다. 역시 이 사건도 공자에게는 그의 성장기에 있었던 중대한 사건이었을 것이다.

소공 개인에게나 노나라 역사에서나 춘추시대 역사에서나 정말로 비극적이고 상징적인 사건은 소공 25년(BC 517)에 일어났다. 당시 계씨 집안의 종주는 계무자의 아들 계평자(季平子)였다. 그도 아버지 계무자로부터 대부의 지위를 물려받은 지 18년째였기 때문에 나름대로 노나라 최대 가문의 종주 행세를 하고 있었을 것이고, 따라서 군주 소공과도 많은 갈등을 야기하고 있었을 것이다.

소공을 돕기 위해 계평자를 제거한다는 엄청난 발상을 처음 꺼내어 실행 계획까지 꾸민 사람은 계평자의 여러 동생 중의 한 명인 계공약(季公若)이었다. 그는 자신이 각별히 아끼는 측근 신역고(申夜姑)가 참소에 얽혀 누명을 쓰고 죽게 된 것을 계평자에게 호소하여 살리려 했지만 끝내 뜻을 이루지 못하자 계평자에게 원한을 갖게 되었다. 또 후씨가(郈氏家)는 계씨가(季氏家)와 닭싸움을 할 때 계씨 쪽에서 닭의 털에 겨자를 바르고 후씨 쪽에서는 닭의 발톱에 금속을 끼워 서로 감정이 상했고, 나란히 붙은 두 집의 경계를 서로가 침범하였다고 주장하는 등 사이가 나빴다. 또 장씨가(臧氏家)는 장소백(臧昭伯)의 종제 장회(臧會)가 장소백을 참소하고 계씨가로 숨어든 것을 장소백이 체포하자 계평자는 장씨가의 가로(家老)를 맞대응 차원에서 체포함으로써 서로 감정이 상해 있었다.

어느 날 계공약은 소공의 아들 공위(公爲)와 도읍 밖에 나가 활쏘기를 하면서 그에게 계평자 제거 계획을 얘기하였다. 공위는 그 이야기를 소공의 또 다른 아들들인 공과(公果)와 공분(公賁)에게 이야기하였다. 둘은 다시 그 이야기를 소공의 측근 요사(僚柤)에게 들려주고 소공에게 건의토록 하였다. 소공은 누워서 듣다가 옆에 있던 창으로 요사를 치려했다. 그리고 달아나는 그를 향해 "잡아라!" 하고 소리는 쳤지만 다른 명령을 내리지는 않았다. 요사는 두려워서 몇 개월간 소공의 근처에도 가지 못했지만 소공은 그 일로 더 이상 화를 내지는 않았다. 그래서 기회를 보아 요사는 다시 한 번 같은 말을 했더니 이번에도 창을 들어 위협해서 또 달아났다. 그래서 세 번째로 얘기했더니 "너 같은 소인이 간여할 일이 아니다" 하였다. 그래서 이번에는 아들 공과가 직접 가서 말했더니 그제야 소공은 그 이야기를 장손(臧孫)에게 말했다. 장손은 어려운 일이라고 난색을 표했다. 그래서 소공은 다시 후손(郈孫)에게 말했더니 그는 가능하다며 권하는 것이었다.

드디어 그 해 9월 숙손소자(叔孫昭子)가 노도를 비운 틈을 타서 소공은 군사를 이끌고 계손씨의 집을 공격해 들어갔다. 문 앞에서 계평자의 동생 공지(公之)를 만나 그를 죽이고 거침없이 몰아치자 계평자는 달아나다가 대(臺)에 올라가 청하기를 "군주님께서는 저의 죄를 자세히 살피시지도 않고 관원들로 하여금 저를 무력으로 치고 계신데 청컨대 저를 기수(沂水)가에 두시고 저의 죄를 살펴주소서" 했다. 그러나 소공은 허락하지 않았다. "그러면 비읍에 가두어주소서" 했지만 역시 허락하지 않았다. 마지막으로 "그러면 다른 나라로 망명하게 해주소서" 했지만 역시 허락하지 않았다.

자가의백(子家懿伯)[7]이 계평자를 따르는 사람들이 많음을 이유로 그의 청을 들어줄 것을 권고했지만 소공은 역시 들어주지 않았다. 이때 숙손씨 가문은 숙손소자가 없었기 때문에 가신인 사마종려(司馬鬷戾)가 대신 가문 사람들을 모아놓고 대책을 찾으면서 "계씨가 있는 것과 없는 것은 우리에게 어느 쪽이 이로운거요?" 하고 물었다. 그러자 대부분의 사람들이 "계씨가 없으면 숙손씨도 없게 됩니다" 하였다. 이에 사마종려는 "그렇다면 계씨를 구합시다" 하고 결론을 내렸다.

그리고 숙손씨 가문의 사람들을 거느리고 가서 서북쪽 구석을 허물고 들어갔는데 마침 군주편의 사람들은 갑옷을 벗고 쉬고 있었기 때문에 쉽게 그들을 공격하여 쫓아낼 수 있었다.

그때 맹의자(孟懿子)도 뒤늦게 도착하였는데, 그는 사람을 시켜 계씨가의 서북쪽 모퉁이에 올라가 계씨집안의 사정을 살펴보게 하였다. 그랬더니 숙손씨의 깃발이 꽂혀 있음이 확인되었다. 형세를 알아차린 맹의자는 바로 후소백을 체포하여 그를 남문의 서쪽에서 죽이는 한편 소공의 무리들을 공격하였다. 삼환의 일치된 연합전선을 소공의 친위세력이 감당할 수는 없었다.

사태를 간파한 소공의 추종세력들이 먼저 나라를 떠났다. 자가의백이 소공에게 건의하기를 "모든 신하들이 군주님을 겁박해서 이루어진 일이라고 거짓으로 죄를 뒤집어쓰고 달아난 상태이오니 군주님께서는 머물러 계십시오. 그러면 계씨가 군주님을 모시는 태도도 바뀔 것입니다" 하였다. 그러나 소공은 결국 제나라로 망명하고 말았다. 이 망명에는 장소백과 자가의백 등이 동반하였다. 후씨 가문은 후소백의 죽음으로 완전히 멸문지화를 당한 것 같고, 장소백은 출국 이후 계평자가 장소백의 사촌동생 장회(臧會)에게 종주의 지

---

7) 자가의백은 자가문백(子家文伯)의 아들이다. 공손귀보(公孫歸父)의 손자. 동문양중(東門襄仲)의 증손. 노나라 장공(莊公)의 현손.

위를 넘긴 것 같다. 그러나 자가씨(子家氏)의 경우 계평자와의 관계도 크게 나쁘지는 않았으나 더 이상 후손의 활약상이 역사에 등장하지 않는다. 기원전 517년의 이 사건은 노나라의 세력판도와 역사의 흐름을 뒤흔들어놓은 거대한 분수령이 되었다. 그 해 공자는 35살이었으니 이 엄청난 정치적 사건을 잘 알고 있었을 것이다.

『춘추』에는 이 사건이 짧게 언급되어 있다. 우선 매우 기이한 기록 하나가 실려 있다.

구욕(鸜鵒)이라는 새가 있어 둥지를 틀어 살았다.

이 괴이한 기록에 대해서는『좌전』에 조금 더 상세한 기록이 나온다. 악사 기(師己)에 의하면 그것은 문공과 성공지세(文成之世) 반세기 간에 떠돌던 동요였다고 하는데 그 내용은 다음과 같았다.

구욕(鸜鵒)의 새 날아옴에, 군주 나라 밖으로 나가 욕을 보시리.
구욕의 새 날개 치니, 군주 벌판에 계시어
말(馬)을 보내드릴 것일세. 구욕의 새 종종거림에,
군주 간후(乾侯)에 계셔서 옷을 얻어 입으시리.
구욕(鸜鵒)의 새 둥지 틀어 살재, 아득히 머나먼 곳 헤매이시리.
조보님(소공) 고생하다 돌아가시고 송보님(정공) 거만한 표정.
구욕의 새, 구욕의 새, 떠날 때는 노래해도, 올 때는 우시리.[8]

---

8) 鸜之鵒之,公出辱之.鸜鵒之羽,公在外野.往饋之馬,鸜鵒跦跦.公在乾侯,徵褰與襦.鸜鵒之巢,遠哉遙遙.禂父喪勞,宋父以驕.鸜鵒鸜鵒,往歌來哭.

이후 소공은 제나라에서도 적절한 대접을 받지 못하여 노나라와 제나라의 접경지역에 있는 노나라 땅 운(鄆)을 제나라 경공이 점령하여 소공에게 제공한 땅에 머물렀다. 그 사이에 노나라 안팎에서 이 사태를 해결해보려는 노력이 있었지만 이상하게도 결과가 좋지 않았다. 송(宋)나라의 원공(元公)이 이 문제를 해결해보려고 진(晉)나라에 가다가 곡극(曲棘)에서 갑자기 죽고, 노나라에서는 숙손착(叔孫婼, 叔孫昭子)이 소공의 국내 귀환을 주선하다가 역시 병도 없는데 죽었다. 이 때문에 노나라에서는 군주 소공이 신에게 죄를 지어 그런 것이라는 흉흉한 소문마저 돌았다.

이듬해인 소공 26년 가을에는 소공이 제나라 군주, 거(莒)나라 군주, 주(邾)나라 군주, 기(杞)나라 군주와 전릉(鄟陵)에서 맹약을 하였는데, 역시 소공의 복귀를 위해 가까운 나라의 군주들이 모인 것이었지만 별다른 성과는 없었다. 소공은 회합에서 돌아와 다시 운(鄆)에 거처했다.

소공 27년 가을에는 진(晉)나라의 범헌자(范獻子)와 송나라의 악기리(樂祁犁), 위나라의 북궁희(北宮喜), 조(曹)나라 사람, 주(邾)나라 사람, 등(滕)나라 사람이 호(扈)에서 만나 회합을 가졌다. 이 회합의 주요 의제 중 하나도 소공을 도읍으로 들여보내는 것이었다. 지난 해 군주들의 모임에 비하면 한 단계 격이 낮아지기는 했지만 훨씬 더 확대된 모임이기도 했다. 그러나 참석자들은 진나라의 범헌자가 계평자로부터 뇌물을 받고 늘어놓는 장황한 연설을 들어야 했다. 그 연설은 "계평자는 할 도리를 다 했고 결국 소공이 무리하게 행동하다가 이런 결과가 되었기 때문에 현 사태는 하늘의 뜻으로 보아야 할 것이며, 따라서 소공을 노나라로 돌려보내는 것은 어려운 일"이라는 것이었다. 이에 송나라 위나라 등 소공에 동정적이던 몇몇 나라들도 소공을 포기할 수밖에 없었다.

소공 28년 소공은 진(晉)나라에 갔다. 그러나 이미 범헌자의 의견이 진경공(晉傾公)에게 보고된 상태였기 때문에 소공에게 유리한 지원 조치가 나오기는 어려운 상태였다. 소공은 진나라로 들어가는 국경 부근의 진나라 땅 간후(乾侯)에 머물다가 다시 운(鄆)으로 돌아왔다가 이듬해 또 다시 간후에 가서 머물었는데, 소공 29년 겨울에 운이 공격을 받아 궤멸되면서 사람들도 모두 흩어지고 말았다. 이듬해부터 더 이상 갈 데가 없어진 소공은 간후에 머물렀는데 계평자가 보내는 물자 지원 등도 완강히 거부하였다. 소공의 융통성 없는 자세는 주로 일부 급진적인 추종자들 때문이기는 했지만 주변 나라들의 군주나 대신들도 점점 등을 돌리는 계기가 되었다. 소공의 입지는 점점 좁아졌다. 소공 30년 6월에는 그나마 소공에 대해 동정적 입장을 견지하고 있던 진나라의 경공이 세상을 떠났다. 소공의 마지막 기댈 언덕마저 사라진 셈이었다. 망명 7년차이던 소공 31년『좌전』의 기록은 그 점을 단적으로 보여주고 있다.

『춘추』에서 '소공이 간후[9]에 있었다'고 기록한 것은 나라 안에도 밖에도 있을 수 없는 처지였음을 말한 것이다.

춘추시대에는 제후와 대부 간에 갈등이 생기는 경우가 많았지만 나라가 다른 경우에도 제후와 제후, 그리고 대부와 대부 간에 같은 계급으로서의 동류의식(同類意識)이 작동하는 경우가 적지 않았다. 소공의 망명사태는 군주와 대부 사이의 갈등이었지만 그 갈등을 조정하는 문제를 두고 노나라, 제나라, 송나라, 진(晋)나라 등의 제후와 대부들 사이에서 이 동류의식이 작동하는 모습을 명백히 관찰할 수 있다. 그것은 각 나라별 사태에서 이미 나라를 넘어선 시대적 문제로 이 계급 갈등이 비화되고 있음을 보여주고 있는 것이다.

소공 31년 4월 계강자는 진나라의 지백(知伯, 荀躒)[10]을 따라 마지막으로 소

---

9) 간후는 비록 진(晋)나라 땅이라고는 하나 워낙 멀고 외떨어진 지역이어서 진나라에 속해 있다고 하기도 어려운 땅이었다.

10) 그의 손자 荀瑤도 知伯이었으나 여기서는 조부

공을 만나 호소하기 위해 간후로 갔다. 그러나 이 마지막 기회마저 소공은 거부하고 계평자를 만나지 않았다. 소공의 주변 인사들은 온건파와 강경파로 나뉘어지는데, 자가의백을 필두로 한 온건파는 이번 기회를 이용하여 노나라로 돌아갈 것을 권고하였지만 강경파들은 계평자의 축출이 없는 한 어떤 타협도 있을 수 없다고 완강히 버티었다. 돌아갈 것을 저울질하던 소공도 결국 강경파들의 목소리를 따를 수밖에 없었다. 중재를 나섰던 진나라의 순역(荀躒)마저 화를 내며 이 상황을 그대로 군주님께 보고하겠다고 외치며 더 이상의 중재를 포기하였다.

소공 32년, 기원전 510년 12월 소공은 병이 나서 자신의 소지품을 주변의 대신들에게 나누어주고 세상을 떠났다. 소공의 시신은 이듬해 6월이 되어서야 노나라로 운반되었다. 나라를 떠난 지 8년 만에 주검으로 돌아온 것이다. 소공의 시신이 국경 접경인 괴퇴(壞隤)에 이르자 소공의 아우 공자 송(宋)이 먼저 국내로 들어갔다. 소공을 따르던 많은 강경파들은 괴퇴에서 돌아서서 제각기 망명길에 올랐다. 형의 시신을 모시고 입국한 아우 송(宋)이 군주의 자리에 올랐으니 그가 곧 정공(定公)이다. 계평자는 선대 군주들의 묘가 있는 감(闞)에 소공을 장사지내면서 무덤 둘레에 도랑을 파게 하였는데, 이는 다른 선대 군주들과 차별하기 위한 것이었다. 혹자가 이를 간곡히 만류하자 계평자는 이를 철회하고 대신 묘역으로 가는 길 남쪽에 무덤을 썼다. 역시 선대 군주들과 차별하기 위한 것이었다. 물론 이 조치는 후에 공자가 정공에 의해 사구로 등용된 후 소공의 묘를 포함한 전체 묘역 둘레에 다시 도랑을 팜으로써 새롭게 묘역 일체화를 추구하는 노력을 보이기도 했다.

소공과 계평자와의 이 길고 처참한 갈등은 어쩌면 노나라 차원이 아니라 주나라 전체 제후국들의 시련을 단적으로 보여주는 대표 사례라 할 수 있다.

소공 관련 논어 단편(1개)

7/33

진(陳)나라의 사패가 물었다.

"소공(昭公)께서는 예를 아셨습니까?"

공자께서 말씀하셨다.

"예를 아셨습니다."

공자께서 물러나시자 (사패가) 무마기(巫馬期)에게 읍하며 나아와 말했다.

"내가 듣기로 군자는 제 무리에 치우치지 않는다고 했는데 군자도 역시 제 무리에 치우칩니까? 임금께서는 오(吳)나라로부터 부인을 취하셨는데 같은 성씨인지라 오맹자(吳孟子)라고 불렀습니다. 임금께서 예를 아셨다면 누군들 예를 모르겠습니까?"

무마기가 이를 말씀드리니 선생님께서 말씀하셨다.

"나는 다행이다. 조금만 잘못이 있어도 반드시 사람들이 그것을 아니!"

陳司敗問;昭公知禮乎?孔子曰;知禮.孔子退,揖巫馬期而進之曰;吾聞君子不黨,君子亦黨乎?君取於吳,爲同姓謂之吳孟子.君而知禮,孰不知禮?巫馬期以告.子曰;丘也幸,苟有過,人必知之.

오맹자 吳孟子

오맹자는 소공의 부인으로 오(吳)나라에서 시집을 왔는데, 원래는 희씨(姬氏)다. 그러나 소공 자신도 희씨여서 동성불혼(同姓不婚)의 혼례 원칙에 어긋나는 것이었기 때문에 나라이름을 넣어 부인을 오맹자라 호칭한 것이다. 맹자라 한 것은 그녀가 맏딸이었기 때문으로 보인다.

『좌전』 애공 12년조 기록에 따르면 기원전 483년 그녀가 죽었을 때 노나라는 동성을 이유로 제후국들에 부고도 보내지 않았다. 『춘추』는 기록에서 희씨 성을 밝히지도 않았고 소공의 부인임을 밝히지도 않았다. 장사를 지내고 행하는 반곡례(反哭禮)도 지내지 않았다. 당시 공자도 오맹자의 조상(弔喪)에는 참석하였으나 그 후 계강자를 만나러 갔더니 권도 쓰지 않고 있어서 공자도 상복을 벗었다고 기록하고 있다. 구태여 계강자와 생각이 다름을 강조할 필요가 없었기 때문일 것이다.

오맹자 관련 논어 단편(1개)

7/33

진(陳)나라의 사패가 물었다.

"소공(昭公)께서는 예를 아셨습니까?"

공자께서 말씀하셨다.

"예를 아셨습니다."

공자께서 물러나시자 (사패가) 무마기(巫馬期)에게 읍하며 나아와 말했다.

"내가 듣기로 군자는 제 무리에 치우치지 않는다고 했는데 군자도 역시 제 무리에 치우칩니까? 임금께서는 오(吳)나라로부터 부인을 취하셨는데 같은 성씨인지라 오맹자(吳孟子)라고 불렀습니다. 임금께서 예를 아셨다면 누군들 예를 모르겠습니까?"

무마기가 이를 말씀드리니 선생님께서 말씀하셨다.

"나는 다행이다. 조금만 잘못이 있어도 반드시 사람들이 그것을 아니!"

陳司敗問;昭公知禮乎?孔子曰;知禮.孔子退,揖巫馬期而進之曰;吾聞君子不黨,君子亦黨乎?君取於吳,爲同姓謂之吳孟子.君而知禮,孰不知禮? 巫馬期以告.子曰;丘也幸,苟有過,人必知之.

정공 定公

정공은 노나라의 제25대 군주로 제23대 군주 양공의 아들이자 제24대 군주 소공의 동생이었다. 그리고 논어에 자주 등장하는, 우리도 잘 아는 애공의 아버지이기도 했다. 이름은 송(宋)이었다. 정공은 계평자를 제거하려다 실패하여 7년이나 이 나라 저 나라를 떠돌아다니다가 세상을 떠난 형 소공의 뒤를 이어 기원전 509년 군주의 자리에 올랐다. 그는 소공의 망명생활에 시종일관

동행했거나 최소한 소공이 죽었을 때는 함께 있었던 것 같다.

소공의 시신이 노나라로 돌아가기 위해 국경 부근인 괴퇴에 이르자 그동안 소공을 따르던 대부분의 사람들은 발길을 돌려 제각기 다시 망명길에 오르고 정공은 노나라 도읍으로 들어가 새 군주로 즉위했다.

15년간 재위했지만 그와 관련된 특별하거나 개성적인 역사 기록이 엿보이지 않는 것을 보면 딱히 두드러진 면모를 가진 군주는 아니었던 것 같다. 그는 평범하게 제후들과의 회합에 참가하기도 하고 이런저런 전쟁에 군사를 이끌고 출정하기도 했다. 그러나 역시 그의 연약한 면모는 재위 5년째 되던 기원전 505년, 계평자가 죽고 나자 가신이었던 양호가 반란을 일으켜 계평자의 아들 계환자와 그 주변인들을 잡아가두고 노나라의 권력을 전횡했을 때, 그리고 나중에는 정공과 삼환들을 오보(五父)의 거리에 불러 맹세를 맺도록 강요하였을 때 꼼짝없이 그의 요구를 따를 수밖에 없었던 데에서 여실히 드러난다.('양화' 조항 참조)

약 3~4년간 양호에 의한 권력 전횡이 저질러지다가 결국 삼환이 양호를 국외로 추방하고 다시 권력을 되찾은 후에 정공도 나름대로 군주의 권위를 회복하기 위한 노력을 기울였다. 그것이 바로 정공 10년(BC 500)에 제나라와 평화협정을 맺는 자리에 공자를 대동하고 참석한 것이다. 이 회담 이전 또는 이후의 적절한 시점에 정공은 공자를 사구에 임명하였을 것이다. 이 평화협정은 공자의 도움으로 성공적으로 끝나 제나라에 빼앗겼던 운(鄆) 등의 땅을 반환받게 되었다.('공자' 조항 참조)

어쨌든 이 평화회담은 공자와 관련한 제법 유명한 일화이자 공자의 얼마 되지 않는 사회적 활동 중의 하나였다. 『사기』에 등장하는 믿을 수 없는 여러 가지 공자의 행적은 고려하지 않더라도 『좌전』에 기록된 바 공자를 사구의 직에 보임한 것도 역시 정공이었을 테니까 사(士)의 계급이었음이 분명한 공자를 대부 계급인 사구에 임명하였다는 것은 나름대로 정공의 결단이었을 것이다.

그럼에도 불구하고 정공은 대체로 보잘것없는 사람이었던 것 같다. 정공의 사람됨의 소졸함은 이런 일화들보다 오히려 논어에 나오는 두 단편에서 잘 엿볼 수 있다. 이를테면 3/9에는 군주인 자신과 신하인 삼환들과의 관계가 당연히 부리고 복종하는 관계가 되어야 한다는 그의 고정관념이 드러나 있다. 그런가 하면 13/15의 대화를 보면 공자의 답변을 통해 정공이 손쉽게, 다시 말해서 상응하는 노력과 정성을 들이지 않고 정치적 성과를 얻고 싶어 하는 안이한 자세를 엿볼 수 있다.

　　정공은 재위 15년째 되던 기원전 495년 고침(高寢)에서 돌연히 세상을 떠나고 말았다. 그런데 죽기 몇 달 전에 주(邾)나라 은공(隱公)이 정공을 예방하여 예물을 주고받았는데 그 태도를 옆에서 지켜본 자공이 "정공은 곧 죽게 될 것"이라고 예언하였다. 이유는 옥을 받는 정공의 자세가 너무 낮아 온몸이 구부러져 있었다는 것이었다. 그런 태도는 예에 맞지 않아 곧 죽을 것이라는 자공의 말 이전에 아마 이때 정공은 어떤 병에 걸려 있었던 것으로 추측된다. 과연 자공의 예언대로 정공이 죽자 공자는 "자공은 불행히도 말을 하면 적중하는데 이런 일이 자공으로 하여금 말 많은 자로 만드는구나" 하였다. 내용이 불합리해 보여 의미를 부여할 바는 아니지만 국빈을 맞는 정공의 자세가 너무 구부러졌다고 묘사된 것과 그것을 극히 부정적으로 평가한 것은 군주로 15년간이나 재임해 있었던 정공의 보잘것없는 존재감을 대변하는 일화가 아닐까 하는 생각이 든다.

　　어쨌든 정공은 공자의 길지 않은 사환(仕宦) 시절을 뒷받침해준 사람이었고, 그의 죽음이 공자와 그 제자 자로로 하여금 더 이상 노나라에 있을 수 없을 정도로 여건을 어렵게 만들어갔던 것으로 보이는 만큼 공자와 그 제자들에게는 중요한 인물이었던 것이 틀림없다.

정공 관련 논어 단편(2개)

3/19

정공(定公)이 물었다.

"임금은 신하를 부리고 신하는 임금을 섬겨야 하지 않겠습니까?"

공자께서 대답하셨다.

"임금은 신하를 예로써 부리고 신하는 임금을 충심으로써 섬겨야 할 것입니다."

定公問;君使臣,臣事君,如之何?孔子對日;君使臣以禮,臣事君以忠.

13/15

정공(定公)이 물었다.

"한 마디로 가히 나라를 일으킬 만한 말이 있습니까?"

공자께서 대답하셨다.

"말로써는 그렇게 되지 않습니다. 그 가까운 것으로는 '임금 노릇 하기도 어렵고 신하 노릇 하기도 쉽지 않다'는 사람들의 말이 있습니다. 만약 임금 노릇 하기가 어렵다는 것을 안다면 그것이 한 마디로 나라를 일으키는 말에 가깝지 않겠습니까?"

정공이 말했다.

"한 마디로 나라를 잃어버릴 만한 말이 있습니까?"

공자께서 대답하셨다.

"말로써는 그렇게 되지 않습니다. 그 가까운 것으로는 '나는 임금이 되어 즐거운 것이 아니라 오직 말을 하면 아무도 거역하지 못하는 것이 즐거움이다' 하는 사람들의 말이 있습니다. 만약 그 말이 옳기에 아무도 거역하지 못한다면 그 또한 좋은 일이 아니겠습니까? 그러나 만약 그 말이 옳지 않은데도 아무도 거역하지 못한다면 그것이야말로 한 마디로 나라를 잃는 말에 가깝지 않겠습니까?"

定公問;一言而可以興邦,有諸?孔子對曰;言不可以若是.其幾也,人之言曰,爲君難,爲臣不易.如知爲君之難也,不幾乎一言而興邦乎?曰;一言而喪邦,有諸?孔子對曰;言不可以若是.其幾也,人之言曰,予無樂乎爲君,唯其言而莫予違也.如其善而莫之違也,不亦善乎?如不善而莫之違也,不幾乎一言而喪邦乎?

애공 哀公

노나라의 제26대 군주 애공은 공자가 외유에서 돌아와 죽을 때까지 5년을 함께한 군주다. 논어에서 공자나 그의 제자들과 대화하고 있는 장면이 자주 등장하는 논어 독자들과도 친숙한 군주다. 그의 이름은 장(蔣)이었다. 기원전 494년 아버지 정공(定公)의 뒤를 이어 노나라의 군주로 등극한다. 공자는 정공의 죽음을 계기로 노나라를 떠나게 되는 것으로 보이는 만큼 군주인 애공을 본 것은 12년 만에 고국으로 돌아왔을 때였을 것이다.

애공 5년에 제(齊)나라의 군주 경공(景公)이 무려 58년의 재위 끝에 죽자 동방은 제후국들 간의 세력 균형이 깨어지고 동남방의 오(吳)나라와 그보다 더 아래쪽의 월(越)나라가 급격히 성장하였다. 이로 인하여 제나라는 물론 노나라까지 이들 신흥 세력의 위협에 쫓기게 되었다.

애공 7년 드디어 오나라는 노나라의 턱밑이라 할 증(鄫) 땅(현재 산동성 난능현)에까지 이르러 애공을 만나 백뢰(百牢)를 요구하였다. 백뢰는 100마리씩의 소, 양, 돼지로 구성된 거창한 제물을 말한다는 설도 있고, 100가지 요리로 구성된 향연을 말한다는 설도 있지만 대개 무리한 진상을 뜻한다. 노나라는 그런 것이 과거 어떤 예법에도 없다며 설득했지만 그때 오왕 부차(夫差)가 했다는 얘기가 상징적이다.

내 몸에는 문신이 있다. 예를 가지고 따지지 말라.

기나긴 중원문화에 동남방의 거친 야생문화가 침투해 들어가는 모습을 볼 수 있다. 노나라는 결국 이 압력에 굴복하여 백뢰를 바쳤다.

이듬해에는 비록 노나라의 일은 아니었지만 송나라가 조(曹)나라를 멸망시키는 사태가 일어났다. 약소국들이 큰 나라에 병탄되는 것은 이미 어제오늘의 일이 아니지만 일찍이 무왕이 친동생 진탁(振鐸)을 봉하여 건국한 조나라는 역사와 규모가 만만치 않은 나라였다. 그런 나라가 이웃 송나라에 멸망된다는 것은 다가오는 전국시대를 암시하는 무겁고 불길한 징조였다. 그 해 오나라는 노나라의 인근 국가 주(邾)를 보호한다는 명분으로 노나라를 침공하려고 북상하였다가 간신히 맹약만 맺고 물러나는 등 노나라는 본격적인 위협에 시달리게 되었다.

애공은 27년간의 재위 중 그의 사람됨을 보여줄 만한 뚜렷한 사건이나 일화를 남기고 있지는 않다. 다만 뚜렷한 사건도 일화도 없었다는 사실 자체가 그의 사람됨을 보여주는 것인지도 모른다. 실제 그는 독특한 개성을 가지고 있지도 않았고 큰 야망이나 포부도 없었던 것 같다. 어쩌면 선대부터 삼가에 실권을 빼앗긴 군주로서 그런 것은 애초부터 기대하기 어려웠을 수도 있다. 이를테면 애공 11년 노나라는 제나라와 제법 심각한 전투를 벌였는데, 그 과정에서도 애공은 군주로서의 역할을 하기는커녕 몸을 사리는 모습만 보여주었는가 하면 나라 안팎의 위기를 대부분 이웃 강대국의 힘에 의존하여 해결하려는 나약한 모습만 보여주었다. 이를테면 애공 11년에는 제나라를 공격하기 위해 오나라의 군주를 만나 힘을 빌리기도 하고, 나중에는 삼가를 제압하기 위해 월나라의 힘을 빌리기도 하였다.

애공의 이런 나약하고 의존적인 모습은 애공 14년 제나라의 진항(陳恒)이 군주 간공(簡公)을 시해했을 때에도 나타났다. 공자가 사흘간 목욕재계를 하고 애공 앞에 나아가 제나라를 칠 것을 건의했다. 그러나 애공은 "우리 노나라가 제나라보다 약해진 지 오래되었는데 선생께서 제나라를 치자하니 장차 그 결과를 어찌 감당하려 하오?" 하였다. 공자가 "진항이 임금을 시해하였으니 제나라 백성들 중에 진항의 편을 들지 않는 자가 절반은 될 것입니다. 노나라 군중이 그 절반에 가세한다면 이길 수 있습니다." 이 말에 애공은 "선생이 계손씨에게 말해보시오" 하였다. 공자는 사양하고 물러나 "내가 대부의 뒷자리나마 좇는 처지이므로 고하지 않을 수 없었다"고 말했다. 국가의 대사를 결정하는 문제마저도 계손씨에게 미루는 모습에서 애공은 이미 나라의 통치권을 행사할 의욕도 자신감도 없었다는 것을 알 수 있다. 이 사건이 논어에까지 수록되었다는 것은 그만큼 인구에 회자되었음을 말해주는 것이 아닐 수 없다.

애공 16년 여름에 공자가 죽었을 때 애공은 다음과 같은 조사(誄)를 내렸다.

하늘도 무심하구나. 원로 한 분을 더 머물러두지 않으시니.
나 한 사람으로 하여금 군주의 지위에 있도록 도와주시지 않으시니.
홀로 남은 나는 병중에 있는 듯하도다.
아아 슬프다 공자시여.

나는 어찌할 줄 모르노라.

이 조사에 대해 자공은 예의도 갖추지 못했고 명분도 잃었다며 신랄하게 비판하였다. 또 살아 있을 때에는 받아들이지 못하다가 죽고 나서야 조사를 내리며 안타까워하는 것은 예가 아니라고 비난했다. 공자의 제자인 자공이 이런 날선 비판을 아무런 거리낌 없이 했다는 것은 어쩌면 애공에 대한 공자를 포함한 공자학단의 보편적 인식을 대변하는 것이었다고 할 수 있다. 그만큼 애공은 주변으로부터 존중받는 존재가 되지 못했던 것 같다.

애공 22년에는 월나라가 오나라를 멸망시켰다. 한때 대국 초나라를 위협하던 오나라가 허무하게 신생 대국 월나라에 패망하고 만 것이다. 애공 23년에 노나라의 사신이 처음으로 월나라에 갔고 월나라에서도 사신이 답방을 했다.

노나라 공자 형(荊)의 모친이 애공의 총애를 받았다. 애공 24년이던 기원전 471년 애공이 그녀를 정부인으로 삼으려고 예관장(禮官長)인 흔하(釁夏)에게 책봉례를 올리라 하니 그는 "그런 예법은 없습니다. 과거 전례는 다들 근거가 있었지만 첩을 정부인으로 삼은 경우는 없었습니다" 하였다. 그러나 애공은 결국 그녀를 정부인으로 책립하고 형을 태자로 삼으니 나라 사람들이 비로소 애공을 미워하게 되었다.

같은 해에 애공은 월나라에 가서 그곳 태자인 녹영(鹿郢)을 자기편으로 만들었다. 그래서 적영이 자기 딸과 많은 땅을 애공에게 주자 공손유산씨(公孫有山氏)는 노나라로 사람을 보내 계강자에게 그 사실을 고자질하였다. 계강자는 애공이 월나라의 힘을 빌어 자신을 해칠까 두려워 태재 비(嚭)에게 뇌물을 주어서 그 계획을 중단시켰다.

이듬해 애공이 월나라 예방을 마치고 돌아왔다. 계강자와 맹무백이 오오(五梧)까지 마중을 나갔다. 그때 곽중(郭重)이 애공의 수레를 몰았는데, 그가 먼저 두 사람을 만나보니 악담이 많았다. 그래서 곽중이 애공에게 이를 보고하며 "군주님께서는 하실 말씀을 다 하십시오" 하였다. 애공이 오오에서 주연을 베푸니 맹무백이 인사말을 하고 나서 곽중을 험담하여 말하기를 "곽중은 어찌 그리 살이 쪘는가?" 하였다. 그러자 계강자가 나서서 "맹손에게 벌주를 내리십시오. 노나라가 원수의 나라에 가까워 나라를 지키느라 군주님을 따라가지 못했었는데 먼 여행에서 돌아온 곽중더러 살이 쪘다니 말이 되옵니까?" 그러자 애공이 대답하기를 "그거야 식언(食言)을 많이 해서 그런 것인데 어찌 살이 찌지 않겠소?" 하였다. 이날 가시 돋친 대화로 주연 분위기는 싸늘해졌고 군주와 대부들 간에 깊은 감정의 골이 생겼다.

애공 27년 여름 계강자가 세상을 떠났다. 이 갑작스런 죽음의 원인은 알려진 것이 없는데 특별한 변고는 아니었던 것 같다. 애공은 계강자의 장례식에 조문을 갔지만 망자의 신분에 비해 한 단계 낮은 예법으로 대했다. 다른 것도 아니고 조문의 예법을 격식대로 하지 않았다는 데에서 애공의 소졸한 사람됨을 엿볼 수 있다.

『좌전』은 전체 기록 중 마지막 기록인 애공 27년, 기원전 468년의 기록을 다음과 같이 남기고 있다. 그것은 노나라 군주와 삼가 사이의 해결될 수 없는 갈등을 전형적으로 그려 보여주고 있다.

군주는 삼환의 거들먹거림을 싫어했다. 다른 제후국들의 힘을 이용하여 그들을 제거하고 싶어 했다. 삼환 역시 군주의 망녕됨을 싫어했다. 그래서 군신 간의 간격이 크게 벌어졌다. 군주가 능판(陵阪)으로 놀러 가는데 맹무백을 그의 집 앞 거리에서 만나게 되어 말했다. "그대에게 물어볼 것이 있소. 내가 제 명에 죽겠소?" 기막힌 질문이 아닐 수 없었다. 맹무백은 "신이 알 리가 있겠습니까?" 하였다. 애공은 세 번을 똑같이 물었으나 맹무백은 끝내 대답하지 않았다. 애공은 월나라를 이용하여 노나라를 쳐서 삼환을 제거하려 하였다.

가을철 8월에 애공이 공손유산씨(公孫有山氏)에게로 갔다가 기회를 보아 주(邾)나라로 갔다가 결국 월나라로 갔다. 나라 사람들은 공손유산씨에게 형벌을 내렸다. 이 마지막 해의 기록만 보면 애공은 월나라로 가고 공손유산씨만 벌을 받은 것으로 되어 있다. 이 모호한 최종 기록은 사마천의 『사기』 「노주공세가」에 가서야 분명히 기록되어 있다.

> 8월 애공이 형씨(陘氏, 공손유산씨)에게로 가니 삼환이 애공을 공격하였다. 애공은 위나라로 갔다가 다시 추(鄒)나라로 갔다가 결국 월나라로 갔다. 노나라 사람들이 영접하며 애공의 복귀를 꾀했지만 애공은 공손유산씨의 저택에서 죽었다. 그의 아들 영(寧)이 즉위하니 그가 곧 도공(悼公)이다.

월나라로 갔다가 다시 노나라로 복귀하는 과정에서 애공이 죽었다면 그를 죽인 세력은 결국 삼환이었을 것이다. 계강자는 몇 달 먼저 죽었고 숙손문자(叔孫文子)는 아직 어렸을 것이니 결국 가능성이 가장 높은 사람은 맹무백이 아니었을까 짐작된다. 그러나 결국 상세하고 정확한 과정은 어디에도 정확히 그려져 있다고 보기 어렵다. 애공의 큰아버지 소공과 계평자 간의 치열했던 싸움은 결국 애공에 이르러 계강자와의 사이에서 군주의 죽음이라는 비극적인 종말에 이르렀고, 그 사태는 『좌전』의 끝이자 논어의 끝, 춘추시대의 끝이었던 셈이다.

애공 관련 주요 논어 단편(4개)

2/19
애공(哀公)이 물었다.

"어떻게 하면 백성들이 따르겠습니까?"

선생님께서 대답하셨다.

"곧은 것을 들어 굽은 것 위에 놓으면 백성들이 따를 것이나 굽은 것을 들어 곧은 것 위에 놓으면 백성들이 따르지 않을 것입니다."

哀公問曰;何爲則民服?孔子對曰;擧直錯諸枉則民服,擧枉錯諸直則民不服.

3/21

애공(哀公)이 재아(宰我)에게 사(社)에 관해 묻자 재아가 대답하였다.

"하후씨(夏后氏)는 소나무로써 하였고 은나라 사람은 잣나무로써 하였으며 주나라 사람은 밤나무로써 하였습니다."

"백성들로 하여금 두려워 떨게 한 것입니다."

선생님께서 그 말을 들으시고 말씀하셨다.

"이루어진 일은 설명하지 않고 끝난 일은 간하지 않으며 이미 지나간 일은 탓하지 않는 법이다."

哀公問社於宰我.宰我對曰;夏后氏以松,殷人以柏,周人以栗.曰;使民戰栗.子聞之曰;成事不說,遂事不諫,旣往不咎.

6/3

애공이 물었다.

"제자 중에서 누가 배우기를 좋아합니까?"

공자께서 대답하셨다.

"안회라는 자가 있어서 배우기를 좋아했습니다. 그는 노(怒)를 옮기지 않았고 잘못을 이중으로 하지 않았는데 불행히도 단명하여 죽고 말았습니다. 지금은 아무도 없어 배우기를 좋아한다는 자를 들어보지 못했습니다."

哀公問;弟子孰爲好學?孔子對曰;有顔回者好學,不遷怒,不貳過,不幸短命死矣.今也則亡,未聞好學者也.

12/9

애공(哀公)이 유약(有若)에게 물었다.

"흉년이 들어 재정이 부족한데 어떻게 하면 좋겠소?"

유약이 대답했다.

"어째서 철전법(徹田法)을 쓰지 않으십니까?"

애공이 말했다.

"십분의 이로도 나는 오히려 부족한데 십분의 일인 철전법을 가지고 어떻게 한단 말이오?"

유약이 대답했다.

"백성이 풍족하면 임금께서 누구와 더불어 부족하시겠으며 백성이 부족하면 임금께서 누구와 더불어 풍족하시겠습니까?"

哀公問於有若曰;年饑,用不足,如之何?有若對曰;盍徹乎?曰;二,吾猶不足,如之何其徹也?對曰;百姓足,君孰與不足?百姓不足,君孰與足?

14/22

진성자(陳成子)가 간공(簡公)을 시해하자 공자께서 목욕재계하고 조정에 나아가 애공(哀公)에게 고하여 말씀하셨다.

"진항(陳恒)이 그 임금을 시해하였으니 청컨대 토벌하시기 바랍니다."

애공이 말했다.

"삼환에게 말해보시오."

공자께서 말씀하셨다.

"나는 대부의 뒤를 좇는 처지이므로 감히 고하지 않을 수 없었던 것이나 임금께서는 삼환에게 말해 보라 하시는구나."

삼환에게 가서 말하니 불가하다 하자 공자께서 말씀하셨다.

"나는 대부의 뒤를 좇는 처지이므로 감히 고하지 않을 수 없었던 것이다."

陳成子弑簡公.孔子沐浴而朝,告於哀公曰:陳恒弑其君,請討之.公曰:告夫三子.孔子曰:以吾從大夫之後,不敢不告也.君曰,告夫三子者.之三子告,不可.孔子曰:以吾從大夫之後,不敢不告也.

유하혜 柳下惠

유하혜의 성은 전(展), 이름은 획(獲)이다. 보통 자인 자금(子禽)을 넣어 전금(展禽)으로 불린다. 유하혜라는 이름은 영유하고 있던 땅 유하(柳下)에 시호인 혜(惠)를 붙여 부르는 통칭이다. 유하계(柳下季)라고도 한다.

유하혜에 대한 공식적인 역사의 기록은 거의 없다. 『좌전』에 나오는 기록은 딱 하나밖에 없는데 그나마 간접적 출현에 불과하다. 희공 26년, 곧 기원전 634년에 제나라 효공(孝公)이 노나라 북쪽 변방을 쳐들어 왔다. 이에 노희공(魯僖公)이 전희(展喜)로 하여금 제나라 효공을 만나 담판을 하게 하는데, 그때 희공은 사전에 전금(展禽) 즉 유하혜를 만나 담판에 관한 지시를 받게 하였다. 전희는 유하혜의 동생으로 알려지고 있다. 유하혜가 기원전 720년에서 기원전 621년까지 살았다는 후대의 기록을 믿는다면 거의 100살까지 살았다는 말이다. 그렇다면 당시 그는 90세에 가까운 노인으로 이미 은퇴한 상태였을 것이다.

어쨌든 공식적인 역사의 기록은 그것밖에 없기 때문에 제효공과의 담판 시 전희가 한 말은 대체로 형인 유하혜의 말이었다고 보면 될 것이다. 전희가 제효공을 만나 "노나라 군주께서 자신을 보내 제나라 군주님과 그 일행을 위로케 하셨다"고 의례의 말을 하자 제나라 효공은 대뜸 "노나라 사람들은 두려워하고 있소?" 하였다. 이에 전희는 "소인들은 두려워하지만 군자들은 두려워하지 않습니다" 하였다. 이에 제나라 효공은 "무엇 하나 제대로 방비가 되어 있지 않았는데 무얼 믿고 두려워하지 않는단 말이오?" 하자 전희는 다음과 같이 대답했다.

옛날 노나라의 시조 주공과 제나라의 시조 태공께서는 함께 성왕(成王)을 모셨고, 그때 성왕께서 두 나라는 자손대대로 서로 침해하지 말라고 당부했던 글이 지금도 맹부(盟府)에 보존되어 있습니다. 일찍이 제나라의 군주 환공(桓公)께서도 그에 입각하여 제후국끼리의 분쟁을 원만하게 해결하시고 재환(災患)이 생기면 서로 도와 구제하셨습니다. 그리하여 저희 나라는 군사를 모으지도 않고 성을 쌓지도 않는가 하면 제나라의 새 임금도 어찌 그 맹약을 저버릴 것인가 하고 아무도 두려워하지 않고 있는 것입니다.

이 말을 듣고 제나라 효공은 군사를 거두어 돌아갔다. 대략 유하혜의 역사를 보는 안목이 어떠했던가를 짐작하게 하는 일화가 아닐 수 없다.

이 기록 이외에는 문공(文公) 2년조의 기록으로 공자가 장문중의 어질지 못한 점 세 가지(不仁者三)를 언급하면서 그 중 한 가지로 유하혜를 중용하지 않았다는 것(下展禽)을 들고 있는 것뿐이다. 이 기록은 논어 15/14에 기록된 공자의 말과 거의 같은 말이다. 명성에 비해 그에 대한 기록이 워낙 적어 어쩌면 논어 18/2에 세 번 쫓겨난 사람으로 그려진 것이 그에 대한 가장 대표적인 소묘가 아닐까 한다.

어쨌든 공자보다 약 150년 정도 앞섰던 이 인물은 후세에 전설적 인물로 정착되는 과정에서 백이숙제처럼 오탁(汚濁)이나 불의와는 결코 타협하지 않는 유형이 아니라 현실에 기꺼이 몸담으면서도 아무런 욕심이 없이 그 처한 자리에서 최선을 다하는 또 하나의 인물 유형으로 자리 잡게 된 듯하다.

속설에 의하면 그는 유명한 강도 도척(盜跖)이 그의 동생이었다고 하지만 물론 실제일 가능성은 낮다. 그리고 실제라 하더라도 그것이 어떤 특별한 의미를 갖는 것은 아닐 것이다.

유하혜 관련 논어 단편(3개)

15/14
선생님께서 말씀하셨다.
"장문중(臧文仲)은 그 지위를 훔친 자라 하겠구나. 그는 유하혜(柳下惠)가 현명하다는 것을 알고도 그와 함께 서지 않았다."
子曰;臧文仲,其竊位者與.知柳下惠之賢,而不與立也.

18/2

유하혜(柳下惠)는 사사(士師)가 되어 세 번 쫓겨났다. 사람들이 말했다.

"당신은 다른 나라로 가버릴 수 없었던가요?"

그가 말했다.

"정도를 곧게 지키면서 남을 섬기면 어디로 간들 세 번 쫓겨나지 않겠소? 정도를 굽혀서 남을 섬기려면 왜 구태여 부모의 나라를 떠나겠소?"

柳下惠爲士師, 三黜. 人曰; 子未可以去乎? 曰; 直道而事人, 焉往而不三黜? 枉道而事人, 何必去父母之邦?

18/8

세상을 피해 숨어 지낸 사람으로 백이(伯夷)와 숙제(叔齊), 우중(虞仲), 이일(夷逸), 주장(朱張), 유하혜(柳下惠) 그리고 소련(少連)이 있었다.

선생님께서 말씀하셨다.

"그 뜻을 굽히지 않고 그 몸을 욕되게 하지 않은 이는 백이와 숙제일 것이다."

유하혜와 소련에 대해 말씀하셨다.

"뜻을 굽히고 몸을 욕되게 하였으나 말이 인륜에 맞았고 행동이 사려에 맞았으니 그들은 바로 그럴 따름이었다."

우중과 이일에 대해 말씀하셨다.

"숨어살며 구애받지 않고 말했으나 몸은 맑음을 잃지 않았고 폐(廢)한 것이 권도(權道)에 맞았다. 나로 말할 것 같으면 이와는 다르니 가하다는 것도 없고 불가하다는 것도 없다."

逸民, 伯夷, 叔齊, 虞仲, 夷逸, 朱張, 柳下惠, 少連. 子曰; 不降其志, 不辱其身,

伯夷叔齊與!謂柳下惠少連,降志辱身矣,言中倫,行中慮,其斯而已矣.謂虞
仲夷逸,隱居放言,身中清,廢中權.我則異於是,無可無不可.

삼가 三家

삼환(三桓)

논어에 보면 삼가 또는 삼환(三桓)이라는 말이 한 번씩 등장한다. 공자 당시
노나라의 권력을 좌지우지하던 세 귀족 가문을 일컫는 말이다. 이들 세 가문,
즉 맹손씨(孟孫氏), 숙손씨(叔孫氏), 계손씨(季孫氏)는 그 시조가 노나라 제16대
환공(桓公)의 세 아들이었다. 신분상으로 그들은 당연히 대부였고 따라서 노
나라 군주의 신하임이 분명했다. 그러나 공자 당시 노나라의 군주였던 소공
이나 정공, 애공 등은 형식적으로는 나라의 최고 권력자였지만 실권은 이 세
가문에 거의 다 빼앗기고 얼마 남지 않은 형식적 권력에만 의존하고 있었다.

　문제는 그 사정이 어떠했느냐보다 그런 현실이 당시 어떻게 받아들여졌느
냐 하는 것이다. 특히 공자가 그런 현실을 어떻게 받아들였느냐 하는 것은 매
우 중요한 문제다. 가장 단순하게는 공자가 이런 현실을 있을 수 없는 하극상
으로 보았다는 견해가 있다. 그런 견해에서 보면, 삼가는 군주의 권위를 무시
한 불충한 신하들이었을 것이다. 그래서 바람직한 해결 방향도 군주의 권력
과 권위를 회복하는 것, 다시 말해서 주나라 초기에 형성된 봉건질서를 회복
하는 것이 된다. 공자도 주로 그런 입장으로 이해할 수 있다. 그의 빼어난 다

른 많은 말들은 그런 정치적 노력 가운데에서 출현한 세부 부산물이다.

그러나 논어의 구절과 구절 사이에 드러나 있는 미세한 흔적들을 주목하고, 그것들을 연결시켜보면 당시 노나라의 권력 현실에 대한 공자의 입장은 결코 봉건질서의 회복이 아니었다. 오히려 공자는 권력질서가 주나라 초기의 상황과 다르게 전개된 것은 역사의 어쩔 수 없는 흐름이었다고 생각한 듯하다. 다만 그런 변화를 틈타 예법들이 흔들리고 도착되는 것, 이를테면 계씨가의 뜰에서 팔일무가 추어지는 것 등을 당연한 것으로 받아들이지도 않았다. 이런 입장들이 정치 현실에 대한 그의 태도를 간단치 않게 만들었다.

환공의 세 아들에서 비롯된 세 가문

그러면 먼저 삼가가 어떤 경위로 형성되었고, 어떻게 공자 당시 군주를 능가할 정도의 정치권력으로 성장하게 되었는지 살펴보기로 하자. 논어 계씨편 제3장에는 다음과 같은 공자의 말이 남아 있다.

공자께서 말씀하셨다.
"녹을 주는 권한이 공실을 떠난 지가 이미 오세이고 정권이 대부의 손에 떨어진 지가 이미 사세인 까닭에 삼환의 자손들도 이제는 쇠미해져 가고 있다."
16/3

물론 이 단편은 논어 가운데서도 가장 신뢰도가 떨어지는 계씨편에 속해 있기 때문에 실제 공자가 한 말로 보기는 어렵다. 그러나 공자가 한 말은 아니더라도 당시 인구에 회자되던 말이었던 것은 틀림없어 보인다. "녹을 주는 권한이 공실을 떠난 지가 오세"라면 한 세를 30년으로 볼 때 대략 150년이 지났다는 뜻이다. 또 "정권이 대부의 손에 떨어진 지가 이미 사세"라면 120년이

지났다는 뜻이다. 공자가 이 말을 한 것이 공자의 최만년(BC 480 무렵)이라면 군주의 권한이 대부들에게로 옮아간 것은 기원전 630년에서 600년 사이로 가정해볼 수 있다. 만약 공자가 이 말을 한 것이 최만년이 아니라 양호 같은 가신의 손에 정권이 넘어가기도 하던 정공 당시였다면 그 시기는 20년 정도 더 소급하여 올라갈 수도 있다. 그렇다면 대체로 희공(僖公, BC 660~BC 627)이나 문공(文公, BC 627~BC 609)이 군주로 있던 때부터 군주의 권한이 대부들에게 넘어갔을 것이다.

삼환(三桓)이라는 말은 노나라 환공의 세 아들에서 비롯된 가문이라는 뜻이다. 환공에게는 동(同)과 경보(慶父), 숙아(叔牙), 계우(季友)라는 네 아들이 있었다. 이 중 적장자였던 동은 환공을 이어 군주가 되었으니 장공(莊公)이 바로 그다. 삼환은 나머지 세 서자들을 일컫는데, 경보에게서 맹손씨가, 숙아에게서 숙손씨가, 계우에게서 계손씨가 비롯되었다. 다만 『춘추』는 일관되게 맹손씨를 중손씨(仲孫氏)로 표기하고 있다. 경보를 둘째아들로 보는 입장이다. 그러나 『춘추좌씨전』은 역시 일관되게 맹씨(孟氏)로 기록하고 있으니 장공을 제외하고 세 가문만의 서열로 보고 있는 셈이다. 위에서 따져본 희공은 장공의 아들로서 이들 세 사람의 조카였고, 문공은 희공의 아들로 이들의 손자뻘 되는 사람이었으니 대체로 이들 세 서자들의 아들 내지 손자 세대에서부터 군주의 권한이 삼환에게 넘어갔음이 기록상 일치됨을 알 수 있다.

그러면 노환공에서부터 비롯된 기구한 권력의 역사를 돌아보기로 하자. 노나라의 제16대 군주 환공(BC 712~BC 694)은 제15대 군주 은공(BC 722~BC

712)의 어린 아우였다. 노나라의 공식 역사인『춘추』가 바로 은공 원년부터 쓰여지기 시작하였으니, 그는『춘추』에 기록된 노나라의 두 번째 군주였다. 그는 형인 은공을 죽이고 군주가 되었을 뿐 아니라 욕심이 많고 어리석은 군주였다.

국제적 성 스캔들 속에서 죽은 환공

노환공과 관련된 이야기는 여러 가지가 있으나 가장 유명한 이야기는 역시 제나라 방문 시의 성 스캔들 사건일 것이다. 환공 18년(BC 695)에 환공은 부인과 함께 제나라를 방문하였다. 방문 목적은 불편해진 두 나라의 관계 개선과 친선 도모였다. 일부의 반대에도 불구하고 무리하게 강행된 이 방문은 엄청난 비극의 단초가 되었다. 환공의 부인 문강(文姜)은 제나라 양공의 이복 동생이었다. 제나라에 있을 때 이들 남매는 서로 통간하는 사이였다. 양공과 다시 만나게 된 부인은 옛정이 동하여 양공과 다시 간통을 했던 것이다. 어쩌면 신하들의 반대가 많았던 제나라 방문을 강행한 것도 양공을 다시 만나고 싶어 했던 문강의 집요한 요구 때문이었는지도 모른다. 환공이 이를 눈치 채고 부인에게 화를 내자 문강은 이 사실을 양공에게 알렸다. 입장이 난처해진 양공은 어느 날 환공을 접대하는 잔치를 베풀고 그 자리에서 술을 먹여 대취케 한 다음 공자 팽생(彭生)을 시켜 수레 안에서 환공의 허리를 꺾어 죽여버렸다.

생각해보자. 아무리 고대사회라고 하지만 의전이며 예법을 오늘날보다 더 따지던 시대에 한 나라의 주군이 다른 나라를 공식 순방하던 중에 타살되었다는 사실이 노나라와 제나라는 물론 중원 제국에 얼마나 엄청난 충격을 주었을까. 그러나 역사의 기록은 담담하게만 쓰여 있다. 노나라가 제나라에 한 말은『좌전』에 다음과 같이 기록되어 있다.

우리 군주께서는 귀국 군주의 위엄을 두려워하여 감히 편안히 거하시지조차 못하던 차에 귀국을 방문하여 옛 우호관계를 회복하시고 예를 다 이루었으면서도 돌아오시지 못하게 되었습니다. 우리는 그 책임을 물을 곳이 없어 제후들 사이에 나쁜 소문만 무성하게 되었습니다. 청컨대 팽생으로써 이를 제(除)하여 주시길 바랍니다.

제나라는 요구대로 팽생에게 책임을 물어 그를 죽였고 그로써 사건은 마무리되었다. 그뿐이었다. 당시 노나라나 국제사회가 그 죽음의 어처구니없는 배경을 알고 있었을까? 여러 사정을 종합해보면 알 만한 사람들은 알고 있었거나 얼마 지나지 않아 알게 된 듯하다. 이를테면 부인 문강은 환공의 시신과 함께 노나라로 돌아왔던 것 같으나 이듬해 봄 다시 제나라로 몸을 피했다. 더 이상 노나라에 있을 수 없었던 것이다. 또 『춘추』는 장공 원년의 기록에서 그녀를 강씨(姜氏)라고 표현하여 새롭게 군주가 된 장공의 친모(親母)로서의 인연마저 끊고 있는 것을 볼 수 있다. 이 희대의 추문으로 인하여 노나라 공실의 권위가 얼마나 실추되었을지는 충분히 짐작할 수 있다.

공위 경쟁에서 도태된 두 형제, 경보와 숙아

앞서 언급한 것처럼 환공에게는 아들이 넷이 있었다. 환공이 죽고 나자 적자이자 장자였던 동이 군주의 지위를 승계하여 장공(莊公)이 되었고, 이후 노나라는 큰 문제없이 유지되었다. 그러나 불씨는 언제나 공위의 승계문제를 둘러싸고 타오르기 마련이다. 장공은 일찍이 환공의 여동생 애강(哀姜)을 정부인으로 얻었는데 그녀에게는 아들이 없었다. 대신 함께 시집온 그녀의 여동생 숙강(叔姜)과의 사이에서 개(開)라는 아들을 낳았다. 한편 장공은 오래전 노나라 대부 당씨(黨氏)의 집에 갔다가 우연히 그의 딸 맹녀(孟女)를 만나

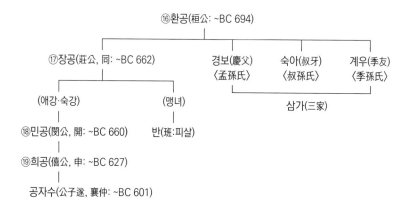

⑯환공(桓公: ~BC 694)

⑰장공(莊公, 同: ~BC 662)   경보(慶父)〈孟孫氏〉   숙아(叔牙)〈叔孫氏〉   계우(季友)〈季孫氏〉

(애강·숙강)   (맹녀)   삼가(三家)

⑱민공(閔公, 開: ~BC 660)   반(班:피살)

⑲희공(僖公, 申: ~BC 627)

공자수(公子遂, 襄仲: ~BC 601)

사랑하게 되었고, 그녀와의 사이에서 반(班)이라는 아들을 낳았다. 장공은 개와 반, 두 아들 중에서 서자라고 할 수 있는 반에게 군주의 자리를 물려주고 싶었다.

훗날 장공이 병이 들자 두 동생 숙아와 계우에게 각기 다른 자리에서 후계자 문제를 물어보았다. 그랬더니 숙아는 "바로 아래 동생 경보가 있지 않습니까?" 하였다. 그에 반해 계우는 "목숨을 다하여 반을 군주로 옹립하겠습니다" 하였다. 이에 장공은 계우에게 "숙아는 경보를 세우려 하더라"며 반을 군주로 옹립하는 데 장애가 되는 요소를 제거해줄 것을 부탁하였다. 장공의 부탁을 받은 막냇동생 계우는 은밀한 곳으로 형 숙아를 불렀다. 그리고 사람을 시켜 그의 앞에 독주를 내놓았다. 그러면서 숙아에게 "만약 이것을 마시면 후손의 제사를 받을 것이지만 마시지 않으면 제사를 받지 못할 것입니다" 하였다. 혼자 죽겠느냐 일가멸문을 당하겠느냐 선택하라는 말이었다. 숙아는 결국 독주를 마시고 죽었다. 삼환 중 둘째 가문이 된 숙손씨는 이 비극적 조상에서 비롯되었지만 결국 그 약속에 따라 노나라의 명문가로 유지되었다는 것이 아이러니하지 않을 수 없다.

장공이 죽자 계우는 반을 군주로 옹립하였다. 반은 아버지 장공의 상을 받들며 외갓집인 대부 당씨의 집에 머물렀다. 그만큼 정권을 둘러싼 환경이 아직 불안하였던 것이다. 한편 숙아가 후계자로 추천하였던 경보는 어떠하였는가? 그는 어처구니없게도 장공의 부인이자 자신의 형수인 애강과 통간하는 사이였다. 궁중의 성질서 문란은 춘추시대에도 결코 드문 일이 아니었다. 경보는 애강과의 관계로 인하여 숙강이 낳은 개를 후계자로 밀었다.[11] 계우가 맹녀의 아들 반을 옹립하자 경보는 평소 반에게 원한이 있던 사람을 시켜 반을 죽여버렸다. 그리고 개를 군주로 추대하였으니 그가 곧 민공(閔公)이다. 반을 옹립했던 계우는 개의 동생 신(申)을 데리고 자기 어머니의 출신국인 진(陳)나라로 망명했다.

그러나 이렇게 군주가 된 민공 개는 불과 2년 정도밖에 재위하지 못하였다. 저간의 사정은 이러하였다. 우선 민공을 세우고부터 경보와 애강의 통간이 더욱 빈번해졌다. 그러자 애강은 아예 민공도 폐하고 시동생이자 정부인 경보를 군주로 세우고 싶어 했다. 이에 경보는 더 적극적으로 나서서 결국 민공에게 원한이 있는 사람을 시켜 궁궐의 측문에서 민공을 공격하여 죽였다. 이에 분노한 노나라 사람들이 경보를 잡아 죽이려고 하자 겁에 질린 경보는 거(莒)나라로 망명하였다. 이 소식을 듣고 진나라에 망명해 있던 계우는 노나라에 신과 함께 귀국할 의사를 밝혔고, 노나라 사람들이 이를 받아 들여 신을 군주로 세웠으니 이가 곧 희공(僖公)이다. 애강은 두려워서 주(邾)나라로 도망 갔다.

거나라로 도망간 경보와 주나라로 도망간 애강은 망명생활을 무사히 하였을까? 그렇지 못했다. 희공을 세운 후 계우는 거나라로 가서 경보의 신병을 인계해줄 것을 요구하였고, 거나라는 이를 거부할 명분이 없어 그를 인계하

---

11) 봉건제 하에서 자매가 함께 한 남자에게 시집을 가는 경우에는 언니가 죽거나 아들을 못 낳을 경우 동생이 정처(正妻)로서의 신분을 승계한다.

였다. 노나라로 잡혀 돌아오는 도중에 경보는 사람을 넣어 동생 계우에게 망명을 허용해달라고 요청했다. 계우는 그 간청하는 사람으로 하여금 경보가 들을 수 있도록 그의 숙소 근처를 울면서 지나가게 하였다. 경보는 그 울음소리를 듣고 자살하고 말았다.

삼가의 맏집인 맹손씨의 시조 경보는 이처럼 둘쨋집 숙손씨의 시조 숙아와 마찬가지로 비극적인 최후를 맞았다. 애강도 무사하지 못했다. 시동생과 사통하여 여동생의 아들인 민공을 죽인 애강은 주나라에 도망가 있었지만 그녀의 친정나라라 할 수 있는 제나라 사람들이 그녀를 잡아 이(夷)에서 죽인 다음 시신을 가지고 돌아갔다. 후에 희공이 제나라에 요청해서 시신을 돌려받아 가서 장사를 지냈다. 『좌전』에서는 "제나라 사람들"이 죽였다고 했지만 『사기』「제태공세가」에서는 "제환공"이 죽였다고 기술하고 있다. 환공이 자기 여동생을 직접 죽였다는 뜻이다. 더구나 노나라로 시체를 돌려보내 부관참시(戮)까지 하였다는 기록은 후대인들이 극적으로 과장한 모습을 떨치지 못하고 있다. 애강을 죽인 장소까지 명기하고 있다는 점에서 『좌전』의 기록이 더 정확해 보이지만 제나라 사람들이 군주의 여동생이기도 한 그녀를 군주의 의사에 반하여 죽이는 것은 불가능했을 것이므로 환공의 의사가 작용한 것은 틀림없어 보인다. 이에 대해 『좌전』은 군자의 말을 들어 "너무 심한 일이었다. 여자는 시집 사람을 따르는 것이다" 하여 애강의 친정 나라인 제나라의 개입을 은근히 비판하고 있다.[12]

결국 삼가 중 셋째 집 계씨가의 시조가 된 계우만이 살아남았다. 희공은 자신을 옹립하여 군주로 세워준 계우에게 문양(汶陽)의 토지와 비(費) 땅을 하사했다. 이에 대해서도 『사기』 세가는 "문양과 비에 계우를 봉하고 계우로 재상을 삼았다"고 하고 있으니 각종 기록과 표현에서 후대인의 과장이 있었음

---

12) 君子以齊人之殺哀姜也,爲已甚矣,女子從人者也.

을 여기서도 확인할 수 있다. 춘추시대 노나라에는 재상(相)이라는 직위도 개념도 없었다. 다만 계씨의 위상이 그 정도로 제고되었던 것은 분명했다.

희공이 재위 33년 만에 죽고 아들 흥(興)이 즉위하니 그가 문공(文公)이다. 문공 11년, 노나라는 적(翟)나라와 싸웠다. 적은 소위 북적(北狄)이라고 하는 오랑캐의 나라로, 중국 역사의 여러 나라들이 외면할 수 없었던 불편한 상대였다. 이 전쟁에서 노나라의 숙손득신(叔孫得臣)은 장적(長狄)의 수령 교여(喬如)를 사로잡아 죽이는 데 큰 공을 세웠다. 숙손득신은 자신의 아들 숙손선백(叔孫宣伯)의 이름을 숙손교여(叔孫僑如)라고 지었다. 아들의 이름에 자신이 사로잡은 적 수괴의 이름을 붙인 것은 자신이 그를 사로잡았음을 후대에 기념하기 위한 것이었다. 숙손득신은 숙아의 손자였다. 이런 전쟁 공로로 숙손씨 가문의 위상 또한 크게 제고되었을 것이다.

살적입서(殺適立庶) 사건

문공에게는 왕비가 둘이 있었다. 정비는 제나라에서 온 애강(哀姜)으로 두 아들 악(惡)과 시(視)를 낳았다. 차비(次妃)는 경영(敬嬴)으로 아들 퇴(俀)를 낳았다. 애강이라는 이름을 가진 여성은 춘추시대에 모두 두 명이 나오는데 여기서의 애강은 후대의 애강으로 장공의 비였던 애강과는 또 다른 여성이다. 경영은 노련한 대부 동문양중(東門襄仲)을 섬겼고, 퇴도 장성하면서 역시 양중을 따랐다. 문공이 재위 18년 만에 죽자 동문양중은 퇴를 후계자로 옹립하려 하였다. 숙중혜백(叔仲惠伯)이 퇴의 옹립을 반대하자 양중은 이웃 제나라에 도움을 요청하였다. 제나라의 혜공은 노나라와의 관계를 고려하여 도와줄 것을 약속했다. 그러자 양중은 악과 시를 죽이고 퇴를 군주로 세웠다. 그가 곧 선공(宣公)이다. 양중은 선공의 옹립을 반대하였던 숙중혜백도 죽여 그의 시신을 말똥 가운데 묻었다. 당시만 해도 노나라는 희공(僖公)의 동생이던 양중을 능가할 권세가가 없을 때였다.

　하루아침에 자식 둘을 공위 경쟁에서 잃은 애강은 노나라를 떠나 제나라로 영구 귀국하였다. 그리고 저잣거리를 울고 다니며 "하늘이시여. 양중이 무도하게도 적자를 죽이고 서자를 옹립하였사옵니다" 하고 울부짖으니 거리의 사람들이 모두 따라 울었다. 이때부터 노나라 사람들은 그녀를 "애강"(哀姜)이라고 불렀다. 사마천은 『사기』 세가에서 "노나라는 이 사건으로 인하여 공실이 나약해지고 삼환이 강성해졌다"고 기록하고 있다. 선공의 옹립을 둘러싸고 살적입서(殺適立庶), 즉 '적자를 죽이고 서자를 세운 것'이 큰 잘못이라는 것이 당시 노나라나 국제사회의 일반적 인식이었던 것 같다.

　특히 삼가는 양중의 행위를 좋지 않게 보았던 것이 사실이었으나 선공이 재위하고 있던 18년 동안은 양중의 권세에 눌려 이를 표출하기는 어려웠다. 그렇다고 해서 선공이 그것을 모르고 있지는 않았다. 양중에게는 공손귀보(公孫歸父)라는 아들이 있었는데, 선공은 자신을 군주로 세워준 양중의 아들이라 하여 그를 각별히 총애했다. 나중에 공손귀보는 삼환을 제거하여 공실의 권력을 확장하겠다는 계획을 세웠다. 그리고 그 계획을 선공과 공모한 후 패권국의 동의를 받기 위하여 진(晉)나라를 예방하였다. 이 계획은 그 해 겨울 갑작스런 선공의 죽음으로 실천에 옮겨지지는 못했다. 군주의 자리는 선공의 아들 흑굉(黑肱)에게로 이어졌으니 그가 곧 성공(成公)이다.

　성공이 즉위하자 그의 재위 중에 잠재해 있던 갈등이 표면화되기 시작하였다. 계우의 손자인 계문자(季文子)는 조정 회의에서 "적자를 죽이고 서자를 세움으로써 큰 나라들의 지원을 잃게 한 것은 양중이었다"고 공식적으로 문제 제기를 하였다. 이 말을 듣고 대부 장선숙(臧宣叔)은 화를 내면서 말하기를 "그 당시에는 아무런 조치를 취하지 못하고 있다가 지금 와서 그의 아들이 무슨 죄가 있단 말이오? 당신이 그를 제거하고자 한다면 나로 하여금 제거하게 해주시오" 하였다. 그리고 동문(東門)씨 일족을 모두 추방하였다. 마침 진나라에 갔던 공손귀보는 선공이 죽었다는 소식에 급거 노나라로 돌아오던 중 이 소식을 듣자 귀국하지 않고 바로 제나라로 망명하였다.

여기서 중요한 것은 선공 당시에 양중의 아들 공손귀보가 삼환을 제거하여 공실의 권한을 확장하겠다는 계획을 세웠다는 사실이다. 이는 이미 선공 당시에 공실의 권한이 크게 위축되어 군주가 권한을 제대로 행사하지 못하고 있었음을 말해준다. 군주가 그들을 모조리 제거하고 싶어 했다는 것은 그 정도가 매우 심각했다는 것을 의미하다.

삼환의 갈등과 경쟁

그뿐만 아니었다. 삼환은 군주와 대립각을 세운 상태에서 상호협력을 기본관계로 삼고 있었지만 때로는 서로 견제하고 다투기도 했다. 성공 16년, 숙손선백(叔孫宣伯)[13]은 성공의 생모인 목강(穆姜)과 내통하여 계문자와 맹헌자(孟獻子)를 제거한 다음 그들의 가산을 차지하려는 계획을 세웠다. 목강은 아들 성공에게 압력을 넣어 그들을 추방하라고 했지만 성공은 선뜻 동의하지 않았다. 성공이 나서지 않자 숙손선백은 진(晉)나라의 극주(郤犫)에게 사람을 보내 "노나라의 계문자와 맹헌자는 모든 정령을 독점하고 있습니다. 이 두 사람은 서로 모의하여 말하기를 '진(晉)나라는 믿고 따를 수 없다. 차라리 초나라나 제나라를 따르다 망할지언정 진나라는 따르지 않아야 한다'고 합니다. 그러니 노나라를 뜻대로 움직이려면 계문자를 체포하여 죽이십시오. 그러면 저는 맹헌자를 죽이겠습니다. 만약 그리하지 않는다면 그들은 반드시 진나라를 배신할 것입니다" 하고 진나라와 그들 사이를 이간질하였다. 이 말을 믿은

---

13) 숙손선백은 숙손씨 가문의 시조였던 숙아의 증손자이자 공자 당시 공자를 매우 싫어했던 숙손무숙(叔孫武叔) 증조부의 형이다.

진나라는 얼마 후 계문자를 초구(楚丘)에서 잡았다. 뒤늦게 이 소식을 들은 성공은 자숙성백(子叔聲伯)을 보내 그를 풀어줄 것을 진나라에 요구하였다. 이에 진나라에서는 찬반 논란이 일었으나 자숙성백의 치밀한 설득과 범문자(范文子)의 조언에 따라 결국 계문자를 풀어주었다. 범문자는 이렇게 말하였다. "계문자는 노나라에서 두 임금을 잘 섬겼고 첩에게는 비단옷을 입히지 않았으며 말에게는 곡식을 먹이지 않았으니 충성스럽다 할 것입니다. 이런 사람을 버리게 되면 제후들이 무어라 하겠습니까? 또 자숙성백의 말을 들으니 그는 군주의 명을 잘 받들 생각뿐 사심이 없으니 그의 요청을 헛되이 할 수는 없습니다."

이 모든 것이 숙손선백의 계략에서 비롯된 것임을 안 노나라는 그를 내쫓고 대부들이 앞으로 그런 일이 없도록 하겠다는 맹세를 하기도 했다. 숙손선백은 제나라로 도망을 갔는데 노나라에서 숙손씨 가문의 명맥이 끊어지는 것을 우려하여 진나라를 끌어들여 신변보장을 받은 다음 잠시 노나라로 돌아왔다. 그리고 그동안 자신의 계략에 함께해온 공자 언(偃)을 스스로의 손으로 죽이고 그동안 제나라에 가 있던 자신의 아우 숙손표(叔孫豹)를 노나라로 불러들여 숙손씨 가문의 후계자로 삼았다. 노나라와 일련의 타협을 한 셈이었다. 숙손선백은 다시 제나라로 갔다가 그곳에서 지나치게 높은 지위를 부여하자 "다시 죄를 지을 수는 없다"고 거절하고 위나라로 옮겨갔는데 거기서도 결국 경(卿)의 지위를 부여받았다.

이 일련의 과정을 보면 삼환들 사이의 권력투쟁도 만만치는 않지만, 그들이 군주의 권한과 대립할 때에 필요한 협력을 하는 것도 잊지 않았다는 것을 알 수 있다. 특히 숙손선백의 계략으로 권력이 재편되는 과정에서 계문자의 존재가 부각된 것은 특기할 만한 일이었다. 그는 의로운 사람으로 알려졌고, 결국 그것이 숙손선백의 계략을 좌절시킨 힘이 되었다. 그의 시호로 문(文)이 선택된 것도 결코 예사로운 일은 아니었다. 첫 시조 세 명 중에서 계우만 살아남아 실권자가 되었던 것에 이어 그의 손자인 계문자의 두터운 사람 됨이 노나라는 물론 중원 제후들 사이에서도 인정됨으로써 삼가 중 계손씨 가문이 가장 막강한 위상을 차지하게 된 것은 필연적인 흐름이었던 것 같다.

군주의 권력을 축소시킨 중군의 설치

성공 역시 문공, 선공과 마찬가지로 재위 18년 만에 죽고 아들 오(午)가 즉위하였다. 그가 곧 양공(襄公)이다. 양공의 재위기간 31년에도 군주와 삼환들 사이의 복잡한 대립과 갈등, 의존 관계가 다양한 형태로 나타났을 것이다. 한 가지 주목할 만한 기록이 있다. 즉 양공 11년, 계문자의 아들 계무자(季武子)가 삼군(三軍)을 편성한 다음 삼가가 각기 하나씩 거느리도록 하였다는 것이다. 이는 매우 중대한 변혁이었다. 노나라는 원래 상군(上軍), 하군(下軍)을 두는 이군(二軍) 체제였는데 거기에 중군(中軍)을 더 두어 3군 체제로 편성한 것으로, 이는 예법에도 맞지 않았다. 숙손목자(叔孫穆子)는 이 계획에 선뜻 동의하지 않고 "모든 정치적 부담이 당신에게 몰릴 것이다"고 우려를 표명했지만 결국 맹약까지 체결해가며 이 계획은 강행되고 말았다. 기록으로 볼 때 그 방법은 더욱 가관이었다. 즉 공실의 전체 토지를 셋으로 나누어 각 군에서 하나씩 나누어가지는 것이었기 때문이다. 그것이 어떻게 진행되었고 무엇을 의미하는 지는 구체적으로 알기 어렵다. 그러나 새로 차지하게 된 관할구역에서 계무자는 군역을 위해 입대하는 자에게는 세금을 면제해주고 그렇지 않은 자에게는 세금을 배로 내는 제도를 채택했다거나 맹손씨는 관할 인구의 절반을 자신의 가신으로 삼았다는 말로 추정해볼 때 엄청난 권력 질서의 재편성이 이루어졌다는 것을 알 수 있다.

그러면 군주인 양공은 이 과정에서 어떤 반응을 보였을까? 기록에는 아무 것도 없다. 단지 짐작해볼 수 있는 것은 있다. 『사기』 세가는 어떤 자료에 근거한 것인지는 모르지만 즉위 시 양공의 나이가 3세였다고 기록하고 있다. 만약 이것이 사실이라면 이런 엄청난 조치가 취해지던 양공 11년에 양공은 13세에 불과하였다는 말이 된다. 삼환들이 어린 군주를 무시하고 자기들의 이해관계에 따라 나라를 좌지우지할 수 있는 여건이었던 것이다. 그러나 『사기』의 이런 기록은 양공 3년에, 다시 말해서 양공이 여섯 살 되던 해에 진나라에 갔다가 몇 달 만에 돌아왔다든가 여러 나라의 군주들과 회합을 가진 후 동맹을 맺었다는 기록과 걸맞지 않은 데가 있다. 그러나 세 살은 아니더라도 즉위 시 나이가 매우 어렸을 것이라는 추정은 가능하고, 그런 사정만이 이런 무리한 조치가 아무런 충돌 없이 추진될 수 있었는지를 설명해준다.

특별한 사건은 아니지만 그 밖에 기억해둘 만한 것은 양공 7년 계무자가 비읍에 성을 쌓았다는 사실일 것이다. 비읍은 전술한 바와 같이 희공이 자신을 군주로 옹립해준 계우에게 하사한 읍이었는데, 증손자인 계무자에 이르러 읍재(邑宰)도 임명하고 성도 쌓았다는 말이다. 삼가는 그들의 세 영유 읍을 가지고 있었는데 맹손씨는 성읍(成邑)을, 숙손씨는 후읍(郈邑)을, 계손씨는 비읍(費邑)을 각각 가지고 있었다. 이들 성읍은 삼환의 거점 지역으로서 각각 읍재를 두었는데, 나중에는 이들이 종종 삼환에게 반역을 꾀하는 거점이 되기도 하였다. 훗날 공자 당대에 와서 이들 거점 성읍은 노나라뿐만 아니라 삼환의 골칫거리가 되기도 하여, 공자의 제자 자로가 계씨가의 가재가 되면서 쌓은 성을 도로 허무는 정책을 추진하기도 한다.

어쨌든 이런 정도의 기록만으로도 양공 당시 삼환의 세력이 더욱 군주의 권한을 침범하였음이 분명하고, 그것은 계손숙(季孫宿)이 사후 무(武)의 시호를 받아 계무자로 불린 데에서도 여실히 나타나고 있다. 그러나 삼환과 군주의 충돌은 양공이 죽고 양공의 서자 주(裯)가 소공으로 즉위하자 본격적으로 전개되었다. 소공이 군주가 되던 기원전 542년, 맹씨가의 종주는 바로 그 해에 죽은 맹효백(孟孝伯)의 뒤를 이어 맹희자(孟僖子)가 되었다. 숙씨가의 종주는 숙손목자였고 계씨가의 종주는 계무자였다. 소공은 나이도 어렸고 경험도 없었지만 삼환은 갓 대부가 된 맹희자를 제외하고 계무자나 숙손목자는 왕성하게 경륜을 펼칠 때였다. 군주 혼자 삼가에 맞서는 구도가 노나라 군주로서는 늘 약점이었다. 삼환은 적어도 셋 중 둘은 노련하여 삼환을 공동의 이익으로 단합시킬 수 있었지만 군주는 겨우 경륜이 쌓여 삼환을 통제할 만해지면 죽음을 맞는 등 그 역할이 다시 어린 군주에게로 넘어갈 수밖에 없었다. 특히 삼환 중 한 명은 약속이나 한 듯이 제법 높은 덕성과 합리적 안목을 갖추고 있어서 지배계층은 물론 일반 백성들의 마음을 결집시킬 수 있었다. 소공의 재위 기간에는 숙손목자와 숙손소자(叔孫昭子)가 그런 역할을 하였고, 그 선대에는 맹헌자나 계문자가 그런 역할을 하였다. 그런가 하면 계무자 같은 자가 있어 힘으로 군주의 권한을 치고 들어가는 자가 있었으니 삼환은 문무를 적절히 구사해가며 노나라의 민심을 얻는 한편 군주의 권한을 점점 무력화시켰던 것이다.

소공은 19살의 나이로 군주가 되었는데 『좌전』은 그때까지도 소공이 어린 아이의 마음(童心)을 가지고 있었다고 기록하고 있다. 결코 좋은 평가가 아니었다. 한마디로 철이 들지 않아 알아야 할 것을 몰랐다는 뜻이다. 그 예로 『좌전』은 상을 당했어도 얼굴 표정이 아무렇지도 않았던 것을 숙손목자의 말을 빌려 기록하고 있다.

형식적인 존재가 된 군주 – 중군 폐지

군주의 권위가 확립되지 않자 발생한 첫 사건은 소공 5년이던 기원전 537년에 발생하였다. 중군(中軍)을 폐지한다는 것이었다. 노나라는 이미 25년 전 양공 당시에 없던 중군을 창설하여 삼군 체제로 전환한 바 있었는데 이번에는 그 중군을 다시 폐지한다는 것이 골자였다. 따라서 외형만 보면 마치 삼군을 둘 수 없는 노나라가 잘못된 조치를 25년 만에 환원하는 듯한 모습을 취하고 있지만 실제는 그것이 아니었다. 『좌전』의 기록만으로는 두 번의 조치가 구체적으로 어떠한 것이었는지 정확히 알기는 어렵지만 25년 전 중군을 둘 때나 폐지할 때나 군주의 실권이 줄어들고 삼환의 실권이 확대된 것만은 확실했다. 특히 중군 폐지에 관한 기록을 보면 그나마 남아 있던 군주의 직할국민을 4등분하여 계씨가 그 중 둘을 차지하고 맹씨와 숙손씨가 각각 하나씩을 차지하는 방안이었다. 군주에게 남은 것은 토지도 백성도 아무것도 없어진 셈이었다. 대신 삼환은 군주에게 공물을 바친다(貢)는 그럴듯한 명분을 달아 필요한 재정을 제공해줌으로써 군주를 삼환에 철저히 의존할 수밖에 없는 존재로 만들어버렸다.

이런 무참한 조치가 계무자에 의해 전격적으로 추진된 것은 한 해 전 숙손목숙이 죽음과 직결된 것이었다. 숙손목숙은 이런 무리한 조치를 반대할 것이 틀림없었기 때문이다. 그러나 숙손목숙의 죽음으로 삼환이 뜻을 모으기가 쉬워지자 계무자는 숙손목숙의 측근으로서 사실상 숙손목숙을 굶겨 죽인 우(牛)를 회유하여 중군 폐지가 마치 고인의 뜻이었던 것처럼 꾸며 고인의 영전에 중군을 폐지한 사실을 고하게까지 했다. 이로써 노나라 군주의 위상은 의전과 형식으로만 남게 되었는데 아무리 스물네 살의 철없는 소공이었지만, 그것이 무엇을 의미하는지 모를 정도로 바보는 아니었을 것이다.

그러나 소공의 입장에서 노련한 계무자를 상대한다는 것은 쉬운 일이 아니었다. 중군을 폐지하고 2년 후 계무자가 죽었으나 여건은 크게 변하지 않았던 것 같다. 새로운 전기는 계무자의 아들 계도자가 죽고 그 아들 계평자(季平子)가 계씨가문의 종주로 들어서던 기원전 530년부터 다가왔다. 5년간 계손씨 가문의 종주로 있었지만 『좌전』 등에 아무런 역할이 기록되어 있지 않은 아버지 계도자(季悼子)[14]와 달리 계평자는 대부가 되기 전부터 이미 다양한 활약상이 기록되어 있는데, 그것은 그의 할아버지 계무자를 능가하는 악역이었다. 이를 테면 소공 10년 가을 계평자는 거(莒)나라를 쳐서 경(郠) 땅을 빼앗은 후 포로들을 군주에게 바쳤는데, 관련된 제사를 토지 신을 모시는 박사(亳社)에서 드리면서 처음으로 사람(아마도 거나라 사람)을 희생으로 썼다. 당시만 해도 사람을 희생으로 쓰는 제사는 거의 사라져가는 추세였는데 권력의 위세를 떨치려는 경우 드물게 시행되고 있었던 것이다. 바로 이듬해 초(楚)나라의 영왕(靈王)이 채(蔡)나라를 멸망시키고 고유제를 지낼 때 채의 태자를 희생으로 씀으로써 천하에 악명을 떨친 것도 어쩌면 노나라 계평자의 이 사례를 보고 배운 것이었는지도 모른다.

제1차 정변의 실패

  종주가 된 계평자는 자신의 가신인 비읍의 읍재 남괴(南蒯)를 제대로 예우해주지 않았다. 이에 불만을 품은 남괴는 무력화된 군주의 권위를 회복한다는 명분하에 소공의 아우 공자 중(仲)에게 이런 제안을 하였다. "제가 계씨를 몰아내고 그 가산을 모두 군주님께로 귀속시키겠습니다. 그러면 당신이 계씨 가문의 종주가 되십시오. 저는 비읍의 읍재로서 군주님의 신하가 되겠습니다." 공자 중은 이 제안을 수용했다. 또 하나의 반계평자 전선은 숙중목자(叔仲穆子)를 중심으로 형성되었다. 원래 숙중목자는 계평자를 위하여 그동안 숙손소자(叔孫昭子)가 너무 높은 승진을 거듭했다고 문제 제기를 한 적이 있었다. 이에 계평자도 공감을 하여 숙손소자가 자진 사퇴하게 분위기를 조성하였다. 그런데 숙손소자가 강경하게 반발함으로써 오히려 문제 제기를 한 측이 수세에 처하자 계평자는 공세의 책임을 숙중목자에게 돌리는 비겁한 태도를 보였다. 이에 숙중목자도 계평자에게 실망하여 결국 숙중목자와 남괴, 공

---

14) 시호로 미루어 볼 때 그는 건강이 좋지 않았던 것 같다.

자 중이 계평자를 제거하자는 연합전선을 구축하기에 이르렀다.

그 과정은 이러했다. 먼저 공자 중이 형인 소공에게 이 계획을 알렸다. 소공의 반응은 기록에 없지만, 소심한 그의 성격으로 볼 때 결코 선뜻 동의하지 않았을 것으로 추정된다. 소공은 노나라가 거나라를 친 것에 대해 해명하기 위해 진(晉)나라로 갔고, 공자 중도 소공을 수행하여 진나라로 갔다. 남괴는 계획이 성공하지 못할 것을 우려하여 비읍에서 반역을 일으키고 제나라로 도망갔다. 공자 중은 진나라에서 돌아오다가 비읍에서 반란이 일어났다는 소식을 듣고는 역시 제나라로 도망가고 말았다. 숙중목자도 계평자의 역공에 부딪쳐 조정 회의에 나가지도 못할 정도로 위기에 빠졌으나 다행히 속손소자가 중심을 잡고 계평자의 뜻대로 움직여주지 않았기 때문에 간신히 역공을 모면한 것 같다.

결국 계평자를 축출하고 소공의 위상을 회복하려 했던 소공 12년(BC 530)의 이 어설픈 시도는 실패로 끝나고 말았다. 소공 자신이 적극적으로 관여하지 않았고 핵심세력들도 저마다의 소소한 이해관계에 따라 엉성하게 결집되었기 때문에 애초부터 성공할 가능성이 낮았던 것이다.

제2차 정변의 실패와 소공의 망명

소공 12년의 이 엉성한 시도는 불발탄처럼 도사리고 있다가 13년이 더 지난 소공 25년(BC 517)에 본격적인 사건으로 이어지게 되었다. 어느덧 소공은 40대 중반으로 만만치 않은 경륜을 쌓은 상태였다. 다양한 외교적 경험을 통해 소공은 노나라 군주라는 자신의 위상이 얼마나 초라한지 절실히 느꼈을 것이다.

『좌전』은 소공 25년의 역사를 기록하면서 계평자가 주변인들로부터 어떤 원한을 사게 되었는지 시시콜콜할 정도로 자세히 기록하고 있다. 『좌전』은 세

가지 사건을 기록하고 있는데, 그 첫 번째는 계평자의 친척인 계공조(季公鳥)의 집안과 얽힌 사건이었다. 큰 가산을 남기고 계공조가 죽자 그의 동생 계공해(季公亥)와 역시 친척인 공사전(公思展)은 가신 신역고(申夜姑)와 함께 그 집안을 돌보았다. 그런데 죽은 계공조의 처 계사(季姒)는 요리사인 단(檀)과 간통을 하고 있었다. 그 때문에 요리사 단은 죽은 계공조의 동생인 계공해를 두려워했다. 아마 계공해뿐 아니라 그와 함께 집안을 돌보고 있는 공사전, 신역고 등이 다 두려웠을 것이다. 결국 요리사 단은 잔꾀를 부려 자신의 첩으로 하여금 자신을 때려 상처를 내게 한 다음 계평자의 몇몇 측근들에게 상처를 보여주며 계공해, 공사전, 신역고 등이 자신을 이렇게 때렸다고 하소연하였다. 결국 그 이야기가 계평자의 귀에 들어갔고 계평자는 공사전을 연금하고 신역고를 죽였다. 이로 인하여 유력한 권력자 중의 한 명인 계공해는 계평자에 대해 씻을 수 없는 원한을 갖게 되었다.

두 번째 사건은 닭싸움[15]이었다. 당시 후씨가(郈氏家)는 삼환만은 못하지만 권세가 있는 집안이었는데, 이 후씨와 계씨가 닭싸움을 하면서 계씨는 닭의 털에 겨자를 발라 상대 닭이 쪼기 어렵게 만들었다. 이에 후씨는 닭의 발톱에 금속물을 끼워 공격을 하였다. 또 이에 화가 난 계평자는 자신의 집터를 확장하면서 후씨의 집터를 침범했다. 전에 후씨가 먼저 침범했다는 주장이었다. 이로 인하여 후씨가는 계평자에게 원한을 갖게 되었다.

세 번째 사건 역시 만만치 않은 가문인 장씨가(臧氏家)와의 치졸하고 감정적인 싸움이었다. 장소백(臧昭伯)의 종제인 회(會)가 장소백을 헐뜯는 말을 하고는 계씨네 집안으로 도망을 쳤다. 그러자 장소백이 계씨네 집에까지 들어가서 회를 잡아갔다. 이에 계평자가 화가 나서 장씨가의 오래된 가신 한 명을 붙잡아갔다. 때마침 양공의 사당에서 체제(禘祭)를 지내려 하는데 만무(萬舞)

---

15) 자세한 기록은 없지만 당시 닭싸움은 이들 가문들 사이의 중요한 연례행사였던 것으로 추정된다.

를 추는 자가 두 명밖에 없었다. 다른 무인(舞人)들은 모두 계씨의 집에서 만무를 추고 있었다. 이에 장소백이 이르기를 "이래서 선대임금의 사당이 무용지물이 되었다는 말이 나왔다"고 했다. 대부들이 드디어 계평자를 원망하게 되었다.[16]

『좌전』이 이 자질구레한 사건들을 늘어놓은 것은 계평자를 위시한 삼환의 횡포와 그에 대한 노나라의 불만 내지 원한을 기록해두고 싶었기 때문일 것이다. 본격적인 사건의 전개는 이 세 가지 사건 중 첫 번째 사건을 배경으로 전개되었다. 요리사 단의 어처구니없는 공작으로 위기에 몰린 계공해는 소공의 아들 공위(公爲)에게 활을 헌상하였다. 그리고 이를 계기로 함께 야외로 나가 활쏘기를 하면서 계평자 제거를 논의하였다. 공위는 그 계획을 아우인 공과(公果)와 공분(公賁)에게 이야기하였고, 이를 들은 두 아우는 소공의 측근인 요사(僚柤)를 넣어 소공에게 계획을 전했다.

소공은 누워 있다가 요사의 이야기를 듣고 벌떡 일어나 창으로 찌르려고 하자 요사는 달아났다. 소공은 달아나는 요사를 향해 "저놈 잡아라!" 하고 외쳤다. 그러나 그뿐이었다. 요사는 두려워 수개월간 소공의 앞에 나타나지도 않았지만 소공은 더 이상 화를 내지 않았다. 요사는 눈치를 보다가 한두 차례 더 이야기를 했는데 소공은 "너 따위가 간여할 일이 아니다" 하는 반응을 넘어서지 않았다. 결국 어느 날 아들 공과가 가서 정식으로 소공에게 계획을 이야기하였다.

소공은 그 계획을 후소백과 장소백에게 이야기하였다. 바로 앞서의 두 번째 사건과 세 번째 사건에 등장하였던 두 명의 반계평자 세력이었다. 장소백은 성공하기 어려운 일이라며 동의하지 않았다. 그러나 닭싸움으로 감정이

---

16) 여기에 소개된 이야기는 논어 제3팔일편 제1장에서 공자가 계씨에 대해 "뜰에서 팔일무를 추니 이를 감히 한다면 무엇인들 감히 못하겠느냐?"고 말한 것의 사실상의 배경사건이었을 것으로 보인다.

상해 있던 후소백은 가능한 일이라며 거사를 권했다. 소공은 다시 그 계획을 자가의백(子家懿伯)에게 이야기하였다. 그는 반대하면서 이미 몇 대를 이어 군주가 백성을 버려두었는데 어떻게 성공할 수 있겠느냐고 하였다. 소공이 물러가라 하였지만 그는 "만약 말이 새어나가면 저는 죽음을 면치 못할 테니 물러나지 않겠다"며 그대로 군주의 궁에 머물러 있었다.

소공은 결국 측근들을 모아 거사를 일으켰다. 마침 숙손소자(叔孫昭子)가 감(闞)에 간 틈을 타서 계씨가를 급습하였다. 계평자의 아우 계손공지(季孫公之)가 문에서 막다가 죽었다. 계평자는 대에 올라가 요청하기를 "군주님께서는 신의 죄를 살피시지도 않고 관원들로 하여금 무력으로 저를 벌주게 하시니 청컨대 일단 저를 기수(沂水)가에 억류시킨 다음 무슨 죄가 있는지를 차근차근 살펴주십시오" 하였다. 그러나 소공은 허락하지 않았다. 그러자 이번에는 비읍에 저를 감금시켜달라고 요청하였다. 소공은 역시 허락하지 않았다. 마지막에는 다섯 대의 수레만으로 외국으로 망명할 수 있게 해달라고 했지만 역시 허락하지 않았다.

자가의백이 "계평자의 요청을 들어주십시오. 노나라의 정치가 저이에게서 나온 지가 오래되었고 다수의 백성들이 저이에게 붙어먹고 살고 있어 저이를 위하는 사람이 많습니다. 해가 지면 어떤 계략을 꾸밀지 알 수가 없습니다. 다중의 분노는 쌓이게 할 수 없는 것입니다. 쌓이게 되면 다스릴 수 없게 될 뿐더러 나중에는 흘러넘치게 됩니다. 쌓인 것이 흘러넘치면 백성들이 마음을 먹게 되고, 마음먹은 것이 같아서 합심하게 되면 군주님께서는 반드시 후회하게 되실 것입니다" 하였다. 그러나 소공은 끝내 듣지 않았다. 후소백이 "계평자를 반드시 죽여야 합니다" 했지만 소공은 후소백에게 맹의자(孟懿子)를 데려오라고 했다.

그 사이에 숙손씨 집안에서는 출타중인 속손소백을 대신하여 가신인 사마종려(司馬鬷戾)가 긴급히 사람들을 소집하여 "어찌 해야 하는가?" 하고 물었다. 아무도 대답하는 사람들이 없자 이번에는 "나는 가신에 불과한 사람이오. 그러니 나랏일을 알지는 못하오. 다만 계씨가 있는 것과 없는 것 중에서 어떤 것이 우리에게 유리하오?" 하고 물었다. 그랬더니 다들 "계씨가 없으면 숙손씨도 없습니다" 하였다. 사마종려는 "그렇다면 계씨를 구합시다" 하고 결론을 내렸다. 그리고 숙손씨 가문의 사람들을 규합하여 이끌고 계씨집의 서북쪽 모퉁이를 무너뜨리고 진입하였다. 그때 군주편의 사람들은 사태가 끝났다고 믿고 다들 갑옷을 벗고 편히 쉬고 있었기 때문에 숙손씨 무리들의 갑작스런 공격에 속수무책으로 밀려나고 말았다. 맹의자도 뒤늦게 도착하였는데 그는 사람을 시켜 계씨가의 사정을 살펴보게 하였더니 숙손씨의 깃발이 꽂혀 있음이 확인되었다. 맹의자는 상황을 눈치 채고 바로 후소백을 체포하여 죽이는 한편 소공 측을 공격하였다. 사세가 불리하게 돌아가고 있다는 것을 눈치 챈 소공의 추종세력들이 먼저 나라를 빠져나갔다. 그러나 자가의백은 소공에게 "신하들이 군주님을 겁박해서 이루어진 친위정변이었다고 말할 테니 군주님께서는 그냥 머물러 계십시오. 그러면 계씨도 군주님을 모시는 태도가 바뀔 것입니다" 하였다.

그러나 소공은 그런 구차한 변명이 통하지 않을 것 같아 결국 제나라로 망명하였다. 이후 제나라는 망명 온 소공을 환대하기도 어렵고 박대하기도 어려운 입장이어서 노나라 운(鄆) 땅을 빼앗아 그곳에 머물도록 주선하였으니 제대로 된 망명이라고 할 수도 없는 상태가 되었다. 나중에는 진나라 땅인 간후에 머물기도 하면서 노나라로 복귀하기 위한 여러 노력을 기울였으나 여의치 못했다. 우선 노나라의 민심이 소공을 떠나 있었고, 계평자마저 처음에는 군주를 내몬 신하라는 부담스러운 평판을 면해보려고 어떻게든 소공을 다시 받아들이는 방안을 모색했지만 시일이 갈수록 마음이 변해서 나중에는 그를 받아들이지 않는 쪽으로 기울었다. 여러 나라들도 소공의 복귀를 위해 노력했지만 계평자의 노련한 외교와 소공의 지나치게 완강한 반계평자 방침에 밀려 결국 포기할 수밖에 없었다.

이를테면 망명 2년차이던 소공 27년 진(晉)나라의 범헌자, 송나라의 악기리(樂祁犁), 위나라의 북궁희(北宮喜)를 비롯하여 여러 나라의 대부들이 호(扈)에 모여 회합을 가졌는데, 안건 중 중요한 하나가 바로 소공의 복귀 문제였다. 회합에서 송나라나 위나라는 소공이 노나라로 돌아가도록 조치할 것을 주장했다. 그러나 진의 범헌자는 노나라 정변 시 계평자가 소공에 대하여 자신의 죄를 충분히 따질 시간적 여유를 달라고 요청하기도 하고, 심지어 구금이나 외국 망명을 요청하기도 하였지만 소공이 허락하지 않은 점, 소공이 무리하게 계평자를 공격하다가 역습을 당해 나라를 떠나게 된 점 등을 들어 이 문제가 간단치 않음을 피력하였다. 오히려 그 과정에서 맹손씨, 숙손씨가 자발적으로 계손씨의 편을 든 사실, 그런 일을 겪고도 계평자가 민심을 잃지 않고 있다는 사실, 제나라가 소공의 귀환을 3년째 돕고 있지만 특별한 성과가 없다는 사실, 그럼에도 불구하고 계평자는 군주를 섬기는 마음이 과거와 다름없다는 사실 등을 들어 계평자를 쳐서 소공을 복귀시키기는 어렵다는 점을 설득하였다. 비록 범헌자의 이러한 계평자 옹호는 계평자가 많은 뇌물을 쓴 때문이라고는 하나 단지 그것만으로 가능한 것은 아니었다. 범헌자의 일리 있는 설득에 결국 송나라, 위나라도 애초의 주장을 철회하고 말았다.

전반적으로 계평자는 노련하게 대처하였다. 이를테면 그는 매년 소공을 따르는 사람들의 옷과 신발, 말 등을 사서 소공이 기거하는 간후에 보내기도 했다. 그러나 소공은 말을 끌고 간 사람들을 체포하는가 하면 말을 팔아버리는 등 감정적으로 대응하여 계평자는 결국 지원을 중단할 수밖에 없었다. 국제 여론을 유리하게 이끌 수밖에 없는, 계평자의 노련함이 엿보이는 대목이 아닐 수 없다.

진나라의 경공(頃公)은 군사력을 발동하여서라도 소공을 노나라로 복귀시키려 했다. 그러자 범헌자가 제안하기를 먼저 계평자를 부르고, 만약 불러도 오지 않는다면 그때 계평자를 쳐도 늦지 않을 것이라 했다. 그리고 범헌자는 개인적으로 사람을 보내 계평자에게 부르면 꼭 오라고 했다. 또 진나라의 순역(荀躒)을 진나라에 온 계평자에게 경공의 물음에 어떻게 답변할 것인지를 귀띔해주기도 했다. 이에 계평자는 맨발에 상복을 입고 경공 앞에 엎드러 말하기를 "군주님을 잘 모시려 했지만 저로서도 어쩔 수 없었습니다. 제가 어찌 형벌을 피하겠습니까? 살펴보아 잘못이 있으면 처분에 따를 뿐이고 선대의 공을 생각해서 살려주신다면 길이 은혜로 남을 것입니다. 만약 제가 군주님을 모시고 돌아가게 된다면 그것은 저의 바라는 바입니다" 하였다.

그리고 4월에는 지백(知伯)을 따라 소공을 만나러 간후로 갔다. 그러나 소공은 계평자를 만나주지 않았다. 소공을 모시던 자가의백이 소공에게 이 기회에 못 이기는 척하고 계평자를 따라 노나라로 돌아갈 것을 권했다. 자가의백의 간절한 진언에 따라 소공도 돌아가겠다고 동의를 했다. 그랬더니 소공을 추종하고 있던 많은 사람들이 극렬히 반대했다. 사세가 유리하게 돌아가고 있기 때문에 계평자를 쫓아낼 수 있고 그것만이 유일한 해결 방안인데 왜 돌아가느냐는 것이었다. 이런 다수의 반대에 부딪힌 소공은 다시 입장이 강경해졌다. 이때 진나라의 순역이 진경공의 명을 받고 와서 소공을 위로한 다음, "계평자가 어떤 벌도 감수하겠다는 입장인 만큼 군주께서는 돌아가십시오" 하고 주문했다. 그러나 소공은 주변의 요구대로 뜻은 고마우나 계평자를 만날 생각은 없다며 거절하고 말았다. 이에 순역은 길길이 뛰며 "만약 이렇게 하신다면 우리가 무엇 때문에 노나라의 환란에 개입할 것입니까? 말씀하신 그대로 군주님께 보고하겠습니다" 하고 물러났다. 순역은 계평자에게도 가서 "군주님의 분노가 아직 가라앉지 않았으니 당신께서는 먼저 돌아가시는 것이 좋겠습니다" 하였다.

이에 자가의백이 다시 한 번 "군주님께서 먼저 한 대의 수레를 타시고 가시면 계평자는 반드시 뒤를 따라 군주님을 모실 터이니 그렇게 하십시오" 하고 건의했지만 역시 주변의 다수가 반대해서 그렇게 할 수가 없었다. 『좌전』은 이에 대해 "주변의 도움을 제대로 받지 못하였다"(不能用其人也)고 비판하였다. 이듬해 12월 소공은 병에 걸려 앓다가 결국 간후에서 초라히 죽고 말았다.

그 후 진나라의 조간자(趙簡子)가 사관(史官)인 채묵(蔡墨)에게 "노나라의 계씨는 군주를 나라 밖으로 나가게 하였지만 백성들이 여전히 복종하고 제후들도 그의 편을 들고 군주가 국외에서 죽었지만 아무도 그에게 죄가 있다 하지 않으니 어찌된 일이오?" 하고 물었다. 이에 사관 채묵은 긴 답변을 하였는데 골자만 이야기하면 다음과 같다.

> 노나라 군주는 대대로 권위를 잃어왔고 계씨는 대대로 공덕을 닦아왔습니다. 백성들은 임금을 잊고 있습니다. 비록 나라 밖에서 죽었지만 아무도 그를 애긍히 여기지 않습니다. 사직도 영원히 봉행되지는 않고 군신의 관계도 영원히 고정되어 있지는 않습니다. 그래서 『시경』에서 이르기를 "높은 언덕이 골짜기가 되고 깊은 골짜기가 구릉 되었네" 하였습니다. 우(虞)나라, 하나라, 은나라 임금의 자손이 지금은 서민이 되어 있습니다. … 일찍이 계우는 환공의 막내아들로서 노나라에 큰 공을 세워 비읍을 하사받고 상경(上卿)이 되었습니다. 그것이 후대의 계문자, 계무자에 이르러 점점 업적이 늘었는데 문공이 돌아가신 후에 동문양중이 적자를 죽이고 서자를 세움(殺適立庶)으로써 노나라 임금은 그때부터 나라를 잃어버렸던 것입니다. 노나라의 정권이 계씨에게 있은 지가 소공에 이르기까지 4대가 되었습니다. 백성들이 군주의 존재를 알지 못하는데 군주가 어떻게 나라를 장악할 수 있겠습니까?

이듬해 6월 소공의 시신이 간후에서 운반되어 왔다. 나라를 떠난 지 8년만에 주검이 되어 돌아온 것이다. 그나마 계평자는 그의 무덤을 쓸 때 소공을 제대로 대우하지 않고 선대 군주들의 묘로 가는 길 남쪽에 무덤을 씀으로써 선대 군주들과 떨어뜨려 놓음으로써 차별하는 모습을 보여주었다. 둘 사이의 갈등이 얼마나 집요하고 뿌리 깊은 것이었는지를 보여주는 단적인 사례였다.

몰락의 길을 걷는 노나라의 군주들

계평자는 소공이 죽고 5년 뒤 동야(東野)를 둘러보고 오는 길에 노도(魯都)를 코앞에 두고 방(房)이라는 곳에서 돌연 세상을 떠났다. 이를 계기로 젊고 경험 없는 계환자(季桓子)가 들어서자 계씨가의 가신이던 양호가 반역을 일으켜 소위 배신(陪臣)이 정권을 잡는 기막힌 시대의 도래를 보게 되었다. 소공의 긴 망명과 비참한 죽음으로 군주는 군주대로 대부는 대부대로 그 권위가 땅에 떨어지고 만 것이 무엇보다 결정적 이유였을 것이다. 그 과정은 양호를 언급하는 과정에서 별도로 상세히 논하기로 하자.

『좌전』은 후에 공자가 노나라의 사구가 되자 전체 묘역의 둘레에 도랑을 파서 소공의 묘가 선대 군주들의 묘와 한 구역에 들게 하였다고 기록하고 있다. H. G. 크릴은 공자가 사법장관격인 사구가 되었다는 기록의 신빙성을 의심하고 있지만, 이 기록은 구태여 거짓 기록을 남길 사정이 엿보이지 않는다는 점에서 사실로 보는 것이 옳다. 그렇다면 소공이 죽고 나서 대략 15년 후의 일일 것이다. 이런 조치를 취하고 있던 당시 군주로 있던 정공은 어느 날 공자에게 이렇게 물었다. "임금은 신하를 부리고 신하는 임금을 섬겨야 하지 않겠습니까?" 공자는 이렇게 대답했다. "임금은 신하를 예로써 부리고 신하는 임금을 충심으로 섬겨야 할 것입니다."

정공은 여전히 선대 군주들과 같은 문제로 시달리며 고민하고 있음을 엿볼 수 있는 질문이었다. 이에 대한 공자의 대답은 난마처럼 얽힌 고민과 역정을 너무나도 간단하게 잘라내는 쾌도와도 같은 것이 아닐 수 없다. 부리는 것은 예(禮)가 있어야 하고 섬기는 것은 충(忠)이 있어야 한다는 것이다.

『좌전』은 그 마지막 기록인 노애공 27년, 기원전 468년, 그러니까 공자가 죽고 11년이 지난 후의 기록에서도 이렇게 증언을 남기고 있다.

노애공은 삼환의 거들먹거림을 싫어하여 제후들의 힘을 빌려 그들을 제거하고자 했고 심환 또한 군주의 망녕됨을 싫어하였다. 그래서 군신 간에 많은 간격이 있었다. 애공이 능판(陵阪)으로 행차할 때 맹무백을 그 집 근처 거리에서 만났다. 애공이 "한 가지 물어볼 것이 있소. 내가 제 명에 죽겠소?" 하였다. 맹무백은 "신이 그것을 어떻게 알겠습니까" 하고 대답했다. 애공은 세 번이나 물었지만 맹무백은 끝내 사양하고 대답하지 않았다.

내용을 따져보면 험악한 대화가 아닐 수 없다. 결국 애공은 삼환을 제거하기 위해 신흥 강국 월(越)나라의 도움을 받기 위해 그곳으로 가다가 삼환의 공격을 받아 유산씨(有山氏)의 집에서 비참한 최후를 마쳤다. 애공이 어떻게 죽어갔는지 제대로 기록되어 있지도 않다. 이후 그의 아들 도공(悼公)이 군주의 자리에 올랐지만 사마천은 "삼환의 세력이 더욱 강성해져서 도공은 작은 제후와 다름없었고 삼환보다 약해졌다"고 쇠망을 향해 나아가는 노나라의 모습을 쓸쓸하게 그려내고 있다.('소공' 조항, '애공' 조항 참조)

삼가 관련 논어 단편(2개)

3/2
삼가(三家)의 사람들이 옹가(雍歌)를 부르며 제사를 파하자 선생님께서 말씀하셨다.

"시경의 '제사를 도와 드리는 제후들, 천자의 모습 아름다우셔라'를 어떻게 삼가의 묘당(廟堂)에서 쓸 수 있단 말인가!"

三家者以雍徹, 子曰; 相維辟公, 天子穆穆, 奚取於三家之堂!

16/3

공자께서 말씀하셨다.

"녹을 주는 권한이 공실을 떠난 지가 이미 오세이고 정권이 대부의 손에 떨어진 지가 이미 사세인 까닭에 삼환(三桓)의 자손들도 이제는 쇠미해져 가고 있다."

孔子曰; 祿之去公室, 五世矣. 政逮於大夫, 四世矣. 故夫三桓之子孫微矣.

계문자 季文子
행보(行父)

계문자는 노나라의 대부로서 이름은 행보(行父), 시호는 문(文)이었다. 계손씨 집안의 제3대 종주였으며 계강자의 고조부였다. 공자가 태어나기 17년 전에 죽었으니 공자보다는 두어 세대 정도 앞선 인물이다. 일반적으로 계씨가의 전횡이 계문자로부터 시작되었다고 하는데, 재(才)가 승하여 주도면밀하고 권모술수에 뛰어난 반면 후실에게 비단옷을 입히지 않았고 말에게 조(粟)

를 먹이지 않았으며 감추어 둔 금옥(金玉)이 없었다는 평을 받을 만큼 정치적 지도자로서의 자기관리에도 뛰어났다.

문공 6년이던 기원전 621년, 계문자가 진(晉)나라를 예방하면서 상례(喪禮)에 대해 깊이 공부하고 갔다. 누가 그 이유를 물었더니 혹시 어떤 일이 있을지 모르니 알아두면 좋지 않겠소, 하였다. 8월에 진나라의 양공이 세상을 떠났다.

문공 18년이던 기원전 609년, 거(莒)나라의 군주 기공(紀公)에게는 태자인 복(僕)이 있었고 또 다른 아들 계타(季他)가 있었다. 기공은 계타를 사랑하여 태자인 복을 축출하는가 하면 여러 무리한 일을 자행했다. 그러자 복은 나라사람들과 힘을 합쳐 아버지 기공을 죽인 후 보옥을 가지고 노나라로 망명을 왔다. 복은 마침 문공(文公)의 별세로 곧 노나라의 군주가 될 선공(宣公)에게 그 보옥을 바쳤다. 선공은 복에게 영유할 읍을 주되 오늘 당장 주라고 명했다. 이에 계문자가 사구에게 지시하되, 복을 나라 밖으로 내쫓되 오늘 당장 내쫓으라고 했다. 선공이 왜 그런 지시를 내렸는지 이유를 묻자 계문자는 이렇게 대답하였다.

돌아가신 장문중(臧文仲) 어른께서 제게 군주를 섬기는 예를 가르쳐주셨습니다. 군주에게 예를 잘 지키는 사람을 보거든 부모처럼 모시고, 군주에게 무례한 자를 보거든 매가 새를 쫓듯 벌을 주라 하셨습니다. 이제 거나라의 복(僕)은 군주인 아버지를 죽였고 나라의 보물도 훔친 자입니다. 그러니 그런 자를 쫓아낸 것은 배운 대로 행한 것으로 큰 공은 못 되겠지만 신하로서의 죄는 면하지 않겠습니까?

선공 18년 되던 기원전 591년, 선공이 갑자기 세상을 떴다. 노나라는 과거 문공 사후 동문양중이 주도하여 적자인 악(惡)을 죽이고 서자인 선공을 세웠다. 이 사건은 노나라 역사에서 살적입서(殺嫡立庶)라고 불리는 매우 비극적이고도 심각한 사건이었는데, 그 과정에서 계문자는 아무런 말도 행동도 하지 못했다. 선공이 후에 세상을 뜨니 그제야 계문자는 18년 전에 동문양중의 살적입서를 성토하였다. 장선숙(臧宣叔)이 화를 내면서 "당시에는 아무 말도 하지 못하고 있다가 지금 그런 말을 하면 어쩌자는 것이오? 양중의 아들 공손 귀보(公孫歸父)가 무슨 죄가 있소? 당신이 그를 제거하고자 한다면 차라리 내가 하도록 해주시오" 하며 그가 직접 동문씨(東門氏) 일파를 모두 축출하였다.

성공 4년 되던 기원전 589년, 성공이 진(晉)나라를 배반하고 초나라와 동맹을 맺으려 하자 계문자가 반대를 했다. 계문자는 이렇게 말했다. "진나라는 비록 무도하지만 배반할 수는 없습니다. 나라 대신들이 화목하고 우리나라와 거리가 가까우며 다른 나라에서 복종하고 있기 때문입니다. 더구나 진나라와 달리 초나라는 우리나라와 같은 희성(姬姓)도 아니니 우리를 아끼는 마음인들 있겠습니까?" 이 말을 듣고 성공은 결국 계획을 포기하였다.

성공 16년 되던 기원전 575년, 숙손선백(叔孫宣伯)이 진나라의 극주(郤犫)에게 사람을 보내어 말하기를 "노나라의 계맹(季孟) 두 사람은 진나라의 난서와 범문자 같은 존재로 노나라의 모든 정치는 이 두 사람으로부터 나옵니다. 그런데 이들은 서로 상의하여 권문(權門)이 많은 진나라는 따를 수 없으니 차라리 초나라를 섬기자 하고 있습니다. 이를 막으려면 계손행보를 죽이십시오. 그러면 저는 국내에서 맹헌자를 죽이고 진나라를 섬기겠습니다" 하였다. 이 말에 따라 진나라는 계문자를 초구(楚丘)에서 체포하였다. 성공은 자숙성백(子叔聲伯)을 시켜 진나라에 계문자의 석방을 요청하였다. 진나라의 극주는 앞서 숙손선백이 들려준 논리를 그대로 전개하며 계문자 체포에 협조하고 맹헌자를 죽이면 노나라와 우호적으로 지내겠다고 하였다. 그러나 자숙성백은 "숙손선백이 어떤 말을 했을지 안다. 그러나 만약 그의 말대로 두 사람을 제거하면 이는 노나라를 버리는 것으로 노나라가 망하고 나서 진나라를 원수(怨讐)로 삼는다면 진나라는 어떻게 노나라를 다스리겠는가?" 하였다. 이에 극주가 자숙성백에게 많은 읍을 주겠다고 제안했지만 그는 군주님의 원하시는 바를 얻는 것보다 더 큰 은혜가 없다며 사양하였다. 결국 범문자와 난무자가 개입하여 자숙성백의 말이 옳음을 밝히니 진나라도 계문자를 석방할 수밖에 없었다.

이 일로 노나라는 숙손선백을 내쫓았고 대부들은 충성맹세를 하였다, 쫓겨난 숙손선백은 제나라로 망명하고 말았다. 계문자로서는 거의 일생일대의 위기를 벗어난 셈이었다.

양공 5년이던 기원전 568년, 계문자가 죽어 그의 집에서 장례준비를 했는데 군주인 양공도 조문을 하였다. 그런데 그 자리에서 사람들은 과연 비단옷을 입은 첩이 없고 곡식을 먹는 말이 없으며 감추어진 금옥이 없고 귀한 기물이 없음을 확인하였다. 『좌전』의 기록자도 "그가 삼대에 걸쳐 군주를 모셨으면서도 사적으로 쌓은 재물이 없었으니 충성스럽다 하지 않을 수 있겠는가?" 하였다.

계문자 관련 논어 단편(1개)

5/20
계문자(季文子)는 세 번 생각한 후에 행하였다. 선생님께서 그것을 듣고 말씀하셨다.
"두 번이면 된다."
季文子三思而後行. 子聞之曰;再斯可矣.

계무자 季武子
숙(宿)

계무자의 이름은 논어에는 등장하지 않는다. 그러나 계무자는 노나라 계씨
가가 거대 가문으로 성장하는 과정에서 가장 큰 역할을 한 인물이었다는 점
에서 빠뜨릴 수 없는 검토 대상이다.

계무자는 노나라 계씨가문의 제4대 종주로서 3대 종주 계문자의 아들이었고
5대 종주 계도자(季悼子)의 아버지였다. 종주로 있었던 기간도 꽤 길어서 기
원전 568년부터 기원전 535년까지 34년간이었다. 그 기간을 함께하였던 노
나라의 군주는 주로 양공(BC 573~BC 542)이었고, 양공 사후 7년을 소공(BC
542~BC 510)과 함께하였다. 공자는 18살이 되던 해에 계무자가 죽었기 때문에
그의 존재는 물론 노나라의 역사에서 그가 어떤 역할을 하였는지 충분히 인
식하고 있었을 것이다.

계무자의 성은 희(姬)였고 씨는 계손(季孫)이었으며 이름은 숙(宿), 별칭은
숙(夙)이었다. 노나라 역사에서 그의 두드러진 역할은 역시 양공 11년, 그러
니까 기원전 562년 노나라에 삼군(三軍)을 창설한 것이었다고 할 수 있다. 3대
종주가 되어 불과 6년 만에 단행한 것이라 어쩌면 매우 대담한 도전이었다.
당시까지 노나라는 2군으로 편성되어 있었는데 이를 삼군으로 개편했다는
내용이 『좌전』에 기록되어 있다. 내용은 다음과 같다.

양공 11년 봄에 계무자가 삼군을 편성할 요량으로 숙손목자에게 "삼군을 만들
어 각자 일군씩을 거느리도록 합시다" 하였다. 이에 숙손목자가 "그러면 장차

정치적 부담이 모두 당신에게 돌아갈 텐데 당신이 감당하기 어려울 것이오" 하였으나 계무자는 뜻을 굽히지 않았다. 숙손목자는 "정 그렇다면 맹약을 맺겠소?" 하여 마침내 희공의 사당 문간에서 맹약을 맺고 오보의 거리(五父之衢)에서도 맹세행사를 하였다. 정월에 삼군을 편성하고 공실이 통치하던 전체 영토를 삼분하여 삼가가 각각 하나씩을 거느리며 종전의 군대는 해산시켰다. 계씨는 자기 권역 내의 사람들에게 군역을 담당하는 자에게는 면세를 해주고 군역을 담당하지 않는 자에게는 세금을 두 배로 내게 하였다. 맹손씨는 권역 내 사람들의 절반을 자신의 가신으로 삼았다. 또 숙손씨는 권역 내 모든 사람들을 가신으로 삼았다. 그리고 그들은 자신들의 계획에 따르지 않으면 가만두지 않았다.

양공은 워낙 어린 나이에 군주가 되었기 때문에 양공 11년에도 그의 나이는 14살에 불과했다. 계무자는 양공이 더 나이가 들기 전에 이 군사편제 개편을 해치우고 싶었을 것이다. 이듬해 계무자는 거(莒)나라가 노나라 외곽을 친것에 대한 보복으로 거나라의 운(鄆)읍을 쳐서 그 곳의 큰 종(鍾)을 약탈하여 양공의 욕조(浴槽)로 사용하도록 바쳤다. 판단력이 미약한 군주에 대한 병 주고 약 주는 조치가 아니었을까 한다.

양공 19년, 양공은 진(晉)나라의 군사지원을 받아 제(齊)나라와의 전투에서 승리한 양공의 무공을 제나라에서 획득한 전리품으로 만든 악기용 종(鐘)에 새겨 넣었다. 장무중(藏武仲)은 이에 대해 "예에 어긋나는 일입니다. 자고로 종에 새기는 것은 천자의 경우 덕(德)을 새기고 제후의 경우 시의(時宜)를 새기고 대부의 경우 무공을 새깁니다. 그런데 지금 무공을 새겼다는 것은 군주의 격을 대부로 떨어뜨렸을 뿐 아니라 남의 나라의 힘을 빌어 요행히 작은 나라로서 큰 나라를 이겼는데 그것을 종에 새겨 큰 나라를 노하게 한다는 것은 망국의 길입니다" 하고 비판하였다.

양공 29년 양공이 초나라 강왕(康王)의 장례식에 참석하러 초나라에 가고 없는 틈에 계무자는 노나라의 변읍(卞邑)을 자신의 읍으로 취하였다. 그러고는 귀국하는 양공을 맞으러 자신의 가신인 공야(公冶)를 보낸 후 뒤늦게 밀서(密書)를 추가로 공야에게 보내 양공에게 전하게 하였다. 그 밀서에서 계무자는 "변읍을 관리하고 있는 자가 반란을 획책하고 있다는 소문이 있어 제가 이를 토벌하고 변읍을 차지하고 있사오니 그리 아소서" 하고 둘러대었다. 뒤늦게 공야는 계무자가 양공을 속이는 데 자신을 이용하였음을 알고 죽을 때까지 계무자를 스스로 찾지는 않겠다고 하는가 하면 늙어 죽어갈 무렵에는 가신들에게 자기가 죽더라도 장례식에 계무자가 관여하지 않도록 하라고 당부할 정도였다. 결국 계무자는 욕심이 많고 사술에도 능했지만 덕과는 거리가 멀었던 사람이었다고 할 수 있다.

양공은 평소 초나라에 대해 좋은 감정을 가지고 있었기 때문에 궁궐을 초나라식으로 지어 사람들이 초궁(楚宮)이라 불렀다. 양공 31년 양공은 34세의 나이로 이 초궁에서 죽었다. 양공은 정비에게서 아들을 두지 못했다. 그래서 첩이었던 경귀(敬歸)의 여동생 제귀(齊歸)가 낳은 주(裯)를 군주로 세웠으니 그가 곧 비운의 군주 소공이었다. 소공은 나이가 열아홉이나 되었어도 철이 들지 않아 행동거지에 문제가 많았다. 숙손목숙 등 다수의 사람들이 이의를 제기했지만 계무자가 받아들이지 않아 주는 그대로 추대되었다.

계무자는 소공 7년에 죽었다. 이 7년을 계무자는 조용히 살았을까? 그렇지 못했다. 소공 5년, 죽기 2년 전에 계무자는 자신의 시호로 부여된 무(武)자에 걸맞는 마지막 행동을 하게 된다. 그는 양공 11년에 삼군 체제로 개편하였던 노나라의 군사편제에 다시 손을 대어 중군을 폐지하고 다시 이군체제로 돌아가는 조치를 취했던 것이다. 마치 그것은 25년 전의 잘못된 조치를 되돌리는 듯한 외형을 가지고 있었지만 실은 그것과는 전혀 상관없는, 오히려 노나라의 권력을 더욱더 자신과 삼환 중심으로 집중하는 조치였다.

중군 폐지 과정에는 공식적으로 계무자의 이름이 등장하지 않고 시씨(施

氏)가 발의하고 장씨(臧氏)가 완성한 것으로 되어 있다. 아마 계무자가 그들에게 역할을 맡기고 자신을 숨긴 것이 아닌가 한다. 공실(公室)이 가지고 있는 영지를 넷으로 나누어 둘은 계씨가 차지하고 나머지 둘은 맹씨와 숙손씨가 하나씩 차지하는 방안이었다. 그리고 공실에는 삼환이 얼마간의 공물(貢物)을 제공하여 수요를 조달하는 방안이었다.

계무자는 두설(杜洩)에게 먼저 죽은 숙손목자에게 고하는 제문으로 만들게 하였는데, 그 제문 속에 "숙손님께서는 생전에 중군을 폐지하고자 하셨는데 이제야 폐지하게 되어 삼가 고합니다" 하는 말이 들어 있었다. 이에 두설은 "돌아가신 어른께서는 전혀 중군을 폐지하고자 하지 않으셨으니, 그래서 희공의 사당 문간에서 맹약까지 체결하셨던 것입니다" 하고 받은 제문을 땅바닥에 내동댕이치며 숙손씨 집안사람들과 함께 통곡을 하였다.

계무자는 이렇게 양대에 걸친 두 군주가 아직 제자리를 잡기 전에 모든 권력을 자신과 삼가 중심으로 만들어놓고 그로 인한 군주와 자신과의 충돌이 본격화되기 전에 죽고 말았다. 그러나 그 충돌 요인이 어디로 가겠는가? 결국 자신의 아들 계평자와 소공 간의 충돌로 이어져 노나라 역사상 최악의 갈등과 비극이 전개되었던 것이다.

계평자 季平子

계평자는 논어에는 등장하지 않는다. 그러나 역시 그는 공자의 젊은 시절에 노나라의 권력을 사실상 쥐고 흔들었던 실세 중의 실세였다. 그런 차원에서 그를 추가 조항으로 삼는다.

노나라 계씨가의 제6대 종주 계평자는 정식 이름은 계손의여(季孫意如)였고 계무자의 손자이자 계도자의 아들, 그리고 계환자의 아버지였다. 종주로 있었던 기간은 기원전 530부터 기원전 505년까지 26년이다. 이 기간은 공자의 청장년 시절로 기원전 530년에 공자는 22세였고 기원전 505년에 공자는 46세였다. 그야말로 공자는 왕성한 젊은 시절을 계평자와 함께하였던 셈이다.

계평자가 종주가 되자 그는 가신인 남괴를 예우하지 않았다. 그러자 남괴는 소공의 아우 자중(子仲, 公子憖)에게 말하기를 "제가 계평자를 축출하고 그의 가산을 모조리 군주님께 바치겠습니다. 그러면 당신께서는 그의 자리를 차지하십시오. 저는 계씨가의 영유읍인 비읍의 읍재가 되어 군주님을 모시겠습니다" 하였다. 자중은 그 제안에 동의하였다. 그러자 남괴는 그 계획을 숙중목자(叔仲穆子)[17]에게도 말하면서 그 배경을 이렇게 설명했다. 거기에는 단순히 자신을 제대로 예우하지 않는 것 이상으로 복잡한 배경이 있었던 것이다.

계씨가의 5대 종주 계도자는 종주로 있었던 기간이 유독 짧아 5년 만에 죽었다. 그래서 숙손소자(叔孫昭子)가 경(卿)으로 승진하였는데, 얼마 후 그는 더 높은 자리로 승진하여 자신의 아버지 숙손목자가 차지했던 지위보다 더 높게 되었다. 그래서 숙중목자가 차제에 계씨가와 숙손씨가 사이에 갈등을 야기시킬 요량으로 계평자에게 이의를 제기하였다. 계평자가 이를 받아들이려고 하자 숙손소자는 강력히 반발하여 소송을 제기하겠다고 엄포를 놓았다. 이에 불안해진 계평자는 이 문제에 대한 책임을 숙중목자에게 전가하였다. 숙중목자는 결국 비읍의 읍재였던 남괴, 그리고 자중과 모의하여 계평자를 치기로 하였고 자중은 그 계획을 형인 소공에게 들려주었다. 그러나 자중은 소공을 따라 진(晉)나라를 방문하게 되어 결국은 남괴 혼자 비읍에서 계평

---

17) 숙중목자(叔仲穆子). 숙중씨(叔仲氏)는 숙손씨 가문에서 갈라져 나온 가문으로 숙아의 둘째아들이자 숙손대백(叔孫戴伯)의 아우였던 무중휴(武仲休)을 시조로 개시되었다. 세계는 다음과 같다.
　武仲休－叔仲惠伯(叔仲彭生, ~BC 609)－叔仲亥－叔仲昭子(叔仲帶)－叔仲穆子(叔仲小)－叔仲志

자에 대한 반역을 선언하였지만 비읍 사람들이 잘 움직이지 않아 남괴는 제나라에 가서 붙었다. 자중도 제나라 방문을 마치고 돌아오다가 비읍에서 반란이 일어났지만 성공하지 못했다는 소문을 듣고 역시 제나라로 달아났다.

계평자는 숙중목자가 이 모의의 중심이었다는 것을 알았지만 직접 움직이지 않고 숙손소자에게 숙중목자를 추방하라고 하였다. 그렇지만 숙손소자도 같은 혈족인 숙중씨 가문에게 원망을 사기 싫었기 때문에 적극적으로 움직이려 하지 않았다.

소공 13년 봄에 계평자는 대부 숙궁(叔弓)을 보내 비읍을 포위하였지만 이겨내지 못하였다. 처음에는 그들을 소탕한다는 차원에서 강제력을 행사하다가 야구부(冶區夫)의 조언을 받아들여 비읍 사람들의 궁핍을 지원하고 못 입고 떠는 자들에게는 옷을 입히고, 굶주리는 자들에게는 먹을 것을 주었더니 많은 사람들이 남괴를 반대하고 계평자를 따랐다. 그렇게 하여 비읍의 읍재 남괴를 중심으로 형성되었던 반계씨 세력은 결국 와해되고 말았다.

그러나 당시 계평자는 주(邾)나라, 거(莒)나라 등 주변 약소국들과의 관계나 당시의 패권국인 진(晉)나라와의 관계를 잘 끌고 가지 못했다. 약소국을 무시하는 경우가 많았고 군사를 내어 치는 경우도 많아 약소국들은 진나라에 괴로움을 호소하였지만 노나라는 이를 잘 알아차리지도 못하고 적절히 대응하지도 못했다. 이를테면 소공 13년 진나라는 평구(平丘)에서 동맹을 맺었으나 노나라의 소공은 회맹 자리에 참석하지 못했다. 오히려 진나라는 노나라의 계평자를 체포하여 천막 안에 가두어 놓고 적인(狄人)들에게 지키게 했다. 노나라의 수행원이 적인들에게 뇌물을 주고 기어서 들어가 음료와 얼음 등 일용품을 계평자에게 전달하는 수모를 겪어야 했다. 그러고도 진나라 사람들은 회맹 후 계평자를 진나라로 데려갔기 때문에 노나라의 자복혜백(子服惠伯)이 따라갔다.

소공도 예방 차 진나라로 갔으나 나라의 경이 잡혀오는 마당에 군주까지 함께 오는 것은 모양이 좋지 않다는 순오(荀吳)의 지적이 있어 결국 소공은 입국을 거절당하고 노나라로 되돌아갔다. 진나라까지 계평자를 따라간 자복혜백은 진나라 중행목자(中行穆子, 荀吳)에게 진나라가 오랑캐들의 말만 믿고 계평자를 공개적으로 잡아가둔 것은 너무 한 것이었다고 설득을 해서 결국 계평자를 용서하고 노나라로 돌려보내기로 결정했다. 그러나 자복혜백은 모든 나라의 제후들이 보는 가운데서 있었던 일이기에 돌려보낸다는 것만으로는 계평자의 죄를 벗겨줄 수 없으니 먼저 계평자만 노나라로 돌아가고 자복혜백은 남아 진나라가 모든 제후들 앞에서 계평자에 대한 용서를 선언하는 예식이 있을 때까지 기다리기로 했다. 후에 그것이 공개적으로 인정된 후 다시 평구에서 회합이 있자 소공 16년에 소공은 겨우 회합에 소집되어 갔다가 돌아올 수 있었다. 공을 세운 자복소백(子服昭伯)은 귀국한 계평자에게 "진나라의 공실은 장차 비소해질 것입니다. 군주는 어리고 육경(六卿)은 강대하고 오만하니 공실이 나약해지지 않겠습니까?" 했는데 과연 그래서인지 진나라 군주 소공(昭公)[18]은 기원전 526년 세상을 떠났다.

그 후 계평자의 이름은 자주 등장하지 않는다. 진나라로 체포되어 갔다가 용서를 받고 돌아온 후 계평자는 십수 년간 비교적 특별한 일이 없이 지낸 듯하다. 그러다가 소공 25년 계평자를 제거하기 위한 소공의 반역이 일어난다. 기원전 517년이었고 당시 공자는 35세였지만 그때 공자는 노나라에 있었는지 제나라에 있었는지 불확실하다. 어쨌든 기원전 517년의 이 반역에서 공격을 받은 기득권자는 계평자의 계씨가를 위시한 삼가였고, 공격하는 반란세력은 소공을 위시한 군주파와 장손씨(臧孫氏) 가문, 후손씨(郈孫氏) 가문 그리고 각 가문에서 총애를 받지 못하고 있는 자들, 개별적으로 계평자의 눈 밖에 난 자들이었다.

---

18) 노나라 군주 소공(昭公)과 시호가 같다. 재위 기간은 6년이었다.

처음에는 소공측이 우세를 보였다. 처음에는 계손씨집을 공격하자마자 계손공지(季孫公之)를 죽이고 계평자를 대에 올려 겁박하는 등 강공을 펼치면서 소공은 계평자의 어떤 타협안도 들어줄 것 같지 않았다. 그러나 삼가가 상황을 눈치 채고 서로 협력하기로 하자 전세는 순식간에 뒤바뀌고 말았다. 계씨집은 소공 측에서 장악하였다가 금새 숙손씨집에서 새로 장악하여 숙손씨 가문의 깃발이 펄럭이게 되었다. 소공을 지원하던 후소백마저 맹손씨 가문의 공격으로 죽고 말자 전세가 완전히 역전되었음을 안 소공은 일부의 만류를 물리치고 제나라로 도망가고 말았다.

그 후 도망간 소공이 제나라나 송나라 특히 패권국인 진나라의 도움을 받아 계평자를 축출하고 노나라로 돌아가기 위해 약 7년, 처음에는 제나라와의 경계지역인 운에서, 나중에는 거기서도 쫓겨나 진나라의 먼 외곽지역인 간후에서 떠돌다가 결국 비참하게 객사하고 말았다.(자세한 것은 '소공' 조항 참조)

계평자는 진나라의 경공(頃公)과 범헌자 등의 대부를 중간에 두고 소공과 치열한 외교전을 펼쳤으나 결국 계평자는 무리한 일을 벌이지 않았고 군주에게 탄원도 할 만큼 하였지만 소공은 무리하게 나라의 경을 처단하려 하였으며, 또 계평자는 군주가 나라를 떠난 이후에도 말을 보내주거나 필요한 의복을 보내주는 등 신하로서 할 일을 하였다는 평가를 받았다. 돌이켜보면 소공과 그를 따르고 있는 강경파들은 계평자가 함께 있는 한 결국 자신들의 입지가 유지되기 어렵다는 것을 잘 알고 있기 때문에 진나라가 계평자를 축출해주기만 바라고 있었던 셈이다. 그리고 소공으로서는 무리하게 계평자를 처단하려 했던 것 때문에 유화적인 대안을 선택하기도 어려웠던 셈이다. 결국 소공의 죽음이 이 문제를 해결해준 셈이며 군주의 대부 사이에서 해결되지 못한 이 문제는 결국 배신(陪臣), 즉 사(士)의 신분으로까지 내려가며 더욱 험악한 정치 현실을 만들어갔던 것 같다.('소공' 조항 참조)

계환자 季桓子

계환자는 노나라의 대부이자 경(卿)이던 계손사(季孫斯)를 말한다. 그는 계평자의 아들이었고 계강자의 아버지였다. 정공 5년(BC 505)부터 애공 3년(BC 492)까지 14년 간 계씨가의 종주로 있었다. 대부가 되던 첫 해부터 자기 가문의 가신이었던 양호에게 체포·감금되는가 하면 맹약을 강요당하고 살해의 위협에 시달리게 된다. 그러나 양호가 노나라에서 도망가고 나서부터는 다행히 최대 가문의 위상을 회복하고 모든 국면을 정상화하는 데 노력한다. 공자가 노나라의 정치에 간여하던 기간은 대부분 계환자의 치세와 같은 기간이었기 때문에 노나라의 역대 대부들 중에서는 공자와 가장 인연이 깊다고 할 수 있다.

아버지 계평자가 노나라 동야(東野)를 순행하고 돌아오던 중 방(房) 땅에서 갑자기 죽자 가신이던 양호는 장례의식을 둘러싸고 가신장이던 중량회(仲梁懷)와 심각한 다툼을 벌였다. 양호는 이 예기치 못한 갈등과 갑작스럽게 권력의 공백상태에 빠진 노나라를 거머쥐어 보려는 생각을 연결시켰다. 양호는 나라 안의 여러 불만세력들을 규합하는가 하면 계환자와 그의 사촌 공보문백(公父文伯, 季悼子의 손자)을 체포하여 가두고 중량회를 계씨가의 가재에서 쫓아냈다. 그리고 얼마 후 양호는 공하막(公何藐)을 죽여서 노나라에 공포 분위기를 조성한 다음, 계환자를 불러내어 직문(稷門) 안쪽에서 맹약을 맺었다. 계씨의 일족이라는 공하막은 아마도 중량회의 다른 이름이었을 것으로 보이는데, 그를 죽여 살벌해진 노나라의 정치 상황에서 이루어진 맹약이 어떤 내용을 담고 있었는지는 알려진 것이 없지만 아마 양호에게 모든 권력을 이양하는 매우 기막힌 내용을 담고 있었을 것이다.

이듬해 초 양호는 정나라를 침공하러 갔다가 돌아올 때 계환자를 위나라 도읍의 남문으로 들어가서 동문으로 나와 돈택(豚澤)에 머무르게 하는 등 이웃 나라들에 대해서도 무뢰한 짓을 하게 하여 악명을 크게 떨쳤다. 그 해 말 양호는 정공과 삼환을 불러 주사(周社)에서 맹약을 맺고 또 대부들까지 모두 소집하여 박사(亳社)에서 맹서를 맺는가 하면 심지어 오보의 거리에 대중을 모아 대규모 군중대회까지 열기도 하였다.

정공 8년 가을 양호는 삼환의 현 종주들을 모두 제거하고 계손씨의 종주로 계환자 대신 그의 아우 계오(季寤)를 앉히고, 숙손씨의 종주로는 숙손무숙(叔孫武叔) 대신 그로부터 인정을 받지 못하고 있던 그의 서자 숙손첩(叔孫輒)을 앉혔으며, 맹손씨의 종주로는 맹의자(孟懿子) 대신 양호 자신이 앉는 계획을 세웠다. 당연히 자신이 제1가문의 종주이자 나라의 경으로 행세하며 어차피 허수아비가 된 군주를 조종하여 노나라의 국권을 실질적으로 행사하겠다는 것이었다.

이 무모한 계획의 핵심은 계환자를 노나라 도읍의 동문 밖에 있는 농원 포포(蒲圃)로 초대하여 향연을 베풀면서 그 자리에서 죽이는 것이었다. 그러나 구체적 계획을 실행하는 과정에서 정보가 누출되고 말았다. 맹손씨 가문은 양호의 계획을 미리 간파하고 가신 공렴처보(公斂處父)의 주도하에 사전에 병력을 동원하여 대비함으로써 결국 양호의 계획을 좌절시키고 말았다.

양호의 치세에서 빠져나온 계환자는 삼환의 실추된 위상을 회복하기 위하여 계씨가의 가재에 노나라 사람들의 신망을 모으고 있던 공자학단의 자로를 임명하는가 하면 삼환의 권위를 실추시키는 데 결정적 역할을 하였던 지역거점들, 곧 비읍을 위시한 후읍, 성읍의 성들을 모두 허물어 더 이상 군사요새로서 역할을 하지 못하도록 무력화시켰다. 이는 양호 같은 배신(陪臣)들이 다시는 날뛰지 못하게 하려는 목적에서 추진한 것으로 맹씨의 성읍만 제외하고는 그 목적을 웬만큼 달성하기도 하였다.

계환자가 계씨가의 종주로 있던 기간은 공자가 사구로 임명되는 등 노나라가 점진적으로 혁신되어가는 모습을 보여주기도 했다. 그러나 제나라가 이를 불안하게 여겨 80명의 여악(女樂)을 노나라에 보내 정공과 계환자가 이를 즐기느라 조회도 열지 않아 결국 공자가 노나라를 떠났다고 논어는 제법 그럴듯하게 기록하고 있다. 그러나 그런 내용은 『좌전』의 기록에서는 찾을 수 없는 논어 자료 수집가의 항설에 지나지 않는 것이다. 노나라는 군주와 삼가의 종주가 나란히 앉아 외국에서 보내온 여악을 즐길 수 있는 그런 나라가 아니었다. 논어 18/4는 있을 수 없는 항설로서 뒤늦게 수집되어 논어에 수록된 것으로 보아야 할 것이다. 논어에는 공자가 군주나 대가문의 종주들과 나누는 대화가 제법 있는데, 그 대화나 대면에서 이런 터무니없는 항설이 곧잘 끼어들곤 했기 때문에 주의 깊게 읽지 않으면 안 된다. 80명의 여악설은 그 중 가장 전형적인 것이라 할 수 있다.[19]

애공 3년, 기원전 492년, 당시 공자가 노나라를 떠나 진(陳)나라에 머물고 있을 때 계환자는 병이 났다. 그는 가신이던 정상(正常)에게 명하여 자신이 죽더라도 따라 죽는 사람이 없도록 하라고 명을 내리고, 당시 임신 중이던 남유자(南孺子)가 아들을 낳으면 그를 후계자로 삼고 딸을 낳으면 이미 후계자 역할을 하고 있는 서자 계손비(季孫肥, 季康子)를 후계자로 삼으라 하였다. 나중에 남유자가 아들을 낳았지만 어느 괴한이 아기를 죽임으로써 결국 서자인 계손비(계강자)가 후계자가 되었다.('양호' 조항 참조)

---

19) 논어 자료 수집기에도 이런 항설들이 무참하게 끼어들었는데 특히 400년 정도나 세월이 지난 사마천의 「공자세가」 자료 수집기에 이런 항설들이 끼어드는 경우는 훨씬 많았을 것이다.

계자연 季子然

계자연은 계씨가문의 일족으로, 당나라 때 두우(杜佑, 735~812)에 의하면 계
평자의 아들이자 계환자의 동생이라고 한다. 남아 있는 행적은 없다. 논어에
나오는 대화가 공자의 외유 이전인지 이후인지는 알 수 없으나 자로와 염유
가 함께 신하로 일컬어졌다면 이후로 보는 것이 맞을 것이다. 그렇다면 당시
계자연은 계강자가 대부로 있던 때이므로 그의 숙부로서 나름 정치적 역할을
하던 때가 아닐까 한다.

계자연 관련 논어 단편(1개)

11/25

계자연(季子然)이 물었다.

"중유(仲由)와 염구(冉求)는 큰 신하라 할 수 있습니까?"

선생님께서 말씀하셨다.

"나는 당신께서 다른 질문을 하실 줄 알았는데 겨우 유(由)와 구(求)에 관한 질문이군요. 이른바 큰 신하란 도로써 임금을 섬기다가 더 이상 섬길 수 없으면 그만 둡니다. 지금 유(由)와 구(求)는 부화(附和)하는 신하라 할 수 있을 것입니다."

계자연이 말했다.

"그러면 맹종하는 자들입니까?"

선생님께서 말씀하셨다.

"아비나 임금을 죽이는 일에는 그래도 따르지 않을 것입니다."

季子然問;仲由冉求可謂大臣與?子曰;吾以子爲異之問,曾由與求之問.所謂大臣者,以道事君,不可則止.今由與求也,可謂具臣矣.曰;然則從之者與?子曰;弑父與君,亦不從也.

계강자 季康子

비(肥)

계강자는 노(魯)나라 계손씨(季孫氏) 가문의 제8대 종주였다. 이름은 비(肥), 시호는 강(康)이었다. 공자가 노나라를 떠나 외유 중이던 기원전 492년에 아버지 계환자의 갑작스런 죽음으로 대부가 되었으며, 공자 사후 11년이 지난 기원전 468년에 죽었다. 24년간 대부로 있었는데, 특히 공자가 외유에서 돌아온 후 죽을 때까지 5년간 그는 노나라에서 가장 중요한 정치적 인물로서 공자와 많은 대화를 나누고 있다. 그가 등장하는 논어 단편만 해도 15개나 된다. 공자와 그의 몇몇 제자를 제외하고는 아마 가장 자주 등장하는 인물일 것이다.

계강자는 제7대 종주인 계환자의 서자였다. 애공 3년 계환자는 죽을 때가 되자 가신인 정상(正常)을 불러 만약 부인 남유자(南孺子)가 가진 아이가 남자면 그 아이에게 후계를 물려주고 여자면 서자인 비(肥)에게 후계를 물려주라고 유언했다. 계환자가 죽자 아직 아이를 낳지 않았기 때문에 일단 비가 후계자가 되어 조정에 나가 일을 보았다. 얼마 후 남씨가 아이를 낳았는데 아들이었다. 정상은 아이를 수레에 싣고 조정에 나가 애공에게 계환자의 유언을 보고했다. 그리고 자신은 위(衛)나라로 달아났다. 비는 이야기를 전해 듣고 후계자 자리에서 물러나겠다고 청하였다. 애공이 사람을 시켜서 보고 오게 하였더니 그 사이에 누군가가 아기를 죽여버렸다. 조정은 범인을 찾아 처형했고 계씨가의 종주 자리는 그대로 비로 이어지게 되었다. 노나라는 정상에게 돌아오라 하였으나 끝내 돌아오지 않았다. 이것이 계강자가 서자로서 다소 석연치 않게 계환자의 뒤를 잇게 된 과정이다.

『좌전』이 기록하고 있는 계강자에 대한 첫 기록은 그가 대부가 된 후 4년째 되던 애공 7년이다. 그 해 오(吳)나라의 태재(太宰) 비(嚭)가 계강자를 불렀지만 가지 않고 대신 자공을 보냈다. 태재 비는 무례함을 따졌지만 자공이 슬기롭게 답변하여 간신히 화를 피했다. 또 그 해 계강자는 주(邾)나라를 치려고 대부들에게 향연을 베풀며 계획을 논의했다. 그 자리에서 자복경백(子服景伯)은 노나라처럼 큰 나라가 주나라처럼 작은 나라를 치는 것은 불인(不仁)이라고 비판하자 계강자는 맹무백과 함께 불쾌하다는 듯이 자리를 박차고 나가버렸다.

이듬해인 애공 8년에 나오는 기록이다. 한때 제나라의 도공(悼公)이 노나라에 와 있을 때 계강자는 자신의 누이동생 호희(胡姬)을 그에게 시집보내었다. 후에 도공이 제나라에 돌아가 즉위를 하자 그는 호희를 제나라로 불렀다. 그러나 당시 그녀는 숙부인 계방후(季魴侯)와 정을 통하고 있었기 때문에 부름에 응할 수 없었다. 그런 사정을 오빠인 계강자에게 솔직히 얘기했더니 계강자도 차마 그녀를 보낼 수 없었다. 사정을 모르는 도공은 크게 노했다. 그래서 군사를 보내 노나라를 치고 두 곳의 땅을 빼앗았다. 후에 어떤 사람이 그 내막을 도공에게 넌지시 알려주었다. 도공은 호희를 죽였다.

애공 11년 계강자가 전부법(田賦法)을 시행하려고 가재인 염유에게 공자의 의견을 들어보게 하였다. 공자는 "모른다"고 대답했다. 세 번이나 물어보았으나 공자는 동의하지 않았다. 결국 계강자가 직접 나서서 "국로(國老)이신 선생님의 뜻을 받들어 시행을 하고자 하는데 어찌 말씀이 없으십니까?" 하였지만 공자는 여전히 대답을 하지 않았다. 나중에 공자는 염유에게 사사로이 말하기를 "증세를 하지 말고 과거의 세법으로 만족하라"는 말을 전했지만 결국 계강자는 받아들이지 않고 증세를 강행하고 말았다. 논어 11/18에는 이 사건으로 공자가 제자인 염유를 맹렬히 비판하는 내용이 실려 있다.

그 후 애공 14년, 소주(小邾)나라의 대부 역(射)이 노나라로 와서 자로의 보중만 있으면 어떤 맹약도 체결하지 않고 구역(句繹)의 땅을 노나라에 복속시키겠다고 하였다. 그런데 이 조건에 대해 당사자인 자로는 의롭지 못한 일에 동조할 수 없다고 반대하였다. 계강자는 가재인 염유를 중간에 넣어 자로를 설득하였으나 자로는 끝내 뜻을 굽히지 않았다. 이로 인하여 계강자와 자로의 관계가 크게 나빠진 것 같고, 아마 그 때문에 자로는 노나라를 떠나 위나라로 갔다가 정변에 휘말렸던 것 같다.

애공 25년에는 애공이 월(越)나라로 갔다가 돌아오자 계강자와 맹무백이 오오(五梧)로 마중을 나갔다. 곽중(郭重)이 애공을 수행했는데 그는 먼저 두 대부를 만나보았더니 안 좋은 말이 많았다. 그래서 애공에게 보고를 하면서 "좀 따지시기 바랍니다" 하였다. 애공이 오오에서 주연을 베풀었는데 맹무백이 축언을 하고 나서 곽중에게 악담을 하기를 "어찌 그리 살이 쪘소?" 하였다. 그러자 계강자가 말하기를 "맹손에게 벌주를 내리십시오. 노나라가 적국에 가까워 저희들이 군주님을 모시고 따라가지는 못하였지만 이제 긴 여행에서 돌아오셨는데 곽중에게 살이 쪘다는 말을 하다니요" 하고 조정에 나섰다. 그러자 애공이 "그야 여러 사람들의 말을 많이 얻어먹다보니 어찌 살이 찌지 않을 수 있겠소?" 하였다. 이 대화로 주연은 분위기가 냉랭해졌고 군신 간에 좋지 않은 감정의 골이 생겼다.

애공 27년, 기원전 468년은 노나라로서는 매우 특별한 역사적 전환점이 된 해였다. 바로 그 해에 계강자가 갑자기 죽었고 그를 그리도 싫어하던 군주 애공도 죽었다. 그리고 너무나도 유명한 역사 기록 『좌전』도 이 해에 대단원의 막을 내리게 된다.

어쨌든 그 해 봄까지만 해도 계강자는 맹무백, 숙손목자와 함께 점령한 땅을 주(邾)나라에 반환하고 국경을 정하는 문제로 평양(平陽)에서 월나라의 사신을 만나 맹약을 체결하였는데, 어찌된 일인지 그 해 4월 갑자기 세상을 떠나고 만 것이다. 애공이 조문을 갔지만 경(卿)에 상응하는 예를 표하지 않고 한 격 낮게 조문하였다. 그만큼 군신의 사이는 나빠질 대로 나빠져 있었던 것이다.

계강자는 돌이켜보면 특별히 뛰어난 지도자도 아니었지만 그렇다고 해서 무모하거나 난폭한 지도자도 아니었다. 공자에게는 최대한 예의를 지키려 노력하였고, 특히 자공이나 염유 같은 공자학단의 젊은 학도들을 노나라 조정이나 계씨가의 가신으로 중용하였다는 것은 그 나름의 안목이 있었음을 보여준다.

흥미로운 것은 논어에 등장하는 공자와 계강자의 대화를 보면, 공자는 그를 국가권력의 중심축으로 이미 인정하고 있었다는 것이다. 2/20에서 공자는 계강자에게 조언을 하면서 "당신이 스스로 선을 행함으로써 선을 거양하면 그것으로서 백성들에게 교육적 효과가 나게 되기 때문에 선을 권장할 필요가 없다"는 논리를 전개하고 있다. 이런 조언은 나라에서 계강자가 이미 군주에 상응하는 위상을 현실적으로 가지고 있다는 것을 인정한 셈이다. 그것은 논어 제12안연편의 연속되는 세 개 장(18~20)에서 당신이 앞장서서 올바름을 실천할 때 백성들이 저절로 올바른 길을 걷게 된다고 강조한 데에서 변함없는 논리를 보이고 있다. 이는 국가권력의 현실을 공자가 단지 이론 내지 이념에만 치우치지 않고 있는 그대로 바라보고 있다는 것을 알 수 있다. 물론 그렇다고 해서 공자가 군주와 대부의 원칙적 질서를 무시하거나 도착하고 있지도 않다. 그러나 군주와 삼가 간의 뿌리 깊은 갈등은 여전히 해소될 줄 몰랐고, 물밀 듯 밀려오는 전국(戰國)의 암운을 맞아 계강자 자신도 쟁패의 물결에 무력하게 휩쓸리고 말았다.

계강자 관련 주요 논어 단편(9개)

6/8

계강자가 물었다.

"중유(仲由)에게 정사를 맡길 수 있겠습니까?"

선생님께서 말씀하셨다.

"유는 과단성이 있습니다. 정사를 맡는 데에 무슨 문제가 있겠습니까?"

계강자가 물었다.

"사(賜)에게 정사를 맡길 수 있겠습니까?"

선생님께서 말씀하셨다.

"사는 능란합니다. 정사를 맡는 데에 무슨 문제가 있겠습니까?"

계강자가 물었다.

"구(求)에게 정사를 맡길 수 있겠습니까?"

선생님께서 말씀하셨다.

"구는 재능이 많습니다. 정사를 맡는 데에 무슨 문제가 있겠습니까?"

季康子問;仲由可使從政也與?子曰;由也果,於從政乎何有?曰;賜也,可使
從政也與?曰;賜也達,於從政乎何有?曰;求也,可使從政也與?曰;求也藝,
於從政乎何有?

2/20

계강자(季康子)가 물었다.

"권장하여 백성들로 하여금 공경스럽고 충성스러워지도록 하는 것이
어떻겠습니까?"

선생님께서 말씀하셨다.

"엄숙히 정사에 임하면 공경스러워지고 효성과 자애를 다하면 충성스러워집니다. 선을 거양하여 가르치는 것이 불가능하면 권장하게 됩니다."

季康子問;使民敬忠以勸,如之何?子曰;臨之以莊則敬,孝慈則忠.擧善而教,不能則勸.

3/1

공자께서 계씨(季氏)에 대해 말씀하셨다.

"뜰에서 팔일무를 추니 이를 감히 한다면 무엇인들 감히 못하겠느냐?"

孔子謂季氏;八佾舞於庭,是可忍也,孰不可忍也?

3/6

계씨(季氏)가 태산에서 여제(旅祭)를 지내려 하자 선생님께서 염유(冉有)에게 말씀하셨다.

"네가 말릴 수 없겠느냐?"

염유가 대답하였다.

"어쩔 수 없습니다."

선생님께서 말씀하셨다.

"슬프다! 태산의 신이 임방만도 못하단 말인가!"

季氏旅於泰山.子謂冉有曰;女弗能救與?對曰;不能.子曰;嗚呼!曾謂泰山不如林放乎!

10/16

계강자가 약을 보내자 절하여 받고 말씀하셨다.

"저는 약을 받을 만하지 않은지라 감히 맛보지 못하겠습니다."

康子饋藥,拜而受之,曰;丘未達,不敢嘗.

11/18

계씨(季氏)는 주공(周公)보다 부유한데도 구(求)가 그를 위해 부세(賦稅)를 걷어 더욱 부유하게 해주니 선생님께서 말씀하셨다.

"내 제자가 아니다. 너희들은 북을 울려 가며 그를 성토해도 좋다."

季氏富於周公,而求也爲之聚斂,而附益之.子曰;非吾徒也.小子鳴鼓而攻之,可也.

12/18

계강자(季康子)가 공자에게 정치에 대해 묻자 공자께서 대답하셨다.

"정치란 바로잡는 일입니다. 당신이 올바름으로써 앞장선다면 누가 감히 올바르지 않겠습니까?"

季康子問政於孔子.孔子對曰;政者,正也.子帥以正,孰敢不正?

12/19

계강자(季康子)가 도둑을 걱정하여 공자에게 묻자 공자께서 대답하셨다.

"단지 당신께서 욕심 부리지만 않는다면 설혹 상을 준다 하더라도 훔치지 않을 것입니다."

季康子患盜,問於孔子.孔子對曰;苟子之不欲,雖賞之,不竊.

12/20

계강자가 공자께 정치에 대해 물었다.

"만약 무도(無道)한 자를 죽여 백성들로 하여금 유도(有道)한 데로 나아가게 한다면 어떻겠습니까?"

공자께서 대답하셨다.

"당신이 정치를 하신다면서 어떻게 죽이는 방법을 쓰십니까? 당신이 선하고자 하면 백성들도 선해집니다. 군자의 덕은 바람이고 소인의 덕은 풀이라서 풀 위로 바람이 불면 풀은 반드시 눕게 됩니다."

季康子問政於孔子曰;如殺無道以就有道,何如?孔子對曰;子爲政,焉用殺?子欲善而民善矣.君子之德風,小人之德草.草上之風必偃.

생략 : 6/9, 11/7 13/2, 14/20, 14/38, 16/1

계손씨 세계

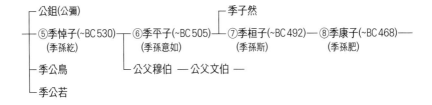

①季友(~BC 644)—②齊仲無佚(~?) — ③季文子(~BC 568)— ④季武子(~BC 535)—
　　　　　　　　　　　　　　　　　 (季孫行父)　　　　　　 (季孫宿)

　┌公鉏(公彌)　　　　　　　　　　　　 ┌季子然
─┼⑤季悼子(~BC 530)─⑥季平子(~BC 505)┼⑦季桓子(~BC 492)— ⑧季康子(~BC 468)—
　│ (李孫紇)　　　　 (季孫意如)　　　 (季孫斯)　　　　　　 (季孫肥)
　├季公鳥　　　　　 └公父穆伯 — 公父文伯 —
　└季公若

─⑨季昭子(~?) — 생략

맹장자
孟莊子

맹장자는 맹손씨 가문의 6대 종주로 맹헌자(孟獻子)의 아들이자 맹효백(孟孝伯)의 아버지였다. 중손속(仲孫速)이라고도 한다. 그가 맹씨 가문의 종주로 있었던 기간은 기원전 554년부터 550년까지 불과 4년에 불과했다. 공자가 태어나던 무렵이었다.

그에 대한 기록으로는 노양공(魯襄公) 16년 제나라가 노나라의 성읍을 포위했을 때 중손속이 맹렬히 대적하는 것을 보고 제나라의 영공(靈公)이 "용기를 좋아하는 자"라고 칭찬하고 일부러 그를 위해 물러났다는 기록이 있다. 또 양공 18년에는 진(晉)나라 등과 연합하여 제(齊)나라를 칠 때 그가 제나라 도읍에 들어가 성문 안에 있는 참죽나무(楢)를 베어서 양공을 위한 거문고(琴)를 만들었다는 기록이 있다. 나름대로 임금을 위한 충성심이 컸다는 것을 보여주는 사례가 아닌가 한다.

2년 후인 양공 20년 봄에는 거(莒)나라와 화평을 체결하는 맹약을 맺었고, 그 해 여름에는 자주 노나라를 침략하던 주(邾)나라를 쳐서 보복을 하였다.

그의 아버지 맹헌자는 46년간이나 대부로 있었기 때문에 유서 깊은 정책과 오랜 신하들이 있었을 것이다. 그 정책과 신하들을 급속히 바꾸지 않았다는 것은 그의 효심과 신중함을 보여주는 것이라 할 수 있다. 실제 그는 대부가 되고 4년 만에 죽었지만 그때까지 맹헌자의 정책과 신하들을 바꾸지 않았을 것이다. 그러나 맹장자는 장무중(臧武仲) 곧 장손흘(臧孫紇)과 관계가 나빠 그 관계를 계무자가 개입하여 조정해주기도 하였다.

맹장자 관련 논어 단편(1개)

19/18

증자(曾子)께서 말씀하셨다.

"내가 선생님께 듣기로 '맹장자(孟莊子)의 효도 가운데서 다른 것은 해낼 수 있겠으나 아버지의 신하와 아버지의 정책을 바꾸지 않는 것은 능히 해내기 어렵다' 하셨다."

曾子曰;吾聞諸夫子,孟莊子之孝也,其他可能也,其不改父之臣與父之政,是難能也.

맹희자 孟僖子

맹희자도 논어에는 이름이 나오지 않는다. 그러나 『좌전』에서 맹희자는 공자의 혈통에 관해 이야기할 뿐 아니라 그의 장래에 관해 언급한 드문 인물이기에 살펴볼 필요가 있다.

노나라 맹손씨 가문의 제8대 종주 맹희자는 기원전 542년부터 518년까지 24년간 종주로 있었으며, 『춘추』상의 이름은 중손확(仲孫貜)이었다. 아버지는 맹효백(孟孝伯, 仲孫羯)이었고 형은 맹장자였으며, 아들은 쌍둥이로 추정되는 맹의자(孟懿子, 仲孫何忌)와 남궁경숙(南宮敬叔, 說 또는 閱)이었다. 맹희자가 종주로 있던 기간은 공자 10세에서 34세까지였다. 말하자면 공자로서는 가장 정신력이 왕성하던 시기였다고 할 것이다.

맹희자는 소공 7년이던 기원전 535년 소공을 수행해 초나라에 갔는데, 이 때는 예법을 잘 몰라 매우 부끄럽게 여겼고, 그래서 돌아온 후 예를 조금이라도 아는 사람이 있으면 좇아가 배웠다. 그가 공자에 관심을 가지고 죽음(BC 518)에 이르러 두 아들 열과 하기(何忌, 孟懿子)를 공자에게 보내 예를 배우게 하라고 유언을 남긴 것도 그런 연장선에서 이루어졌다. 그리고 송나라에 뿌리를 두고 있는 공자의 선조들에 대한 언급도 다수 남겼는데, 그 때문에 이 유언이 사실이 아닐 것이라는 판단도 적지 않았다. 그러나 하나하나 따져보면 그것이 사실이 아닐 것이라는 판단은 별 근거가 없다. 또 주자(朱子)를 포함한 대부분의 사람들이 이 이야기가 소공 7년조에 나온다는 사실 때문에 모든 것을 당시 공자가 17세이던 기원전 소공 7년(BC 535)과 관련시키고 있을 뿐이다. 하지만 그때 아직 맹희자의 두 아들은 태어나지도 않았던 것을 짐작조차 하지 못하고 있었고, 실제로는 오히려 맹희자가 죽던 기원전 518년(공자 34세)과 관련되어 있다는 것을 몰랐던 것이다.('공자' 조항 참조)

소공 11년이던 기원전 531년 5월 맹희자는 주(邾)나라 군주 장공(莊公)을 침상(袗祥)에서 만나 우호조약을 맺었다. 그때 천구 사람에게 딸이 있었는데, 그녀는 꿈에서 장막을 가지고 맹씨 집안의 사당에 장막을 치는 꿈을 꾸었다. 그래서 그녀는 바로 맹희자에게 달려갔다. 그때 그녀의 친구가 그녀를 따라 청구(清丘)의 지신(地神)을 제사지내는 사우(社宇)에서 맹서해서 말하기를 "우리가 맹씨와의 사이에서 아들을 낳게 되면 서로 버리지 말자"고 했다. 맹희자는 그 두 여자에게 첩의 집 부엌일을 돕게 했다. 맹희자는 침상에서 돌아와 첩의 집에서 묵으며 천구의 여자에게서 의자와 남궁경숙을 낳게 되었으니 그녀의 친구는 아들을 낳지 못하여 경숙(敬叔)을 키우게 되었다.

맹의자
孟懿子

맹손씨 가문의 9대 종주인 맹의자는 8대 종주인 맹희자의 아들이고 10대 종주인 맹무백(孟武伯)의 아버지다. 『춘추』에는 중손하기(仲孫何忌)라는 이름으로 나온다. 공자보다 10년 이상 젊었을 것으로 추정된다.

소공 7년인 기원전 535년, 아버지 맹희자는 소공을 모시고 초나라를 방문하고 돌아와 자신이 예를 잘 몰라 부끄러웠던 점이 많았다고 고백했는데 훗날 임종 전에 그는 아들인 맹의자와 남궁경숙 형제는 공자에게 배우도록 당부하였다. 맹희자는 기원전 518년에 죽었으므로 그 해에 공자는 34세로 이미 높은 경지에 이르러 이름이 나기 시작했을 것이다.

소공 25년(BC 517), 소공과 계평자와 싸움이 났을 때 소공이 후소백에게 맹의자를 데려오게 하였다. 맹의자는 오다가 계손씨 집안을 살펴보니 숙손씨 가문의 깃발이 꽂혀 있는 것을 보고 이미 숙손씨가 계손씨의 편을 들었음을 알았다. 그래서 맹의자는 소공의 편을 든 후소백을 잡아 남문 서쪽에서 그를 죽이고 소공 측을 공격했다. 그는 전대미문의 이 심각한 군신간의 싸움에서 확실히 신하인 계평자의 편을 들어 삼가의 단합된 모습을 보여주었다. 심지어 그는 소공이 노도(魯都)에서 도망가서 변방인 운(鄆)에 피신해 있을 때도 군사를 몰고 가서 소공 측을 공격할 정도로 소공과의 관계에서 확실한 입장을 취했다.

세월이 조금 더 지나 계씨가의 가신 양호가 반란을 일으켜 노나라의 정권을 잡았을 때 그는 삼가의 다른 종주들과 마찬가지로 무력하게 양호의 지시를 따르고 그의 눈치를 보는 신세가 되었다. 정공 6년(BC 504) 그가 양호와 함께 대국 진(晉)나라에 갔을 때 그는 양호의 눈을 피해 범헌자를 만나 양호가 곧 진나라로 도망쳐 올 가능성이 있으니 그때는 선대의 예에 따라 그를 예우해주기 바란다는 말을 전했다. 이런 사실을 보면 맹의자는 크게 용기가 있거나 대범한 사람은 아니었지만 나름대로 예법을 존중하면서 앞날을 내다보는 혜안을 지닌 사람이 아니었던가 생각된다.

양호가 노나라의 정권을 차지한 지 4년차 되던 기원전 502년, 삼가의 종주를 모두 죽이고 자신이 맹손씨 가문의 종주가 되려는 반란을 꾸몄을 때 맹의자는 계평자를 태운 마차가 자신의 집으로 긴급피난하자 힘을 합쳐 양호를 축출하였다. 그러나 도망가는 양호를 자신의 가신 공렴처보(公斂處父)가 뒤쫓을 수 있게 허락해달라고 요구했지만 맹의자는 허락하지 않았다. 과감하지 못하다 할 수도 있고 신중하다 할 수도 있는 면모였다. 어쨌든 그가 계씨를 도움으로 인하여 4년에 걸친 배신(陪臣)의 공포정치는 다행히 종식될 수 있었다.

기원전 498년에는 공자의 제자 자로가 계환자의 가신이 된 후 성읍의 성을 헐려고 할 때 맹의자는 가신인 공렴처보의 건의대로 성을 허무는 척만 하고 적극적으로 나서지 않았다. 그래서 결국 맹의자의 뜻대로 성읍은 헐리지 않았다.

애공이 군주가 된 이후에 그는 자주 노나라 최인근의 약소국가 주(邾)나라를 공격하곤 했는데 영토와 세력에 대한 욕심은 남들보다 덜하지 않았던 것 같다. 애공 7년 계강자가 맹의자와 더불어 주나라를 치려고 향연을 베풀었을 때 자복경백(子服景伯)이 큰 나라가 작은 나라를 치는 것은 불인(不仁)이라고 노골적으로 비판하자 계강자와 더불어 불쾌하다는 듯이 자리를 박차고 나가기도 했다.

애공 14년 되던 기원전 481년, 맹의자는 공자보다 2년 먼저 죽었다. 그의 아버지 맹희자의 유언에 따라 그가 공자를 사사하였다는 것이 역사에 기록되어 있는 유일한 대부였고, 그 점에서 공자의 제자이기도 했던 것이 사실이다.

그래서 그 때문인지는 모르겠지만 맹의자는 비교적 사람됨이 원만했고 중심이 잘 잡힌 사람이었던 것은 사실이다.

맹의자 관련 논어 단편(1개)

2/5

맹의자(孟懿子)가 효도에 관해 물으니 선생님께서 말씀하셨다.

"어기지 않는 것입니다."

번지(樊遲)가 수레를 모는 중에 선생님께서 그 말을 일러주셨다.

"맹손(孟孫)이 나에게 효도에 관해 묻기에 내가 '어기지 않는 것'이라고 말해주었다."

번지가 말했다.

"무엇을 말씀하신 것입니까?"

선생님께서 말씀하셨다.

"살아 계실 때에는 예로써 섬기고 돌아가시면 예로써 장사지내고 예로써 제사지내야 한다는 말이다."

孟懿子問孝,子曰;無違.樊遲御,子告之曰;孟孫問孝於我,我對曰,無違.樊遲曰;何謂也?子曰;生,事之以禮.死,葬之以禮,祭之以禮.

맹무백 孟武伯

맹무백은 맹손씨 가문의 제10대 종주로 맹의자의 아들이자 맹경자(孟敬子)의 아버지였다. 『춘추』에서는 중손체(仲孫彘)라고 부른다. 아버지인 맹의자가 죽은 것이 기원전 481년이었으니까 그 해부터 대부가 되었을 것이다. 따라서 공자가 살아 있었던 중에는 겨우 3년 동안만 대부로서 함께하였던 셈이다. 그리고 언제 죽었는지는 기록이 없다. 다만 『좌전』의 기록상 마지막 해인 애공 27년, 기원전 468까지 그의 이름이 등장하는 것을 보면 대부로 있었던 기간이 그렇게 짧지만은 않았던 것 같다.

그는 아직 대부가 되기 전, 너무 어려서 맹유자(孟孺子) 설(洩)로 불리던 시절부터 고약한 성정을 보여주었다. 그는 맹씨 가문의 식읍이었던 성읍에서 말을 기르려는 시도를 했던 것 같다. 그랬더니 성읍을 책임지고 있던 공손숙(公孫宿)이 "맹의자 어르신은 성읍의 곤란한 입장을 생각하시어 말을 기르지는 않으셨습니다" 하고 반대의 뜻을 표했다. 성읍은 비록 맹씨 가문의 식읍이었지만 그 위치가 제나라에 가까워서 그곳에서 말을 기른다는 것은 제나라에 대한 군사적 위협이 되었기 때문이다. 공손숙의 반대에 직면하자 맹의자는 노하여 성읍을 공격하였다. 그러나 따르는 사람들이 성읍에 진입하지 못하였는지 기피하였는지 결국 되돌아가고 말았다. 나중에 성읍의 일을 맡은 사람이 심부름을 하러 맹씨가를 방문하였다가 맹유자에게 잡혀 채찍질을 당하기도 하였다.

그 해 가을에 맹의자가 죽자 성읍의 사람들이 조문을 갔으나 맹무백은 그들을 집안에 들이지 않았다. 성읍의 사람들은 할 수 없이 거리에서 윗옷을 벗고 관도 쓰지 않고 곡을 하면서 명하는 대로 듣겠다고 하였지만 허락하지 않아 사람들이 두려워서 성읍으로 돌아가지도 못하였다. 결국 이듬해인 애공 15년에 성읍 사람들은 노나라를 배반하고 제나라에 붙어버렸다. 맹무백이 성읍을 쳤으나 이기지 못했다. 이 일화는 맹무백의 성정이 매우 거칠고 잔혹함을 잘 보여주고 있는 것이 아닐 수 없다. 따라서 논어 2/6을 해석할 때 맹무백이 이런 거친 성격을 고려하지 않으면 잘못된 해석에 이르고 만다. 다시 말해서 논어 2/6은 그의 거친 성격으로 그의 부모가 항상 걱정이 많았던 것을 잘 알고 있는 공자가 "(당신 같은 사람에게 효도란) 부모가 오직 자식의 질병에 대해서만 걱정하게 하는 것"이라 했던 사정을 여실히 담고 있었던 셈이다.

애공 17년에 애공이 제나라 군주와 몽(蒙)에서 맹약을 맺을 때 제나라 군주가 머리가 땅에 닿도록 절하였으나 애공은 보통의 절만 하니 제나라 사람들이 노했다. 맹무백은 "우리 군주님은 천자가 아닌 한 계수(稽首)를 하지 않습니다" 하였다. 물론 주공의 나라라는 핑계거리가 있었겠지만 노나라가 제나라보다 작고 상대적으로 약한 나라라는 점을 감안하면 무례한 일이었다. 또 맹무백은 고시(高柴)에게 묻기를 "제후들이 맹약을 맺을 때 누가 소귀를 잡습니까?" 하였다. 고시가 말하기를 "증연(鄫衍)에서는 오나라 고조(姑曹)가 잡았고 발양(發陽)에서는 위나라의 석퇴(石魋)가 잡았습니다" 하니 맹무백이 "그렇다면 이번에는 내 차례로구먼" 하였다. 당시 맹약을 체결하는 자리에서 소의 피를 마시는 의식을 치를 때 어느 나라의 대부가 소의 귀를 잡느냐에 따라 우위가 드러나는 것이 관례였다. 이를 보면 맹무백은 이런 제후국 간의 세력 다툼에도 세속적인 욕심이 넘쳤던 것을 엿볼 수 있다.

애공 25년에는 애공이 월나라로부터 돌아옴에 계강자와 맹무백이 오오(五梧)로 마중을 나갔다. 애공의 마차를 몰았던 곽중(郭重)이 먼저 두 사람을 만나보고 와서는 악담(惡談)이 많더라고 애공에게 말했다. 그리고 "임금님께서는 확실히 따지십시오" 하였다. 애공이 오오에서 연회를 베풀었는데 맹무백이 축언을 하고 나서 곽중에게 "어찌 그리 살이 쪘는가?" 하였다. 계강자가 이를 듣고 "맹무백에게 벌주를 내리십시오. 나라가 적국에 가까이 붙어 있어 방비를 하느라 군주님을 모시지는 못했지만 먼 여행에서 돌아왔는데 살이 쪘다는 것이 될 말입니까?" 하였다. 이에 애공이 "그것은 식언(食言)을 많이 하여 그런 것이니 살이 찌지 않을 수 있었겠소?" 하였다. 그 때문에 술을 마시면서 자리가 즐겁지 않았고 그때부터 임금과 대부들 사이에 악감정이 생기기 시작하였다. 역시 맹무백의 경솔하고 감정에 치우친 대인관계의 일단이 아닌가 한다.

애공 27년 애공은 삼환의 교만함을 싫어하여 다른 제후들의 힘을 빌어 그들을 제거하려 하였고, 삼환 역시 애공의 망녕됨을 싫어하여 군신 간에 간격이 생겼다. 애공이 능판(陵阪)으로 나가 놀려하는 과정에서 맹무백을 맹씨의 집 근처 거리에서 우연히 만났다. 애공이 "묻고 싶은 것이 있는데 내가 제명에 죽겠소?" 하였다. 맹무백이 "제가 알 수가 있겠습니까?" 하였다. 애공이 세 번을 물었지만 맹무백은 끝내 사양하고 답하지 않았다. 대답하지 않았다는 것은 당신의 목숨을 보장할 수 없다는 뜻이었을 것이니 실은 무시무시한 대답이었다. 애공은 월나라를 끌어들여 삼환을 제거하려 하였다. 애공은 그 일환으로 공손유산씨(公孫有山氏) 집으로 가니 삼환이 눈치를 채고 애공을 공격하였다. 애공은 위나라로 달아났다가 나중에는 다시 주(邾)나라로 갔다가 마침내 월나라로 갔다. 노나라 사람들이 애공을 다시 노나라로 맞아들이고자 하였지만 애공은 결국 유산씨의 집에서 죽고 말았다. 자세한 기록이 없기는 하지만 애공의 죽음에 맹무백의 역할이 적지 않았을 것이다.

맹무백 관련 논어 단편(2개)

2/6

맹무백(孟武伯)이 효도에 관해 묻자 선생님께서 말씀하셨다.

"부모가 오직 그의 질병에 대해서만 걱정하는 것입니다."

孟武伯問孝, 子曰; 父母唯其疾之憂.

5/8

맹무백(孟武伯)이 물었다.

"자로(子路)는 어진가요?"

선생님께서 말씀하셨다.

"모르겠습니다."

또 그가 묻자 선생님께서 말씀하셨다.

"유(由)는 제후의 나라에서 병무(兵務)를 관장시킬 수는 있을 것입니다.

그러나 그가 어진지는 모르겠습니다."

"구(求)는 어떻습니까?"

선생님께서 말씀하셨다.

"구(求)는 천 호(戶)의 고을에서 읍재를 맡기거나 백승(百乘)의 가(家)에

서 가재를 맡길 수는 있을 것입니다. 그러나 그가 어진지는 모르겠습

니다."

"적(赤)은 어떻습니까?"

선생님께서 말씀하셨다.

"적(赤)은 허리띠를 매고 조정에 나아가 빈객과 더불어 담론하게 할 수

는 있을 것입니다. 그러나 그가 어진지는 모르겠습니다."

孟武伯問;子路仁乎?子曰;不知也. 又問. 子曰;由也,千乘之國,可使治其

賦也.不知其仁也.求也,何如?子曰;求也,千室之邑,百乘之家,可使爲之宰

也.不知其仁也.赤也,何如?子曰;赤也,束帶立於朝,可使與賓客言也.不知

其仁也.

맹손씨 세계

①慶父(~BC 660)— ②孟穆伯(~BC 619)→ ③孟文伯(~BC 613)
　　　　　　　　　　　(公孫敖)　　　　　　(仲孫穀)

　　　　　　　　　　　　　　　　　　└④孟惠叔(~BC 600?)— ⑤孟獻子(~BC 554)—
　　　　　　　　　　　　　　　　　　　　(仲孫難)　　　　　　　(仲孫蔑)

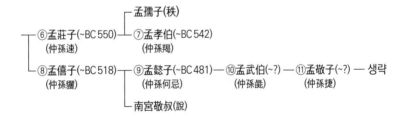

　　　　　　　　　　　　┌孟孺子(秩)
　　　　　　　　　　　　│
　┌⑥孟莊子(~BC 550)└⑦孟孝伯(~BC 542)
　│　(仲孫速)　　　　　　　(仲孫羯)
　│
　└⑧孟僖子(~BC 518)─⑨孟懿子(~BC 481)— ⑩孟武伯(~?)— ⑪孟敬子(~?) — 생략
　　　(仲孫玃)　　　　　(仲孫何忌)　　　　(仲孫彘)　　　　(仲孫捷)
　　　　　　　　　　　└南宮敬叔(說)

맹지반 _{孟之反}

맹지반은 노나라 맹손씨 가문의 인물로 보이지만 당시 맹손씨 가문의 종주였던 맹무백(孟武伯)과의 자세한 혈연관계는 알 수 없다. 다만 논어 6/15에 나오는 이야기는 『좌전』 애공 11년(BC 484)에 나오는 이른바 직곡(稷曲)의 전투 기록에 거의 같은 내용이 나온다.

맹지반은 『좌전』에는 맹지측(孟之側)으로 기록되어 있는데, 맹지측이 원래의 성명이고 맹지반이 별명이 아닌가 한다. 우선 이 이야기의 전후 사정을 『좌전』을 통해 살펴보면 다음과 같다.

애공 11년 봄, 제나라는 대군을 이끌고 노나라 북방 청(淸) 땅에 진주했다. 노나라를 치려고 왔던 것이다. 접전이 불가피함을 알고 계씨가의 가재가 된 염유가 삼가의 종주들에게 전투 준비를 갖추고 앞장을 설 것을 권하지만 모두들 겁을 먹고 나서지 않았다. 염유가 거듭 양보한 차선책을 제시하고 대부들의 자존심까지 건드려가며 독려하자 간신히 전투에 나서게 되었다. 맹무백이 우장군이 되고 염유가 좌장군이 되었는데, 좌군이 먼저 출병하고 닷새가 지나서야 우군이 미적미적 그 뒤를 따랐다. 또 염유의 좌군은 적진을 향해 진격하는데 맹무백이 이끄는 우군은 도망을 쳤다. 맹지측이라는 사람은 이 우군에 속해 있었다. 맹무백이 우장군을 맡았기 때문에 같은 맹씨의 일족으로서 우군에 들어가 그를 도왔던 것 같다. 관련 부분은 다음과 같이 기록되어 있다.

염유의 좌군은 제나라 진영으로 쳐들어갔지만 우군은 달아났다. 제나라 군사들이 달아나는 우군의 뒤를 쫓았는데 제나라의 진환(陳瓘), 진장(陳莊)이 사수

(泗水)를 건너 뒤쫓아왔다. 맹지측이 늦게 들어가며 맨 후위(後衛)가 되었는데 화살을 빼어 자기 말을 채찍질하며 말하기를 "말이 제대로 달리지를 못해서…"라고 했다.[20]

후위란 가장 위험한 위치로서 쫓아오는 적과 싸워가며 주력부대를 성문 안으로 안전하게 후퇴시키는 역할을 수행하곤 했는데 맹지측은 그런 공적을 인정받지 않으려고 말이 달려주지 않아 부득이 후미가 되었던 것처럼 시늉했던 것이다. 그렇게 했던 목적은 공자가 그를 두고 "맹지반은 자랑하지 않는다"(孟之反不伐)라고 했던 것처럼 그의 사람됨이 겸손했기 때문으로 보인다.

맹지반 관련 논어 단편(1개)

6/15

선생님께서 말씀하셨다.

"맹지반(孟之反)은 자랑하지 않는다. 패퇴하면서 후군(後軍)역을 수행했으면서도 바야흐로 성문에 들어가려 하자 자기 말을 채찍질하며 '감히 후위(後衛)를 맡으려 했던 것이 아니라 말이 나아가지 않았던 것'이라고 말했다."

子曰;孟之反不伐,奔而殿,將入門,策其馬曰;非敢後也,馬不進也.

---

20) 師入齊軍.右師奔,齊人從之.陳瓘陳莊涉泗.孟之側後入以爲殿,抽矢策其馬,曰:「馬不進也.」『左傳』哀公 11年

맹경자
孟敬子

맹경자는 논어에 만년의 증자와 대화하는 모습이 기록된 만큼 공자와 같은 시대를 공유했던 사람이 아니다. 맹손씨 가문의 11대 종주로서 맹의자의 손자이자 맹무백의 아들이었다. 『춘추』에는 중손첩(仲孫捷)으로 등장한다.

논어에서 증자가 그에게 간곡히 당부하고 있는 사항을 살펴보면, 그는 어쩌면 행동거지가 난폭하고 거만했으며 얼굴빛은 믿음직해 보이지 않았고 말투는 비루하고 속되었던 것 같다. 그렇다면 어쩌면 아버지인 맹무백을 닮았던 것인지도 모르겠다.

다만 어쩐 일인지 제례에는 관심이 많았던 것 같은데, 증자는 그것은 그렇게 소중한 일이 아니니 제례 담당자에게 일임해도 좋지 않을까 한다는 의견을 제시하고 있다. 어쨌든 시호가 경(敬)으로 주어진 것을 보면 이처럼 제례에 많은 관심을 가졌던 점이 적잖이 참작되었던 것 같다.

논어에 남겨진 이야기를 보증이라도 하듯이 『예기』 단궁하편에는 도공(悼公)의 초상을 맞아 계소자(季昭子, 계강자의 아들)가 맹경자에게 이런 제례 때 무엇을 먹어야 하느냐고 예법에 관해 질문하고 있다. 이는 맹경자가 제례에 관심이 많았던 것을 다시 한번 확인해주는 것이다. 이에 맹경자는 "죽을 먹는 것이 천하의 일반적 예법이오. 그러나 우리 삼가의 신하들이 군주와 잘 지내지 못했다는 것을 모르는 사람이 없는데 일부러 낯빛을 파리하게 해가지고 있는 것은 누가 보아도 본심이 아니라는 것을 모르지 않을 테니까 나는 그냥 밥을 먹겠소" 하였다.

좋게 얘기하면 솔직하지만 나쁘게 얘기하면 아주 내놓고 군주와의 갈등 관계를 끌고 가는 모습이 아닐 수 없다. 그것을 보여주듯이 사마천은 그의 『사기』「노주공세가」에서 "도공 시대에 와서 삼환 세력이 더욱 강해지자 노나라의 군주는 작은 제후와 같아져서 삼환의 가세보다 약해졌다"고 기록하고 있다.

맹경자 관련 논어 단편(1개)

8/5

증자께서 병이 드시어 맹경자(孟敬子)가 문병을 가니 증자께서 긴한 말씀을 하셨다.

"새가 죽으려 할 때에는 그 울음소리가 슬프고 사람이 죽으려 할 때에는 그 말이 선합니다. 군자가 도(道)에 관해 귀중하게 여겨야 할 것이 세 가지가 있으니 행동거지에 있어서는 난폭함과 거만함을 멀리하는 것, 얼굴빛을 바로잡음에 있어서는 믿음직함에 가까워지는 것 그리고 말투에 있어서는 비루하고 속됨을 멀리하는 것입니다. 제례(祭禮)에 관한 일이라면 담당관이 따로 있습니다."

曾子有疾, 孟敬子問之. 曾子言曰; 鳥之將死, 其鳴也哀. 人之將死, 其言也善. 君子所貴乎道者三. 動容貌, 斯遠暴慢矣. 正顔色, 斯近信矣. 出辭氣, 斯遠鄙倍矣. 籩豆之事, 則有司存

숙손목자 叔孫穆子

목숙(穆叔)

숙손목자도 논어에는 등장하지 않는다. 그러나 숙손씨 가문에서는 매우 중요한 인물이기 때문에 여기에 조항을 포함시킨다.

숙손목자 또는 숙손목숙(叔孫穆叔)은 숙손씨 가문의 5대 종주로서 기원전 575년에 가문의 종주가 되어 기원전 538년에 죽었다. 본명은 숙손표(叔孫豹), 시호 약칭은 목숙(穆叔)이었고 아버지는 숙손득신(叔孫得臣), 아들은 숙손착(叔孫婼)이었다. 그가 죽던 해에도 공자는 겨우 14살이었으니 공자보다는 한참 선배였다. 따라서 공자에게 그에 대한 직접적인 체험은 거의 없었을 것이다.

그는 비교적 일찍부터 외교무대에서 활약하였지만 역시 본격적인 모습을 보여주는 것은 계무자가 노나라에 삼군을 편성하여 삼가가 각각 1군씩을 거느리자고 제안하던 양공 11년(BC 562)이었다. 이때 숙손목자는 그러면 "정치가 장차 당신에게 쏠릴 텐데 감당할 수 없을 것이오" 하고 부정적으로 판단을 하였다. 그래도 계무자가 완강히 요구하자 숙손목자는 맹약체결을 조건으로 결국 계무자에게 권력을 몰아주었다. 물론 그것은 숙손씨나 맹손씨 가문에도 크게 득이 되는 것이었다.

숙손목자에게는 다소 기이한 가문사(家門史)가 하나 전해지고 있다. 소공5년조에 전해지고 있는 그 이야기는 다음과 같다. 일찍이 목숙(穆叔)은 숙손씨 가문을 떠나 있을 때 경종(庚宗)에 이르러 어떤 부인을 만났다. 그래서 그녀에게 숙식을 신세지게 되었는데, 처지를 묻기에 모두 이야기해주었더니 떠날 때는 울면서 보내주었다. 목숙이 제나라로 가서 대부 국씨(國氏)의 집에서 부인을 얻어 맹병(孟丙)과 중임(仲壬) 두 아들을 얻었다. 어느 날 꿈에 가위가 눌리며 괴이하게 생긴 사람이 나타났는데 "우(牛)는 나를 도와라" 하고 외쳤더니 곧 가위눌림에서 깨어났다.

목숙의 형인 숙손선백(叔孫宣伯, 叔孫僑如)이 제나라로 도망갈 때 동생 목숙에게 "내가 도망간 후 노나라는 반드시 너를 불러 종주를 맡으라고 할 것이다" 했는데 과연 노나라는 숙손목자를 불렀다. 그는 노나라로 돌아가 숙손씨 가문의 후계자가 되었다. 그랬더니 옛날 경종에서 만났던 그 부인이 찾아와서 꿩을 바치며 그때 낳은 아들을 데리고 왔다며 인사를 시켰다. 보니 오래전 꿈에 보았던 그 괴이하게 생긴 아이였는데 자신도 모르게 "우(牛)야" 하고 불렀고 아이는 "예" 하고 대답했다. 목숙은 집안사람들을 다 불러 모아 인사를 시키고 아이를 즉석에서 집사로 삼아 일을 시켰다. 아이가 점점 커가면서 집안사람들이 아이를 더욱 사랑하더니 나중에는 집안일을 모두 우에게 도맡겼다.

목숙은 제나라에서 얻은 부인 국강(國姜)이 낳은 두 아들을 노나라로 데려왔다. 그랬더니 우는 자신이 사실상 집안 살림을 도맡았다며 국강이 낳은 두 아들 맹병과 중임에게 자신의 지시에 복종할 것을 요구하였다. 그러나 둘은 모두 복종을 거부하였다. 그러자 그때부터 우는 숙손목자가 건강을 잃어가고 있음을 기화로 그와 모든 사람들과의 언로를 차단하였다. 그래서 목숙에게 올라가는 모든 보고와 그가 내리는 모든 지시를 제멋대로 뒤바꾸는 등 궁극에는 숙손씨 가문의 모든 재산을 자신이 차지할 요량으로 갖은 농간을 부렸다. 결국 우는 거짓 보고로 목숙을 화나게 하여, 그의 지시로 맹병을 죽이라고 하고 또 중임은 제나라로 도망치게 만들었다. 그리고 마지막에는 목숙의 병이 중하여 사람을 만나기를 꺼린다면서 모든 사람들과의 면회를 차단시키고 음식도 대신 받아서 주는 체하고 빈 그릇만 내어놓았다. 결국 아무것도 먹지 못한 숙손목자는 사흘 만에 굶어서 세상을 떠났다.

우는 자신이 나서서 숙손목자의 또 다른 서자인 숙손소자(叔孫昭子)를 후계자로 삼고 자신이 옆에서 돌보기로 했다. 그러나 두설(杜洩)이 숙손씨가의 가재로 있었기 때문에 모든 것은 우의 뜻대로만 되지는 않았다. 마침 소공이 숙손목자의 장례식을 우가 아닌 두설에게 맡겼기 때문에 장례식에 대로(大路)라는 수레의 사용 여부도 쓰는 것으로 결정되었다. 다행히 우가 자신의 뜻대로 움직이려 했던 가문의 후계자 숙손소자도 의외로 그런 인물이 아니었다. 숙손소자는 종주로 추대되자마자 가문의 모든 사람들을 불러 모은 후 이렇게 말했다. "우리 가문의 집사였던 우는 숙손씨 가문에 화(禍)가 되어 적자를 죽이고 나 같은 서자를 후계자로 세웠소이다. 가문의 영유 읍들을 이리저리 나누어주어 죄에서 면해보려 하고 있지만 이보다 큰 죄가 없소이다. 반드시 그를 빨리 죽여야 할 것입니다." 이에 우는 두려워 제나라로 달아났다. 그러나 맹병과 중임의 아들들이 새관(塞關) 밖에서 지키다가 그를 잡아 머리를 베어 영풍(寧風)의 가시덤불 위에 던졌다.

공자는 이렇게 말했다. "숙손소자가 우(牛)를 자신을 위한 공로자로 삼지 않은 것은 쉽지 않은 일이었다. 주임(周任)에 있는 말로 '위정자는 사사로운 공로에 상을 주지 않고 사사로운 원한에 벌을 주지 않는다' 하였다. 또 『시』에 이르기를 '올바른 덕행으로 해나가면 사방에서 따르네' 하였다."

숙손목자는 기이한 아들 우를 둘러싸고 전해지는 이야기를 빼고는 비교적 나쁘지 않은 평을 남겼다. 계무자도 무리한 짓을 할 때에는 늘 숙손목자의 눈치를 살폈고, 마지막 중군을 폐지할 때에는 그가 죽은 후에야 실행했다. 그러고도 숙손목자가 늘 중군 폐지를 원했었다고 거짓말을 할 정도였다. 또 가재 두설의 충성심에서 간접적으로 엿볼 수 있는 것도 결국 숙손목자의 남다른 덕성이라 할 수 있다.

숙손소자 _{叔孫昭子}

숙손소자도 논어에는 등장하지 않는다. 그러나 역시 매우 중요한 인물이기 때문에 여기에 소개하도록 한다.

숙손씨가의 제6대 종주 숙손소자는 숙손씨 가문의 제5대 종주 숙손목자의 아들 숙손착(叔孫婼)을 말하며, 대부로 있었던 기간은 기원전 538년부터 기원전 517년까지 22년간이었다. 공자에게 그 기간은 14세이던 비교적 어린 시절부터 35세 되던 해, 군주 소공과 계평자의 갈등이 정면충돌하던 해까지 해당한다.

아버지는 5대 종주 숙손목자였고, 아들은 7대 종주 숙손성자(叔孫成子)였다. 그에 관한 기록을 훑어보면 어딘가 반듯한 사람이라는 인상을 받게 된다. 먼저 그가 서자의 신분으로 숙손씨가의 종주가 된 것은, 가문을 엉망진창으로 만든 우(牛)가 자신의 뜻대로 모든 것을 하기 위해 숙손소자를 내세웠기 때문이다. 그렇지만 숙손소자는 그것을 정확히 꿰뚫어보고 가문의 종주로서 첫 번째 명령을 내렸는데, 바로 자신을 후계자로 만든 그 우(牛)를 죽이라는 것이었다. 누구보다도 이름이 알려지지 않았던 속손목자의 서자 숙손소자를 정확히 알아보고 그에 대해 공자가 뛰어난 논평을 남겼다는 것은 숙손소자로서는 정말 더 할 나위 없는 영광이었을 것이다. 그런가 하면 소공 9년에는 노나라가 낭(郞)이라는 곳에 동물원을 신축하는데 계평자가 그 일을 빨리 하려고 서두르자 역시 숙손소자가 나서서 일을 빨리 하려고 서두르는 것은 백성들을 피곤하게 하는 것이라고 만류했다. 이런 사소한 일에서도 역시 숙손소자는 남다른 안목을 보인다.

소공 10년에는 진(晉)나라 평공(平公)의 장례식이 있었다. 대부분의 나라에서 대부분 2인자가 왔는데, 그들은 모두 이 막강한 패권국의 새로운 군주를 만나보고 싶어 했다. 다만 노나라의 숙손소자만이 "그것은 예가 아닙니다" 하고 만나기를 요구하지 않았다. 그러나 다른 대부들은 어쨌든 온 김에 새 군주를 만나보려 하였던 것이다. 그러자 진나라의 대부 숙향(叔向)이 군주를 독대하고 나와서 "지금 우리 군주님은 애통 중에 계시기 때문에 만나기가 어렵습니다" 하였다. 그제야 사람들은 새 군주 면담을 요청하지 않았다 한다.

소공 25년 되던 해는 기원전 510년이었다. 다수의 사람들은 자신의 힘이 되는 한도까지 소공을 도와 소공이 노나라로 복귀할 수 있도록 힘을 기울였다. 군주를 돕는 경우 역시 군주가 직접 나서서 돕는 경우가 많았다. 송나라의 경우 원공(元公)이 나서서 진나라와 노나라 사이에서 나름대로 역할을 하려 했지만 진나라로 가는 도중 곡극(曲棘)에서 갑자기 세상을 떠났다. 그런가 하면 숙손소자는 군주도 아니었지만 소공을 돕겠다고 나섰다. 소공이 계평자를 등지고 있는 상황이라 어느 누구도 중간에서 징검다리 역할을 하겠다는 사람이 많지 않으나 숙손소자는 소공을 제나라에서 만나 장막 안에서 직접 이야기를 나누었다. 그때 숙손소자는 "군중들을 안정시키고 나서 장차 군주님을 맞아들이도록 하겠습니다" 하는 원칙적인 말을 넘어서지 않았다. 나중에는 계평자도 소공을 받아들일 생각을 아예 하지 않았기 때문에 숙손소자가 그 정도의 원칙적인 행보를 걷는 것도 어려운 일이었다. 그러다가 어찌된 일인지 숙손소자는 어느 날 병도 없었음에도 불구하고 목욕재계를 하고 기도를 부탁한 후 갑자기 죽고 말았다. 사람들 사이에서는 송나라 군주와 숙손소자의 죽음이 어쩌면 하늘의 운명처럼 보인다는 소문이 나돌았다. 그러나 상황은 이미 그 어떤 소공 측 강경파도 노나라에 발을 들일 수 없는 처지가 되었다. "좌사전(左師展)이 군주를 모시고 말을 타고 귀국하려 함에 군주를 따르던 무리들이 그를 잡았다"는 말은 더 이상 나아갈 수도 물러설 수도 없는 좌초상태임을 말하는 셈이었다. (《소공(昭公)》, 《계평자(季平子)》 조항 참조.)

숙손무숙
叔孫武叔

숙손무숙은 노나라 숙손씨 가문의 제8대 종주였고, 제7대 종주 숙손성자(叔孫成子)의 아들이었다. 그는 노나라의 사마(司馬)였고 이름은 주구(州仇)였으며 무숙(武叔)은 그의 시호였다. 종주로 있었던 기간은 기원전 505년부터 470년까지 35년간이었으니 제법 길었다고 할 수 있다.

일찍이 숙손성자는 무숙(武叔)을 가문의 후계자로 삼으려 했다. 그러자 후읍의 읍재로 있던 공약막(公若藐)이 반대를 했다. 그러나 그런 반대에도 불구하고 무숙을 후계자로 세우고 죽었다. 기원전 505년이었다. 가신이던 공남(公南)이 암살자를 통해 무숙을 활로 쏘아 죽이려 했지만 성공하지 못했다. 공남은 말 관리 총괄자가 되어 공약막이 후읍의 읍재가 되게 하였다. 이런 것을 보면 그가 결코 원만한 인물이 아니었음을 알 수 있다.

숙손무숙이 대부의 지위를 승계하던 때는 한 달 먼저 계환자가 아버지 계평자의 뒤를 이어 대부가 되었을 뿐 아니라 곧바로 양호가 출현하여 노나라의 권력을 잡고 정치를 좌지우지하는 바람에 숙손무숙도 그의 치세에는 숨죽이고 지낼 수밖에 없었을 것이다. 그러다가 양호가 4년 만에 밀려나고 숙손무숙도 가문의 종주로 자리를 잡게 되었다. 그러자 숙손무숙은 후읍의 말 관리 총괄자인 후범(侯犯)에게 후읍의 읍재인 공약막을 죽이라고 지시했다. 그러나 그는 감히 죽이지 못했다. 그러자 말 사육인이 말하기를 "저에게 칼을 주어 그에게 보내주라 하시면 그는 누구 칼이냐고 물을 것이고 제가 대답하며 칼을 보여주는 과정에서 그를 죽일 수 있습니다" 하였다. 숙손무숙은 그렇게 하라고 허락하였고 말 사육인은 과연 그렇게 하여 공약막을 죽였다. 그러자 공약막을 죽이라는 숙손무숙의 지시를 받고도 이행하지 못했던 후범은 두려워진 나머지 후읍에서 반역을 일으켰다. 이에 숙손무숙과 맹의자가 후읍을 포위했지만 이기지 못했다.

가을에 제나라까지 가세해서 다시 한 번 포위했지만 역시 이기지 못했다. 숙손무숙은 후읍의 공인(工人)들을 관장하는 사적(駟赤)에게 말하기를 "후읍의 문제는 숙손씨 가문만의 문제가 아니라 노나라 사직의 심각한 문제입니다. 어찌 해야겠습니까?" 하였다. 그러자 사적은 "신의 할 일은 단지 하명 받은 바를 수행하는 것입니다" 하였다. 숙손무숙은 감사의 뜻으로 머리를 조아렸다.

사적은 후범을 찾아가 말하기를 "당신은 노나라와 제나라 사이에 끼어 있으면서 무사하기를 바라지만 그것이 될 일입니까? 왜 제나라를 섬겨 후읍의 백성들을 이끌려 하지 않습니까? 그냥 있다가는 장차 후읍 사람들의 반역에 직면할 것입니다" 하였다. 후범은 그 말을 옳게 여겨 결국 제나라의 사자가 후읍을 방문하게 되었다. 이후 사적은 술수를 써서 결국 후범이 후읍을 떠나 제나라로 달아나게 만들었고 제나라도 후읍에서 손을 떼게 만들었다.

2년이 지난 정공 12년(BC 498) 공자의 제자 자로가 계씨의 가재가 되어 세읍(費, 郈, 成)의 성을 헐려하자 숙손무숙은 스스로 군사를 이끌고 가서 후읍의 성을 헐었다. 그만큼 후읍은 숙손씨 가문에서는 성가신 존재가 되어 있었던 것이다.

숙손무숙에게는 아들이 둘이 있었다. 첫째 아들은 숙손서(叔孫舒)로 그의 후계자가 된 숙손문자(叔孫文子)였다. 둘째 아들은 숙손첩(叔孫輒)으로 아버지 숙손무숙으로부터 인정을 받지 못하여 계평자 사후 양호가 반역을 일으켰을 때 그쪽 세력에 붙었다가 결국 노나라에서 추방되어 오나라로 망명하고 말았다.

숙손무숙은 논어에 등장하는 두 단편을 통해서 볼 때 자공이 공자보다 낫다는 말도 하고 심지어 공자를 헐뜯는 말도 할 만큼 공자에 대해 좋지 않은 선입견을 가지고 있었던 것 같다. 물론 그가 공자와 같은 사람을 알아볼 안목은 애초부터 없었을 것이다. 자공은 그때마다 정확한 비유로 그의 어리석음을 지적하곤 했다.

그에 관한 마지막 기록은 『좌전』 애공 11년조에 등장하는데, 그는 당시 계 강자의 가재로 등용되었던 염유에게 제나라와의 임박한 전투에 대한 의견을 물었다. 염유가 "어르신(계강자)께서 깊이 생각을 하고 계실 것입니다. 저 같 은 소인이야 무엇을 알겠습니까?" 하고 대답을 회피했다. 맹의자가 계속 의 견을 묻자 염유는 "소인은 안목 범위 내에서 말하고 능력 범위 내에서 기여할 뿐입니다" 하였다. 이 얘기를 듣고 숙손무숙은 "이 사람은 우리가 대부의 몫 을 충분히 해내지 못하고 있다고 힐난하고 있군" 하고 말하고는 물러나 출병 할 마차를 소집하였다. 이런 대화를 보면 그는 염유의 핀잔을 들을 만큼 비겁 하기는 했지만 나름대로 눈치는 있었던 사람으로 보인다.

숙손무숙 관련 논어 단편(2개)

19/23

숙손무숙(叔孫武叔)이 조정에서 대부들에게 말했다.

"자공이 중니(仲尼)보다 더 낫습니다."

자복경백(子服景伯)이 그 일을 자공에게 고하자 자공이 말했다.

"궁궐의 담장에 비유하여 말하면 나의 담장은 어깨 정도에 이르러 궐 내(闕內)의 온갖 좋은 것이 다 드러다 보이지만 선생님의 담장은 한없 이 높아 그 문을 찾아서 들어가지 않으면 그 종묘의 아름다움과 백관

의 많음을 보지 못합니다. 그 문을 찾아내는 자가 필시 적을 것이니 그
분께서 그렇게 말씀하시는 것도 어쩌면 당연하지 않겠습니까?"

叔孫武叔語大夫於朝曰;子貢賢於仲尼.子服景伯以告子貢.子貢曰;譬之
宮牆,賜之牆也及肩,闚見室家之好.夫子之牆數仞,不得其門而入,不見宗
廟之美,百官之富.得其門者或寡矣,夫子之云不亦宜乎?

19/24

숙손무숙(叔孫武叔)이 중니(仲尼)를 헐뜯자 자공이 말했다.

"소용없는 짓이다. 중니는 헐뜯을 수 없는 존재다. 다른 사람의 훌륭함
이란 언덕과 같아서 그래도 넘을 수 있지만 중니는 해나 달과 같아서
도저히 넘을 수가 없다. 사람이 비록 제 스스로 해나 달과의 관계를 끊
으려 하더라도 그것이 해와 달에게 무슨 손상을 입힐 수 있겠느냐? 다
만 자신의 식견 없음만 드러낼 뿐이다."

叔孫武叔毀仲尼.子貢曰;無以爲也.仲尼不可毀也.他人之賢者,丘陵也,
猶可踰也.仲尼,日月也,無得而踰焉.人雖欲自絶,其何傷於日月乎?多見
其不知量也.

숙손씨 세계

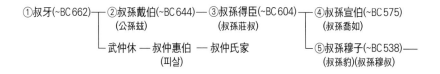

①叔牙(~BC 662) ─── ②叔孫戴伯(~BC 644) ─── ③叔孫得臣(~BC 604) ─── ④叔孫宣伯(~BC 575)
                   (公孫玆)   (叔孫莊叔)   (叔孫喬如)
           └ 武仲休 ─ 叔仲惠伯 ─ 叔仲氏家   └ ⑤叔孫穆子(~BC 538) ───
                      (피살)   (叔孫豹)(叔孫穆叔)

── ⑥叔孫昭子(~BC 517) ─── ⑦叔孫成子(~BC 505) ─── ⑧叔孫武叔(~BC 470) ─── ⑨叔孫文子(~?) ───
   (叔孫婼)   (叔孫不敢)   (叔孫州仇)   (叔孫舒)

장문중

臧文仲

노나라에서 장씨(臧氏) 가문은 유명한 삼가와 더불어 매우 중요한 가문이었다. 시조라고 할 수 있는 사람은 노나라 제14대 군주 혜공(惠公, BC 769~BC 723)의 동생 장손구(臧孫彄), 즉 장희백(臧僖伯)이다. 삼가의 시조라 할 삼형제는 혜공의 손자이자 환공(桓公)의 아들이었기 때문에 혜공의 동생인 장희백은 삼가의 시조 경보(慶父)나 숙아(叔牙), 계우(季友)에 비하면 할아버지뻘 되는 사람이라 장씨 가문은 삼가보다 훨씬 유서 깊은 집안이라 할 수 있다. 『좌전』의 기록에 의하면 이 집안은 노나라의 대부로서 주로 사구의 직책을 맡고 있었다.

첫 종주였던 장희백은 조카이자 군주인 은공(隱公)을 성심껏 보필하였는데, 은공 5년 은공이 당(棠) 지방에 가서 물고기 구경을 하려 하자 군주의 품위에 어울리지 않는 행위라고 만류한 기록이 남아 있다. 은공은 그냥 순행일 뿐이라며 기어코 당에 갔지만 그 해 말 장희백이 세상을 떠나자 그의 만류에 대해 감사의 뜻을 표했다.

2대 장애백(臧哀伯)은 노환공이 송나라에서 뇌물로 받은 대정(大鼎)을 묘당에 비치한 것에 대해 그런 일은 의롭지 못하고 무도한 짓이라고 환공에게 충언을 하였다. 주(周)나라의 사관이 이를 듣고 장애백을 높이 평가하고 장씨 가문은 앞으로 후손이 번성할 것이라고 예언하기도 했다.

논어에 등장하는 장문중(臧文仲)은 장씨 가문의 3대 종주로서 기원전 666년 처음 『좌전』에 기록이 등장하며, 640년에는 송나라 군주가 너무 자기 욕심대로 제후들을 규합하려 한다며 이를 비판하는 기록도 보인다.

희공(僖公) 22년에는 주나라를 얕보고 전쟁을 하려는 희공에게 함부로 작은 나라를 얕보아서는 안 된다고 충언을 했다. 희공은 그의 충언을 무시하고 전쟁을 하다 졌을 뿐 아니라 투구를 빼앗기는 모욕을 당했다. 희공 24년에는 왕도에서 반란이 나서 천자가 정나라로 피난해 있음을 제후국에 알리자 장문중이 정나라로 가서 도울 길을 물어야 할 것이라고 충언을 하였다. 26년에는 동문양중과 초나라에 가서 군사지원을 요청하였으며, 33년에는 제나라의 국장자(國莊子)가 희공을 예방한 것에 대해 답방을 하는 것이 예의임을 간언하였다. 또 만년인 문공(文公) 6년에는 노나라와 진(陳)나라의 화목을 도모하기 위해 계문자가 진나라를 예방하게 하는가 하면 진나라에서 처를 맞도록 주선하기도 하였다.

단편적으로 등장하는 이런 기록들을 살펴보면 장문중이 일반적으로 지혜롭다는 평을 들을 정도는 되는 인물이라는 느낌을 받는다. 그러나 논어 5/18을 보면, 공자는 장문중이 그런 평가에도 불구하고 사치해서 자기 과시를 하는 측면이 있음을 비판하고 있다. 또 유하혜가 유능한지 알면서도 자신보다 아래에 두었음을 비판하기도 했다. 『좌전』에는 공자가 장문중을 평가한 다음과 같은 말이 등장한다. 그 내용 중 일부는 논어에 나오는 공자의 장문중 평가와 거의 일치하고 있어 흥미롭다.

중니께서 말씀하시었다.

장문중은 어질지 못한 것이 셋이 있고 지혜롭지 못한 것이 셋이 있었다. 전금 (展禽, 柳下惠)을 낮은 지위에 내버려둔 것, 여섯 관문을 폐지한 것, 아낙들로 하여금 길쌈을 하게 한 것이 어질지 못한 셋이었다. 그리고 무의미한 예법을 개발한 것, 제사의 순서를 거꾸로 정한 것, 원거라는 바닷새에게 제사를 지낸 것이 지혜롭지 못한 셋이었다.[21]

---

21) 仲尼曰:臧文仲其不仁者三,不知者三.下展禽,廢六關,妾織蒲,三不仁也.作虛器,縱逆祀,祀爰居,三不知

그럼에도 불구하고 장문중은 죽은 이후에도 노나라 사람들에게 제법 추앙을 받았던 것 같다. 장문중이 죽고 나서 48년이 지난 양공 24년에 노나라의 숙손표(叔孫豹)가 진(晉)나라에 가서 범선자(范宣子)를 만나 대화하는 과정에서 이렇게 말하고 있다.

　　노나라에는 돌아가신 대부 한 분이 계시는데 성함이 장문중이라 하옵니다. 이미 세상을 떠나셨지만 그분의 말씀은 세상에 뚜렷이 남아 있으니 바로 그를 일컫는 것이겠습니다. 제가 듣기로는 가장 높은 것은 덕을 세움에 있고 그다음은 공을 세움에 있으며 그다음은 말을 세움에 있다 합니다. 비록 오래 되어도 소멸되지 않으니 이를 일컬어 불후(不朽)라 하겠습니다.[22]

　　장문중이 죽고 나서 대부가 된 그의 아들 장선숙(臧宣叔)은 노나라에서 엄청나게 큰 사건이었던 살적입서(殺嫡立庶) 사건 당시의 대부였다. 동문양중이 적자를 죽임으로써 서자임에도 불구하고 군주가 되었던 선공(宣公)이 재위 18년 만에 죽자 비로소 계문자는 동문양중의 무도했음을 비난하고 나섰다. 그러자 장선숙은 "왜 당시에는 아무 말도 못 하고 있다가 이제야 그러느냐? 이미 양중은 죽었는데 그의 아들 공손귀보(公孫歸父)가 무슨 죄가 있느냐"고 화를 내면서도 "만약 당신이 바란다면 그 일을 내가 하겠다"면서 스스로 나서서 동문(東門)씨 일족을 모두 추방하기도 하였다.

　　장무중(臧武仲)은 장문중의 손자이자 장선숙의 아들로서 성공 18년 처음 『좌전』에 모습을 드러낸다. 성공(成公)의 군사 자문에 지혜롭게 대답하는 모습이다. 이어서 양공 4년에 그는 증(鄫)나라를 구하기 위해 주(邾)나라를 치다

也. 『좌전』 문공 2년11年

22)　魯有先大夫,曰臧文仲,旣沒,其言立於世,其是之謂乎. 豹聞之,大上有立德,其次有立功,其次有立言,雖久不廢,此之謂不朽. 『좌전』 양공 24년

가 무참하게 패했다. 노나라 여자들은 시체를 맞으러가면서 머리를 삼끈으로 묶었는가 하면 노나라 사람들은 노래를 지어 불렀는데 노랫말이 대강 이러하였다.

여우가죽옷 입은 장손씨가 호태(狐駘)에서 패했네. 우리 군주 어려서 모자라는 사람을 대장으로 쓰셨네. 모자라는 사람이여. 주(邾)나라에 패했네.

양공 13년에는 방(防)에 성을 쌓았는데 장무중이 늦더라도 농번기가 지난 후에 쌓자고 했는데 기록은 그것을 예에 맞는 주장이었다고 했다. 양공 14년에는 장무중이 망명 중인 위나라 군주와 이야기를 나누는데 위나라 군주의 말이 포학(暴虐)했다. 그러자 장무중은 "그는 본국으로 돌아갈 수 없을 것이다. 자신의 잘못을 고칠 생각은 않고 있는데 어찌 귀국할 수 있겠는가" 했다. 그런데 위나라 공자 전(展)과 공자 선(鮮)이 장무중을 만나 이야기를 나누었는데, 그들의 말은 도리에 맞았다. 그러자 장무중은 말을 바꾸어 "위나라 임금은 귀국할 수 있을 것이다. 저 두 사람이 저처럼 앞에서 당기고 뒤에서 미는데 어찌 귀국하지 못하겠는가" 하였다. 양공 17년에는 제나라가 노나라의 방(防)을 포위하자 노나라 군사 300명이 쳐들어가 장무중을 구출하기도 하였다.

양공 19년에는 계무자가 제나라에서 획득한 병기로 종(鐘)을 만들어 거기에 양공의 전공(戰功)을 새겼다. 이에 계무자는 "종에 새기는 것은 천자의 경우 그 덕(德)을 새기고 제후의 경우 그 시의(時宜)를 새기고 대부의 경우 그 전공을 새기는 법인데, 지금 군주님의 전공을 새겼다는 것은 곧 군주의 품격을 낮춘 셈입니다. 그리고 전공 또한 진(晉)나라의 도움을 받아 달성한 것이고 전쟁의 시기 또한 적절하지 않아 백성들의 생업을 해침이 컸는데 그것을 종묘에 비치하는 종에 새겨 후손들에게 보인다는 것은 예에 어긋나는 일입니다" 하고 비판하였다.

또 양공 21년에는 계무자가 장무중에게 당신이 나라의 사구인데 왜 나라의 도둑을 단속하지 않느냐고 힐난하였다. 이에 장무중은 "나는 단속하고 싶어도 할 수 없습니다. 당신은 나라의 정경(正卿)으로서 외국에서 들어온 큰 도둑을 환영하였습니다. 그러니 내가 어떻게 작은 도둑을 단속할 수 있겠습니까" 하였다. 이는 주(邾)나라의 대부 서기(庶其)가 칠(漆)의 땅과 여구(閭丘)의 땅을 가지고 노나라로 도망쳐 오자 계무자가 크게 환영하여 자신의 고모를 그에게 시집보내는가 하면 함께 도망쳐온 자들에게도 많은 포상을 한 것을 비난한 것이었다.

이는 약 70년 후 소주(小邾)나라에서 대부 역(射)이 자로가 보증만 해준다면 구역(句繹)의 땅을 가지고 노나라로 귀순하겠다고 한 것을 자로가 의롭지 못한 일이라고 거부하자 계강자가 화를 내었다는 『좌전』 애공 14년의 기록과 매우 유사해 보인다. 또 전체적인 정신은 공자가 계강자에게 "당신이 욕심 부리지만 않는다면 설혹 상을 준다 하더라도 도둑질하지 않을 것입니다"(12/19)고 한 것과도 고스란히 겹친다.

장손씨 가문 역사에서 가장 큰 사건은 역시 노장공(魯莊公) 23년에 발생한 다음 사건일 것이다. 일찍이 맹장자는 장무중을 미워했고 계무자는 장무중을 좋아했다. 어떤 경위로 그런 관계가 형성되었는지 자세한 기록이 없지만, 특히 맹씨 가문이 장무중을 미워한 것은 제법 뿌리가 깊은 것 같다. 아마 계씨 가문의 위세가 탁월했던 것과 달리 맹씨 가문의 위세는 장씨 가문과 비등했기 때문이었는지도 모른다. 다만 계무자가 장무중을 좋아한 데에는 이유가 있었다. 일찍이 계무자가 자신의 두 아들 중 맏아들 공서(公鉏)보다 둘째아들 도자(悼子)를 후계자로 삼고 싶어 했는데 장무중이 나서서 이를 적극 도와준 것이 계기가 된 것 같다. 그러나 바로 그 사실로 인하여 계무자의 총애를 받은 장무중은 맹장자 등 다른 주변 사람들에게 더 미움을 받게 된 것 같다.

한편 맹장자에게도 아들이 둘이 있었는데, 그는 죽기 전에 둘째아들인 갈(羯)에게 후계를 물려줄 뜻을 피력했다. 장무중은 계무자와 뜻을 같이 하여 맹장자의 맏아들인 질(秩)을 밀었던 것 같다. 그러나 계무자의 맏아들인 공서는 자신을 계손씨 가문의 후계자에서 탈락시킨 장무중에게 원한이 있었기 때문에 맹장자의 유언을 내세워 갈을 강하게 밀었다. 그리고 아버지인 계무자에게도 강력하게 추천해서 결국 후계자는 둘째아들인 갈에게 돌아가고 말았다.

　맹손씨 가문은 맹장자의 장례식을 치르기 위하여 장무중의 가문으로부터 인력지원을 받기로 하였는데, 지원 당일 장무중이 무장한 사람들을 데리고 나타났다. 이에 맹손씨 가문은 그렇지 않아도 종주의 죽음으로 불안하게 생각하여 문을 걸어 잠그고 있던 터라 "장손씨 가문에서 반란을 꾀하려 한다"고 계문자에게 급히 연락을 하니 계문자가 노하여 장손씨 가문을 공격하라고 지시를 내렸다. 결국 장무중은 녹문(鹿門)의 빗장을 끊고 달아나 주(邾)나라로 도망치고 말았다.

　장무중은 다시 노나라로 돌아가기도 어려울 뿐 아니라 자신으로 인하여 6대를 이어온 노나라의 명문가가 후손의 제사를 잇지 못할 지경까지 되자 주(鑄)나라에서 망명생활을 하고 있는 자신의 두 서형(庶兄) 장가(臧賈)와 장위(臧爲)에게 사람을 보내었다. 그리고 자신이 망명을 하게 된 사정을 설명하고 자신의 잘못이 조상의 제사를 모시지 못할 정도로 큰 잘못은 아니었기 때문에 노나라에 간절히 청원을 내면 서형이 후사를 잇게 될 수 있을 것이라 하였다. 이에 장위(臧爲)가 후사를 잇도록 결정됨에 장무중은 자신의 채읍인 방(防)으로 들어가 노나라 조정에 사람을 보내 말하기를 자신은 결코 누구를 해치려고 했던 것은 아니며, 단지 지혜가 부족했을 뿐이었다고 변명하였다. 그리고 후사를 이으려 하니 선대의 공훈을 폐하지 않는 쪽으로만 결정해준다면 방읍을 바치겠다고 하였다. 결국 노나라 조정은 장무중의 서형인 장위를 후계자로 세워주었다. 장무중은 이에 방읍을 바치고 제나라로 망명하였다. 기원전 550년, 공자가 태어나던 그 이듬해였다.

논어 14/15에 나오는 공자의 말은 바로 이 복잡한 대부 가문 사이의 갈등에 바탕을 두고 있는 이야기였다. 장무중이 방읍에서 노나라 군주에게 타협안을 제시한 것은 결국 순수한 건의라기보다는 방읍을 조건으로 강요한 것이라고 보는 것이다. 방읍은 어떠한 지역보다 노나라 도읍에 가까워서 그곳에 수용해주지 못한 역신(逆臣)이 버티고 있다는 것은 노나라로서는 큰 정치적 군사적 부담이었다.

『좌전』소공 7년조에 보면 맹희자가 죽음에 임하여 가문의 대부들을 불러 모아 놓고 유언을 하면서 예에 관한 공부를 강조하는 가운데에 일찍이 장무중이 공자의 7대조인 정고보(正考父)를 높이 평가하면서 "성인이시자 밝은 덕이 있는 분으로서 당대에 유명해지지 못하면 반드시 그 후대에 걸출한 인물이 나올 것이다" 하였는데 바로 그것이 바야흐로 공자에게서 이루어지려 하고 있다는 말을 하고 있다. 이런 것을 보면 장무중은 많은 사람들에게 매우 지혜로운 인물로 알려졌던 것이 분명해 보인다. 논어에서도 공자는 장문중(臧文仲)에 대해서는 지혜롭다는 일반적 평가에도 불구하고 다소의 문제점을 지적하고 있으나 장무중(臧武仲)에 대해서만큼은 14/13의 요군(要君) 사건에도 불구하고 그가 지혜롭다는 사실만은 인정하고 있다. 그만큼 그가 지혜로운 인물이었던 것은 사실인 것 같다.

장무중이 이렇게 제나라로 망명을 떠나고 그의 서형 장위가 겨우 장손씨 가문의 대를 잇기는 하였지만 장위의 아들 장소백(臧昭伯)에 와서 계평자를 제거하려던 소공의 거사에 참여했다가 장소백도 함께 망명길에 오르는 곡절을 겪게 된다. 장손씨 가문의 종주의 지위는 다시 계평자에 의해 장위(臧爲)의 조카 장회(臧會)에게로 이동하는 등 장손씨 가문은 많은 파란을 겪게 되었다. 따라서 장문중, 장선숙 등 장씨 가문에 의해 거의 독점되다시피하던 노나라

사구(司寇)의 벼슬도 기원전 5세기 무렵에 들어서는 공자에게도 잠시 차지가
돌아올 만큼 느슨해지고 말았다.《장무중(臧武仲)》조항 참조.

장문중 관련 논어 단편(2개)

5/18

선생님께서 말씀하셨다.

"장문중(臧文仲)은 큰 거북을 간직하고 있었을 뿐 아니라 집의 기둥머
리에는 산을 새기고 동자기둥에는 마름풀을 그렸으니 무엇이 그가 지
혜롭다는 말이냐?"

子曰;臧文仲居蔡,山節藻梲,何如其知也?

15/14

선생님께서 말씀하셨다.

"장문중(臧文仲)은 그 지위를 훔친 자라 하겠구나. 그는 유하혜(柳下惠)
가 현명하다는 것을 알고도 그와 함께 서지 않았다."

子曰;臧文仲,其竊位者與.知柳下惠之賢,而不與立也.

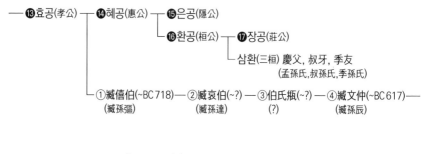

장무중 臧武仲

장무중은 장문중의 손자이자 장선숙의 아들로서 성공 18년 처음 『좌전』에 모습을 드러낸다. 성공(成公)의 군사 자문에 지혜롭게 대답하는 모습이다. 이어서 양공 4년에 그는 증(鄫)나라를 구하기 위해 주(邾)나라를 치다가 무참하게 패했다. 노나라 여자들은 시체를 맞으러 가면서 머리를 삼끈으로 묶었는가 하면 노나라 사람들은 노래를 지어 불렀는데 노랫말이 대강 이러하였다.

여우가죽옷 입은 장손씨가 호태(狐駘)에서 패했네. 우리 군주 어려서 모자라는

사람을 대장으로 쓰셨네. 모자라는 사람이여. 주(邾)나라에 패했네.

양공 13년에는 방(防)에 성을 쌓았는데 장무중이 늦더라도 농번기가 지난 후에 쌓자고 했는데 기록은 그것을 예에 맞는 주장이었다고 했다. 양공 14년에는 장무중이 망명 중인 위나라 군주와 이야기를 나누는데 위나라 군주의 말이 포학(暴虐)했다. 그러자 장무중은 "그는 본국으로 돌아갈 수 없을 것이다. 자신의 잘못을 고칠 생각은 않고 있는데 어찌 귀국할 수 있겠는가" 했다. 그런데 위나라 공자 전(展)과 공자 선(鮮)이 장무중을 만나 이야기를 나누었는데, 그들의 말은 도리에 맞았다. 그러자 장무중은 말을 바꾸어 "위나라 임금은 귀국할 수 있을 것이다. 저 두 사람이 저처럼 앞에서 당기고 뒤에서 미는데 어찌 귀국하지 못하겠는가" 하였다. 양공 17년에는 제나라가 노나라의 방(防)을 포위하자 노나라 군사 300명이 쳐들어가 장무중을 구출하기도 하였다.

양공 19년에는 계무자가 제나라에서 획득한 병기로 종을 만들어 거기에 양공의 전공(戰功)을 새겼다. 이에 계무자는 "종에 새기는 것은 천자의 경우 그 덕(德)을 새기고 제후의 경우 그 시의(時宜)를 새기고 대부의 경우 그 전공을 새기는 법인데, 지금 군주님의 전공을 새겼다는 것은 곧 군주의 품격을 낮춘 셈입니다. 그리고 전공 또한 진(晉)나라의 도움을 받아 달성한 것이고 전쟁의 시기 또한 적절하지 않아 백성들의 생업을 해침이 컸는데 그것을 종묘에 비치하는 종에 새겨 후손들에게 보인다는 것은 예에 어긋나는 일입니다" 하고 비판하였다.

또 양공 21년에는 계무자가 장무중에게 당신이 나라의 사구(司寇)인데 왜 나라의 도둑을 단속하지 않느냐고 힐난하였다. 이에 장무중은 "나는 단속하고 싶어도 할 수 없소. 당신은 나라의 정경(正卿)으로서 외국에서 들어온 큰 도둑을 환영하였소. 그러니 내가 어떻게 작은 도둑을 단속할 수 있겠소" 하였다. 이는 주(邾)나라의 대부 서기(庶其)가 칠(漆)의 땅과 여구(閭丘)의 땅을 가지고 노나라로 도망쳐 오자 계무자가 크게 환영하여 자신의 고모를 그에게 시집보냈는가 하면 함께 도망쳐온 자들에게도 많은 포상을 한 것을 비난한 것이었다.

이는 약 70년 후 소주(小邾)나라에서 대부 역(射)이 자로가 보증만 해준다면 구역(句繹)의 땅을 가지고 노나라로 귀순하겠다고 한 것을 자로가 의롭지 못한 일이라고 거부하자 계강자가 화를 내었다는 『좌전』 애공 14년의 기록과 매우 유사해 보인다. 또 전체적인 정신은 공자가 계강자에게 "당신이 욕심 부리지만 않는다면 설혹 상을 준다 하더라도 도둑질하지 않을 것입니다"(12/19)고 한 것과도 고스란히 겹친다.

장손씨 가문 역사에서 가장 큰 사건은 역시 노장공(魯莊公) 23년에 발생한 다음 사건일 것이다. 일찍이 맹장자는 장무중을 미워했고, 계무자는 장무중을 좋아했다. 어떤 경위로 그런 관계가 형성되었는지 자세한 기록이 없지만, 특히 맹씨 가문이 장무중을 미워한 것은 제법 뿌리가 깊은 것 같다. 아마 계씨 가문의 위세가 탁월했던 것과 달리 맹씨 가문의 위세는 장씨 가문과 비등했기 때문이었는지도 모른다. 다만 계무자가 장무중을 좋아한 데에는 이유가 있었다. 일찍이 계무자가 자신의 두 아들 중 맏아들 공서(公鉏)보다 둘째아들 흘(紇, 시호 도자悼子)을 후계자로 삼고 싶어 했는데 장무중이 나서서 이를 적극 도와준 것이 계기가 된 것 같다. 그러나 바로 그 사실로 인하여 계무자의 총애를 받은 장무중은 맹장자 등 다른 주변 사람들에게 더 미움을 받게 된 것 같다.

한편 맹장자에게도 아들이 둘 있었는데, 그는 죽기 전에 둘째아들인 갈(羯)에게 후계를 물려줄 뜻을 피력했다. 장무중은 계무자와 뜻을 같이 하여 맹장자의 맏아들인 질(秩)을 밀었던 것 같다. 그러나 계무자의 맏아들인 공서는 자신을 계손씨 가문의 후계자에서 탈락시킨 장무중에게 원한이 있었기 때문에 맹장자의 유언을 내세워 갈을 강하게 밀었다. 그리고 아버지인 계무자에게도 강력하게 추천해서 결국 후계자는 둘째아들인 갈에게 돌아가고 말았다.

맹손씨 가문은 맹장자의 장례식을 치르기 위하여 장무중의 가문으로부터 인력지원을 받기로 하였는데, 지원 당일 장무중이 무장한 사람들을 데리고 나타났다. 이에 맹손씨 가문은 그렇지 않아도 종주의 죽음으로 불안하게 생각하여 문을 걸어 잠그고 있던 터라 "장손씨 가문에서 반란을 꾀하려 한다"고 계문자에게 급히 연락을 하니 계문자가 노하여 장손씨 가문을 공격하라고 지시를 내렸다. 결국 장무중은 녹문(鹿門)의 빗장을 끊고 주(邾)나라로 도망치고 말았다.

장무중은 다시 노나라로 돌아가기도 어려울 뿐 아니라 자신으로 인하여 6대를 이어온 노나라의 명문가가 후손의 제사를 잇지 못할 지경까지 되자 주(鑄)나라에서 망명생활을 하고 있던 자신의 두 서형(庶兄) 장가(臧賈)와 장위(臧爲)에게 사람을 보내었다. 그리고 자신이 망명하게 된 사정을 설명하고 자신의 잘못이 조상의 제사를 모시지 못할 정도로 큰 잘못은 아니었기 때문에 노나라에 간절히 청원을 내면 서형이 후사를 잇게 될 수 있을 것이라 하였다. 이에 장위(臧爲)가 후사를 잇도록 결정됨에 장무중은 자신의 채읍인 방(防)으로 들어가 노나라 조정에 사람을 보내 말하기를 자신은 결코 누구를 해치려고 했던 것은 아니며, 단지 지혜가 부족했을 뿐이었다고 변명하였다. 그리고 후사를 이으려 하니 선대의 공훈을 폐하지 않는 쪽으로만 결정해준다면 방읍을 바치겠다고 하였다. 결국 노나라 조정은 장무중의 서형인 장위를 후계자로 세워주었다. 장무중은 이에 방읍을 바치고 제나라로 망명하였다. 기원전 550년, 공자가 태어나던 그 이듬해였다.

논어 14/15에 나오는 공자의 말은 바로 이 복잡한 대부 가문 사이의 갈등 관계에 바탕을 두고 있는 이야기였다. 장무중이 방읍에서 노나라 군주에게 타협안을 제시한 것은 결국 순수한 건의라기보다는 방읍을 조건으로 강요한 것이라고 보는 것이다. 방읍은 어떠한 지역보다 노나라 도읍에 가까워서 그곳에 수용해주지 못한 역신(逆臣)이 버티고 있다는 것은 노나라로서는 큰 정치적 군사적 부담이었다.

『좌전』 소공 7년조에 보면 맹희자는 죽음에 임하여 가문의 대부들을 불러 놓고 유언을 하면서 예에 관한 공부를 강조하였다. 그는 일찍이 장무중이 공자의 7대조인 정고보(正考父)를 높이 평가하면서 "성인이시자 밝은 덕이 있는 분으로서 당대에 유명해지지 못하면 반드시 그 후대에 걸출한 인물이 나올 것이다" 하였는데 바로 그것이 바야흐로 공자에게서 이루어지려 하고 있다는 말을 하고 있다. 이런 것을 보면 장무중은 많은 사람들에게 매우 지혜로운 인물로 알려졌던 것이 분명해 보인다. 논어에서도 공자는 장문중에 대해서는 지혜롭다는 일반적 평가에도 불구하고 다소의 문제점을 지적하고 있으나 장무중에 대해서는 14/13의 요군(要君) 사건에도 불구하고 그가 지혜롭다는 사실만은 인정하고 있다.

장무중이 이렇게 제나라로 망명을 떠나고 그의 서형 장위가 겨우 장손씨 가문의 대를 잇기는 하였지만 장위의 아들 장소백(臧昭伯)에 와서 계평자를 제거하려던 소공의 거사에 참여했다가 장소백도 함께 망명길에 오르는 곡절을 겪게 된다. 장손씨 가문의 종주의 지위는 다시 계평자에 의해 장위(臧爲)의 조카 장회(臧會)에게로 이동하는 등 장손씨 가문은 많은 파란을 겪게 되었다. 따라서 장문중, 장선숙 등 장씨 가문에 거의 독점되다시피 했던 노나라 사구(司寇)의 벼슬도 기원전 5세기 무렵에 들어서는 공자에게도 잠시 차지가 돌아올 만큼 느슨해지고 말았다.('장문중' 조항 참조)

장무중 관련 논어 단편(2개)

14/13
자로(子路)가 된사람에 대해 묻자 선생님께서 말씀하셨다.

"장무중(臧武仲)의 지혜와 공작(公綽)의 욕심 부리지 아니함과 변장자(卞莊子)의 용기와 염구(冉求)의 기예를 갖추고 그 위에 예악으로 문채를 낸다면 이 또한 된사람이라 할 수 있다."

(자로가) 말했다.

"요즈음의 된사람이야 어떻게 반드시 그렇겠는가? 이로운 것을 보면 의로운 것인가 생각하고 위급한 것을 보면 목숨을 바치며 젊었을 때에 한 말을 오래 종요로이 여겨 잊지 않는다면 이 또한 된사람이라 할 수 있다."

子路問成人. 子曰; 若臧武仲之知, 公綽之不欲, 卞莊子之勇, 冉求之藝, 文之以禮樂, 亦可以爲成人矣. 曰; 今之成人者, 何必然. 見利思義, 見危授命, 久要不忘平生之言, 亦可以爲成人矣.

14/15

선생님께서 말씀하셨다.

"장무중(臧武仲)이 방읍(防邑)을 구실로 자신의 후계자를 세워 달라고 노나라에 요구하였는데 비록 임금을 협박한 것은 아니라고 하나 나는 믿지 않는다."

子曰; 臧武仲以防求爲後於魯, 雖曰不要君, 吾不信也.

자복경백 子服景伯

자복경백은 노나라의 대부로 성은 자복(子服), 이름은 하(何), 자는 백(伯), 시호는 경(景)이었다. 맹씨가의 일족으로 맹헌자의 아들이자 맹희자의 아우였던 중손타(仲孫它), 곧 자복효백(子服孝伯)의 증손자였으니 만만치 않은 신분이었다. 자복씨(子服氏)는 제후의 회맹과 종묘사직의 제사를 담당했던 것으로 보이는데, 예(禮)에 관해 해박한 지식을 지니고 있었고 외교적 능력이 탁월했다.

노나라 애공 3년(BC 492) 공궁(公宮)에 불이 났을 때 자복경백이 궁에 도착하여 의전담당관에게 예서(禮書)를 모두 꺼내어 불이 붙지 않게 조치하라고 엄명을 내리는 모습이 기록되어 있다. 또 애공 7년(BC 488)에는 노나라 애공이 신흥 강국 오(吳)나라 사람들을 증(鄫)에서 만났는데, 그때 오나라 사람들이 백뢰(百牢)[23]라는 분에 넘치는 향연을 요구하였다. 이에 자복경백이 나아가 주나라 고대의 예법이 천자에게도 십이뢰(十二牢)로 대접하는 것이 최상이라며 요구를 거절하였다. 그러나 오나라가 끝내 백뢰를 강요하자 자복경백은 "하늘의 질서를 버리고 근본을 배신하니 오나라는 망하게 될 것이다. 일단 요구를 들어주지 않으면 우리를 가만두지 않을 것이다." 그래서 요구대로 백뢰를 바쳤다.

애공 12년(BC 483)부터 자복경백은 외교적 회합에 공자의 제자 자공을 부사(副使)로 대동하고 가는 모습을 자주 볼 수 있다. 이런 과정에서 자복경백은 공자학단과 호의적인 인연을 맺게 되었을 것이다. 논어 14/38과 19/23에서 볼 수 있는 바와 같이 그가 권력층의 정보를 공자학단에 전달하고 있는 것도

---

[23] 백뢰(百牢)가 무엇인가에 대해서는 전통적인 해석이 서로 달라 지금도 정확히 알 수는 없다. 100가지 요리로 구성된 향연을 말한다는 설도 있고 많은 숫자의 가축 등으로 구성된 뇌물을 말한다고도 한다.

이런 여건을 배경으로 하고 있었을 것이다.

애공 13년에 오나라의 군주 부차(夫差)가 진(晉)나라의 군주 정공(定公)을 만나러 갈 때 노나라의 애공을 대동하고 가서 오나라가 노나라를 예하에 거느리게 되었음을 과시하려 했다. 그러자 자복경백이 그동안 제후국들 사이의 관례와 의전을 자세히 이야기하면서 그렇게 하는 것은 오히려 진나라보다 오나라가 더 낮은 지위에 있음을 자인하는 결과가 된다고 설명하여 오나라가 그 계획을 포기하게 만들었다. 그러나 포기하고 나서 생각하니 자복경백의 술수에 휘말렸다고 판단하였는지 결국 자복경백과 일행 일곱 명을 체포하여 오나라로 데리고 갔다. 가는 도중 자복경백은 오나라에 "우리 노나라에서는 매년 10월 상신(上辛)날부터 계신(季辛)날까지 상제(上帝)와 선왕(先王)께 제사를 올리는데 만약 올해 제가 제사를 올리지 못하면 축관은 제문을 지어 오나라 때문에 참석하지 못했음을 고하지 않을 수 없게 됩니다" 하였다. 그 말을 듣고 오나라의 태재(太宰) 비(嚭)는 그들을 잡아가는 것이 별 효과도 없으면서 오나라에는 무언가 불길하고 불명예스러운 일이 될 것이라며 오왕 부차에게 말하여 그들을 돌려보내었다.

자복경백은 그런 점에서 매우 논리적이고 머리가 비상했던 것 같다. 또 논어 14/38을 보면 의리가 강하고 다혈질이었다는 것도 알 수 있다.

자복씨 세계

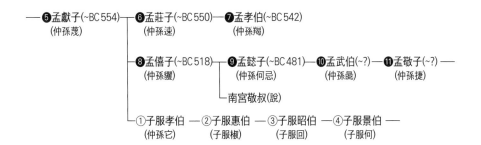

자복경백 관련 논어 단편(2개)

14/38

공백료(公伯寮)가 계손씨(季孫氏)에게 자로를 참소하자 자복경백(子服景伯)이 그 사실을 선생님께 알리며 말했다.

"그분은 확실히 공백료에 대해 미혹된 신임을 지니고 있지만 나의 힘은 오히려 그를 참시하여 광장에 내걸 수 있습니다."

선생님께서 말씀하셨다.

"도(道)가 장차 행해지는 것도 명이고 도가 장차 폐하는 것도 명이다. 공백료가 명을 어떻게 하겠는가!"

公伯寮愬子路於季孫. 子服景伯以告曰;夫子固有惑志於公伯寮.吾力猶能肆諸市朝.子曰;道之將行也與,命也.道之將廢也與,命也.公伯寮其如命何!

19/23

숙손무숙(叔孫武叔)이 조정에서 대부들에게 말했다.

"자공이 중니(仲尼)보다 더 낫습니다."

자복경백(子服景伯)이 그 일을 자공에게 고하자 자공이 말했다.

"궁궐의 담장에 비유하여 말하면 나의 담장은 어깨 정도에 이르러 궐내(闕內)의 온갖 좋은 것이 다 드려다 보이지만 선생님의 담장은 한없이 높아 그 문을 찾아서 들어가지 않으면 그 종묘의 아름다움과 백관의 많음을 보지 못합니다. 그 문을 찾아내는 자가 필시 적을 것이니 그분께서 그렇게 말씀하시는 것도 어쩌면 당연하지 않겠습니까?"

叔孫武叔語大夫於朝曰;子貢賢於仲尼.子服景伯以告子貢.子貢曰;譬之宮牆,賜之牆也及肩,闚見室家之好.夫子之牆數仞,不得其門而入,不見宗廟之美,百官之富.得其門者或寡矣,夫子之云不亦宜乎?

동문양중 東門襄仲

동문양중도 논어에는 등장하지 않는 인물이다. 그러나 그는 노나라 권력을 군주의 손에서 벗어나 삼가 중심으로 흘러가게 만든 장본인으로 그 부정적 역할을 살펴볼 필요가 있다.

동문양중은 노나라 제17대 군주 장공(莊公)의 아들이자 제18대 군주 희공(僖公)의 아우였다. 이름은 수(遂)로서 공자수(公子遂)라 부르거나 노나라 동문(東門) 쪽에 살았기 때문에 동문수(東門遂), 또는 사후에는 시호 양(襄)과 결합하여 양중(襄仲)이나 동문양중으로 불렸다.

　동문양중은 이렇듯 신분 자체가 군주에 버금가는 사람이라 막강한 권한과 권위를 한 몸에 지니고 있었다. 그가 『춘추』에 처음 등장하는 것은 희공 26년으로 기원전 634년이다. 죽은 것은 기원전 601년이니 공자에 비하면 한 세기 이상을 먼저 살았던 사람으로 동시대인은 아니었다. 이른바 삼환으로 불렸던 장공의 세 아우 경보, 숙아, 계우는 공자수에게 아저씨뻘 되는 사람들로서 삼환의 입장에서 보면 조카였다. 그러나 희공이 군주가 된 이후 시점에서 보면 힘의 균형은 이미 삼가보다는 양중에게로 옮겨가 있었을 것이다.

그가 『춘추』와 『좌전』에 처음 등장하던 기원전 634년에 그는 이미 대선배 장문중과 함께 초나라에 가서 영윤(令尹) 성득신(成得臣, 子玉)을 만나 제나라와 송나라를 치기 위한 군사 지원을 요청하고 있었다. 또 희공 30년에는 주(周)나라와 진(晉)나라를 예방하는 등 다양한 외교활동을 전개하기도 하였다.

문공의 둘째부인이던 경영(敬嬴)은 아들을 낳아 문공의 사랑을 받았다. 그리고 경영은 누구보다도 양중을 극진히 잘 섬겨 자신의 아들을 그가 후원해 주기를 바랐다. 기원전 609년 문공이 세상을 떠나자 양중은 경영이 낳은 아들에게 군주의 지위를 물려주고자 하였다. 그러나 이 원칙에 어긋난 승계에 대해 숙중혜백(叔仲惠伯)이 강하게 반발하고 나섰다. 더구나 문공에게는 이미 정비인 강씨(姜氏)가 있었고, 이미 태자로 정해진 악(惡)과 그의 동모제(同母弟)인 시(視)가 있었기 때문에 사정은 더욱 어려운 입장이었다. 그러나 동문양중은 제나라 군주를 만나 강력히 지원을 요청하였기 때문에 결국 제나라도 양중의 계획을 받아주려 했다. 제나라가 도와주려는 의사를 비치자 동문양중은 그 해 시월에 결국 악과 시를 둘 다 죽이고 말았다. 그리고 양중은 숙아의 손자인 숙중혜백을 불렀다. 그러자 그의 가재인 공염무인(公冉務人)이 가면 죽으니까 가지 말 것을 말렸다. 혜백은 "군주의 명으로 죽는 것은 옳은 일이다" 하며 그대로 갔다. 동문양중은 결국 그를 죽여서 말똥 속에 파묻었다. 공염무인은 혜백의 처자를 모시고 채(蔡)나라로 도망갔고, 그 후계자를 선정하여 숙중씨(叔仲氏) 가문의 후사를 잇게 하였다.

『좌전』은 부인 강씨가 제나라로 돌아갔다고 말하며 "大歸"라는 표현을 썼는데. 이는 제나라로 영영 돌아갔다는 뜻이다. 떠나기에 앞서 강씨는 울면서 저자거리를 지나면서 "하늘이어. 양중은 무도하여 적자를 죽이고 서자를 세웠나이다" 하니 사람들이 모두 울었다. 노나라 사람들이 그때부터 그녀를 "슬픈 강씨"(魯人謂之哀姜)라고 불렀다. 이렇게 규칙에 위반되어 군주가 된 사람이 제21대 선공(宣公)이다. 노나라 사람들은 선공을 좋아하지 않았고, 비록 삼환이 잘못된 군계 승계를 막지는 못했지만 보통 사람들과 정서를 같이 했다. 그 때문에 노나라 사람들은 군주보다는 삼환을 더 좋아했던 것 같다.

어쨌든 이 무리한 동문양중의 행위로 인하여 노나라는 크게 갈라지게 되었다. 뒤이어 소공은 삼환을 제거한 후에 군주의 권한을 확고히 세우려는 무리한 계획을 꾸몄지만 도리어 노나라에서 쫓겨나 7년이나 제나라 진나라 등으로 떠돌이 생활을 하다가 결국 객사하고 말았다. 그 후 정공(定公)의 시대를 맞게 되었으나 다시 신하인 양호의 배신으로 치욕을 당하는 마지막 시기를 맞게 된다.

동문씨 세계

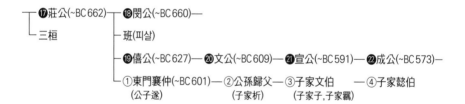

양화 陽貨
양호(陽虎)

양화는 노나라 사람으로 맹손씨의 일족이었으며 계평자의 가신이었다. 『좌전』에는 양호(陽虎)라는 이름으로 나온다. 그가 『좌전』에 처음 모습을 보이는 것은 소공 27년(BC 515), 맹의자와 함께 운(鄆)을 칠 때였다. 계평자와 소공이 비극적으로 대치하고 있을 때 그는 삼환 편에 서서 소공을 공격하는 데 가담했던 것 같다. 다시 그의 모습이 역사에 등장하는 것은 그로부터 10년이 지난 정공 5년(BC 505)이다. 그때는 비극적 군주 소공도 죽은 지 이미 5년이 지났을 때인데, 그와 날카롭게 대치하던 계평자가 6월 동야(東野)를 순행하고 돌아오던 중 방(房) 지역에서 갑자기 세상을 떠났다. 양호는 계평자를 장사지내기 위해 그의 시신을 염(斂)할 때 보옥을 쓰기 위해 가재이던 중량회(仲梁懷)에게 보옥을 꺼내 줄 것을 요구하였지만 거절당했다. 예법상 대부인 계평자의 장례에는 보옥을 쓸 수 없도록 되어 있다는 이유였다. 여기서 양호는 중량회와 틀어지게 되었다. 양호는 중량회를 축출하려는 계획을 세우고 그에 대한 의견을 비읍의 읍재로 있던 공산불뉴(公山不狃)에게 물었다. 그러나 공산불뉴는 "돌아가신 분을 예법에 맞게 장사지내려고 그런 것인데 뭘 원망하겠는가" 하였다. 그래서 그냥 장사를 지낼 수밖에 없었다.

장례가 끝나고 계평자의 뒤를 이어 계씨가의 종주가 된 그의 아들 계환자가 동야를 순행하는 중에 비읍에 들렀다. 읍재이던 공산불뉴가 계환자를 정중히 맞아 조문의 인사를 했고 계환자도 정중히 답례를 했다. 그런데 함께 온 가재 중량회에게도 조문의 인사를 했지만, 그는 공산불뉴를 뻣뻣하게 대했다. 이에 화가 난 공산불뉴는 양호에게 "전에 자네가 하려고 했던 일을 하시게나" 하였다.

　드디어 9월에 양호가 계환자와 그의 사촌인 공보문백(公父文伯)[24]을 잡아 가두고 중량회를 축출하였다. 그리고 얼마 후 공하막(公何藐)을 죽였다. 반란 과정에서 유일하게 피살된 인물인 공하막은 중량회의 다른 이름이었을 가능성이 높다. 그리고 또 며칠이 지나서는 직문(稷門) 안에서 계환자와 맹약을 맺었다. 내용은 권력 관계에서 양호의 지위를 인정하는 내용이었을 것이다. 또 며칠 후에는 대저(大詛)의 행사를 거행했으니 양호의 권력 장악을 선포하고 그에 거스르는 일체의 행동을 금지하고 위반 시 엄벌하겠다는 공포정치의 선포였을 것이다. 그리고 계환자의 사촌 공보문백과 계평자의 고모부인 진천(秦遄)을 축출하니 그들은 모두 제나라로 달아났다.

　정공 6년(BC 504)에 정공은 정나라를 침공하여 광(匡) 땅을 취하였다. 그런데 정나라를 치러 갈 때 길을 빌리자는 요청도 없이 위나라를 통과해서 갔다. 그리고 돌아올 때는 양호가 계씨와 맹씨에게 위나라 도읍의 남문으로 들어가서 동문으로 나와 돈택(豚澤)에 머무르게 하였다. 위나라의 영공이 이를 듣고 화가 머리끝까지 치밀어 미자하(彌子瑕)에게 그들을 추격하게 하였다. 공숙문자(公叔文子)가 늙어 은퇴해 있었으나 연(輦)을 타고 나아와 말하기를 "남을 탓하면서 그 탓하는 점을 따라하는 것은 예가 아닙니다. 노나라와 위나라는 건국 초기부터 두 군주님들이 우애가 좋았던 나라입니다. 지금 하늘이 장차 양호의 죄를 많게 하였다가 벌하려 하는 중이오니 군주님께서는 기다려 보심이 어떠하신지요?" 하였다. 그래서 영공은 추격을 멈추게 하였다.

　그 해 여름에 계환자가 정나라의 포로를 진(晉)나라에 바치러 갔는데 양호가 억지로 맹의자를 가게 해서 전에 진나라가 예방해주었던 것에 대해 답례

---

24)　계환자의 사촌 공보문백은 자신보다 그의 어머니가 유명하다. 전국시대에 출간된 『국어(國語)』의 노어(魯語)편에 공보문백의 어머니의 행동과 말을 통해 유교적 덕행에 관한 여성의 기준이 많이 제시되어 있다.

를 하게 하였다. 진나라에 간 맹의자는 범헌자를 만나 "만약 양호가 노나라에 있을 수가 없게 되어 진나라를 찾아오게 되면 그때는 선대 군주님 때의 관례대로 예우해주시기 바랍니다" 하였다. 범헌자는 이 말을 듣고 조간자(趙簡子)에게 전하며 말하기를 "노나라 사람들이 양호를 근심거리로 여기고 있는 듯합니다. 그리고 결국 양호가 우리 진나라로 올 것으로 예상됩니다. 그러면서 우리가 그를 받아주기를 노나라는 요구하고 있습니다" 하였다.

이후 양호는 군주 정공과 삼환을 함께 모아 주사(周社)에서 맹약을 맺었고, 대부를 비롯한 나라 사람들과는 박사(亳社)에서 맹약을 맺는가 하면 충성맹서 대회를 오보의 거리에서 개최하기도 하였다.

정공 7년(BC 503)『좌전』은 양호가 제나라가 최근 반환한 접경지역의 운(鄆)과 양관(陽關)에 가서 거주하면서 노나라를 다스렸다고 기록하고 있다. 이는 양호를 중심으로 한 권력기반이 비교적 안정적인 추세에 접어들었음을 말해준다.

논어 17/1에 소묘된 양호와 공자와의 기묘한 만남의 장면은 바로 이 안정기의 한 단면이었을 것이다. 그러니까 기원전 503년이나 그 전 해인 502년의 일이었을 것이다. 양호는 공자를 휘하로 끌어들이기 위해 수완을 발휘했고 공자는 어떻게든 그런 요구를 피하기 위해 애쓰던 모습이 생생하게 느껴진다. 논어 17/20에서 양호가 보낸 것으로 추정되는 유비(孺悲)라는 인물을 피하면서 동시에 자신이 그들을 피하고 있다는 것을 넌지시 알려주던 모습도 역시 그런 시절을 지나던 공자의 고충과 고민의 일단을 보여주는 것이라 할 수 있다.

정공 8년(BC 502)『좌전』은 양호의 편에 줄을 선 인사 다섯 명의 이름을 기록하고 있는데, 첫째는 계환자의 아우 계오(季寤)였고, 둘째는 계환자의 칠촌 조카뻘인 공서극(公鉏極), 셋째는 계환자의 가신인 공산불뉴였다. 이들은 모두 종주인 계환자의 눈 밖에 나 있던 측근들이었다. 그리고 나머지 두 명은 숙손무숙의 서자 숙손첩(叔孫輒)과 십이촌 동생뻘인 숙중지(叔仲志)였는데,

이들은 각각 아버지와 노나라 사람들로부터 인정을 받지 못하고 있었다.

이런 관계를 이용하여 양호는 계손씨 가문의 종주로 계환자를 축출하고 그 자리에 계오를 앉히는가 하면 숙손씨 가문의 종주로는 숙손무숙을 제거하고 숙손첩을, 그리고 맹손씨 가문의 종주로는 맹의자를 제거하고 양호 자신이 앉으려는 계획을 세웠다. 10월에 양호는 이 계획의 성공을 위하여 선대 군주들의 사당에서 제사를 지내고, 희공(僖公)의 사당에서는 가장 큰 제사인 체제(禘祭)까지 지내는 배포를 보였다.

그리고 며칠 후 양호는 포포(蒲圃)에서 잔치를 벌이면서 그 자리에 계환자를 초대하였다. 계환자를 죽이려는 속셈이었다. 양호는 그날 계손씨 가문의 모든 기마부대에 총동원령을 내렸다. 맹씨 가문은 이 소식을 듣고 무엇 때문에 총동원령을 내렸는지 추론해본 결과, 맹의자와 공렴처보는 양호가 난을 일으키려 하는 것이 분명하다고 결론을 내렸다. 그래서 만약 양호가 난을 일으키면 그 화는 맹씨 가문에도 미칠 것이 분명하니 미리 대비를 해야 한다고 다짐했다.

거사가 예정된 날 양호는 포포로 가는 전체 행렬의 선두에 섰고, 그 뒤에 계환자가 탄 수레를 가신 임초(林楚)가 몰며 뒤따랐다. 그리고 능숙한 사냥경력자들이 계환자 일행의 주위를 둘러싸고 나아갔고, 전체 행렬의 마지막에는 양호의 동생 양월(陽越)이 따랐다. 행렬이 시작되자 갑자기 계환자가 임초에게 말했다. "너의 선대는 모두 우리 계씨가의 훌륭한 가신이었다. 이제 네가 그 역할을 잇도록 하여라." 그러나 임초가 말했다. "제가 그 명을 받기에는 너무 늦은 것 같습니다. 양호가 정권을 거머쥐어 노나라가 온통 복종하고 있는데 그의 명령을 어기면 죽음이 있을 뿐입니다. 제가 설혹 죽는다 하더라고 그것이 주인님께 무슨 도움이 되겠습니까?" 그러자 계환자가 말했다. "무엇이 늦었단 말이냐? 지금 당장 나를 맹씨가로 데려갈 수 있지 않느냐?" "제가 죽는 것이야 아깝지 않습니다마는 그런다고 해서 주인님이 화를 면하실 수 있겠습니까?" "무조건 가자!"

맹씨는 말 타는 자들 중에서 건장한 300명을 뽑아 대문 밖에서 집을 짓는 척하고 있었는데, 임초가 마차를 전속력으로 달려 맹씨의 집으로 치달리니 양월이 뒤따라오며 활을 쏘았으나 맞지 않았다. 집을 짓는 척하던 자들이 급히 문을 닫고 문틈으로 양월을 향해 활을 쏘아 그를 죽였다. 양호는 정공과 숙손무숙을 위협하여 맹씨를 공격하게 하였다. 그때 공렴처보가 성읍의 사람들을 이끌고 도읍으로 진격하여 진퇴를 거듭하다가 드디어 양호 측이 패퇴하게 되었다.

양호는 갑옷을 벗고 공궁으로 들어가 노나라의 보물인 보옥과 대궁(大弓)을 탈취하였다. 그리고 오보의 거리로 나와 거기서 하룻밤을 자기로 하고 식사를 준비시켰다. 그러나 측근이 말하기를 "추격하는 자들이 곧 이를 것입니다" 하였다. 그러자 양호는 "노나라 사람들이 내가 도망간다고 하면, 죽을까 두렵던 차에 (내가 도망가는 것을) 좋아할 텐데 나를 추격할 겨를이 있을까?" 하였다. 이 말을 들은 측근은 기겁하며 도망갈 준비를 더욱 재촉하였다. 실제 맹손씨의 가신이었던 공렴처보는 양호를 추격하기 위해 군사행동을 하려 했지만 양호의 예상처럼 맹의자는 추격을 허락하지 않았다. 심지어 공렴처보는 계환자를 죽이려고까지 하자 맹의자는 두려워하여 계환자를 돌려보내고 말았다. 계오는 계씨의 사당에 잔을 올리는 여유마저 부리고 나서 외국으로 달아났다. 양호는 환(讙)과 양관(陽關)으로 물러나 버티기에 들어갔다.

이렇게 하여 햇수로 4년(BC 505~BC 502) 동안 양화가 저질렀던 희대의 정변은 일단 막을 내리게 되었다. 이듬해인 기원전 501년 6월, 노나라가 양관을 치자 양호는 양관의 내문(萊門)에 불을 지르고 노나라 군사가 놀라 당황해하는 틈을 타서 제나라로 달아났다. 양호는 제나라 경공을 만나 노나라를 치겠다며 군사지원을 요청했다. 경공은 잠시 그 요구를 들어주려고 했으나 포문자(鮑文子)가 나서서 "노나라가 이제 간신히 양호의 환란에서 벗어나고 있는데 군주님이 그것을 받아들이시면 그 해악을 어찌 감당하려 하십니까?" 하고 건의하여 포기를 시켰다.

제나라는 결국 양호라는 인물의 위험성을 파악하고 그를 체포하여 제나라 서쪽의 누추한 지역에 연금하였다. 그렇지만 양호는 거기에서도 지역 사람들을 못살게 굴어 사람들이 그를 잡아 제나라 도읍으로 압송하였으나 그는 다시 탈출하여 송나라로 갔다. 그리고 결국 다시 진(晉)나라로 달아났으니 일찍이 맹의자가 진나라에 가서 예언했던 대로 이루어진 셈이었다. 양호는 조간자(趙簡子)에게 몸을 의탁했는데, 공자가 이 소식을 듣고 "조씨 문중은 대대로 환란을 겪을 것이다" 하고 예언하였다고 『좌전』은 기록하고 있다.

이후 그는 애공 2년, 진나라로 망명 와 있던 위나라의 태자 괴외를 조간자가 위나라의 척(戚)으로 몰래 들여보내려 할 때 척으로 가는 길을 가르쳐주기도 하고, 애공 6년의 기록에서 조간자를 위하여 비교적 충심으로 애쓰는 모습을 보여주고 있을 뿐, 공자가 예언한 환란을 일으키는 모습은 등장하지 않았다.

그는 노나라 역사에서 길지는 않았지만 커다란 충격을 주었던 것은 사실이고, 특히 공자와 그의 학단, 즉 공자와 제자 자로가 그의 공포정치가 끝난 이후 노나라 정계로 진출하는 계기가 되었다. 또 그런 급격한 공자학단의 중용(重用)이 낳은 후유증으로 공자와 그의 제자들은 노나라를 떠나 위나라, 그리고 진채(陳蔡) 등으로 12년 동안 떠돌게 된 계기가 되었다고 할 수 있다. 그 점에서 어쩌면 공자와 나이도 비슷했을 것으로 추정되는 이 희대의 풍운아는 공자의 생애를 언급할 때 결코 빠뜨릴 수 없는 인물이다. 그러나 그가 풍운아인지는 모르겠으나 천성적으로 사악하고 욕심이 넘치고 잔혹했다. 일본 학계의 일부에서는 그를 어느 정도 공자와 비견되는 측면을 지닌 인물로 보는 경우도 있으나 이는 근거 없는 시각이다. 그는 춘추 말기의 왜곡된 권력질서를 반영하는 매우 해괴한 인물에 지나지 않았다 할 것이다.('계환자' 조항 참조)

양화 관련 논어 단편(1개)

17/1

양화가 공자를 만나려 하였으나 공자께서 만나지 않으시자 공자께 돼지를 선물로 보냈다. 공자께서 그가 없을 때를 틈타 사례하러 갔는데 길에서 그를 만나게 되었다. 그가 공자에게 말했다.

"오시오. 내 당신과 할 말이 있소."

그가 말했다.

"보배로운 것을 품고 있으면서도 나라를 혼미하게 내버려둔다면 어질다 할 수 있겠소?"

그가 말했다.

"할 수 없을 것이오. 나랏일에 간여하기를 좋아하면서도 자주 기회를 놓친다면 지혜롭다 할 수 있겠소?"

그가 말했다.

"할 수 없을 것이오. 해와 달은 가고 세월은 나와 함께하지 않소."

공자께서 말씀하셨다.

"알겠습니다. 내 장차 관직을 맡겠습니다."

陽貨欲見孔子,孔子不見,歸孔子豚.孔子時其亡也,而往拜之,遇諸塗.謂孔子曰;來,予與爾言.曰;懷其寶而迷其邦,可謂仁乎?曰;不可.好從事而亟失時,可謂知乎?曰;不可.日月逝矣.歲不我與.孔子曰;諾.吾將仕矣.

공산불요 公山弗擾
불뉴(弗狃)

공산불요는 노나라 사람으로 계씨가(季氏家)의 가신이었으며 비읍의 읍재였다. 성은 공산(公山), 이름은 불요(弗擾)였는데 『좌전』에서는 불뉴(不狃)로 나온다. 자는 자설(子洩 또는 子泄)이었다.

정공 5년이던 기원전 502년, 노나라의 실권자였던 계평자가 갑자기 세상을 떠났다. 그의 가신이던 양호가 후하게 장사지내기 위해 염을 할 때 옥을 사용하려 했다. 그래서 가재이던 중량회에게 옥의 불출을 요청했다. 중량회는 계평자가 대부이고 염을 할 때 옥을 사용하는 것은 예법상 제후에게만 허용되는 것이기 때문에 불출을 거부하였다. 화가 난 양호는 중량회를 제거할 계획을 세우고 자신과 뜻이 잘 맞는 공산불요에게 의견을 물었다. 그러나 공산불요는 중량회의 거부가 예법상 근거가 있는 만큼 그런 이유로 그를 축출하는 것은 부당하다고 동의를 하지 않았다.

장례가 끝나고 계평자의 아들이자 후계자인 계환자가 중량회를 대동하고 동야(東野)를 순행하는 중에 공산불요가 읍재로 있는 비읍에 들렀다. 공산불요는 계평자와 그를 수행하는 중량회에게 정중히 조의를 표했다. 그러나 계환자가 공산불요에게 공손히 답례한 데에 반해 중량회는 공산불요에게 거만하게 굴었다. 이에 화가 난 공산불요는 양호에게 연락하여 "당신이 전에 하려던 일을 하게나" 하였다.

공산불요의 동의가 있자 그 해 9월 양호는 드디어 계환자와 그의 사촌인 공보문백(公父文伯)을 잡아가두고 중량회를 축출하였다. 그리고 얼마 후 공하막(公何藐)을 죽였다. 공하막은 바로 중량회의 다른 이름이었을 것이다. 이어서 계환자와 맹약을 맺었으니 그 내용은 권력관계에서 양호의 지위를 인정하는 내용이었을 것이다. 그리고 대내적으로 양호의 권력장악을 선포하고 공포정치를 시행하였다. 계환자의 사촌 공보문백 등 측근들도 축출을 하니 그들은 모두 제나라로 달아났다.

공산불요는 노나라의 동쪽 비읍을 거점으로 이 엄청난 정변을 군사적·정치적으로 지원했던 만만찮은 세력이었던 것 같다. 이후 양호는 정나라를 치러 가면서 위나라를 동의도 없이 관통하여 지나가는 등으로 국제사회에서도 악명을 떨치며 자신의 존재를 알렸다. 공산불요가 이처럼 양호의 지원세력이 된 것은 계환자로부터 인정을 받지 못했기 때문이었다.

후에 양호는 삼환을 제거하고 자신이 직접 맹손씨 가문의 종주가 되는 군사정변을 일으키려다가 반격을 받아 제나라로 도망갔다가 거기서도 인정을 받지 못하자 나중에는 진(晉)나라로 가서 조간자의 신세를 지게 되었다.

양호가 노나라에서 쫓겨난 후에도 공산불요는 여전히 비읍의 읍재로 있었다. 정공 10년(BC 500) 양호의 공포정치에서 벗어나 다시 자신들의 위상을 회복한 정공과 삼환은 양호로부터 받은 수모를 씻고 만신창이가 된 위상과 체면을 회복하기 위한 수단으로 공자학단의 도움을 받기 시작했다. 그 첫 번째 변화가 정공이 협곡(夾谷)에서 제나라 경공을 만나 화평을 회복하기 위한 회담을 하는 자리에 공자를 대동하고 간 것이었다. 공자의 첫 번째 정치적 등장이기도 했던 이 회담에서 그는 외교적으로 성과를 거두었다. 그리고 두 번째 변화가 바로 2년 뒤(BC 498) 계평자가 공자의 제자인 자로를 가재로 등용하여 삼가의 거점 성읍이던 세 개 읍의 성을 허무는 것이었다. 매우 중요한 노나라의 정치개혁을 상징하는 한편 양호 같은 가신들의 준동을 원천봉쇄하기 위한 정지작업이기도 했던 이 사업은 후읍 성벽을 성공적으로 철거한 반면 비읍 성벽의 철거에서 심각한 도전을 받게 되었다. 공산불요가 숙손첩과 함께 비읍 사람들을 이끌고 노나라 도읍으로 쳐들어와 삼가의 종주들이 모두 계손씨의 집으로 피신하여 계무자의 대(臺)에 올라가기까지 했다. 한때 비읍 사람들은 정공의 신변에 위협을 가할 수 있을 만큼 가까이 접근하기도 했다. 그러자 공자가 이를 보고 신구수(申句須)와 악기(樂頎)에게 내려가 치라고 명하였다. 결국 비읍 사람들이 밀려나서 고멸(姑蔑)에서 패하였다. 공산불요와 숙손첩은 제나라로 도망쳤고, 결국 비읍의 성은 헐리고 말았다.

공산불요와 숙손첩은 제나라에서 다시 오(吳)나라로 도망을 갔다. 애공 8년(BC 487) 오나라가 노나라를 치기 위해 도망 와 있는 숙손첩에게 의견을 물었다. 그러자 숙손첩은 "노나라는 이름만 났지 실제는 별것 없으니 치십시오. 그러면 반드시 성공할 것입니다" 하였다. 숙손첩이 물러나 공산불요에게 그 사실을 말했다. 그러자 공산불요는 이렇게 말했다.

그것은 예(禮)가 아닙니다. 군자는 나라를 떠나게 되더라도 원수의 나라에는 가지 않습니다. 아직 간 곳의 신하가 되지 않은 상태에서 그 나라가 고국을 치게 되면 고국으로 달려가 목숨을 바치는 것이 옳은 일입니다. 몸은 의지하더라고 고국의 중요한 비밀은 숨겨야 하며 고국에 대한 미움이 있더라도 그로 인하여 고국을 배반할 수는 없습니다. 오왕이 당신에게 군사를 인도하게 하거든 당신은 반드시 거절해야 합니다. 그러면 반드시 오왕은 나에게 시키겠지요.

숙손첩이 그 말을 듣고 고민에 빠졌다. 오왕 부차는 공산불요에게 노나라치는 일에 대해 물었다. 그는 오왕에게 말했다.

노나라에는 비록 함께 나라를 일으킬 만한 사람은 없을지라도 나라를 위해 함께 목숨을 바칠 사람은 있습니다. 다른 나라 제후들이 노나라를 도울 것이니 당신 뜻대로만 할 수는 없을 것입니다. 진(晉)나라가 제나라, 초나라와 함께 노나라를 돕게 되면 당신은 네 나라를 원수로 삼게 됩니다. 무릇 노나라는 제나라 진나라의 입술이라 할 수 있는데 입술이 망하면 이가 시리게 된다는 것을 왕께서는 아시지 않습니까.

공산불요의 이런 간곡한 만류에도 불구하고 오나라는 노나라를 쳤다. 어쩔 수 없이 공산불요는 오나라의 강요에 따라 군사를 인솔하게 되었는데, 그는 일부러 험한 길로 안내하였다. 오나라는 무성(武城)을 차지하여 조금 더 노나라 쪽으로 다가갔다. 그렇지만 공산불요의 말처럼 노나라의 결의에 찬 항전을 접하고는 이기기는 어렵다는 판단에 따라 결국 맹약을 맺고 물러났다. 이후 공산불요는 더 이상 역사에 모습을 나타내지 않는데, 아마 오나라에 몸을 의탁하고 살지 않았을까 한다.

논어 17/5에서 공산불요가 공자를 비읍으로 부른 것은 일단 자로가 계환자의 가재가 되어 삼가의 거점 읍성을 허물기 전이었던 것은 분명하다. 그러나 공산불요가 비읍에서 반역을 꾀한 상태였다고 하니 적어도 양호와 함께 난을 일으킨 이후이기도 할 것이다. 따라서 비읍을 근거지로 하여 반역했다는 기사(公山弗擾以費畔)는 아마 양호의 난에 가담했던 정공 5년과 제나라로 출분했던 정공 12년 사이에 공산불요가 취했던 일련의 반계씨(反季氏) 노선을 포괄적으로 지칭하는 것이라 여겨진다. 정공 12년에 자로가 비읍의 성을 허물 당시 그가 이에 항거하여 노도(魯都)를 공격한 것을 반역했다(以費畔)고 보기에는 곤란한 점이 있다. 아마도 양호가 공자를 만나려고 애를 쓰던 그 시점과 거의 일치되지 않을까 한다. 공자는 양호와 만나기를 꺼려하면서도 공산불요의 부름에는 응하려 하였다는 점이 흥미롭다. 실제 공산불요는 양호와 함께 정변을 일으킨 한 패이기는 하였지만 그의 판단이나 행동은 양호와는 어딘가 근본적으로 달랐다는 것을 여러 군데에서 느낄 수 있다. 적어도 공자에게 그 점은 더욱 그러했을 것이다.('비읍' 조항 참조)

공산불요 관련 논어 단편(1개)

17/5

공산불요(公山弗擾)가 비읍에서 반역을 꾀하고 선생님을 부르자 선생
님께서 가시려고 하셨다. 자로(子路)가 못마땅해하며 말했다.

"가지 마십시오. 하필 공산씨에게 가시려고 하십니까?"

선생님께서 말씀하셨다.

"무릇 나를 부르는 자라면 어찌 하찮은 자이기야 하겠느냐? 만약 나를
쓰는 자가 있다면 나는 그곳을 동방의 주(周)나라로 만들겠다."

公山弗擾以費畔, 召. 子欲往. 子路不說曰; 末之也已. 何必公山氏之之
也. 子曰; 夫召我者, 而豈徒哉? 如有用我者, 吾其爲東周乎.

유비 孺悲

유비는 노나라 사람이며 조정에서 집례에 관한 일을 맡고 있었던 듯하다. 더
이상 자세한 인적사항은 전하는 바가 없으며, 유일하게 『예기』에 다음과 같은
기록이 있다. 잡기하(雜記下)편에 기록된 바는 다음과 같다.

휼유(恤由)의 상(喪)에 애공이 유비로 하여금 공자에게 가서 선비에 관한 상례
(喪禮)를 배우게 하였다. 사상례(士喪禮)가 여기에서 비로소 기록되었다.[25]

이 기록은 별개의 필요성에 의해 수집된 것으로 보이며, 그 점에서 논어 17/20과 관련하여 의도적으로 만들어진 단편이 아님이 분명해 보인다. 다시 말해서 실제일 가능성이 높다는 말이다. 사람을 만남에 있어 비교적 너그러운 기준을 가지고 있던 공자가 만나지 않으려 했다는 것은 유비의 행각이 비교적 심각했다는 것을 의미하지 않을까. 그렇다면 이 유비라는 사람은 양호의 집권에 관련되었을 가능성이 많다. 양호가 공자를 회유하기 위해 노력하였다는 것은 논어 17/1에서도 볼 수 있다. 유비가 집례에 관한 전문가였다면 공자와의 인연도 만만치 않았을 것이다. 그리고 양호는 공자와 유비와의 이런 인연을 이용하여 공자를 설득하기 위해 그를 보내었을 것이다. 그것은 양호가 공자에게 돼지를 보내기(17/1) 전일 수도 있고 후일 수도 있다. 전이라면 일을 추진하는 양호의 용이주도함을 느낄 수 있고, 후라면 목적을 위하여 끝까지 파고드는 양호의 집요함을 느낄 수 있다.

어쨌든 양호의 부탁을 받고 왔다면 유비는 자발적이었을까? 양호의 강요로 그도 어쩔 수 없이 왔을까? 공자가 만나기를 거부하면서도 일부러 그가 아픈 척했음을 보여준 것은 후자, 즉 유비도 어쩔 수 없이 공자를 찾아왔을 것이라는 쪽에 신빙성을 더 두게 한다. 만약 유비가 적극 가담자였다면 공자는 굳이 그가 실제 상황을 알게 할 필요가 없었을 것이다. 그도 괴로운 입장에 있음을 알고 있기에 그가 공자의 의도를 일부러 알게 하여 도덕적 궁지로 몰아간 것이다. 일종의 산 교육이라 할까?

물론 이 모든 추론은 가정이다. 그러나 개연성이 높은 추론임은 분명하다. 양호와 유비에 관한 유일한 기록이 모두 논어 제17편에 기록되어 있다는 사실이 간접적 증거일 수도 있다.

청대 최술은 공자가 아프다고 하면서 실제로는 아프지 않았음을 보여준

---

25) 恤由之喪,哀公使孺悲之孔子學士喪禮,士喪禮於是乎書.『예기』잡기하(雜記下)

것은 일종의 거짓이기 때문에 공자 같은 사람이 그런 거짓된 행동을 할 리가 없다면서 이 단편을 위작으로 보기도 한다. 물론 최술의 주장에 일리가 있다고 볼 수 있으나 지나치게 단순한 생각이다.

유비 관련 논어 단편(1개)

17/20
유비(孺悲)가 공자를 만나고자 하니 공자께서 병을 핑계로 거절하셨다. 말을 전하러 온 사람이 막 문을 나가자 거문고를 끌어당겨 노래를 부르시어 그로 하여금 듣게 하셨다.

孺悲欲見孔子,孔子辭以疾.將命者出戶,取瑟而歌,使之聞之.

노팽 _{老彭}

노팽은 논어의 단 한 구절에만 등장하고 있고, 다른 어떤 전적에도 등장하지 않는다. 따라서 이 구절에서 유추할 때 공자보다 다소 앞선 시대의 현인이 아닐까 하지만 더 이상 추정하는 것은 불가능하다. 따라서 노팽이 은나라 때의 대부라는 설도 모두 근거 없는 추측일 뿐이며, 노자(老子)를 지칭한다는 설도 노자가 사실상 전국시대의 인물이라는 점을 고려하면 있을 수 없는 일이다. 다만 노자를 공자보다 시대적으로 앞세우기 위해, 공자가 주나라를 방문하여 노자에게 예를 물었다는 설화를 만들어낸 입장을 받아들이는 사람들에게만 가능한 추측일 것이다.

노팽 관련 논어 단편(1개)

7/1
선생님께서 말씀하셨다.
"풀이만 하고 짓지 않으며 옛것을 믿고 좋아한다는 점에서 속으로 나를 노팽(老彭)에 견주어 본다."
子曰;述而不作,信而好古,竊比於我老彭.

자상백자 子桑伯子

자상백자는 논어 6/2의 단편 외에 어디에도 등장하지 않는 인물이다. 6/2의 대화에서 "그 백성에 임하다"는 구절 등을 살펴보면 어느 정도 지위가 높았던 정치적 인물로 추정된다. 어쩌면 공자 당대 인물이 아니라 과거 인물일 가능성도 있다.

　간(簡), 즉 단순하다는 것은 논어 5/22에서와 같이 급진적(狂)이라는 말과 결합하여 광간(狂簡)으로 사용되는 경우가 있는 만큼 긍정적 측면과 부정적 측면을 모두 가지고 있는 것으로 보이며, 그 때문에 자상백자에 대한 사제 간의 이 짧은 인물평도 양 측면을 모두 살피고 있는 것으로 보인다.

일설에는 『장자(莊子)』 내편 대종사(大宗師)에 나오는 자상호(子桑戶)가 곧 자상백자라고 한다. 거기서 자상호는 공자와 가까웠던 금장(琴張)과 역시 친구로 어울리고 있는 것이 흥미롭다.

자상백자 관련 논어 단편(1개)

6/2

중궁(仲弓)이 자상백자(子桑伯子)에 관해 묻자 선생님께서 말씀하셨다.

"괜찮다. 단순하다."

중궁이 말했다.

"경(敬)에 자리하여 단순함을 행하고 그로써 그 백성을 대한다면야 또한 괜찮지 않겠습니까? 그러나 단순함에 자리하여 단순함을 행하면 이는 지나치게 단순한 것이 아니겠습니까?"

선생님께서 말씀하셨다.

"옹의 말이 맞다."

仲弓問子桑伯子.子曰;可也,簡.仲弓曰;居敬而行簡,以臨其民,不亦可乎?
居簡而行簡,無乃大簡乎?子曰;雍之言然.

노나라의 악사장 _{魯太師}, 악사장 지 _{大師摯}

사(師)는 악사에 대한 호칭이다. 태사(太師)는 그 중에서도 악사장을 가리킨다. 사지(師摯)는 악사 지(摯)로서 지(摯)는 당시 악사장의 이름이다. 두 사람은 동일인일 가능성이 많다.

악사들과 관련한 단편이 논어에 적잖이 눈에 띄는 것은 음악에 관한 공자의 남다른 관심과 조예를 보여주는 것이 아닐 수 없다. 특히 지는 논어에 두 번이나 이름이 등장한다는 점에서 공자와 특별한 친분관계가 있었을 가능성이 있다. 어쩌면 이름은 등장하지 않고 노나라의 악사장(魯太師)이라고만 언급된 인물도 역시 지였을 가능성이 높다. 그러나 논어에 두어 번이나 등장하는 이 인물은 『좌전』 등 다른 역사 기록에는 나오지 않는다. 따라서 그가 어떤 인물이었는지를 알려주는 자료나, 공자와 대화한 다른 기록은 더 이상 찾아볼 수 없다.

악사장 지 관련 논어 단편(3개)

3/23

선생님께서 노나라의 악사장(魯大師)에게 말씀하셨다.

"음악은 알 수 있습니다. 처음 시작할 때에는 흩어진 것들이 모이는 듯

하고 따르다 보면 조화가 이루어지고 명료해지고 찬연해지니 이로써

이루어지는 것입니다."

子語魯大師樂曰;樂其可知也.始作,翕如也.從之,純如也,皦如也,繹如也,

以成.

8/16

선생님께서 말씀하셨다.

"악사 지(摯)가 처음 연주할 때 관저(關雎)의 마지막 장이 양양하게 내

귀를 가득 채웠다."

子曰;師摯之始,關雎之亂,洋洋乎盈耳哉!

18/9

악사장 지(摯)는 제나라로 갔다. 아반 간(干)은 초나라로 갔고 삼반 요

(繚)는 채나라로 갔으며 사반 결(缺)은 진(秦)나라로 갔다. 북을 치던 방

숙(方叔)은 황하(黃河) 유역으로 들어갔고 소고를 흔들던 무(武)는 한수

(漢水) 유역으로 들어갔으며 부악사장 양(陽)과 경(磬)을 치던 양(襄)은

바다 쪽으로 갔다.

大師摯適齊.亞飯干適楚.三飯繚適蔡.四飯缺適秦.鼓方叔入於河.播鼗武

入於漢.少師陽擊磬襄入於海.

악사 면_{師冕}

장님 악사 면은 노나라의 악사로서 논어에 한 번 등장하지만 다른 역사 기록에 전혀 등장하지 않는다. 장님들은 시각장애인으로 상대적으로 청각이 발달하여 음악인으로 탁월한 조예를 보이는 경우가 많았고, 그것은 고대 중국에서도 마찬가지였다. 논어 7/15에 "선생님께서 제(齊)나라에 계실 때 소(韶)를 들으시고 석 달 동안 고기 맛을 모른 채 '음악을 하는 것이 이런 경지에까지 이를 줄은 미처 몰랐구나!' 하고 말했다"는 기록이 있다. 이런 극단적인 모습에서 볼 수 있는 것처럼 공자는 우리가 상상하는 것 이상으로 음악에 깊은 이해를 가지고 있었기 때문에 면 같은 장님 악사에게 인간적으로도 음악적으로도 남다른 애정과 공감을 가지고 있었을 것이다.

악사 면에 관한 논어 단편(1개)

15/42

악사 면(冕)이 찾아뵈러 왔을 때 계단에 이르자 선생님께서 말씀하셨다.

"계단입니다."

자리에 이르자 또 말씀하셨다.

"자리입니다."

모두 좌정하자 선생님께서는 "누가 여기에 있고 누가 여기에 있습니

다" 하고 알려주셨다. 악사 면이 나가자 자장이 물었다.

"악사와 그렇게 말하는 것이 도리입니까?"

선생님께서 말씀하셨다.

"그렇다. 진실로 눈먼 악사를 도와주는 도리다."

師冕見,及階.子曰;階也.及席.子曰;席也.皆坐.子告之曰;謀在斯,謀在
斯.師冕出.子張問曰;與師言之,道與?子曰;然.固相師之道也.

미생무 微生畝

미생무는 신분이나 행적에 관하여 알려진 바가 전혀 없는 인물이다. 미생(微生)은 성, 무(畝)는 이름으로 추정된다. 행적에 관해 알려진 바는 없으나 공자와의 대화 내용이나 말투로 볼 때 공자보다 나이가 많았던 사람으로 보인다. 5/24에 나오는 미생고(微生高)와 동일인으로 보는 견해도 있으나 아무런 근거가 없다. 그렇다면 공자 같은 마을의 어른이 아니었을까 한다. 은자로 보기도 하는데, 논어 헌문편에 노장적 분위기의 단편이 다소 출현하고 있기 때문에 전혀 근거 없는 추정이라 보기도 어렵다.

14/34

미생무(微生畝)가 공자에게 말했다.

"구(丘)여, 무엇하러 이처럼 분주히 다니는가? 말재간을 부리기 위해서
가 아닌가?"

공자께서 말씀하셨다.

"감히 말재간을 부리기 위해서가 아닙니다. 고루함을 미워해서입니다."

微生畝謂孔子曰;丘何爲是栖栖者與?無乃爲佞乎?孔子曰;非敢爲佞也.疾
固也.

남궁괄 南宮适

남궁괄은 더러 맹씨가의 남궁경숙(南宮敬叔)이나 공자의 조카사위 남용(南容)
과 동일인으로 추정되기도 하지만 별개의 인물로 봄이 옳을 것 같다. 공자와
남궁괄의 대화 방식이 스승과 제자 사이라 보기 어렵고 대화 내용도 초면이
거나 초면에 가까운 경우로 보이기 때문에 이웃나라 대부나 정치적으로 중요
한 인물이 아니었을까 한다.

　예(羿)와 오(奡)는 부자간으로 하나라 때의 전설적 인물들인데 예는 활을
잘 쏘았고 오는 엄청나게 힘이 세었다.('예'羿, '오'奡 항목 참조)

남궁괄 관련 논어 단편(1개)

14/6

남궁괄(南宮适)이 공자께 물었다.

"예(羿)는 활을 잘 쏘고 오(奡)는 배를 움직이는 힘이 있었으나 둘 다 순리의 죽음을 맞지 못하였습니다. 그러나 우(禹)와 직(稷)은 몸소 농사를 지었으나 천하를 얻었습니다."

선생님께서 대답하지 않으시다가 남궁괄이 나가자 말씀하셨다.

"군자로구나! 저런 사람은. 덕을 숭상하는구나! 저런 사람은."

南宮适問於孔子曰;羿善射,奡盪舟,俱不得其死然.禹稷躬稼而有天下.夫子不答.南宮适出.子曰;君子哉!若人.尙德哉!若人.

좌구명 左丘明

좌구명은 유명한 『좌전』의 저자로 알려져 있으나 그가 어떤 사람인지 구체적으로 알려진 사실은 없다. 논어 5/25에 나타난 표현을 보면, 공자와 동시대의, 그것도 공자보다 나이가 더 많거나 비슷한 연령대의 사람이라고 보는 것이 자연스럽다. 특히 『좌전』의 42군데에서 발견되는 공자의 직접적인 언행 내지 역사적 사실에 대한 논평은 그것을 직접 보고 들은 사람이 아니고는 기술하기 어려운 내용이 많다. 이를테면 공자가 태어나기 12년 전인 양공 10년(BC

563)에 있었던 다음과 같은 평범한 기록을 보자.

> 우리 노나라 군대가 돌아오자 맹헌자는 진근보(秦菫父)를 우익(右翼)으로 삼
> 았다. 후에 진근보가 진비자(秦丕玆)란 아들을 낳았는데 그는 공자를 스승으
> 로 섬겼다.[26]

맹헌자가 진근보라는 사람을 군사편제에서 우익(右翼)으로 삼았다는 것
도 별로 특기할 사실이 아니지만 그가 낳은 아들 진비자가 공자의 제자가 되
었다는 사실은 전혀 특기할 사실이 아니다. 진비자는 논어에 등장하지도 않
고 단지 「중니제자열전」에 진상(秦商)이라는 이름과 그의 자(字) 자비(子丕)만
'언행이 남아 있지 않은 제자들'의 명단에 등장할 뿐이다. 그런데도 좌구명은
맹헌자가 진근보를 우익으로 삼았다는 것을 무리하게 『좌전』에 올리면서 그
의 아들이 공자를 스승으로 섬겼다는 이 희대의 인연을 기록해두고 싶었던
것 같다. 외형은 진근보의 기록에 그의 아들 진비자의 이야기를 덧붙인 것처
럼 싣고 있다. 그러나 자세히 들여다보면 좌구명은 후자를 기록으로 남기고
싶어 일부러 조금 더 명분이 있는 전자를 기록하여 후자를 부기(附記)하는 명
분으로 삼고 있음을 알 수 있다. 진근보를 우익으로 삼은 해는 아직 진비자가
태어나지도 않았던 해였음을 생각하면 더욱 그렇다.

이런 특이한 역사 기록은 공자 가문이 송나라에서 망명 왔다는 사실, 공구
라는 인물이 머지않아 위대한 인물이 될 것이라는 사실, 그리고 맹희자가 자
신의 두 아들을 공자에게 보내 배우도록 유언을 했다는 사실을 언급하면서
그 명분을 맹희자가 외유에서 예의를 잘 갖추지 못해 부끄러워했다는 사실을
기록할 때 그에 부기하는 형태로 기록하였다는 데에서도 엿볼 수 있다.

---

26) 師歸,孟獻子以秦菫父爲右.生秦丕玆,事仲尼.

좌구명은 공자를 예의주시하고 존경했던 것이 분명했다. 그러나 그는 매우 은밀한 형태로 그것을 드러내었기 때문에 『좌전』을 읽는 사람들도 대부분 그것을 눈치 채지 못했던 것이다. 공자에게도 좌구명에 대한 모종의 상대적 감정이 있었다. 그것이 남아 있는 기록이 바로 논어 5/25다. 공자는 자신이 좌구명과 일련의 태도를 함께하고 있다는 점을 당당하게 밝힘으로써 자신과 그, 그리고 서로의 정신적 연대감을 드러내었다. 둘의 구체적 관계가 어떠한 것이었는지 알려지지 않은 것은 유감스러운 일이다. 다른 곳에서 말한 바와 같이 둘은 역사와 관련한 모종의 작업을 함께 수행했을지도 모른다.

다만 『좌전』이라는 방대한 작업 결과만 놓고 보면, 좌구명은 주목할 만한 정신적 기반을 가진 인물이었던 것은 틀림없지만 그 한계는 역사가로서의 테두리를 넘지 않는 것이었다. 좌구명은 공자라는 인물의 남다른 정신적 영역에 발을 들여놓지는 못했다. 또 그런 한계가 공자에 대한 좌구명의 남다른 외경에도 불구하고 『좌전』을 통해 그릴 수 있었던 공자상을 논어가 그려낸 공자상보다 한 차원 아래에 둘 수밖에 없는 이유였다. 그러나 좌구명은 나름대로 자신이 알고 있는 공자를 성심성의껏 기록하였다. 다만 자신의 천직인 역사 기록과 그 기록 원칙의 범위 내에서였다. 물론 전술한 바와 같은 잘 드러나지 않는 약간의 편애를 노출시키기는 하였지만 말이다.

『좌전』과 『국어』의 저자를 모두 좌구명으로 보는 것은 수용되지 않는 것이 일반적이다. 문체도 많은 차이가 나고 사실을 다루는 손길도 크게 다르다. 한 마디로 좌구명은 『국어』를 쓰지 않았다고 보는 것이 일반적인 판단이다. 또 좌구명이 『좌전』을 쓴 것이 사실이라 하더라도 어차피 그의 작업은 마지막 수년에 국한되었을 것이고, 그가 전체에 기여하였다 하더라고 그것은 한정된 편집과 발췌, 정리 등에 불과할 뿐이다. 『좌전』에 기록된 255년은 짧다면 짧지만 길다면 엄청 긴 세월이다. 무엇을 기록하고 무엇을 기록하지 않을 것인가를 판단하는 사가로서의 1차적 판단을 맡았던 사관들은 가장 적게 잡아도 수십 명은 족히 되었을 것이다. 말하자면 『좌전』 뒤에는 수많은 좌구명들이 있었다고 봐야 한다는 뜻이다. 그리고 공자와 동시대의 마지막 기록자이자 편집자로 한정한다면 좌구명은 그 수많은 좌구명들의 영광된 대표자라 할 수 있을 것이다.

좌구명 관련 논어 단편(1개)

5/25

선생님께서 말씀하셨다.

"세련된 말과 의젓한 모습과 잘 보이기 위한 공손함을 좌구명(左丘明)은 부끄럽게 여겼고 나 역시 그것을 부끄럽게 여긴다. 원망을 숨기고 그 사람과 벗하는 것을 좌구명은 부끄럽게 여겼고 나 역시 그것을 부끄럽게 여긴다."

子曰;巧言令色足恭,左丘明恥之,丘亦恥之.匿怨而友其人,左丘明恥之,丘亦恥之.

공백료 公伯寮

공백료는 노나라 사람으로 계씨가의 가신 중 한 사람으로 추정된다. 성은 공

백(公伯), 이름은 료(寮), 자는 자주(子周). 『사기』「중니제자열전」에는 공자의
제자라고 하나 제자로 보기는 어렵다. 자로가 계씨가의 가재가 되어 삼가의
읍성을 허무는 작업을 수행하고 있던 시절 그와 관련하여 계환자와 모종의
의견이 충돌하였을 것이다. 그 때문에 공백료가 어떤 위치에 있는 사람이었
든 가문의 종주와 가재 사이를 벌리며 이간하는 일도 가능했을 것이다. 공자
의 입장에서 보았을 때 그것은 거의 필연적인 일이었고, 말하자면 명(命)일 수
밖에 없었을 것이다.

공백료 관련 논어 단편(1개)

14/38
공백료(公伯寮)가 계손씨(季孫氏)에게 자로를 참소하자 자복경백(子服
景伯)이 그 사실을 선생님께 알리며 말했다.
"그분은 확실히 공백료에 대해 미혹된 신임을 지니고 있지만 나의 힘
은 오히려 그를 참시하여 광장에 내걸 수 있습니다."
선생님께서 말씀하셨다.
"도(道)가 장차 행해지는 것도 명이고 도가 장차 폐하는 것도 명이다.
공백료가 명을 어떻게 하겠는가!"
公伯寮愬子路於季孫.子服景伯以告曰;夫子固有惑志於公伯寮.吾力猶
能肆諸市朝.子曰;道之將行也與,命也.道之將廢也與,命也.公伯寮其如
命何

뇌 牢
금장(琴張)

뇌는 공자의 제자라고 하나 친구나 동료 또는 후배일 가능성이 많다. 성은 금 (琴), 이름은 뇌(牢), 자는 자장(子張) 또는 자개(子開)였다. 위(衛)나라 사람이라 한다. 논어에는 한 번밖에 나오지 않는다. 나이 정보도 없다. 정황으로 보면 공자와 비슷하거나 조금 적지 않았을까 한다.

『맹자』진심하편에 그에 대한 약간의 정보가 실려 있는데, 그가 증자의 아버지 증석과 더불어 광자(狂者), 즉 뜻과 말은 크지만 실천은 뒤따르지 못하는 사람의 대표적인 인물로 소개되어 있다. 이 추상적인 인물평은 『좌전』소공 20년조에 실린 또 하나의 금뢰(琴牢) 관련 기록을 보면 좀 더 구체화된다.

소공 20년 위나라에서는 제표(齊豹)의 난이 일어난다. 당시 위나라 군주이던 영공(靈公)의 형 맹집(孟縶)이 사구이던 제표를 무시하고 함부로 대하자 분개한 제표가 맹집을 제거하기로 결심한다. 제표는 실행에 앞서 친분이 있는 맹집의 호위보좌관 종로(宗魯)에게 계획을 넌지시 알려주며 앞으로 맹집의 마차에 동승하지 말 것을 당부한다. 종로는 고민하다가 맹집에게는 알리지 않고 그를 최대한 호위하다가 결국 맹집과 함께 죽는다. 제표 또한 반란 진압 과정에서 죽는다. 이 소식이 노나라에 알려지자 종로와 잘 아는 사이였던 금뢰가 종로를 조문하겠다고 하였다. 이때 당시 나이 서른이던 공자가 그 조문 계획을 듣고 금뢰를 신랄하게 비판한다. 금뢰는 종로의 죽음을 신의와 봉건 질서에 기초한 의미 있는 죽음으로 본 것 같다. 그렇지만 공자는 무도한 제표와 맹집 사이의 갈등에서 벗어나지 못하고 그 사이에 끼어 죽은 종로를 왜 조문하려 하느냐는 것이었다. 금뢰와 공자의 가치관을 각각 선명하게 관찰할

수 있으며 그들의 차이가 어디에서 어떻게 발생하는지 엿볼 수 있는 소중한
자료가 아닐 수 없다.(자세한 사항은 '공자' 조항 참고)

뇌 관련 논어 단편(1개)

9/6

태재(太宰)가 자공에게 물었다.

"선생께서는 성자이신가요? 그렇다면 어떻게 그리 다능하실 수 있습니까?"

자공이 말했다.

"진실로 하늘이 장차 성자로 세우실 분이고 또 다능하신 분입니다."

선생님께서 그것을 들으시고 말씀하셨다.

"태재가 나를 아는구나! 나는 젊어서 미천하였기에 보잘것없는 일들에
다능하지만 군자야 다능하겠는가? 다능하지 않다."

뇌(牢)가 말했다.

"선생님께서 '나는 쓰이지 않았기 때문에 예(藝)에 능하게 되었다'고 말
씀하셨다."

大宰問於子貢曰;夫子聖者與?何其多能也?子貢曰;固天縱之將聖,又多能
也.子聞之曰;大宰知我乎!吾少也賤,故多能鄙事.君子多乎哉?不多也.牢
曰;子云,吾不試,故藝.

『좌전』의 뇌(牢) 관련 기록

○ 昭公20(BC 522)

금장(琴張)이 종노(宗魯)가 죽었다는 소식을 듣고 조상을 가려 하니 공자가 말하기를 "제표가 도적이 되고 맹집이 죽음을 당했는데 너는 어째서 그 틈에서 죽은 종노를 조상하려 하느냐? 군자는 간사한 음식을 먹지 않고 난을 받아들이지 않고 이익에 끌려 악에 휘말리지 않고 휘말려서 남을 대하지 않고 불의를 덮어두지 않고 비례를 범하지 않는다" 하였다.

琴張聞宗魯死,將往弔之.仲尼曰:「齊豹之盜,而孟縶之賊,女何弔焉?君子不食姦,不受亂,不爲利疚於回,不以回待人,不蓋不義,不犯非禮.」

안로顔路

안로는 공자의 제자인 안연의 아버지다. 성은 안(顏), 이름은 로(路), 자는 무요(無繇)였다. 일반적으로는 안로도 공자의 제자로 보고 나이도 공자보다 여섯 살 연하라고 한다. 이는 『공자가어』에 따른 것으로, 「중니제자열전」에는 일체 언급이 없다. 그가 공자의 제자였다는 증거는 없는 만큼 그를 제자로 보는 데는 동의하기 어렵다. 관련 기록도 이 단편 하나밖에는 없다. 그도 자식인 안연의 죽음을 애석해하고 후히 장례를 치르고 싶어 공자의 수레를 덧널(槨)로 쓰려고 하였으나 공자는 매정할 정도로 단호히 거절한다. 이런 매정해 보이는 측면을 매정하게 보지 않고 공자의 비범성으로 보는 데에 논어읽기의 특별함이 있다.

안로 관련 논어 단편(1개)

11/8

안연(顔淵)이 죽자 안로(顔路)가 선생님의 수레를 덧널로 썼으면 하고 청하였더니 선생님께서 말씀하셨다.

"재주가 있든 없든 역시 각자 자기 자식을 말하지요. 이(鯉)가 죽었을 때에도 널은 있었으나 덧널은 없었소. 내가 수레를 덧널로 쓰고 걸어 가지 않는 것은 내가 수레를 타고 대부의 뒤를 좇아야 하므로 걸어갈 수 없기 때문이오."

顔淵死,顔路請子之車以爲之椁.子曰;才不才,亦各言其子也.鯉也死,有棺而無椁.吾不徒行以爲之椁,以吾從大夫之後,不可徒行也.

신정 申棖

신정에 대해서는 알려진 기록이 없다. 『사기』에는 신당(申黨)으로 되어 있고 『공자가어』에서는 신속(申續)이라 한다. 공자의 제자였다고 하나 정치인이었을 가능성이 더 많은데, 오늘날에도 숱하게 볼 수 있는, 욕심을 바탕으로 하면서 의지가 강한 것으로 보이는 사람이었을 것이다.

5/11

선생님께서 말씀하셨다.

"나는 아직 굳센 사람을 보지 못하였다."

누군가가 말하였다.

"신정(申棖)이 있지 않습니까?"

선생님께서 말씀하셨다.

"신정은 욕심이 많으니 어찌 굳셈을 얻었겠느냐?"

子曰;吾未見剛者.或對曰;申棖.子曰;棖也慾,焉得剛?

원양 原壤

원양은 노나라 사람으로 공자의 어린 시절 친구라고 한다. 다른 기록은 없고 『예기』 단궁하편에 다음과 같은 글이 있다.

공자의 옛 친구 중에 원양이라고 하는 자가 있는데 그 모친이 죽었다. 공자께서 그를 도와 곽(椁)을 다스렸다. 원양이 나무 위에 올라가서 말하기를 "오래되었구나. 내가 노랫소리에 의탁하지 못한 지가" 하였다. 또 노래하기를 "삵의 머리처럼 무늬가 있네. 여인의 손을 잡은 것처럼 부드럽구나" 했다. 공자께서는 못 들으신 것처럼 지나가셨다. 종자가 말하기를 "선생님께서는 그와의 관계를 끊지 않으셨습니까?" 하였다. 공자는 말하기를 "내가 듣기로는 친한 자와는 그 친함을 끊지 말고 오랜 자와는 그 오램을 끊지 말지니라" 하였다.

원양 관련 논어 단편(1개)

14/46
원양(原壤)이 다리를 오그리고 앉아 기다리자 선생님께서 말씀하셨다.
"어려서는 불손하였고 자라서는 한 일이 없으며 늙어서는 죽지도 않으니 이는 곧 도적이다."
지팡이로 그의 무릎을 치셨다.

原壤夷俟. 子曰;幼而不孫弟, 長而無述焉, 老而不死, 是爲賊. 以杖叩其脛.

자천 子賤

자천은 성은 복(宓), 이름은 부제(不齊), 자는 자천(子賤)이었으며 공자보다 30세 연하였다 한다. 그러나 공자가 말하고 있는 것을 보면 제자라기보다는 사제 간이 아닌 다른 대인관계에서 사람됨을 겪고 찬탄한 것이 아닌가 한다. 「중니제자열전」에 의하면 자천은 선보(單父)의 읍재로 있었다 하며, 공자가 "부제가 다스리기에는 선보는 너무 작다. 더 컸더라면 능력에 부합했을 텐데" 하였다. 그러나 공자의 찬탄만 있고 구체적인 것은 아무것도 제시되어 있지 않아 아쉬운 단편이다. 어쨌든 그를 공자의 제자로 보는 것은 무리다.

자천 관련 논어 단편(1개)

5/3

선생님께서 자천(子賤)을 두고 말씀하셨다.

"군자로구나, 이런 사람은! 노나라에 군자다운 자가 없다면 이 사람이 어디서 이러함을 취할 수 있었겠느냐?"

子謂子賤;君子哉若人!魯無君子者,斯焉取斯?

미생고 微生高

미생고는 노나라 사람으로 성은 미생(微生), 이름은 고(高)라고 한다는 것 외에는 알려진 것이 없다. 아마 당시 공자와 제자들이 어느 정도 알고 있던 가까운 주변 인물이 아니었을까 한다. 원래 있으면 있고 없으면 없다 하는 성품의 사람이었으나 어느 날 식초를 얻으러 온 사람의 아쉬운 사정을 헤아려 일부러 이웃에서 얻어다주기까지 한다. 그런 행동이 평소 그 사람의 하던 바와 달라 한편으로 그를 추어주는 의미에서 이런 말을 한 것으로 보인다.

미생고 관련 논어 단편(1개)

5/24
선생님께서 말씀하셨다.
"누가 미생고(微生高)를 고지식하다 하였느냐? 어떤 사람이 식초를 얻으러 오니 그는 그것을 이웃에서 얻어다 주었다."
子曰;孰謂微生高直?或乞醯焉,乞諸其鄰而與之.

담대멸명 澹臺滅明

담대멸명은 노나라 사람으로 자유(子游)가 읍재로 있던 무성의 관리였다. 자는 자우(子羽)였다. 공자의 제자라고도 하지만 확실한 자료는 없다. 적어도 공자와 자유가 그에 대해 이야기를 할 때는 제자가 아니었던 것이 확실하다. 「중니제자열전」에 의하면 공자보다 39세 연하였다고 하는데, 얼굴이 매우 못생겼다고 한다. 후에 양자강까지 내려가서 300여 명의 제자들을 거느려 제후들 사이에 널리 이름이 알려졌다고 하는데, 논어에 기록된 것을 넘어서는 이런 훗날의 이야기는 대부분 신뢰하기 어렵다.

> ## 담대멸명 관련 논어 단편(1개)
>
> 6/14
>
> 자유(子游)가 무성(武城)의 읍재(邑宰)가 되자 선생님께서 말씀하셨다.
>
> "너는 사람을 얻었느냐?"
>
> 자유가 말하였다.
>
> "담대멸명(澹臺滅明)이라는 사람이 있는데 행함에 있어서 샛길을 찾지
> 않고 공무가 아니고는 일찍이 저의 방에 들른 적이 없었습니다."
>
> 子游爲武城宰. 子曰;女得人焉耳乎?曰;有澹臺滅明者,行不由徑,非公事,
> 未嘗至於偃之室也.

달항당인 達巷黨人

달항당(達巷黨)에서 달항은 전통적으로 지명을 말하며 당(黨)은 500가구 정도
의 마을을 지칭한다고 풀이해왔다. 그러나 고증된 것으로 보이지는 않고 단
지 추정으로 보인다. 당시 문헌에서 당이 무리 내지 집단을 지칭하는 경우가
더 많기 때문에 어떤 집단을 지칭한 경우일 가능성도 배제할 수 없다. 그러므
로 달항당인이 어떤 사람이며, 어떤 특성이나 성향을 지닌 사람인지는 알 수
없다. 따라서 달항당인을 그냥 달항당의 사람이라고 확실하게 구체화시키지
않는 것도 하나의 방법이라고 본다.

변장자 卞莊子

변장자는 노나라 사람으로 변읍의 대부라 한다. 용기가 있는 사람이었던 것은 사실 같으나 구체적인 일화 등은 전해지는 것이 없다. 『순자』에 제나라가 노나라를 정벌할 때 변장자를 꺼려해서 변(卞)을 지나쳤다는 기록이 있다. 그 밖에 『전국책』 등에 그가 두 마리의 호랑이를 서로 싸우게 하여 둘 다 잡았다는 기사가 있지만 믿고 참고하기는 어려운 기록이다.

변장자 관련 논어 단편(1개)

14/13

자로(子路)가 된사람에 대해 묻자 선생님께서 말씀하셨다.

"장무중(臧武仲)의 지혜와 공작(公綽)의 욕심 부리지 아니함과 변장자(卞莊子)의 용기와 염구(冉求)의 기예를 갖추고 그 위에 예악으로 문채를 낸다면 이 또한 된사람이라 할 수 있다."

(자로가) 말했다.

"요즈음의 된사람이야 어떻게 반드시 그렇겠는가? 이로운 것을 보면 의로운 것인가 생각하고 위급한 것을 보면 목숨을 바치며 젊었을 때에 한 말을 오래 종요로이 여겨 잊지 않는다면 이 또한 된사람이라 할 수 있다."

子路問成人.子曰;若臧武仲之知,公綽之不欲,卞莊子之勇,冉求之藝,文之以禮樂,亦可以爲成人矣.曰;今之成人者,何必然.見利思義,見危授命,久要不忘平生之言,亦可以爲成人矣.

양부 陽膚

양부는 노나라의 사사(士師)로 등용되어 증자에게 자문을 구하는 것을 보면 공문학단의 3세대 제자였던 것으로 추정된다. 사사는 주로 죄지은 자의 형벌을 담당하는 관리였기 때문에 증자는 죄의 진상을 알게 되었다 하더라도 그런 처지에 내몰린 백성들의 사정을 생각해서 기뻐하기 보다는 그 처지를 긍휼히 여길 필요가 있음을 강조한 것이다. 그러나 다른 자료에 양부가 더 이상 등장하지 않기 때문에 자세한 사항은 알 길이 없다.

양부 관련 논어 단편(1개)

19/19

맹씨(孟氏)가 양부(陽膚)를 사사(士師)로 등용하자 양부가 증자께 물으니 증자께서 말씀하셨다.

"위정자들이 도를 잃어서 백성들이 흩어진지 오래되었다. 만약 범죄의 진상을 알아내더라도 애긍히 여길 일이지 기뻐할 일은 아니다."

孟氏使陽膚爲士師,問於曾子.曾子曰;上失其道,民散久矣.如得其情,則哀矜而勿喜.

아반간亞飯干, 삼반료三飯繚, 사반결四飯缺, 고방숙鼓方叔, 파도무播鼗武, 소사양少師陽, 격경양擊磬襄

태사지를 포함하여 아반간, 삼반료, 사반결, 고방숙, 파도무, 소사양, 격경양은 모두 노나라 악사들로 태사(大師)를 비롯한 아반(亞飯), 삼반(三飯), 사반, 고방(鼓方), 파도(播鼗), 소사(少師), 격경(擊磬)은 모두 악단 내에서의 각자의 역할 내지 지위, 담당을 뜻하는 말로 태사는 악사장을 말하며 아반, 삼반, 사반은 각 제후가 하루 4회 식사를 할 때 2~4회째 식사 시 주악 연주를 담당하는 악사를 말하며, 고방은 북을 치던 악사, 파도는 소고를 치던 악사, 소사는 부악사장, 격경은 경을 치던 악사를 각각 지칭한다. 그리고 지(摯), 간(干), 료(繚), 결(缺), 숙(叔), 무(武), 양(陽), 양(襄)은 개별 악사들의 이름이다. 예악의 실제를 구성하는 이러한 악사들의 흩어짐은 결국 노나라의 멸망을 예언하는 묵시록적 사건으로 춘추 말기의 정신적 분위기를 보여준다고 할 것이다.

아반간 등 관련 논어 단편(1개)

18/9

악사장 지(摯)는 제나라로 갔다. 아반 간(干)은 초나라로 갔고 삼반 요

(繚)는 채나라로 갔으며 사반 결(缺)은 진(秦)나라로 갔다. 북을 치던 방
숙(方叔)은 황하(黃河) 유역으로 들어갔고 소고를 흔들던 무(武)는 한수
(漢水) 유역으로 들어갔으며 부악사장 양(陽)과 경(磬)을 치던 양(襄)은
바다 쪽으로 갔다.

大師摯適齊.亞飯干適楚.三飯繚適蔡.四飯缺適秦.鼓方叔入於河.播鼗武
入於漢.少師陽擊磬襄入於海.

추郰

추는 노나라의 고을 이름으로 공자가 태어난 고향이다. 지금의 산동성 곡부
현(曲阜縣) 동남쪽에 있었다. "추 지방 사람의 아들"이라는 말에는 공자를 '피
와 땅'(Blood and Soil)으로 환원함으로써 그의 독자성 내지 위대성을 인정하
지 않으려는 무의식적 계산이 깔려 있는 말이다. 따라서 추는 일반적으로 다
른 지역에 비해 매우 낙후되거나 다른 명예스럽지 못한 배경을 가진 지역일
가능성도 있다.

추(郰)는 추(鄒)와 같은 글자라고 하나 일반적으로 맹자의 고향으로 알려져
있는 추(鄒)나라와는 구분된다. 추나라는 일찍이 주초에 무왕의 의해 조협(曹
挾)이 분봉된 주(邾)나라가 전국시대에 와서 추(鄒)로 이름이 바뀐 것이며, 지
금의 산동성 추성시(鄒城市)와 등주시(鄧州市) 일대에 있었다.

3/15

선생님께서 태묘(太廟)에 들어가시면 매사에 물으시니 어떤 사람이 말하였다.

"누가 추(鄹) 지방 사람의 아들이 예를 안다고 하였는가? 태묘에 들어서면 매사에 묻기만 하니."

선생님께서 이를 들으시고 말씀하셨다.

"그렇게 하는 것이 예다."

子入太廟, 每事問. 或曰; 孰謂鄹人之子知禮乎? 入太廟, 每事問. 子聞之曰; 是禮也.

비 費

비 혹은 비읍은 노나라에서 매우 중요한 지역이다. 아마 노도(魯都)를 제외하고는 가장 중요한 지역이라 할 수 있을 것이다. 『좌전』의 기록에 의하면 노나라 희공 원년(BC 659)에 희공은 계우(季友)가 거(莒)나라의 무뢰한 요구를 물리치고 거나라 군주의 아우인 여(挐)를 생포한 것을 가상히 여겨 상으로 문양(汶陽)의 토지와 비 땅을 하사하였다 한다. 이후 계우는 계씨 가문의 시조가 되었고, 계씨 가문은 노나라를 사실상 좌지우지하는 소위 삼가의 최대 가문으로 성장하였다. 그 때문에 비읍은 계씨 가문의 거점 읍으로 자리 잡게 되었다.

양공 7년(BC 566) 계무자는 비 땅에 남유(南遺)를 읍재로 임명하는 한편 숙중소백(叔仲昭伯)의 권유에 따라 비에 성을 쌓았다. 성을 쌓는다는 말은 그 지역이 앞으로 정치적·군사적으로 매우 중요한 거점지역이 된다는 것을 의미했다. 땅을 하사받고 나서 93년이 지나서였다.

그리고 다시 33년이 더 지난 소공 12년(BC 530), 당시 읍재는 남유의 아들 남괴(南蒯)였다. 노나라의 실권자 계평자는 무슨 이유 때문인지 남괴를 예우하지 않고 무시했다. 화가 난 남괴는 자신의 상전인 계평자를 몰아내고 그의 모든 가산을 빼앗아 군주인 소공에게 주고 자신은 비읍을 차지해서 소공을 섬기겠다는 음모를 꾸몄다. 이 엄청난 음모를 소공의 아우인 자중이 수용하였다. 그러나 가담자들이 하나둘 이 계획의 무모함을 깨닫고 발을 빼자 남괴는 비읍을 근거지로 계평자에게 반역을 선언하고 제나라에 붙었다.

이 남괴의 반란을 계평자가 진압을 하려 했으나 의외로 완강하여 제대로 진압이 되지 않은 채 소공 14년까지 약 3년을 끌었다. 그러나 계평자가 비읍의 사람들에게 회유책을 쓰고, 일부러 강압적으로 진압하려 하지 않았기 때문에 민심은 점차 계평자에게로 기울어갔고 무리하게 도발을 계속한 남괴는 점점 민심을 잃게 되었다. 형세가 불리해진 남괴는 결국 제나라로 달아났지만 제 경공(景公)도 그를 반역자로 간주하여 예우해주지 않았다. 남괴는 자신이 계평자에게 반기를 든 것은 군주인 소공을 키워주려(張) 한 것이었다고 변명했으나 자한석(子韓晳)이 말하기를 "일개 가신으로서 군주의 힘을 키워주기 위해 그랬다는 말 자체가 죄가 크다" 하였다. 또한 비읍의 사람들도 자진하여 노나라 조정에 비읍을 반환하였고, 제나라도 포문자를 시켜 비읍을 노나라에 반환함으로써 남괴의 반란은 3년 만에 진압되었다.

남괴의 반란 이후 비읍은 다시 비교적 평화로운 세월을 23년간 보내다가 정공 5년, 기원전 505년이 되었다. 노나라를 오랫동안 장악하고 있던 계평자가 갑자기 죽자 그의 가신이던 양호가 권력을 장악하고 자신의 새 상전이 된 계환자와 심지어 군주인 정공을 구금하고 위협하며 나라를 통치하게 되었다. 당시 비읍의 읍재는 양호와 잘 통하던 자설(子洩), 곧 공산불뉴였다. 공산불뉴도 죽은 계평자와는 사이가 좋지 않았다. 양호가 이토록 무모한 반역을 꾀할 수 있었던 것도 바로 공산불뉴 같은 비읍의 읍재가 있었기 때문이었다. 양호의 무리한 공포정치는 약 4년간 지속되다가 결국 노나라 삼환의 연합세력에 밀려나게 되었고, 양호도 결국 나라 밖으로 쫓겨나고 말았다.

결국 비읍에서 남괴와 공산불뉴 같은 일개 배신들이 노나라의 사실상 최대 권력인 삼가에, 그것도 계씨가에 맞서려 했다는 것은 역사적 의미가 크고 주목할 만한 현상이었다. 양호가 나라 밖으로 쫓겨난 후 정공과 삼환이 다시 위상을 되찾자 노나라는 갑자기 공자학단이 정치일선에 화려하게 등장한다. 우선은 정공 10년(BC 500)에 공자가 군주 정공을 보좌하여 제나라와 화평맹약을 맺는 일을 수행했으며, 이어서 2년 뒤인 정공 12년에는 제자 자로가 계환자의 가재가 되어 계손씨의 비읍과 숙손씨의 후읍, 그리고 맹손씨의 성읍을 헐려고 했다. 숙손씨는 마침 가문으로서도 계획이 있어서 자발적으로 후읍을 헐었고, 계손씨는 비읍의 성을 헐려 하였지만 당시 읍재로 있던 공산불뉴와 숙손첩이 비읍 사람들을 이끌고 노도를 공격하여 한때 정공과 삼가의 종주들이 위기에 처하기도 하였다. 그렇지만 공자의 지시를 받은 신구수(申句須), 악기(樂頎) 등이 간신히 이들을 물리쳐 결국 공산불뉴와 숙손첩은 제나라로 달아났고, 비읍의 성은 예정대로 헐리게 되었다. 그러나 성읍의 성은 맹손씨 가문의 이해관계와 불가분의 관계에 있었기 때문에 정공이 직접 공격에 나섰지만 완강히 버티는 성읍 사람들의 저항에 부딪혀 결국 허물지 못하고 말았다.

이처럼 비읍은 노나라 최대의 가문인 계손씨의 직할 읍이었으면서도 그곳의 읍재였던 남괴와 공산불뉴가 주인인 계손씨 가문을 향해 반기를 들 정도로 위험한 식읍이기도 했다. 그래서 양호와 공산불뉴로부터 치욕적인 반역을 경험한 이후 계손씨 가문은 읍재를 공자학단의 '기본을 잘 갖춘' 인재들 중에서 발탁하는 것이 새로운 공식처럼 등장하였다. 논어에만 해도 실제 임명 여부는 불확실하지만 공자의 제자들 중에서 민자건과 자고가 읍재로 거론되었던 것을 볼 수 있고, 공자 자신이 이렇게 배우고 잘 교양된 인재라면 결코 반란 따위는 일으키지 않을 것이라고 그 효용가치를 공개적으로 역설하기도 했다.[27]

비 관련 논어 단편(4개)

17/5

공산불요(公山弗擾)가 비읍(費邑)에서 반역을 꾀하고 선생님을 부르자 선생님께서 가시려고 하셨다. 자로(子路)가 못마땅해하며 말했다.

"가지 마십시오. 하필 공산씨에게 가시려고 하십니까?"

선생님께서 말씀하셨다.

"무릇 나를 부르는 자라면 어찌 하찮은 자이기야 하겠느냐? 만약 나를 쓰는 자가 있다면 나는 그곳을 동방의 주(周)나라로 만들겠다."

公山弗擾以費畔, 召. 子欲往. 子路不說曰; 末之也已. 何必公山氏之之也. 子曰; 夫召我者, 而豈徒哉? 如有用我者, 吾其爲東周乎.

6/9

계씨(季氏)가 민자건(閔子騫)을 비읍(費邑)의 읍재(邑宰)로 삼으려 하자

---

27) 君子博學於文, 約之以禮, 亦可以弗畔矣夫. 6/27, 12/16

민자건이 말했다.

"나를 위하여 거절 말씀을 잘 드려 주십시오. 만약 다시 나를 부르러 오는 자가 있다면 나는 필시 문수(汶水)가 있을 것입니다."

季氏使閔子騫爲費宰.閔子騫曰;善爲我辭焉.如有復我者, 則吾必在汶上矣.

11/26

자로(子路)가 자고(子羔)를 비읍(費邑)의 읍재(邑宰)로 삼자 선생님께서 말씀하셨다.

"남의 자식을 해치는구나."

자로가 말했다.

"백성이 있고 사직이 있는데 어찌 꼭 책을 읽어야만 배우겠습니까?"

선생님께서 말씀하셨다.

"이런 까닭에 말만 그럴듯하게 하는 자를 미워하는 것이다."

子路使子羔爲費宰.子曰;賊夫人之子.子路曰;有民人焉,有社稷焉,何必讀書然後爲學?子曰;是故惡夫佞者.

16/1

······ 염유가 말했다.

"오늘날 전유나라는 견고하고 비읍(費邑)에서 가까워 지금 취하지 않으면 후세에 반드시 자손의 근심거리가 될 것입니다."

······ 冉有曰;今夫顓臾,固而近於費,今不取,後世必爲子孫憂

무성 武城

무성이라는 이름으로 불리는 곳은 춘추시대에 세 나라에 보인다. 먼저 초나라 무성으로 현 하남성(河南省) 남양현(南陽縣) 북쪽에 있었다. 또 다른 무성은 진(晉)나라 땅에 있었는데, 현 섬서성(陝西省) 화현(華縣) 동북쪽에 있었다. 또 노나라 지역에 무성이라는 지명이 둘이 있었는데, 하나는 당시 노도(魯都)의 서쪽 방면으로 현재의 산동성(山東省) 가상시(嘉祥市) 지역에 있었다. 당시에는 남무성으로 불렸고, 양공 19년에 성을 쌓은 기록이 있는 것을 보면 나름대로 군사적 요충지였던 것 같다. 논어에 등장하는 무성은 이 남무성과는 다른, 노도의 동쪽으로 비교적 멀리 떨어진 지역에 있었으며 당시 비읍과도 그리 멀지 않은 지역이어서 동무성이라고 불리기도 했다. 현재 지도상으로도 이 동무성이 있었던 지역은 산동성(山東省) 비현(費縣)이 된다. 주(邾)나라가 비교적 가까이 있어서 갈등을 겪기도 했다. 또 애공 8년(BC 487)에는 북상하는 오나라의 세력에 빼앗기는 첫 땅이 되기도 했다. 그런가 하면 애공 11년 노나라가 제나라와 싸웠을 때 공자의 제자 염유가 무성의 병력 300여 명을 직접 지휘하며 전투에 임하기도 하였다.

논어의 두 개 단편에 무성이 등장하는데, 당시 읍재는 자유였다. 그가 공자에 비해 45세나 연하였다는 것이 사실이라면 공자와 자유와의 대화는 공자가 외유에서 돌아온 이후, 비교적 공자 만년의 어떤 시점이었을 것이다.

무성 관련 논어 단편(2개)

6/14

자유(子游)가 무성(武城)의 읍재(邑宰)가 되자 선생님께서 말씀하셨다.

"너는 사람을 얻었느냐?"

자유가 말하였다.

"담대멸명(澹臺滅明)이라는 사람이 있는데 행함에 있어서 샛길을 찾지 않고 공무가 아니고는 일찍이 저의 방에 들른 적이 없었습니다."

子游爲武城宰.子曰;女得人焉耳乎?曰;有澹臺滅明者,行不由徑,非公事,未嘗至於偃之室也.

17/4

선생님께서 무성(武城)에 가셔서 거문고로 노래하는 소리를 들으셨다.

선생님께서 빙그레 웃으시며 말씀하셨다.

"닭을 잡는 데 어찌 소 잡는 칼을 쓰느냐?"

자유가 대답했다.

"전에 제가 선생님께 듣기로 '군자가 도를 배우면 사람을 사랑하고 소인이 도를 배우면 부리기가 쉽다'고 하셨습니다."

선생님께서 말씀하셨다.

"얘들아, 언(偃)의 말이 맞다. 아까 내가 한 말은 우스개였을 뿐이다."

子之武城,聞弦歌之聲.夫子莞爾而笑曰;割鷄焉用牛刀?子游對曰;昔者偃也聞諸夫子曰,君子學道則愛人,小人學道則易使也.子曰;二三子,偃之言是也.前言戲之耳.

거보 莒父

거보는 노나라의 소읍으로 거(莒)나라와 가까웠다. 현 산동성 일조시(日照市) 거현(莒縣)에 있었다. 노나라 도읍에서 매우 멀리 떨어진 곳이었다. 『춘추』 정공 14년조에 보면 그 해에 거보와 소(霄)에 성을 쌓았다는 기록이 나온다. 자하가 공자보다 44세 연하였다는 점을 고려하면, 그가 거보의 재(宰)가 된 것은 애공 당시였을 것이다.

거보 관련 논어 단편(1개)

13/17
자하(子夏)가 거보(莒父)의 읍재(邑宰)가 되어 정치에 대해 묻자 선생님께서 말씀하셨다.
"빨리 하려 하지 말고 작은 이익에 집착하지 마라. 빨리 하려 하면 목표에 이르지 못하고 작은 이익에 집착하면 큰 일이 이루어지지 못한다."
子夏爲莒父宰,問政.子曰;無欲速,無見小利.欲速則不達,見小利則大事不成.

호향 互鄕

호향은 노나라의 향명(鄕名)으로 합향(合鄕)이라고도 했으며, 무성의 서쪽에 있었다. 현 산동성 등현(滕縣) 동쪽이다.

호향 관련 논어 단편(1개)

7/31

호향(互鄕)에 사는 함께 말하기 어려운 아이를 만나시니 문인들이 의아스러워 하였다. 이에 선생님께서 말씀하셨다.

"그의 나아감에 함께하는 것이지 그의 물러남에 함께하는 것이 아니다. 그렇다면 무엇이 심하다는 것이냐? 사람이 자신을 깨끗이 하여 나아가면 그 깨끗함에 함께해 주는 것이지 그의 모든 행적을 감싸주는 것은 아니다."

互鄕難與言童子見,門人惑.子曰;與其進也,不與其退也.唯,何甚?人潔己以進,與其潔也,不保其往也.

궐당
闕黨

궐당이라고 할 때 통상 당(黨)은 500호가 사는 정도 규모의 마을을 말한다. 궐(闕)은 마을 이름을 말하는데, 통상 공자가 살았던 마을이 궐리(闕里)로 전해지고 있기 때문에 공자 자신이 살던 마을을 지칭하는 것일 가능성이 높다.

궐당 관련 논어 단편(1개)

14/47

궐(闕) 마을의 아이가 말 심부름을 하고 있을 때 어떤 사람이 물었다.

"더 나아지려 하는 아이입니까?"

선생님께서 말씀하셨다.

"나는 그가 어른들의 자리에 앉아 있는 것을 보았고 연장자들과 나란히 걸어가는 것을 보았다. 더 나아지기를 구하는 아이가 아니라 빨리 이루어지기를 바라는 아이다."

闕黨童子將命.或問之曰;益者與?子曰;吾見其居於位也,見其與先生並行也.非求益者也,欲速成者也.

동몽 東蒙

동몽은 동몽산(東蒙山)을 말하는 지명이다. 오늘날 산동성 비현(費縣)에 있는 산으로 당시 비읍과 전유(顓臾)나라에 가까웠다. 동몽산은 풍씨(風氏)의 선조라 할 복희씨(伏羲氏)를 제사지내는 주산이었다.

동몽 관련 논어 단편(1개)

16/1

계씨(季氏)가 전유(顓臾)나라를 치려 하자 염유(冉有)와 계로(季路)가 공자를 찾아뵙고 말했다.

"계씨께서 전유나라에 대해 장차 일을 벌이려 합니다."

공자께서 말씀하셨다.

"구(求)야, 네가 이러는 것은 잘못이 아니냐? 실로 전유나라는 옛날 선왕께서 동몽(東蒙)의 제주(祭主)로 삼으셨고 또 나라 한가운데에 있으니 곧 사직의 신하다. 어찌하여 치려 하느냐?"

염유가 말했다.

"계씨께서 하려는 것이지 우리 두 신하는 모두 원치 않습니다."

공자께서 말씀하셨다.

"구(求)야, 주임(周任)이 한 말에 '힘을 펼쳐 관직에 나아가되 그럴 수 없는 자는 그만 둔다'는 것이 있다. 위태로운데 붙잡아 주지 않고 넘어지는데 부축하여 주지 않는다면 그런 신하를 장차 어디에 쓸 것이냐? 또 너의 말이 잘못인 것이 범이나 외뿔소가 우리에서 뛰쳐나오고 구갑(龜甲)이나 보옥(寶玉)이 상자 안에서 깨진다면 이는 누구의 잘못이냐?"

염유가 말했다.

"오늘날 전유나라는 견고하고 비읍(費邑)에서 가까워 지금 취하지 않으면 후세에 반드시 자손의 근심거리가 될 것입니다."

공자께서 말씀하셨다.

"구(求)야, 군자는 원한다고 말하지 않고 어쩔 수 없다고 말하는 것을 미워한다. 내가 듣기에 '나라를 다스리고 대부의 가(家)를 다스리는 자는 백성이 적은 것을 근심하지 않고 균등하지 못한 것을 근심하며 가난한 것을 근심하지 않고 평안하지 못한 것을 근심한다'고 했다. 대개 균등하면 가난함이 없고 화목하면 백성 적음이 문제되지 않으며 평안하면 기울어지지 않는다. 실로 이러한 까닭에 멀리 있는 사람들이 복속(服屬)하지 않으면 문덕(文德)을 닦아 저절로 오게 하고 이미 오게 하였으면 평안케 하는 것이다. 지금 너희들은 계씨를 돕고 있지만 멀리 있는 사람들이 복속하지 않아도 능히 오게 하지 못하고 나라가 쪼개져 풍비박산이 되어도 능히 지켜내지 못하며 오히려 나라 안에서 싸움을 벌일 궁리만 하고 있다. 나는 계손씨의 근심이 전유나라에 있는 것이 아니라 오히려 담장 안에 있는 것이 아닌가 두렵구나."

季氏將伐顓臾,冉有季路見於孔子曰;季氏將有事於顓臾.孔子曰;求,無乃爾是過與?夫顓臾,昔者先王以爲東蒙主,且在邦域之中矣,是社稷之臣也.何以伐爲?冉有曰;夫子欲之,吾二臣者,皆不欲也.孔子曰;求,周任有

言曰;陳力就列,不能者止.危而不持,顛而不扶,則將焉用彼相矣?且爾言
過矣.虎兕出於柙,龜玉毀於櫝中,是誰之過與?冉有曰;今夫顓臾,固而近
於費,今不取,後世必爲子孫憂.孔子曰;求,君子疾夫舍曰欲之,而必爲之
辭.丘也聞,有國有家者,不患寡而患不均,不患貧而患不安.蓋均無貧,和
無寡,安無傾.夫如是,故遠人不服,則脩文德以來之.旣來之,則安之.今由
與求也相夫子,遠人不服而不能來也,邦分崩離析而不能守也,而謀動干
戈於邦內.吾恐季孫之憂不在顓臾,而在蕭牆之內也.

전유 顓臾 나라

전유나라는 노나라 한가운데에 있던 조그마한 부용국(附庸國)이었다. 동몽산
서쪽에 있었고, 비읍과 가까웠다. 노나라가 생겨나기 전부터 있던 풍(風)씨
성의 씨족국가로 복희씨와 제수(濟水) 신에 대한 제사를 맡았다는 것을 볼 때
복희씨의 후예로 보인다. 노나라 인근에 있던 임(任), 숙(宿), 수구(須句) 등의
나라는 모두 풍씨 성의 나라였다.

주(邾)나라도 노나라 희공 당시 수구나라를 멸망시킨 적이 있어서 이 나라
의 군주가 수구나라 출신인 희공의 모친 풍씨에 의지코자 노나라로 도망 온
사례도 있었다. 그래서 희공 22년(BC 638)에 노나라는 주나라를 쳐서 수구나
라를 되찾은 다음 군주에게 되돌려 준 바도 있다. 당시 이런 작고 오래된 국가
들은 병탄의 위협에 노출되어 있었고, 반대로 이들의 독립을 주장하는 논리도

강했지만 전국시대로 갈수록 병탄의 논리에 속수무책으로 휘말려갔다. 전유나라를 둘러싼 이런 논란도 그런 추세 속에서 벌어진 전형적인 논란이었다.

그러나 대화의 내용을 볼 때 자로와 염유가 함께 공자를 방문하여 계강자의 입장을 지지하는 듯한 발언을 하고 있는 것은 이 단편이 위작일 가능성을 보여준다. 우선 자로와 염유는 공자 앞에서 함께 설 정도로 대등한 입장이 아니었다. 또 논리는 염유는 몰라도 자로와는 도무지 어울리지 않는다. 또 자로는 계씨가의 가재가 된 적은 있지만 옛날 일이고, 염유가 가재가 된 외유 이후에는 계강자를 위하여 어떤 직책도 맡은 적이 없다는 것이다. 또 자로가 전유나라를 치려하는 것은 평소 자로의 정치적 입장과도 어울리지 않는다. 그 점에서 이 단편은 염유를 중심으로 만들어졌던 단편에 누군가가 자로를 덧칠하지 않았나 하는 의심이 든다.

전유나라 관련 논어 단편(1개)

16/1
계씨(季氏)가 전유(顓臾)나라를 치려 하자 염유(冉有)와 계로(季路)가 공자를 찾아뵙고 말했다.
"계씨께서 전유나라에 대해 장차 일을 벌이려 합니다."
이하 생략.
생략된 6/1 원문에 대해서는 동몽(東蒙) 조항 참조

3

위(衛)나라

위衛나라

위나라는 주나라 건국 초기에 무왕의 아우 강숙(康叔) 봉(封)을 봉하여 다스리게 한 나라다. 봉은 무왕의 막내아우 염계(冉季)에 이어 끝에서 두 번째 아우였다. 은나라 유민들을 중심으로 일어난 관채의 난(管蔡之亂)을 평정한 후 당초 강(康) 지역에 분봉되었던 것을 상허(商墟)를 중심으로 유민 일부를 재편하여 봉에게 통치를 맡기며 국호도 위라고 했다.

무왕이 일찍 죽고 주공 단(旦)은 위 강숙이 나이가 어려 제대로 통치하지 못할까 해서 자재(梓材), 강고(康誥) 등 지금도 『서경』에 남아 있는 여러 글을 내려 그를 훈계하였다. 무왕의 아들 성왕이 장성한 후에는 아저씨 되는 강숙을 주나라의 사구에 임명하기도 하였다. 그러나 위나라의 초기 역사는 역시 다른 나라와 마찬가지로 주목을 끌 만한 내용이 남아 있지 않다.

약간의 특이점은 제11대 군주 무공(武公)과 관련한 이야기 정도다. 무공 화(和)는 제10대 군주 공백(共伯)의 아우였다. 그는 아버지가 물려준 많은 재물을 활용하여 사(士)들을 매수한 다음 형 공백을 축출하였다. 그러자 공백은 자살하고 말았다. 위나라 사람들은 죽은 형 공백을 장사지내주고 무공을 군주로 옹립하였다. 그러나 이런 관계를 둘러싼 옳고 그름에 관한 내용은 기록이 없어 자세히 알 수 없다. 단지 무공이 강숙의 정령을 잘 시행하여 위나라에 사람들이 모여들었다고 한다. 또 재위 42년 되던 해에는 견융(犬戎)이 침입하여 주나라 유왕(幽王)을 살해하자 무공이 견융을 정벌하여 공을 세웠다고도 한다. 그런가 하면 노양공 29년에는 오나라의 계찰이 노나라에 와서 위나라 민요를 듣고 "걱정은 하지만 괴로워하지는 않는 마음이 드러나 있다"며 "강숙과 무공의 덕이 이러하였을 것"이라 높이 평가하기도 하였다. 무공은 55

년간이나 재위하였고 95세까지 장수하였다 한다.

무공에 이어 제13대 환공(桓公)까지는 직계로 이어갔으나 그 이후 장공(莊公)의 첩이 낳은 주우(州吁)가 위나라의 불만세력들을 모아 형 환공을 죽이고 즉위하는가 하면, 대부 석작(石碏)이 다시 주우를 죽이고 형(邢)나라에 도망가 있던 환공의 아우 진(晉)을 맞이하여 선공(宣公)으로 추대하기도 하였다.

선공 18년, 선공은 이강(夷姜)이 낳은 아들 급(伋)을 태자로 봉하고 성혼을 위해 제나라에서 며느릿감을 데려왔다. 그런데 그녀의 빼어난 미모를 보고 자신이 그녀를 차지하고 태자에게는 다른 여자를 맺어주었다. 이 욕심 탓이지 선공은 점점 태자를 싫어하고 그를 태자 자리에서 쫓아내고 싶어 했다. 결국 그는 태자를 제나라에 사신으로 파견하고 강도를 시켜 국경 부근에서 죽이도록 하였다. 선공에게는 제나라 여자에게서 낳은 수(壽)와 삭(朔)이라는 두 아들이 있었는데, 그 중 수가 내막을 알고 배다른 형 급에게 사정을 알려주며 길을 떠나지 말도록 했다. 그러나 급은 부친의 명령을 거역할 수 없다며 길을 떠났다. 이에 수는 자신이 사신의 깃발을 들고 먼저 길을 떠났다가 결국 강도에게 피살되고 말았다. 뒤늦게 아우가 대신 죽은 것을 안 태자 급은 그 강도에게 원래 자신이 죽었어야 할 사람이라고 하자 강도는 급마저도 죽이고 말았다. 선공은 수의 동생 삭을 대신 태자의 지위에 봉했다. 훗날 선공이 죽고 삭이 군주가 되었으니 그가 바로 혜공(惠公)이다.

이런 승계의 부당성에 분개한 일부 대부들이 혜공 4년에 난을 일으켜 혜공을 축출하고 급의 아우 검모(黔牟)를 옹립하였다. 혜공은 제나라로 달아났다. 그러나 검모를 세운 이 정변은 당시에도 무리한 조치로 평가되었던 듯하다. 결국 검모가 군주가 된 지 8년째 되던 해(BC 688)에 주(周)나라 장왕(莊王)은 제양공(齊襄公)으로 하여금 혜공을 다시 위나라로 들여보내 재즉위케 하였다.

혜공에 이어 군주가 된 아들 의공(懿公)은 향락을 즐기고 사치가 심했다.

그는 학을 키우는 것을 즐겨하여 심지어 대부가 타고 다니는 마차에 학을 태워 백성들의 지탄을 받았는데, 결국 적(翟)나라의 침략으로 피살되었다. 위나라 사람들은 검모의 아우가 낳은 신(申)을 군주(戴公)로 옹립하였다가 그가 1년 만에 죽자 다시 그의 아우 훼(燬)를 옹립하였으니 그가 문공(文公)이다.

위문공은 백성들의 조세를 경감시켜주고 형벌을 형평되게 하는 등 일련의 조치로 나라 사람들의 지지를 받았다. 그러나 진나라의 공자 중이(重耳)가 망명을 다니다 위나라에 들렀을 때 그를 제대로 예우해주지 않았다. 또 세월이 흐르고 중이가 진문공(晉文公)이 되어 송나라에 군사를 지원하기 위해 위나라에 길을 빌려달라고 했을 때에도 위문공의 아들 성공은 빌려주지 않았다. 진문공에 대한 이 두 차례의 푸대접은 본의 아니게 위나라에 큰 화가 되었다. 진문공은 위나라의 영토 일부를 빼앗아 송나라에 주었는데, 이는 위나라와 혼인관계를 맺은 대국 초나라를 자극하여 결과적으로 성복(城濮)의 전투라는 일대 결전이 빚어지는 단초가 되었다.

그럼에도 불구하고 위나라는 큰 변고 없이 이어지다가 영공(靈公) 때에 이르러 문제가 발생하였다. 영공은 부인이 죽고 나서 송(宋)나라에서 남자(南子)를 부인으로 데려왔다. 남자는 위나라에 와서 나름대로 정치세력을 이루기도 했는데, 이들은 위나라의 태자 괴외(蒯聵)와 갈등을 빚었다. 그러던 중 영공은 부인 남자를 위하여 송나라에서 미남 송조(宋朝)를 데려왔다. 이로 인하여 송나라 등 중원 일대에 좋지 않은 소문이 파다하게 일었다. 괴외는 이를 수치스럽게 생각한 나머지 남자를 제거하려다가 불발에 그치고 말았다. 태자 괴외는 진(晉)나라로 달아나 조간자에게 의지하게 되었다. 영공은 42년간이나 재위했다가 죽으며 막내아들 영(郢)에게 승계를 부탁했다. 그렇지만 영은 승계를 사양하고 괴외의 아들 첩(輒)에게 승계시킬 것을 권유했다. 결국 군주의 지위는 첩에게 이어졌으니 그가 곧 출공(出公)이다.

괴외는 아들 출공이 즉위하던 해에 군주가 되려고 조간자의 도움을 받아 위나라로 잠입을 시도했지만 이를 눈치 챈 위나라 사람들이 저항하자 포기할 수밖에 없었다. 이후 그는 위나라의 국경 지역인 척(戚)에 머물러 있어야 했다.

출공의 치세는 특별한 문제없이 지속되었는데, 대부 공문자(孔文子, 孔圉)의 안정적인 뒷받침이 있었기 때문이다. 그러나 출공 13년, 공문자가 죽자 상황은 달라졌다. 공문자는 영공의 딸이자 괴외의 누나인 백희(伯姬)를 부인으로 맞아 아들 회(悝)를 낳은 상태였다. 그러나 백희는 미남 가신 혼량부(渾良夫)와 통정관계에 있었기 때문에 이를 알고 자신을 조정하는 동생 괴외의 편을 들고 있었다. 결국 괴외는 공문자의 죽음을 계기로 척에 머물러 있다가 갑자기 권력의 공백지대가 된 위나라의 도읍으로 여장(女裝)을 하고 잠입하였다. 그러고는 백희를 앞세워서 공회(孔悝)와 강제 맹약을 체결하였다. 그리하여 추대된 군주가 괴외 장공(莊公)이다. 그러자 아들 출공은 공씨 가문 사람들의 도움을 받아 노나라로 망명하였다.

이 과정에서 공자의 제자 자로와 자고가 현장에 있었는데, 자로는 공회의 석방을 요구하다가 괴외 일파에게 피살되었고 자고는 몸을 피해 노나라로 돌아왔다. 어쨌든 이 위나라의 정변은 공자학단에서 공자에 이어 두 번째로 중요한 인물이었던 자로의 죽음으로까지 이어졌다는 점에서 매우 중요한 사건이었다.

아들을 내쫓고 군주로 등극한 괴외 장공은 13년간이나 자신을 불러주지 않은 대부들에게 보복하려 했다. 그렇지만 대부들의 분위기가 그렇지 않다는 것을 깨닫고는 포기하였다. 더구나 위나라 주변국의 분위기도 좋지 않았는데, 특히 융주(戎州)는 장공의 군사정책에 위협을 느끼고 진나라에 도움을 요청하였다. 결국 진나라의 조간자도 장공이 등극 후 인사를 오지 않는 것에 불만을 느끼던 차에 융주의 요청이 있자 군대를 파견하여 위나라를 포위하였다. 이에 위나라 사람들도 무리하게 군주가 된 장공을 축출하자 진나라 사람들은 양공의 손자 반사(般師)를 군주로 세운 다음 군대를 돌려서 갔다. 장공은 건(鄄) 땅에 도망가 있다가 그 해 11월에 다시 도읍으로 들어와 반사를 축출했다. 그러나 장공에게 부당한 학대를 당하던 이웃 융족(戎族)의 공격을 받게 되자 장공은 담을 넘어 융족의 마을로 들어가 악연이 있는 기씨(己氏) 부인을 만나 뇌물을 주며 목숨을 구걸했지만 결국 그녀의 칼에 찔려 죽고 말았다. 위나라 사람들은 다시 반사를 불러와 군주로 세웠다. 그러나 12월에 제나라 사람들이 쳐들어오자 화해 조건으로 반사를 다시 폐위시키고 영공의 아들 기(起)를 세웠다. 그렇지만 바로 이듬해(BC 477) 기는 석포(石圃)에 의해 축출되고 출공이 다시 제나라에서 복귀해서 9년을 더 군림하였다. 그러나 출공은 민심과 막료들의 기대에 어긋나는 패악질을 많이 저질러서 결국 기원전 469년 도공(悼公)을 군주로 세웠다. 출공은 신흥 강국 월나라에 기대어보려 했으나 실패하고 결국 월나라 땅에서 죽고 말았다.

전반적으로 위나라의 정치를 노나라나 진(晉)나라의 정치와 비교할 때 군주들이 문제가 많았다는 점은 더하면 더했지 덜하지 않았다고 할 수 있다. 그렇지만 이를 배경으로 대부들이 독자적 세력을 구축하여 군주의 권위에 도전하는 경우는 상대적으로 적었다. 이를테면 노나라의 삼환이나 진나라의 육경(六卿)처럼 공인된 권력 가문이 형성되지 않았던 것이다. 그러면서도 위나라는 노나라의 입장에서 볼 때 뚜렷한 강대국도 약소국도 아니었지만 어느 나라보다 교류가 많아 심정적으로는 가장 가까운 이웃 나라였다. 공자가 두 나라의 정치를 "형제"라고 한 것(13/7)은 바로 그 때문이었을 것이다.

위나라 세계

①康叔(周初) — ②康伯 — ③考伯 — ④嗣伯 — ⑤庚伯 — ⑥靖伯 — ⑦貞伯(~BC 867) —

— ⑧頃侯(~BC 855) — ⑨僖侯(BC 813) ┬ ⑩共伯(~BC 813)
                                   └ ⑪武公(~BC 758) — ⑫莊公(~BC 735) —

┬ ⑬桓公(~BC 719)
├ ⑭州吁(BC 719)
└ ⑮宣公(~BC 700) ┬ ⑯⑱惠公(~BC 696),(~BC 669) — ⑲懿公(~BC 660)
                ├ ⑰黔牟(~BC 688)
                └ 昭伯 ┬ ⑳戴公(~BC 660)
                      └ ㉑文公(~BC 635) ┬ ㉒㉕成公(~BC 632),(~BC 600) —
                                        ├ ㉓叔武(BC 632)
                                        └ ㉔瑕(~BC 630)

— ㉖穆公(~BC 589) — ㉗定公(~BC 577) ┬ ㉘㉚獻公(~BC 559),(~BC 544) —
                                  └ ㉙殤公(~BC 547)

┬ ㉛襄公(~BC 535) ┬ ㉜靈公(~BC 493) ┬ ㉞莊公(~BC 479) — ㉝㊲出公(~BC 480),(~BC 469)
│   └ ㉟般師(BC 478)   ├ ㊱起(~BC 477)
├ 公子荊   └ ㊳悼公(~BC 465) — ㊴敬公(~BC 432) — 후략
└ 公叔成子公叔文子 — 公叔戌

위나라 관련 논어 단편(9개)

9/14

선생님께서 말씀하셨다.

"내가 위(衛)나라에서 노(魯)나라로 돌아온 후에야 음악이 바르게 되었고 아(雅)와 송(頌)이 각각 제 자리를 잡게 되었다."

子曰;吾自衛反魯,然後樂正,雅頌各得其所.

13/3

자로가 말했다.

"위나라 임금이 선생님을 모시고 정치를 하면 선생님께서는 장차 무엇부터 하시겠습니까?"

선생님께서 말씀하셨다.

"반드시 명칭을 바로잡겠다."

자로가 말했다.

"그런 것도 있습니까? 선생님께서는 너무 우원(迂遠)하십니다. 그것을 바로잡아 뭐하겠습니까?"

선생님께서 말씀하셨다.

"조야하구나, 유(由)는! 군자는 자기가 알지 못하는 것에 대해서는 비워두어야 하는 것이다. 명칭이 바르지 않으면 말이 조리가 없어지고 말이 조리가 없으면 일이 이루어지지 못하고 일이 이루어지지 않으면 예악이 일어나지 못하며 예악이 일어나지 않으면 형벌이 적절해지지 못하며 형벌이 적절하지 않으면 백성들이 손발 둘 데가 없어진다. 그러므로 군자는 무언가를 명명(命名)하면 반드시 말할 수 있게 되고 말하면 반드시 행할 수 있게 되니 군자는 그 말에 있어서 구차함이 없을 따름이다."

子路曰;衛君待子而爲政,子將奚先?子曰;必也正名乎!子路曰;有是哉?子之迂也.奚其正?子曰;野哉!由也.君子於其所不知,蓋闕如也.名不正則言不順,言不順則事不成,事不成則禮樂不興,禮樂不興則刑罰不中,刑罰不中則民無所錯手足.故君子名之必可言也,言之必可行也.君子於其言,無所苟而已矣.

13/7

선생님께서 말씀하셨다.

"노나라와 위나라의 정치는 형제와 같다."

子曰;魯衛之政,兄弟也.

13/8

선생님께서 위나라 공자 형(荊)에 대해 말씀하셨다.

"경제생활 자세가 좋구나. 처음 재산이 장만되자 '그럭저럭 모아졌다'고 했고 조금 갖추어지자 '그런대로 갖추어졌다'고 했으며 부유하게 되자 '웬만큼 아름답다'고 말했다."

子謂衛公子荊;善居室.始有,曰,苟合矣.少有,曰,苟完矣.富有,曰,苟美矣.

13/9

선생님께서 위나라에 가셨을 때 염유가 마차를 몰았다. 선생님께서 말씀하셨다.

"사람들이 많구나."

염유가 말했다.

"이미 사람들이 많아졌으니 무엇을 더해야 합니까?"

선생님께서 말씀하셨다.

"풍요하게 해야 한다."

염유가 말했다.

"이미 풍요하게 되었다면 무엇을 더해야 합니까?"

선생님께서 말씀하셨다.

"가르쳐야 한다."

子適衛,冉有僕.子曰;庶矣哉.冉有曰;旣庶矣,又何加焉?曰;富之.曰;旣富
矣,又何加焉?曰;敎之.

14/20

선생님께서 위령공(衛靈公)의 무도함을 말씀하시자 계강자(季康子)가
말했다.

"실로 그러하다면 어떻게 군주의 자리를 잃지 않습니까?"

공자께서 말씀하셨다.

"중숙어(仲叔圉)가 빈객을 맞이하고 축타(祝鉈)가 종묘의 일을 처리하
며 왕손가(王孫賈)가 군사를 도맡아 합니다. 실로 그러하니 어떻게 그
자리를 잃을 수 있겠습니까?"

子言衛靈公之無道也.康子曰;夫如是,奚而不喪?孔子曰;仲叔圉治賓客,
祝鉈治宗廟,王孫賈治軍旅,夫如是,奚其喪?

14/42

선생님께서 위나라에서 경(磬)을 치실 때 어떤 자가 삼태기를 지고 공씨의 집 문 앞을 지나가면서 말했다.

"마음이 담겨 있구나, 경 치는 것이!"

얼마 있다가 또 말했다.

"비속하구나. 저 깐깐한 소리! 아무도 자기를 알아주지 않아도 자기만으로 그치고 마는구나. '깊으면 옷을 입은 채로 건너고 얕으면 옷을 걷고 건넌다'고 하지 않았는가?"

선생님께서 말씀하셨다.

"과감하구나! 어려움이 없겠다."

子擊磬於衛, 有荷蕢而過孔氏之門者, 曰; 有心哉, 擊磬乎! 旣而曰; 鄙哉, 硜硜乎! 莫己知也, 斯己而已矣. 深則厲, 淺則揭. 子曰; 果哉! 末之難矣.

15/1

위령공(衛靈公)이 공자께 진(陣)치는 법에 대해 묻자 공자께서 대답하셨다.

"제기(祭器)를 다루는 일이라면 일찍이 들은 것이 있으나 군사(軍事)에 대해서는 미처 배우지 못했습니다."

이튿날 결국 떠나셨다.

衛靈公問陳於孔子. 孔子對曰; 俎豆之事則嘗聞之矣. 軍旅之事, 未之學也. 明日遂行.

위나라의 공손조(公孫朝)가 자공에게 물었다.

"중니(仲尼)께서는 어디서 배우셨습니까?"

자공이 말했다.

"문왕과 무왕의 도가 아직 땅에 떨어지지 아니하고 사람에게 남아 있어 현명한 자는 그 중 큰 것을 알고 있고 현명하지 못한 자는 그 중 작은 것을 알고 있습니다. 문왕과 무왕의 도를 지니지 않은 자가 없으니 우리 선생님께서 어디서인들 배우지 않으셨겠으며 또한 어찌 일정한 스승이 따로 있었겠습니까?"

衛公孫朝問於子貢曰;仲尼焉學?子貢曰;文武之道,未墜於地,在人,賢者識其大者,不賢者識其小者.莫不有文武之道焉,夫子焉不學?而亦何常師之有?

위공자형 衛公子荊

위나라 공자형은 위나라의 대부로서 헌공(獻公)의 아들이다. 논어에 자주 등장하는 위령공(衛靈公)이 헌공의 손자이기 때문에 영공에게 숙부 되는 사람이다. 자는 남초(南楚)였다. 공자보다 약간 앞선 세대였을 것으로 추정된다.

위헌공 3년(BC 544)에 오나라의 현인(賢人) 계찰(季札)이 위나라에 들러 거원(蘧瑗), 사구(史狗), 사추(史鰌), 공자형(公子荊), 숙발(叔發), 공자조(公子朝)를 만나보고 "위나라에는 군자가 많으니 어려움이 없겠다" 하였다. 계찰에게 군자로 인정받았다는 것을 볼 때 기본이 갖추어진 사람이었다고 볼 수 있다.

22년이 더 지난 위령공 13년에 노나라에서 이른바 제표의 난이 일어났다. 제표는 위나라의 대부로 제씨(齊氏) 가문의 종주였는데, 영공의 형인 집(繁)이 그를 무시하고 함부로 대하는 것에 원한을 품고 다른 불만세력과 함께 집을 제거하려는 거사를 꾸몄다. 영공이 궁을 비운 틈을 타서 행사에 참석하러 나서는 집을 공격해서 그와 호위하는 종로(宗魯)를 함께 죽였다. 난리가 났다는 소식을 듣고 급히 환궁한 영공은 수레에 탄 채 휘장을 걷어 대결할 의사가 없음을 표하였지만 제씨 측의 군사가 활을 쏘아 영공의 오른편에 앉아 있던 공자 형의 어깨에 활을 맞았다. 영공과 공자 형 등의 측근은 궁을 빠져나가 사조(死鳥)로 피신하였다. 나중에 대부 북궁희(北宮喜) 세력이 제표 일파를 죽이고 동조세력을 모두 진압함으로써 상황은 평정되었다.

공자 형은 이 난리에서 군주이자 조카인 영공을 측근에서 호위하다가 부상 입는 이 모습이 『좌전』에 남은 유일한 기록이다. 논어에 기록된 검소하고 욕심 없는 모습과 함께 현인 계찰로부터 군자라는 평을 듣기에 부족함이 없어 보인다.

위공자형 관련 논어 단편(1개)

13/8
선생님께서 위나라 공자 형(荊)에 대해 말씀하셨다.
"경제생활 자세가 좋구나. 처음 재산이 장만되자 '그럭저럭 모아졌다'

고 했고 조금 갖추어지자 '그런대로 갖추어졌다'고 했으며 부유하게 되
자 '웬만큼 아름답다'고 말했다."

子謂衛公子荊;善居室. 始有,日,苟合矣. 少有,日,苟完矣. 富有,日,苟美矣.

거백옥
蘧伯玉

거백옥은 위나라의 대부로 성은 거(蘧), 이름은 원(瑗), 자는 백옥(伯玉), 시호
는 성자(成子)였다. 공자보다 서른 살 정도 연상이었다. 『좌전』에도 그에 대한
기록이 보이는데, 위나라 헌공(獻公) 18년(BC 559)에 대부 손문자(孫文子)가 위
헌공의 잇따른 무례하고 모욕적인 행동을 보고 가만히 있다가는 자신이 당하
게 될 것 같다며 선수로 헌공을 축출하려는 계획을 세우고 거백옥을 찾아가
의견을 물었다. 이에 거백옥은 "군주가 나라를 다스리는 데 신하가 감히 침범
할 것이오? 설혹 침범하더라도 그게 더 낫다는 것을 어찌 알겠소?" 하였다. 그
리고 가까운 관문을 통해 외국으로 몸을 피했다. 손문자는 결국 거사를 일으
켜 군주의 일족을 죽였고, 헌공은 간신히 몸을 피해 제나라로 도망갔다.

헌공이 제나라로 몸을 피한 이후 군주 자리는 헌공의 사촌인 상공(殤公)에
게 넘어갔다. 그 후 12년이 지난 기원전 547년, 헌공이 위나라로 들어와 상공
을 시해하고 대부 영희(甯喜)를 죽이려 하자 거백옥은 "나는 군주님이 외국으
로 나가실 때 간여하지 못했는데 어찌 감히 다시 들어오는 것에 대해 간여하
겠소?" 하고 역시 불개입을 선언하고 12년 전과 마찬가지로 외국으로 몸을 피

해버렸다.

　이런 기록을 보면 거백옥은 욕심이 많거나 무모하지는 않았지만 소신이 분명한 사람은 아니었던 것 같다. 기원전 544년 오나라의 현인 계찰이 위나라에 와서 거백옥을 비롯한 여러 사람들을 만나고 나서 "위나라에는 군자가 많으니 근심이 없겠소" 하였는데 불과 3년 전에 상공을 시해한 사건이나 15년 전에 여러 공족이 피살되었던 사건을 생각한다면 부적절한 진단이 아닐 수 없다. 따라서 그 발언은 과거보다는 미래를 예측하고 한 말로 보아야 할 것이다.

　『사기』「공자세가」에 의하면 애공 2년 공자가 재차 위나라에 갔을 때 그의 집에 유숙했다고 한다. 이 기록이 맞다면 공자와 거백옥의 심부름꾼이 대화를 나눈 것은 그가 거백옥의 집에 유숙하고 있을 때였을 가능성이 크고, 당시 거백옥의 나이는 90세 전후였을 것이다. 따라서 그의 집에 유숙했었다는 이「공자세가」의 일화가 사실일 가능성은 낮다.

거백옥 관련 논어 단편(1개)

14/26
거백옥(蘧伯玉)이 공자께 사람을 보내자 공자께서 그와 더불어 앉아 물으셨다.
"그 분께서는 무엇을 하고 계십니까?"
그가 대답했다.
"나리께서는 당신의 잘못을 적게 하려 하시나 아직 능히 그리하지 못하십니다."

심부름꾼이 나가자 선생님께서 말씀하셨다.

"훌륭한 심부름꾼이다. 훌륭한 심부름꾼이다."

蘧伯玉使人於孔子,孔子與之坐而問焉,曰;夫子何爲?對曰;夫子欲寡其過
而未能也.使者出.子曰;使乎!使乎!

위령공 衛靈公

위령공은 위나라 제32대 군주였다. 그는 기원전 540년에 태어났다. 제후국 군주들의 출생 연도는 사서에 기록되는 경우가 거의 없지만 유독 위령공에 대해서만큼은 『좌전』 소공 7년조에 출생에 얽힌 기록이 전해지고 있다. "진(晉)나라의 한선자(韓宣子)가 집권자가 되어 제후들을 예방하던 해에 위나라 양공(襄公)의 애첩 주압(姬妾)이 아들을 낳아 이름을 원(元)이라 하였다"고 기록되어 있다. 위령공은 손자 출공(出公)과 함께 언급되는 경우가 많아서 그런지 논어 독자들에게 노인으로 받아들여지는 경우가 많지만 공자와 비교하면 자그마치 11세나 연하였다. 공자가 56세의 나이로 노나라를 떠나 위나라로 갔을 때 영공은 45세에 불과했다. 또 그가 기원전 493년 세상을 떠났을 때도 나이는 아직 50도 채 안 된 48세였다.

영공(靈公)에게는 원래 주압과 사이에서 먼저 낳은 맹집(孟繁)이라는 아들이 있었지만 발에 문제가 있어 제대로 걷지를 못하는 장애인이었다. 더구나 대부 공성자(孔成子)와 사조(史朝)의 꿈에 동시에 시조 강숙(姜叔)이 나타나

"원을 군주로 세워라. 그러면 너희 후손들로 하여금 돕게 하리라" 했기 때문에 결국 공성자는 원을 군주로 세웠으니 그가 영공이다. 그렇다면 영공이 군주가 된 것은 겨우 기원전 534년, 그의 나이 일곱 살 때였던 셈이다. 물론 그런 경우는 제후국들의 역사에서 비일비재하였다. 『춘추』의 기록에 보면 위령공은 기원전 529년 평구(平丘)에서 있었던 제후들의 회합에 참석하였는데, 그때 나이는 겨우 12살이었다. 그 밖에 영공과 관련한 기록은 별로 눈에 띄지 않는데, 결국 영공이 장성할 때까지 국정은 사실상 공문자에게 맡겨져 있었던 것 같다.

영공 13년, 영공의 나이 19살 되던 해 정변이 일어났다. 영공의 형 맹집은 대부 제표를 업신여겨 그를 사구 직에서 해임했다가 도로 앉히는가 하면 견(鄄)의 땅도 빼앗았다가 도로 주곤 해서 원망을 사고 있었다. 또 맹집은 북궁희(北宮喜)와 저사포(褚師圃)를 미워해서 그들을 제거하려고 했다. 또 공자 조(朝)는 양공의 부인 선강(宣姜)과 간통하는 사이여서 들킬까 두려워하고 있었다. 그래서 이들 넷은 맹집을 죽이려고 계획을 세웠다.

거사 당일, 맹집이 성문 밖에서 제사를 지내려고 성문을 나오는 순간 천막을 쳐놓고 기다리던 제씨가(齊氏家)의 사람이 창으로 후려쳐서 호위하던 신하 종로(宗魯)의 팔이 잘리면서 종로와 맹집이 함께 죽었다. 영공은 이 정변 소식을 듣고 숙부인 공자 형(荊) 등 대신들과 함께 마차를 타고 성 밖으로 빠져나갔다. 제씨가 앞으로 마차가 지나가니 영공과 신하들이 수레의 휘장을 걷어 적의가 없음을 표명하였다. 그럼에도 제씨가의 사람들이 활을 쏘아서 공자 형이 어깨에 활을 맞았다. 일행은 사조로 가서 몸을 피했다. 그런데 북궁희는 영공을 죽일 생각까지는 없었기 때문에 앞으로의 전개 방향을 상의하러 온 제씨가의 가재 거자(渠子)를 죽이고 제씨 일족을 멸족시켜버렸다. 이튿날 영공은 다시 궁성으로 들어가고 북궁희와 맹약을 맺는가 하면 나라 사람들과도 맹약을 맺었다.

이 정변은 영공에 대한 신뢰가 박약한 기반에서 출발한 것이었지만 결과적으로 친위정변이 되고 만 셈이었다. 특이하게 이 정변에 대한 기록의 말미에는 위나라 정변에서 종로가 죽었다는 소식을 듣고 노나라에서 금장(琴張)이 조문을 가려고 했다는 기사가 나온다. 이에 대해 당시 30세이던 공자가 조목조목 이유를 들어 그 조문이 부당함을 금장에게 직접 설득하고 있는 내용이 나온다. 두예(杜預)의 주에 의하면, 금장은 논어 9/6에서 공자의 성장과정에 대해 짧게 증언하고 있는 노(牢)로써 공자의 제자였다고 한다. 그러나 당시 공자의 나이가 30세에 불과하였다는 점을 참고하면 제자가 아니라 단순한 후배나 친구였을 가능성이 높다.

이렇게 정변을 겪으면서 영공은 그럭저럭 20세를 넘어선 것 같다. 영공 29년인 기원전 506년 소릉(召陵)에서 제후들의 회합이 있었다. 초나라를 치는 계획을 세우기 위한 이 회합에 참석한 영공은 30대 중반의 혈기왕성한 군주였는데, 맹약을 맺는 자리에서 위나라가 채나라보다 뒤가 될 것이라는 소문이 돌았다. 이에 영공은 축타(祝佗)를 내세워 긴 논란 끝에 결국 위나라가 채나라보다 앞에 서는 것으로 결론을 이끌었다.

이듬해에는 노나라에서 정변이 일어나 계환자의 가신 양호가 계환자를 잡아가두고 정권을 거머쥐었다. 그리고 그 이듬해에는 양호가 정나라를 침공하러 가면서 위나라를 허락도 없이 관통하여 가는가 하면 심지어 올 때는 위나라 남문으로 들어가서 동문으로 빠져나오는 등의 무례한 짓을 했다. 영공은 화가 머리끝까지 나서 미자하(彌子瑕)에게 추적하게 함으로써 양국 간 충돌이 예상되었지만 다행히 늙어 은퇴한 대부 공숙문자(公叔文子)가 나와 간곡히 만류하는 바람에 충돌은 면할 수 있었다. 그리고 양호는 결국 오래 가지고 못하고 노나라에서 추방되고 말았다.

그 후 영공 33년이던 기원전 502년, 위나라는 진나라와 맹약을 맺는 자리에서 영공은 제후로서의 위엄을 유지하려 하고, 진나라 측에서 온 섭타(涉佗)

와 성하(成何)는 대국으로서 약소국을 업신여기려 함으로써 두 나라 사이에 심각한 마찰이 생기기도 했다. 문제가 복잡하게 전개되었으나 왕손가(王孫賈)가 개입하여 제후국으로서의 체면을 간신히 살릴 수 있었다. 이는 약소국이었지만 짓밟히지 않으려는 영공의 제후로서의 자존심이 강하게 작용한 탓이었다 할 수 있다.('왕손가' 조항 참조)

영공은 진(晉)나라를 어느 정도 견제하기 위해 제(齊)나라와 협조하는 경우가 많았다. 이는 거의 전적으로 진나라를 대국으로 섬기려 했던 노나라의 경우와는 다른 외교노선이었는데, 이는 훗날 출공(出公)과 장공(莊公) 부자가의 권력 싸움에 진나라가 개입하는 근거가 되기도 했다. 즉 영공의 외교노선을 승계한 손자 출공보다 아버지의 노선에 반대했던 아들 장공을 진나라가 지지했던 것이다.

그러나 영공에게 가장 결정적인 문제가 되었던 것은 송나라에서 남자(南子)라는 여자를 데려와 후처로 삼은 것이었다. 그녀를 언제 어떤 과정으로 데려왔는지는 확실하지 않으나 그 시기는 이미 아들은 물론 손자까지 태어난 시점이 아니었을까 한다. 더구나 문제가 된 것은 남자가 그리워한다는 이유로 그녀가 송나라에 있을 때 교제하던 미남자 송조(宋朝)를 위나라로 데려왔다는 것이다. 이로 인하여 중원에 추문이 파다해지자 결국 태자 괴외는 남자를 제거하려 했고, 이 거사가 실패하자 결국 진(晉)나라로 도망치고 말았다.('남자' 조항 참조)

영공은 재위 42년을 끝으로 기원전 493년 48세를 일기로 세상을 떠났다. 생전에 영공은 또 다른 아들 영(郢)에게 후계를 물려주려 했지만 영공 사후 아들 영이 한사코 후계를 사양하는 바람에 결국 군주의 자리는 괴외의 아들 첩(輒)에게 돌아가고 말았다. 그리고 어느 나라나 비슷하지만 오랜 기간에 걸친 안정적인 군주의 자리가 끝나고 나면 비슷한 영향력의 후계자들 사이에서 치열한 권력 다툼이 전개된다. 위나라도 영공의 손자 출공(出公)과 아들 괴외

(莊公) 사이에 치열한 다툼이 전개되었다.('위군' 조항 참조)

논어 14/20에서 공자가 그를 "무도하다"고 하면서도, "좋은 대부들을 주변에 배치함으로써 군주로서의 위상을 굳건하게 지킬 수 있었다"고 한 것은 군주로서 그가 지닌 또 다른 긍정적 측면을 말한 것이었다고 할 수 있다.

위령공 관련 논어 단편(2개)

14/20
선생님께서 위령공(衛靈公)의 무도함을 말씀하시자 계강자(季康子)가 말했다.
"실로 그러하다면 어떻게 군주의 자리를 잃지 않습니까?"
공자께서 말씀하셨다.
"중숙어(仲叔圉)가 빈객을 맞이하고 축타(祝鮀)가 종묘의 일을 처리하며 왕손가(王孫賈)가 군사를 도맡아 합니다. 실로 그러하니 어떻게 그 자리를 잃을 수 있겠습니까?"
子言衛靈公之無道也.康子曰;夫如是,奚而不喪?孔子曰;仲叔圉治賓客,祝鮀治宗廟,王孫賈治軍旅,夫如是,奚其喪?

15/1
위령공(衛靈公)이 공자께 진(陣)치는 법에 대해 묻자 공자께서 대답하셨다.
"제기(祭器)를 다루는 일이라면 일찍이 들은 것이 있으나 군사(軍事)에 대해서는 미처 배우지 못했습니다."

이튿날 결국 떠나셨다.

衛靈公問陳於孔子.孔子對曰;俎豆之事則嘗聞之矣.軍旅之事,未之學
也.明日遂行.

위군 衛君

위군은 '위나라 군주'라는 일반적인 표현이다. 때문에 보는 사람에 따라 위나라 제32대 군주 영공으로 보기도 하지만 크릴(H. G. Creel)의 견해처럼 공자 말년 노나라에 망명 와 있던 제33대 군주 출공(出公, 영공의 손자)으로 보는 것이 일반적이다. 즉 "위나라 군주를 도와줄 것인가?" 하는 것은 출공을 위나라로 돌아가게 해서 다시 군주의 자리를 되찾게 도와줄 것인가 하는 뜻으로 보는 것이다.

출공이 군주가 된 과정은 복잡하다. 그의 할아버지였던 영공은 송(宋)나라에서 남자(南子)라는 여자를 데려와서 부인으로 삼았다. 그 후 영공은 부인 남자가 원한다고 해서 송나라의 미남자 송조(宋朝)를 또 데려왔다. 이로 인하여 중원에 추문이 퍼지자 이를 부끄러워하던 태자 괴외가 남자를 죽이려는 정변을 시도했으나 실패하여 진나라로 망명을 한다.('남자' 조항 참조) 3년 후인 기원전 493년 영공이 세상을 떠나자 영공의 부인 남자는 영(郢)에게 "군주께서 돌아가시기 전에 태자가 없으니 영을 후계자로 삼으라고 명하셨습니다" 하였다. 그렇지만 영은 끝까지 사양하면서 대신 괴외의 아들 첩(輒)을 추천하였다. 그래서 영공의 손자 첩이 군주가 되었는데, 그가 곧 출공이다.

영공은 나이 48세에 죽었으니 손자 첩이 즉위한 나이는 매우 어렸을 것이다. 즉위 10년이 지난 기원전 483년에야 처음으로 제후국들과의 회합에 참석한 기록이 나오는 것도 그 때문일 테지만, 회합에 다소 늦었다고 오(吳)나라의 태재(太宰) 비(嚭)가 출공을 숙소에 사실상 연금하였다가 자공의 만류로 겨우 풀어준 것도 그만큼 출공이 어렸기 때문일 것이다.

이윽고 출공 13년 위나라의 대부 공문자가 죽었다. 출공은 아직 확실히 국정을 장악할 나이가 되지 못했기 때문에 정치의 중심을 이루고 있던 공문자가 죽었다는 것은 망명 중의 괴외에게는 절호의 기회가 아닐 수 없었다. 당시 괴외는 척(戚)에 숨어 지내고 있었다. 척은 진나라와 위나라의 경계 부근이었는데, 엄밀하게 말하면 위나라 땅이지만 숨어 지내기 좋은 곳으로 진나라의 조간자가 데려다준 곳이었다. 괴외는 숨어 지내면서 필요한 경우는 진나라에 가서 조간자를 돕고, 또 필요한 경우에는 위나라 사람을 척에 불러들여 비밀리에 만나기도 했던 것 같다.

공문자가 죽자 영공의 딸이자 공문자의 부인이었던 백희(伯姬)는 가신 중에서 키 크고 잘 생긴 혼량부(渾良夫)라는 자와 눈이 맞아 지내고 있었는데, 어느 날 그를 동생인 괴외에게 보냈다. 혼량부를 만난 괴외는 "만약 당신이 내가 위나라에 들어가 권력을 차지할 수 있도록 해준다면 대부로 격상시켜줄 뿐더러 세 번의 죽을죄를 용서해주겠다" 하였다. 그 후 괴외와 혼량부는 함께 위나라 도읍으로 잠입하여 숨어 지내다가 저녁에 부인의 옷으로 갈아입고 공씨가(孔氏家)에 들어가 백희를 만났다. 식사 후 백희는 창을 지팡이 삼아 짚고 앞장을 서고 뒤에 괴외와 그 일파들이 맹약 맺는 데 필요한 돼지를 떠밀며 뒤따랐다. 그들은 공문자의 아들 공회(孔悝)를 변소에 몰아넣고 맹약을 강요한 다음 누대(樓臺)에 올라갔다. 공회의 가로(家老) 난영(欒寧)은 연회 도중에 정변이 났다는 소식을 듣고 사람을 시켜 자로에게 알리는 한편 마차를 준비시켜 출공을 모시고 위나라를 탈출, 노나라로 망명하였다.

자로는 여러 사람의 만류에도 불구하고 "공씨가에서 녹을 먹었으니 그를 환란에서 구해야 한다"며 공씨가에 들어가서 괴외를 만났다. 그리고 누대에 올라가 있는 태자를 향하여 말하기를 "태자께서는 공회를 어떻게 이용하시렵니까? 비록 그를 죽이더라도 누군가가 그 뒤를 이을 것입니다. 그리고 당신은 용기가 없으니 누대를 절반 정도 불태우면 반드시 공회를 석방하실 것입니다" 하였다. 태자 괴외는 그 말을 듣고 두려워하며 함께 있던 석걸(石乞)과 우염(盂黶)을 아래로 보내 싸우게 하였다. 그들이 내려와 창으로 자로를 쳐서 갓끈을 잘랐다. 자로는 "군자는 죽더라도 관을 벗지는 않는다" 하고는 갓끈을 고쳐 매고 죽었다. 노나라에 있던 공자는 위나라에서 정변이 일어났다는 소식을 듣고는 "자고는 돌아올 것이나 자로는 죽을 것이다" 하였다. 논어에도 "자로와 같은 자는 천명을 누리지 못할 것이다"는 말이 기록되어 있을 만큼 당시의 긴박한 상황은 인구에 회자되었던 것 같다.('자로' 관련 조항 참조)

강압에 의해 맹약을 체결한 공회는 결국 태자 괴외를 군주로 추대하였다. 그가 장공이다. 장공은 주나라 경왕(敬王)에게 자신이 진나라의 도움을 받아 위나라 군주의 지위를 이어받게 되었음을 보고하였고, 경왕도 천자로서 형식적인 허락의 뜻을 표하였다.

노나라에 망명 와 있던 출공은 특별한 행적을 남기지 않았다. 다만 논어 7/16에 담긴 자공과 염유의 대화로 볼 때, 당시 계강자의 가재로 있던 염유는 그의 복귀를 노나라가 도와야 할지 외면해야 할지를 두고 고민했던 것 같다. 그렇지만 당시 공자는 어떤 형태의 인위적 복귀도 염두에 두지 않았던 것 같다. 이런 여건 때문인지 출공은 노나라에 오래 머무르지 않고 제나라로 옮겨 갔던 것 같다.

그 해 4월 공자가 세상을 떠났다. 위나라 정변의 한가운데에서 제자 자로가 비참하게 죽어간 뒤 불과 4개월 만에 공자도 세상을 떠났던 것이다. 물론 그의 죽음은 위나라는 물론 노나라에서도 특별한 정치적 영향력은 없는 것이었고, 다만 애공이 형식적인 조사 하나만 내렸을 뿐이었다.

장공은 아들 출공이 다스리던 시기의 측근들을 축출할 생각을 주변에 피력하였고, 이로 인하여 대부들은 동요하였다. 그 해 유월 장공은 공회를 비롯한 여러 대부들을 평양(平陽)에 불러 모아 연회를 베풀어 술대접을 하고 크게 선물을 주었다. 그러나 그날 밤 장공은 드디어 공회를 축출하였다. 공회는 가는 길에 어머니 백회를 마차에 태우고 가면서 남은 수레 하나를 집으로 되돌려 보내어 백씨가의 사당에 모셔진 선조의 위패를 싣고 오게 하였다. 그때 원래 공씨가의 가신이었다가 장공에 의해 대부로 신분이 격상된 자백계자(子伯季子)가 공회를 추격하겠다고 나서다가 마침 위패를 싣고 가던 마차를 만나 탄 사람을 죽이고 그 마차를 빼앗아 타고 공회를 추격했다. 공회 측에서는 허공위(許公爲)를 보내어 위패를 싣고 오는 마차를 마중을 나갔다가 자백계자와 마주치고 말았다. 결국 허공위가 활로 자백계자를 쏘아 죽이니 공위는 무사히 조상의 위패와 많은 보기(寶器)를 싣고 송나라로 달아날 수 있었다.

위나라의 정란과 관련된 기록은 매우 상세하고 실감나게 기술되어 있다. 이는 『좌전』이 이 사건을 동시대적 사건으로 겪은 누군가가 기록하고 전달하였다는 뜻일 것이다.

아들 출공을 내쫓고 군주가 된 장공은 또 다른 아들 질(疾)을 태자로 책봉하였다. 그리고 출공을 모시던 신하 대숙유(大叔遺)를 터무니없는 모함으로 축출하자 대숙유는 진나라로 도망갔다. 이어서 또 출공이 노나라로 가지고 간 보기를 장공이 아까워하자 혼량부(渾良夫)가 나서서 "출공과 현재의 태자를 불러 더 뛰어난 자식을 후계자로 한다고 하면 출공도 보기를 가지고 올 것입니다. 그러면 군주가 못 되더라도 보기는 돌려받을 수 있을 것입니다" 하는 방안을 제시하였다. 태자 질이 그 소리를 듣고 화가 나서 장공에게 달려와 자신을 태자의 자리에서 밀어내지 말 것과 함께 혼량부를 죽이도록 요구했다. 이에 장공은 일찍이 자신이 세 번 죽을죄를 지더라도 용서해주기로 맹서를 했다고 하니 태자 질은 그러면 네 번째 죽을죄를 지으면 죽이도록 허락해달라고 하였다. 장공은 허락했다. 이듬해 봄에 장공은 작은 별장을 짓고 고위인사들을 불러 낙성식을 하였다. 그 자리에 태자 질은 혼량부를 부를 것을 요구했다. 혼량부가 왔는데 그는 경(卿)들만 탈 수 있는 두 필의 말이 끄는 마차를 타고 왔을 뿐 아니라 군주만 입을 수 있는 자줏빛 여우가죽옷을 입었고, 또 식사자리에서 윗옷은 벗고 칼은 그대로 찬 채 식사를 했다. 태자는 사람을 시켜 혼량부를 끌어내려 죽을죄 세 가지를 언급한 다음 바로 죽여버렸다.

괴외는 장공으로 즉위한 다음 자신을 군주로 세우는 데에 가장 많은 기여를 한 진나라와 그 곳의 조간자에 대해 최소한의 예의도 표하지 않았다. 그래서 조간자가 사람을 보내 "군주님께서 저희 진나라를 한 번 방문해주십시오. 그렇지 않으면 제가 벌을 받게 됩니다" 하고 사정을 하였으나 장공은 나라 사정을 핑계로 거절하였다. 결국 그 해 10월 진나라가 위나라를 쳐서 장차 성안으로 들어가려 하니 조간자가 나서서 "그만두자. 남의 나라의 위란을 틈타 그 나라를 멸망시키는 자는 후사가 없게 된다 하였다"고 하였다. 그러자 위나라 사람들이 나서서 자발적으로 장공을 축출했다. 진나라는 위양공(衛襄公)[1]의 손자 반사(般師 혹은 班師)를 군주로 세우고 돌아갔다.

그러나 진나라 군사가 돌아가자 쫓겨났던 장공이 다시 도읍으로 들어왔다. 결국 한 달 만에 반사가 다시 도망을 나갔다. 이때 되돌아온 장공은 전부터 성 위에서 바라보이는 가까운 곳에 융족(戎族)이 사는 것을 못마땅하게 여겨 그들의 마을을 파괴함으로써 원한을 산 적이 있었다. 대부 석포(石圃 혹은 石曼專)가 주동이 되어 혹사당하고 있던 장인(匠人)들을 규합하여 다시 장공

---

1) 위령공(衛靈公)의 아버지

을 공격하였는데, 쫓기던 장공이 융족마을로 들어가 기씨(己氏)의 집에 들어가게 되었다. 장공은 기씨에게 구슬을 내보이며 살려주면 구슬을 주겠다고 회유하였다. 그런데 기씨는 전에 장공이 성 위에서 기씨의 집을 내려다보며 기씨 부인의 머릿결이 아름다운 것을 보고 사람을 시켜 그녀의 머리카락을 베어오게 하여 부인 여강(呂姜)의 달비로 삼게 한 적이 있었다. 기씨는 "너를 죽이면 그 구슬이 어디로 가겠느냐?" 하고는 장공을 죽여버렸다. 장공이 죽자 위나라 사람들은 공손 반사를 다시 불러들여 군주로 삼았다.

그러나 그다음 달인 12월에 이번에는 제(齊)나라 사람이 위나라를 쳤다. 위나라가 싸울 여력이 없어 협상을 청하니 제나라는 반사를 군주의 자리에서 내리고 대신 영공의 아들 기(起)를 군주로 세우고 반사는 잡아가 노(潞)에 살게 하였다.

이듬해(BC 477) 여름에 석포가 다시 기를 축출하였다. 기는 제나라로 도망갔고 대신 노나라를 거쳐 제나라에 가 있던 출공이 다시 위나라로 돌아와 군주의 자리에 복귀하였다. 출공은 석포를 몰아내고 석퇴(石魋)와 대숙유를 원래의 직위로 회복시켰다. 그 후 한동안 『좌전』은 다시 군주의 자리에 오른 출공에 대해 이렇다 할 기록을 남기지 않았다. 특별한 사건은 없었다는 뜻일 수도 있으나 성격이 괴팍하고 잔혹한(愎而虐) 출공이 무사히 군주의 역할을 할 수는 없었을 것이다. 기원전 470년 『좌전』은 느닷없이 출공이 송나라로 출분하였음을 기록하고 있다. 그리고 그 이유를 종합적으로 밝히고 있는데, 이를테면 저사성자(褚師聲子 혹은 猪師聲子)라는 대부가 연회석상에 병 때문에 발을 싸매고 올라왔다는 것을 이유로 "저놈의 발을 잘라버리겠다"고 폭언한 것, 남씨(南氏)의 읍을 빼앗은 것, 사구였던 해(亥)의 직책을 박탈한 것, 공문의자(公文懿子)의 마차를 못에 처박게 한 것, 장인(匠人)들을 장기간 혹사시킨 것, 대부 권미(拳彌)가 광대 교(狡)와 맹약을 체결케 하여 수모를 준 것 등 재등극 이후 세월은 주변인들에 대한 학대와 잔혹의 나날들이었다. 결국 원한에 사무친 이들은 모두 예리한 무기를 들거나 무기가 없는 자들은 자귀를 들고 출공을 공격하였다.

출공은 어느 나라로 갈 것인가를 고민하다가 월(越)나라와 송나라에 가까운 성서(城鉏)로 가서 월나라의 도움을 받기로 하였다. 당시 월나라의 구천(句踐)은 원칙적인 국가경영과 와신상담의 정신으로 오나라를 멸망시킨 뛰어난 군주로 중원의 신임을 얻고 있었기 때문이다. 노나라의 애공이 삼환의 등쌀에 시달리다가 결국 월왕 구천의 도움에 의지하려 했던 것도 같은 맥락이었을 것이다. 기원전 469년 노나라의 숙손문자(叔孫文子)는 군사를 거느리고 월나라, 송나라 등과 만나 출공을 다시 위나라로 들어갈 수 있게 하였다. 그리고 위나라에서도 대부 공손미모(公孫彌牟, 영공의 손자이자 공자 郢의 아들)는 출공을 받아들일 의사가 있었다. 그러나 성서에 옮겨간 출공은 여전히 그곳에 기점을 두고 위나라의 대신들을 괴롭혔다. 이를테면 그는 대부 저사성자(褚師聲子)의 부친의 묘를 파헤쳐 시신을 불태우기도 했다.

공손미모는 출공이 월나라의 도움을 받아 위나라를 괴롭혀서 나라가 거의 망하게 되었다며 차라리 출공을 다시 받아들이자고 중신들을 설득하였지만 거부당하고 말았다. 그래도 그는 도읍의 성문을 활짝 열고 출공의 귀환을 촉구했지만 이번에는 출공이 감히 들어가지 못했다. 그래서 결국 위나라는 기원전 476년 영공의 또 다른 아들을 군주로 세웠으니 그가 도공(悼公)이다. 출공은 결국 전 12년 후 9년, 도합 21년을 재위한 후 귀국도 하지 못하고 월나라에서 죽고 말았다.

영공이 송나라에서 남자를 데려온 것이 발단이 되어 아들 괴외와 손자 첩간의 부자간 대치가 지속되면서 군주의 자리가 이리저리 옮겨 다니던 위나라는 결국 도공의 손자 제40대 소공(BC 431~BC 426)대에 가서는 국세가 완전히 쇠잔하여 진(晉)나라에서 분리되어 나온 조(趙)나라의 한 속국으로 전락하고 말았다.

위군 관련 논어 단편(1개)

7/16

염유(冉有)가 말하였다.

"선생님께서는 위군(衛君)을 도와주실까?"

자공이 말하였다.

"그래, 내가 여쭈어 보지."

자공이 들어가 물었다.

"백이숙제는 어떤 사람입니까?"

선생님께서 말씀하셨다.

"옛 현인이다."

자공이 말하였다.

"원망하였습니까?"

선생님께서 말씀하셨다.

"어짊을 구해서 어짊을 얻었는데 또 무엇을 원망했겠느냐?"

자공이 나와서 말했다.

"선생님께서는 도와주지 않으실 것이네."

冉有曰;夫子爲衛君乎?子貢曰;諾,吾將問之.入曰;伯夷叔齊何人也?曰;古
之賢人也.曰;怨乎?曰;求仁而得仁,又何怨?出曰;夫子不爲也.

영무자 _{甯武子}

영무자는 위나라의 대부로 공자보다 100년 이상 앞서 살았던 사람이다. 성은 영(甯), 이름은 유(兪), 시호는 무(武)였으며, 어질고 충성스런 신하로 널리 알려졌다. 유서 깊은 영씨 가문의 종주로서 영장자(甯莊子)의 아들이자 영상(甯相)의 아버지였다.

기원전 632년은 유명한 성복(城濮)의 전투가 있던 해였다. 초나라가 송나라를 포위하여 압박하자 송나라는 대국 진나라에 구원을 요청하였다. 진나라의 문공(文公)은 초나라가 송나라 포위를 풀게 할 방편으로 그 옆 나라인 조(曹)나라를 치기 위해 위나라에 길을 빌려달라고 요청 했다. 위나라 성공(成公)이 이 요청을 받아들이지 않자 진나라는 할 수 없이 크게 우회하여 황하를 건너 조나라와 위나라를 치고 오록(五鹿)의 땅을 빼앗았다.

뒤늦게 잘못된 선택을 깨달은 위나라 성공은 진나라의 군사동맹에 참여하려 하였지만 진나라는 동참을 거부하였다. 성공은 초나라 편에라도 붙으려 하였으나 이는 위나라 사람들이 원하지 않았다. 두려움에 사로잡힌 위나라 사람들은 성공을 축출하여 진나라를 설득하였으며, 성공은 도읍을 떠나 양우(襄牛) 땅에 머물렀다.

후에 초나라가 진나라에 타협안을 내놓았다. 송나라에 대한 포위를 풀 테니 당신들도 조나라와 위나라를 원상회복시키라는 것이었다. 진나라는 이 타협안을 받아들이되 교묘하게 사단을 만들어 결국 성복에서 대대적인 전투를 치르게 되었다. 여기서 승리한 진문공은 춘추시대 두 번째 패자로 등장한다. 위나라 성공은 초나라가 졌다는 소식을 듣고 초나라를 거쳐 다시 진(陳)나라로 망명을 갔다. 그리고 대부 원훤(元咺)을 시켜 아우 숙무(叔武)를 군주로 세운 다음 진나라가 주도하는 저 유명한 천토(踐土)의 맹약에 참가케 하였다.

6월에 진나라는 약속대로 위나라 성공을 복위하게 해주었다. 위나라 사람들 중에는 성공을 따라 나라를 떠났던 사람들이 있는가 하면 남아서 숙무를 군주로 받들었던 사람이 있었다. 따라서 성공의 복위는 위나라에 많은 혼란을 초래하였던 것 같다.

『좌전』에 현신 영무자(甯武子)가 처음 등장하는 것도 이때다. 영무자는 위나라 사람들과 완복(宛濮)이라는 곳에서 맹세를 하는데, 그 맹세문 안에 그의 사람됨이 잘 드러나 있다.

> 하늘이 우리 위나라에 화를 내려 임금과 신하가 손발을 맞추지 못하게 됨에 따라 이런 우환의 지경에 이르렀도다. 이제 하늘이 충심을 끌어내어 사람들로 하여금 모든 것을 내려놓고 서로를 이해하게 하였으니 남아 있던 자가 없었으면 누가 사직을 지켰겠으며 함께 떠났던 자가 없었으면 누가 군주의 온갖 일을 수발하였겠는가? 손발이 맞지 않았던 탓에 나라의 큰 신에게 빌고 맹세하며 하늘의 충심을 끌어내게 하였던 것이다. 오늘 이후로는 맹세를 하였으니 함께 떠났던 자는 잘난 척하지 말고 남아 있었던 자는 죄지었다 두려워하지 말지니라. 이 맹세를 어기고 서로 반목한다면 선대 임금님들의 밝은 신령이 규탄하고 그런 자들을 죽이리라.[2]

위나라 사람들은 이 맹세를 듣고 더 이상 마음의 갈등을 갖지 않게 되었다고 한다. 그 해 겨울 성공과 대부 원훤은 그동안 있었던 일에 대한 재판을 받게 되었는데, 성공이 이기지 못해서 그 죄로 사영(士榮)이 죽임을 당하고 겸장

---

2) 天禍衛國,君臣不協,以及此憂也.今天誘其衷,使皆降心以相從也.不有居者,誰守社稷?不有行者,誰扞牧圉?不協之故,用昭乞盟于爾大神以誘天衷.自今日以往,旣盟之後,行者無保其力,居者無懼其罪.有渝此盟,以相及也.明神先君,是糾是殛.『左傳』僖公 28年

자(鐮莊子)는 발목이 잘리는 형을 받았지만 영무자는 충성을 다했다 하여 처벌을 면제받았다. 성공은 체포되어 천자가 계시는 수도로 압송되어 밀실에 갇히게 되었는데 영무자가 함께 가서 죽을 넣어주는 일을 맡았다.

진나라 문공은 의사 연(衍)를 시켜 위나라 성공에게 독주를 먹여 죽이려 했다. 그러나 영무자가 의사를 매수하여 독을 약하게 타게 하여 다행히 죽지 않았다. 마침 그때 노나라 군주 희공이 위나라 성공을 용서하여 줄 것을 천자와 진문공에게 청원하였고, 드디어 천자께서 성공이 위나라로 돌아가도록 석방하였다.

영무자 관련 논어 단편(1개)

5/21

선생님께서 말씀하셨다.

"영무자(甯武子)는 나라에 도가 있으면 지혜로웠고 나라에 도가 없으면 어리석었다. 그 지혜에는 미칠 수 있어도 그 어리석음에는 미칠 수가 없구나."

子曰;甯武子邦有道則知,邦無道則愚.其知可及也,其愚不可及也.

공숙문자 公叔文子

공숙문자는 위나라의 경(卿)으로서 공숙발(公叔發 혹은 公叔拔)이라고도 한다. 위나라 헌공(獻公)의 손자였다. 아버지는 공숙성자(公叔成子 또는 公子當)이었고 아들은 공숙술(公叔戌)이었다. 공자보다 약 40세 정도 나이가 많았던 것으로 보인다.

오나라의 현인 계찰이 기원전 544년 위나라를 예방하였을 때 거원(蘧瑗), 사구(史狗), 사추(史鰌), 공자형(公子荊), 공숙발(公叔發), 공자조(公子朝)를 만나보고 "위나라에는 군자가 많으니 나라에 환란이 없겠소" 하였다.

위나라 영공 31년(BC 504)에 노나라의 양호가 국권을 독차지하고, 정나라를 치러 간다며 허락도 없이 위나라를 관통하여 함부로 짓밟고 지나가는 등 만행을 부렸다. 뒤늦게 이를 알고 대노한 영공이 미자하에게 그들을 추격하게 하였을 때 늙어 은퇴한 공숙문자가 연(輦)을 타고 영공에게 나아가 "하늘이 장차 양호의 죄를 더 키워 벌하려 하는 것 같으니 군주님께서는 기다려보심이 좋을 것 같습니다" 하고 만류하였다. 결국 두 해 후 양호는 공숙문자의 예상대로 노나라에서 쫓겨나 출분하는 신세가 되고 말았다.

『예기』 단궁하편에 의하면 공숙문자가 죽었을 때 그의 아들 수(戌)가 영공에게 시호를 청하면서 "날짜가 되어 장례를 치르려고 하니 시호를 내려 주옵소서" 하였다. 그러자 영공이 "옛날 우리 위나라가 흉년이 들어 백성들이 굶주리게 되었을 때 선생이 죽을 쑤어 백성들에게 나누어 주었으니 혜(惠)가 아니겠는가. 위나라에 국난이 있었을 때 선생이 죽음을 무릅쓰고 과인을 호위하였으니 정(貞)이 아니겠는가. 선생이 위나라의 정치를 맡아 제도를 만들고 이웃나라와 잘 교류하였으니 문(文)이 아니겠는가. 그러므로 그 시호를 정혜문자(貞惠文子)라 하겠노라" 하였다. 그래서 시호를 줄여 말할 때 문자(文子)라 하였다.

공숙문자는 사람은 공손하고 사려 깊었으며, 재산도 무척 많았다. 그래서 욕심이 많은 영공을 모심에 공숙문자 자신은 공손한 성품으로 인하여 시기를 받지 않았다. 그러나 그의 아들 공숙수(公叔戍)는 성품이 교만한데다 부유해서 결국 영공의 시기를 받게 되었다. 게다가 공숙수는 영공의 부인 남자를 중심으로 한 송조(宋朝) 등의 무리를 싫어하여 그들을 제거하려고 했기 때문에 남자로부터 견제를 받아 결국 영공 39년 노나라로 추방되고 말았다.

공숙문자 관련 논어 단편(2개)

14/14

공자께서 공명가(公明賈)에게 공숙문자(公叔文子)에 대해 물으셨다.
"그분은 말하지도 않고 웃지도 않고 취(取)하지도 않으셨다니 믿을 수 있습니까?"
공명가가 대답했다.
"일러 준 사람이 과장한 것입니다. 그분은 때가 된 후에 말하였기에 사람들이 그 말을 싫어하지 않았고 즐거운 후에 웃었기에 사람들이 그 웃음을 싫어하지 않았으며 의로운 것임이 밝혀진 후에 취했기 때문에 사람들이 그 취함을 싫어하지 않았던 것입니다."
선생님께서 말씀하셨다.
"그렇습니까? 어떻게 그럴 수가 있습니까?"

子問公叔文子於公明賈曰;信乎,夫子不言不笑不取乎?公明賈對曰;以告
者過也.夫子時然後言,人不厭其言.樂然後笑,人不厭其笑.義然後取,人
不厭其取.子曰;其然,豈其然乎?

14/19
공숙문자(公叔文子)의 가신인 대부 선(僎)이 공숙문자와 함께 공조(公
朝)에 올랐다. 선생님께서 그것을 들으시고 말씀하셨다.
"가히 문(文)이라 시호할 만하다."
公叔文子之臣大夫僎,與文子同升諸公.子聞之曰;可以爲文矣.

대부선 大夫僎

대부선은 논어 한 편 외에는 출현하지 않는다. 따라서 위나라 사람으로 공자
와 동시대인이었으며, 나이도 공자와 비슷하였을 것이라는 것을 제외하고는
선(僎)에 대한 구체적인 정보는 알 길이 없다. 논어 단편에 따르면 그는 원래
사(士)의 신분으로 위나라의 대부 공숙문자의 가신으로 있다가 대부로 승격
하였던 것 같다. 춘추시대는 엄격한 신분제 사회였지만 그렇다고 해서 결코
넘나들 수 없는 철벽으로 나누어져 있었던 것은 아니었다. 드물지만 대부가
제후가 되는 경우도 있었고, 사와 대부의 경계도 넘나들 수 있었다. 공자 자
신도 바로 그 후자의 경우였다.

대부선 관련 논어 단편(1개)

14/19
공숙문자(公叔文子)의 가신인 대부 선(僎)이 공숙문자와 함께 공조(公朝)에 올랐다. 선생님께서 그것을 들으시고 말씀하셨다.
"가히 문(文)이라 시호할 만하다."
公叔文子之臣大夫僎,與文子同升諸公.子聞之曰;可以爲文矣.

공명가 公明賈

공명가는 위나라 사람으로 추정될 뿐 사서를 비롯한 다른 어떤 전적에도 나오지 않는다. 다만 그는 공자보다 나이가 제법 많아서 공숙문자를 잘 알 수 있는 어떤 위치에 있었을 것으로 보인다.

공명가 관련 논어 단편(1개)

14/14
공자께서 공명가(公明賈)에게 공숙문자(公叔文子)에 대해 물으셨다.

"그분은 말하지도 않고 웃지도 않고 취(取)하지도 않으셨다니 믿을 수 있습니까?"

공명가가 대답했다.

"일러 준 사람이 과장한 것입니다. 그분은 때가 된 후에 말하였기에 사람들이 그 말을 싫어하지 않았고 즐거운 후에 웃었기에 사람들이 그 웃음을 싫어하지 않았으며 의로운 것임이 밝혀진 후에 취했기 때문에 사람들이 그 취함을 싫어하지 않았던 것입니다."

선생님께서 말씀하셨다.

"그렇습니까? 어떻게 그럴 수가 있습니까?"

子問公叔文子於公明賈曰;信乎,夫子不言不笑不取乎?公明賈對曰;以告者過也.夫子時然後言,人不厭其言.樂然後笑,人不厭其笑.義然後取,人不厭其取.子曰;其然,豈其然乎?

왕손가 王孫賈

논어에 이름이 두 차례 나오는 왕손가는 위나라의 대부로서 『좌전』에 딱 한 번 관련 기록이 나온다. 그는 논어 14/20에서 언급한 바처럼 군사 관련의 일을 맡아서(治軍旅) 나라와 임금을 위해 늘 최선을 다했던 것 같다. 다만 3/13은 정확히 어떤 의미인지 알기 어렵지만 방의 서남쪽 구석(奧)과 부엌(竈)이 가지는 의미, 즉 보다 고차원적이고 정신적·궁극적인 목표와 현실적·가시적 목표 중에서 그는 일반인들이 선택하는 후자의 목표에 치중해 있었고, 그것을 공자에게까지 권장하지 않았을까 짐작된다.

노나라 정공 8년(BC 502)에 위나라와 진나라가 전택(鄟澤)에서 맹약을 맺게 되었다. 이 자리에 위나라 측에서는 군주인 영공이 직접 나왔고 상대적으로 더 강국인 진나라 측에서는 대부인 섭타(涉佗)와 성하(成何)가 나왔다. 영공은 자신은 군주이기 때문에 대부와는 신분이 다르다는 측면에서 맹약 체결 시의 의전에서 소의 귀를 잡는 윗사람 노릇을 하려 들었다. 이에 성하가 "위나라는 우리나라의 온(溫)이나 원(原) 정도밖에 안 되는 작은 나라인데 어찌 제후 노릇을 하려 드는가?" 하고 불만을 표하였다. 또 다른 맹세의 의전인 소의 피를 빼는 절차에서 섭타가 영공을 밀쳐서 팔에 피가 흘러내리게 되었다. 영공이 노하니 왕손가(王孫賈)가 다급히 달려와 진나라 측에 항의하기를 "맹약이란 서로 신의로 맺는 의전입니다. 이런 예의를 지키지 않는데 위나라 임금이 받아들이고 또 그렇게 체결한 맹약을 준수하라고 할 수 있겠소?" 하고 따졌다.

그래서 위령공은 맹약을 어기려 하였다. 그러자니 대부들이 어떻게 생각할지가 걱정이 되었다. 이에 왕손가는 영공을 교외에 머물게 한 후 대부들을 불러와 그들의 의견을 물었다. 영공은 대부들에게 말했다. "나는 임금으로서 사직을 욕되게 하였소. 그러니 임금의 자리에서 물러나고자 하니 거북 등을 구워 후계자를 점쳐 정하시오. 나는 그 결과에 따르겠소." 그러자 대부들은 만류하며 말했다. "그것은 우리 위나라가 화를 입은 것이지 군주님께서 잘못을 하신 것이 아닙니다." 그리하여 물러나겠다는 계획은 철회가 되었다. 영공은 또 이야기 하였다. "또 한 가지 우환거리가 있소. 진나라는 과인의 자식과 대부의 자식을 인질로 보내라고 요구하였소." 그러자 대부들이 말하였다. "지금 군주님께서 공자(公子)님을 인질로 보내는 판국에 나라에 보탬이 되는 일이라면 저희 자식들이 공자님의 수레를 끄는 말의 고삐라도 잡고 뒤따르는

것은 당연하지 않겠습니까?'

　그리하여 인질을 보내기로 결정하였다. 그러자 왕손가가 영공에게 말했다. "진실로 위나라에 화란이 닥친다면 공인(工人)과 상인(商人)들도 그 환(患)을 피할 수 없을 것입니다. 그렇다면 공상인의 자식들도 인질로 가는 것이 맞습니다." 영공이 그 말을 대부들에게 하였고 마침내 모두의 자식들을 인질로 보내기로 하였다.[3]

　인질로 가는 날짜도 정해졌다. 그때 영공이 나라 요인들을 조정으로 불러들여 왕손가에게 물어보게 하였다. "만약 우리가 약정을 어기고 인질을 보내지 않아서 진나라가 우리나라를 다섯 번 침공한다면 그 피해가 어느 정도가 되겠는가?"그랬더니 다들 말하기를 "다섯 번 우리나라를 침공한다면 우리도 맞서 싸울 수 있습니다." 그러자 왕손가는 "그렇다면 보내지 않는 것이 좋습니다. 도저히 안 되어 그때 인질을 보내더라도 늦지 않지 않습니까?" 하였다. 결국 위나라는 진나라와의 맹약을 저버리고 인질을 보내지 않았다. 그제야 진나라는 맹약을 일부 수정할 것을 제안했지만 위나라는 듣지 않았다.

　가을에 진나라는 예상대로 위나라를 침공했고, 또 노나라 군사도 진나라를 도와 위나라를 침공했다. 그리고 이듬해인 정공 9년에는 제나라가 진나라의 이의(夷儀)를 쳤는데, 이때에는 위나라가 제나라를 도와 진나라를 쳤다. 정공 10년에 진나라의 조앙(趙鞅)이 위나라 도읍을 포위했는데, 이는 전 해 이의에서의 싸움에 대한 보복이었다. 이 대결 과정에서 진나라는 왜 위나라가 맹약도 배반하고 진나라를 적대시하는지 그 이유를 알아보았는데, 섭타와 성하가 무례한 짓을 했기 때문이라는 것을 알았다. 진나라는 섭타를 체포하고 위나라와 화평을 맺기를 요구하였지만 위나라는 응하지 않았다. 결국 진나라가

---

3)　인질로 가는 순서가 군주의 자식에서 시작하여 대부들의 자식, 그리고 공인과 상인들로 열거되어 있다. 다시 말해서 일반적으로 말하는 사의 계급이 언급되지 않고 재력가라 할 수 있는 공상의 계급이 먼저 언급되는 것을 주목할 필요가 있다.

섭타를 처형하니 성하는 연나라로 도망갔다.

어쨌든 큰 틀에서 보았을 때 위나라의 왕손가는 대국 진나라의 전횡에 맞서 나라의 체면을 지켰고, 그 과정에서 나라와 군주를 위해 주요한 고비마다 용기 있는 진언한 인물이었다고 볼 수 있다.

왕손가 관련 논어 단편(2개)

3/13

왕손가(王孫賈)가 물었다.

"'방 서남쪽 구석에 정성을 들이기보다 차라리 부엌에 정성을 들여라'는 말은 무슨 말입니까?"

선생님께서 말씀하셨다.

"그렇지 않습니다. 하늘로부터 죄를 얻으면 기도할 곳이 없어집니다."

王孫賈問曰;與其媚於奧,寧媚於竈.何謂也?子曰;不然.獲罪於天,無所禱也.

14/20

선생님께서 위령공(衛靈公)의 무도함을 말씀하시자 계강자(季康子)가 말했다.

"실로 그러하다면 어떻게 군주의 자리를 잃지 않습니까?"

공자께서 말씀하셨다.

"중숙어(仲叔圉)가 빈객을 맞이하고 축타(祝鮀)가 종묘의 일을 처리하

며 왕손가(王孫賈)가 군사를 도맡아 합니다. 실로 그러하니 어떻게 그
자리를 잃을 수 있겠습니까?'

子言衛靈公之無道也.康子曰;夫如是,奚而不喪?孔子曰;仲叔圉治賓客,
祝鮀治宗廟,王孫賈治軍旅,夫如是,奚其喪?

남자 南子

남자는 위나라 32대 군주 영공의 부인이었다. 송(宋)나라에서 데려온 여자로
정비(正妃)였지만 후처였던 것으로 보인다. 영공은 부인 남자를 위하여 송나
라에서 송조를 데려왔다. 송조는 송자조(宋子朝)라고도 하며 공실의 신분이
었다. 남자가 위나라로 시집오기 전에 송나라에서 정분을 나누던 사이였다고
한다. 송조는 논어 6/16을 볼 때, 중원에 소문이 자자한 미남자였던 것 같다.
남자가 송조를 잊지 못하고 그리워하자 영공은 송조를 위나라로 데리고 왔
다. 영공과 그의 부인 남자, 그리고 남자가 그리워했던 송조, 이 세 사람의 관
계가 어떤 관계였는지는 후세인들의 상상력에 일임되어 있을 뿐 더 이상 자
세한 기록은 없다.

『좌전』에 의하면 위나라 영공의 아들이자 태자였던 괴외는 영공 39년(BC
496) 제나라 군주와 송나라 군주가 조(洮)에서 회합하는 데 보조인으로 참석
하러 가다가 송나라의 어느 시골을 지나게 되었다. 그때 시골사람들이 노래
를 불렀는데 그 내용이 "이미 그대의 암퇘지로 정했는데 어찌 우리의 예쁜 수

돼지는 돌려주지 않는가?" 하는 것이었다. 송나라에서 위나라로 데려간 남자와 송조를 빗댄 풍자라는 것을 알고 괴외는 부끄러웠다. 그런데 그 정도가 아버지의 부인인 남자를 죽이려고 할 정도였으니 매우 견디기 어려운 수치였던 것 같다. 많은 후대의 학자들이 남자를 "음란한 여자"라고 본 것도 모두 이 간단한 기록에서 비롯한 것이다.

괴외는 신하인 희양속(戲陽速)에게 말하기를 "귀국하거든 나와 함께 부인을 만나자. 부인이 나를 만날 때 내가 뒤를 돌아보거든 그때 그녀를 죽여라" 하니 희양속이 따르겠다 하였다.

이윽고 귀국하여 괴외와 희양속이 남자를 만났는데, 괴외가 대화중에 뒤를 돌아보았지만 희양속은 나서지 않았다. 세 번이나 돌아보아도 마찬가지였다. 남자가 그들의 거동을 보고 눈치를 채고 울며 달아나면서 "괴외가 나를 죽이려 해요!" 하고 소리쳤다. 그 소리를 듣고 영공이 달려 나와 남자의 손을 잡고 누대에 올라 몸을 피했다. 이 일로 괴외는 송나라로 도망쳤고 영공은 태자를 따랐던 일당을 모조리 축출하였다. 이를테면 공맹구(公孟彄)도 정나라로 출분하였다. 이미 괴외를 따르는 정치세력이 제법 있었다는 뜻이며, 이는 영공의 통치가 폭넓은 지지를 받고 있지 못했다는 뜻이기도 할 것이다.

훗날 괴외는 누군가에게 "희양속이 약속을 지키지 않아 일을 그르치고 말았다"고 분개해했더니 그 말을 전해 들은 희양속은 "애당초 내가 그의 지시를 거부했더라면 태자는 나를 죽였을 것이다. 그리고 만약 내가 그의 지시대로 부인을 죽였더라면 그는 모든 죄를 내게 뒤집어씌웠을 것이다. 나야말로 지켜야 할 신(信)과 의(義)를 지켰을 뿐이다" 하였다. 그러나 괴외가 남자를 제거하려 한 데에는 단지 추문을 둘러싼 문제만 있었던 것이 아니라 남자가 이미 나름대로의 정치세력을 이루고 있었기 때문으로 보인다. 『좌전』 정공 13년조에 보면 기록자는 이미 "남자의 무리"(夫人之黨)라는 말을 쓰고 있고, 공숙문자가 죽자 그의 아들 공숙수(公叔戍)가 그녀 일당을 제거하려고 했는데 이를 눈치 챈 남자가 영공에게 공숙수가 장차 난을 일으킬 것이라고 경고하고 있는 것을 볼 수 있다. 공숙수는 실제 남자 일당을 제거할 생각을 하고 있었다. 괴외의 난은 그 점에서 예고된 변란이기도 했다.

괴외는 진(晉)나라로 가서 조간자의 도움을 받으며 무려 16년 동안 망명생활을 했다. 이 때문에 정변 3년 뒤 영공이 죽었지만 군주의 지위를 승계할 남은 아들은 영(郢)뿐이었는데, 그가 고사하는 바람에 군주의 지위는 결국 영공의 손자이자 괴외의 아들 첩(輒)에게 돌아갔다. 그가 바로 출공(出公)이었고, 그로 인해 훗날 부자간의 긴 다툼이 벌어지게 되었다.

남자는 결국 위나라에 피바람을 불러온 화근이 되었던 셈인데, 이 여인이 보다 유명해진 데에는 다른 이유가 있다. 공자가 남자를 만났다는 논어 6/28의 기록 때문이다. 아마 논어에 이 기록이 남지 않았다면 공자가 남자를 만났다는 사실은 영원히 역사의 이면에 묻혀버리고 말았을 것이다. 다른 어떤 사서에도 기록이 없기 때문이다.

특히 논어는 이 만남에 대해 자로가 "기뻐하지 않았다"(不說)고 표현하고 있지만, 이는 기록하는 제자의 한껏 순화된 표현일 뿐 실제 자로는 만만치 않은 실망과 분노를 보였던 것 같다. 또 그에 대한 공자의 반응도 평이한 해명이라기보다는 마치 있을 수도 있는 모종의 '부정한 짓'을 황급히 부인하는 행태여서 수많은 논어 해석자 내지 독자들의 상상력을 자극해왔다. 그 중 가장 유명한 것이 『생활의 발견』으로 유명한 대만 출신의 문필가 임어당(林語堂)의 희곡 「자현남자(子見南子)」일 것이다. 임어당은 그 희곡에서 남자가 공자를 만나 유혹을 했고, 이에 당황한 공자가 서둘러 위나라를 떠나는 것으로 묘사했다. 또 2000년대에 들어서는 중국 CCTV가 제작한 35부작 드라마 '공자'에서 남자가 일찍이 송나라에 왔던 공자의 첫사랑이었다는 가설을 꾸며넣기도 하였다.

의봉인 儀封人

의봉인은 의(儀) 지역의 봉인으로서 의는 공자 당시 위나라 국경지방의 지명
으로 추정된다. 『논어유고(論語類考)』에 의하면 개봉부(開封府) 의봉촌(儀封村)
이 그곳이라고 하나 확실하지는 않다. 대개 공자가 노나라를 떠나 위나라에
머물렀다가 다시 진나라 쪽으로 내려가면서 거쳤던 위나라의 한 변방이었을
것으로 추정된다.

봉인(封人)은 주자에 의하면 "지역을 방어하는 관직의 명칭으로 대개 어질
면서도 낮은 지위에 숨어 있던 자"[4]라고 하나 이는 잘못된 추정으로 보인다.
봉인을 국경수비 등 군사 관련 직책으로 한정해서 보는 것도 문제가 있고, 하

---

4) 掌封疆之官, 蓋賢而隱於下位者也.

급관리로 보는 것도 근거가 없다.

『좌전』에는 모두 여섯 명의 봉인이 등장하는데, 정(鄭)나라의 영곡(潁谷)봉인과 제(祭)봉인, 송(宋)나라의 소(蕭)봉인, 초나라의 기(沂)봉인, 채(蔡)나라의 격양(鄡陽)봉인, 송나라의 여(呂)봉인이 그들이다. 그런데 이들은 모두 변방을 수비하는 하급관리라고 하기에는 나라 제후들과 매우 밀접한 관계에 있었다. 이를테면 영곡봉인은 정나라의 장공에게 어머니 문제와 관련하여 매우 중요한 조언을 해주는 것을 볼 수 있고, 제봉인과 소봉인은 나중에 각각 정나라와 송나라의 경으로 지위가 격상된다. 또 채나라의 격양봉인은 초나라 군주의 장인이 되는 것도 볼 수 있다. 또 그들의 임무도 국토방비에만 국한되지 않고 축성을 책임지고 추진하기도 하고, 제단을 쌓고 제사를 올리는 일을 맡기도 한다. 따라서 봉인은 지역적으로 멀리 떨어진 곳을 나라의 제후와 일정한 맹약관계 하에서 비교적 독립적으로 다스리던 지방 토호세력이 아니었을까 한다.

봉건왕조의 여러 직책은 봉건적 필요성과 관계 안에서 이해해야 한다. 그것을 진한(秦漢) 이후 정착된 군현제의 필요성과 관계 안에서 이해하게 되면 근본적으로 잘못된 이해에 이르는 경우가 많다. 의봉인에 대한 주자 등 전통적 해석자들의 이해는 그 점에서 무리한 것이었으며, 특히 二三子 이하의 말을 제자가 한 말이 아니라 의봉인이 한 말로 이해했던 것도 그런 잘못된 이해를 낳은 원인이었던 것으로 보인다.

한마디로 논어 3/24의 이 말은 공자를 처음 만난 의봉인이 공자가 장차 성인이 될 것이라고 예언한 말이 아니다. 의봉인이 공자에 대해 기대를 가지고 찾아와 만나본 후 실망에 차서 뱉은 한마디에 마음이 상한 한 제자가 그들에게 공자는 그런 하찮은 인물이 아니라 시대의 예언자가 될 것임을 소신에 차서 알려준 감동적인 단편으로 이해하여야 한다.

마융이나 정현 등의 고주나 주자 등의 신주를 막론하고 모든 해석이 이삼자 이하의 말을 의봉인의 말로 잘못 해석하고 있는 것은 공자를 당연한 성인으로, 또 그를 만나게 된 사람은 당연히 은인일사(隱人逸士)일 것으로 보는 매너리즘에 빠진 탓이다.

또 한 가지 요인이 있다면 앞부분의 請見曰을 "뵙기를 청하며 말하기를"로 지나치게 고착하여 풀이하였기 때문인데, "자청하여 뵙고 나서 말하기를"로 하면 이어지는 君子之至於斯也도 과거와 같은 억지스러운 해석에 빠지지 않게 된다. 청현은 많지는 않지만 실제 그렇게 쓰인 사례도 더러 있다.

그러면 이때의 종자(從者)는 과연 누구였을까? 오랫동안 나는 당시의 종자가 자공이었을 것으로 짐작했다. 그가 아니라면 과연 제자들 중 누가 이런 소신에 찬 말을 할 수 있었겠는가 하는 입장에서 그를 자공이라고 보았던 것이다. 그러나 자공은 아무리 봐도 공자의 이 외유에는 동참할 수 없었던 것 같다. 최근 나는 이 역할은 결국 전체 외유 과정에 동참할 수 있었던 안연의 역할이었고, 어쩌면 안연만이 그런 말을 의봉인에게 들려줄 수 있었을 것으로 보고 견해를 바꾸었다. 스승과 함께 외유에서 돌아온 안연은 그 이야기를 자공에게 들려주었고, 그리하여 자신도 스승도 세상을 떠난 이후 그 일화가 후세에 전해질 수 있도록 하였을 것이다.

의봉인 관련 논어 단편(1개)

3/24
의봉인(儀封人)이 자청하여 선생님을 만나 뵙고 말했다.
"군자가 이 정도라면 내가 일찍이 만나 보지 못한 바도 아니오."
종자가 그것을 보고는 나와서 말했다.

"여러분, 어찌 선생님의 초라한 신세에 낙담하십니까? 천하가 무도해진 지 오래되었으니 하늘은 장차 우리 선생님을 목탁(木鐸)으로 삼으실 것입니다."

儀封人請見曰;君子之至於斯也,吾未嘗不得見也.從者見之,出曰;二三子!何患於喪乎?天下之無道也久矣,天將以夫子爲木鐸.

공문자 孔文子

중숙어(仲叔圉)

공문자는 위나라의 명문가 공씨 집안의 대부로서 위나라 성공 당시의 유명한 충신 공달(孔達)의 4대 손이었다. 성은 길(姞), 씨는 공(孔), 이름은 어(圉)였는데 중숙어(仲叔圉)라고도 불렀다. 문(文)은 시호다. 위나라 영공의 사위이기도 했던 그는 위령공 29년(BC 506)부터 『좌전』에 모습을 보이고 있지만 이렇다 할 특별한 역할은 아니었다. 대체로 원만하게 영공을 보필하였던 것 같다. 위령공이 재위 42년 만에 죽고 해외에서 망명 중이던 태자 괴외를 대신하여 손자 첩이 즉위하여 출공이 되기까지의 과정에서 적잖은 정치적 파란이 있었지만 공문자의 특별한 역할은 없었던 것 같다.

눈에 띄는 기록은 위출공(衛出公) 9년(BC 484)에 태숙질(太叔疾)이 송나라로 달아난 사건을 기술하면서 등장한다. 대부 태숙질은 위나라 희공의 후손인 명문 태숙씨 가문의 종주로서 그의 부인은 원래 송나라에서 시집온 송조

(宋朝) 가문의 여자였다.

그런데 부인 남자를 위하여 송조를 위나라로 불러온 영공이 죽고 그의 손자 출공이 즉위하면서 송조도 쫓겨나 송나라로 되돌아가자 태숙질의 입장이 곤란해졌다. 이에 공문자가 태숙질로 하여금 부인을 내쫓고 자신의 딸 공길(孔姞)을 처로 삼게 하였다. 이 요구를 태숙질은 받아들였던 것으로 보인다. 그러나 태숙질은 원래의 부인에게도 공길에게도 관심이 없었다. 그는 원 부인의 동생, 즉 처제에게 빠져 있었던 것이다. 그래서 이(犂)라는 곳에 집을 마련하여 처제를 살게 함으로써 사실상 두 집 살림을 하게 되었다.

이 사실을 뒤늦게 안 공문자는 노발대발하여 태숙질을 공격하려고 마침 위나라에 머물고 있던 공자에게 의견을 물었으나 공자는 동의하지 않았다. 공문자는 공자의 반대에도 불구하고 결국 태숙질을 그의 처제와 강제로 떼어 놓고 말았다. 이 사건은 진채(陳蔡)를 떠난 이후 거의 5년 가까이 위나라에 머물고 있던 공자가 드디어 위나라를 떠나 고국 노나라로 돌아가는(BC 484) 중요한 계기가 되었다. 공문자는 공자의 위나라 체재기간 동안 공자와 그의 제자들을 극진히 돌보아주었던 것 같다. 그 점에서 공문자와 그의 아들 공회를 비롯한 공씨 가문은 체재기간 동안 공자학단의 사실상의 후견인이었다.

공문자는 공자보다 1년 앞서 기원전 480년에 죽은 것으로 보인다. 기록은 없지만 출공 즉위 이후 그를 12년째 보필하며 사실상 위나라 정치권력의 중심을 이루고 있던 공문자의 죽음은 위나라 정치에 큰 변화를 초래한 것 같다. 즉 영공의 부인 남자와의 갈등으로 외국으로 달아나 16년째 망명생활을 하고 있던 괴외에게는 공문자의 죽음이 아들 출공을 축출하고 자신이 군주의 자리에 오를 수 있는 절호의 기회였던 것이다.

이후 괴외는 위나라에 잠입하여 결국 출공을 축출하고 자신이 군주의 자리에 오르는 정변을 일으켜 비교적 조용하던 위나라의 정정(政情)을 그 후 오랫동안 큰 혼란에 휩싸이게 한다.('위군' '남자' 조항 참조)

공문자는 그만큼 위나라에서 정치적 영향력이 큰 인물이었다. 태숙질과 관련한 짧은 기록을 보면, 공문자의 행위도 다소 문제가 있어 보이지만 송조의 출분(出奔)이 태숙질의 부인을 그대로 둘 수 없도록 만들었다면 공문자가 취한 일련의 조치도 역시 무리한 조치는 아니었다 할 수 있다.

논어 14/20에서 공자는 계강자의 질문에 답하면서 공문자를 훌륭한 신하로 평가하고 있다. 또 공문자가 태숙질과 그의 처제를 강제로 떼어놓으려는 계획에 공자 자신이 반대하였음에도 불구하고 제자 자공과의 대화에서는 공문자를 매우 긍정적으로 평가하고 있다. 그것은 단지 그가 배우기를 좋아했고 특히 아랫사람에게 묻는 것을 부끄러워하지 않았다는 것을 높이 평가하였기 때문이었다. 실제 아는 것도 중요하지만 알기 위해 무지를 인정하고 노력하는 자세를 무엇보다 중요하게 생각하던 공자의 특별한 관점이 공문자의 시호를 둘러싼 이 짧은 단편에도 잘 드러나 있다.

위나라 공씨 세계

①孔達(?~BC 595) — ②得閭叔穀 — ③孔成子(~?) — ④孔羈(~?) —
　(孔莊叔)　　　　　　　　　　　　　　(孔烝鉏)

— ⑤孔起(~?) — ⑥孔文子(~BC 480) — ⑦孔悝(~?)　　— 생략
　　　　　　　　　　　　　　　　　(孔圉),(仲叔圉)

공문자 관련 논어 단편(2개)

5/15

자공(子貢)이 물었다.

"공문자(孔文子)를 어찌하여 문(文)이라 부르게 되었습니까?"

선생님께서 말씀하셨다.

"실천에 민첩하고 배우기를 좋아하여 아랫사람에게 묻는 것을 부끄럽게 생각하지 않았기 때문에 문(文)이라 부르게 되었다."

子貢問曰;孔文子,何以謂之文也?子曰;敏而好學,不恥下問,是以謂之文也.

14/20

선생님께서 위령공(衛靈公)의 무도함을 말씀하시자 계강자(季康子)가 말했다.

"실로 그러하다면 어떻게 군주의 자리를 잃지 않습니까?"

공자께서 말씀하셨다.

"중숙어(仲叔圉)가 빈객을 맞이하고 축타(祝鮀)가 종묘의 일을 처리하며 왕손가(王孫賈)가 군사를 도맡아 합니다. 실로 그러하니 어떻게 그 자리를 잃을 수 있겠습니까?"

子言衛靈公之無道也.康子曰;夫如是,奚而不喪?孔子曰;仲叔圉治賓客,祝鮀治宗廟,王孫賈治軍旅,夫如是,奚其喪?

축타 祝鮀
사어(史魚)

축타는 위나라의 대부였다. 축(祝)은 사직신(社稷神)의 제사를 책임지는 직함을 말하고, 타(鮀)는 이름이다. 『좌전』에는 타(鮀)가 타(佗)로 기록되어 있다. 직함으로 말할 때는 축(祝) 대신 사(史)를 써서 그를 사추(史鮪 혹은 史鰍)라 부르기도 했다. 자는 자어(子魚)였다. 이 직무에 종사하는 자에 대해서는 때로는 두 직함을 이어 축사(祝史)라 부르기도 했다. 논어에서 사어(史魚)라 한 것은 직함과 자를 합쳐 부른 경우이다.

기원전 544년 오나라의 현인 계찰이 위나라에 와서 사추를 비롯한 여러 사람들을 만나고 나서 "위나라에는 군자가 많으니 근심이 없겠소" 할 정도로 그를 높이 평가하였다.

위나라 영공 29년(BC 506)에 진(晉), 송(宋), 위(衛), 노(魯), 채(蔡), 정(鄭) 등 19개 나라의 제후들은 소릉(召陵)에서 회합을 갖고 초나라 칠 일을 상의하였다. 이 회합에 위나라는 영공을 수행하는 일에 축타를 보내기로 결정한다. 매우 어려운 회합이 될 것으로 예상되어 예법에 밝고 언변이 좋은 사람이 필요했기 때문이다. 과연 축타가 회합에 가보니 맹약을 맺는 순서가 채나라가 위나라보다 우선으로 되어 있었다. 맹약 순서는 당시 제후국들의 질서에서 매우 중요한 의미를 지니는 것이었기 때문에 각 나라들은 서열을 앞세우기 위해 혼신의 노력을 다하곤 했다. 주(周)왕국에서 온 장홍(萇弘)은 채나라의 시조였던 채숙(蔡叔)이 위나라의 시조였던 강숙(康叔)의 형이었다는 점을 들어 채나라를 우선 시켰다. 이 말을 듣고 축타는 형제간의 서열이 맹약 시 제후국의 서열이 될 수 없다며, 건국 당시의 논리와 상황을 조목조목 따지면서 위나라의 서열이 채나라보다 앞서야 함을 역설하여 결국 장홍의 인정을 받아내었다. 축타의 변론은 『좌전』 정공 4년조에 실려 있는데, 그 내용이 얼마나 자세하고 치밀한지 정공 4년조 전체 분량의 약 3분의 1을 이 변론이 차지하고 있을 정도다. 왜 그가 말 잘하는 사람으로 소문이 났는지를 단적으로 보여주는 사례라 할 수 있다.

한때 위나라의 공숙문자가 위령공을 자신의 집으로 모셔 향연을 베풀겠다고 하여 승낙을 받은 뒤 사추에게 가서 의견을 물어보니 "당신은 부유하고 군주님은 욕심이 많으니 반드시 화를 당하기 쉽습니다. 다만 당신은 부유하기는 하지만 교만하지 않아 겨우 화를 피할 것 같으나 당신의 아들 공숙수는 교만하여 반드시 화를 당할 것입니다" 하였다. 과연 사추의 예언대로 아들 공숙수는 이듬해 영공에게 쫓겨나 노나라로 망명하게 되었다.

그에게는 또한 시간(屍諫)에 대한 일화가 전해지고 있다. 사추는 위령공에게 거백옥을 천거하였으나 위령공은 그의 충언을 따르지 않고 오히려 간신 미자하를 중용하였다. 나중에 사추는 병이 들어 죽기 전에 아들에게 "내 능히 거백옥을 중용하고 미자하를 물리치도록 하지 못하였다. 내가 죽거든 시신을 북당의 창문 아래에 두거라" 하였다. 사추의 아들은 그 말대로 하였다. 위령공이 조문하러 와서 사추의 주검이 창문 아래에 있는 까닭을 물었다. 위령공은 사추의 유언을 듣고 나서 비로소 거백옥을 등용하고 미자하를 물리쳤다고 한다. 죽은 몸으로도 간했다는 유명한 이 시간 이야기는 널리 알려지기는 했지만 『공자가어』나 『한시외전(韓詩外傳)』에 나오는 것으로 후세의 위작임이 분명하다.

축타 관련 논어 단편(3개)

6/16

선생님께서 말씀하셨다.

"축타(祝鮀)와 같은 말재간이 없다면 송조(宋朝)와 같은 미모를 지녔다 하더라도 요즈음 세상에서는 남아나기 어렵겠구나!"

子曰;不有祝鮀之佞,而有宋朝之美,難乎免於今之世矣!

14/20

선생님께서 위령공(衛靈公)의 무도함을 말씀하시자 계강자(季康子)가 말했다.

"실로 그러하다면 어떻게 군주의 자리를 잃지 않습니까?"

공자께서 말씀하셨다.

"중숙어(仲叔圉)가 빈객을 맞이하고 축타(祝鮀)가 종묘의 일을 처리하며 왕손가(王孫賈)가 군사를 도맡아 합니다. 실로 그러하니 어떻게 그 자리를 잃을 수 있겠습니까?"

子言衛靈公之無道也.康子曰;夫如是,奚而不喪?孔子曰;仲叔圉治賓客,祝鮀治宗廟,王孫賈治軍旅,夫如是,奚其喪?

15/7

선생님께서 말씀하셨다.

"곧구나, 사어(史魚)는! 나라에 도가 있어도 화살 같이 곧았고 나라에 도가 없어도 화살 같이 곧았다. 군자로구나, 거백옥(蘧伯玉)은! 나라에

도가 있으면 벼슬을 하고 나라에 도가 없으면 거두어 품을 줄 알았다."

子曰;直哉!史魚.邦有道如矢,邦無道如矢.君子哉!蘧伯玉.邦有道則仕,邦

無道則可卷而懷之.

공손조 _{公孫朝}

공손조는 춘추시대에 세 명의 동명이인이 있었다. 『좌전』에 등장하는 노나라
의 공손조는 맹손씨 가문의 성읍에서 대부로 있었고, 초나라의 공손조는 영
윤(슈尹)으로 있었다. 여기에 등장하는 공손조는 위나라의 공손조로, 논어에
만 세 차례 나올 뿐 『좌전』에는 나오지 않는다. 따라서 그가 위나라 군주의 손
자라는 것은 이름으로 알겠지만 어떤 인물인지 자세한 정보는 없다. 공자에
대해 관심은 있되 그가 누구로부터 배웠는지 묻는 것을 볼 때 그 이해 방법은
다분히 속된 접근법이었던 것 같다.

공손조 관련 논어 단편(1개)

19/22
위나라의 공손조(公孫朝)가 자공에게 물었다.

"중니(仲尼)께서는 어디서 배우셨습니까?"

자공이 말했다.

"문왕과 무왕의 도가 아직 땅에 떨어지지 아니하고 사람에게 남아 있어 현명한 자는 그 중 큰 것을 알고 있고 현명하지 못한 자는 그 중 작은 것을 알고 있습니다. 문왕과 무왕의 도를 지니지 않은 자가 없으니 우리 선생님께서 어디서인들 배우지 않으셨겠으며 또한 어찌 일정한 스승이 따로 있었겠습니까?"

衛公孫朝問於子貢曰;仲尼焉學?子貢曰;文武之道,未墜於地,在人,賢者識其大者,不賢者識其小者.莫不有文武之道焉,夫子焉不學?而亦何常師之有?

극자성 棘子成

극자성은 후한 때 정현(鄭玄, 127~200)의 주에 의하면 구설(舊說)에서 위나라의 대부였다[5]고 한다. 자공이 위나라 사람으로 전해지고 있는 점을 생각하면 가능성이 있는 설이다. 그러나 더 이상의 정보는 전해지는 것이 없다.

---

5) 舊說云,棘子成,衛大夫也.

극자성 관련 논어 단편(1개)

12/8

극자성(棘子成)이 말했다.

"군자는 질(質)이면 그만이지 문(文)은 해서 무엇 하겠소?"

자공(子貢)이 말했다.

"애석하군요! 당신이 군자에 대해 그렇게 말씀하시다니. 사두마차도 혀보다 빠르지는 않습니다. 문도 질만큼 중요하고 질도 문만큼 중요합니다. 호랑이나 표범의 털 뽑은 가죽은 개나 양의 털 뽑은 가죽과 같습니다."

棘子成曰;君子質而已矣,何以文爲?子貢曰;惜乎!夫子之說君子也.駟不及舌,質猶文也,虎豹之鞹,猶犬羊之鞹.

광 匡

광은 춘추시대 위나라의 한 지역이었다. 지금의 하남성(河南省) 장원현(長垣縣) 남서쪽에 있었으며, 당시 위나라의 약간 남쪽에 치우쳐 있었다. 그러나 이곳은 위나라의 지역이라고 하기에는 한때 진나라가 차지했던 적도 있고, 때로는 송나라, 정나라, 노나라가 차지하기도 했다. 그만큼 춘추시대 교통의 요충지였기 때문에 때로는 제후들의 회합 장소로 이용되기도 했던 것 같다.

중요한 것은 공자와 그 학단이 바로 이 광에서 어쩌면 죽을 수도 있는 모종의 수난에 휘말린 일이 있다는 사실이다. 논어에 세 개의 단편에 그 편린이 남아 있다는 것을 제외하고는 자세한 역사 기록은 어디에도 없다. 다만 신빙성이 크게 떨어지는 전국시대 자료에 약간의 기록이 남아 있고, 사마천의 『사기』에도 약간의 기록이 있다. 『장자』의 기록은 다음과 같다.

공자가 광 지역에 갔을 때 위나라 사람들이 여러 겹으로 그를 포위했으나 그는 거문고를 타며 노래를 그치지 않았다. 자로가 들어가 뵙고 말하였다. "어찌하여 선생님께서는 즐거워하십니까?" 공자가 말하였다. "오너라, 내가 너에게 말해주겠다. 내가 곤궁을 피한 지가 오래되었지만 벗어나지 못하니 이는 운명이다. 형통하기를 구한 지가 오래되었지만 얻지 못하니 이는 때가 있음이다. 요순(堯舜) 시대에는 천하에 곤궁한 사람이 없었으니 지혜를 얻어서가 아니었다. 걸주(桀紂) 시대에는 천하에 형통한 사람이 없었으니 지혜를 잃어서가 아니었다. 세월의 흐름이 마침 그러했기 때문이다. 무릇 물길로 가면서 교룡(蛟龍)을 피하지 않는 것은 어부의 용기이고, 육로로 가면서 외뿔소나 호랑이를 피하지 않는 것은 사냥꾼의 용기이며, 시퍼런 칼날이 눈앞에서 교차하여도 죽음 보기를 삶과 같이하는 것은 열사의 용기이다. 곤궁함에는 운명이 있음을 알고, 형통함에는 때가 있음을 알며, 큰 어려움 앞에서도 두려워하지 않는 것은 성인의 용기이다. 유(由)야, 편안히 있어라, 내 운명은 정해진 바가 있느니라." 얼마 되지 않아 무장한 자가 나아와 사죄하여 말하였다. "양호인 줄 알고 포위했는데 아닌 것으로 확인되어 사죄하고 물러가고자 합니다."[6]

---

6) 孔子遊於匡, 衛人圍之數帀, 而絃歌不惙. 子路入見, 曰:何夫子之娛也?孔子曰:來!吾語女. 我諱窮久矣, 而不免, 命也., 求通久矣, 而不得, 時也. 當堯舜之時而天下无窮人, 非知得也., 當桀紂之時而天下无通人, 非知失也., 時勢適然. 夫水行不避蛟龍者, 漁父之勇也., 陸行不避兕虎者, 獵夫之勇也., 白刃交於前, 視死若生者, 烈士之勇也., 知窮之有命, 知通之有時, 臨大難而不懼者, 聖人之勇也. 由處矣, 吾命有所制矣. 无幾何, 將甲者進, 辭曰:以爲陽虎也, 故圍之. 今非也, 請辭而退. 「秋水」

『사기』의 기록은 다음과 같다.

공자가 진나라로 가다가 광을 지나게 되었다. 안각(顏刻)이 수레를 몰았는데 말채찍으로 가리키며 말했다. "옛날에 제가 이곳에 왔을 때는 저 부서진 성곽 사이의 틈 사이로 들어왔었습니다." 이 말을 들은 광 사람들은 노나라의 양호 로 오인했다. 양호는 일찍이 광 사람들을 괴롭힌 적이 있었다. 이에 광 사람들 이 몰려와 공자를 저지하였다. 공자의 모습이 양호와 비슷했던 것이다. 일행 은 그곳에서 5일이나 억류되어 있었다. 안연이 뒤늦게 빠져나오자 공자가 말 했다. "나는 네가 죽은 줄 알았다." 안연이 말하기를 "선생님께서 계신데, 제가 어찌 감히 죽을 수 있겠습니까?" 하였다. 광 사람들이 공자를 더욱 급하게 죄어 오자 제자들이 두려워하였다. 공자가 말하기를 "문왕(文王)이 이미 돌아가셨으 나 그 문(文)은 여기에 있지 않느냐? 하늘이 만일 이 문을 없애려 했다면 우리 후예들은 그 문에 함께하지 못했을 것이다. 하늘도 그 문을 없애지 못할진데 광인(匡人)들이 우리를 죽인들 무엇 하겠느냐?" 공자는 제자 한 사람을 위나라 에 보내 영무자(寧武子)의 가신으로 만든 후에야 비로소 그곳을 벗어날 수 있었 다.[7]

이 두 일화는 공자가 수난을 당한 일인데, 그 어떤 필연성도 없다. 단지 공 자가 양호와 외모가 비슷하여 발생한 해프닝을 그려내고 있다. 그러나 그런 상황에서 공자가 발언한 9/5의 내용은 너무나도 진지하고 깊은 필연 속에서 나왔다는 사실이 이 어설픈 기록의 사실성을 믿을 수 없게 한다. 그에 비하면

---

7) 將適陳,過匡,顏刻爲僕,以其策指之曰: "昔吾入此,由彼缺也."匡人聞之,以爲魯之陽虎.陽虎嘗暴匡人,匡 人於是遂止孔子.孔子狀類陽虎,拘焉五日.顏淵後,子曰: "吾以汝爲死矣."顏淵曰: "子在,回何敢死!"匡人拘 孔子益急,弟子懼.孔子曰: "文王旣沒,文不在茲乎?天之將喪斯文也,後死者不得與於斯文也.天之未喪斯文 也,匡人其如予何!"孔子使從者爲甯武子臣於衛,然後得去.「孔子世家」

공자의 수난을 환퇴와 관련시키고 있는 『예기』의 다음 기록이 오히려 사태의 본질에 더 가까운 기록이 아닐까 한다. 다음과 같다.

자유가 말하기를 "…옛날 선생님께서 송나라에 머물고 계실 때 송나라 환사마(환퇴)가 죽으면 쓸 석곽을 만들면서 3년이 되도록 완성하지 못하는 것을 보셨다. 선생님께서 말씀하시기를 '이렇게 사치할 바에야 죽으면 속히 썩는 것이 낫다' 하셨다. '죽으면 속히 썩고 싶다'는 말은 환사마 때문에 나온 말이다" 하였다.[8]

어쨌든 광에서 공자가 당했다는 수난은 당시 공자와 제자들이 죽을 수도 있었던 매우 심각한 사건이었던 것만은 사실인 것 같다. 그러나 구체적으로 어떤 사건이었는지는 이런 부실한 추정을 해보는 것 말고는 다른 접근 방법이 없는 것이 사실이다.

광 관련 논어 단편(2개)

9/5

선생님께서 광(匡) 지방에서 위기에 처하셨을 때 말씀하셨다.

"문왕(文王)은 이미 돌아가셨으나 문(文)은 여기에 남아 있지 않느냐!

---

8) 子游曰,「… 昔者夫子居於宋, 見桓司馬自爲石槨, 三年而不成. 夫子曰,'若是其靡也, 死不如速朽之愈也.' 死之欲速朽, 爲桓司馬言之也.」

하늘이 이 문(文)을 없애고자 했다면 후에 죽을 자들은 이 문(文)과 함께하지 못하였을 것이다. 하늘도 이 문을 없애지 않는다면 광(匡) 사람들이 나를 죽인들 무엇 하겠느냐?"

子畏於匡,曰;文王旣沒,文不在兹乎!天之將喪斯文也,後死者不得與於斯文也.天之未喪斯文也,匡人其如予何?

11/24

선생님께서 광(匡) 지방에서 위기에 처하셨을 때 안연(顔淵)이 뒤처졌다 오니 선생님께서 말씀하셨다.

"나는 네가 죽은 줄 알았다."

안연이 말했다.

"선생님께서 계시는데 제가 어찌 감히 죽겠습니까?"

子畏於匡,顔淵後.子曰;吾以女爲死矣.曰;子在,回何敢死?

목탁 木鐸

목탁은 작은 종(鐘) 모양으로 만들어진 요령을 말하는 것으로 거리나 광장에서 관헌이 새로운 정령을 반포할 때 주의를 모으기 위해 흔들어 소리를 내던 기구였다. 다만 정령 등의 반포용으로만 사용되었던 것은 아니며, 때로는 경비나 야경 등의 목적으로도 사용되었던 것 같다. 타봉이 나무로 만들어진 것

은 목탁(木鐸), 금속으로 만들어진 것은 금탁(金鐸)이라고 했다 한다. 그러나 이 대화 당시에 벌써 목탁이라는 말은 이런 정령 반포나 경비 시 사용하던 기구를 넘어 한 시대에 경종을 울리는 시대의 선각자 내지 성인을 비유하는 용어로 널리 쓰이고 있었던 것 같다.

목탁 관련 논어 단편(1개)

3/24

의봉인(儀封人)이 자청하여 선생님을 만나 뵙고 말했다.

"군자가 이 정도라면 내가 일찍이 만나 보지 못한 바도 아니오."

종자가 그것을 보고는 나와서 말했다.

"여러분, 어찌 선생님의 초라한 신세에 낙담하십니까? 천하가 무도해진 지 오래되었으니 하늘은 장차 우리 선생님을 목탁(木鐸)으로 삼으실 것입니다."

儀封人請見曰;君子之至於斯也,吾未嘗不得見也.從者見之,出曰;二三子!何患於喪乎?天下之無道也久矣,天將以夫子爲木鐸.

4

제(齊)나라

제齊나라

제나라는 주대(周代)를 일관하여 다섯 손가락 안에 꼽히는 중요한 제후국이
자 강대국이었다. 주나라 건국의 최대 공신 강여상(姜呂尙)을 개국 비조로 한
다는 점, 제나라 군주에 한해서 동방 일대의 제후국들을 규율하고 그들의 잘
못을 벌할 권한을 부여받은 점, 소위 춘추오패(春秋五霸) 중에서 최초로 등장
한 패자(霸者)가 제나라의 환공(齊桓公)이었으며, 사실상 그만이 가장 전형적
인 패자였다는 점, 춘추시대를 일관하여 최대 강국이었던 진(晉)나라 다음으
로『좌전』에 가장 자주 등장하는 나라가 제나라였다는 점 등에서 제나라의 특
징을 알 수 있다.

강여상이 서백(西伯) 창(昌)을 처음 만난 것은 72세의 늙은 나이였다고 전
한다. 확실한 기록은 없고 몇 개의 전설만 남아 있다. 강여상은 위수(渭水) 북
쪽에서 곧은 바늘로 낚시질을 하며 서백의 출현을 기다리고 있었다. 그러다
사냥 나온 서백과 만나 이야기를 나누고는 크게 기뻐하며 "선대 태공께서 언
젠가 주나라에 성인이 출현하여 나라를 크게 일으킬 것이다 하셨는데 바로
그분이 아닌가요?' 하였다. 지금도 낚시꾼을 강태공(姜太公)이라 부르거나 또
는 태공망(太公望), 즉 '선대 태공께서 기다리셨던 분'이라 부르는 이유가 거기
에 있다.

또 다른 전설에 의하면 강여상은 원래 처사(處士)로 바닷가에 숨어 살았다
고 한다. 그런데 서백이 유리(羑里)에 구금이 되자 강여상을 잘 아는 산의생
(散宜生)과 굉요(閎夭)가 그를 불러내어 미녀와 보물을 주왕(紂王)에게 죗값으
로 바친 후에 서백을 풀려나게 했다는 것이다. 이후 강여상은 서백의 사(師)
가 되어 그를 도왔다고 한다. 천하의 3분의 2가 문왕을 따르게 된 데에는 강

여상의 공이 가장 컸는데, 그는 주로 용병술과 뛰어난 계책으로 유명했다.

문왕이 죽고 무왕(武王) 발(發)이 뒤를 이은 후로는 강여상은 주로 사상보(師尙父)라는 존칭으로 불렸다. 주나라를 세운 다음 무왕은 사상보를 제나라의 영구(營丘)에 봉하였다. 현재 산동성(山東省)에 속하는 면 동쪽이었다. 무왕의 가까운 희씨(姬氏) 혈족들을 대부분 가까운 왕도 호경(鎬京) 주변에 봉한 것에 비하면 이 책봉은 건국 초기 주공과 더불어 누구보다 큰 역할을 한 소공(召公) 석(奭)을 연(燕)나라에 봉한 것과 함께 아마도 가장 먼 지역 배치에 해당할 것이다. 가까운 혈족이 아닌 공신은 멀리 배치한다는 원칙이 없었다면 있기 힘든 책봉이었을 것이다.

당시만 해도 이 지역은 중국 문화가 발전해온 중심 영역에서 멀리 떨어진, 다분히 야만적인 문화가 지배하는 곳이었다. 이곳은 내족(萊族)이라는 야만족이 사는 땅이었다. 훗날 공자가 노정공(魯定公)을 수행하여 협곡(夾谷)에서 제나라 경공(景公)과 담판을 벌일 때 노나라 측을 위협하기 위해 동원한 사람들도 바로 이 내족 사람들이었다.

강여상은 이곳에 도착하자 정치를 가다듬고 현지 풍속을 따르면서 의례를 간소화하는가 하면 상공업을 장려하고 어업과 염업을 편리하게 하였다. 이로 인하여 사람들이 제나라로 몰려와서 제나라는 얼마 지나지 않아 큰 나라가 되었다 한다.

무왕이 죽고 성왕(成王)이 아직 어렸을 때 삼감(三監)의 난이 일어나자 주나라 왕실은 소공(召公)을 제나라에 파견하여 제후(齊侯)에게 이렇게 시달하였다.

동쪽으로는 바다에 이르고 서쪽으로는 황하에 이르기까지, 그리고 남쪽으로는 목릉(穆陵)에 이르고 북쪽으로는 무체(無棣)에 이르기까지, 모든 제후와 권역 패자들을 너희 제나라가 통제하고 징벌해도 좋다.

주초(周初)에 성왕이 부여한 이 특권은 제나라가 첫 번째 패권국가로 성장하는 데에 두고두고 막강한 이론적·설화적 근거가 되었다. 또 주나라는 동성간 결혼을 하지 않는 것이 관습이었기 때문에 주 왕실을 비롯하여 많은 희성(姬姓) 제후국들은 희성이 아닌 제후국의 여성과 결혼을 해야 했다. 그때 강성(姜姓)의 제나라는 가장 우선적인 선택 대상이 되곤 했다. 『좌전』에는 제후의 부인으로서 유명한 몇몇 군부인이 등장하는데, 그들의 이름에 흔히 강(姜) 또는 제(齊)라는 말이 들어 있는 것은 그들의 친정이 어디인지를 보여주고 있다.

초대 군주 강여상은 약 100세까지 살았던 것으로 전해지고 있다. 강여상이 죽고 2대 정공(丁公), 3대 을공(乙公), 4대 계공(癸公)을 거쳐 13대 희공(僖公)에 이르기까지는 세계(世系)만 간신히 남아 있고 다른 사항은 개략적으로만 전해지고 있다. 이를테면 제5대 애공(哀公)은 기후(紀侯)의 참소를 받아 주왕으로부터 팽(烹)이라는 가혹한 형벌을 받고 죽었다는 사실, 그의 동생이자 제6대 제후였던 호공(胡公) 때에는 도읍을 박고(薄姑)로 옮겼으나 제7대 헌공(獻公) 때에 다시 임치(臨菑)로 옮겼다는 사실, 또 제9대 여공(厲公)이 포악한 정치를 하여 국인들이 그를 죽였지만 그 아들이 대를 잇는 바람에 아버지를 죽인 70여 명이 처형당하는 사태가 일어났다는 사실 등이다. 그러나 그나마 이정도의 개략적인 역사가 남은 것은 세계마저 불확실한 다른 나라에 비하면 양호한 편에 속한다. 제13대 희공 9년(BC 722)에 이웃 노나라에서 비로소 춘추를 기록하기 시작해서 그때부터 제나라의 역사도 오늘날에 남게 되었다.

희공이 죽고 아들 양공(襄公)이 즉위한 이후로는 『좌전』에 비교적 기록이 상세하다. 양공은 문제투성이의 군주였다. 노나라 군주에게 시집간 여동생과 사통을 하고 그것이 드러날까 두려워 노나라 군주를 암살하는가 하면 주변 인물들을 부당한 죄를 씌워 죽이는 등 기행을 저질렀다. 이 때문에 그의 동생들인 규(糾)와 소백(小白)도 화를 입을까 하여 각각 노나라와 거(莒)나라로 도망갔다가 결국 양공이 사촌 공손무지(公孫無知)에 의해 죽고, 공손무지마저 누군가에게 피살되었다. 이후 거나라로 망명가 있던 소백이 먼저 제나라로 돌아와 군주가 되었는데, 그는 관중(管仲)의 보필을 받아 춘추시대의 첫 번째 패자가 되었다. 이 과정이 제나라의 역사에서 아마 가장 빛나는 시기가 될 것이다. (자세한 것은 '제환공' 조항과 '관중' 조항 참고)

환공(桓公)은 제나라에 가장 영광스런 역사를 구현하고 재위 43년을 끝으로 세상을 떠난다. 관중도 그보다 2년 먼저 세상을 떠나고 없었다. 환공이 죽자 10명의 자식들은 저마다 권력투쟁에 몰두하여 환공의 시신은 침상에 67일이나 방치되어 있어서 구더기가 문밖까지 기어나오는 지경이 되었다.

환공은 당초 정희(鄭姬)가 낳은 아들 소(昭)를 태자로 세우고 송나라의 양공(襄公)에게 뒤를 부탁하였다. 그 후 대신 역아(易牙)[1]가 환공의 총애를 받아 소 대신 장위희(長衛姬)가 낳은 아들 무궤(無詭)를 태자로 세우고 반대하는 대신들을 죽이는 등 환공의 말년은 후계자 문제에 일관성이 없었다. 태자 소는 송나라로 망명하였고, 환공이 죽자 결국 무궤가 즉위하게 되었다. 그러나 송나라가 소를 제나라로 들여보내는 한편으로 공격에 나서자 제나라 사람들은 두려워서 무궤를 살해하고 소를 옹립하였으니 그가 효공(孝公)이다. 나머지 네 명의 공자(公子)들이 연합하여 대항하였으나 환공으로부터 부탁받은 명분이 있는 송나라를 이겨내지 못하였다. 효공이 재위 10년 만에 죽고 나자 이번에는 갈영(葛嬴)이 낳은 아들 반(潘)이 효공의 아들을 죽이고 스스로 즉위하니 그가 소공(昭公)이다. 소공이 재위 19년 만에 죽고 잠시 그의 아들 사(舍)가 즉위하였으나 그는 권위도 따르는 세력도 없었다. 그러자 이번에는 밀희(蜜姬)가 낳은 아들 상인(商人)이 사를 죽이고 무리의 지지를 받아 군주가 되니 그가 의공(懿公)이다. 의공은 즉위 이후 교만해져서 불의한 짓을 저지르다가 민심

---

1) 원래 요리사여서 뛰어난 요리솜씨로 환공의 신임을 받기 시작했다. 나중에 자신의 아들을 삶아 바쳤다는 설도 있다.

을 잃었다. 제나라 사람들은 다시 그를 버리고 소위희(少衛姬)가 낳은 또 다른 아들 원(元)을 세우니 그가 혜공(惠公)이다. 혜공이 재위 10년 만에 죽고 그의 아들 경공(頃公)이 즉위하니, 이렇게 환공의 아들 다섯이 어지럽게 군주의 지위를 다투어가며 44년간이나 분탕질을 한 끝에 비로소 환공의 손자대로 권력이 승계되었다.

환공의 손자 경공(頃公)은 진나라와의 사이에서 군사적 갈등을 유발한 작은 실수를 제외하고는 민생을 잘 돌보고 조세를 경감하여 백성들이 따르고 다른 제후국도 침범하지 않았다. 경공이 재위 17년 만에 죽고 아들 영공(靈公)이 즉위하였다. 영공은 아들 광(光)을 총애하여 그를 태자로 삼고 고후(高厚)가 그를 보좌하게 하였다. 그러나 그 후에 영공은 다시 자씨(子氏) 성을 가진 중자(仲子)와 융자(戎子) 두 여인을 가까이 두었는데, 융자를 특히 사랑하였다. 그러나 자식이 없었던 융자는 중자가 낳은 아(牙)를 키우게 되었다. 융자는 아를 태자로 삼아달라고 하니 영공은 이를 수락하였다. 오히려 생모인 중자가 나중에 후회할 일이 생길 수 있다고 반대하였지만 영공은 듣지 않았다. 영공은 아를 태자로 세우고 광을 폐하여 동쪽 변방으로 쫓아버렸다.

후에 영공의 측근 최저(崔杼)는 영공의 병이 깊어지자 몰래 광을 도읍으로 받아들였을 뿐 아니라 태자의 지위마저 회복시켜주었다. 태자로 복귀한 광은 융자를 죽여 그 시체를 조정에 팽개쳤다. 영공이 죽고 광이 즉위하니 곧 장공(莊公)이다. 그러나 사람 사이의 관계란 알 수 없는 것이었다. 최저는 장공을 군주로 추대한 최대 공신이었지만 둘의 관계는 장공이 최저의 부인을 좋아하게 되면서 급격히 나빠지게 되었다. 결국 장공은 최저에 의해 피살되고, 최저 역시 자살로 둘의 관계는 비극으로 끝을 맺게 된다.(자세한 내용과 전말에 대해서는 '최저'에 관한 조항을 참조)

시해된 장공의 뒤를 이어 군주가 된 사람이 장공의 이복동생이었으니 그가 곧 논어에도 자주 등장하는 제경공(齊景公)이다. 자그마치 58년간이나 재위한 경공은 최저와 경봉(慶封)을 권력의 양대 지주로 삼았는데, 둘의 사이는 좋지 않았다. 안영(晏嬰)이 간신히 이 둘을 통제해가며 객관적 입장을 취하고 있었다. 최저는 죽은 원래의 부인과의 사이에서 최성(崔成), 최강(崔彊) 두 아들을 두고 있었는데, 동곽녀(東郭女)와 재혼하여 다시 최명(崔明)을 낳아 후계자로 삼았다. 그런데 동곽녀가 데려온 아들 당무구(棠無咎)와 남동생 동곽언(東郭偃)이 최저의 가신이 되자 전처 소생의 두 아들에 대한 핍박이 시작되었다. 결국 두 아들은 반발하여 두 가신을 죽일 계획을 세웠다. 최저가 이 집안 싸움에 도저히 해결방안을 찾지 못해 경봉에게 하소연하자, 경봉은 자신이 해결해주겠다며 최저와 원한 관계에 있는 자신의 한 부하를 시켜 두 가신(당무구, 동곽언)을 포함하여 동곽녀 식구들은 모조리 죽여버렸다. 충격을 받은 동곽녀는 자살하였고 결국 최저도 자살하고 말았다. 제나라 사람들은 죽은 최저의 시체를 거리에 내걸어 전시하였다.

이후 제나라의 권력은 경봉이 홀로 장악하다가 그 아들 경사(慶舍)에게 넘어갔는데, 이들 부자 사이에도 심각한 갈등이 생기기 시작했다. 결국 전(田)씨, 포(鮑)씨, 고(高)씨, 난(欒)씨, 네 호족들이 경봉 제거를 모의하게 되었다. 경봉이 사냥을 나가자 아들 경사가 경봉의 집을 포위하고 네 호족들이 경봉의 집을 공격하였다. 결국 경봉은 사냥에서 집으로 돌아오지도 못하고 노나라를 거쳐 오나라로 망명하고 말았다. 이때부터 "제나라의 정권은 결국 전씨(田氏, 陳氏)에게 돌아가고 말 것이다" 하는 말이 나라 안팎에서 떠돌기 시작했다.

경공 31년에는 노나라의 소공이 계평자를 제거하려다가 역습을 받아 제나라로 도망쳐왔다. 경공은 노나라로부터 운(鄆) 지역을 빼앗아 소공에게 주어 살게 해주었다. 어머니가 노나라 숙손씨 가문 출신인 경공은 후에도 소공을 지원하였으나 여러 가지 부담을 느끼자 결국 진(晉)나라에 그 역할을 넘기고 말았다.

경공 48년, 경공은 양호의 치세를 4년 만에 간신히 벗어나게 된 노나라와 협곡에서 평화협정을 체결하였다. 이 자리에 노나라 군주 정공은 공자를 대동하고 나왔는데 경공은 처음에 공자를 얕잡아보고 위력으로 기선을 제압해보려 했으나 공자의 논리적 접근에 밀려 결국 빼앗은 땅을 모두 돌려주고 평화협정을 체결하였다.

경공 58년, 죽음을 앞둔 경공은 태자를 정하지 않고 있다가 어느 날 국혜자(國惠子)와 고소자(高昭子)를 불러 천한 신분 출신의 첩 육사(鬻姒)가 낳은 어린 아들 도(荼)를 태자로 삼게 하고 나머지 아들들은 죄다 내(萊) 지방에 물러나 살도록 조치하였다. 대신들이 가장 우려하였던 구도였지만 어쩔 수 없었다. 가을에 경공이 죽자 도가 즉위하였으니 그가 바로 안유자(晏孺子)였다. 공자 가(嘉), 구(駒), 금(黔)은 위나라로 달아나고 서(鉏)와 양생(陽生)은 노나라로 달아났다.

안유자 원년에 진걸(陳乞, 陳僖子)이 고장(高張, 高昭子)과 국하(國夏) 양 대신을 섬기는 척하면서 끊임없이 다른 대부들을 비난하는가 하면 다른 대부들에게는 고씨와 국씨를 비난하면서 그들을 제거하지 않으면 당신들이 당하고 말거라고 했다. 결국 6월에 진걸과 포목(鮑牧)은 다른 대부들과 함께 군사를 이끌고 공궁으로 쳐들어갔다. 국씨와 고씨는 역시 군사를 이끌고 안유자를 구원하러 갔으나 진걸의 군사를 당할 수 없었다. 국혜자는 거(莒)나라로 달아났고 고소자는 진걸의 무리들에 사로잡혀 살해되었다. 대부 안영의 아들 안어(晏圉)도 노나라로 달아났다. 진걸은 노나라에 피신해 있던 공자 양생(陽生)을 제나라에 불러들여 자신의 집에 숨겨두었다. 그리고 음식물을 보급하는 사람과 함께 궁중으로 들여보내었다. 10월 어느 날 진걸은 대부들을 모아 양생을 군주로 옹립하고 맹세를 맺는 자리에 포목이 술이 취해 들어왔다. 그의 수레를 관리하는 신하 포점(鮑點)이 "오늘의 맹세는 누가 지시하신 것입니까?" 하고 물었다. 그러자 진걸이 "포씨님이 지시하신 것이네" 하였다. 그리고 포씨를 기만하여 "당신께서 지시하셨지 않습니까?" 하였다. 양생을 추대하는 일에 포목을 끌어들이고자 하는 뜻에서였다. 포목이 "진걸 너는 돌아가신 군주님을 배반하고 있구나" 하고 외쳤다. 이 말을 들은 양생은 머리를 조아리고 이렇게 말했다. "내가 군주가 되는 것이 가하다면 나는 나아갈 것이고 불가하다면 물러나리다. 내가 어찌 당신들의 말을 따르지 않겠습니까? 나아가든 물러나든 난리는 없어야 한다는 것이 나의 바라는 바이오" 하였다. 이 말에 감동한 포목은 "어느 분인들 군주님의 아드님이 아니겠습니까?" 하며 맹세에 참여하였다. 이로서 어렵게 양생이 군주가 되니 그가 곧 도공(悼公)이었다.

도공은 어린 안유자를 뇌(賴) 지역에 가서 살게 하는 한편 진걸에게 말을 전하기를 "당신이 없었다면 내가 군주의 자리에 오르지 못했을 겁니다. 그러나 물건이 둘이면 도움이 되지만 임금이 둘이면 환란이 따르는 법입니다. 그래서 감히 대부인 그대에게 밝혀두는 바입니다" 하였다. 진걸은 대답하지 못하고 울면서 "나라에 어려움이 많은데 어린 임금님과는 상의할 수가 없어서 나이 든 임금님을 원했던 것뿐입니다. 그 점을 생각하신다면 여러 신하들을 용납할 수 있을 것입니다. 그렇지 않다면 저 어린 임금님이 무슨 죄가 있겠습니까?" 하였다. 안유자는 도공의 지시로 태(駘) 지역으로 옮기게 했는데 명을 받드는 이가 옮기는 과정에서 들판에 친 천막 안에서 안유자를 죽이고 말았다.

그러나 이렇게 어렵사리 등극한 도공도 재위 4년 만에 죽고 말았는데『춘추』는 병사한 것처럼 "제후양생졸"(齊侯陽生卒)이라 적었고,『좌전』은 "제나라 사람이 도공을 시해하였다"(齊人弑悼公)고 적었는데 사마천의『사기』는 "포목이 제나라 도공과 틈이 생겨 도공을 시해하였다"(鮑牧與齊悼公有郤,弑悼公)고 적고 있다. 아마 시간이 흐르면서 더 정확한 원인이 밝혀졌을 것이다.

도공이 죽고 그의 아들 임(壬)이 군주가 되니 그가 바로 간공(簡公)이다. 간공은 아버지 양생(陽生. 悼公)과 함께 노나라에서 망명생활을 할 때 자아(子我) 감지(監止)를 총애하였기 때문에 군주가 되자 감지를 중용하는 한편 진걸의 아들 전상(田常, 혹은 陳常, 陳恒, 陳成子)도 가까이 두었다. 그러나 둘은 관계가 심각할 정도로 좋지 않았다. 그래서 전상의 당질이자 대부이던 전앙(田鞅)은 간공에게 "둘을 함께 쓸 수는 없습니다. 둘 중 하나만 선택하십시오" 하였지만 간공은 그 조언을 듣지 않았다.

결국 감지가 전씨들을 모두 몰아내려고 하는 계획을 세웠는데 그 정보가 누출되고 말았다. 전상이 일족들을 모두 동원하여 공궁을 습격하여 간공을 자신들의 수중에 넣었는데, 감지가 역시 무리를 몰고 와 대적하였지만 전씨의 세력에 밀려 죽임을 당하고 말았다. 사태가 확대되자 전상은 간공이 지위를 회복하여 자신들을 죽일 것을 두려워하여 간공을 죽이고 그 동생 오(鰲)를 옹립하니 그가 평공(平公)이다. 이 시해사건을 이웃나라에서 지켜본 공자는 노애공(魯哀公)에게 제나라를 정벌할 것을 건의했지만 애공도 삼환도 국력이 약한 노나라로서는 감당할 수 없다는 점에서 받아들이지 않았다.

평공(平公) 때에 진성자는 "백성들은 덕치를 원하는 만큼 덕을 행하는 것은 군주님께서 하십시오. 대신 형벌은 백성들이 싫어하는 것이니 만큼 제가 행하겠습니다" 하고 형벌을 직접 관장하였다. 그 결과 5년 만에 제나라의 모든 권력은 진성자에게 넘어가고, 그가 차지한 땅이 국토의 절반 이상이 되고 말았다. 경공 이후 후계 결정권이 전씨의 수중에 넘어간 것은 남은 절차가 무엇인지를 충분히 암시하고 예고하는 것이었다.

이후 진성자가 죽고 아들 전양자(田襄子)가 가문을 이어받았을 때에는 마침 진(晉)나라를 분할하여 제후국이 된 조(趙), 한(韓), 위(魏)와 대등하게 교류하며 거의 제나라를 대표하게 되었다. 이후 전양자의 아들 전장자(田莊子)에 이르러서는 군사력을 더욱 강화하여 이웃 노나라를 크게 압박하였다. 그리고 전장자의 아들이자 진성자의 증손이 되는 전화(田和)에 이르러서는 제나라 군주가 완전히 무력화되었다. 당시의 군주 강공(康公)은 즉위 후 14년 동안 술과 여자에만 빠져 정사를 돌보지 않았다. 전화는 강공을 해상(海上)으로 내쫓고 성 하나를 식읍으로 주어 조상들의 제사만 받게 하였다. 전화는 위문후

(魏文候)와 회맹하여 주왕(周王)에게 제후로 격상시켜줄 것을 청원하였고, 마침내 제강공(齊康公) 19년, 전화가 제후로 봉해져서 제나라의 시조 강태공(姜太公)과 같은 호칭인 전태공(田太公)으로 불리게 되었다. 기원전 386년이었다.

춘추 최대의 강국 진나라의 실질적 분열(BC 453)로 인하여 개막된 전국시대는 역시 동방 최대의 강국이던 강씨 성의 제나라가 전씨 성의 나라로 바뀜으로써 본격적인 혼돈의 시대로 접어 들어들게 되었던 것이다.

제나라 세계

①姜太公 ― ②丁公 ― ③乙公 ― ④癸公 ┬ ⑤哀公
　　　　　　　　　　　　　　　　　├ ⑥胡公(~BC 860)
　　　　　　　　　　　　　　　　　└ ⑦獻公(~BC 851) ― ⑧武公(~BC 825) ―

― ⑨厲公(~BC 816) ― ⑩文公(~BC 804) ― ⑪成公(~BC 795) ― ⑫莊公(~BC 731) ―

┬ ⑬僖公(~BC 698) ―――――――― ⑭襄公(BC 686) ┬ ⑰無詭(BC 643)
└ 夷仲年 ― ⑮無知(~BC 685) ┬ ⑯桓公(~BC 643) ┼ ㉒惠公(~BC 599) ― ㉓頃公(~BC 582) ―
　　　　　　　　　　　　　　　　　　　　　　　├ ⑱孝公(~BC 633)
　　　　　　　　　　　　　　　　　　　　　　　├ ⑲昭公(~BC 613) ― ⑳舍(BC 613)
　　　　　　　　　　　　　　　　　　　　　　　└ ㉑懿公(~BC 609)

― ㉔靈公(~BC 554) ┬ ㉕莊公(~BC 548)
　　　　　　　　　　└ ㉖景公(~BC 490) ┬ ㉘悼公(~BC 485) ― ㉙簡公(~BC 481)
　　　　　　　　　　　　　　　　　　　└ ㉗晏孺子(~BC 490) └ ㉚平公(~BC 456) ―

― ㉛宣公(~BC 405) ― ㉜康公(~BC 379) ― 생략

제나라 관련 주요 논어 단편(6개)

5/19

"최자(崔子)가 제(齊)나라 임금을 시해하자 진문자(陳文子)는 가지고 있
던 말 십승을 버리고 제나라를 떠나 다른 나라에 이르러 말하기를 '우
리나라 대부 최자와 같다' 하고 거기를 떠나 또 다른 나라로 가서 역시
말하기를 '우리나라 대부 최자와 같다' 하고 떠났으니 그 사람됨이 어
떠합니까?"

선생님께서 말씀하셨다.

"맑다."

자장이 말하였다.

"어질지는 않습니까?"

선생님께서 말씀하셨다.

"모르겠다. 어떻게 어짊을 얻었겠느냐?"

崔子弑齊君,陳文子有馬十乘,棄而違之.至於他邦,則曰;猶吾大夫崔子也,
違之.之一邦,則又曰;猶吾大夫崔子也.違之, 何如?子曰;清矣.曰;仁矣乎?
曰;未知,焉得仁?

6/4

자화(子華)가 제나라에 사신으로 가게 되자 염자(冉子)께서 자화의 어
머니를 위해 곡식을 보내 줄 것을 청하니 선생님께서 말씀하셨다.

"여섯 말 넉 되를 드려라."

더 보내 줄 것을 청하자 말씀하셨다.

"한 섬 여섯 말을 드려라."

염자께서 곡식 여든 섬을 보내 주자 선생님께서 말씀하셨다.

"적(赤)이 제나라로 갈 때 살찐 말을 타고 가벼운 갖옷을 입었다. 내가 듣기로 군자는 위급함을 돌보아 주지 부유함을 지속시켜 주지는 않는다고 했다."

子華使於齊,冉子爲其母請粟.子曰;與之釜.請益.曰;與之分.冉子與之粟五秉.子曰;赤之適齊也,乘肥馬,衣輕裘.吾聞之也,君子周急不繼富.

6/24

선생님께서 말씀하셨다.

"제(齊)나라가 한 번 변하면 노(魯)나라의 상태에 이를 것이고 노나라가 한 번 변하면 도(道)에 이를 것이다."

子曰;齊一變至於魯,魯一變至於道.

7/15

선생님께서 제(齊)나라에 계실 때 소(韶)를 들으시고 석 달 동안 고기맛을 모른 채 말씀하셨다.

"음악을 하는 것이 이런 경지에까지 이를 줄은 미처 몰랐구나!"

子在齊聞韶,三月不知肉味.曰;不圖爲樂之至於斯也!

14/16

선생님께서 말씀하셨다.

"진나라의 문공(文公)은 간지(奸智)를 쓰며 정도(正道)를 따르지 않았고 제나라의 환공(桓公)은 정도를 따르고 간지를 쓰지 않았다."

子曰;晉文公譎而不正,齊桓公正而不譎.

16/12

('진실로 부유함 때문이 아니라 역시 다른 까닭으로 인함이네.')

"제나라의 경공(景公)은 사두마차 천 대를 가지고 있었으나 죽는 날에 백성들이 덕이 있다 일컫지 않았다. 백이숙제는 수양산 아래에서 굶어 죽었지만 백성들이 오늘에 이르기까지 그들을 일컫고 있다. 그것은 바로 이런 것을 말하는 것이 아니겠느냐?"

(誠不以富,亦祇以異.)齊景公有馬千駟,死之日,民無德而稱焉.伯夷叔齊餓 于首陽之下,民到于今稱之.其斯之謂與?

생략 단편 : 12/12, 18/3, 18/4, 18/9

제환공 齊桓公

제환공은 성은 강(姜), 씨는 제(齊), 이름은 소백(小白)으로 제나라의 15대 군주이자 춘추오패 중 첫 번째 패자였다. 그가 어떻게 제나라 군주의 자리에 오르게 되었는지 또 어떻게 수많은 제후국들을 제압하고 왕에 버금가는 패자의 자리에 오르게 되었는지 알아보는 것은 춘추시대를 이해하는 데 매우 중요한 변수가 된다.

공자 소백, 제나라의 환공(桓公)이 되다

그는 제나라의 13대 군주인 희공(僖公)의 아들이자 14대 군주인 양공(襄公)의 동생이었다. 양공은 12년간 재위했는데, 군주로 있는 동안 불미스러운 일이 많았다. 우선 재위 4년째 되던 해에 기막힌 사건이 발생하였다. 이웃 나라인 노나라의 환공(桓公)이 외교적 목적으로 부인과 함께 제나라에 왔다. 노환공의 부인은 일찍이 제나라 양공의 배다른 여동생으로서 노나라로 시집가기 전에 양공과 사통한 적이 있었다. 양공은 여동생을 만나자 다시 정이 불붙어 사통을 하게 되었는데 그 관계가 노환공에게 발각되고 말았다. 양공은 그 사실을 은폐하기 위하여 노환공에게 술을 먹여 취하게 한 다음 공자 팽생을 시켜 그를 수레에 태우는 척하면서 갈비뼈를 부러뜨려 죽여버렸다. 한 나라의 임금이 이웃나라에 외교적 임무로 갔다가 그 나라에서 죽임을 당했다는 것은 엄청난 사건이었다. 노나라에서 사태를 알고 항의하자 양공은 팽생에게 죄를 씌워 그를 극형에 처하는 것으로 사과하였다. 내막을 모르는 노나라로서는 더 이상 어떻게 하기 어려워 사건은 유야무야 넘어가고 말았다.

이후 양공의 행동은 더욱 빗나가 사람을 부당하게 처벌하여 죽이는 일이 잦았고 여색에 빠지는가 하면 대신들을 속이기 일쑤였다. 양공의 예측할 수 없는 행동은 곧 주변에 화가 미칠 것이라는 예고나 다름없었다. 이에 두려움을 느낀 양공의 동생들과 대부들은 이웃나라로 달아났다. 먼저 막내아우인 공자 소백(小白)은 가까운 거(莒)나라로 도망을 쳤다. 소백의 망명에는 신하 포숙(鮑叔)이 동행하였다. 이어서 양공의 바로 밑의 아우인 공자 규(糾)는 노나라로 도망을 쳤다. 어머니가 노나라 사람이었기 때문인데 이 망명에는 관중(管仲)과 소홀(召忽)이 동행하였다. 관중과 포숙은 어렸을 적부터의 친구였으나 이 두 망명 과정에서 서로 다른 공자를 모시게 된 것이다.

이렇게 두 공자가 거나라와 노나라로 도망을 가 있는 사이에도 제나라 양공의 무리한 행각은 계속되었다. 제나라에는 연칭(連稱)과 관지보(管至父)라는 두 대부가 있었는데, 양공은 이들 두 사람을 남들이 모두 가기 싫어하는 변경인 규구(葵丘)로 보내었다. 양공은 이들을 회유하기 위하여 마침 오이(瓜)가 열리는 시절이었기 때문에 내년에 오이가 열리게 되면 교대시켜주겠다고 약속하였다. 그러나 1년이 지나 오이가 열리는 철이 되었지만 양공은 교대 군사를 보내지 않았다. 사람을 넣어 청원해보았지만 양공은 거절하였다. 이에 두 대부는 공손무지(公孫無知)를 앞세워 반란을 계획하였다. 공손무지는 양공과는 사촌지간[2]으로 아버지인 희공의 사랑을 많이 받아 희공이 살아 있을 때에는 태자였던 양공과 모든 대우가 동등하였다. 양공은 태자로 있을 때 무지와 서로 싸운 적도 있었기 때문에 임금으로 즉위하자마자 무지의 녹봉과 의복 등 봉양을 모조리 없애버렸다. 이에 무지는 양공에 대해 원한을 가지게 되었다.

어느 해 겨울 양공은 사냥을 나갔다가 수레에서 떨어져 심한 부상을 입고 환궁하였다. 양공의 부상 소식을 들은 공손무지는 두 대부와 손잡고 궁으로 쳐들어와 문 뒤에 숨어 있는 양공을 발견하고 그를 죽인 후 스스로 임금의 자리에 올랐다. 그러나 무지는 임금 자리에 오른 지 얼마 지나지 않아 평소 자신에게 원한을 품고 있던 옹름(雍廩)에게 죽임을 당하였다. 죽인 사람은 제나라의 대부에게 "무지가 양공을 시해하고 스스로 즉위하였기에 저희가 그를 처단하였습니다. 대부께서 왕자들 가운데에서 합당한 사람을 세우시면 저희는 결과에 승복하겠습니다" 하였다. 한마디로 무지의 죽음으로 제나라는 임

---

2) 무지(無知)가 동모제(同母弟)였기 때문에 어머니를 중심으로 보면 친형제간이다.

금이 없는 무군천하가 되고 만 것이다.

이 소식은 공자 소백이 도망가 있는 거나라와 공자 규가 도망가 있는 노나라에 전해졌다. 상황은 긴박해졌다. 누가 먼저 제나라에 들어가 임금의 자리에 오르느냐가 관건이었다. 노나라는 긴급히 공자 규를 호송하여 제나라로 들여보내는 한편 소백이 먼저 들어가는 것을 막기 위해 관중에게도 군사를 주어 거나라에서 제나라로 가는 길목을 지키게 하였다. 결국 관중은 길목을 지키다 소백 일행을 공격해서 활로 소백의 허리를 쏘아 맞혔다. 소백은 쓰러졌으나 실은 허리띠의 쇠붙이에 맞았기 때문에 죽은 척하고 있었다. 관중은 소백이 죽은 줄 알고 급히 노나라에 전령을 보내 보고하였다. 보고를 들은 노나라는 안심하여 공자 규를 호송하는 행군을 조금 늦추어서 6일 만에 제나라에 도착하였다. 그 사이에 공자 소백은 먼저 제나라에 들어와 자신을 지지하는 일부 대부들과 규합, 임금의 자리에 오르고 이를 선포하였다. 장차 중원의 패자로 될 제나라의 제15대 군주 환공은 이렇게 간발의 차이로 군주의 자리에 올랐다. 기원전 685년이었고 아직 공자가 태어나기 전 134년 전이었다.

환공, 자신의 허리를 쏘아 맞혔던 관중을 신하로 받아들이다

제환공은 노나라에 포숙을 보내 차마 형제인 공자 규를 직접 죽이지는 못하겠으니 노나라 임금이 그를 죽여주기 바란다는 뜻을 전했다. 그리고 두 대부 관중과 소홀은 자신이 직접 죽여 분풀이를 하고자 하니 구금하여 제나라로 압송하라고 하였다. 또 원하는 대로 하지 않을 경우 노나라를 포위하겠다는 군사적 위협을 가하였다. 노나라 사람들은 제나라의 위협에 굴복하여 공자 규를 생두(生竇)에서 죽였다. 소홀은 공자 규가 죽자 따라서 자살하였다. 그러나 관중은 구금되어 잡혀가기를 원하였다. 포숙은 관중을 데려가 당부(堂阜)에 이르러 풀어주었다. 그리고 돌아가 환공에게 고하기를 "관이오(管夷

吾)는 고혜(高傒)보다 더 뛰어나니 그를 최측근으로 삼으소서" 하였다. 환공은
그 말을 따랐다.

훗날의 기록에 따르면 관중은 "일찍이 포숙은 내가 어려운 처지에 있을 때
나 이해할 수 없는 처신을 했을 때에도 나를 비난하지 않고 나의 처지를 이해
해주었다. 공자 규가 패했을 때 소홀은 죽고 나는 잡히어 욕된 몸이 되었지만
포숙은 나를 부끄러움을 모르는 자라 하지 않았다. 내가 작은 일보다는 공명
을 천하에 날리지 못하는 것을 부끄러워하는 줄 알기 때문이다. 나를 낳아준
이는 부모지만 나를 알아준 이는 포숙이었다" 하였다. 이후 관포지교(管鮑之
交)라는 말은 진정한 우정의 대명사처럼 오늘날까지 이어오고 있다.

환공, 천하의 패자(覇者)로 등극하다

환공은 관중과 포숙, 습붕(隰朋), 고혜 등의 보필을 받아 제나라의 문물제
도를 착실히 정비해나갔다. 다섯 가구를 기초로 하는 군대 조직을 만들고 어
업과 염업에 따른 조세제도를 확립하고 가난한 자들을 구제하였으며, 능력
있는 인재들을 등용하여 우대함으로써 제나라 사람들이 모두 기뻐하였다.

당시 천하 정세를 볼 때 주왕실은 이미 쇠약해져서 제후국들의 정신적인
구심체 역할만 할 뿐 실제 문제를 일으키는 제후국들을 통제할 만한 힘은 없
었다. 당시 큰 제후국으로는 제나라와 진(晉)나라, 초나라가 있었지만 진나라
는 국내 사정으로 국제적인 문제에 개입할 사정이 못 되었고, 초나라도 남쪽
야만한 나라들을 충분히 흡수하지 못한 단계여서 중원 제후국들에 힘을 뻗치
기는 어려운 실정이었다. 오직 제나라만이 여력이 있어 국제적인 문제에 간
여할 수 있었다.

환공은 제후국들의 문제에 개입할 때 무력을 중심으로 하지 않았다. 무력
을 전혀 사용하지 않은 것은 아니지만 주로 북방 야만족을 치는 경우 등에 제

한적으로 사용하였고 제후국들에 대해서는 일정한 정도로만 사용하고 상대국에서 대충 굽히고 들어오면 이를 수용하여 적절히 협상하는 방법을 썼다. 또 그 과정에서 무리수를 쓰지 않았고 예의를 잃지도 않았다.

이를테면 일찍이 환공 5년, 제나라가 노나라를 쳐서 노나라 장수의 군대를 격파하였을 때였다. 노나라 장공이 수(遂)라는 땅을 바쳐서 화평을 청하자 환공이 이를 수락, 회맹을 갖게 되었다. 마지막 협상 시 노나라의 조말(曹沫)이 비수로 환공을 위협하며 빼앗아간 노나라의 땅을 반환하라고 요구했다. 환공이 두려워 그렇게 하겠다고 하자 비로소 조말은 비수를 치우고 신하의 자리에 섰다. 환공은 나중에 후회가 되어 노나라의 땅을 반환하지 않고 조말을 죽이려 하였다. 이때 관중이 나서서 환공에게 말하였다. "위협을 당해서 승낙하였다가 나중에 약속을 저버리고 그를 죽인다면 신의를 저버리는 일이 되어 천하의 지지를 잃게 될 것입니다." 환공은 관중의 조언을 받아들여 당초 약속한 대로 땅을 반환하였다. 이 소식을 듣고 제후들은 하나 같이 제나라를 믿고 따르게 되었다. 이런 천하 민심의 변화를 토대로 결국 2년 뒤인 재위 7년 되던 해(BC 679)에 환공은 견(甄)이라는 곳에서 송나라, 위나라, 진나라, 정나라 군주를 모이게 하여 회맹을 가졌으니, 이것이 제1차 동맹이며 제환공이 드디어 패자의 자리에 올랐음을 천하에 과시한 것이었다.

환공의 가장 명분 있는 개입은 환공 23년 북쪽의 오랑캐 융족이 연나라를 침입해오고, 연나라에서 제나라에 구원을 요청하자 군사적으로 개입한 건이었다. 환공은 연나라를 도와 융족을 물리치고 북쪽으로는 거의 고죽(孤竹)에까지 이른 다음에 돌아왔다. 이 오랑캐 정벌에 앞장 선 것은 제환공으로서는 중원의 제후국들을 오랑캐로부터 보호한다는 대의명분이 컸고, 특히 그 과정에서 여전히 법도를 넘지 않았던 것이 제후국들의 마음을 크게 얻게 되었다. 이를테면 연나라를 구하고 난 후 연나라에 별다른 것을 요구하지 않았다. 다만 옛날 건국 시 연나라가 무왕의 아우였던 소공(昭公)의 봉지였음을 상기시키고, 소공의 덕정을 다시 펼 것과 주왕실에 공물을 바치지 않고 있는 것을 시정할 것만 요구함으로써 많은 제후들이 더욱 환공을 따르게 되었다. 또 그는 연나라 장공(莊公)이 감사의 뜻으로 환공을 전송하다가 제나라 경내로까지 들어오게 되자 "천자가 아니면 제후는 자기 영토 밖으로까지 전송하지 않는다"며 장공이 따라온 곳에 도랑을 파서 경계를 표시하고, 그곳까지의 영토를 연나라에 줌으로써 많은 제후들을 감동시키기까지 하였다.

또 환공 27년에는 노나라의 민공(閔公)을 그의 삼촌인 경보(慶父)가 시해하는 사건이 일어났다. 민공의 어머니 애강(哀姜)은 경보와 간음하는 사이로, 애강은 아들을 죽인 정부이자 시동생이기도 한 경보를 임금으로 옹립하려 하였다. 그러나 노나라 사람들은 민공의 동생들 중에서 희공(僖公)을 옹립하여 새임금으로 세웠다. 애강은 노나라로 시집가기 전에 원래 제나라 환공의 여동생이었다. 노나라의 사태를 들은 환공은 애강을 불러들여 죽여버렸다. 희대의 불미스러운 사태를 단죄하기 위하여 여동생마저 처단한 데에서 제환공의 패자적 입지가 더욱 확립되었던 것이다.

환공 28년에는 위(衛)나라가 서쪽 오랑캐 적(狄)의 침략을 받게 되자 제나라는 제후들을 이끌고 가서 위나라의 초구(楚丘)에 성을 쌓아 위나라를 보위하기도 하였다.

환공 30년에는 드디어 채(蔡)나라를 치는 편에 남방의 대국 초나라를 쳤다. 초나라의 성왕(成王)이 군사를 거느리고 와서 대치하면서 사람을 보내 제나라의 동맹군에 대해 언급하기를 "당신들은 북해 쪽에 살고 나는 남해 쪽에 살아 말이나 소들이 서로 암수 간에 유인하는 일도 없을 터인데 당신들이 우리 땅을 밟음은 어떤 연유이오?" 하였다. 그러자 제나라는 관중을 내세워 일찍이 소강공(召康公)께서 선대 임금인 강태공이 있을 때 제나라에 다른 제후국들의 잘못을 징벌하는 권한을 부여하면서 주나라 왕실을 도우라고 하였음을 상기시켰다. 그리고 제나라에 부여한 영토가 동쪽은 바다에 닿았고 서쪽은 황하(河)에 닿았으며 남쪽은 목릉(穆陵)에 북쪽은 무체(無棣)에 닿았음을 밝히면서 그동안 왜 주왕실에 공물을 바치지 않아 제사가 제대로 올려지지 못하게 되었는지를 따져 물었다. 그리고 또 소왕이 순수하러 갔다가 돌아오지 못한 것에 대해 책임도 물었다. 이에 초나라 측은 공물을 제대로 바치지 못한 것은 잘못으로 앞으로 공물을 바치겠다고 약속하는 한편 소왕이 돌아오지 못한 것은 한수(漢水)가에 가서 물어보라고 하며 무관함을 강조하였다.

제나라 환공이 또 "이 많은 무리로 싸운다면 누가 감히 대적하겠으며 이 군사로 싸운다면 어떤 성인들 함락시키지 못하게겠소?" 하였다. 초나라 측의 굴완(屈完)이 "군주께서 만약 덕으로써 제후들을 대하신다면 누가 감히 복종하지 않겠습니까? 그러나 만약 힘으로 대하신다면 우리 초나라는 방성(方城)을 성으로 삼고 한수를 못으로 삼을 텐데 그렇게 되면 비록 군사가 아무리 많더라도 아무 소용이 없을 것입니다" 하였다. 결국 초나라와의 대치는 별다른 군사적 충돌 없이 서로 맹약을 맺고 물러나는 것으로 끝나게 되었다. 이것이 훗날 진문공(晉文公)이 치열한 군사접전을 거치고서 패자의 지위를 획득한 것과 차이 나는 점이며, 그래서 공자도 제환공의 행적에 대해서는 남달리 높이 평가하였다.(논어 14/16)

환공 35년 여름에는 제후들을 규구(葵丘)에서 회맹케 하였다. 주양왕(周襄王)은 이 회맹에 문왕과 무왕을 제사지낸 고기와 주홍색 화살, 그리고 큰 수레를 하사하면서 환공이 이미 나이가 많으니 엎드려 절하지 않고 받도록 하였다. 그렇지만 환공은 감히 그럴 수 없다고 하며 뜰에 내려가 엎드려 절하고 예물을 받았다. 그러나 사마천의 『사기』에 의하면 환공이 왕의 분부대로 절하지 않고 받으려 하자 관중이 만류하여 할 수 없이 내려가 절하고 다시 올라와 하사품을 받은 것으로 되어 있다. 아마 사마천의 기록이 맞을 것이다. 왜냐하면 환공은 그 해 가을에 한 번 더 규구에서 회맹을 소집하였는데, 이미 환공의 교만과 지나친 정벌로 제후들의 마음이 조금씩 흔들리고 있는 것이 기록되어 있기 때문이다. 정확성 여부는 알 수 없지만『사기』에 기록된 환공의 다음과 같은 자평은 환공도 더 이상 겸손하지 않은 단계에 이른 것으로 보이는 것이다.

> 과인은 남쪽을 정벌하여 소릉에까지 이르러 웅산을 바라보았고 북쪽으로 산융, 이지, 고죽을 정벌하였으며 서쪽으로 대하를 정벌하여 유사를 경유하였고 말발굽을 싸고 수레를 매달면서 태행산을 거쳐 비이산에 이른 다음에 돌아왔소. 제후들 가운데 아무도 과인의 명령을 거스르지 못하였으니 과인은 전쟁을 위한 회맹 셋, 평화를 위한 회맹 여섯으로 제후들을 아홉 번 규합하였고 천하를 크게 한 번 바로 잡았소. 옛날 하·상·주 삼대의 왕들이 천명을 받든 것과 이 일들이 무엇이 다르오? 과인도 옛날의 제왕들처럼 태산에서 하늘에 제사를 받들고 양보산에서 땅에 제사를 받들려고 하오.

태산에서 제사를 지낸다는 것은 봉선(封禪) 의식을 행한다는 것이다. 봉선은 전례상으로 왕만이 할 수 있는 것이기 때문에 제후인 환공이 봉선을 행한다는 것은 예에 어긋나는 것이었다. 관중이 만류하였으나 환공은 듣지 않았다. 관중이 다시 핑계를 대어 먼 지방에서 진기한 보물이 이르고 나서야 봉선을 할 수 있는 것이라고 설득을 하니 환공은 그제야 중단하였다.

"아홉 번 제후들을 규합하고 크게 한 번 천하를 바로잡았다"는 영광스런 한마디로 삶을 그리곤 하는 제환공은 어쨌든 소위 춘추오패 중 가장 전형적이고 유일한 패자였다고 할 수 있다. 제후들을 아홉 번 규합하였다는 것이 단순한 상징적 표현인지 구체적 표현인지는 모르겠지만 회합의 형식으로 4개국 이상을 제환공이 소집한 경우의 시기, 장소, 참가국을 알아보면 다음과 같은데 실제 그 횟수가 아홉이다.

제환공 7년(BC 679) 봄〈齊나라 鄄〉齊, 宋, 陳, 衛, 鄭 / 제환공이 패자가 됨

제환공 8년(BC 678) 12월〈宋나라 幽〉齊, 宋, 陳, 衛, 鄭, 許, 滑, 滕 / 맹약체결

제환공 19년(BC 667) 6월〈宋나라 幽〉齊, 宋, 魯, 陳, 鄭 / 동맹체결

제환공 27년(BC 659) 8월〈宋나라 檉〉齊, 宋, 鄭, 曹, 邾 / 邢나라 구원

제환공 31년(BC 655) 여름〈衛나라 首止〉齊, 宋, 魯, 陳, 衛, 鄭, 許, 曹, 周世子 /
맹약

제환공 33년(BC 653) 7월〈魯나라 甯毋〉齊, 宋, 魯, 陳, 관, 鄭 / 맹세

제환공 34년(BC 652) 봄〈曹나라 兆〉齊, 宋, 衛, 許, 曹, 陳 / 맹세

제환공 35년(BC 651) 여름〈齊나라 葵丘〉周公, 齊, 宋, 衛, 鄭, 許, 曹 / 동맹 확인

제환공 39년(BC 647) 여름〈衛나라 鹹〉齊, 宋, 魯, 陳, 衛, 鄭, 許, 曹 / 회수(淮水)
가 이 적들의 杞나라 침략 저지

환공 38년에는 양왕의 동생이 인근의 융, 적 등의 오랑캐와 공모하여 주나
라를 쳤다. 환공은 관중을 보내어 주왕실과 이들 오랑캐 나라들과 화해를 시
키도록 하였다. 관중으로서는 동쪽 끝에 있는 제나라에서 중원을 가로질러
주나라까지 가는 먼 여행이었다. 양왕은 제나라의 패자적 위상과 관중의 명
성을 고려하여 상경(上卿)의 예우로 맞이하려 하였지만 관중은 "저는 신하의
신하인데 어찌 감히 그리 하겠습니까" 하고 세 번 사양한 후 하경(下卿)의 예
로 양왕을 알현하였다.

환공 41년 관중이 죽고 2년 후 환공마저 세상을 떠났다. 재위 43년. 긴 세
월을 한결같이 임금과 신하로서 좋은 관계를 이루었던 두 걸물은 춘추시대
첫 패자라는 영예로운 족적을 남긴 채 2년 사이로 나란히 세상을 떠난 것이
다. 환공에게는 정실 소생의 아들이 없고 희첩들에게서 낳은 십여 명의 아들
이 있었다. 그러나 관중이 죽고 나자 각자 당파를 이루어 서로 임금 자리를
다투었다. 이 다툼으로 궁중이 비어 환공의 시신은 거두는 사람 없이 67일을

방치하여 시신에서 나온 구더기가 문 밖까지 기어나왔다. 아들 무궤가 즉위하면서 비로소 시신을 거두었다. "아홉 번 제후들을 규합하고 크게 한 번 천하를 바루었다"는 명예로운 이름은 만세에 남았지만 일신의 마지막은 이렇게 비참하였다. 이후 제나라의 임금 자리는 맹렬한 다툼의 표적이 되었고, 환공의 아들들이 번갈아 임금의 자리에 오른 이가 다섯이나 되었다. 패자로서 제나라 군주의 위상은 환공과 더불어 막을 내린 것은 말할 나위도 없는 일이었다.('제나라' 관련 조항 참조)

제환공 관련 논어 단편(3개)

4/17

자로(子路)가 말했다.

"환공(桓公)이 공자(公子) 규(糾)를 죽였을 때 소홀(召忽)은 따라 죽었으나 관중(管仲)은 죽지 않았습니다. 어질지 못해서가 아니겠습니까?"

선생님께서 말씀하셨다.

"환공이 아홉 번이나 제후들을 규합하면서 군사력으로 하지 않은 것은 관중의 힘이었다. 그만하면 어질지 않으냐? 그만하면 어질지 않으냐?"

子路曰;桓公殺公子糾,召忽死之,管仲不死.曰;未仁乎?子曰;桓公九合諸侯,不以兵車,管仲之力也.如其仁!如其仁!

14/18

자공(子貢)이 말했다.

"관중(管仲)은 어진 자가 아니지 않겠습니까? 환공(桓公)이 공자규(糾)를 죽였을 때 능히 따라 죽지 못했고 오히려 환공을 도왔습니다."

선생님께서 말씀하셨다.

"관중이 환공을 도와 제후들의 패자가 되게 함으로써 크게 한 번 천하를 바로잡으니 백성들이 오늘날에 이르기까지 그 혜택을 입고 있다. 만약 관중이 없었더라면 우리는 머리를 풀어헤치고 옷깃을 왼쪽으로 여미고 있을 것이다. 어떻게 이름 없는 남녀들의 서로 생각하여줌과 같겠느냐? 스스로 개천에 목을 매어 죽는다 하더라도 아무도 알아주는 사람이 없을 것이다."

子貢曰;管仲非仁者與?桓公殺公子糾,不能死,又相之.子曰;管仲相桓公, 霸諸侯,一匡天下,民到于今受其賜.微管仲,吾其被髮左衽矣.豈若匹夫匹婦之爲諒也?自經於溝瀆而莫之知也.

14/16

선생님께서 말씀하셨다.

"진나라의 문공(文公)은 간지(奸智)를 쓰며 정도(正道)를 따르지 않았고 제나라의 환공(桓公)은 정도를 따르고 간지를 쓰지 않았다."

子曰;晉文公譎而不正,齊桓公正而不譎.

관중 管仲

관중은 제나라의 대부로 기원전 725년 제나라 영상(潁上)에서 태어났다. 성은 희(姬), 씨(氏)는 관(管), 이름은 이오(夷吾), 자는 중(仲)이었으며 시호는 경(敬)이었다. 그는 소홀과 함께 제나라 13대 군주 희공의 아들 규를 모시던 신하였다. 14대 군주이자 공자 규의 형이던 양공이 사람을 부당하게 처벌하여 죽이는 등 예측할 수 없는 행동을 일삼자 화가 미칠까 두려워 공자 규가 노나라로 망명할 때 관중은 소홀과 함께 규를 모시고 노나라로 망명하였다. 후에 양공이 죽고 잠시 군주의 자리에 올랐던 양공의 사촌 공손무지마저 피살되자 거나라로 망명 가 있던 소백과 노나라로 망명 가 있던 규 사이에 치열한 공위(公位) 경쟁이 불붙었다. 최종적으로 소백이 승리하여 환공으로 즉위하였다. 환공은 노나라로 하여금 경쟁 상대였던 규를 죽일 것과 그를 따르던 두 신하 관중과 소홀을 제나라로 압송할 것을 요구하였다. (상세한 내용은 '제환공' 관련 조항 참조)

노나라는 결국 제나라의 압력에 굴복하여 규를 처형하였고, 두 신하 중 소홀은 자결하였기 때문에 나머지 한 명인 관중을 본인의 청에 따라 제나라로 압송하였다. 제나라에는 소백이 환공으로 즉위해 있었기 때문에 소백을 모시고 거나라에 망명 갔던 포숙이 환공의 최측근 권력자가 되어 있었다. 포숙은 관중과 어렸을 때부터 막역한 친구 사이였다. 관중의 큰 그릇을 아는 포숙은 환공에게 관중이 고혜(高傒)보다 낫다며 강력히 추천하여 지난날의 적대 관계를 잊고 그를 중용할 것을 건의하였고 환공은 그 건의를 기꺼이 받아들였다.

결국 환공의 군주 치세와 거의 같이 시작한 관중의 환공 보좌는 40년의 생애를 고스란히 함께하며 춘추시대의 정치질서를 이상적으로 이끌어 훗날 공자로부터도 매우 긍정적인 역사적 평가를 받기에 이르렀다.

　그러나 역시 관중이 가장 영광스러웠던 시기는 제환공 38년(BC 648)에 환공의 지시로 관중이 융적들을 주나라와 화합토록 하자 주왕이 관중을 불러 상경(上卿)의 예로 대접하였을 때일 것이다. 이때 환공은 동시에 습붕(隰朋)에게도 지시를 내려 융족들로 하여금 진나라와도 화평케 하도록 하였다. 이때 관중은 자신이 미천한 관리에 불과한 사람이라며 제나라에는 두 상경 국씨(國氏)와 고씨(高氏)가 있기 때문에 자신은 상경의 예우를 받을 수 없다며 사양하자 왕이 "구씨(舅氏)[3]여, 나는 그대의 공적을 가상히 여기고 그대의 덕에 보응하며 잊지 않고자 하는 것이니 돌아가 직분을 다함으로써 나의 명에 어긋나지 않게 하시오" 하는 말을 하여 결국 하경의 예우를 받고 돌아왔다. 제후국의 일개 대부로서 천자를 알현하고 치사를 들을 수 있다는 것은 결코 누구에게나 허용된 것이 아니었다. 그러나 그보다 더욱 영광스러운 것은 일개 대부로서 그 어떤 제후나 왕들보다 춘추시대를 대표하는 훌륭한 정치인으로 인식되고 공자 같은 위대한 후대인에게 그 역할을 당당히 인정받았다는 사실일 것이다.

관중 관련 논어 단편(4개)

3/22
선생님께서 말씀하셨다.

---

3)　구(舅)는 외삼촌 또는 장인이라는 뜻으로 제나라의 개국 군주 강여상이 무왕의 장인이었기 때문에 결국 제나라는 왕족의 외가(外家) 나라가 된다는 점에서 제나라의 대신인 관중을 친근하게 부르는 말이었다.

"관중(管仲)은 그릇이 작구나!"

누군가가 말하였다.

"관중은 검소하였습니까?"

선생님께서 말씀하셨다.

"관중은 세 곳에 저택을 두었고 가신들을 겸직시키지 않았으니 어찌 검소할 수 있었겠느냐?"

"그러면 관중은 예를 알았습니까?"

선생님께서 말씀하셨다.

"임금이 수색문(樹塞門)을 세우면 관중도 역시 수색문을 세우고 임금이 양 군주간의 우호를 위해 반점(反坫)을 두면 관중도 역시 반점을 두었으니 관중을 두고 예를 안다 하면 누군들 예를 모르겠느냐."

子曰;管仲之器小哉!或曰;管仲儉乎?曰;管氏有三歸,官事不攝,焉得儉?然則管仲知禮乎?曰;邦君樹塞門,管氏亦樹塞門.邦君爲兩君之好,有反坫,管氏亦有反坫.管氏而知禮,孰不知禮?

14/10

누군가가 자산(子産)에 대해 묻자 선생님께서 말씀하셨다.

"은혜로운 사람이다."

다시 자서(子西)에 대해 묻자 말씀하셨다.

"그딴 사람이야! 그딴 사람이야!"

다시 관중(管仲)에 대해 묻자 말씀하셨다.

"인물이다. 백씨(伯氏)로부터 병읍(騈邑) 삼백호를 빼앗았지만 백씨는 거친 밥을 먹으면서도 목숨이 다하는 날까지 원망의 말을 하지 않았다."

或問子産.子曰;惠人也.問子西.曰;彼哉!彼哉!問管仲.曰;人也.奪伯氏騈
邑三百,飯疏食,沒齒無怨言.

14/17

자로(子路)가 말했다.

"환공(桓公)이 공자(公子) 규(糾)를 죽였을 때 소홀(召忽)은 따라 죽었으
나 관중(管仲)은 죽지 않았습니다. 어질지 못해서가 아니겠습니까?"

선생님께서 말씀하셨다.

"환공이 아홉 번이나 제후들을 규합하면서 군사력으로 하지 않은 것은
관중의 힘이었다. 그만하면 어질지 않으냐? 그만하면 어질지 않으냐?"

子路曰;桓公殺公子糾,召忽死之,管仲不死.曰;未仁乎?子曰;桓公九合諸
侯,不以兵車,管仲之力也.如其仁!如其仁!

14/18

자공(子貢)이 말했다.

"관중(管仲)은 어진 자가 아니지 않겠습니까? 환공(桓公)이 공자규(糾)
를 죽였을 때 능히 따라 죽지 못했고 오히려 환공을 도왔습니다."

선생님께서 말씀하셨다.

"관중이 환공을 도와 제후들의 패자가 되게 함으로써 크게 한 번 천하
를 바로잡으니 백성들이 오늘날에 이르기까지 그 혜택을 입고 있다.
만약 관중이 없었더라면 우리는 머리를 풀어헤치고 옷깃을 왼쪽으로
여미고 있을 것이다. 어떻게 이름 없는 남녀들의 서로 생각하여줌과

같겠느냐? 스스로 개천에 목을 매어 죽는다 하더라도 아무도 알아주는 사람이 없을 것이다."

子貢曰;管仲非仁者與?桓公殺公子糾,不能死,又相之.子曰;管仲相桓公, 覇諸侯,一匡天下,民到于今受其賜.微管仲,吾其被髮左衽矣.豈若匹夫匹 婦之爲諒也?自經於溝瀆而莫之知也.

공자규 公子糾

공자 규는 제나라 13대 군주 희공의 아들이자 14대 군주 양공의 배다른 동생이었다. 양공이 온갖 포학한 짓을 일삼았기 때문에 그대로 있다가는 자신에게 어떤 화가 닥칠지 알 수 없어서 외가의 나라인 노나라로 망명을 갔다. 그러다가 양공이 결국 계속된 무리한 행각으로 피살되고 잠시 군주로 추대되었던 공손무지마저 죽임을 당하자 제나라는 임금이 없는 상태가 되고 말았다. 거나라에 망명 갔던 공자 소백과 노나라에 망명 갔던 공자 규 사이에는 치열할 경쟁이 벌어지게 되었다. 이 경쟁에서 결국 승리한 소백은 제나라의 환공으로 권력을 잡았고, 노나라에게 규를 죽이도록 요구하자 노나라는 그 요구를 따랐다. 자신이 모시는 사람과 운명을 함께하는 것은 당시로서는 높은 봉건적 가치로 이해되고 있었고, 그것을 절대적 가치로 신봉하기 어렵다는 것이 공자가 시대에 제기한 새로운 질문이었다.

이를테면 관중은 기존의 질서에 백성들의 편익과 안정, 문화적 가치 등을 새로운 기준으로 들고 참여한 셈이었다.

공자 규 관련 논어 단편(2개)

4/17

자로(子路)가 말했다.

"환공(桓公)이 공자(公子) 규(糾)를 죽였을 때 소홀(召忽)은 따라 죽었으나 관중(管仲)은 죽지 않았습니다. 어질지 못해서가 아니겠습니까?"

선생님께서 말씀하셨다.

"환공이 아홉 번이나 제후들을 규합하면서 군사력으로 하지 않은 것은 관중의 힘이었다. 그만하면 어질지 않으냐? 그만하면 어질지 않으냐?"

子路曰;桓公殺公子糾,召忽死之,管仲不死.曰;未仁乎?子曰;桓公九合諸侯,不以兵車,管仲之力也.如其仁!如其仁!

14/18

자공(子貢)이 말했다.

"관중(管仲)은 어진 자가 아니지 않겠습니까? 환공(桓公)이 공자규(糾)를 죽였을 때 능히 따라 죽지 못했고 오히려 환공을 도왔습니다."

선생님께서 말씀하셨다.

"관중이 환공을 도와 제후들의 패자가 되게 함으로써 크게 한 번 천하를 바로잡으니 백성들이 오늘날에 이르기까지 그 혜택을 입고 있다. 만약 관중이 없었더라면 우리는 머리를 풀어헤치고 옷깃을 왼쪽으로 여미고 있을 것이다. 어떻게 이름 없는 남녀들의 서로 생각하여줌과 같겠느냐? 스스로 개천에 목을 매어 죽는다 하더라도 아무도 알아주는 사람이 없을 것이다."

子貢曰;管仲非仁者與?桓公殺公子糾,不能死,又相之.子曰;管仲相桓公, 覇諸侯,一匡天下,民到于今受其賜.微管仲,吾其被髮左袵矣.豈若匹夫匹 婦之爲諒也?自經於溝瀆而莫之知也.

소홀 召忽

소홀은 제나라 13대 군주 희공의 아들 규를 관중과 함께 모시다가 모두 함께 노나라로 망명을 갔다. 규가 소백과의 공위 경쟁에서 밀려나서 결국 처형되자 소홀은 그를 모시던 신하의 입장에서 자결하고 말았다. 이런 주종 관계에서 함께 죽음을 선택하는 것은 과거의 순장(殉葬) 풍습과 함께 춘추시대에는 드물지 않게 볼 수 있는 일이었고, 그것이 충성이라는 가치관과 함께 당대에 어느 정도 남아 있었다.

그러나 공자는 이런 맹목적 봉건질서를 결코 존중하지도 추앙하지도 않았다. 그는 소홀의 죽음에 인(仁)의 의미를 부여하지 않았고, 자로가 따라 죽지 않은 관중에 대해 불인하지 않느냐 하는 말에도 동의하지 않았다. 그것은 공자의 나이 30세 되던 해에 있었던 제표의 난에서 상전이던 맹집(孟縶)을 위해 죽은 종로(宗魯)의 죽음을 조상하려던 금뇌(琴牢)를 신랄하게 비판한 데에서도 일관되게 드러나고 있다.

심지어 공자는 노나라 정공이 제시한 신하는 임금을 섬기고 임금은 신하를 부리는 것이 원칙이 아니냐는 말에도 선선히 동의하지 않음으로써 결국 충성(忠)과 예의(禮)라는 새로운 가치관을 제시했던 것이다.

소홀 관련 논어 단편(1개)

4/17

자로(子路)가 말했다.

"환공(桓公)이 공자(公子) 규(糾)를 죽였을 때 소홀(召忽)은 따라 죽었으나 관중(管仲)은 죽지 않았습니다. 어질지 못해서가 아니겠습니까?"

선생님께서 말씀하셨다.

"환공이 아홉 번이나 제후들을 규합하면서 군사력으로 하지 않은 것은 관중의 힘이었다. 그만하면 어질지 않으냐? 그만하면 어질지 않으냐?"

子路曰;桓公殺公子糾,召忽死之,管仲不死.曰;未仁乎?子曰;桓公九合諸侯,不以兵車,管仲之力也.如其仁!如其仁!

백씨 伯氏

백씨는 제나라의 대부로 추정되지만 어디에도 자세한 역사의 기록은 없다. 다만 관중이 제나라 환공을 도와 행한 대부분의 조치들이 그렇듯이 백씨로부터 병읍(騈邑)의 300호를 빼앗은 것은 백씨에게는 커다란 손해이자 위협이었을 것이다. 그렇지만 그가 아무런 원망의 말도 하지 않았다는 것은 그 조치가 누가 보기에도 객관적이고도 타당한 명분이 있었기 때문일 것이다. 다만 그 조치에 관련된 어떠한 자세한 기록도 남아 있지 않기 때문에 설명하기가 어렵다.

백씨 관련 논어 단편(1개)

14/10

누군가가 자산(子産)에 대해 묻자 선생님께서 말씀하셨다.

"은혜로운 사람이다."

다시 자서(子西)에 대해 묻자 말씀하셨다.

"그딴 사람이야! 그딴 사람이야!"

다시 관중(管仲)에 대해 묻자 말씀하셨다.

"인물이다. 백씨(伯氏)로부터 병읍(騈邑) 삼백호를 빼앗았지만 백씨는 거친 밥을 먹으면서도 목숨이 다하는 날까지 원망의 말을 하지 않았다."

或問子産.子曰;惠人也.問子西.曰;彼哉!彼哉!問管仲.曰;人也.奪伯氏騈

제경공 齊景公

제경공은 제나라의 26대 군주로 기원전 547년에서 490년까지 무려 58년간 재위하였다. 그는 25대 군주 장공의 이복동생이었다. 장공은 신하인 최저(崔杼)의 부인과 사통하는 관계였는데, 최저의 사병들에게 피살되고 말았다. 그 후 최저에 의해 군주로 옹립된 인물이 경공이다. 장공 사후 최저가 우상(右相)이 되고 경봉(慶封)이 좌상(左相)이 되었으나 둘 사이가 좋지 않아 결국 최저는 경공 원년에 자살로 생을 마감하였고, 경봉도 2년 후 전씨(田氏), 포씨(鮑氏) 등 다른 대부들의 공격을 받아 오나라로 달아나고 말았다. 이후 경공은 전씨 가문과 안영(晏嬰) 등의 보필을 받았다.

경공은 궁전을 화려하게 짓기를 좋아하였고, 진귀한 말과 개를 길렀으며, 사치스런 생활을 즐겼다. 또 세금을 많이 부과하고 형벌을 가혹하게 하였다. 그러나 안영이나 진환자(陳桓子) 등이 옆에서 충언을 하면 받아들이는 일도 많았기 때문에 재위 기간 중에 신하들이나 백성들로부터 심각한 도전을 받지는 않았다. 제경공 9년 안영은 진(晉)나라에 가서 숙향(叔向)을 만난 자리에서 제나라의 정치 상황에 대해 다음과 같이 솔직하게 털어놓았다.

제나라의 상황은 말기 상황이라 할 수 있습니다. 제나라는 머지않아 진씨(陳

氏)의 세상이 될 것입니다. 제나라 군주는 백성을 버려 그 백성들이 진씨의 품
으로 돌아가고 있습니다. 제나라 백성들은 생산물을 3등분해서 그 중 둘을 군
주에게 바치고 하나만 자신이 갖습니다. 군주는 그 많은 생산물을 쌓아두어 일
부는 썩거나 좀이 생기고 있지만 백성들은 먹고 입을 것이 부족하여 굶주리고
헐벗고 있습니다. 또 형벌이 가혹하여 시장에는 두 짝이 다 있는 신발은 싸지
만 발목 잘리는 형벌을 받은 백성들이 신는 외짝 신발은 수요가 많아 비싼 실
정입니다. 지금 진씨는 봄에 곡식을 나눠줄 때는 큰 그릇에 나눠주고 가을에
돌려받을 때는 작은 그릇으로 돌려받습니다. 또 산에서 나무를 벌채하여 시장
에 내다팔 때도 운송비나 이윤을 붙이지 않고 산에서와 같은 값으로 팝니다.
비록 덕정을 베풀지는 못하지만 이렇게 백성들의 어려움을 보살펴주니 민심이
그리로 흘러들지 않을 수 있겠습니까?

안영의 말은 다소 과장된 당시의 표현으로 보이지만 경공의 무지하고 욕
심 많은 통치와 그 가운데에서 백성들의 가려운 곳을 긁어주는 진씨의 눈치
빠른 처신을 잘 그려내고 있다.

제경공 31년 노나라에서는 소공이 계평자를 제거하려다가 역습을 당해 제
나라로 도망치는 희대의 사건이 벌어졌다. 제경공은 소공을 야정(野井)에서
맞아 위로하였다. 그리고 이듬해 경공은 노나라의 운(鄆)을 점령하고 그곳에
서 소공이 거처하게 배려하였다. 이는 노나라와의 우호관계를 유지하면서 공
실간의 신의도 지키기 위한 경공의 노력이었을 것이다.

제경공 48년에는 제경공이 축기(祝其, 혹은 夾谷)에서 노정공(魯定公)을 만
나 화평조약을 맺었는데, 그 자리에 공자가 정공을 돕기 위해 참석하였다. 공
자는 제경공을 만나 제나라가 예의를 다해야 할 자리에 내(萊) 땅의 사람들을
동원하여 무력시위를 하는 것의 부당함을 역설하여 이들을 물러나게 하고,
제나라가 강점하고 있던 운, 환(讙), 귀음(龜陰)의 땅을 반환받았다.

『좌전』이 아닌 다른 자료에는 제경공과 공자와의 또 다른 만남들이 기록되어 있다. 이를테면 사마천은 그의 『사기』「공자세가」에서 노소공(魯昭公)이 계평자 제거에 실패하여 제나라로 망명을 가던 해에 35세의 공자도 제나라로 가서 고소자(高昭子)의 가신이 되었는가 하면, 처음으로 소(韶)를 듣고 감격하기도 하였고, 제경공과 만나 정치적 대화를 나누기도 했다고 기록하였다. 특히 공자와 대화를 해본 제경공이 공자를 이계(尼谿)의 땅에 봉하려 하였지만, 안영이 예의나 따지는 유학자를 가까이 두어 도움이 될 것이 없다고 반대하여 결국 공자를 등용하지 않았다는 이야기도 기록되어 있는데, 이는 널리 퍼져 있는 이야기이기도 하다. 그러나 공자가 저 외유(BC 497~BC 484)를 떠나기 전에 제나라를 따로 방문한 적이 있고, 그때 소를 들은 것은 사실로 보이지만 그때가 언제이고 방문 목적은 무엇이었는지 추정조차 하기 어렵고, 그 외 고소자의 가신이 되었다거나 제경공이 대화를 나눠보고 이계의 땅에 봉하려 하였다는 등의 기록은 받아들이기 어려운 이야기가 아닐 수 없다. 물론 그런 내용은 『좌전』에는 기록되어 있지도 않다.

따라서 논어 12/12의 대화는 젊은 시절의 제나라 방문 시기든 축기에서 조약을 체결한 전후 시기든 있었을 수 있는 대화라 하겠지만 18/3의 대화는 신빙성이 지나치게 결여되어 있다. 그리고 그 단편이 수록된 곳이 신뢰하기 어려운 단편들만 주로 모인 논어 제18편이라는 사실도 한 증거라 할 수 있다.

경공은 재위 58년을 끝으로 기원전 490년에 병으로 세상을 떠났다. 제나라 사람들은 그의 장례에 600마리의 말을 순장하여 형식적으로나마 그의 권위를 세워주었다. 그러나 그가 죽은 이후 군주가 된 사람들은 1년도 채우지 못한 안유자(安孺子)를 비롯하여 도공도 4년, 간공도 4년 등으로 짧아서 군주의 위상을 제대로 세우지 못했다. 결국 어리석은 군주 경공을 거치면서 제나라는 강씨(姜氏)의 명맥을 다하고 점점 진씨(陳氏)의 세월을 향해 다가가고 있던 셈이다.

제경공 관련 논어 단편(3개)

12/12

제(齊)나라 경공(景公)이 공자에게 정치에 대해 묻자 공자께서 대답하셨다.

"임금은 임금답고 신하는 신하다우며 아버지는 아버지답고 자식은 자식다워지는 것입니다."

경공이 말했다.

"좋은 말이오. 진실로 만일 임금이 임금답지 못하고 신하가 신하답지 못하며 아버지가 아버지답지 못하고 자식이 자식답지 못하다면 비록 곡식이 있더라도 내가 먹을 수가 있겠소?"

齊景公問政於孔子.孔子對曰;君君,臣臣,父父,子子.公曰;善哉!信如君不君,臣不臣,父不父,子不子,雖有粟,吾得而食諸?

16/12

('진실로 부유함 때문이 아니라 역시 다른 까닭으로 인함이네.')

"제나라의 경공(景公)은 사두마차 천 대를 가지고 있었으나 죽는 날에 백성들이 덕이 있다 일컫지 않았다. 백이숙제는 수양산 아래에서 굶어 죽었지만 백성들이 오늘에 이르기까지 그들을 일컫고 있다. 그것은 바로 이런 것을 말하는 것이 아니겠느냐?"

(誠不以富,亦祇以異.)齊景公有馬千駟,死之日,民無德而稱焉.伯夷叔齊餓于首陽之下,民到于今稱之.其斯之謂與?

18/3

제나라의 경공(景公)이 공자를 대우하는 문제로 말했다.

"계씨와 같이 대우한다면 나는 못하겠고 계씨와 맹씨의 중간 정도로는 대우하겠소."

또 말했다.

"내가 늙어서 등용할 수가 없소."

공자께서는 떠나가셨다.

齊景公待孔子曰;若季氏,則吾不能,以季孟之間待之.曰;吾老矣,不能用也.孔子行.

최자 崔子

최자는 신분을 고려한 당시의 존칭으로 본명은 최저(崔杼)였다. 제나라의 대부였던 그는 원래는 강성(姜姓)이었지만 최(崔) 땅을 식읍으로 받았기 때문에 그 지명을 씨로 쓰게 되었다. 대부로서의 그의 초기 행적에 관하여는 제혜공(齊惠公, BC 609~BC 599) 때에 각별한 총애를 받았다는 사실 외에는 자세한 기록이 없다. 그러나 혜공이 죽자마자 그동안 최저로부터 핍박을 받을까 전전긍긍하던 전통적인 두 귀족 가문, 고씨(高氏)와 국씨(國氏)로부터 공격을 받아 위(衛)나라로 도망갔다고 한다. 이 간단한 기록만 보더라도 그가 원만한 인물이 못 된다는 것을 느낄 수 있을 것이다.

그의 이름이 다시 등장하는 것은 제영공(齊靈公) 8년인 기원전 574년이다. 혜공이 죽은 해부터 영공 8년까지는 25년이라는 긴 세월이 가로놓여 있는데, 이 기간 동안 최저가 위나라에서 무슨 일을 했고 또 언제 어떻게 제나라로 돌아왔는지는 아무런 기록이 없다. 어쨌든 제영공 8년의 그는 제법 나이가 들었을 것이다. 그 해 영공은 그를 대부로 삼았다. 그 후 제나라에도 제법 복잡한 정치적 격변이 있었지만 최저는 간헐적으로 등장할 뿐 어떤 결정적 역할을 하는 모습은 보이지 않는다.

어느 나라나 마찬가지로 정치적 격변은 권력자의 죽음과 그에 따른 후계자 옹립 문제를 둘러싸고 전개되었다. 제영공에게는 노나라에서 맞은 정부인이 있었으나 그녀에게는 아들이 없었다. 대신 그녀가 시집올 때 데리고 온 질녀가 있었는데, 영공은 그 질녀가 낳은 아들 광(光)을 태자로 삼았다. 그 후 영공은 자씨(子氏)의 여자 중에서 중자(仲子)와 융자(戎子)라는 두 여자를 후실로 두었고, 그 중에서 융자를 특별히 사랑하였다. 그런데 융자에게는 아들이 없었고 중자가 아들 아(牙)를 낳았다. 중자는 영공의 사랑을 받는 융자에게 자신의 아들 아를 맡겨 뒤를 부탁하였다. 융자는 영공에게 아를 태자로 삼도록 청원하니 영공은 이를 받아들였다. 영공이 기왕에 태자로 세운 광을 폐하려 하자 오히려 아의 생모인 중자가 나서서 도리에 어긋나는 일일 뿐 아니라이미 태자 광은 군주를 대신하여 제후들의 회합에도 참여할 만큼 입지를 구축하고 있는 점을 들어 반대했다. 그렇지만 영공은 듣지 않았다. 영공은 태자 광을 동쪽 땅으로 쫓아내고 아를 태자로 삼았다. 그리고 고위 권력자들을 아의 스승으로 배치했다.

얼마 후 영공이 늙어 병석에 눕고 더 이상 정사에 간여하지 못하게 되자 서서히 최저의 본색이 드러나기 시작했다. 최저는 광을 동쪽 땅에서 다시 도읍으로 불러들이는가 하면 태자의 지위도 회복시켰다. 태자로 복귀한 광은 아의 양모로서 태자 교체를 청원했던 융자를 죽여 그 시체를 조정에 전시하였다. 『좌전』은 이 조치가 지나친 비례(非禮)였음을 비판하고 있다. 곧 이어 영공이 죽고 태자 광이 즉위하니 그가 곧 장공(莊公)이다. 장공은 즉위하자마자 바로 경쟁자이기도 했던 어린 동생 아를 잡아 가두었다. 최저는 제나라의 유서 깊은 권력가문의 대부 고후(高厚)를 죽이는가 하면 그 가문의 재산을 몰수해 자신이 차지하였다. 최저도 지독한 데가 있었지만 장공은 어쩌면 최저보다 더 심한 면이 있었다.

이후 최저는 자신이 세웠다고 해도 과언이 아닌 장공과의 사이에서 여자 문제로 심각한 갈등을 겪게 된다. 비극적 사태의 전개는 이러했다. 제나라의 당공(棠公)이라는 사람의 부인이 대단한 미인이었는데, 그녀는 최저의 가신인 동곽언(東郭偃)의 누나였다. 당공이 죽자 동곽언은 최저를 수레에 태우고 가서 함께 조문을 했는데, 그때 최저는 미망인 강씨(姜氏)를 보고 그 미모에 반해버렸다. 최저는 마침 상처를 하여 혼자 지내고 있었기 때문에 강씨를 자신의 처로 삼으려 하였다. 이에 강씨의 동생인 동곽언은 "부부란 서로 성이 달라야 하는 법인데 두 분은 같은 강씨이기 때문에 부부가 될 수 없습니다" 하고 만류했다. 이에 최저는 결혼에 대하여 점(占)을 쳤는데 그 결과를 보고 사관들은 모두 "길합니다" 하였다. 그런데 진문자(陳文子)만은 흉하다며 반대를 했다. 최저는 진문자의 반대에도 불구하고 "과부인데 뭐가 어떠냐?"며 끝내 강씨를 부인으로 삼았다.

문제는 바로 이 미모의 여인을 군주인 장공이 좋아하게 되었다는 것이다. 어떻게 장공이 이 여인을 좋아하게 되었는지 자세한 기록이 없어 알 수 없지만 장공은 강씨와 불륜의 정을 통하였고, 자주 최저의 집에 드나들곤 했다. 최저의 감정이 상한 것은 당연한 일이었다. 그러나 막나가기로는 최저를 능가하는 장공인지라 한번은 최저의 집에 갔다가 그의 관(冠)을 들고 나와 제3자에게 하사하기까지 하였다. 수행자가 지나친 일이라고 만류하였지만 장공은 "최저를 어떻게 하는 것도 아닌데 최저의 관쯤이야 무슨 상관인가?" 하며 말을 듣지 않았다. 이런 일들로 인하여 최저는 장공에게 원한을 품게 되었다. 당시 장공은 무리할 정도로 대국 진(晉)나라를 향한 군사도발을 일삼고 있었기 때문에 최저는 장공을 죽이면 진나라가 좋아할 것이라는 판단 하에 그를 제거할 기회를 호시탐탐 노리게 되었다.

장공 6년, 기원전 548년 5월에 거(莒)나라의 군주가 제나라를 찾아와서 장공이 크게 향연을 베풀었다. 그 자리에 최저는 일부러 병을 핑계로 나오지 않았다. 장공은 향연을 끝내고 나서 최저를 병문안 한다며 그의 집을 찾았는데, 결국 그날도 병문안의 끝은 강씨의 뒤를 좇는 것이었다. 강씨는 방으로 들어가 최저와 함께 옆문으로 빠져나갔다. 장공은 방에서 기둥을 부여잡고 노래를 불렀다. 그것은 여자를 불러내기 위한 당시의 일반적 신호였다. 한편 장공에게는 가거(賈擧)라는 시종자가 있었는데, 한번은 장공이 그를 심하게 매질한 일이 있었다. 그러고도 그를 여전히 신변 가까이에 두었지만 가거는 원한을 품고 복수의 기회를 노리고 있었다. 마침 그날 가거는 장공이 들어간 최저의 집으로 들어가 다른 수행원들이 들어오지 못하게 문을 모두 안에서 걸어 잠가버렸다. 이윽고 최저의 지시를 받은 무장병사들이 들이닥쳤다. 장공은 몸을 피해 대에 올라가 병사들에게 청을 했지만 들어주지 않았다. 맹약을 맺자고 하여도 허락하지 않았고 종묘에서 자살하겠다고 해도 들어주지 않았다. 병사들은 "군주님의 신하인 최저는 병환이 중하여 군주님의 명을 받들 처지가 못 됩니다. 이곳은 군주님이 계신 궁궐에서 가까워 저희들은 경비를 하고 있었는데, 음탕한 자가 출몰하였다 하여 잡으러 다니고 있을 뿐입니다. 저희는 그저 최저님의 명령만 수행할 뿐입니다" 하고 장공의 지시를 듣지 않았다. 결국 장공이 달아나 담을 넘으려 함에 병사들이 화살을 쏘아 다리를 관통하니 담장 아래로 떨어졌다. 병사들이 달려가 그를 죽였다. 그날 장공만 죽은 것이 아니라 장공의 측근들도 무장병력에 의해 모조리 죽음을 당하였다. 『좌전』이 그날 죽은 제나라 권력자들의 이름을 열거한 것만 해도 열 명이 넘는다. 명재상 안평중도 이날 최저의 집을 찾아가 군주의 시신을 확인하고 엎드려 절하며 예를 표했다. 그러자 누군가가 안평중도 죽여야 한다고 주장했지만, 최저는 "그는 백성들의 신망을 크게 받고 있으니 살려주는 것이 백성들의 마음을 얻는 길이다" 하고 살려주었다. 살아남은 여러 공자들과 장공의 측근들은 다른 나라로 모두 도망가고 말았다. 공자가 네 살 되던 해, 제나라에서 일어난 이 엄청난 사건은 후대의 역사에서 "최저의 난"(崔杼之亂)으로 명명되었다.

최저는 영공의 아들이자 죽은 장공의 이복동생인 저(杵)를 군주로 세웠으니 그가 저 유명한 경공(景公)이다. 경공은 노나라의 숙손선백(叔孫宣伯)이 제나라에 가 있을 때 숙손환(叔孫還)이 자신의 딸을 영공에게 주어 낳은 아들이었다. 경공을 세운 최저는 승상이 되었고, 경봉(慶封)을 좌상으로 삼았다. 훗날 매우 유명한 이야기 하나가 바로 이 사건에 관한 역사기록을 둘러싸고 나왔다. 제나라의 대사(大史)는 그날의 역사를 기록하면서 "최저가 그 군주를 시해하였다"(崔杼弑其君)고 적었다. 그러자 최저가 대사를 죽였다. 대사의 아우가 다시 그렇게 쓰니 또 그 아우를 죽였다. 그 아래 아우가 또 그렇게 쓰니 이번에는 최저도 어찌지 못하고 내버려두었다. 남사씨(南史氏)가 대사들이 모두 죽었다는 소식을 듣고 또 기록하려고 죽간을 들고 왔다가 이미 사실대로 기록이 되었다는 말을 듣고서야 되돌아갔다. 이 짧지만 유명한 이야기는 후세에 역사 기록의 엄정성을 둘러싸고 수없이 되풀이 인용되었다.

누군가의 조사에 의하면, 춘추시대에 신하가 임금을 죽인 것은 『춘추』 244년의 기록에서 36번이나 등장한다고 하니 최저의 장공 시해가 결코 드문 일은 아니었다. 그러나 최저의 난에서는 엄청나게 많은 사람들이 죽었고, 그 여파가 길게 이어졌을 뿐 아니라 수많은 사람들이 타국으로 망명을 가게 되어 더욱 유명해졌던 것 같다. 따라서 훗날 공자 만년에 제나라에서 진성자(陳成子)가 간공(簡公)을 시해한 일과 더불어 춘추시대의 2대 군주 시해사건으로 알려지게 된 것은 나름대로 이유가 있었던 것이다.

최저는 장공을 시해한 이후 공포정치를 실시하였다. 그는 제나라의 시조 강태공(姜太公)을 모신 사당에 조정 대신들을 모아놓고 "최씨와 경씨(慶氏)에게 맞서지 않겠다"는 맹세를 하게 하였다. 또 최저는 장공을 장사 지내면서도 장례 가마에 쓰는 장식용 부채를 네 개만 쓰게 하는 등 모든 격식을 낮게 하였다. 그 후 최저는 어떻게 되었을까.

최저에게는 원래 전처가 낳은 성(成)과 강(彊)이라는 두 아들이 있었다. 후에 당공의 미망인 강씨(姜氏)를 후처로 맞아 아들 명(明)을 낳았다. 그런데 후처인 강씨는 죽은 남편 당공과의 사이에서 낳은 당무구(棠无咎)라는 아들이 있어 최저와 결혼할 때 그를 데리고 왔다. 당무구는 외삼촌인 동곽언과 함께 최저의 집안일을 돕고 있었다. 큰아들 최성은 병이 있어 후계자로 삼을 수 없었기에 최저는 강씨에게서 낳은 명을 후계자로 정하였다. 나중에 큰아들 성은 늙으면 최읍에 물러나 있겠다고 아버지에게 청원하였는데, 최저는 그 요구를 수락하였다. 그랬더니 당무구와 그의 외삼촌 동곽언은 최읍은 최씨의 종주읍으로서 최씨 조상의 사당이 있는 곳이니 만큼 반드시 후계자인 명에게 주어야 한다고 반발했다. 이에 전처 소생의 성과 강이 화를 내며 당무구와 동곽언을 죽일 계획을 세웠다. 그들은 주변의 도움이 필요하여 아버지 최저와 나랏일을 함께하고 있는 경봉에게 의견을 물었다. 경봉은 다시 주변에 의견을 물었더니 누군가가 "최씨의 박복은 경씨의 다복이 됩니다" 하는 악한 조언을 하였다. 이에 경봉은 최저의 두 아들에게 "만약 그렇게 하는 것이 아버지에게 좋은 것이라면 그렇게 하게" 하고 말았다. 이에 두 아들은 최씨 가문의 정사를 논의하는 자리에서 당무구와 동곽언을 죽였다. 노한 최저가 집을 나가려고 했지만 가신들이 모두 도망쳐서 수레를 준비할 사람조차 없었다. 결국 내시에게 수레를 몰게 하여 경봉을 찾아가 도움을 청하니, 경봉은 "최씨 가문과 경씨 가문은 하나입니다. 제가 그들을 징계하겠습니다" 하고는 징계를 빙자하여 성과 강을 위시한 최씨 일족을 모조리 죽여버리고 말았다. 최저의 부인 강씨는 그 자리에서 목을 매어 죽었고, 최저는 나중에 다시 집으로 돌아가 처참한 현장을 목격하고는 역시 목을 매어 죽고 말았다. 최저의 난으로 중원 천하에 그의 악명을 떨친 지 불과 두 해 후에 일어난 비참한 사태였다.

이후 제나라의 정치는 경봉의 손에 들어가 온갖 사람들이 그의 집으로만 몰려들었다. 그렇지만 그도 불과 몇 달 지나지 않아 국내 반대세력들과 최저의 난 때 외국으로 망명했다가 돌아온 사람들이 연대하자 노나라로 망명하는 신세가 되고 말았다. 그러나 제나라의 항의를 받고 노나라도 그를 축출하자 경봉은 결국 오나라로 가서 망명 생활을 하게 되었다. 오나라 군주 구여(句餘)는 많은 땅을 내주며 경봉을 정착하게 하였다. 그렇지만 6년 만인 기원전 539년에 초나라 대부 굴신(屈申)이 채(蔡)·진(陳)·허(許) 등의 연합군을 이끌고 오나라를 공격했을 때 제나라에서 저지른 죄를 물어 그를 무참히 처형하고 말았다.

최자 관련 논어 단편(1개)

5/19
자장(子張)이 물었다.
(중략)
"최자(崔子)가 제(齊)나라 임금을 시해하자 진문자(陳文子)는 가지고 있던 말 십승을 버리고 제나라를 떠나 다른 나라에 이르러 말하기를 '우리나라 대부 최자와 같다' 하고 거기를 떠나 또 다른 나라로 가서 역시 말하기를 '우리나라 대부 최자와 같다' 하고 떠났으니 그 사람됨이 어떠합니까?"

선생님께서 말씀하셨다.

"맑다."

자장이 말하였다.

"어질지는 않습니까?"

선생님께서 말씀하셨다.

"모르겠다. 어떻게 어짊을 얻었겠느냐?"

子張問曰;令尹子文三仕爲令尹,無喜色,三已之,無慍色.舊令尹之政,必以告新令尹,何如?子曰;忠矣.曰;仁矣乎?曰;未知,焉得仁?崔子弑齊君,陳文子有馬十乘,棄而違之.至於他邦,則曰;猶吾大夫崔子也,違之.之一邦,則又曰;猶吾大夫崔子也.違之, 何如?子曰;淸矣.曰;仁矣乎?曰;未知,焉得仁?

진문자 陳文子

진문자의 본명은 진수무(陳須無)로 그는 일찍이 진나라의 정변을 피해 제나라로 망명을 와서 정착한 진완(陳完, 田敬仲)의 증손자였다. 그리고 후에 간공(簡公)을 시해하는 전상(田常)의 증조할아버지이기도 하다. 그는 최저와 동시대의 제나라 대부로, 최저보다는 나이가 다소 적었을 것이다. 문(文)이라는 시호를 얻은 대부분의 인물들과 마찬가지로 그는 덕성이 뛰어났고 욕심이 없는 사람이었다.

『좌전』 노양공 22년조에 처음 등장하여 28년까지 7년간 활약상을 보이는데, 군주나 다른 대부들이 중요한 판단을 해야 하는 시점에 적절하고 안목 있는 조언을 하는 것이 주된 역할이었다. 그는 특히 예에 대해 많이 알고 있어 외교적 담판을 하는 자리에서 자주 모습을 보였다. 그러나 그가 균형 있는 조언을 하는 것 외에 특별히 역사의 흐름을 좌우하는 모습은 별로 보이지 않는다.

논어 공야장편 19장에 등장하는 자장의 질문을 보면, 진문자는 최저의 난(BC 548) 이후 다른 나라로 망명을 간 것처럼 그려져 있는데, 이는 어쩌면 자장에게 잘못 알려진 역사 지식이었던 것 같다. 『좌전』의 기록을 볼 때 진문자는 최저의 난 때 죽지도 않았고 망명을 간 것 같지도 않기 때문이다. 진문자는 경공 2년(BC 546)에도 여전히 제나라에 있었고, 그 해 제후국들이 더 이상 전쟁을 하지 말고 평화롭게 지내자고 의견을 모을 때 제나라도 그에 찬성하도록 요인들을 설득하는 역할을 하고 있다. 자장의 말은 아마 최저의 난 때 워낙 많은 제나라의 대부들이 죽거나 망명했기 때문에 최저와 도저히 같은 편이 되기 어려운 진문자도 망명을 떠났던 것으로 잘못 알려진 데에서 나온 이야기가 아닌가 한다. 왜냐하면 최저의 난과 자장의 질문 사이에는 70년 가까운 세월이 가로놓여 있었기 때문에 그런 와전도 충분히 있을 수 있기 때문이다. 그러나 논어 단편의 내용이 역사적 사실과 일치되지 않는 부분이 있다 하더라도 질문과 답변이 가지고 있는 의미와 의의가 달라지지는 않을 것이다.

진문자 관련 논어 단편(1개)

5/19

자장(子張)이 물었다.

(중략)

"최자(崔子)가 제(齊)나라 임금을 시해하자 진문자(陳文子)는 가지고 있던 말 십승을 버리고 제나라를 떠나 다른 나라에 이르러 말하기를 '우리나라 대부 최자와 같다' 하고 거기를 떠나 또 다른 나라로 가서 역시 말하기를 '우리나라 대부 최자와 같다' 하고 떠났으니 그 사람됨이 어떠합니까?"

선생님께서 말씀하셨다.

"맑다."

자장이 말하였다.

"어질지는 않습니까?"

선생님께서 말씀하셨다.

"모르겠다. 어떻게 어짊을 얻었겠느냐?"

子張問曰;令尹子文三仕爲令尹,無喜色,三已之,無慍色.舊令尹之政,必以告新令尹,何如?子曰;忠矣.曰;仁矣乎?曰;未知,焉得仁?崔子弑齊君,陳文子有馬十乘,棄而違之.至於他邦,則曰;猶吾大夫崔子也,違之.之一邦,則又曰;猶吾大夫崔子也.違之, 何如?子曰;淸矣.曰;仁矣乎?曰;未知,焉得仁?

안평중 晏平仲
안영(晏嬰)

안평중은 제나라의 대부 안영(晏嬰)이다. 성은 안(晏), 이름은 영(嬰). 자는 중(仲), 시호는 평(平). 보통 안영(晏嬰) 또는 안자(晏子)로 많이 불린다. 그의 아버지 안약(晏弱, 晏桓子)도 어진 사람으로 유명했다.

일반적으로 춘추시대의 4대 현자(賢者)로 오나라의 계찰(季札), 정나라의 자산(子産), 진나라의 숙향(叔向), 제나라의 안영(晏嬰)을 꼽는다. 그가 대부가 된 것은 제영공(齊靈公) 26년, 기원전 556년이었다. 그 해에 아버지 안약이 죽자 그는 거친 베옷을 입고 삼으로 꼰 띠를 머리와 허리에 두르고 지팡이를 짚고 짚신을 신으며 죽을 먹고 여막에서 기거하면서 풀로 만든 베개를 썼다. 한마디로 상례를 매우 철저하고 원칙대로 했던 것이다. 그래서 노인들이 대부가 행할 예는 아니다, 즉 이제 신분이 높아졌으니 약간 줄여서 해도 된다고 했지만 그는 "경(卿)들이나 대부에 상응하는 예를 행하시겠지요" 하며 거절했다.

노양공 23년 제나라 영공이 진(晉)나라를 치려하자 안영이 "진나라를 치면 안 됩니다. 성공하지 못하면 다행이지만 성공하게 되면 반드시 후환이 뒤따르게 될 것입니다" 하였다. 그러나 영공은 듣지 않고 진나라를 쳐서 조가(朝歌)를 점령했다. 결국 제나라는 얼마 후 진나라의 보복으로 대가를 치러야 했다.

기원전 554년, 28년간 재위했던 제영공이 죽고 장공이 즉위했지만 그는 몇 년 후 대부인 최저의 아내와 정을 통하여 재위 6년째인 기원전 548년 결국 격분한 최저의 부하들에 의해 시해되고 말았다. 소위 '최저의 난'이라 불리는 이 정변에서 수많은 사람들이 죽었다. 안영은 사건 현장 바깥에 있다가 군주와 함께 죽을 것인가 아니면 외국으로 망명을 떠날 것인가를 묻는 누군가의 질문을 받고 "군주가 국가 사직을 위해 죽었다면 함께 죽고, 국가 사직을 위해 도망가면 함께 도망가겠지만 자신을 위해 죽었다면 누가 함께 죽고 도망을 치겠는가?" 하면서 문이 열리자 안으로 들어가 군주의 시신을 자신의 다리 위에 올려놓은 다음 곡을 한 후 일어나 세 번 뛰는 예를 표한 다음 자리를 떠났다. 최저 측의 누군가가 안영을 죽여야 한다고 했지만 최저는 "안영은 백성들의 신망이 두터운 만큼 그를 살려두어야 백성들의 지지를 얻을 수 있다"고 하였다.

최저의 난이 있고 나서 2년 뒤 경봉은 최저의 자살로 반사 이익을 누렸지만, 최저가 죽었다는 소식을 듣고 주변 여러 나라로 망명을 갔던 대부들이 돌아와 권력 질서를 재편하고자 하였다. 결국 자미(子尾) 등이 주동이 되어 경봉의 아들 경사(慶舍) 등을 죽이고 정변을 일으키자 마침 사냥을 나갔다가 돌아오던 경봉은 항전을 하였으나 이기지 못하고 노나라로 달아나고 말았다. 제나라는 되돌아온 대부들에게 잃었던 채읍을 돌려주고 관직을 부여하면서 안영에게도 패전(邶殿)에 예속된 60여 곳의 토지를 하사하였다. 그러나 안영은 받기를 거절하였다. 자미가 그 이유를 묻자 안영은 이렇게 말하였다.

경봉은 욕심을 채우다 쫓겨나게 되었습니다. 제가 가진 땅은 욕심에 족한 것이 아니지만 패전 땅을 받게 되면 족하게 됩니다. 그렇게 되면 저도 쫓겨날 날이 곧 다가올 것입니다. 쫓겨나면 모든 것을 잃을 텐데 분수에 맞게 누리는 것이 나을 것입니다.

노양공 29년 오나라의 계찰(季札)이 군주가 새로 즉위하였음을 각 제후국에 알리러 다니는 길에 노나라에 들러 저 유명한 천하의 악곡을 모두 듣고 일일이 평가한 다음 제나라로 와서 안영을 만났다. 그를 만나 크게 반가워한 계찰은 안영에게 이렇게 조언했다.

당신은 빨리 가지고 있는 읍과 관직을 반납하시오. 읍도 관직도 없어야 환난을 면할 것이오. 제나라 정권은 장차 다른 사람의 손으로 넘어갈 것이오. 돌아갈 곳을 찾을 때까지는 환난이 계속될 것이오.

이 말에 안영은 그대로 모든 영유 읍과 관직을 반납하여 환난을 피했다.
노소공 3년, 제나라의 군주가 안영을 진나라에 보내 소강(少姜)의 이른 죽음으로 상처를 한 진나라 군주와 다시 혼인관계를 맺도록 협의하도록 했다. 그 협의가 잘 진행되면서 마련한 주연의 자리에서 숙향은 내밀한 나라 사정을 물었고 안영은 다음과 같이 답했다.

제나라의 상황은 말기 상황이라 할 수 있습니다. 제나라는 머지않아 진씨(陳氏)의 세상이 될 것입니다. 제나라 군주는 백성을 버려 그 백성들이 진씨의 품으로 돌아가고 있습니다. 제나라 백성들은 생산물을 3등분해서 그 중 둘을 군주에게 바치고 하나만 자신이 갖습니다. 군주는 그 많은 생산물을 쌓아두어 일부는 썩거나 좀이 생기고 있지만 백성들은 먹고 입을 것이 부족하여 굶주리고 헐벗고 있습니다. 또 형벌이 가혹하여 시장에는 두 짝이 다 있는 신발은 싸지만 발목 잘리는 형벌을 받은 백성들이 신는 외짝 신발은 수요가 많아 비싼 실정입니다. 지금 진씨는 봄에 곡식을 나눠줄 때는 큰 그릇에 나눠주고 가을에 돌려받을 때는 작은 그릇으로 돌려받습니다. 또 산에서 나무를 벌채하여 시장에 내다팔 때도 운송비나 이윤을 붙이지 않고 산에서와 같은 값으로 팝니다. 비록 덕정을 베풀지는 못하지만 이렇게 백성들의 어려움을 보살펴주니 민심이 그리로 흘러들지 않을 수 있겠습니까?

이에 대해 숙향도 솔직히 말했다.

그렇습니까? 저희 진나라 공실도 역시 말세입니다. 군마가 부족하여 전차에 맬 말이 없고 경(卿)이 길을 나서도 따르는 군졸이 없습니다. 백성들은 피폐한데 궁실은 사치합니다. 정권은 군주의 손에서 벗어나 권문세가의 수중에 가 있어서 백성들이 의지할 곳이 없습니다. 그런데도 군주는 반성은커녕 오락의 즐거움에만 빠져 있습니다.

물론 이런 대화는 훗날 강씨(姜氏)의 제나라가 진씨(陳氏)의 나라로 변하고 강대국 진(晉)나라가 조(趙), 한(韓), 위(魏) 세 나라로 분열되는 데에서 소급하여 기록된 것인지도 모른다.

노소공 6년, 제나라 군주는 북연(北燕)나라를 쳐서 북연나라 군주를 들여보내려 했다. 이에 안자는 이렇게 말했다.

들여보내지 못할 것이다. 현재 북연나라 군주는 백성들이 한마음으로 받들고 있습니다. 그런데 우리 군주께서는 뇌물을 받으시고 주변사람들은 아첨만 하고 있습니다. 큰일을 하는 데 신의로서 하지 않는다면 이루어지지 않을 것입니다.

노소공 20년에 경공의 몸에 피부병이 나서 1년이 넘도록 낫지를 않아서 고민하고 있었다. 그러자 양구거(梁丘據)와 예관(裔款)이 나서서 "이는 축관과 사관의 죄이므로 축관 고(固)와 사관 은(囂)을 처형하여 찾아오는 외국 사신들에게 변명을 삼으십시오" 하였다. 경공은 안영에게 그것을 물었다. 그러자 안영은 "축관과 사관을 처형해서는 안 됩니다. 축관이나 사관이 진실한 마음으로 신에게 고하여야 신으로부터 복을 받고 장수하게 되는 것입니다. 군주가 덕이 있으면 내외상하가 원망이 없고 어긋남이 없게 되는 것입니다" 하였다. 경공이 그 말을 듣고 모든 관헌들로 하여금 정사를 관대히 하도록 하였다.

또 얼마 후 경공이 사냥에서 돌아옴에 양구거가 달려와 맞이하였다. 그러자 경공이 "나와 양구거만이 마음이 맞는다(和)" 하였다. 이에 안영이 "양구거도 역시 군주님께 맞장구치는 사람입니까?" 하였다. 이에 경공과 안영 간에 화(和)와 동(同)을 둘러싼 토론이 벌어졌다. 안영은 "화는 국을 끓이는 일과 같아서 물과 불, 초와 장, 소금, 매실 등이 적절히 조화가 되어야 국맛이 나는 것입니다. 그처럼 군주가 하는 말에 혹 좋지 못한 점이 있으면 제거하거나 바꾸도록 해야지 맞장구만 친다면 마치 물에 물로 간을 맞추는 것과 같으니 누가 맛을 느끼겠습니까?" 하였다.

소공 26년에 제나라 하늘에 혜성이 나타나 경공이 제사를 지내 빌어 없애라고 하였다. 이에 안자가 "그것은 무익한 행위입니다. 신을 속이는 일입니다. 하늘에 혜성이 나타남은 더러운 것을 없애자는 것인데 군주께서 더러운 것이 없으면 제사를 지내 털어낼 것이 뭐가 있습니까? 또 군주님이 더러운 것이 있으면 제사를 지낸다고 없어질 것입니까?" 하였다. 경공이 기뻐하고 제사를 지내라고 한 것을 취소시켰다.

사마천이 열전을 엮을 때 안영을 관중과 함께 묶어 「관안열전(管晏列傳)」이라 하였기 때문에 비중이 관중에 필적할 만큼 높아졌는데, 사마천은 스스로 안영의 말채찍을 잡는 마부가 되기를 사양하지 않을 만큼 그를 흠모한다고 평하기도 했다. 그러나 사마천이 『안자춘추(晏子春秋)』를 보고 쓴 「관안열전」의 두 일화는 안영의 일화라기보다는 그의 주변 인물에 관한 일화로 보아야 할 것들로 『좌전』에 기록된 것들보다 크게 두드러진 것이 없다. 안영은 훌륭한 대부이기는 했지만 무사공정(無私公正)과 충성심 이상의 덕성이나 지혜를 보여준다고 보기는 어렵지 않나 생각한다. 공자가 그에 대해 남달리 인정한 면모인 "오래되어도 공경하는 마음을 잃지 않았다는 것"(久而敬之)도 그런 수준의 덕성으로 보인다.

안평중 관련 논어 단편(1개)

5/17
선생님께서 말씀하셨다.
"안평중(晏平仲)은 사람들과 사귀기를 잘 하였는데 오래 사귀어도 상대
방을 공경하였다."
子曰;晏平仲,善與人交,久而敬之.

간공 簡公

간공은 제나라의 제29대 군주였다. 그는 재위 4년 만에 대부 포목(鮑牧)에게
시해된 28대 군주 도공의 아들로, 그 자신도 역시 재위 4년 만에 진성자(陳成
子)에게 시해되었다는 점에서 비극적인 군주가 아닐 수 없다. 그가 시해된 것
은 기원전 481년이었으며, 공자가 71세 되던 해였다.

간공은 과거 아버지 양생과 함께 노나라에 가서 망명생활을 할 때 총애하
던 신하 자아(子我) 감지(闞止)를 군주가 된 후에도 총애하였다. 그러나 감지
는 역시 중책을 맡고 있던 신하 진성자와 매우 사이가 나빴다. 전앙(田鞅)은
간공에게 "감지와 진성자는 둘을 함께 쓸 수는 없으니 둘 중 한 사람만 선택
하십시오" 하고 건의하였지만 간공은 듣지 않았다. 두 사람의 관계는 이런저
런 사건들이 이어지는 과정에서 점점 나빠져서 결국 감지가 진성자 일족을

모두 제거하려는 생각을 갖기에 이르렀다.

진씨 일족은 결국 감지를 내몰지 않고 있다가는 자신들이 내몰릴 수밖에 없다고 보고 감지를 타도하기로 결정하였다. 어느 날 진성자는 형제들과 네 대의 수레에 나눠 타고 대궐로 진입하였다. 감지가 일 보는 방에 있다가 나와서 이들을 맞았다. 내부로 들어간 이들은 문을 안에서 잠갔다. 시종 드는 사람들이 나와 이들을 막자 진표가 나서서 그들을 죽였다. 간공은 마침 여인들과 단대(檀臺)에서 술을 마시고 있었는데, 진성자는 간공을 본전으로 옮겨가게 하였다. 간공이 크게 화를 내자 진성자는 당황하여 주저하였는데 그때 진표가 칼을 빼어들고 나와서 "만약 당신께서 주저한다면 내가 그냥 있지 않겠습니다" 하고 위협하였다.

그 사이에 감지는 자신의 집으로 돌아가 무리를 모아 궁궐로 달려갔으나 진씨 일족을 당해낼 수 없었다. 결국 감지는 달아나다가 풍구(豊丘) 사람들에게 잡혀서 연락을 받고 달려온 진씨 일파의 손에 피살되었다. 얼마 후 진성자는 간공을 서주(舒州)에서 체포하여 가두었다. 간공은 "내 일찍이 전앙의 말을 들었더라면 이런 꼴을 당하지 않았을 텐데" 하고 후회하였다. 진성자는 결국 간공을 죽이고 말았다. 원래 진성자는 간공까지 죽이려 했던 것은 아니었던 것 같지만 감지와 도저히 공존할 수 없는 상태에서 그를 제거하기 위해서는 간공까지 죽이지 않을 수 없는 상황으로 몰리고 말았던 것이다.

『좌전』에 의하면 노나라의 공자는 사흘간 목욕재계를 하고 노애공(魯哀公)에게 제나라를 칠 것을 세 차례나 청하였다. 애공은 "노나라가 제나라보다 약해진 지가 오래인데 제나라를 치자하니 어쩌자는 것이오?" 하였다. 이에 공자는 "진성자가 그의 군주를 시해했으니 제나라 백성으로서 진성자에 동조하지 않는 자들이 반은 될 것입니다. 노나라 병력이 그 반과 합세하면 이길 수 있습니다" 하였다. 이에 애공은 "계씨에게 가서 말해보시오" 하였다. 공자는 사양하고 물러나 말하기를 "내가 대부들의 말석이나마 차지하고 있는 입장이라 말하지 않을 수 없었습니다" 하였다.

이 『좌전』의 기록은 논어의 기록과 약간 차이가 있다. 우선 『좌전』의 기록이 조금 더 상세하고 구체적이며 현실적이다. 『좌전』에서는 애공이 계씨에게 말해보라고 하고, 논어에는 삼환에게 말해보라고 하고 있다. 또 『좌전』에는 공자가 애공의 당부를 받아들이지 않는 것으로 되어 있지만, 논어에는 애공의 당부대로 하다가 똑같이 거절당하는 것으로 되어 있다. 아무래도 논어보다 『좌전』의 정황이 더 현실성이 있어 보인다.

진성자는 간공을 시해한 후 주변 제후국들이 연대하여 자신을 토벌할까 두려워하여 노나라와 위나라로부터 빼앗은 땅들을 모두 돌려주었다. 이러한 조치에는 비록 불발에 그쳤지만 공자가 애공에게 제나라를 칠 것을 건의한 것이 나름대로 영향을 미쳤을지도 모른다. 또 『좌전』은 애공 15년조에 공자의 제자 자공이 진성자를 만나 은근히 위협하는 한편 진지하게 설득을 했고, 그것이 주효했음을 기록하고 있다. 물론 그 이면에서 진성자는 군주 시해라는 엄청난 행위에도 불구하고 여러 가지 실용적 정책을 통해 제나라의 실권자라는 자신의 지위를 보전할 수 있었다. 그뿐만 아니라 진나라를 비롯한 오나라, 월나라와도 우호관계를 맺는가 하면, 백성들에게도 여러 이로운 정책을 펴서 나라의 안정을 되찾았다. 또 간공의 뒤를 이어 군주가 된 평공(平公)에게 "백성들은 덕치를 원하는 만큼 덕을 행하는 것은 군주님께서 하십시오. 대신 형벌은 백성들이 싫어하는 것이니 만큼 제가 행하겠습니다" 하고 형벌을 직접 관장하였다. 그렇게 한 지 5년 만에 제나라의 모든 권력은 진성자에게 넘어가고 말았다. 진성자는 또 제나라 국토의 절반 이상을 자신에게 귀속시켜 나중에는 평공이 다스리는 땅보다 자신이 직접 다스리는 땅이 더 커지게 되었다.

간공 관련 논어 단편(1개)

15/19

진성자(陳成子)가 간공(簡公)을 시해하자 공자께서 목욕재계하고 조정에 나아가 애공(哀公)에게 고하여 말씀하셨다.

"진항(陳恒)이 그 임금을 시해하였으니 청컨대 토벌하시기 바랍니다."

애공이 말했다.

"삼환에게 말해보시오."

공자께서 말씀하셨다.

"나는 대부의 뒤를 좇는 처지이므로 감히 고하지 않을 수 없었던 것이나 임금께서는 삼환에게 말해보라 하시는구나."

삼환에게 가서 말하니 불가하다 하자 공자께서 말씀하셨다.

"나는 대부의 뒤를 좇는 처지이므로 감히 고하지 않을 수 없었던 것이다."

陳成子弑簡公. 孔子沐浴而朝, 告於哀公曰; 陳恒弑其君, 請討之. 公曰; 告夫三子. 孔子曰; 以吾從大夫之後, 不敢不告也. 君曰, 告夫三子者. 之三子告, 不可. 孔子曰; 以吾從大夫之後, 不敢不告也.

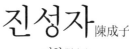

진성자 陳成子
진항(陳恒)

제나라의 진성자는 전성자(田成子), 진항(陳恒), 전상(田常) 등 여러 이름으로 불린다. 그의 6대조인 진경중(陳敬仲)은 원래 진나라 여공(厲公)의 아들이었는데, 진나라에서 군주의 승계를 두고 경쟁 대상이 되는 공자(公子)를 암살하는 분위기를 피해 기원전 672년 제나라로 망명가서 대부로 정착하였다. 그들은 제나라에 정착하면서 전씨(田氏) 성을 썼는데, 통상 출신국명인 진씨(陳氏)로도 불렸다. 진성자가 간공을 시해한 것은 간공 4년, 기원전 481년이었다. 공자가 71세 되던 해로 논어에 등장하는 사건 중에서는 비교적 후기에 속하는 사건이라 할 수 있다.

제나라는 경공이 58년이라는 긴 기간 동안 재위하고 죽은 이후 뒤를 잇는 군주들의 재위기간은 기이할 정도로 짧았다. 경공의 아들 안유자(晏孺子)가 군주가 되었지만 그는 채 1년도 못되어 제거됨으로써 시호마저 얻지 못하였다. 경공의 또 다른 아들 양생(陽生)이 뒤를 이어 도공으로 즉위하였지만 그도 역시 4년 만에 시해되고 말았다. 다시 도공의 아들 임(壬)이 군주가 되니 그가 곧 간공이다. 간공은 과거 아버지 양생과 함께 노나라에 가서 망명생활을 한 적이 있었는데, 그때 자신을 극진히 보필한 자아(子我) 감지(闞止)를 총애하여 그에게 중책을 맡겼다. 당시 권력은 감지와 진성자 두 사람에게 나뉘어져 있었는데 두 사람의 관계가 극도로 좋지 않았다. 진성자는 감지를 꺼려하여 조정에서도 늘 감지의 동태를 살피는 등 매우 경계하였다. 군주의 측근 전앙(田鞅)은 이 둘의 관계를 우려하여 간공에게 "감지와 진성자는 둘을 함께 쓸 수 없습니다. 군주님께서는 둘 중 한 사람만 선택하여 쓰십시오" 하고 건의하였다. 그러나 간공은 듣지 않았다.

어느 날 저녁 감지가 우연히 진역(陳逆)이라는 사람이 살인하는 현장을 보게 되었다. 그래서 바로 진역을 체포하여 가두었다. 당시 진씨 일족들은 유달리 단결력을 과시하고 있었는데, 감옥에 갇힌 진역을 어떻게 해서든 빼내기 위해 진역이 병 든 것처럼 꾸미는가 하면 간수를 구워삶고 술대접을 해서 취하게 만든 다음 진역을 빼돌려 도망치게 하였다. 감지는 이 일로 입장이 매우 어려워지게 되었다.

진씨 일족 중에서 진표(陳豹)라는 자가 있었는데, 그는 감지의 가신이 되고 싶어 오래 노력하다가 뒤늦게야 눈에 들어 뜻을 이룰 수 있었다. 감지는 진표와 정치에 관한 대화를 나누어본 후 일치점이 많다는 것을 알고부터 그를 매우 총애하게 되었다. 그래서 어느 날 진표에게 "내가 진씨 일족을 다 몰아내고 너를 종주로 세운다면 어떻겠느냐?" 하고 물어보았다. 그러자 진표는 "저는 진씨 중에서도 혈연이 멀 뿐 아니라 진씨가 다 문제가 있는 것이 아니라 일부만 그러한데 어찌 다 몰아내려 하십니까?" 하였다. 그리고는 결국 감지로부터 들은 얘기를 진씨 일족에 알려주면서 "감지는 군주님을 끼고 있으니 먼저 선수를 치지 않으면 반드시 당하고야 말 것입니다" 하였다.

진씨 일족은 결국 감지를 내몰지 않으면 자신들이 내몰릴 수밖에 없다고 보고 감지를 타도하기로 결정하였다. 어느 날 진성자는 형제들과 네 대의 수레에 나눠 타고 대궐로 진입하였다. 감지가 일 보는 방에 있다가 나와서 이들을 맞았다. 내부로 들어간 이들은 문을 안에서 잠갔다. 시종 드는 사람들이 나와 이들을 막아서자 진표가 나서서 그들을 죽였다. 간공은 마침 여인들과 단대에서 술을 마시고 있었는데, 진성자는 간공을 본전으로 옮겨가게 하였다. 간공이 크게 화를 내자 진성자는 당황하여 주저하였는데 그때 진표가 칼을 빼들고 나와서 "만약 당신께서 주저한다면 내가 그냥 있지 않겠습니다" 하고 위협하였다.

감지는 그 사이에 자신의 집으로 돌아가 무리를 모아 궁궐로 달려갔으니 진씨 일족을 당해낼 수 없었다. 결국 감지는 달아나다가 풍구(豐丘) 사람들에게 붙잡혀 연락을 받고 달려온 진씨 일파의 손에 피살되었다. 얼마 후 진성자는 간공을 서주(舒州)에서 체포하여 가두었다. 간공은 "내 일찍이 전앙의 말을 들었더라면 이런 꼴을 당하지 않았을 텐데" 하고 후회하였다. 진성자는 결국 간공마저 죽이고 말았다. 원래 진성자는 간공까지 죽이려고 했던 것은 아니었던 것 같지만 감지와의 도저히 공존할 수 없는 상태에서 그를 제거하기 위해서는 간공까지 죽이지 않을 수 없는 상황으로 몰리고 말았던 것이다.

『좌전』에 의하면 노나라의 공자는 사흘간 목욕재계를 하고 노애공(魯哀公)에게 제나라를 칠 것을 세 차례나 청하였다. 애공은 "노나라가 제나라보다 약해진 지가 오래인데 제나라를 치자하니 어쩌자는 것이오?" 하였다. 이에 공자는 "진성자가 그의 군주를 시해했으니 제나라 백성으로서 진성자에 동조하지 않는 자들이 반은 될 것입니다. 노나라 병력이 그 반과 합세하면 이길 수 있습니다" 하였다. 이에 애공은 "계씨에게 가서 말해보시오" 하였다. 공자는 사양하고 물러나 말하기를 "내가 대부들의 말석이나마 차지하고 있는 입장이라 말하지 않을 수 없었습니다" 하였다.

이 『좌전』의 기록은 논어의 기록과 약간 차이가 있다. 우선 『좌전』의 기록이 조금 더 상세하고 구체적이며 현실적이다. 『좌전』에서는 애공이 계씨에게 말해보라고 하고 있고 논어에는 삼환에게 말해보라고 하고 있다. 또 『좌전』에서는 공자가 애공의 당부를 받아들이지 않는 것으로 되어 있지만 논어에서는 애공의 당부대로 하다가 똑같이 거절당하는 것으로 되어 있다. 아무래도 논어보다 『좌전』의 정황이 더 현실성 있어 보인다.

진성자는 간공을 시해한 후 주변 제후국들이 연대하여 자신을 토벌할까 두려워하여 노나라와 위나라로부터 빼앗은 땅들을 모두 돌려주었다. 이러한 조치에는 비록 불발에 그쳤지만 공자가 애공에게 제나라를 칠 것을 건의한 것이 나름대로 영향을 미쳤을 것이다. 또 『좌전』은 애공 15년조에 공자의 제자 자공이 진성자를 만나 은근히 위협하는 한편 진지하게 설득을 했고, 그것이 주효했음을 기록하고 있다. 물론 그 이면에서 진성자는 군주 시해라는 엄청난 행위에도 불구하고 여러 가지 실용적 정책을 통해 제나라의 실권자라는 자신의 지위를 보전할 수 있었다. 그뿐만 아니라 진나라를 비롯한 오나라, 월나라와도 우호관계를 맺는가 하면 백성들에게도 여러 이로운 정책을 펴서 나라의 안정을 되찾았다. 또 진성자는 간공의 뒤를 이어 군주가 된 평공(平公)에게 "백성들은 덕치를 원하는 만큼 덕을 행하는 것은 군주님께서 하십시오. 대신 형벌은 백성들이 싫어하는 것이니 만큼 제가 행하겠습니다" 하고 형벌을 직접 관장하였다. 그렇게 한 지 5년 만에 제나라의 모든 권력은 진성자에게 넘어가고 말았다. 진성자는 또 제나라 국토의 절반 이상을 자신에게 귀속시켜 나중에는 평공이 다스리는 땅보다 자신이 직접 다스리는 땅이 더 커지게 되었다.

진성자 관련 논어 단편(1개)

15/19

진성자(陳成子)가 간공(簡公)을 시해하자 공자께서 목욕재계하고 조정에 나아가 애공(哀公)에게 고하여 말씀하셨다.

"진항(陳恒)이 그 임금을 시해하였으니 청컨대 토벌하시기 바랍니다."

애공이 말했다.

"삼환에게 말해보시오."

공자께서 말씀하셨다.

"나는 대부의 뒤를 좇는 처지이므로 감히 고하지 않을 수 없었던 것이나 임금께서는 삼환에게 말해보라 하시는구나."

삼환에게 가서 말하니 불가하다 하자 공자께서 말씀하셨다.

"나는 대부의 뒤를 좇는 처지이므로 감히 고하지 않을 수 없었던 것이다."

陳成子弑簡公.孔子沐浴而朝,告於哀公曰:陳恒弑其君,請討之.公曰;告

夫三子.孔子曰;以吾從大夫之後,不敢不告也.君曰,告夫三子者.之三子
告,不可.孔子曰;以吾從大夫之後,不敢不告也.

진씨가 세계(진씨=전씨)

진(陳)나라 厲公 — ①田敬仲 ———— ②田穉 — ③田湣 — ④田文子 — ⑤田桓子 —
　　　　　　　　(陳完)　　　　　　(田孟夷)　　(田孟莊)　　(田孟莊)　　(田無宇)
　　　　　　　　BC 672
　　　　　　　　제(齊)나라로 망명

— ⑥田僖子 — ⑦田成子 ———— ⑧田襄子 — ⑨田莊子 — ⑩田太公
　　(田乞)　　　(田常)　　　　　　(田盤)　　　(田白)　　　(田和)
　　　　　　　　BC 481　　　　　　　　　　　　　　　　BC 386
　　　　　　　　간공 시해　　　　　　　　　　　　　　　제나라 군주가 됨

5

진(晉)나라

진晉나라

진나라는 주대의 제후국들 중에서 가장 강대한 나라였다. 역사가들은 주로 기원전 453년 진나라가 조(趙), 한(韓), 위(魏) 세 나라로 분열되던 시점을 춘추시대와 전국시대의 분기점으로 보는데, 전국시대를 주름잡던 소위 전국칠웅(戰國七雄)에도 진나라에서 분열된 이들 세 나라가 모두 포함되는 것을 보면 그 이전 분열되지 않은 진나라의 국력이 얼마나 막강했겠는가를 짐작할 수 있다.

진나라는 주초(周初) 무왕에 의해 봉건된 나라가 아니었다. 무왕 당시에는 아직 그의 둘째아들인 우(虞)가 너무 어린 나이였다. 또 그를 봉한 당(唐)나라는 원래 요 임금이 세운 나라였다가 하(夏)나라와 은(殷)나라 때에는 제후국으로 남아 있었고, 주(周)대에 들어서도 그대로 제후국이었다. 무왕이 죽고 어린 성왕이 등극하였을 때 당나라에서 반란이 일어나 주공이 당나라를 쳐서 멸망시켰다.

성왕이 동생 숙우(叔虞)와 함께 놀다가 장난삼아 오동나무 잎으로 규(珪, 홀)를 만들어 숙우에게 주며 "이것으로 너를 봉하노라" 하였다. 사관 사일(史佚)이 보고 "천자는 장난삼아 이런 일을 행할 수 없으니 날을 택하여 숙우를 봉하소서" 하였다. 물론 설화일 가능성이 많다. 어쨌든 동생 숙우를 당나라에 봉하고 당숙우(唐叔虞)라 칭하였다. 숙우가 죽고 아들 진후(晉侯) 때에 진(晉)으로 나라 이름을 바꾸었다. 이후 제12대 소후(昭侯)에 이르기까지 세계(世系)만 겨우 남아 있고, 일부 일화성 역사 외에는 다른 나라의 경우와 마찬가지로 상세한 기록이 없다.

그 중 주목할 만한 일화는 제9대 목후(穆侯, BC 812~BC 785 재위)와 관련된 것이다. 목후에게는 두 아들이 있었는데, 큰아들은 조(條) 땅의 원수들을 정벌하는 중에 낳았다 하여 구(仇), 즉 원수라는 이름을 지어주고 태자로 삼았다. 그리고 둘째아들은 천무(千畝)에서 싸워 공을 세울 때 낳았다 하여 성사(成師)라는 이름을 지어주었다. 이 별난 작명을 두고 대부 사복(師服)이 말하기를 "자식들 이름을 기이하게도 지으셨구나. 군주께서 태자의 이름을 구, 즉 원수(怨讐)라 하시고, 둘째의 이름을 성사라 하신 것은 난이 시작될 징조다" 하였다.

목후가 죽고 나자 아우 상숙(殤叔)이 나서서 스스로 군주의 자리에 올랐다. 태자 구는 피신하였다가 나중에 무리를 이끌고 상숙을 공격하여 축출하고 군주가 되었으니 그가 곧 문후(文侯)다. 문후가 재위 35년을 끝으로 죽고 아들 백(伯)이 뒤를 이으니 그가 곧 제11대 소후(昭侯)다.

그런데 소후대에 이르러 어쩌면 저 이상한 작명의 참(讖)이 작용하였던 것일까? 소후는 군주가 되자마자 자신의 숙부인 성사를 곡옥(曲沃)에 봉하였다. 진나라는 제후국이라 봉국을 둘 수 없었으나 곡옥을 봉국 비슷하게 운영한 셈이었다. 문제는 곡옥은 진나라의 도읍지였던 익성(翼城)보다 훨씬 크고 강했다는 점이다. 성사는 곡옥에 봉해지자 환숙(桓叔)이라 칭해졌다. 환숙은 이미 나이가 58세로서 덕치를 베풀었기 때문에 곡옥 사람들은 물론 진나라 사람들이 모두 그를 따랐다. 그러자 대부 반보(潘父)가 환숙을 군주로 맞아들이려고 소후를 시해하였다. 그러나 환숙 옹립은 뜻대로 되지 않았고, 진나라 사람들은 죽은 소후의 아들 평(平)을 세웠다. 그가 바로 효후(孝侯)다.

효후 8년에 곡옥의 환숙이 세상을 떠나고 그의 아들 선(鮮)이 지위에 올라 장백(莊伯)이라 불렸다. 효후 15년에 장백이 익성을 공격하고 효후를 시해했다. 마침내 익성과 곡옥 사이의 비극적 대치가 시작된 것이다. 진나라 사람들의 공격을 받아 장백은 다시 곡옥으로 후퇴하였고 진나라 사람들은 효후의 아들 극(郄)을 옹립하였으니 그가 곧 악후(鄂侯)다. 악후가 재위 6년 만에 세상을 떠나니 장백은 곡옥의 군사를 이끌고 익성을 공격하였다. 급기야 주나라의 평왕(平王)이 개입하여 괵공(虢公)을 보내 치게 하였다. 장백은 또 다시 곡옥으로 후퇴하여 버티었다. 진나라 사람들이 악후의 아들 광(光)을 옹립하니 그가 애후(哀侯)다. 애후 2년에 곡옥의 장백이 죽고 그의 아들 칭(稱)이 뒤를 이었으니 그가 곧 곡옥의 무공(武公)이다. 애후 8년 애후가 익성의 남쪽에 있는 형정(陘庭)을 침략하였다. 형정의 남쪽 땅 사람들이 곡옥의 군대를 끌어들여 익성을 치고 애후를 포로로 잡아갔다. 진나라 사람들은 애후의 아들 소자(小子)를 군주로 옹립하였으니 그가 소자후(小子侯)다.

소자후 원년에 곡옥의 무공은 숙부 한만(韓萬, 장백의 동생)을 보내어 포로로 잡아두었던 애후를 죽였다. 진나라로서는 곡옥은 더 이상 손대기 어려운 상대가 되었다. 게다가 무공은 소자후 4년 소자후를 유인하여 그마저 죽여버렸다. 주나라 환왕(桓王)이 다시 개입하여 괵중(虢仲)을 보내었지만 무공이 곡옥에서 버티는 바람에 달리 손을 쓸 수 없었다. 진나라는 죽은 소자후의 숙부 진후를 군주로 세웠다. 진후 27년 되던 해에 곡옥의 무공이 진후를 공격하여 결국 진나라를 멸망시켰다. 그리고 진후가 가지고 있던 모든 재화와 보물을 빼앗아 주나라 희왕(僖王)에게 뇌물로 바쳤다. 희왕은 결국 무공(武公)을 진나라의 제후로 인정하였다.

제17대 군주 진후의 입장에서 보면 자신의 증조 할아버지였던 소후가 기이하게도 자신의 숙부 성사를 곡옥의 통치자로 봉한 이후 67년이 지나 그 통치자의 손자(武公)가 자신을 죽이고 진나라를 통일시켜 제18대 군주가 된 것이었다. 진후에게 무공은 같은 희성(姬姓)이었고, 8촌 할아버지뻘이었다. 있을 수 없는 현상은 아니었지만 피 튀기는 갈등과 살육으로 나타났다는 점에서 춘추시대에는 매우 특이한 현상이었던 것은 사실이다. 어쨌든 무공은 다른 어느 나라에서도 볼 수 없었던 기이한 양분 체제를 극복하고 진나라를 일단 정상적인 제후국으로 돌려놓았다.

①唐叔虞 ─ ②晉侯 ─ ③武侯 ─ ④成侯 ─ ⑤厲侯 ─ ⑥靖侯 ─ ⑦僖侯 ─

─ ⑧獻侯(~BC812) ─ ⑨穆侯(~BC785) ─ ⑪文侯(仇,~BC746) ─ ⑫昭侯(~BC739)
 └ ⑩殤叔(~BC781) ─ ❶桓叔(成師,BC739~BC738) ─ ❷莊伯(~BC716) ─

─ ⑬孝侯(~BC724) ─ ⑭鄂侯(~BC718) ─ ⑮哀侯(~BC709) ─ ⑯小子侯(~BC706)
 └ ⑰晉侯(~BC679) ─

─ ❸⑱武公(BC677)통일 ─ ⑲獻公(~BC651) ─ 계속

　무공은 통일된 진나라의 군주가 되고 나서 2년 만에 세상을 떠났고, 아들 헌공(獻公)이 뒤를 이었다. 헌공 때에는 대부 사위(土蔿)가 군주의 위상을 강화하는 일련의 조치를 취하였다. 환숙과 장백의 피붙이들이 여전히 세력을 확장하고 있었기 때문에 이들을 죽이거나 추방하여 봉건질서를 강화하고 강(絳)에 성을 쌓아 제후국으로서의 위용을 갖추기도 했다.

　원래 헌공은 가(賈)나라에서 부인을 맞았으나 아들이 없었다. 그래서 아버지 무공의 첩이었던 제강(齊姜)과 간통을 하여 딸을 낳아 진(秦)나라 목공(穆公)의 부인으로 삼았고, 아들 신생(申生)을 낳아 태자로 삼았다. 또 융(戎)나라에서 두 여자를 얻었는데 대융(大戎)의 호희(狐姬)는 중이(重耳)를 낳고 소융(小戎)의 여자는 이오(夷吾)를 낳았다. 또 헌공은 후에 여융(驪戎)을 정벌하고 융족의 여자 둘(자매)을 얻었는데 그 중 언니 여희(麗姬)는 해제(奚齊)를 낳고 그녀의 여동생은 탁자(卓子)를 낳았다.

　문제는 뒤늦게 헌공의 사랑을 받았던 여희였다. 그녀는 자신이 낳은 아들

해제를 태자로 삼고 싶어 나라의 주요 요충지에 중요한 인물을 배치하는 것이 바람직하다고 헌공을 설득하여 곡옥에는 태자 신생을 보내고 포(蒲)에는 중이를, 굴(屈)에는 이오를 각각 배치케 하였다. 다른 여러 공자들도 먼 변방에 배치토록 하여 결국 헌공을 늘 만날 수 있는 강성(絳城)에는 융족의 두 여자가 낳은 해제와 탁자만 남게 하였다.

헌공 21년부터 여희는 해제를 후계자로 옹립하기 위해 본격적인 음모를 꾸몄다. 여희는 태자 신생으로 하여금 죽은 어머니 제강이 꿈에 나타났더라고 하며 제강에게 제사를 지내고 제사 음식을 헌공에게 바치게 하였다. 신생은 시키는 대로 하였고 여희는 그 음식에 몰래 독을 탔다. 헌공이 그것을 먹으려 하자 확인해봐야 한다며 개에게 던져주었다. 개가 죽자 잡역부에게 먹게 하였는데 그도 죽었다. 여희는 울며 신생이 이러는 한 몸을 피할 수밖에 없다며 아들 해제로 하여금 신성(新城)으로 도피케 하였다. 태자 신생은 누명을 뒤집어쓴 채 변명도 하지 않고 목을 매어 자살하였다. 여희는 중이와 이오도 당시 신생이 독을 탄 사실을 알고 있었다고 모함하였다. 헌공이 진노하자 결국 중이는 포로 도망가고 이오는 굴로 도망갔다. 나중에 두 나라도 위험하여 머무르지 못하게 되자 결국 중이는 어머니의 나라인 적(翟)나라로, 이오는 양(梁)나라로 가서 몸을 맡겼다.

후에 헌공이 죽자 대부 이극(里克) 등은 자질이 뛰어난 중이에게 권력을 계승시키기 위해 해제를 죽여버렸다. 그러나 헌공으로부터 해제 옹립을 당부받은 대부 순식(荀息)은 여희의 동생이 낳은 탁자를 대신 세웠으나 이극 등은 탁자도 역시 죽여버렸다. 할 수 없이 중이를 세우기 위해 적나라에 가 있는 중이에게 군주가 될 것을 통보하였으나 기대와 달리 중이는 명을 어기고 달아나 헌공의 장례마저 치르지 못한 불효자식이었다며 승계를 완강히 사양하였다. 할 수 없이 대신들은 이오를 추대할 수밖에 없었고, 결국 이오가 군주가 되었다. 그가 곧 혜공(惠公)이다.

그러나 혜공은 대부들의 기대를 충족시켜주는 군주가 아니었다. 그는 납득하기 힘든 일을 거듭 저질러 대부들을 실망시켰다. 그에 비례하여 중이에 대한 대부들의 기대와 신망은 더욱 커져갔다. 질투와 두려움에 빠진 혜공은 결국 중이를 죽이려고 적나라에 환관 이제(履鞮)를 보냈다. 이를 눈치 챈 중이는 더 이상 적나라에도 머무를 수 없어 결국 12년간 머물던 적나라를 떠나 이 나라 저 나라를 전전하는 긴 망명길에 오르고 말았다. 이 망명길에는 중이를 따르는 다수의 현신(賢臣)들이 동행하였다. 대표적으로 조최(趙衰), 전힐(顚頡), 사공계자(司空季子), 위무자(魏武子), 외삼촌 호언구범(狐偃咎犯) 등 소위 다섯 현인들이었다. 망명의 경로는 위(衛)나라→제나라→조(曹)나라→송나라→정나라→초나라→진(秦)나라였고, 기원전 637년 다시 진(晉)나라에 돌아왔다. 위나라의 문공(文公)은 그를 홀대했고 제나라의 환공(桓公)은 환대했을 뿐 아니라 가문의 여자를 그에게 시집보내고 말 20승을 주기도 해서 중이는 제나라에만 5년을 머물러 따르는 사람들의 불만을 사기도 하였다. 다시 진나라 쪽으로 돌아가면서 중이는 다시 조나라와 정나라에서 홀대를 받고 송나라와 초나라에서는 제후에 상응하는 환대를 받았다. 마지막으로 진(秦)나라에 왔을 때 진목공(秦穆公)은 그를 극진히 돌보았을 뿐 아니라 진혜공(晉惠公)의 죽음(BC 637)으로 중이가 진(晉)나라로 돌아갈 때는 군사를 동원하여 그의 귀국을 호위하기도 하였다.

　혜공의 뒤를 이어 잠깐 군주의 자리에 올랐던 혜공의 아들 어(圉, 懷公)는 사람들에 의해 주살되었다. 그리하여 중이는 문공(文公)으로 즉위하였는데 당시 나이가 벌써 62세였다. 19년간의 망명 끝에 이루어진 금의환향이라 이를 둘러싼 남다른 논공행상의 논리, 개자추(介子推)의 전설 등 많은 이야기들이 이 시기를 배경으로 생겨났다.

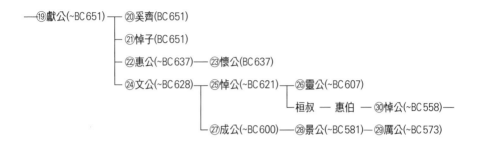

진나라 세계 후반(後半)

—⑲獻公(~BC 651)─── ⑳奚齊(BC 651)

├ ㉑悼子(BC 651)

├ ㉒惠公(~BC 637)─── ㉓懷公(BC 637)

└ ㉔文公(~BC 628)─── ㉕悼公(~BC 621)─── ㉖靈公(~BC 607)

└ 桓叔 ─ 惠伯 ─ ㉚悼公(~BC 558)─

└ ㉗成公(~BC 600)─── ㉘景公(~BC 581)─── ㉙厲公(~BC 573)

—— ㉛平公(~BC 532)─── ㉜昭公(~BC 526)─── ㉝頃公(~BC 512)─── ㉞定公(~BC 475)────

└ 雍 ─ 忌 ─ ㊱哀(懿,敬)公(~BC 440)──

—— ㉟出公(~BC 458)

—— 생략

　　문공 4년에 남방의 강국 초나라가 역시 신흥 세력으로 부상하려는 송나라를 포위하는 일이 생겼다. 문공과 주요 대부들은 이 문제를 해결한다는 명분으로 위나라와 조(曹)나라를 쳐서 우회적으로 초나라에 도전하였다. 이것은 결국 '성복(城濮)의 전투'라는 일대 결전으로 이어졌고, 이 전투에서 초나라가 대패하고 진나라는 대승을 거두었다. 기원전 632년 진문공은 주나라 양왕(襄王)을 제후들의 회합 장소인 온(溫)으로 불렀다. 양왕은 울며겨자먹기로 그곳에 나가 뭇 제후들로부터 알현을 받고 문공을 패자로 인정하였다. 성복의 전투가 이룬 결실은 유명한 천토의 맹약(踐土之盟)으로 나타났는데, 그것은 오랫동안 주나라의 질서를 다잡는 것이었다. 진문공과 관련된 시기는 진나라의 역사에서도 가장 영광스러운 시기였다고 할 수 있다.(자세한 이야기는 '진문공' 참고)

문공은 기원전 628년 겨울 세상을 떠났고 아들 양공(襄公)이 뒤를 이었다. 이후 국제적 여건은 여전히 진(晉)나라와 초나라의 대결 국면으로 흘렀다. 진나라의 내부적 여건은 군주의 어리석음과 탐욕스러움을 배경으로 주요 대부들의 덕성과 지혜가 두드러졌다. 그것은 결국 봉건군주제가 와해되어가는 주대의 일반적 흐름을 보여주는 것이었다. 진나라에서 그것은 육경(六卿)의 부각으로 특징지어졌다.

양공이 재위 7년 만에 죽었을 때 태자 이고(夷皐)는 어린아이였다. 조선자(趙宣子, 趙盾)를 비롯한 대신들은 양공의 동생들 중에서 군주를 옹립할 계획을 논의하기도 하였으나 태자의 모친인 목영(穆嬴)이 강력히 항의하자 할 수 없이 이고를 세웠으니 그가 곧 영공(靈公)이다. 영공은 자라면서 심각한 문제를 노출하였다. 그는 군주 노릇을 제대로 하지 못했고 과다한 세금을 거두어들이는가 하면 담장에까지 조각을 하는 등 사치를 일삼았다. 또 성곽 위에서 돌팔매질을 하여 사람들이 그것을 피하기 위해 허둥대는 모습을 즐겼다. 심지어 요리사가 곰발바닥을 제대로 삶지 못했다는 이유로 그를 죽여 삼태기에 담아 부녀자가 그것을 이고 조정을 지나가게 했다. 조선자가 짐 밖으로 삐져나온 사람 손을 보고 캐물은 결과 영공의 행위를 알게 되었다. 사계(士季)와 조선자가 번갈아 그 부당함을 충간했지만 영공은 말만 하고 행동을 고치지 않았다. 결국 조선자의 충간이 듣기 싫어 영공은 사람을 시켜 조선자를 죽이려 하자 보다 못한 조선자의 사촌동생 조천(趙穿)이 영공을 시해하고 말았다. 진나라의 사관이 이는 조천을 문책하지 않은 조선자의 행위나 마찬가지라고 보아 사서에 "조돈(趙宣子)이 영공을 시해하였다"고 적었으나 조선자는 그 오명을 묵묵히 받아들였다. 육경의 형성은 자연히 이루어졌으며 점점 군주의 권위와 신망을 넘어 그 지위가 공고해졌다. 육경은 대개 조씨(趙)씨, 한(韓)씨, 위(魏)씨와 순(荀)씨에서 갈라진 중항(中行)씨, 지(知)씨 그리고 범(范, 士씨라도 한다)씨의 여섯 가문을 말하는데, 각 가문의 개략적 세계는 다음과 같다.

● 조씨(趙氏)-['조(趙)'의 세계 참조]

● 한씨(韓氏)

—— ①韓武子(BC 709 등장)— ②賕伯 — ③韓簡 — ④子輿(BC 636 등장)—
　　(韓萬)

—— ⑤韓獻子(~BC 564?)— ⑥韓宣子(~BC 514)— ⑦韓貞子(~BC ?)— ⑧韓簡子(~BC 497?)—
　　(韓厥)　　　　　　　(韓起)　　　　　　　(韓須)　　　　　　　(韓不信)

—— ⑨韓莊(~BC ?)— ⑩韓康子(~BC 424)— 생략
　　(韓庚)　　　　　(韓虎)

● 위씨(魏氏)-['위(魏)'의 세계 참조]

● 순씨(荀氏-中行氏)

—— 荀逝敖(~BC ?)— 中行桓子(~BC 593)— 中行宣子(~BC 577)— 中行獻子(~BC 554)—
　　　　　　　　　(荀林父)(中行伯)　　(荀庚)　　　　　　(荀偃)(中行偃)

—— 中行穆子(~BC 519)— 中行文子(~BC 490)— 絶
　　(荀吳)　　　　　　　(荀寅)

● 순씨(荀氏-知氏)

—— 荀逝敖(~BC ?)— 知莊子(~BC ?)— 知武子(~BC 560)— 知朔 — 知悼子(~BC 533)—
　　　　　　　　　(荀首)　　　　　(荀罃)　　　　　　　　　　　　(荀盈)(知盈)

—— 知文子(~BC 493)— 知宣子(~BC 476?)— 知襄子(~BC 453)— 絶
　　(荀躒)(知躒)　　　(荀申)(知申)　　　　(荀瑤)(知伯)

● 범씨(范氏-士氏)

—— 杜伯(~BC 785)— 隰叔(~BC ?)— 士蔿(~BC ?)— 成伯缺(~BC ?)— 范武子(~BC ?)—
　　　　　　　　　　　　　　　　　　　　　　　(士成伯)　　　　(士會)(隨會)

—— 范文子(~BC 574)— 范宣子(~BC 548)— 范獻子(~BC 501)— 范昭子(~BC 493)— 絶
　　(士燮)　　　　　　(士匃)　　　　　　(士鞅)　　　　　　(射吉射)

이 밖에도 진나라에는 호(狐)씨, 선(先)씨, 극(郤)씨, 난(欒)씨 등의 권신 가문이 부침한 바 있지만 진나라의 분열 시까지 위세를 가지고 있었던 가문은 주로 위 여섯 가문이었다. 물론 6경의 전 과정이 모두 순조로웠던 것은 아니다. 이를테면 조씨의 경우 조천이 영공을 시해(BC 607)하였음에도 불구하고 사촌형 조돈이 그를 처벌하지 않았다는 이유로 훗날 사구 도안고(屠岸賈)가 조돈의 아들 조삭(趙朔, 趙莊子)을 비롯한 조씨 일족을 모조리 주살(BC 597)하는 일도 있었다. 그러나 경공(景公) 때에 와서 한궐(韓厥, 韓獻子)을 비롯한 대신들이 청원하여 죽은 조삭의 아들 조무(趙武)를 찾아내어 조씨 가문의 대를 잇게 하였다. 이 과정에서 갓난아이 조무를 살려 가문을 이어낸 조삭의 문객 공손저구(公孫杵臼)와 친구 정영(程嬰)의 이야기는 지금도 감동을 주고 있다.

영공이 시해된 이후 진나라는 양공(襄公)의 동생을 군주로 세웠으니 그가 성공(成公)이었다. 성공이 7년 만에 다시 아들에게 지위를 물려주었으니 그가 바로 경공(景公)이다. 정나라를 사이에 두고 공방을 거듭하던 진나라와 초나라는 경공 3년 정나라가 진나라를 배반하고 초나라에 붙었다는 이유로 정나라를 공격하면서 황하를 건넜고, 이에 초나라가 정나라를 구원하기 위해 개입함으로써 결국 진초(晉楚) 양국이 직접 전쟁을 벌이게 되었다. 저 유명한 필(邲)의 전투(BC 597)였다. 이 전쟁에서 진나라는 문공 당시와는 달리 초나라에 대패하고 말았다. 퇴각 명령이 나자 진나라 병사들은 황하를 건너는 배에 승선하기 위해 다투어 배에 매달렸고, 먼저 승선한 병사들이 배의 전복을 막기 위해 뱃전을 잡은 손들을 잘라 배에 손가락이 가득했다는 처참한 이야기는 필의 전투와 더불어 전설로 남게 되었다. 초장왕(楚莊王)이 춘추오패의 한 명으로 거론된 것도 이 전쟁에서 승리하였기 때문이었다.

경공이 재위 19년 만에 죽고 아들 여공(厲公)이 군주가 되었다. 여공 6년, 정나라가 진나라를 배신하고 초나라와 동맹을 맺은 사실에 분노한 여공은 또다시 군사를 일으켜 언릉(鄢陵)에서 크게 싸우게 되었다. 이 언릉의 전투(BC

575)에서 이번에는 초나라의 공왕(共王)이 한쪽 눈을 잃는 등으로 대패하여 중원에 대한 통제권은 다시 진나라에 돌아갔다.

대부분의 주요 제후국들은 군주가 있음에도 불구하고 사실상 국가운영과 주요 외교적 결정을 담당하는 경(卿)을 정하여 운영하였다. 나라에 따라 그 역할을 하는 경을 집정(執政) 또는 정(政), 재(宰) 등의 이름으로 불렀다.

여공은 전쟁 승리에도 불구하고 백성들의 신망을 받지 못하고 있었다. 그는 세 사람의 극씨(郤氏)가 참언하는 것을 듣고 바른말 하기를 좋아하는 백종(伯宗)을 죽이기도 했고 기왕의 대부들을 면직시키고 총애하는 첩의 오빠 등을 기용하기도 하였다. 이런 분위기에서 권신들 사이의 권력 암투도 날로 치열해졌다. 이를테면 초나라와의 전쟁에서 적극적이지 않았던 난서(欒書)는 그 전쟁을 극씨 등이 부추긴 이유가 여공을 제거하고 대신 신망을 모으고 있는 망명 중의 주(周, 양공의 둘째아들의 손자)를 데려와 군주로 옹립하려는 것이었다는 설을 유포하여 권력 핵심부에 심한 갈등과 경계심을 심어놓았다. 결국 여공 8년, 난서와 중항언(中行偃)은 여공을 시해하고 망명 중이던 주를 초치하여 군주로 옹립하였다. 그가 도공(悼公)이다. 여공은 문공의 증손자였고 도공은 문공의 고손자여서 도공은 여공의 7촌조카인 셈이었다. 7촌간의 권력 승계는 아무래도 군주의 권위를 약화시킬 수밖에 없었을 것이다. 도공은 15년간 재위하며 위강(魏絳)을 중용하는 등으로 비교적 신민들의 호응을 얻었다. 그러나 도공이 죽고 아들 평공(平公)이 등장한 이후로는 대신들과의 갈등이 많았다. 평공 6년에는 난영(欒盈)이 초나라를 거쳐 제나라로 달아났다가 얼마 후 곡옥으로 들어와 은밀히 강성(絳城)으로 잠입, 평공을 위협하기도 하였다. 그러나 결국 진나라 사람들의 공격을 받고 난씨(欒氏) 일족은 모두 죽임을 당하고 말았다.

소공(昭公)을 지나 경공(頃公)이 재위하고 있을 때는 주나라 왕실에서 왕자들의 왕위 쟁탈전(BC 520)이 벌어졌고, 이 내분을 진나라의 6경이 나서서 평정하고 경왕(敬王)을 세웠기 때문에 6경의 세력은 더욱 강해지게 되었다. 경공 12년에는 군주의 친족인 기(祁)씨와 양설(羊舌)씨가 군주 앞에서 다투었다는 이유로 6경이 그들을 모두 죽이고 재산도 몰수하여 공실이 힘을 잃는 결과가 나타나기도 했다. 경공이 37년 만에 세상을 떠나고 아들 정공(定公)이 군주가 되어 15년이 되었을 때 범(范)씨와 중항(中行)씨가 반란을 일으켰다. 일찍이 위나라가 조씨 가문에 맡겼던 중모(中牟)의 500가(家)에 관한 처리 문제를 두고 중항씨, 범씨와 조씨가 서로 의견이 맞지 않았던 것이다. 결국 이 문제를 둘러싸고 다투는 과정에서 범씨와 중항씨가 밀려나 제나라로 달아나고 말았다. 결국 진나라에는 조(趙), 위(魏), 한(韓), 순(荀,知) 네 가문만이 남게 되었다.

정공이 17년 만에 죽고 아들 출공(出公)이 군주에 올랐을 때 지백(知伯, 知襄子)이 조,한,위 세 씨와 함께 일찍이 제나라로 달아난 범씨와 중항씨의 땅을 나누어 그들의 봉읍으로 삼았다. 지백의 땅이 가장 컸고, 따라서 실제 권력도 가장 강대했다. 출공이 화가 나서 노나라와 제나라에 알리고 함께 권신들을 토벌하려 하였다. 제후들은 제후들끼리 권신들은 권신들끼리 뭉치는 양상이었다. 그러나 이미 제후들의 세력은 현저히 약화되었다. 권신들은 아직도 두려워하며 반격하였지만 실제 제후들의 힘은 더 약했다. 출공은 제나라로 도망가려다가 길에서 죽고 말았다. 지백이 나서서 죽은 정공의 6촌동생 되는 교(驕)를 세웠으니 그가 마지막 군주 애공(哀公)이다. 남은 권신들을 좌지우지하는 사람은 지백이었다. 애공 4년 조양자(趙襄子)와 한강자(韓康子), 그리고 위환자(魏桓子)가 자신들마저 죽이려고 과욕을 부리며 수공(水攻)을 시도하는 지백을 역공으로 죽이고 그가 가지고 있던 모든 영토를 나누어 가졌다. 진나라의 군주 애공은 단지 강성과 곡옥을 가지고 있을 뿐이었다.

이른바 조, 한, 위의 삼진(三晉) 시대가 출현한 것이며, 삼진시대가 개막된 기원전 453년이라는 이 시점을 대부분의 역사학자들은 정당하게도 춘추시대가 끝나고 전국시대가 시작되는 역사적 분기점으로 보았다. 그 시점은 공자가 세상을 떠나고 26년이 지난 시점이기도 했다.('진문공', '조',趙, '위'魏 조항 참조)

진나라 관련 논어 단편(1개)

14/16

선생님께서 말씀하셨다.

"진나라의 문공(文公)은 간지(奸智)를 쓰며 정도(正道)를 따르지 않았고 제나라의 환공(桓公)은 정도를 따르고 간지를 쓰지 않았다."

子曰;晉文公譎而不正,齊桓公正而不譎.

진문공 晉文公

진문공은 춘추오패 중에서 제환공(齊桓公)에 이어 두 번째로 패자가 된 제후다. 사실 춘추오패에 들어가는 인물이 누구인가는 자료마다 조금씩 다르다. 그런데 모든 기록에서 빠지지 않고 포함되는 두 사람이 있는데, 바로 제환공과 진문공이다. 그다음으로 진목공(秦穆公)과 초장왕(楚莊王)이 비교적 자주 들어가고, 송양공(宋襄公)이나 오왕(吳王) 합려(闔閭), 월왕(越王) 구천(勾踐) 등이 논자에 따라 들어가기도 하고 빠지기도 한다.

어쨌든 춘추오패로 거론되는 제후들 중 주왕(周王)을 도와 천하 제후들을 호령하며 중원의 질서를 잡았다는 명분에 가장 걸맞은 패자는 역시 제환공이다. 제환공은 재위기간으로 볼 때도 43년이라는 긴 기간에 걸쳐 있고 패자로서의 역할도 그때그때 명분에 맞았으며, 만년에 이르러 그가 오만해졌다는 평을 듣기 전까지는 비교적 천하제후들의 높은 환심을 사기도 했다.

그에 비하면 진문공은 사정이 많이 다르다. 그가 군주의 자리에 올랐을 때 그의 나이는 이미 62세였다. 그리고 70세에 죽었다. 너무 늙었고 재위 기간도 불과 8년에 불과했다. 패자로서의 여건 자체가 제환공과는 비교할 수 없다. 그런 그가 제환공 다음으로 유명한 패자가 될 수 있었던 데에는 두 가지 이유가 있었다. 첫째는 그가 현자를 아끼고 좋아해서 늘 가까이 했을 뿐 아니라 스스로 그런 덕성을 갖추고 있었다는 점이고, 둘째는 군주의 자리에 오르기까지 그를 둘러싸고 형성된 곡절 많고 파란만장한 경륜이다. 말하자면 그는 임금이 되고 나서 비로소 유명해진 것이 아니라 그 이전에 이미 중원의 제후나 대부들 사이에서 그의 존재가 전설처럼 파다하게 퍼져 있었다는 뜻이다.

진문공 희중이(姬重耳)는 진헌공(晉獻公)의 아들이었다. 그는 어렸을 때부터 현인들을 좋아하여 17세의 나이에 이미 주변에 현사 5인을 두고 있었다. 그 5인은 조최(趙衰), 전힐(顚頡), 사공계자(司空季子), 위무자(魏武子), 외삼촌 호언구범(狐偃咎犯)이었는데, 그 중 조최와 위무자는 훗날 조나라와 위나라를 건국한 인물들의 조상이기도 했다.

일찍이 진헌공에게는 여덟 명의 아들이 있었는데, 그 중 신생(申生)과 중이(重耳), 이오(夷吾) 셋이 현명하고 품행이 뛰어났다. 그런데 이들 셋은 모두 어머니가 달랐다. 신생의 어머니는 정비로서 제환공의 딸 제강(齊姜)이었다. 중이의 어머니는 북적(北狄)으로 일컬어지는 적족(翟族) 고씨(孤氏)의 딸이었으며, 이오의 어머니는 그녀의 여동생이었다.

헌공은 재위 5년 되던 해에 여융(驪戎)을 정벌하고 다시 여희(麗姬)와 그 여

동생을 얻었는데, 헌공은 그녀들을 무척 총애하였다. 특히 여희는 훗날 모장(毛嬙), 서시(西施) 등과 함께 천하의 절색으로 알려지게 되는 여자였다. 여희가 아들 해제(奚齊)를 낳자 헌공은 해제를 후계자로 삼을 마음을 갖게 되었다. 그래서 난이 일어날 우려가 높다는 핑계로 먼 외곽 지역에 각각 왕자들을 보내어 지키게 하였다. 과거의 도읍지로 선조들의 묘소가 있는 곡옥(曲沃)에 태자 신생을 보냈고, 진(秦)나라에 가까운 포읍(蒲邑)에는 중이를, 적(翟)나라에 가까운 굴읍(屈邑)에는 이오를 각각 보냈다. 그리고 여희의 아들 해제만 도성인 강(絳)에 머물게 하였다. 이로써 진나라 사람들은 헌공이 태자 신생에게 후계를 맡길 뜻이 없음을 알게 되었다.

춘추시대의 수많은 정치적 파란 내지 변고들은 왕위 또는 군위(君位)의 승계 문제를 둘러싸고 전개되는 것이 대부분이다. 진나라의 군위 계승도 비극적으로 전개되었다. 헌공 21년 여희는 자신의 아들 해제를 군주로 옹위하기 위해 계략을 꾸몄다. 어느 날 도읍에 온 태자 신생에게 여희는 이렇게 말했다. "임금님께서 꿈에 돌아가신 어머니 제강을 보셨다 하오. 태자는 곧 곡옥으로 가서 제사를 올리시오. 그리고 제사에 올린 제육을 임금님께 보내시오." 태자는 시키는 대로 바로 곡옥으로 돌아가 제사를 올리고 제육을 헌공에게 보냈다. 마침 헌공은 사냥을 나간 터여서 제육은 궁중에 놓아두었다. 여희는 사람을 시켜 제육에 독을 넣게 하였다. 이틀 후 헌공이 사냥에서 돌아와 신생이 보낸 제육을 먹으려 하자 여희가 말리며 "제육이 먼 곳에서 왔으니 반드시 검사를 해봐야 합니다" 하고 제육을 개에게 던져주었다. 개가 먹고 죽자 어린 환관에게도 먹게 하였는데, 그 역시 죽었다. 여희는 눈물을 흘리며 "어차피 임금께서 연세가 많아 돌아가실 날이 멀지 않았는데 그걸 못 참고 해치려 하다니…. 소첩과 해제는 다른 나라로 몸을 피할까 하옵니다" 하였다. 헌공은 진노하였다. 태자 신생은 소식을 듣고 곡옥의 신성(新城)으로 도망을 쳤다. 누군가가 태자에게 "제육에 독을 탄 사람은 여희임이 분명한데 태자께서는 왜 해명을 하지 않으십니까?" 하였다. 신생은 "군주께서는 늙으셔서 여희가 아니면 잠도 편히 주무시지 못하고 식사도 달게 드시지 못하십니다. 차라리 내가 죽는 것이 나을 것입니다" 하고 자살하고 말았다.

이때 중이와 이오도 헌공을 알현하였는데 두 공자가 상황을 눈치 채고 있음을 안 여희는 헌공에게 "신생이 독을 넣을 때 두 공자도 그 사실을 알고 있었습니다" 하고 참언하였다. 이를 안 두 공자는 각자 자신의 성읍으로 도망가서 성문을 걸어 잠그고 방어하였다. 헌공은 두 아들이 보고도 하지 않고 되돌아간 것은 모반할 의사가 있었기 때문이라고 간주하고 군대를 보내 두 아들이 버티고 있는 성읍을 치게 하였다. 이에 포읍의 환관 발제(勃鞮)가 중이에게 자결할 것을 요구하였으나 중이는 듣지 않고 담을 넘어 달아났다. 환관 발제는 중이를 뒤쫓아가 그의 옷소매를 베었다. 중이는 어머니의 나라인 적(翟)나라로 도망갔다. 기원전 655년의 일이었다. 굴읍에서 버티고 있던 이오도 견디지 못하고 적나라로 도망가려 했으나 이미 중이가 그곳에 가 있다는 것을 알고 결국 양(梁)나라로 도망갔다.

헌공은 재위 26년 되던 해인 기원전 651년 9월에 세상을 떠났다. 그는 죽기 얼마 전에 대부 순식(荀息)을 불러 재상의 권한을 부여하면서 해제를 옹립할 것을 당부하였다. 그러나 헌공이 죽자 이극(里克)과 대부 비정(邳鄭)은 중이를 옹립하기 위해 난을 일으켰다. 이극은 후환을 없애기 위해 헌공을 장사지내는 자리에서 해제를 죽였다. 헌공의 당부를 받은 대부 순식은 여희의 여동생이 낳은 도자(悼子)를 대신 옹립하였으나 이극은 얼마 지나지 않아 도자마저 시해하였다. 순식은 헌공의 당부를 지키지 못하였음을 자책하여 따라죽었다.

해제와 도자를 잇달아 죽인 이극 등은 공자 중이를 영접하여 군주로 옹립하기 위해 적나라에 사람을 보냈다. 그러나 뜻밖에도 중이는 이 초치를 사양했다. "나는 아버지의 명령을 거역하여 도망을 쳤고, 아버지가 돌아가셨는데

도 자식으로서 장례도 치르지 못했으니 어찌 감히 귀국을 하겠소? 대부들은 다른 공자를 옹립하시오."

진헌공(晉獻公)의 여인들과 주요 자녀들

```
── ⑲獻公(~BC 651) ┬ (齊姜) ── 申生 … 대부 이극 등에 의해 피살됨
                   ├ (麗姬) ── ⑳奚齊(BC 651) … 헌공의 유명에 따라 군주가 되지만 피살됨
                   ├ (麗姬의 동생) ── ㉑悼公(BC 651) … 奚齊를 대신하여 군주가 되나 피살됨
                   ├ (翟族 狐姬의 동생) ── 夷吾㉒惠公(~BC 637) … 중이의 사양으로 등극
                   └ (翟族 狐姬) ── 重耳㉔文公(~BC 628) … 60이 넘어 군주 및 패자가 됨
```

진문공의 생애에서 이 사양, 즉 중이의 결단은 중요한 의미가 있었다. 만약 이때 중이가 대부들의 부름을 받고 진나라로 들어가 임금이 되었더라면 그는 평범한 제후로는 살았을 테지만 춘추오패의 반열에 오르지는 못했을 것이다. 그러나 이 사양은 그가 중원의 많은 제후들과 군자들의 주목과 인정을 받는 계기가 되었고, 긴 방랑생활과 숱한 전설을 뒤로 하고 군주가 되었을 때에는 일개 군주를 넘어 그가 패자의 위상을 차지하는 결정적인 배경이 되었다. 그러나 중이가 돌아가지 않은 실제 이유는 피살될까 두려워서라는 기록도 있는 것을 보면 그만큼 당시 진나라 군주의 위상이 불안정했기 때문일 수도 있다.

중이가 사양을 하자 이극 등은 할 수 없이 양나라에 도망가 있던 이오를 옹립하여 군주로 삼았으니 그가 곧 혜공(惠公)이다.

혜공 이오가 등극하는 과정 역시 불안하기는 마찬가지였다. 그는 군주로 옹립될 때 진(秦)나라의 보장을 받기 위해 자신을 군주로 세워주면 하서(河西)

지방을 진나라에 내어주겠다고 약속하였다. 또 대부 이극에게는 자신의 등극을 도와주면 분양(汾陽)의 성읍을 봉토로 주겠다고 약속하기도 했다. 그러나 혜공은 군주가 되고 나서 이 약속들을 하나도 지키지 않았다. 오히려 이극에게는 신하 주제에 해제와 도자를 죽였다는 이유로 자살을 명하였다. 이극은 어쩔 수 없이 자살하고 말았다. 이런 신의를 저버린 조치들로 인하여 많은 사람들이 혜공에 대하여 실망하였다. 또 혜공 4년 진나라가 기근에 빠졌을 때 진(秦)나라 목공은 "재해야 돌아가며 발생하는 것이고 백성들이야 무슨 죄가 있는가?" 하며 양식을 지원해주었다. 그렇지만 이듬해 반대로 진(晉)나라가 기근에 빠졌을 때에 혜공은 오히려 "하늘이 우리에게 주는 기회"라며 군사를 동원하여 진(秦)나라를 공격하였다. 이런 신의 없는 일들로 인하여 혜공에 대한 국내외의 신뢰가 크게 실추하였다.

결국 화가 난 진목공(秦穆公)은 혜공 6년 군사를 이끌고 진(晉)나라를 공격하였다. 혜공은 군사 대응을 하는 과정에서도 신하들의 건의를 받아들이지 않고 제멋대로 장수를 쓰다가 대패하여 결국 진목공에게 사로잡히고 말았다. 진목공은 혜공을 죽여 하늘에 제사를 올리려 하였다. 그랬더니 혜공의 누이이기도 한 목공의 부인이 소복을 입고 나와 통곡하였다. 이에 진목공은 그를 죽이지 않고 억류하다가 얼마 후 혜공의 태자 어(圉)를 인질로 받는 것을 조건으로 그를 진나라로 돌려보냈다.

혜공은 잘못을 인정하고 돌아와 국정을 다잡았지만 한 번 떠난 민심은 쉽게 돌아오지 않았다. 나라 선비들이며 백성들은 여전히 적나라에 망명 가 있는 중이에게 기대를 보내고 있었다. 혜공의 입장에서 볼 때 중이가 적나라에 머물러 있는 것은 불안하기 짝이 없는 일이었다. 혜공 7년 혜공은 사람을 보내어 중이를 살해하려 하였다. 이 사실을 눈치 챈 중이는 적나라에 계속 머물러 있는 것이 불가능하다는 판단을 내리고 망명 9년 만에 적나라를 떠나기로 결심하였다. 기원전 646년이었고 아직 공자가 태어나기 거의 한 세기(정확히는 95년) 전이었다.

『사기』 세가의 기록에 의하면 중이와 그 일행은 위나라→제나라→조(曹)나라→송나라→정나라→초나라→진(秦)나라를 떠돌았으니 기원전 637년 다시 진(晉)나라에 돌아올 때까지 9년간의 제2차 망명이 이어졌다. 다섯 현인들을 위시한 많은 사람들이 그를 따랐다. 적나라 망명기간까지 합할 경우 모두 18년간의 망명생활이었다. 그것은 공자가 노나라를 떠나 떠돌았던 12년간의 망명생활보다 더 길었다. 또 공자가 주로 약소국가들을 방문했던 것과 달리 중이는 제나라, 초나라 등 강대국들을 방문했던 점도 특이점이었다. 물론 떠돈 목적은 달랐지만 자신의 모국에서 활동하기 어려웠다는 점은 의외로 비슷한 점이 있었다.

9년간의 2차 망명에서 비롯된 이야기는 대부분 중이가 각 나라에서 어떤 처우를 받았느냐 하는 것이었다. 이를테면 위나라나 조나라, 정나라 등 대국이 아닌 나라들은 대부분 중이를 합당하게 예우하지 않았다. 그러나 제나라, 송나라, 초나라, 진나라 같은 대국들은 다들 제후에 준하는 극진한 예우로 중이를 맞았다. 중이는 이때 각국이 자신을 맞이하고 대우한 것에 따라 훗날 군주가 된 이후 그에 따른 보답을 하거나 상응하는 앙갚음을 하곤 했는데, 제후들 간의 행동은 이때만 해도 공인된 합리적 패턴이 아직 자리 잡지 못했음을 볼 수 있다. 물론 이런 사적인 은혜와 푸대접에 따른 훗날의 대응 행태는 문공의 방식을 따르지 않는 쪽으로 자리잡아갔다.[1] 그런 오래된 낡은 관행 때문인지 제나라의 환공은 자신의 집안 여자를 중이에게 시집보내고 사두마차 20승을 주는 방식으로 보살펴주자 중이는 제나라에서의 생활에 만족하여 점점 그 생활에 안착하게 되었다. 5년여가 지나도 중이가 제나라를 떠날 생각을

---

1) 권력의 자리에 오르기 전에 사사롭게 은혜를 입거나 푸대접을 받은 것은 훗날 권력의 자리에 오르더라도 사사롭게 보답하거나 분풀이를 하지 않는 것이 기본 방침으로 자리 잡아갔다.

않자 다섯 현인들은 귀국을 종용하였고, 심지어 제나라에서 얻은 부인 강씨(姜氏)마저 "지금 움직이지 않으면 언제 공을 이루시겠느냐?"고 중이의 안일을 나무랐다. 결국 다섯 현인은 중이를 술에 취하게 하여 강제로 수레에 태우고 진나라를 향해 떠났다. 물론 부인은 따라가지 않았고 다른 기록이 없으니 아마 영영 생이별을 하지 않았을까 한다.

중이는 조(曹)나라, 송나라, 정나라를 거쳐 대국 초나라로 갔다. 초성왕(楚成王)은 중이를 제후에 준한 예우로 환대해주었다. 초성왕이 중이에게 "만약 당신이 귀국하신다면 나중에 무엇으로 나에게 보답하시겠소?" 하고 물었다. 중이는 "온갖 진기한 것은 왕께서도 다 가지고 계시니 더 드릴 것이 무엇이 있겠습니까? 만약 부득이 평원에서 두 나라의 병거가 만나게 된다면 그때 국왕께 90리를 물러나 드리겠습니다" 하고 약속하였다.

중이가 초나라에 머물러 있던 중에 진(秦)나라에서는 그곳에 인질로 잡혀 와 있던 진(晉)혜공의 태자 어(圉)가 탈출하는 사건이 일어났다. 병이 난 혜공이 죽으면 어가 군주가 되어야 하기 때문이었다. 진나라는 이 문제를 심각하게 받아들여 대책을 강구하였는데, 그 대책이 초나라에 머물고 있는 중이를 초청하는 것이었다. 중이는 이 초청에 응하였고 초성왕은 많은 예물로 중이를 환송하였다.

중이가 진(秦)나라에 도착하자 진목공은 친척 여자 다섯 명을 중이의 처로 삼게 하였다. 그 다섯 중에는 달아난 어의 처 회영(懷嬴)도 있었다. 중이는 조카며느리가 되는 회영을 받아들이지 않으려 하였으나 "나라도 정벌하려 하는데 그의 처야 당연하지 않습니까?" 하는 사공계자의 권고에 따라 그녀를 받아들이게 되었다.

그러는 사이에 혜공 14년, 진(晉)나라의 혜공이 죽었다. 도망간 태자 어는 중이가 알면 곤란하다고 여겨 이를 외부에 알리지 않고 있다가 뒤늦게 알리고 11월에 장사를 지냈다. 그러자 진(晉)나라의 일부 대부들이 중이가 진(秦)

나라에 와 있다는 것을 알고 내밀히 찾아와 중이의 귀국을 권유하는 등 내응(內應)하는 사람이 매우 많았다.

중이는 이듬해 정월, 황하까지 진목공의 전송을 받으며 진나라로 들어갔다. 중이는 진(秦)나라의 군사적 지원과 진(晉)나라 신하들, 백성들의 환영을 받으며 파죽지세로 진격하여 먼저 곡옥을 차지하고 조부인 무공(武公)의 묘에 배알한 다음 바로 군주로 즉위하였다. 혜공의 뒤를 이어 회공(懷公)으로 즉위하였던 어는 보낸 사람들에 의해 주살되고 말았다.

문공(文公)으로 즉위한 중이의 나이는 62세였다. 일부 대부들의 반란 움직임이 없지 않았지만 대세를 거스를 수는 없었다. 진(秦)나라는 병력 3천 명을 보내 문공을 호위하고 반란을 억제하였다.

진문공 중이는 즉위를 하고 나서 오래도록 망명생활에 함께하거나 즉위에 공헌한 사람들을 대상으로 3차에 걸친 논공행상을 하였다. 진문공이 적용하고 스스로 설명한 저 유명한 논공행상의 논리는 다음과 같았다.

인의(仁義)로써 과인을 인도한 사람과 덕혜(德惠)로써 과인을 방어한 사람은 일등상을 받았다. 행동으로 과인을 보좌하여 마침내 공업을 이루게 한 사람은 이등상을 받았다. 활과 바위의 위험을 무릅쓰고 땀 흘린 공로가 있는 사람은 삼등상을 받았다. 힘을 다하여 과인을 섬겼으나 과인의 잘못을 보완해주지 못한 사람은 사등상을 받았다.

진나라 사람들은 이 논리에 기뻐하였다.

그렇지만 그 과정에서 많은 시비를 낳기도 했는데, 특히 개자추(介子推) 이야기는 한식(寒食)날의 유래와도 관련하여 매우 유명한 이야기로 남게 되었다. 개자추는 논공행상 과정에서 이렇다 할 공로를 인정받지 못했다. 개자추는 중이가 하늘의 정해진 이치에 따라 군주가 되었을 뿐인데도 많은 사람들이 마치 자기의 공으로 이루어진 것처럼 생각한다고 비난하였다. 그리고 자신은 그런 무리에 끼고 싶지 않다며 동조하는 어머니와 함께 종적을 감추어버렸다. 개자추의 시종들이 이를 빗대어 궁문에 글을 써 붙이자 문공이 그 글을 보고 비로소 개자추의 공로를 인정해주지 못했음을 인정하며 그의 소재를 찾았지만 그는 끝내 나타나지 않았다. 그래서 그가 금상(錦上)의 어느 산 속으로 들어갔다는 소문에 따라 그 산 주위를 그에게 봉토로 주고 그 산을 개산(介山)이라 명하면서 "이로써 과인의 잘못을 밝히고 선한 사람을 표창하노라" 하였다. 나중에 이 이야기는 더 전설적으로 발전하여 문공이 개자추를 그 산에서 나오게 하기 위하여 산에 불을 질렀는데 개자추는 나오지 않고 어머니와 함께 불타 죽고 말았다고 한다. 그래서 문공이 그의 죽음을 안타까워하여 매년 그때가 되면 불을 사용하지 못하도록 함으로써 사람들이 그날만은 찬밥(寒食)을 먹는 풍습이 생겨 오늘날도 그날을 한식(寒食)이라 부른다는 것이다.

그즈음에 주나라 왕도에서는 반란이 일어나 양왕(襄王)이 도읍을 떠나 정나라로 피신하는 일이 일어났다. 이 비상사태에 진(秦)나라가 개입하여 양왕을 왕도로 호송하려 하였다. 이에 진(晉)나라의 대부 조최(趙衰)가 문공에게 "패자가 되시려면 주나라를 존중하는 것이 중요합니다. 양왕은 군주님과 같은 희(姬) 성이온데 성이 다른 진(秦)나라로 하여금 양왕을 호송하게 한대서야 어떻게 천하를 호령할 수 있겠습니까?" 하고 양왕 호송에 뛰어들 것을 권했다. 이에 문공은 반란의 거점이 된 온(溫)을 포위하고 양왕을 주나라 왕도로 호송한 다음 반란의 중심이었던 양왕의 아우 대(帶)를 죽였다.

진문공 4년에는 초나라의 성왕이 제후들과 함께 송나라를 포위하는 일이 발생하였다. 이 포위는 신흥 세력으로 등장한 송나라와 이에 맞서는 남방 초나라의 대치를 의미하는 것이었다. 송나라는 진(晉)나라에 구원을 요청하였다. 선진(先軫)은 문공에게 "일찍이 송나라 양공의 은혜에 보답하고 천하의 패업을 확립하려면 바로 지금입니다" 하고 군사 개입을 권하였다. 호언(狐偃)

은 전략을 제시하여 "초나라는 최근에 조(曹)나라를 얻고 위나라와 혼인을 하였으니 조나라와 위나라를 공격하면 초나라는 반드시 그들 나라를 구원하려고 송나라에 대한 포위를 풀 것입니다" 하였다. 바로 공자가 말한 "간지(奸智)를 쓰고 정도를 따르지 않는 방법(譎而不正)"이었다. 문공은 조언한대로 조나라와 위나라를 공격하는가 하면 조나라 임금을 잡아 질책하고 위나라와 조나라의 토지를 나누어 송나라에 주었다. 군사 대치가 지속되자 과연 예측대로 초나라는 진나라에 완춘(宛春)을 보내 "위나라 임금을 복위하고 조나라를 보존한다면 우리도 송나라를 풀어주겠다"고 제안하였다. 구범(咎犯)은 무례하다며 반대하고 선진(先軫)은 명분이 있다며 받아들일 것을 주장했다. 결국 선진의 수용 의견을 받아들여 일단 조나라와 위나라에 대해서는 비밀리에 회복을 약속하되 사신 완춘을 감금하여 초나라를 자극함으로써 일대 결전을 도모키로 하였다. 진나라의 요청을 받은 조나라와 위나라는 초나라와의 관계를 단절시키겠다고 선포하였다. 게다가 완춘까지 감금당하자 화가 난 초나라는 진나라에 대한 군사 공격을 감행하였다. 그러자 진나라 군대는 후퇴를 하였다. 한 장수가 문공에게 왜 후퇴를 하시느냐고 물었다. 문공은 "과인이 옛날 초나라에 있을 때 두 나라가 군사적 대치를 하게 되면 90리를 물러나겠다고 약속했다"고 말했다. 초나라 성왕(成王)은 진나라가 후퇴를 함에 그 정도 선에서 싸움을 그만두려 했지만 자옥(子玉, 成得臣)은 강공을 주장했다. 그래서 성왕은 화가 나서 그에게 적은 군대를 주었다.

이 싸움은 송나라, 제나라, 진(秦)나라, 진(晉)나라 군대가 함께 성복(城濮)에 주둔해 있다가 초나라 군대와 크게 싸움을 벌여 결국 자옥의 강공만을 믿던 초나라 군대는 대패하였다. 유명한 '성복의 전투'였다. 춘추시대의 막강하던 두 나라, 진(晉)과 초(楚)의 싸움은 그렇게 진의 승리로 돌아갔다. 천토의 맹약(踐土之盟)은 그것을 대표하는 결과였다. 또 그것은 하은주 삼대를 이어온 전통문화와 새롭게 떠오른 남방문화 간의 결전에서 전통문화가 주도권을 쥐게 되었다는 것을 뜻하기도 하였다.

문공은 초나라 포로로 보병 1천 명과 사두마차 100승을 주나라 양왕에게 바쳤다. 왕은 왕자 호(虎)를 보내 진문공을 후백(侯伯), 즉 제후의 맹주로 선포하였다. 진나라 군대가 초나라 군대를 불살랐는데 며칠이 지나도 불이 꺼지지 않았다. 문공은 탄식하였다. 신하들이 "전쟁에서 이겼는데 군주께서 탄식하시니 무슨 까닭이옵니까?" 하고 물었다. 문공은 "내가 듣기로 전쟁에서 이겨도 마음이 편안한 사람은 성인(聖人)뿐이라고 하였소. 그래서 두려운 것이오" 하였다. 초성왕은 전쟁에서 강경한 입장을 취하였던 자옥을 질책하자 자옥은 자살하고 말았다.

문공은 전승에 따른 논공행상을 하였는데, 군주로 등극하였을 때에 적용하였던 논리를 그대로 적용하여 진나라 사람들은 크게 기뻐하였다.

기원전 632년 진문공은 노나라, 제나라, 송나라, 채나라, 정나라, 진(陳)나라, 거(莒)나라, 주(邾)나라의 제후, 그리고 진(秦)나라 사신을 온에 불러 모아 회합을 가졌다. 왕도에서 회합을 하기에는 여러 가지로 불안한 여건이었기 때문에 장소를 온으로 한 것이었다. 문공은 이 자리에 왕을 불렀는데 다만 『춘추』는 제후가 왕을 부른 것은 있을 수 없는 일이었기 때문에 왕이 하양(河陽)으로 사냥을 나갔다고 기록하였다. 그리고 제후들이 사냥 나온 왕의 처소를 찾아가 알현한 것으로 상황을 돌려 기술하였던 것이다. 왕이 머물 임시 왕궁을 정나라의 천토(踐土)에 지었고, 정나라 군주는 왕을 도왔다. 진문공은 초나라의 포로 1천 명과 무장한 말 400필을 왕에게 바쳤다. 왕은 진문공에게 단술(醴)을 내리고 그를 후백, 즉 패자로 임명하며 대로(大輅)와 전차, 붉은활과 화살, 향기로운 술, 날쌘 용사 300명 등을 하사하면서 말하기를 "왕인 내가 숙부(叔父)[2]에게 말하노니 앞으로 왕명을 경복(敬服)하고 사방의 나라들을 편안히 다스리고 왕에게 잘못하는 자들을 바로잡아주시오" 하였다. 진나라 군주는 세 번 사양하다가 명을 받으며 말하기를 "저 중이는 감히 재배하고 머리를 조아려 천자님의 고명한 명을 받들겠나이다" 하고 중책을 받고 물러났다.

공자는 제환공과 진문공을 비교하면서 "진나라 문공은 간지를 쓰고 정도를 따르지 않았으며 제나라 환공은 정도를 따르고 간지를 쓰지 않았다"[3]고 하였다. 이는 진문공이 패자로 인정받겠다는 목적을 앞세워 양왕의 환궁을 돕는다거나 송나라의 군사적 상황에 극히 교묘하게 개입한 것, 그리고 제후들의 회합에 양왕을 부른 것 등을 뭉뚱그려 비판한 것이다. 비교적 뭇 제후들과 대부들의 높은 인정을 받았던 문공이지만 공자의 평가는 이렇듯 날카롭고 신랄했다. 사람이 자신을 향상시켜 나가야 하는 단계가 얼마나 길고 끝없는가를 보여주는 단적인 사례가 아닌가 한다.

기원전 628년, 문공은 재위 9년 만에 71세를 일기로 숱한 일화와 전설을 남기고 죽었다.

진문공 관련 논어 단편(1개)

14/16

선생님께서 말씀하셨다.

"진나라의 문공(文公)은 간지(奸智)를 쓰고 정도(正道)를 따르지 않았으

필힐佛肸

필힐은 진(晉)나라 사람으로 중모(中牟)의 읍재였다고 한다. 조간자(趙簡子)의 가신이었다고 보는 것이 통설이다. 그는 『좌전』에 나오지 않는 인물이다. 그가 진나라의 중모에서 반역을 일으켰다거나 공자에게 만나자고 초청을 했다는 것은 모두 논어 17/7에 근거한 것이다.

그가 중모에서 반역을 꾀한 것은 조간자에 대한 도전이었던 것으로 보인다. 그 밖의 권력 관계는 정확히 알기 어렵다. 어쨌든 이런 가신들의 반란은 진나라의 전통적인 대부들 사이에서 권력 쟁투가 점점 심해지면서 벌어진 일 중 하나로, 대부들 사이에서도 병탄이 가속화되던 시점일 것이다. 기원전 497년, 과거 위나라로부터 받아서 그동안 한단(邯鄲)에 두었던 500가를 조간자가 빼내어 진양(晉陽)으로 재배치하려 하였다. 그렇지만 한단의 읍재 오(午)가 가문의 뜻을 받들어 반대하자 그를 죽여버린 것에서 발단이 되었다. 오와 막역한 관계에 있던 범씨(范氏)와 중항씨(中行氏)가 오를 죽인 것에 분노하여 조간자를 공격하였는데, 결국 이 싸움 끝에 진나라의 전통적 육경(六卿) 중에서 범씨와 중항씨는 점점 멸문의 지경을 향해 나아갔다.

이런 사태는 기원전 493년 제나라와 정나라가 진나라의 범씨에게 대량의 곡식을 지원해주고 조간자가 이를 공격함으로써 결국 제나라 육경 중 범씨와 중항씨는 조가(朝歌)로 달아나 멸문의 화를 당하고 말았다. 다만 진정공(晉定公) 22년(BC 490) 기록에 의하면 그 해에 조간자는 중모를 포위했다고 한다.

여름에 조앙(趙鞅, 趙簡子)은 위(衛)나라를 쳤다. 그것은 위나라가 범씨를 지원했기 때문이었다. 그 참에 조앙은 중모를 포위했다.

이때 필힐이 대부 조간자에 반역을 꾀하고 공자를 불러 도움을 받으려 했던 것 같다. 그 시점은 중모를 포위하기 이전 시점으로 사마천이 기록한 기원전 493년일 가능성도 있고, 오히려 포위 시점 이후로 공자가 다시 위나라로 간 기원전 489년 이후일 가능성도 있다. 다만 어느 때이든 그 시점은 공자가 위나라에 있을 때일 가능성이 크다.

정치적 정황만으로는 공자가 필힐을 만나려한 이유가 파악되지 않는다. 그것은 공산불요를 만나려 했던 것과 마찬가지다. 그러나 필힐도 공산불요처럼 얼마간의 정치도의를 지녔을 가능성은 있다. 실제 『신서(新序)』와 『설원(說苑)』에는 필힐이 어느 정도 신의의 관념을 지녔던 사람으로 기록되어 있다. 물론 두 책의 신빙성은 그다지 높지 않다.

필힐 관련 논어 단편(1개)

17/7
필힐(佛肹)이 부르자 선생님께서 가시려 하니 자로가 말했다.

"옛날 제가 선생님께 듣기로는 '자신이 직접 불선한 일을 행한 자에게 군자는 가담하지 않는다'고 하셨습니다. 필힐은 중모(中牟)에서 반역을 꾀한 자입니다. 선생님께서 그에게 가시겠다니 어찌 된 일입니까?"

선생님께서 말씀하셨다.

"그렇다. 그런 말을 한 적이 있다. 그러나 '갈아도 얇아지지 않는다면 견고하다 할 수 있지 않겠느냐? 검게 물들이려 해도 검어지지 않는다면 희다 할 수 있지 않겠느냐? 내가 어찌 박이겠느냐? 어찌 매달려만 있고 먹히지는 않을 수 있겠느냐?'"

佛肹召.子欲往.子路曰;昔者由也聞諸夫子曰,親於其身爲不善者,君子不入也.佛肹以中牟畔,子之往也,如之何?子曰;然,有是言也.不曰堅乎?磨而不磷,不曰白乎?涅而不緇.吾豈匏瓜也哉!焉能繫而不食?

조趙

조나라는 전국시대에 이르러서는 이른바 전국칠웅(戰國七雄)의 하나로 부상하는 나라였지만 춘추시대에는 아직 나라가 아닌, 진(晉)나라의 유력한 대부 가문 중 하나였다. 원래는 진(秦)나라와 조상이 같다고 하며, 성은 영(嬴)이었다. 일찍이 주목왕(周穆王) 때 조보(造父)가 목왕에게 준마 여덟 필을 바치자 목왕이 그에게 조성(趙城)을 하사하였고, 그때부터 그들 가문은 영성(嬴姓)에 조씨(趙氏)를 갖게 되었다. 그 후 기원전 8세기 경 숙대(叔帶)가 주유왕(周幽

王)의 황음무도함을 기피하여 진(晉)나라로 가서 살았다. 그리고 기원전 661년 진헌공(晉獻公)이 이군(二軍)을 편성 운영할 때 가문의 중시조라 할 수 있는 조숙(趙夙)이 군주의 전차를 조종하게 하였는데, 그 해에 경(耿)나라를 멸망시키고 그 땅을 그에게 주었다. 조씨 가문이 권문세가로 등장한 첫 단초였다. 조숙은 공맹(共孟)을 낳고 공맹은 다시 조최(趙衰)를 낳았다.

조최는 훗날 춘추오패의 두 번째 패자가 되는 중이(重耳)를 섬기기 시작했다. 조최는 중이가 여희(麗姬)의 모함을 받아 적(翟)나라 등 여러 나라로 긴 망명을 떠날 때 그를 뒤따랐던 저 유명한 오현(五賢) 중의 한 명이었다. 적나라 사람들이 적적(赤翟)을 쳐서 두 여자를 잡아 젊은 여자는 중이에게 시집을 보내고, 나이 든 여자는 조최에게 시집을 보냈다. 조최는 그 여자에게서 조돈(趙盾)을 낳았지만 그 전에 이미 본부인과의 사이에서 조동(趙同), 조괄(趙括), 조영제(趙嬰齊)를 두고 있었다.

19년이나 이역을 떠돌다가 진나라로 귀국하여 62세의 늦은 나이에 중이가 문공으로 즉위할 수 있었던 데에는 조최의 계책이 크게 주효했다. 조최는 그 공으로 원(原)의 대부가 될 수 있었다. 진나라에 남아 있다가 조최를 다시 만난 본부인은 적나라에서 얻은 부인의 귀국을 조최에게 강력히 권하는 한편 그녀가 낳은 조돈을 후계자로 삼고 자신이 낳은 세 아들은 모두 그를 받들게 하였다.

양공 6년에 조최가 죽고 아들 조돈이 국정을 맡았다. 그리고 또 2년 만에 양공이 죽었다. 조돈은 양공의 아들이 아직 어렸기 때문에 양공의 동생 옹(雍)을 군주로 추대하려 하였다. 그러자 태자의 어머니가 "엄연히 적자가 있는데 왜 달리 군주를 구하십니까?" 하며 밤낮으로 울며 탄원하였다. 조돈은 이 일로 고민을 거듭하다가 종친과 일부 대부들의 도발이 두려워 결국 결정을 번복, 태자인 이고(夷皐)를 군주에 추대키로 하였다. 그리고 진나라에 가 있던 옹을 영접하러 보낸 사절단도 귀국하지 못하도록 군대를 보내 막았다.

그리하여 우여곡절 끝에 즉위한 이가 바로 영공(靈公)이다.

그러나 영공은 나이가 들수록 오만하고 제멋대로였다. 조돈이 옆에서 수차 조언을 하였지만 듣지 않았다. 한번은 곰발바닥 요리가 잘 익지 않았다고 요리사를 죽인 후 몰래 시신을 궁성 밖으로 빼돌리다가 조돈에게 들킨 적이 있었다. 영공은 그것이 두려워 조돈마저 죽이려고 하였다. 마침 과거 어질고 자애로운 성품의 조돈으로부터 굶어 죽을 뻔한 고비에서 도움을 받았던 사람이 있어 조돈은 그의 도움을 받아 간신히 위기에서 벗어나 달아날 수 있었다. 그런데 조돈이 아직 국경을 벗어나기 전에 그의 사촌동생 조천(趙穿)이 영공을 시해하고 양공의 동생 흑둔(黑臀)을 군주로 세웠다. 그가 성공(成公)이다. 조돈은 다시 돌아와 국정에 임했지만 태사(太史)는 국경을 넘지 않은 상태에서 시해가 있었고, 돌아와 조천을 벌하지 않았다는 사실에 "조돈이 그의 군주를 시해하였다"고 사서에 엄히 기록하였다. 조돈은 이 비난을 묵묵히 받아들였다.

기원전 601년 조돈이 죽고 아들 조삭(趙朔)이 뒤를 이었다. 조삭이 뒤를 잇고 나자 대부 도안고(屠岸賈)가 이 문제를 새삼스레 재론하며 조씨 일족이 있는 한 영공 시해에 대한 문책을 제대로 할 수 없다는 이유를 들어 조씨 일족에 대한 주멸(誅滅)을 주장하였다. 한궐(韓厥)이 나서서 조돈의 무죄를 적극 주장했지만 도안고는 막무가내였다. 한궐은 조삭에게 도망갈 것을 권했지만 조삭은 한궐에게 후사만 끊어지지 않게 해달라고 부탁하고 죽음을 받아들였다. 도안고 일당은 결국 조삭, 조동, 조괄, 조영제를 비롯한 조씨 일족을 모조리 주멸하였다.

조삭의 부인은 성공(成公)의 누나였는데 당시 임신중이었다. 그녀는 조카인 경공(景公)의 궁으로 도망가 숨었다. 조삭의 문객(門客) 중에 공손저구(公孫杵臼)라는 자가 있어 조삭의 친구인 정영(程嬰)에게 왜 같이 죽지 않는지 물었다. 정영은 대답하기를 "부인이 임신중인데 아들을 낳으면 내가 부양하기 위해서다" 하였다. 얼마 후 조삭의 부인이 아들을 낳았다는 소문이 돌았다.

도안고는 궁중을 샅샅이 수색하였다. 조삭의 부인은 아이를 속바지 가랑이에 넣고 "조씨 가문이 멸망하려면 네가 크게 울고 멸망하지 않으려면 아무 소리도 내지 말아라" 하고 기도하였다. 수색 시 아이는 울지 않았다.

1차 위험에서 벗어난 후 정영이 공손저구에게 다시 물었다. "수색이 계속될 텐데 어찌하면 좋소?" 공손저구가 대답했다. "죽는 일과 고아를 부양하는 일 중 어떤 일이 더 어렵소?" 하자 정영은 "죽는 일은 쉬우나 고아를 부양하는 일은 어렵지요" 하였다. 이에 공손저구가 "쉬운 일은 내가 맡을 테니 당신은 친구로서 어려운 일을 맡아주시오" 하였다.

그리고 두 사람은 상의하여 다른 사람의 아이를 얻어와 산 속에 숨기는 한편 정영은 산에서 내려와 도안고의 장군들에게 "나는 더 이상 조씨의 고아를 부양할 능력이 없소이다. 누가 나에게 천금을 준다면 조씨의 고아가 숨어 있는 곳을 알려 주겠소" 하고 외쳤다. 그러자 장군들이 군사를 동원하여 정영을 앞세우고 산 속으로 들어가 공손저구와 아이를 붙잡았다. 공손저구는 "이 소인배 정영아. 조씨의 고아를 팔다니!" 하며 아이를 끌어안고 "하늘이시어. 나를 죽이시되 이 어린아이만은 살려주소서" 하고 울부짖었다. 장군들은 공손저구와 그 아이를 죽이고 말았다. 정영은 풀려나 산 속에 숨었으니 조씨의 고아를 몰래 부양하는 일을 맡았음은 물론이다.

그 후 15년이 흘러 진경공(晉景公)이 병이 났다. 점을 치니 어느 큰 가문이 진나라에서 제사가 끊기는 바람에 나라에 재앙이 발생한다는 괘가 나왔다. 경공이 한궐에게 상세한 것을 물으니, 조씨 가문의 비밀을 알고 있는 한궐이 "진나라에서 제사가 끊긴 가문이라면 조씨 가문이 있지 않습니까?" 하며 조씨의 고아가 살아 있음을 비로소 밝혔다.

경공은 한궐과 상의하여 조씨 가문을 다시 되살리기로 하고 여러 대부들과 장군들이 모인 가운데 조삭의 아들 조무(趙武)와 그를 키운 정영을 공개하고 인사를 시켰다. 경공의 뜻을 눈치 챈 여러 대부들과 장군들은 과거의 잘못을 도안고에게 돌리고 그를 잡아와 그 종족을 모조리 주멸하였다.

조무가 20세가 되어 성년이 되자 정영은 여러 대부들에게 "이제 나의 할 일을 다했다"고 인사를 하고 "먼저 떠난 공손저구에게 보고를 하러 가야 한다"는 말을 남기고 뭇사람들의 만류에도 불구하고 자살하였고, 조무는 그를 위해 봄가을로 제사를 지냈다. 하(夏)나라 때 소강(少康)의 이야기와 비슷한 이 이야기는 봉건질서를 기초로 한 매우 감동적인 이야기로 남게 되었다. 물론 사실 여부는 알 수 없지만 조씨 가문이 매우 험난한 과정을 거쳐 힘겹게 살아남았을 가능성은 있다고 할 것이다.

조무가 복위하고 나서 군주 여공(厲公)은 세 극씨(郤氏) 대부들을 죽이는가 하면 대부 난서(欒書)는 다시 군주 여공을 시해하는 등 군신 간 갈등의 구조가 심화되었다. 이때부터 진(晉)나라는 대부들의 세력이 점차 강해졌다. 조무가 정경으로 있던 평공 12년에 오나라의 연릉계자(延陵季子)가 진나라에 와서 "진나라의 정권은 마침내 조문자(趙文子), 한선자(韓宣子), 위헌자(魏獻子)의 후손에게 돌아가겠구나" 하고 예언하였다. 조무는 죽어 시호를 문자(文子)라 하였다.

조무는 조성(趙成, 趙景子)을 낳았고 조성은 조앙(趙鞅, 趙簡子)을 낳았다.

조간자는 정경으로 있던 기원전 517년에 제후국의 대부들과 회합하여 동생 자조(子朝)를 피해 외지에서 떠돌고 있던 주경왕(周敬王)에게 양식을 지원하는가 하면 그를 호송하여 왕도로 돌아왔다. 이런 왕실 지원 행위는 조간자의 위상을 크게 드높였다.

기원전 498년 조간자가 한단의 대부 오(午)를 불러 "위나라가 내게 맡긴 500호의 백성들을 나에게 돌려주오. 내가 그들을 진양(晉陽)에 배치하겠소" 하였다. 일찍이 여공을 시해한 조천의 증손자이기도 했던 조오(趙午)는 승낙하고 돌아가 문중의 어른들에게 고하니, 그들이 만약 500호를 조씨가 직할하게 되면 500호를 조씨가에게 믿고 맡긴 위(衛)나라와의 관계가 심각해진다고 반대를 했다. 오는 결국 약속을 지키지 못했고 조간자는 이를 이유로 오를 죽였다. 그 과정은 생각보다 심각하여 조오와 친분이 깊었던 순인(荀寅)과 범길석(范吉射)이 조간자를 공격하여 조간자가 진양으로 달아나는 일도 발생하였다. 또 조오의 아들 조직(趙稷)과 가신 섭빈(涉賓)이 한단을 근거지로 반역을 일으키기도 하였다. 논어에 나오는 중모(中牟)에서의 필힐(佛肸)의 반역도 대략 같은 배경의 사건이었을 것이다.

결국 정공(定公)이 개입하여 한때 조씨, 범씨, 순씨가 모두 위기에 처한 적도 있으나 조간자는 한씨(韓氏), 위씨(魏氏)의 사면(赦免) 호소가 있었던데다가 또 스스로 강성(絳城)을 찾아가 정공에게 충성을 맹세함으로써 구제되었으나 범(范)씨와 순(荀, 中行)씨는 정공을 공격하다가 밀려 결국 제나라로 달아남으로써 멸문의 화를 당하고 말았다.

진출공(晉出公) 17년, 공자가 죽고 나서 3년 되던 해에 조간자가 죽고 아들 무휼(毋恤)이 종주의 지위를 계승하니 그가 바로 조양자(趙襄子)다. 그가 아직 승계 예정자로 정나라를 포위하는 일에 아버지 조간자를 대신하여 참가했을 때였다. 지백(知伯)이 술이 취해 무휼에게 억지로 술을 먹이고 급기야 그를 구타했다. 신하들이 무휼에게 지백을 죽일 것을 주문했지만 "아버지께서 나를 후계자로 삼으실 때에는 내가 이 정도 치욕은 참을 것으로 여기셨을 것이오" 하였다. 지백은 전쟁에서 돌아와 조간자에게 무휼을 폐위시킬 것을 요구하였지만 조간자는 듣지 않았다. 이 일로 무휼은 지백을 싫어하게 되었다.

조양자가 종주가 된 지 4년 되었을 때 지백은 범씨와 중항씨의 옛 영토를 모두 나누어 가졌다. 이에 분노한 정공은 제나라 노나라와 연합하여 사경(四卿)을 공격하였는데, 당황한 사경은 역공을 시도하였고 이에 출공은 제나라로 도망가다가 도중에 죽고 말았다. 지백은 소공(昭公)의 증손자 교(驕)를 옹립하니 그가 애공(哀公)이다. 이후 지백은 점점 교만해져서 한씨와 위씨에게 땅을 요구했고, 지백이 두려운 이들은 울며 겨자 먹기로 땅을 나누어주었다.

지백은 조양자에게도 땅을 요구하였는데 그는 땅을 주지 않았다. 이에 지백은 한씨와 위씨를 이끌고 조씨를 공격하였다. 조양자는 진양으로 들어가 단단히 수비하였다.

지백은 분수(汾水)의 물을 막아 진양성에 1년이 넘도록 수공(水攻)을 하였는데 물에 잠기지 않은 부분이 얼마 되지 않았다. 성에서는 공중에 솥을 걸어 놓고 밥을 짓기도 하고 자식을 서로 바꾸어 먹기도 하였다 한다. 나중에 조양자는 지백의 위협 때문에 마음에 없는 공격에 가담하고 있는 위씨, 한씨와 내통하여 오히려 역으로 그들이 조씨를 도와 댐을 부수고 물길을 바꾸어 지백의 군영을 향하게 하였다. 그러자 군사들은 모두 수장되었고, 지백은 생포되어 목이 잘렸으며 삼씨는 지백의 모든 땅을 나누어가졌다. 이로써 진(晉)나라는 사실상 조(趙), 한(韓), 위(魏) 세 나라로 나뉘어졌다. 역사가들은 이 시기를 삼진(三晉)시대라고 불렀다. 기원전 453년이었고 비로소 춘추시대가 마감되고 오로지 무력에 의한 정벌만 각축하는 전국시대가 개막되었다.

조씨 세계

①趙夙(獻公時) ― ②趙共孟(~BC?)― ③趙成子(~BC622)┬④趙宣子(~BC601) ―
　　　　　　　　　　　　　　　　　　　(趙衰)　　 │ (趙盾)
　　　　　　　　　　　　　　　　　　　　　　　　 └⑤趙括(~583)
　　　　　　　　　　　　　　　　　　　　　　　　　 (屛氏)

― 趙莊子(~BC597) ― ⑥趙文子(~BC541) ― ⑦趙景子(~BC518) ― ⑧趙簡子(~BC476)―
　(趙朔)　　　　　　 (趙武)　　　　　　　(趙成)　　　　　　 (趙鞅)(趙孟)

― ⑨趙襄子(~BC443)― 생략
　(趙毋卹)

14/12

선생님께서 말씀하셨다.

"맹공작(孟公綽)은 조(趙)나 위(魏)의 가로(家老)가 되기에는 충분하지만 등(藤)나라나 설(薛)나라의 대부가 될 수는 없다."

子曰;孟公綽爲趙魏老則優,不可以爲滕薛大夫.

위(魏)

위는 전국시대에 가면 이른바 전국칠웅(戰國七雄)의 하나로 막강한 나라가 되지만 공자가 이 말을 하던 춘추 말기만 하더라도 아직은 나라가 아닌, 진(晉)나라의 중요한 대부 가문으로 이른바 진육경(晉六卿) 중 하나였다. 그 선조는 주나라 건국 초기에 크게 활약하여 필(畢) 땅에 봉해졌던 필공(畢公) 희고(姬高)였다. 그는 문왕의 아들이었지만 무왕이나 주공과는 어머니가 달랐다. 따라서 주나라의 왕족과 같은 희성(姬姓)이었는데 필공 이후 필(畢)을 씨로 썼다. 그러나 필공의 활약에 비해 그 후손들은 특별한 직위에 오르지 못하고 평민으로 살았다. 그러다가 기원전 7세기에 필만(畢萬)이 진(晉)나라 헌공(獻公)을 섬겨 벼슬을 하였다. 헌공 16년에 진나라가 곽(霍), 경(耿), 위(魏)나라를 멸망시킬 때 공을 세워 조숙(趙夙)은 경(耿) 땅에, 필만은 위(魏) 땅에 각각 봉해졌다.

훗날 헌공의 아들 중이(重耳)가 여희(驪姬)의 모함을 받아 긴 망명생활을 하게 되었을 때 필만의 손자 위무자(魏武子)가 그를 따라 함께 망명생활을 하였다. 19년 후 중이가 돌아와 진나라의 문공(文公)이 된 이후 위씨 가문은 진나라의 당당한 대부 가문으로 자리 잡았다. 위무자(魏武子)는 위도자(魏悼子)를 낳았고, 위도자는 그들의 근거지를 위(魏)에서 곽(霍)으로 옮겼다.

위도자는 위강(魏絳)을 낳았고 위강은 도공(悼公)을 성심껏 모셨다. 제후들과의 회합 시 도공의 아우 양간(楊干)이 질서를 어지럽혔다. 위강이 양간의 신분을 고려하여 그의 시종에게 책임을 물어 시종을 죽였다. 도공이 분개하여 위강을 죽이려 하니 여러 신하들이 위강의 사람됨을 변호하였다. 도공은 비로소 위강의 됨됨이를 알고 그에게 더 높은 직책을 부여하였다. 이후 그는 융족(戎族), 적족(狄族) 등 이민족을 적절히 통제하는가 하면 그들과 화약을 맺어 관계를 개선하였다. 후에 그는 위씨의 근거지를 곽에서 안읍(安邑)으로 옮겼다. 위강은 위영(魏嬴)을 낳고 위영은 위헌자(魏獻子)를 낳았다.

기원전 544년 오나라의 계찰(季札)이 진나라로 가서 조문자(趙文子)와 한선자(韓宣子), 그리고 위헌자(魏獻子)를 만나보고 기뻐하며 말하기를 "진나라는 결국 이 세 씨족에게로 돌아갈 것이다" 하였다. 기원전 514년 한선자가 죽자 위헌자는 한선자에 이어 진나라의 집정이 되었다.

진나라는 군주의 권위가 갈수록 실추하고 대신 대부들의 역할과 권위가 강화되었다. 그러나 대부들의 권위가 강화되는 추세는 대부들 간의 경쟁과 갈등이 심화되면서 그 권력이 집약되는 추세와 함께 나타났다. 이를테면 기원전 573년 여공(厲公)은 삼극씨(三郤氏, 郤錡·郤犨·郤至)를 죽였고, 이듬해 난서(欒書)와 중항언(中行偃)은 통치의 난맥상을 보이는 여공을 시해하였다. 난씨와 중항씨(荀氏)도 도공(悼公)을 세운 후 모두 오래 가지 못하고 멸문지화를 당했다. 그 후 기씨(祁氏), 양설씨(羊舌氏)가 도태되고 진나라 대부들의 가문은 결국 육경(六卿)으로 집약되었는데, 위씨 가문은 여전히 그 일원이었다. 조간자(趙簡子)가 한단(邯鄲)의 500호 백성들에 관한 처리 문제로 범(范)씨, 중항씨와 심각하게 대립하여 그들을 멸족시킬 때에 위치(魏侈)가 조간자의 편을 든 것이 육경으로 남을 수 있었던 배경이었다. 후에 4경으로 줄어든 판도에서 다시 지백(知伯)이 나머지 3경을 모두 자신의 지배하에 넣으려는 과욕을 부렸을 때 위치의 손자 위환자(魏桓子)가 적당히 그의 눈치를 보다가 조(趙)씨, 한(韓)씨와 더불어 지백을 타도(BC 453)한 것은 결정적인 판단이었으며, 그리하여 위씨는 삼진(三晉) 시대를 열고 이윽고 제후국 위(魏)나라를 개창할 수 있었다.

공자 재세 시 위씨 가문은 공자나 공자학단과 특별한 인연이 없었다. 그러나 공자 몰후 공자의 제자 자하가 진나라로 가서 제자들을 가르치기 시작했다. 특히 위문후(魏文侯) 때에는 문후가 자하를 스승으로 받들어 여러 방면에서 그의 조언을 듣고 자문을 받는 등 유교적 가르침에 귀를 기울였다. 또 더

위씨 세계

①畢萬(BC 661등장) ― ②芒季(~BC ?) ― ③魏武子(~BC 594) ― ④魏悼子(~BC ?) ―
　　　　　　　　　　　　　　　　　　　　　　　　　　　　　　　　(魏犫)

― ⑤魏昭子(~BC 565?) ― 魏嬴(早死) ― ⑥魏献子(~BC 509) ― ⑦魏簡子(~BC ?) ―
　(魏莊子, 魏絳)　　　　　　　　　　　　　(魏舒)　　　　　　　　(魏取)

― ⑧魏襄子(~BC ?) ― ⑨魏桓子(~BC 446) ― ⑩魏文侯(~BC 396) ― ⑪魏武侯(~BC 370) ―
　(魏曼多, 魏侈)　　　(魏駒)

― ⑫魏惠王(~BC 334) ― 생략
　(梁惠王)

훗날 맹자는 문후의 손자 위혜왕(魏惠王)을 만나 인(仁)과 의(義)를 바탕으로 하는 정치를 역설하였다. 혜왕이 그 주장을 크게 받아들인 것 같지는 않지만 이때의 위혜왕이 바로『맹자』제1편에 등장하는 양혜왕(梁惠王)이다. 위나라는 대량(大樑)으로 도읍을 옮긴 이후 양(梁)나라라 불리기도 하였다. 그 점에서 위씨 가문은 공자와 사후 인연만큼은 만만치 않았다 할 수 있다.

위 관련 논어 단편(1개)

14/12
선생님께서 말씀하셨다.
"맹공작(孟公綽)은 조(趙)나 위(魏)의 가로(家老)가 되기에는 충분하지만 등(藤)나라나 설(薛)나라의 대부가 될 수는 없다."
子曰;孟公綽爲趙魏老則優,不可以爲藤薛大夫.

숙향 叔向

숙향도 논어에는 등장하지 않는다. 그러나 춘추시대의 가장 강력한 패권 국가인 진(晉)나라의 막강한 대부이자 대표적 현자(賢者)로서 공자도 옛날의 곧은 정신(古之直)이라 극찬했던 이 인물은 돌아볼 필요가 있다.

숙향은 진(晉)나라 대부 양설힐(羊舌肹)의 자(字)다. 성은 희(姬)였으니 주나라에 살고 있는 한 최고의 혈통이었던 셈이다. 양설씨(羊舌氏)는 진나라 대부 가문들이 육경(六卿)으로 압축되기 전까지는 막강한 대부 집안이었다. 그는 양설직(羊舌職)의 아들로, 양설적(羊舌赤, 伯華)의 동생이자 양설부(羊舌鮒, 叔魚)와 양설호(羊舌虎, 叔羆)의 형이었다. 이들 4형제는 양설사족(羊舌四族)이라 불릴 정도로 유명했는데, 그 중 숙향 양설힐은『좌전』기록에서만 100회 이상 언급될 정도로 유명한 인물이었다. 도공, 평공, 소공 3대를 섬긴 숙향은 특히 평공 때는 평공의 스승(傅)을 맡기도 해서인지 대부분의 사람들에게는 막강한 권력자로 받아들여지기보다 훌륭한 인격자 내지 뛰어난 지식인, 혹은 현자로 받아들여졌다.

　기원전 540년, 제나라의 안영이 진나라에 사신으로 왔을 때, 숙향이 그의 응대를 맡았다. 안영이 제나라의 사정을 솔직히 이야기하였다. "제나라의 상황은 말기 상황이라 할 수 있습니다. 제나라는 머지않아 진씨(陳氏)의 세상이 될 것입니다. 제나라 군주는 백성을 버려 그 백성들이 진씨의 품으로 돌아가고 있습니다. 제나라 백성들은 생산물을 3등분해서 그 중 둘을 군주에게 바치고 하나만 자신이 갖습니다. 군주는 그 많은 생산물을 쌓아두어 일부는 썩거나 좀이 생기고 있지만 백성들은 먹고 입을 것이 부족하여 굶주리고 헐벗고 있습니다. 또 형벌이 가혹하여 시장에는 두 짝이 다 있는 신발은 싸지만 발목 잘리는 형벌을 받은 백성들이 신는 외짝 신발은 수요가 많아 비싼 실정입니다. 지금 진씨는 봄에 곡식을 나눠줄 때는 큰 그릇에 나눠주고 가을에 돌려받을 때는 작은 그릇으로 돌려받습니다. 그래서 사람들이 부모 같이 좋아하고 있습니다"라고 하자 숙향도 "진나라도 이미 말세입니다. 군주는 사치스럽고 길가에는 굶어죽은 자들의 시체가 즐비합니다. 그러나 딸이 권세 좋은 집안으로 시집간 경우는 날로 부유함이 더합니다. 또 한때 부유했던 가문도 난(欒), 극(郤), 서(胥), 원(原), 호(狐), 속(續), 경(慶), 백(伯) 등은 다 몰락하여 종복(從僕)과 다름없는 처지가 되었습니다. 그리고 정권은 군주의 손에서 벗어나 권세 있는 가문에 돌아가 있지만 군주는 돌아볼 줄도 모르고 즐거움에만 취해 있습니다"라고 답하며 함께 한탄하였다.

소공 6년(BC 536) 3월에 정나라는 형법 조항을 새겨넣은 철판을 주조하였다. 그러자 숙향은 정나라 자산(子産)에게 인편으로 편지를 보내어 말하기를 "옛날에 저는 당신에게 기대를 걸었으나 지금은 그런 기대를 잃었습니다. 옛날 선왕들은 일처리를 할 때 그때그때 심의하여 처리하였고 일정한 형법을 제정하지 않았으니 그것은 백성들이 그런 형법에 대응하는 마음을 가질까 우려하였기 때문입니다. 과거 하상주에서 형법을 제정한 것은 모두 도덕이 쇠퇴한 때의 일이었습니다. 저는 들었거니와 나라가 망하려 하면 법이 많아진다고 합니다" 하였다. 이에 자산은 답신에서 이렇게 말하였다. "말씀하신 그대로입니다. 저는 재능이 없어 먼 미래를 내다볼 줄 모르고 그저 눈앞의 현실만 구제해보려 했던 것입니다. 그래서 말씀대로 받들지는 못하겠지만 그 은혜야 어찌 감히 잊겠습니까."

일찍이 난환자(欒桓子, 欒黶)는 범선자(范宣子, 士匄)의 딸을 부인으로 취하여 난영(欒盈)을 낳았다. 그리고 범선자의 아들 범앙(范鞅)은 과거 난환자 때문에 진(秦)나라로 망명했던 일로 원망하고 있었다. 그래서 범앙은 난영과 같이 공족대부가 되었으나 서로 친하지 못했다. 난환자가 세상을 떠나자 그의 부인 난기(欒祁)는 가로(家老)인 주빈(州賓)과 사통하고 있어 가문의 심각한 문제로 되었다. 아들 난영(欒盈)도 그것을 걱정했는데 난기 역시 그것이 구설수에 오를까 걱정되어 친정아버지 범선자에게 거짓 밀고를 하는 등 나라가 매우 어지럽고 혼란스러워졌다. 결국 양공 2년 난영은 초나라로 달아나야 했고. 기유(箕遺), 황연(黃淵), 동숙(董叔), 양설호(羊舌虎) 등 10여 명은 처형되고 백화(伯華), 숙향, 적언(籍偃) 등은 체포되었다. 그때 중개꾼 악왕부(樂王鮒)가 체포된 숙향을 찾아가 자기가 군주에게 사면을 청원해주겠다고 했으나 숙향은 응하지 않았을 뿐 아니라 심지어 돌아가는 악왕부에게 인사조차 하지 않았다. 주변 사람들이 모두 숙향을 나무라자 숙향은 "나를 구할 사람은 반드시 대부 기씨(祁氏)일 것입니다" 하였다. 그러자 숙향의 가신장이 나서서 "악왕부가 군주님께 말씀드리면 안 되는 일이 없습니다. 그리고 기씨가 나서서 해결될 일이 아닙니다" 하였지만 숙향은 거들떠보지도 않았다.

후에 군주 평공이 숙향의 죄를 물으니 그 소문을 듣고 이미 은퇴해 있던 대부 기해(祁奚)가 스스로 마차를 타고 가서 범선자를 만나 숙향이 아우 양설호 때문에 처벌받는 것은 아버지 곤(鯀) 때문에 우(禹)가 처벌받거나 형 관숙(管叔)이나 동생 채숙(蔡叔) 때문에 주공이 처벌받는 것과 같다고 설득하여 결국 범선자와 기해가 함께 마차를 타고 군주에게 가 숙향의 사면을 설득하였다. 사면 후 기해는 숙향을 만나보지도 않고 돌아갔고, 숙향도 역시 기해를 만나보지 않고 바로 조정에 나가 일을 보았다.

숙향을 만난 한선자가 가난을 걱정하니 숙향은 그것을 축하했다. 한선자가 "나는 경(卿)이라고는 하나 아무 실익이 없어 그 때문에 고민인데 당신은 오히려 축하를 하는 이유가 무엇이오?" 했다. 숙향은 "옛날 난무자는 한 뼘의 땅도 없어 관에서 쓰는 예악 기구마저도 준비할 수가 없었습니다. 그러나 덕행은 널리 퍼지고 헌칙(憲則)은 잘 적용되었습니다. 결국 다른 나라에도 퍼지니 제후들도 받아들이고 오랑캐들도 따랐습니다. 그래서 진(晉)나라도 그 위상이 안정되었습니다. 그러나 아들 난환자 때에 가서는 교만과 사치에 빠지고 탐욕과 돈벌이에서 헤어나지 못했으니 결국 정변에 연루되고 말았습니다. 다행히 난무자의 덕분에 그 몸은 보전할 수 있었습니다. 난환자의 아들 난회자에 이르러서는 난환자가 행한 바를 고치고 난무자의 덕행을 이어받아 난을 면할 수는 있었습니다. 다만 부친인 난환자의 죄과 때문에 초나라로 망명해야 했던 것입니다. 무릇 극소자는 재력이 공실의 절반이나 되고 그 가신도 삼군의 절반이나 되었습니다. 그러나 극씨는 그 부와 총애를 과신하고 나라 안에서 잘난 척하다가 그 몸은 조정에 시신으로 전시되기에 이르렀고 그들이 살던 곳 강(絳)에서는 씨족이 멸족되기에 이르렀습니다. 그렇지 않았더라면 극씨 가문의 여덟 명 중 5대부 3경이 나왔으니 그 총애는 대단했을 것입니다. 그러나 하루아침에 멸망했어도 누구 하나 슬퍼하는 사람이 없는 것은 덕이 없었기 때문입니다. 그런데 지금 그대는 난무자처럼 가난하다니 난무자와 같은 덕을 펼 수 있을 때라 여겨져 축하드리는 것입니다. 만약 당신께서 덕을 쌓지 못할 것을 걱정하지 않으시고 재물 부족한 것만 걱정하신다면 당신을 위로할 겨를도 없을 것인데 어찌 축하를 드릴 수 있겠습니까?" 했다. 이 말을 듣고 한선자는 머리를 조아려 절을 했다. 그리고 말하기를 "제가 신세를 망칠 뻔했는데 그대 때문에 몸을 온전하게 할 수 있게 되었습니다. 이토록 큰 은혜를 저 혼자서 받은 것이 아니라 저의 시조이신 환숙을 위시한 모든 조상들이 당신의 은혜 주심에 감사드려야 하겠습니다" 했다.(『國語』)

진(晉)나라의 형후(邢侯)와 옹자(雍子)가 축(鄐) 땅을 가지고 다툰 지 오래되었어도 해결이 되지 않았다. 마침 사건 담당자인 사경백(士景伯)이 초나라에 갔기 때문에 그 업무를 숙향의 아우 숙어(叔魚)가 대리하고 있었다. 한선자는 그 오래된 사건을 끝맺으라고 숙어에게 지시했다. 허물은 실제 옹자에게 있었다. 그런데 옹자가 딸을 숙어에게 바치니 숙어는 그 죄를 형후에게 뒤집어씌웠다. 그러자 형후는 화를 참지 못해 숙어와 옹자를 재판정에서 죽여버렸다. 한선자가 이 사건에서 죄의 판단을 숙향에게 물으니 숙향은 형후와 옹자와 숙어의 죄가 모두 동일하다고 답하였다. 그러므로 살아 있는 사람은 사형에 처하고 이미 죽은 사람은 그 시체를 공개하여 전시하는 것이 옳다고 하였다. 옹자는 자신의 죄를 알고서도 뇌물을 써서 자신이 옳은 것으로 했고, 숙어는 재판을 가지고 거래를 했으며, 형후는 제멋대로 살인을 했으니 그들의 죄는 결국 하나라는 것이었다. 숙향이 말하기를 "자신이 악하면서도 미명(美名)을 억지로 취하는 것은 혼(昏)이라 하고, 탐심으로 공공의 제도를

더럽히는 것은 묵(墨)이라 하며, 사람을 죽이고도 거리낌이 없는 것은 적(賊)
이라 합니다. 『하서』에서 혼, 묵, 적은 모두 죽인다 했는데 이는 고요(皐陶)가
정한 형법이었습니다. 이 형법에 따르시길 바랍니다" 하였다. 숙향의 판결에
따라 형후(邢侯)는 사형에 처해졌고, 옹자와 숙어는 시체가 저자거리에 내걸
렸다.

『좌전』 소공 14년조(BC 528)에는 다음과 같은 공자의 말이 나온다.

숙향은 옛사람의 곧은 유풍이 있는 사람이다. 나라를 다스리고 형법을 운영함
에 친속을 감추지 않았다. 아우 숙어의 죄악을 세 번이나 꾸짖어 죄를 묵살하
거나 가벼이 다루지 않았다. 의로움이라 하겠으니, 가히 곧다 할 수 있겠다. 평
구(平丘)의 회맹에서는 숙어의 뇌물 받은 것을 꾸짖어 위나라를 너그러이 용서
하였고 그로 인하여 진나라가 포학하다는 말을 듣지 않게 하였다. 노나라의 계
손을 고국으로 돌려보내면서는 그의 거짓말 잘함을 일컬어 노나라는 너그러이
용서하고 진(晉)나라는 잔학하다는 말을 듣지 않게 하였다. 형후의 재판에서는
숙어의 뇌물 받음을 말하여 형법을 정당하게 적용하였다. 그는 세 번 옳은 말
을 하여 세 번 악을 없앴으며 세 가지 이익을 더하였다. 친속을 죽이고 더욱 영
예로워졌으니 오직 도의만을 따랐기 때문이다![4]

---

4)   仲尼曰:「叔向,古之遺直也.治國制刑,不隱於親.三數叔魚之惡,不爲末減,義也夫,可謂直矣!平丘之會,數其
賄也,以寬衛國,晉不爲暴.歸魯季孫,稱其詐也,以寬魯國,晉不爲虐.刑侯之獄,言其貪也,以正刑書,晉不爲頗.
三言而除三惡,加三利,殺親益榮,猶義也夫!」

중모 中牟

중모는 진(晉)나라 동쪽 지역에 있는 땅으로 한단(邯鄲)보다 조금 아래, 조가(朝歌)보다 조금 북서쪽에 있었다. 위나라와 가까워 한때는 위나라의 영토였기도 했다. 그래도 춘추시대에는 한단이나 조가보다는 중요도가 낮았으나 『한비자』에도 진나라 평공(平公)이 "중모는 삼국(晉, 衛, 趙)의 요충지요, 한단으로 가는 관문과 같다"[5]고 했듯이 중요한 땅이었다.

노정공 9년(BC 501)에는 진나라의 전차 1천 대가 중모에 주둔하고 있었으니 대단한 군사 요충지였을 것이다. 이 땅이 진나라의 동쪽에 있었고 한단과 가까웠다는 점만으로도 필힐의 반란이 조간자에 의해 벌어진 500호 사건과 관련 관련되어 있음을 보여준다.('진(晉)나라' 및 '조趙' 조항 참조) 그리고 500호 사건이 위나라와 밀접한 이해관계 속에서 빚어졌다는 것은, 필힐의 이 공자 소환이 공자가 위나라에 체재하고 있었을 때의 일임을 시사하고 있다.

중모 관련 논어 단편(1개)

17/7
필힐(佛肹)이 부르자 선생님께서 가시려 하니 자로가 말했다.

---

5) 中牟,三國之股肱,邯鄲之肩髀

"옛날 제가 선생님께 듣기로는 '자신이 직접 불선한 일을 행한 자에게 군자는 가담하지 않는다'고 하셨습니다. 필힐은 중모(中牟)에서 반역을 꾀한 자입니다. 선생님께서 그에게 가시겠다니 어찌 된 일입니까?"

선생님께서 말씀하셨다.

"그렇다. 그런 말을 한 적이 있다. 그러나 '갈아도 얇아지지 않는다면 견고하다 할 수 있지 않겠느냐? 검게 물들이려 해도 검어지지 않는다면 희다 할 수 있지 않겠느냐? 내가 어찌 박이겠느냐? 어찌 매달려만 있고 먹히지는 않을 수 있겠느냐?"

佛肹召.子欲往.子路曰;昔者由也聞諸夫子曰,親於其身爲不善者,君子不入也.佛肹以中牟畔,子之往也,如之何?子曰;然,有是言也.不曰堅乎?磨而不磷,不曰白乎?涅而不緇.吾豈匏瓜也哉!焉能繫而不食?

6

정(鄭)나라

정鄭나라

정나라는 주대의 제후국들 중에서 매우 특별한 나라였다. 대부분의 제후국들은 주나라 건국 초기에 무왕의 피붙이들이나 공신들이 봉해진 경우가 아니면 그 이전 은대(殷代)부터 있던 제후국 혹은 독립국들이었다. 그런데 정나라는 주나라가 세워지고 나서 241년이 지난 주선왕(周宣王) 22년, 기원전 806년에 건국된 나라다. 첫 군주는 희우(姬友)로 당시 천자이던 주나라 선왕(宣王)의 배다른 동생이자 주여왕(周厲王)의 둘째아들이었다. 봉지는 정(鄭)으로 주나라 왕도의 기내(畿內) 땅 함림(咸林)이었다.

그러니까 아직은 서주(西周) 때였고 주나라가 도읍을 낙읍(洛邑)으로 옮기기 35년 전이었다. 왜 이런 이례적인 건국을 주선왕이 시도하였는지는 어떠한 사서에도 기록되어 있지 않다. 그러나 그것을 추정하는 것은 그리 어렵지 않다. 주나라 건국 초기 무왕이나 성왕은 형제나 자식들을 대부분 왕도(王都) 호(鎬) 주변에 집중 배치했다. 말할 나위도 없이 그것은 왕도를 보호하고 권력을 왕도 중심으로 집중하기 위해서였다. 그러나 세월이 지나면서 주나라의 외곽은 몰라보게 확장되었고 세대가 지나면서 가깝던 혈족 국가는 점점 멀어지게 되면서 왕과 왕도에 대한 충성심은 크게 낮아지게 되었다. 위기가 다가와도 나서는 제후국은 점차 드물어졌다. 아버지 여왕의 학정으로 백성들이 이반하고 결국 왕이 체(彘)로 달아나 공화(共和)의 시대까지 겪었던 것을 생각할 때 제11대 선왕에게는 제대로 된 혈족 국가의 존재와 등장이 새삼 간절했을 것이다.

그렇게 등장한 정나라의 초대 군주 환공(桓公) 희우는 33년을 재위했는데 백성들의 호응이 놀랄 만큼 좋았다. 선왕이 죽고 그의 아들 유왕(幽王)이 왕위에 올랐을 때 주나라는 정나라 환공을 사도(司徒)로 임명하였다. 직할지의 백성들은 기뻐하였고 주변부의 백성들도 그를 사모하였다 한다. 한마디로 정나라 건국은 그 목적을 어느 정도 달성하였던 셈이다. 그러나 막상 유왕은 또 다른 양상의 심각한 정치 행각을 보였기 때문에 결국 신후(申侯)를 비롯한 측근들이 나서서 포사(襃姒)에 눈이 먼 유왕을 살해하는가 하면 견융(犬戎)들까지 합세하여 호경(鎬京)을 약탈하고 여지없이 파괴하였다. 정나라의 환공은 그 명성에도 불구하고 유왕과 함께 견융들에 의해 살해되고 말았다. 정나라는 환공의 아들 무공을 두 번째 군주로 세웠다.

그러나 유왕의 뒤를 이은 평왕(平王)은 폐허가 된 호경을 떠나 낙읍으로 동천하였는데 이 과정에 정나라 무공이 크게 기여하는가 하면 재위 4년 되던 해에는 무공도 일찍이 문왕의 아우를 봉한 나라인 동괵(東虢)을 멸망시키고 그곳을 신정(新鄭)이라 이름 하여 수도로 삼고 사실상의 동반 동천을 단행하였다. 이후 무공은 주나라의 경사(卿士)로 기용되었고, 그의 아들 장공(莊公)이 이어받아 70년간 이어지기도 하였다.

평왕의 뒤를 이어 손자인 환왕(桓王)이 즉위한 이후 주왕실과 정나라의 관계는 소소한 이유들로 틀어지기 시작했다. 정나라가 세워진 지도 어언 86년이 지난 시점이었기 때문에 환왕과 장공은 예우 문제로 자주 충돌했다. 특히 주왕실이 태산에 드리는 제사를 도우라고 정나라에 준 팽전(祊田)과, 옛날 주공이 주왕을 조현(朝見)할 때 와서 머물도록 주왕실이 노나라에 준 허전(許田)을 노나라와 정나라가 왕실의 허락도 없이 맞바꾸어버린 일은 왕실과 정나라 사이를 완전히 갈라서게 만들었다. 사실 이 사건은 이전의 예법이 무너지고 왕실의 권위가 떨어진 것을 보여주는 상징적 사건이라고 할 수 있다.

이렇게 어긋나고 있던 주왕실과 정나라와의 관계는 정나라가 주나라에 조회하지 않는다는 이유로 주왕실이 진(陳), 채(蔡), 괵(虢), 위(衛)의 군사를 이끌고 정나라를 침공하는 지경에까지 이르렀다. 이 전쟁에서 주왕실은 오히려 크게 패배하여 환왕이 화살에 맞아 팔을 다치기도 하였다. 정장공은 추격을 주장하는 대부들을 달래는가 하면 오히려 밤에 대부 제중(祭仲)을 시켜 왕의 병세를 위문하기도 하였다. 왕실과 정나라와의 미묘한 관계를 보여주는 것이 아닐 수 없다.

제3대 장공이 43년간 재위하고 죽자 정나라의 정치는 그의 배다른 네 아들들이 6대에 걸쳐 서로 번갈아가며 군주의 지위를 빼앗고 빼앗기며 제10대 문공(文公, 장공의 손자)이 등장하는 기원전 673년까지 28년을 엎치락뒤치락하며 지내야 했다. 그 과정에서 정나라가 제대로 기능하기는 어려웠을 것이다. 다만 그나마 주혜왕(周惠王)이 동생 희퇴(姬頹)와 위(衛)나라, 연(燕)나라에 의해 온(溫)으로 쫓겨나 있다가 정나라 여공(厲公)의 힘으로 이를 되돌릴 수 있었던 것은 그나마 왕실의 입장에서는 정나라 덕분이었다. 이런 현상과 관련이 있기 때문인지 결국 주나라의 질서는 왕권에 의해 확립된 것이 아니라 먼 동방 제(齊)나라의 환공(桓公)에 의해 확립되었고, 이후부터 춘추시대는 패권(覇權) 경쟁의 시대로 접어들게 되었다.

정문공(鄭文公)은 45년간 재위하면서 제환공에 이어 머지않아 패자로 등장할 진문공을 망명객 시절에 제대로 예우하지 않아 공연히 진(晉)나라 편에 서지 못하고 초나라 편에 서게 되는 불이익을 감수해야 했다.

문공에 이어 뒤를 이은 목공(繆公)은 22년간 재위하며 진(晉)나라나 진(秦)나라와 소소한 명분으로 싸워야 했다. 이어서 뒤를 이은 영공(靈公)은 등극하던 해에 자가(子家), 자공(子公) 두 대부와의 평소 좋지 않았던 감정이 발단이 되어 그들에게 피살되고 말았다. 정나라 사람들은 목공의 여러 아들 중에서 견(堅)을 양공(襄公)으로 세웠다. 목공은 아들이 무척 많았다. 그래서 양공은 성품이 어진 자량(子良, 去疾)만을 남기고 모두 제거하려 하였다. 그랬더니 자량이 만약 그렇게 다른 형제들을 제거하려면 자량 자신도 떠나겠다고 하여 양공은 부득이 그 많은 형제들을 모두 대부로 삼았다. 이후 정나라의 정치는 엄청나게 불어난 공족 피붙이들의 다사다난함으로 점철되었다.

양공 8년 초나라는 정나라가 진(晉)나라와 동맹을 맺었다는 이유로 정나라를 침공하였고 양공은 초나라에 굴복하였다. 이 때문에 진(晉)나라가 다시 정나라를 공격하였지만 진나라는 초나라와 정나라의 동맹군에 패퇴당하고 말았다.

양공이 재위 18년을 끝으로 죽고 아들 도공(悼公)에게 지위를 물려주자 이번에는 초나라가 정나라를 불신하여 도공의 아우를 감금하는 일이 발생하였다. 이로 인하여 정나라는 다시 진(晉)나라와 강화를 맺고 가까워졌다. 도공이 오래 살지 못하고 일찍 죽자 초나라에 감금되어 있던 도공의 아우가 군주가 되었으니 그가 바로 성공(成公)이다. 성공은 초나라 공왕(共王)과 관계가 좋아 우호조약을 체결하였다. 그 해 성공이 진(晉)나라에 인사차 갔더니 진나라 군주는 정나라가 초나라와 몰래 조약을 맺었음을 이유로 그를 체포하였고, 성공의 서형(庶兄)을 군주로 추대하려 하였다. 그러자 진나라가 성공을 석방하여 귀국시킴으로써 그것을 막았다. 이렇게 진나라와 초나라는 저마다 정나라를 상대편의 진영에 빼앗기지 않기 위한 쟁탈전을 벌였고 이때에도 두 나라가 언릉(鄢陵)에서 싸워 초공왕이 눈에 활을 맞아 다치기도 하였다.

성공이 죽고 아들 희공(僖公)이 군주가 된 지 불과 5년 만에 집정이던 자사(子駟)가 희공의 무례한 행동에 원한을 품고 요리사를 시켜 독살하는 사건이 발생하였다. 그리고 제후국에는 갑작스런 병으로 군주께서 별세하셨다고 알리고 불과 5세밖에 안 된 아들 간공(簡公)을 세웠다. 그러나 여러 공자들이 그 내막을 간파하고 자사를 문초하자 자사가 먼저 눈치를 채고 자호(子狐), 자희(子熙), 자후(子侯), 자정(子丁)에게 죄를 뒤집어씌우고 그들을 살해하니 일부는 위나라로 달아났다.

간공 3년 되던 해에 자사로부터 불이익을 받거나 모욕을 당한 위지(尉止)를 비롯한 사신(司臣), 후진(侯晉), 도여보(堵女父), 자사복(子師僕) 등이 무리를 거느리고 서궁(西宮)으로 진입하여 자사, 자국(子國), 자이(子耳)를 죽였다. 피살된 대부들의 아들인 자서(子西), 자산(子産), 자교(子蟜) 등이 현장에 뛰어들어 부친의 시신을 거두기도 하고 위지와 자사복을 죽이기도 했다. 사전에 정보를 듣고 몸을 피한 자공(子孔)은 살아남았다. 난을 일으킨 주동자 중에 대부는 없었다. 결국 자공이 집정이 되었다. 이후 또 자공이 스스로 군주가 되려 하자 자산이 나서서 "이러다가 자사가 당신에게 죽지 않았습니까? 당신이 또다시 그러면 이 비극이 언제 끝나겠습니까?" 하였다. 그러자 자공은 자신이 집정이 되는 것으로 끝내었다.

이후로도 진나라와 초나라는 끊임없이 정나라를 사이에 두고 다툼을 이어갔다. 간공 12년 결국 정나라 사람들은 막무가내로 권력을 휘두르는 자공을 서궁 사건에 대한 책임을 물어 죽이고 자산을 경으로 삼았다. 자산이 전면에 등장하면서부터 정나라는 그나마 합리적으로 국정이 수행되었다. 오나라의 연릉계자(延陵季子)가 정나라에 와서 자산을 만나 이야기하기를 "정나라의 정치는 조만간 당신에게 넘어갈 것이며 그렇게 하지 않으면 정나라는 망하고 말 것입니다" 하였다. 자산이 간공을 돕던 시대에도 정나라는 여전히 진나라와 초나라를 함께 대국으로 받드는 정책을 유지하지 않을 수 없었다. 간공이 36년 재위 후 세상을 떠나자 아들 정공(定公)이 뒤를 이었다.

그 이후 정공이 16년을 재위하고 이어서 헌공(獻公)이 13년, 성공(聲公)이 38년을 각각 재위하면서 시대는 전국시대로 접어들었지만 자산이 집정을 하던 때에 중원 제국으로부터 주목을 받던 것을 제외하고는 정나라는 이렇다 할 역할을 하지 못했다. 다만 집정 자산을 주목하던 각국의 많은 정치인과 선비들 중에 노나라에 공구(孔丘)라는 20대의 한 젊은 청년이 있었던 것은 예사로운 일이 아니었다. 정나라는 전국시대 초기부터 진(晉)나라에서 갈라져 나온 한(韓)나라와 지속적으로 전쟁을 벌였고, 내란이 일어난 기회에 한(韓)나라의 공격을 받아 기원전 375년, 존속기간 400여 년을 겨우 기록하고 다른 나라에 비해 비교적 일찍 멸망하고 말았다.

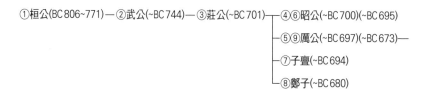

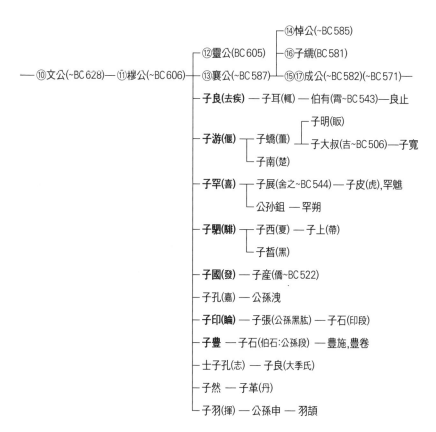

① 桓公(BC 806~771) ─ ② 武公(~BC 744) ─ ③ 莊公(~BC 701) ┬ ④⑥昭公(~BC 700)(~BC 695)

⑤⑨厲公(~BC 697)(~BC 673)─

⑦ 子亹(~BC 694)

⑧ 鄭子(~BC 680)

── ⑩文公(~BC 628) ─ ⑪穆公(~BC 606) ┬ ⑫靈公(BC 605) ┬ ⑭悼公(~BC 585)

⑯子繻(BC 581)

⑬襄公(~BC 587) ┬ ⑮⑰成公(~BC 582)(~BC 571)─

子良(去疾) ─ 子耳(輒) ─ 伯有(霄~BC 543) ─ 良止

子游(偃) ┬ 子蟜(蠆) ┬ 子明(販)

子大叔(吉~BC 506) ─ 子寬

子南(楚)

子罕(喜) ┬ 子展(舍之~BC 544) ─ 子皮(虎), 罕魋

公孫鉏 ─ 罕朔

子駟(騑) ┬ 子西(夏) ─ 子上(帶)

子晳(黑)

子國(發) ─ 子産(僑~BC 522)

子孔(嘉) ─ 公孫洩

子印(䣖) ─ 子張(公孫黑肱) ─ 子石(印段)

子豊 ─ 子石(伯石·公孫段) ─ 豊施, 豊卷

士子孔(志) ─ 子良(大季氏)

子然 ─ 子革(丹)

子羽(揮) ─ 公孫申 ─ 羽頡

── ⑱僖公(~BC 566) ─ ⑲簡公(~BC 530) ─ ⑳定公(~BC 514) ─ ㉑獻公(~BC 501) ──

── ㉒聲公(~BC 463) ─ 생략

※ 목공(穆公)의 아들 중 굵은 글씨로 쓴 일곱 명과 그들의 가문은 통상 정칠목(鄭七穆)으로 불린다.

정나라 관련 논어 단편(2개)

15/11

안연(顔淵)이 나라 다스리는 것에 대해 묻자 선생님께서 말씀하셨다.

"하나라의 역법(曆法)을 쓰고 은나라의 수레를 타며 주나라의 관을 쓰되 음악은 소무(韶舞)로 하여라. 정나라 소리를 추방하고 말 잘하는 자를 멀리하여라. 정나라 소리는 음란하고 말 잘하는 자는 위태롭다."

顔淵問爲邦. 子曰;行夏之時,乘殷之輅,服周之冕,樂則韶舞. 放鄭聲,遠佞人. 鄭聲淫,佞人殆.

17/18

선생님께서 말씀하셨다.

"자주색이 붉은색을 빼앗는 것을 미워한다. 정나라 노래(鄭聲)가 아악을 어지럽히는 것을 미워한다. 날랜 입들이 나라와 대부의 가(家)를 뒤엎는 것을 미워한다."

子曰;惡紫之奪朱也. 惡鄭聲之亂雅樂也. 惡利口之覆邦家者.

자산 子産

자산은 정나라의 대부로서 춘추시대의 명재상이었다. 그는 정나라 제11대 군주 목공(穆公, BC 627~BC 606)의 손자로 이름은 공손교(公孫僑)였고, 자는 자산(子産)이었으며 자미(子美)라고도 했다. 시호는 성자(成子)였다. 살았던 지역이 동리(東里)였기 때문에 '동리자산'이라 부르기도 했다.

기원전 565년, 정나라의 자국(子國)과 자이(子耳)가 채(蔡)나라를 쳐서 사마인 자섭(子燮)을 사로잡았다. 정나라 사람들이 다 좋아했지만 오직 자국의 아들인 자산만은 좋아하지 않고 이렇게 말하였다. "작은 나라가 문덕은 없이 무공만 갖추면 그만한 화가 다시없습니다. 초나라가 와서 따지면 따를 수밖에 없는데, 그렇게 따르면 진(晉)나라가 가만히 있겠습니까? 두 나라가 번갈아 정나라를 치면 정나라는 향후 4~5년이 지나기 전에는 다시 안정을 찾기 어려울 것입니다." 이 말에 아버지 자국은 화를 내면서 "네가 무얼 안다고 그러느냐? 나라에는 군명(君命)이 있고 정경(正卿)이 계신데 한갓 어린아이가 함부로 말하다가는 목숨을 부지하지 못할 줄 알아라" 하고 꾸짖었다. 어린아이(童子)라는 표현을 감안하면 이때 자산의 나이는 열두어 살 미만이었을 것으로 추정된다. 자산의 타고난 안목과 슬기를 보여주는 일화가 아닐 수 없다.

기원전 563년, 정나라에서 큰 정변이 일어났다. 정나라는 오랫동안 집정이던 자사(子駟)와 장군 위지(尉止)와의 갈등이 심각했다. 게다가 자사는 토지 경계선을 확정하는 권한을 가지고 있으면서 네 가문(司, 堵, 侯, 子師)의 토지를 크게 줄여 원한을 산 바 있었다. 더구나 자사는 두 해 전 희공(僖公)을 독살하였다는 혐의를 받았을 때 오히려 자신을 의심하는 뭇 공자(公子)들(子狐, 子熙, 子侯, 子丁)을 죽였기 때문에 그들 가문의 원한도 깊었다. 이 모든 원한 세력들이 모여 정변이 일어났는데 대부들은 직접 나서지 않고 장군 위지(尉止)와 사신(司臣), 후진(侯晉), 도여보(堵女父), 자사복(子師僕) 등이 앞장서 무리를 이끌고 궁중에 난입하여 자사, 자국, 자이를 죽이고 5살밖에 안 된 군주 간공(簡公)을 북궁(北宮)으로 빼돌렸다.

자사의 아들 자서(子西)와 자국의 아들 자산, 그리고 자이의 아들 자교(子

蟜)가 이 상황에 뛰어들어 각각 자신들 아버지의 시신을 수습하는 한편 사람들을 조직하여 무리를 공격하였다. 결국 위지와 자사복이 피살되고 사신을 비롯한 나머지는 송나라 혹은 진나라로 달아났다. 이 내란 이후 정나라는 자공(子孔)이 집정이 되었는데, 그는 대부들에게 자신을 중심으로 하는 권력 질서에 복종하겠다는 맹약문을 강요하였다. 그러나 대부분의 대부들이 이에 동의하지 않고 반발하자 자공은 반발하는 자들을 죽이려 들었다. 이에 자산이 나서서 자공에게 그 맹세문을 불태워버리라고 요구하여 결국 관철시켰다. 아직 스무 살도 채 되지 않은 새파란 청년 자산의 말에 깃든 높은 감화와 설득력을 짐작하게 하는 일화가 아닐 수 없다.

정간공(鄭簡公) 12년이던 기원전 554년, 정나라에서 다시 정변이 일어났다. 집정이던 자공이 너무나도 나라 정치를 전횡하여 사람들이 도저히 견딜 수 없게 되자 결국 과거 사건들에 대한 책임을 추궁하여 자공을 죽이고 말았던 것이다. 자공의 측근이던 자혁(子革)과 자량(子良)은 초나라로 도망가고 정변을 주도한 자전(子展)과 자서는 각각 당국(當國)과 청정(聽政)이 되었다. 그리고 자산은 경(卿)이 되었다.

그 후 범선자(范宣子)가 진(晉)나라의 집정이 되자 각 제후들이 내어야 할 공물의 부담이 커졌다. 정나라도 부담에 시달리던 차에 정나라의 간공이 자서와 함께 진나라에 가게 되었다. 자산은 자서편에 서신 하나를 범선자에게 보냈다. 그 서신에서 자산은 "당신이 덕은 쌓지 않고 공물을 늘여 원망만 쌓고 있으니 이를 시정하여 통치의 기본을 갖추기 바란다"는 말을 간곡히 했다. 이 서신에 범선자가 기뻐하여 공물을 줄였다고 한다.

기원전 548년, 정나라의 자전과 자산이 전차 700대를 거느리고 진(陳)나라를 정벌하였다. 이때 자전과 자산은 진나라의 군주에게 최대한 예의를 지켰다. 그리고 자산이 진(陳)나라에서 획득한 전리품을 진(晉)나라에 진상하러 갔다. 당시 정나라는 진(陳)나라 정벌에 대해 진(晉)나라의 사전 동의를 구했지만 승낙 없는 상태에서 전쟁이 일어났기 때문에 진나라 측은 그 배경을 따졌다. 이에 자산이 진(陳)나라가 초나라를 믿고 함부로 행동할 뿐 아니라 나라의 동문을 습격하여 부득이 이를 징계하였고, 다행히 그들이 항복하여 이에 전리품을 바치게 되었다고 조목조목 합리적인 설명을 하였기 때문에 진(晉)나라도 더 이상 따져 물을 수가 없었다.

기원전 544년에 오나라의 계찰(季札)이 오나라에 새 군주가 등극하였음을 알리러 열국을 순방하는 중에 노나라와 제나라를 거쳐 정나라에 와서 자산을 만났다. 계찰은 마치 자산을 오래 전부터 잘 아는 사람처럼 대했다. 그때 계찰은 자산에게 "정나라의 집정은 오만하여 머지않아 환란이 닥칠 것입니다. 그러면 정권은 당신에게 넘어올 것이오. 당신이 정치를 하게 되면 예(禮)로써 신중히 하시오. 그렇지 않으면 정나라는 쓰러지고 말 것이오" 하였다.

백유(伯有)는 술을 좋아하여 집에 굴을 뚫어놓고 거기서 밤새 마시곤 했다. 그러니 나랏일이 제대로 돌아갈 리가 없었다. 이를 보다 못해 자사의 아들 자석(子晳)이 사씨가(駟氏家)의 무장병들을 동원하여 백유의 집을 불태워버렸다. 백유는 술에서 깨어나 뒤늦게 상황을 감지하고 결국 허(許)나라로 도망을 쳤다. 자산은 백유 세력들 중에서 죽은 자들의 시신을 거두어 빈소를 차린 다음 다른 나라로 떠나려고 길을 나서니 자석이 그 뒤를 따랐다. 이에 자한(子罕)의 아들 자피(子皮)가 강력히 만류하였다. 결국 자산과 자석은 망명을 포기하고 돌아와 군주며 다른 대부들과 함께 맹약을 체결하였다. 허나라로 도망갔던 백유는 그 소식을 듣고 화를 내어 새벽에 군사를 거느리고 성벽의 하수구을 통해 잠입하여 역공을 시도하였으나 다수의 사람들이 자산 편을 드는 바람에 결국 양사(羊肆)에서 피살되었다. 자산은 따지고 보면 오촌지간인 백유에게 수의를 입히고 그의 머리를 자신의 다리 위에 올려놓고 곡을 했다.

이어서 자피가 정권을 자산에게 넘겨주었다. 자산은 행정제도를 정비하고 토지를 개혁하는가 하면 국가 운영의 기강을 크게 바로잡았다. 이러한 개혁의 초기에는 백성들이 자산을 원망하는 노래를 지어 부르기도 하였으나 3년이 지나자 그의 의도를 알고 드디어 자산의 공덕을 기리는 노래를 지어 불렀다.

기원전 542년에 자산은 간공을 모시고 진(晉)나라에 공물을 바치러 갔는데, 진평공(晉平公)은 만나지도 못하고 하염없이 기다리기만 할 뿐 만날 날짜조차 정해지지 않았다. 게다가 영빈관은 좁고 낡아 하인들의 숙소 같았고, 대문이 작아 영빈관 안으로 수레가 들어가지 않았다. 자산은 임의로 담장을 무너뜨려 수레와 짐을 영빈관 안으로 들였다. 진나라의 사개(士匄)가 이를 알고 자산을 만나 그 이유를 추궁하였다. 이에 자산은 과거 진문공이 패자가 되었을 때 궁실은 보잘것없었으나 영빈관만은 화려하게 지어 운영하던 사례를 들어 지금은 공물을 둘 곳이 없어 혹시라도 공물이 도둑맞거나 습기가 차 썩을 것을 우려하여 다시 복구할 것을 각오하고 감히 담장을 허물어 관내로 공물을 들이게 되었음을 진솔하게 설명하였다. 이 말을 사개로부터 전해들은 조문자(趙文子)는 자산의 말을 인정하고 바로 진평공과의 대면을 성사시켰을 뿐 아니라 영빈관도 새로 지었다.

연명(然明)이 자산에게 말하기를 향교(鄕校)에 사람들이 모여 조석으로 집정의 정치에 대해 왈가왈부하니 향교를 철거할 것을 자산에게 건의하였다. 이에 자산은 "어찌 그런단 말이오? 그들이 옳다고 하는 것은 그대로 행하고 그들이 그르다고 하는 것은 내가 듣고 고치면 되오. 그들의 말을 막는 것은 마치 물길을 막는 것과 같습니다. 나중에 한꺼번에 터지면 감당할 수 없으니 차라리 평소에 조금씩 흐르게 하며 내가 그 말을 약으로 삼는 것만 못할 것이오" 하였다. 이때 자산이 연명에게 말한 제법 긴 이야기는 오늘날까지도 언론 자유에 관한 전범으로 많은 사람들에게 감동을 주고 있다.

기원전 540년에 정나라의 자석(子晳, 公孫黑)이 난리를 일으켜 유씨(游氏)를 제거하고 자신이 그 지위를 차지하려 하였다. 그러나 전일의 상처가 도져서 뜻을 이루지 못하고 같은 집안인 사씨(駟氏)를 비롯한 여러 대부들에게 사로

잡히고 말았다. 뒤늦게 도읍에 들어온 자산은 그의 죄과를 논한 다음 스스로 선택할 것을 요구하였다. 결국 자석은 목을 매어 죽었고 사람들은 그의 시체를 거리에 내거는가 하면 그 죄목을 적은 나무를 그 옆에 세웠다.

기원전 538년에 자산이 구부법(丘賦法)을 시행하여 군비(軍費)를 부담케 하니 나라 사람들이 그를 신랄하게 비난하였다. 자관(子寬)이 그 사실을 보고하니 자산은 그것이 사직에 이로운 것이라면 남들의 말에 구애되지 않겠다며 그대로 시행하였다. 이에 자관이 "경들 중에서 국씨(國氏)가 가장 먼저 망할 것이다" 하였다.

기원전 536년에 정나라 사람들이 형법을 새겨 넣은 철판을 주조했다. 진나라의 현인 숙향(叔向)이 자산에게 서신을 보내어 말하기는 "과거에 저는 당신에게 기대를 걸었으나 이제 그러지 않게 되었습니다. 옛날의 어진 임금들은 형법을 제정하지 않았으니 백성들이 따지는 마음을 가질까 두려워하였기 때문입니다. 백성들을 인도함에는 상황에 따라 의로움으로 하거나 예로써 하거나 믿음으로 하거나 어짊으로 하여야 할 일입니다. 일찍이 하나라도 정치가 어지러워짐에 형법을 제정했고 은나라도 정치가 어지러워짐에 형법을 제정했으며 주나라도 정치가 어지러워지자 구형(九刑)을 제정했으니 다 도의가 무너진 때의 일이었습니다. 이제 예의를 버리고 형법 조항만 따지어 쟁송으로 가는 일만 많아질 것입니다. 들은 바 '나라가 망하려 함에는 법제가 많아진다'고 했으니 바로 이를 일컫은 것이 아니겠습니까?' 하였다. 이에 자산은 "제가 불민하여 자손의 대에까지 생각하지 못하고 당장 나라의 처지만 생각하였나 봅니다. 말씀하신 대로 받들지는 못하더라도 크신 은혜는 어찌 잊겠습니까?' 하였다.

이 형법 제정은 한동안 각 나라들이 역사를 기술할 때 "정나라가 형법을 주조하던 해(BC 536)"라고 하면서 시대적 기점으로 삼기도 할 정도로 유명했던 사건이다. 자산이 덕과 예에 의한 정치를 추진하면서도 훗날 법가적 이념에 해당하는 정치적 입장을 함께 견지하였음을 보여주고 있다.

평소 자피의 가족들은 술을 마심에 절제가 없었다. 그래서 자피의 아우 한퇴(罕魋)와 사촌인 한삭(罕朔)과는 사이가 나빴다. 결국 어느 날 마사(馬師)의 벼슬에 있던 한삭은 사촌 한퇴를 죽이고 진(晋)나라로 달아났다. 진나라의 한선자(韓宣子)는 그에게 어떤 지위를 주어야 할지 자산에게 물었다. 자산은 "그는 나라에 죄를 짓고 도망간 처지입니다. 죽음을 면할 수만 있어도 큰 은혜가 되거늘 감히 지위를 구하겠습니까?" 하였다. 한삭은 중대부였고 마사의 벼슬에 있었기 때문에 한선자는 자산의 조언을 참고하여 그에게 하대부의 지위를 부여하였다.

기원전 529년, 평구(平丘)에서 제후들이 모여 맹약을 맺었다. 주요 내용은 각 제후국들이 주나라에 바치는 공물의 양을 정하는 것이었다. 이 중요한 협상에서 자산은 치밀한 논리로 정나라의 공물의 양이 너무 많음을 따져서 결국 적정량을 할당받았다. 이때의 협상은 매우 치열해서 노나라의 경우 소공은 협상에 끼지도 못했을 뿐 아니라 계평자는 진나라에 사로잡혔다가 결국 진나라까지 끌려가기도 했다. 『좌전』에는 이때의 협상에 대해 "자산이 나라의 기초를 단단히 하였다"고 칭찬한 훗날 공자의 평전적(評傳的) 언급이 기록되어 있다.

평구에서의 맹약이 있고 3년 후, 진(晋)나라의 한선자가 정나라를 예방하였다. 정나라 정공(定公)은 그에게 향연을 베풀었다. 당시 한선자에게는 반지 하나가 있었는데, 그 반지는 원래 한 쌍으로 그 한 짝은 정나라의 어느 상인이 가지고 있었다. 한선자는 정나라 정공에게 그 나머지 한 짝을 가질 수 있게 해달라고 요구하였다. 자산은 그의 요구를 거부하기 위해 "그것은 우리 조정에 있는 것이 아니라서 우리 군주님께서도 알지 못하십니다" 하고 말하였다. 그러자 자대숙(子大叔)과 자우(子羽)가 나서서 "어찌 반지 하나를 애석히 여겨 진나라의 미움을 사려하느냐?"며 우려하였다. 자산은 "그것을 구해주지 않는

것이 충성스럽고 신의 있는 것이기 때문이오. 큰 나라의 부당한 요구를 예로
써 물리침이 없다면 그 요구에 어찌 한도가 있겠소? 지금 한선자가 탐욕을 내
어 요구를 하였는데, 그 요구를 들어주면 한선자는 탐욕자가 되고 나는 집정
자로서의 위상을 잃게 되니 어찌 그런 짓을 하겠소? 그에 비하면 반지를 구해
주지 않아 미움을 사는 것이야 사소한 일이 아니겠습니까?" 하였다. 후에 한
선자는 직접 그 반지를 상인으로부터 사들이려 하다가 자산으로부터 그런 이
야기를 듣고 결국 반지의 입수를 포기하고 오히려 고마워했다.

정나라 정공 8년, 기원전 522년에 자산이 죽었다. 아직 채 60세가 되지 않
았을 것으로 추정된다. 그의 죽음이 알려지자 정나라 사람들은 모두 비통해
했고, 당시 30세이던 공자도 그 소식을 듣고 눈물을 흘리면서 "그는 옛날의
인간애를 이어받은 사람이었다"고 말했다고 『좌전』은 기록하고 있다. 얼굴
한 번 보지 못한 남의 나라 집정의 죽음 소식을 듣고 공자가 눈물을 흘렸다는
것은 공자가 추구한 인간의 품성과 기준이 어떠했던가를 너무나도 생생히 보
여주는 것이 아닐 수 없었다. 아마 살아 있는 집정급 정치인으로서 자산보다
더 생생하게 그를 감동시켰던 사람은 따로 없었을 것이다.

자산 관련 논어 단편(3개)

5/16

선생님께서 자산(子産)에 대해 말씀하셨다.

"그는 군자의 도(道) 네 가지를 갖추고 있었다. 스스로 처신함에 있어
서는 공손했고 윗사람을 섬김에 있어서는 공경스러웠으며 백성을 돌

봄에 있어서는 은혜로웠고 백성을 부림에 있어서는 의로웠다."

子謂子産;有君子之道四焉.其行己也恭,其事上也敬,其養民也惠,其使民
也義.

14/9

선생님께서 말씀하셨다.

"외교문서를 작성하는 데에 있어서는 비심(裨諶)이 초안을 만들고 세
숙(世叔)이 검토하고 외교관 자우(子羽)가 다듬었으며 동리(東里)의 자
산(子産)이 윤색하였다."

子曰;爲命,裨諶草創之,世叔討論之,行人子羽脩飾之,東里子産潤色之.

14/10

누군가가 자산(子産)에 대해 묻자 선생님께서 말씀하셨다.

"은혜로운 사람이다."

다시 자서(子西)에 대해 묻자 말씀하셨다.

"그딴 사람이야! 그딴 사람이야!"

다시 관중(管仲)에 대해 묻자 말씀하셨다.

"인물이다. 백씨(伯氏)로부터 병읍(騈邑) 삼백호를 빼앗았지만 백씨는
거친 밥을 먹으면서도 목숨이 다하는 날까지 원망의 말을 하지 않았다."

或問子産.子曰;惠人也.問子西.曰;彼哉!彼哉!問管仲.曰;人也.奪伯氏騈
邑三百,飯疏食,沒齒無怨言.

비심 裨諶

비심은 정나라의 대부였다. 기원전 544년에 정나라의 백유(伯有)가 자석(子晳)을 초나라에 사신으로 보내려 했고, 자석은 가면 죽게 될 것이라고 버티면서 서로 심각하게 갈등했다. 급기야 무력으로 대치하는 상황까지 발전하자 대부들이 나서서 화해를 시켜 백유의 집에서 맹약을 체결하게 되었다. 이때 비심이 연명에게 이렇게 말했다.

> 이런 맹약은 체결해봐야 갈등만 많아질 뿐입니다. 선이 불선을 대치하는 것은 천명입니다. 이제 이들을 대신하여 자산(子産)이 그 역할을 할 것입니다. 정나라가 화를 입은 지 오래되었으니 앞으로 자산이 그 화를 종식시킬 것입니다.

훗날 자산은 비심의 인물 됨됨이를 평하는 기회에 비심은 구체적인 계획을 잘 세우는데, 야(野)에서는 뭔가를 잘 세우지만 읍(邑)에서는 그렇지 않다 하면서 무슨 계획이 입안되면 비심과 함께 야외에 나가서 그것이 가능한지 불가능한지를 판단하게 하였다 한다. 그것이 어떤 상황인지 잘 다가오지는 않지만 어쨌든 비심이 나름대로 현실적인 판단력을 갖춘 인물이었던 것으로 보인다.

논어 14/9에서는 외교문서의 초안 작성은 비심이, 검토는 세숙(世叔)이, 다듬기는 자우(子羽)가 하였다고 되어 있으나 『좌전』의 유사한 기록에 의하면 자우가 오히려 초안을 작성하였고, 비심은 실제 가능성을 판단하였으며, 논어에는 등장하지 않는 풍간자(馮簡子)가 최종 결정을 한 후 외모가 수려하고 지식이 많은 세숙(世叔, 子大叔)이 실제 외교접촉에 나서 일을 성사시킨 것으

로 기술되어 있다.[1)]

비심 관련 논어 단편(1개)

14/9

선생님께서 말씀하셨다.

"외교문서를 작성하는 데에 있어서는 비심(裨諶)이 초안을 만들고 세숙(世叔)이 검토하고 외교관 자우(子羽)가 다듬었으며 동리(東里)의 자산(子産)이 윤색하였다."

子曰;爲命,裨諶草創之,世叔討論之,行人子羽脩飾之,東里子産潤色之.

자우 子羽

자우는 정나라의 대부 공손휘(公孫揮)다. 이름으로 보면 그도 목공(穆公)의 손자가 아닌가 하는데 정확한 계보는 알려진 바가 없고 아버지가 누구인지도

---

1) 子産之從政也,擇能而使之;馮簡子能斷大事;子大叔美秀而文,公孫揮能知四國之爲,而辨於其大夫之族姓班位貴賤能否,而又善爲辭令.裨諶能謀,謀於野則獲,謀於邑則否.鄭國將有諸侯之事,子産乃問四國之爲於子羽,且使多爲辭令;與裨諶乘以適野,使謀可否;而告馮簡子使斷之.事成,乃授子大叔使行之,以應對賓客,是以鮮有敗事.『좌전』양공 31년

모르기 때문에 확증할 수는 없다. 흔히 목공의 아들 자우(子羽)와 자(字)가 동일하고 이름마저 휘(揮)로 동일하여 혼동되기도 하지만 다른 사람임은 분명하다. 현재로서는 정나라의 외교 담당관인 행인(行人)으로 있던 사람으로 볼 수밖에 없다. 그는 자산의 외교적 일을 적극 도왔고 그런 모습은 『좌전』의 도처에서 볼 수 있다.

행인 자우는 기원전 544년 초나라 강왕(康王)의 장례식에 참석하여 그의 아들 겹오(郟敖)가 왕으로 즉위하고, 그의 아우 자위(子圍)가 영윤(令尹)이 되는 것을 보고 "이런 것을 보고 적절치 못하다고 하는 것이오. 반드시 대리자가 창성할 거요. 소나무와 잣나무 아래에서는 풀이 자라지 못하는 법이오" 하였다. 훗날 초나라의 자위가 조카인 겹오를 죽이고 대신 왕이 될 것임을 예언한 셈이었다.

기원전 542년의 『좌전』 기록은 자우에 대해 이런 평가를 남기고 있다.

공손휘는 주변국의 사정을 잘 알아서 그 나라 대부들의 친족관계나 서열과 위상, 귀천, 능력을 잘 판단했고 외교문서도 잘 작성했다.… 그래서 자산은 다른 제후국 관련의 일이 있게 되면 먼저 자우에게 그 나라의 사정을 묻고 외교문서도 그로 하여금 작성하게 하였다.

이 기록은 논어의 기록과 비슷하면서도 서로의 역할에 약간의 차이를 보이고 있다. 즉 논어는 외교문서 초안을 비심이 작성하였다고 하지만 『좌전』은 자우가 작성하였다고 기록하고 있다. 그러나 어느 나라든 행인 벼슬을 하는 사람은 다 지식과 판단력이 뛰어나고 예법에도 능통한 것이 보통이다. 자우도 바로 그런 사람으로서 출중한 능력을 지녔던 사람임은 분명해 보인다.

14/9

선생님께서 말씀하셨다.

"외교문서를 작성하는 데에 있어서는 비심(裨諶)이 초안을 만들고 세숙(世叔)이 검토하고 외교관 자우(子羽)가 다듬었으며 동리(東里)의 자산(子産)이 윤색하였다."

子曰;爲命,裨諶草創之,世叔討論之,行人子羽脩飾之,東里子産潤色之.

세숙 世叔

세숙은 자대숙(子大叔)이라고도 하며 정나라 목공(穆公)의 증손자로 성은 희(姬), 씨는 유(游), 이름은 길(吉)이었다. 자산과 사촌인 자교(子蟜, 公孫蠆)의 아들이기도 했던 그는 외모가 수려하고 잘 생겨 외교상 접객 업무를 능란하게 처리했다.

기원전 551년 정나라 자교(子蟜)의 아들 유판(游販)이 남의 아내를 빼앗으려다가 그녀의 남편에게 맞아죽는 사건이 일어났다. 자전(子展)은 죽은 유판에게 아들이 있음에도 불구하고 그 아들을 세우지 않고 유판의 아우 대숙(大叔)을 유씨 가문의 후계자로 삼았다. 그리고 대숙에게 "나라의 경(卿)은 군주의 짝이자 백성의 주관자요. 형과 같은 짓은 하지 마오" 하였다.

기원전 548년에 자산이 연명(然明)에게 정치에 대해 묻자 "백성들을 자식처럼 돌보되 어질지 못한 사람을 보면 벌을 주되 매가 새를 몰듯해야 합니다" 하였다. 자산이 이 말을 듣고 자대숙에게 말하자 자대숙은 자산에게 정치에 대해 물었다. 자산은 "정치는 농사일과 같습니다. 밤낮으로 정치를 생각하여 부지런히 실천하되 생각했던 대로 이루어지는지를 살피면 농사가 두둑의 테두리 안에서 이루어지듯 큰 잘못이 없을 것입니다" 하였다.

　　자산은 집정의 임무를 수행하면서 자대숙을 가까이 두고 자주 그의 자문을 받았다. 그때마다 자대숙은 편향되지 않은 조언을 했다. 그러나 다수의 경우 자산의 판단은 자대숙의 판단보다 더 원대하고 치밀했던 것을 『좌전』의 사례들은 보여주고 있다.

　　그는 자산의 성격과 생각을 잘 알고 있어 어떤 경우에는 일부러 자산의 그런 성격이나 생각을 이용하여 무난하게 어떤 일을 결정하거나 추진해나가는 경우도 있었다. 그러나 그는 자산만큼 냉정하지 못하고 마음이 연약한 측면이 있었다. 후에 정정공(鄭定公) 8년, 자산이 병들어 누웠을 때 자대숙을 불러 "내가 죽으면 당신이 반드시 집정이 될 것이오. 덕이 있는 자라야 관대함으로 백성들을 다스릴 수 있다오. 그러나 그다음으로는 엄하게 다스리는 것이 좋소. 그래야 불을 대하여 두려워하듯 하여 죽는 일이 적게 되오. 물은 만만하여 백성들이 겁 없이 달려들어 오히려 죽는 일이 많게 된다오. 그러므로 관대하기만 해서는 어렵소" 하였다. 그 후 자산이 죽고 결국 자대숙이 집정이 되었다. 그는 역시 엄하지 못하고 관대해지자 정나라는 도둑이 들끓고 남의 목숨을 빼앗는 일도 많아졌다. 그제야 자대숙은 후회하며 "내가 일찍이 자산의 말을 들었어야 했다" 하고 보병을 동원하여 도둑이 들끓는 지역을 소탕하여 죽이니 그제야 도둑이 다소 누그러지게 되었다.

　　기원전 518년 그는 진(晉)나라에 가서 범헌자(范獻子)를 방문하니 범헌자가 그에게 주나라 왕실의 장래에 대해 물었다. 자대숙은 왕실의 혼란에 대해 포괄적인 우려만 표하고 그런 일이야 진나라 같은 큰 나라가 도모해야 하지 않겠느냐고 개입을 피했다. 범헌자가 그에게 그런 질문을 했다는 것은 어느덧 중원에 자대숙의 존재가 크게 부상하였음을 보여주는 것이었다. 이어서 그는 조간자(趙簡子)까지 만나 그에게 의전과 구분되는 예(禮)에 대하여 긴 설명을 함으로써 조간자로부터 "죽을 때까지 명심하겠다"는 감탄을 받기도 했다.

정나라 헌공 8년이던 기원전 506년 자대숙은 소릉(召陵)에서 있었던 제후들의 회합에 헌공을 도와 참석했다가 돌아오는 도중 도읍에 이르지 못하고 세상을 뜨고 말았다. 진나라의 조간자는 그를 조문하여 크게 슬퍼하였다.

세숙 관련 논어 단편(1개)

14/9
선생님께서 말씀하셨다.
"외교문서를 작성하는 데에 있어서는 비심(裨諶)이 초안을 만들고 세숙(世叔)이 검토하고 외교관 자우(子羽)가 다듬었으며 동리(東里)의 자산(子産)이 윤색하였다."
子曰;爲命,裨諶草創之,世叔討論之,行人子羽脩飾之,東里子産潤色之.

자서 子西

춘추시대에는 자서라는 자(字)를 쓰는 사람이 셋 있었다. 가장 오래된 사람은 초나라의 사마(司馬)로서 성복의 전투에서 영윤 자옥(子玉)과 함께 진문공(晉文公)이 지휘하는 연합군과 싸워 패전했던 투의신(鬪宜申)이다. 그러나 논어 14/10에서 공자가 말하는 자서가 공자보다는 약 100년 정도 앞서 살았던 이 투의신을 가리키는 것으로 보는 사람은 별로 없다. 주자(朱子)는 여기서 말하는 자서가 초나라 평왕(平王)의 아들이자 영윤(令尹)이던 초공자신(楚公子申)을 지칭하는 것으로 보았다. 그는 공자와 거의 동시대 사람으로 몰년이 공자와 같은 기원전 479년이었다. 그는 백공(白公)의 난 때 백공에게 피살되었다. 그러나 그는 초나라의 왕위를 아우 소왕(昭王)에게 양보할 정도로 사양지심(辭讓之心)이 뛰어난 사람이어서 도외시하는 말(外之之辭)이라는 피재, 피재(彼哉, 彼哉)라는 언급의 대상이 되기에는 무리해 보인다. 주자는 자서를 초공자신(楚公子申)으로 잘못 보았을 뿐 아니라 초평왕이 공자를 서사(書社)의 땅 700리에 봉하려 하였으나 자서가 반대하였다는 사마천의 근거 없는 일화를 받아들여 무리하게 자서를 보잘것없는 사람으로 보는 근거로 삼았다.

여기서 말하는 자서는 자산(子産)과 동시대에 살았던 정나라의 자서를 말한다. 자서는 정나라 목공(穆公)의 손자이자 집정 자사(子駟)의 아들인 공손하(公孫夏)다. 기원전 563년, 정나라에서 서궁의 난(西宮之難)이 일어났을 때 집정 자사(子駟)를 비롯하여 자국(子國), 자이(子耳) 등 거물들이 대거 피살되고 5살밖에 안 된 군주 간공(簡公)도 북궁(北宮)에 구금되었다.

이때 『좌전』은 자사의 아들 자서(子西)와 자국(子國)의 아들 자산, 그리고 자이의 아들 자교(子蟜)가 각각 이 비상 상황에 뛰어들어 어떻게 행동했는지를 비교적 자세히 기술하고 있다. 그것이 꼭 세 사람의 사람됨을 비교하기 위한 것은 아닐지라도 여기서 『좌전』이 남긴 기록이 훗날 논어 14/10에서 공자가 언급하고 있는 것과 비슷한 점을 엿볼 수 있다는 것은 흥미로운 일이 아닐 수 없다.

자서가 괴한들의 이야기를 듣고 호위병도 거느리지 않고 뛰쳐나가 아버지의 시신을 거두고 바로 괴한들을 추격하였다. 괴한들이 간공을 앞세우고 북궁을 점거하자 자서는 집으로 돌아와 병기를 불출하여 사람들을 무장시켰다. 이때 이미 가신들과 첩들은 다수가 도망을 쳤는데 귀중한 물건들과 가산이 다수 없어졌다. 자산도 괴한들의 이야기를 듣자 무엇보다 문단속을 철저히 하도록 지시하고 가신들을 전담 분야별로 소임을 맡기는가 하면 창고와 비부를 걸어 잠가 모든 비품을 신중히 관리케 하여 수비 태세를 완벽히 하였다. 그리고 가신들을 조직하여 열을 지어 출병하였는데 병거가 모두 17대였다. 그리고 아버지의 시신을 수습한 후 북궁을 향하여 공격을 개시하였다. 자교는 국인들을 지휘하고 지원하여 위지(尉止)와 자사복(子師僕)을 죽였다. 괴한 일당이 모두 죽으니 후진(後晉)은 진(晉)나라로 달아나고 도여보(堵女父), 사신(司臣), 위편(尉翩), 사제(司齊) 등은 송나라로 도망갔다.(『좌전』 양공 10년)

당시 공자는 아직 태어나지도 않았지만 어딘가에서 공자의 눈길이 이들을 관찰하며 자산과는 뚜렷이 비교되는 자서의 선후도착된, 어딘가 허둥거리는 모습에 피재, 피재 하고 혀를 차는 소리가 들리는 듯하다. 기원전 554년, 정나라에서는 다시 정변이 일어났다. 독재를 일삼아 원성이 높던 집정 자공(子孔)이 피살되고 측근이던 자혁(子革)과 자량(子良)은 초나라로 달아났다. 그리고 정변을 주도한 자전(子展)과 자서(子西)는 각각 당국(當國)과 청정(聽政)이 되었는데 이때에도 자서의 급한 성격은 여전했던 것 같다. 이 정변 후 자산은 경(卿)이 되었다.

자서 관련 논어 단편(1개)

14/10

누군가가 자산(子産)에 대해 묻자 선생님께서 말씀하셨다.

"은혜로운 사람이다."

다시 자서(子西)에 대해 묻자 말씀하셨다.

"그딴 사람이야! 그딴 사람이야!"

다시 관중(管仲)에 대해 묻자 말씀하셨다.

"인물이다. 백씨(伯氏)로부터 병읍(騈邑) 삼백호를 빼앗았지만 백씨는 거친 밥을 먹으면서도 목숨이 다하는 날까지 원망의 말을 하지 않았다."

或問子産. 子曰;惠人也. 問子西. 曰;彼哉!彼哉!問管仲. 曰;人也. 奪伯氏騈邑三百, 飯疏食, 沒齒無怨言.

정성 鄭聲

정성은 정나라의 음악을 말한다. 일찍이 오나라의 계찰이 노나라에 와서 각 국의 음악을 듣고 평가하는 자리에서 정나라 음악을 위험하게 평가했다.

정나라의 민요를 부르게 하더니 듣고 말하기를 "아름답습니다. 그러나 섬세함 이 너무 심합니다. 백성들이 감당하지 못하겠습니다. 그래서 이 나라는 다른

나라보다 먼저 망할 것입니다" 하였다.[2]

공자도 계찰과 마찬가지로 정나라 음악에 대해 부정적으로 진단하였는데,
지나친 섬세함이 음일(淫佚)로 흘러 굳건함을 상실하고 아악을 어지럽힌다는
것이었다. 후에 전국시대로 가서는 정성은 위나라 음악과 합해서 "정나라와
위나라의 음악"(鄭衛之音)으로 불리면서 이른바 난세지음 내지 망국지음의 의
미로 일컬어졌다.

정성 관련 논어 단편(2개)

15/11
안연(顏淵)이 나라 다스리는 것에 대해 묻자 선생님께서 말씀하셨다.
"하나라의 역법(曆法)을 쓰고 은나라의 수레를 타며 주나라의 관을 쓰되
음악은 소무(韶舞)로 하여라. 정나라 소리(鄭聲)를 추방하고 말 잘하는
자를 멀리하여라. 정나라 소리는 음란하고 말 잘하는 자는 위태롭다."
顏淵問爲邦. 子曰; 行夏之時, 乘殷之輅, 服周之冕, 樂則韶舞. 放鄭聲, 遠佞
人. 鄭聲淫, 佞人殆.

17/18
선생님께서 말씀하셨다.

---

2) 爲之歌鄭, 曰: 美哉! 其細已甚, 民弗堪也. 其先亡乎! 『좌전』 양공 29년

"자주색이 붉은색을 빼앗는 것을 미워한다. 정나라 노래(鄭聲)가 아악을 어지럽히는 것을 미워한다. 날랜 입들이 나라와 대부의 가(家)를 뒤엎는 것을 미워한다."

子曰;惡紫之奪朱也.惡鄭聲之亂雅樂也.惡利口之覆邦家者.

7

진(陳)나라, 채(蔡)나라

진陳나라

진나라는 희씨(姬氏) 성을 중심으로 권력이 구성된 주대에서 규씨(嬀氏) 성의 군주가 통치하는 예외적인 나라였다. 규씨는 까마득한 삼대(三代) 이전 우(虞)나라의 전설적 성군 순(舜) 임금의 성이었다. 무왕이 주나라를 건설하고 나서 애써 순 임금의 후손을 찾아서 봉한 나라가 진(陳)나라였으니 은대에는 없던 나라였던 것이 분명해 보인다. 또 이는 하나라의 시조 우(禹) 임금의 후예를 찾아 기(杞)나라를 세워준 것과 더불어 주나라의 건국자들이 역사와 전통에 대한 의식이 매우 남달랐음을 보여주는 예시가 아닐 수 없다.

첫 군주로 호공(胡公) 규만(嬀滿)이 책봉을 받은 진나라는 지금의 하남성(河南省) 회양현(淮陽縣) 일대에 있었다. 이곳은 지정학적으로 볼 때 매우 불행한 위치였다. 위로는 정나라와 송나라 등을 이고 있는데다가 더 위로는 초강국 진(晉)나라가 내리 누르고 있고, 아래에서는 머지않아 신흥 강국으로 떠오를 초(楚)나라가 치받고 있었기 때문이다. 그러나 나라의 운명이 온통 지정학적으로만 결정되는 것은 아니다. 그보다 훨씬 중요한 것은 그 나라의 기풍과 지도자들의 정신 상태였다. 안타깝게도 진나라는 그 점에 있어서 일찍부터 심각한 문제를 안고 있었다.

『춘추』가 쓰이기 이전에는 진나라도 군주들의 족보 정도만 남아 있고 구체적 역사 기록은 남아 있지 않다. 따라서 어떤 문제점을 안고 있었는지 알 수가 없다. 그러나 『춘추』, 특히 『좌전』이 기록을 남기기 시작한 기원전 722년 이후의 내용을 보면 실로 어처구니없는 지도자들의 행태가 보인다. 진영공(陳靈公) 14년(BC 600)의 한 기록이다.

영공은 대부 공녕(孔寧), 의행보(儀行父)와 함께 셋이서 대부 어숙(御叔)의

처 하희(夏姬)를 함께 간통하였다. 그리고 그녀의 속옷을 서로 나눠 입고 조정에 나가 시시덕거렸다. 대부 설야(泄冶)가 이를 알고 은밀히 영공에게 충고를 했다. "공경(公卿)이 함께 음란한 행위를 하면 백성들이 무엇을 본받겠습니까? 또 소문이 나면 영이 서지 않을 것입니다. 군주님께서는 그 속옷을 넣어 두소서." 영공은 그렇게 하겠다고 대답은 했지만 실제로는 아무런 조치도 하지 않고 오히려 설야가 눈치 챘음을 두 대부에게 말해주었다. 당황한 두 대부는 설야를 죽이겠다고 했지만 영공은 금하지 않았다. 결국 그들은 설야를 죽이고 말았다.

이듬해 영공과 두 대부는 또 다시 어숙의 집에서 술을 마셨다. 그때 영공이 의행보에게 "(어숙의 아들) 징서(徵舒)가 당신을 닮은 것 같구려" 하고 놀렸다. 그러자 의행보도 "또한 군주님을 닮은 것 같기도 합니다" 하고 대꾸하였다. 이 말을 징서가 들었다. 그는 도저히 참을 수가 없었다. 그래서 영공이 집을 떠나려 할 때 마구간에 숨어 있다가 영공을 향해 활을 쏘았다. 영공은 화살을 맞고 죽었고 두 대부는 초나라로 달아났다.

이듬해 겨울 초나라의 장왕(莊王)은 진나라를 쳤다. 초나라는 진나라 사람들에게 이르기를 "동요할 것 없다. 우리는 단지 군주를 시해한 징서를 벌하러 왔을 뿐이다" 하였다. 그리고 징서를 붙잡아 두 대의 수레에 묶은 다음 찢어 죽였다. 그러나 초나라는 그것으로 그치지 않고 결국 진나라를 멸망시켰으며 진나라 땅을 초나라의 일개 현(縣)으로 삼았다.

멸망 당시 진의 군주 성공(成公)은 진(晉)나라에 가 있었고, 대부 신숙시(申叔時)는 제나라에 사신으로 가 있었다. 대부 신숙시는 뒤늦게 귀국하여 초장왕(楚莊王)에게 간단하게 결과만 보고하면서 경하(慶賀)의 말을 하지 않았다. 그러자 장왕은 다른 사람들은 내가 징서를 처벌한 것에 대해 다들 경하의 인사를 하는데 왜 당신은 아무 말도 하지 않느냐고 추궁하였다. 그러자 신숙시는 이렇게 말하였다. "하징서가 군주를 시해한 것은 그 죄가 크고 따라서 그를 벌하여 죽인 것은 마땅한 일입니다. 그러나 지금처럼 진나라를 초나라의 현으로 삼는 것은 징벌을 넘어 그 부(富)를 탐한 것입니다. 징벌을 한다고 제후들을 불러 모아놓고 그 결과가 탐욕으로 나아간다면 그것은 잘못된 것이 아니겠습니까?" 이 말에 초장왕은 "옳은 말이오. 내가 미처 깨닫지 못하였소" 하고는 진(晉)나라에 가 있던 성공을 불러 진나라 국토를 돌려주고 초나라에 망명 와 있던 대부 공녕과 의행보도 돌려보내는 등 일련의 조치를 통해 진나라를 재건시켜주었다. 대신 각 고을에서 한 명씩을 뽑아 초나라로 데려가 한 곳에 모여 살게 한 다음 그곳을 하주(夏州)라고 불렀다. 일종의 집단 인질이 아니었나 추정된다. 기원전 598년, 이렇게 진나라는 궁중의 음란과 타락에 기인하여 1차 멸망 직전까지 갔다가 간신히 위기를 넘겨 잔명을 잇게 되었다. 아직 멀리 노나라에서는 공자가 태어나기(BC 551) 약 반 세기 전이었다.

그렇게 나라를 되찾은 성공이 30년간 재위하다가 죽고 그 아들 애공(哀公)이 즉위하여 35년이 되던 해다. 애공에게는 정부인인 정희(鄭姬)가 낳은 도태자(悼太子) 언사(偃師)가 있었다. 또 둘째부인이 낳은 유(留)가 있었고, 셋째부인이 낳은 승(勝)이 있었다. 애공은 둘째부인을 사랑하였고 그 때문에 아들도 유를 총애하였다. 그래서 유를 자신의 아우이자 사도(司徒)인 초(招)와 공자과(過)에게 맡겼다. 애공이 불치의 병에 걸리자 초와 과는 도태자 언사를 죽이고 유를 태자로 세웠다. 애공은 목을 매어 자살하고 말았다. 유를 총애하기는 하였지만 그렇다고 그런 결과를 바란 것은 아니었기 때문이 아닐까 한다. 진나라는 초나라에 사신을 보내 애공의 죽음을 알리고 유가 후계자가 되었음을 알렸다. 그 사이에 애공의 세 번째 부인이 낳은 승이 초나라에 원통한 사정을 호소하였다. 사정을 들은 초나라는 사신을 잡아 죽였다. 유는 정나라로 망명을 갔다.

사태가 여의치 않게 돌아가자 사도 초는 모든 책임을 공자 과에게 뒤집어씌워 그를 죽였다. 몇 달 후 초나라 영왕(靈王)의 아우 기질(棄疾)이 군사를 이끌고 죽은 도태자 언사의 아들 오(吳)를 대동하고 와서 진나라를 포위했다. 그리고 11월에 결국 진나라를 멸망시켜버렸다. 초영왕은 진나라 땅을 또 다시 초나라의 진현(陳縣)으로 삼고 천봉술(穿封戌)을 진현공(陳縣公)으로 임명하였다. 이리하여 진나라는 두 번째로 멸망하였다. 기원전 534년이었고 훗날 이 나라를 무슨 생각에서인지 찾아올 공자가 18세 되던 해였다.

그러나 불행인지 다행인지 그것도 진나라의 최후는 아니었다. 진나라가 멸망하고 5년이 지난 뒤 초나라는 폭군 영왕을 죽이고 그의 아우 기질이 평왕(平王)으로 등극하였다. 기질은 등극 과정에서 여러 무리한 일을 많이 하였기 때문에 백성들이나 주변 제후국들의 저항이 우려되어 각종 회유책을 썼다. 그 중 하나가 바로 폭군 영왕이 멸망시킨 진나라와 채(蔡)나라를 복원시키는 것이었다. 바로 그 복원 정책으로 진나라는 멸망한 지 5년 만에 다시 건국되었다(BC 529). 참으로 멸망도 쉽지 않은 기구한 운명이었다. 죽은 도태자의 아들 규오(嬀吳)가 군주가 되었으니 그가 바로 혜공(惠公)이다. 혜공이 재위 23년 만에 죽고 그의 아들 회공(懷公)이 군주가 되었다.

회공이 군주가 되던 해 오(吳)나라가 강성해져서 초나라에 쳐들어가서 도읍인 영(郢)을 점령하였다. 오나라는 그곳에서 진(陳)나라의 회공을 불렀다. 회공은 나라 주요 인사들을 조정에 불러 모아놓고 초나라 편에 서기를 바라는 자는 오른편에, 오나라 편에 서기를 바라는 자는 왼편에 서도록 하였다. 그랬더니 주요 인사들은 모두 자신들의 사전(私田)이 어느 나라에 가까운가에 따라 줄을 섰다. 그리고 사전이 없는 자들은 자신들이 살고 있는 마을이 어느 나라에 가까운가에 따라 줄을 섰다. 그때 봉활당공(逢滑當公)이 군주의 앞으로 나아와 말하기를 "현재 초나라가 오나라에 밀리고 있으나 아직은 버릴 수 없고 오나라가 흥하고 있으나 아직은 따를 수 없습니다. 그러니 진(晉)나라가 맹주가 되어 있음을 핑계로 오나라의 요구를 사양하심이 어떨까 합니다" 하였다.

회공은 "초나라가 오나라와의 전쟁에서 지고 군주가 도망치고 있으니 이미 화를 당한 것이 아닌가?" 하였다. 이에 봉활당공이 "그런 일은 종종 있는 일이옵니다. 어찌 꼭 회복하지 못한다 하겠습니까? 나라가 흥하려면 백성들 보기를 상처와 같이 하고 나라가 망하려면 백성들 보기를 초개(草芥)와 같이 하는 법입니다. 초나라가 비록 덕이 없기는 하나 그렇다고 해서 백성들을 초개처럼 여겨 죽이지는 않았습니다. 그러나 오나라는 하루가 멀다 하고 백성들을 전쟁에 동원하여 죽은 사람들의 뼈가 거친 들판의 풀처럼 수북하니 덕이라고는 엿보이지 않습니다. 하늘이 초나라에 대해 교훈을 주어서 바로잡고 있는 것이오니 머지않아 오나라에 화가 닥칠 것입니다" 하였다.

진회공은 그 말을 듣고 오나라의 부름에 가지 않았다. 회공 4년에 오나라는 재차 회공을 불렀다. 회공은 두려워서 결국 오나라로 갔다. 오나라 왕은 전에 불렀을 때 회공이 오지 않았던 것을 질책하여 그를 돌려보내지 않고 잡아두었다. 회공은 얼마 지나지 않아 오나라에 억류된 상태에서 죽고 말았다. 이어서 회공의 아들 월(越)이 군주가 되었으니 그가 곧 민공(閔公)이다.

민공 6년, 기원전 496년 공자가 진나라에 왔다. 물론 사마천이 「공자세가」에 기록하고 있는 이 연도는 정확하지는 않다. 그러나 그 해가 아닌 다른 해라는 증거도 없는 만큼 일단은 믿어야 할 것 같다.

진나라는 여전히 초나라와 오나라 사이에서 시달리고 있었다. 공자가 왜 하필 이 나라에 와서 3년이라는 적지 않은 기간을 머물렀는지 알려진 이유는 없다. 그러나 이 나라를 떠나 다음으로 간 나라가 채나라였다는 것은 시사하는 바가 있다. 두 나라는 모두 초나라에 의해 멸망을 당했다가 다시 세워진 나라였다. 공자와 제자 자로는 이 막다른 길에 이른 나라들에 가서 자신의 발견한 도를 펼쳐 나라를 제대로 재건하고 싶었을 것이다. 다음 한탄은 그것을 너무나도 생생하게 보여준다.

선생님께서 진나라에 계실 때 말씀하셨다.

"돌아가야겠구나! 돌아가야겠어! 나를 따르는 젊은이들은 과격하고 단순하여 찬란하게 기치는 세웠으나 그것을 어떻게 마름질해 나가야 할지는 알지 못하는구나!"[1]

오당지소자(吾黨之小子)를 "(노나라의) 내 고향 마을에 있는 젊은이들"로 터무니없이 해석하여 그 역사적 의미를 완전히 날려버린 이 구절은 그가 왜 진나라나 채나라 같은 약소국에 갔는지, 왜 실망하고 노나라로 되돌아오게 되었는지를 잘 시사해준다. 공자는 진나라에서 사패(司敗) 등의 고위 정치가들을 만나기도 하였지만 별 소득은 없었던 듯하다. 소득이 없는 정도가 아니라 그는 양식이 떨어져 제자들과 굶주림에 시달리기도 하였던 것을 보면 상황은 매우 비참하였던 것 같다. 훗날 공자는 진나라, 채나라에 체재하던 시절을 돌이켜 생각하며 당시 현지에서 자신을 따르던 현지의 사람들은 모두 자신의 바라는 기초적인 수준에도 미달하는 사람들이었다고 쓸쓸히 회고하는 모습을 볼 수 있다.

선생님께서 말씀하셨다.

"진나라와 채나라에서 나를 좇던 자들은 모두 문에도 이르지 못했다."[2]

도무지 말귀를 알아듣지 못하는, 수준 이하의 현지 제자들을 더 이상 상대할 수 없었던 그는 또 한번의 기대를 가지고 채나라로 옮겨갔던 것 같다. 진나라는 이후로도 여전히 초나라와 오나라의 세력을 눈치 보며 이리저리 세력

---

1) 子在陳曰:歸與!歸與!吾黨之小子狂簡,斐然成章,不知所以裁之. 5/22

2) 子曰:從我於陳蔡者,皆不及門也. 11/2

이 몰리는 쪽으로 붙을 수밖에 없었다.

　진민공 13년에 오나라는 진(陳)나라를 쳤다. 진나라는 초나라에 구원을 요청하였고 초나라의 소왕(昭王)은 진나라를 구원하기 위해 성보(城父)에 군사를 보내 주둔시키자 오나라 군대는 물러났다. 민공 16년에 초나라는 다시 진나라를 쳤는데 그것은 진나라가 여전히 오나라를 가까이 했기 때문이었다.

　진민공 23년 초나라에서는 '백공(白公)의 난'이 일어났고 이로 인하여 초나라가 누란의 위기에 빠졌다. 진나라는 이 기회를 틈타 초나라를 침공했다. 그러나 그것은 판단착오였다. 일찍이 봉활당공이 했던 말은 여전히 맞는 말이었다. 초나라는 만만치 않은 나라였다. 백공의 난은 명장 섭공(葉公)에 의해

진나라 세계

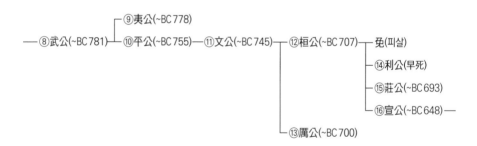

①胡公　┬②申公 ─ ④孝公 ─ ⑤愼公(~BC 854) ─ ⑥幽公(~BC 832) ─ ⑦僖公(~BC 796) ─
(媯滿)　└③相公

　　　　　　　┌⑨夷公(~BC 778)
─⑧武公(~BC 781)┴⑩平公(~BC 755) ─ ⑪文公(~BC 745) ┬ ⑫桓公(~BC 707) ┬ 免(피살)
　　　　　　　　　　　　　　　　　　　　　　　　│　　　　　├ ⑭利公(早死)
　　　　　　　　　　　　　　　　　　　　　　　　│　　　　　├ ⑮莊公(~BC 693)
　　　　　　　　　　　　　　　　　　　　　　　　│　　　　　└ ⑯宣公(~BC 648)
　　　　　　　　　　　　　　　　　　　　　　　　└ ⑬厲公(~BC 700)

　┌ 御寇(피살)
─┴⑰穆公(~BC 632) ─ ⑱共公(~BC 614) ─ ⑲靈公(~BC 599) ─ ⑳成公(~BC 569) ─

── ㉑哀公(~BC 534) ─ 悼太子 ─ ㉒惠公(~BC 506) ─ ㉓懷公(~BC 502) ─ ㉔閔公(~BC 478, 멸망)

진압되었고 초나라는 다시 안정을 되찾았다. 그 해 가을 초나라는 진나라를 쳐서 보리를 거두어들이고 진나라를 영영 멸망시켜버렸다. 기원전 478년, 공자가 죽은 그 이듬해였다. 공자의 죽음, 그리고 그가 꿈을 실현해보려고 마지막 열정을 기울이던 진나라의 멸망, 그것은 상징처럼 맞닿아 코앞에 다가온 전국시대의 암운을 어둡게 예고하고 있었다.

진나라 관련 논어 단편(3개)

5/22

선생님께서 진(陳)나라에 계실 때 말씀하셨다.

"돌아가야겠구나! 돌아가야겠어! 나를 따르는 젊은이들은 과격하고 단순하여 찬란하게 기치는 세웠으나 그것을 어떻게 마름질해 나가야 할지는 알지 못하는구나!"

子在陳曰;歸與!歸與!吾黨之小子狂簡,斐然成章,不知所以裁之.

11/2

선생님께서 말씀하셨다.

"진(陳)나라와 채나라에서 나를 좇던 자들은 모두 문에도 이르지 못했다."

子曰;從我於陳蔡者,皆不及門也.

15/2

진(陳)나라에 계실 때 양식은 떨어지고 종자들은 병이 나 일어나지를 못했다. 자로(子路)가 화가 나서 뵙고 말했다.

"군자에게도 궁함이 있습니까?"

선생님께서 말씀하셨다.

"군자는 궁하더라도 참고 견디나 소인은 궁하면 선을 넘는다."

在陳絶糧,從者病,莫能興.子路慍見,曰;君子亦有窮乎?子曰;君子固窮,小
人窮斯濫矣.

진사패 陳司敗

진사패는 진나라의 사패(司敗)를 말하는 것으로 사패는 춘추시대 사법관을
지칭하는 사구(司寇)의 초나라식 명칭이다. 초나라와 인접한 소국들은 초나
라의 영향을 받아 관제 등에 초나라식 명칭을 쓰는 경우가 많았는데, 이를테
면 양자강 상류의 소국 당(唐)나라도 사패란 관직을 썼다. 진(陳)나라도 전형
적으로 초나라의 영향을 받던 나라였으니 아마 사패 관직명을 썼을 것이다.
공자는 진나라에 3년간 머물렀던 것이 분명해 보이니 아마 그 기간 중에 진나
라의 사패를 만나 대화를 나누었던 것으로 보인다. 그러나 당시 진사패가 누
구였으며 어떤 사람이었는지 구체적인 기록이 없다.

진사패 관련 논어 단편(1개)

7/33

진(陳)나라의 사패가 물었다.

"소공(昭公)께서는 예를 아셨습니까?"

공자께서 말씀하셨다.

"예를 아셨습니다."

공자께서 물러나시자 (사패가) 무마기(巫馬期)에게 읍하며 나아와 말했다.

"내가 듣기로 군자는 제 무리에 치우치지 않는다고 했는데 군자도 역시 제 무리에 치우칩니까? 임금께서는 오(吳)나라로부터 부인을 취하셨는데 같은 성씨인지라 오맹자(吳孟子)라고 불렀습니다. 임금께서 예를 아셨다면 누군들 예를 모르겠습니까?"

무마기가 이를 말씀드리니 선생님께서 말씀하셨다.

"나는 다행이다. 조금만 잘못이 있어도 반드시 사람들이 그것을 아니!"

陳司敗問;昭公知禮乎?孔子曰;知禮.孔子退,揖巫馬期而進之曰;吾聞君子不黨,君子亦黨乎?君取於吳,爲同姓謂之吳孟子.君而知禮,孰不知禮?巫馬期以告.子曰;丘也幸,苟有過,人必知之.

채蔡나라

채나라는 주초 무왕의 아우 채숙(蔡叔) 도(度)를 시조로 봉한 나라였다. 은나라를 멸망시킨 주무왕은 은나라 유민들을 모아 은나라 마지막 왕 주(紂)의 아들 무경녹보(武庚祿父)에게 맡겨 다스리게 하였다. 그러나 안심하고 맡기기는 어려웠던지 자신의 두 아우 관숙(管叔)과 채숙(蔡叔)을 보내 보좌 겸 감독을 하게 하였다. 무왕이 다스리는 동안은 별 문제가 없었으나 그가 죽고 나이 어린 성왕이 즉위하면서 주공(周公)이 섭정을 하게 되자 관숙과 채숙은 동요하기 시작했다. 이들은 주공이 어린 성왕에게 안 좋은 일을 할 것이라는 소문을 내어 주공의 입장을 어렵게 하기도 하였는데 결국 무경과 더불어 소위 '삼감(三監)의 난'을 일으켰다. 주공은 직접 진압에 나서 난을 평정한 다음 무경과 관숙은 처형하고 채숙은 추방하였다. 그때 채숙의 추방지가 바로 채(蔡)였다. 수레 일곱 대와 70인의 종자만이 뒤따랐던 채숙은 결국 추방지 채에서 죽고 말았다.

채숙에게는 아들 호(胡)가 있었는데 비교적 품행이 선량하였다. 주공은 소문을 듣고 그를 노나라의 경사(卿士)로 임명하였는데 직을 잘 수행했다. 그래서 성왕에게 건의하여 다시 그를 채 지역의 제후로 봉했다. 그가 바로 채중(蔡仲)이다. 채중이 죽은 후 군주는 채백(蔡伯)―궁후(宮侯)―여후(厲侯)―무후(武侯)―이후(夷侯)―희후(釐侯)―공후(共侯)―대후(戴侯)―선후(宣侯)로 계승되었으나 약 300년에 걸친 이 세월에 관한 역사 기록은 남아 있지 않다. 노나라의 역사『춘추』가 기록되기 시작한 기원전 722년은 채나라 선후(宣侯) 28년이었고, 이때부터 채나라의 역사도 적게나마 기록을 남기고 있다. 짧지만 중요한 기록 하나는 채환공(蔡桓公) 5년(BC 710)의 다음 기록이다.

채나라 군주와 정나라 군주가 등(鄧)에서 만난 것은 비로소 초나라를 두려워하기 시작했기 때문이다.[3]

그때까지만 해도 초나라는 전혀 비중 있는 나라가 아니었다. 주나라 성왕 때 웅역(熊繹)이 뒤늦게 초만(楚蠻) 지방의 지배자로 인정받아 품계도 낮은 자작(子爵)의 작위를 부여받았지만 중원의 제후들 사이에 끼기에는 문화적으로 너무 다르고 후진적이었다. 그러나 4~5대 후 웅거(熊渠)에 이르러 이왕(夷王)의 실정으로 주나라가 구심력을 잃게 되자 초나라는 칭왕(稱王)을 하기 시작했다. 이후 주나라가 낙읍으로 동천한 후 더욱 구심력을 잃자 초나라에서는 웅통(熊通)이 등장하여 세력을 넓히면서 주나라에 더 높은 작위를 요구하였다. 그러나 그 요구는 받아들여지지 않았다. 이에 분개한 웅통은 "그렇다면 스스로 지위를 높이겠다"며 한동안 중단되었던 칭왕을 다시 시작, 스스로를 무왕(武王)으로 호칭하였다. 채나라 군주와 정나라 군주가 초나라를 두려워하여 등에서 만나던 때가 바로 초무왕 31년이었다. 이때부터 초나라는 더 이상 남쪽의 황폐한 땅에 있는 무시해도 좋을 정도의 나라가 아니었다. 무왕이 죽고 그의 아들 웅자(熊貲)가 즉위하니 그가 곧 문왕(文王)이다. 그는 도읍을 영(郢)으로 옮겼는데 이는 초나라가 드디어 진초(晉楚)라는, 춘추시대의 이강(二强)의 하나로 떠오르는 전기가 되었다.

초나라의 비약적 성장에 누구보다 직접적인 피해를 본 나라가 다름 아닌 채나라였다. 채나라는 진(陳)나라와 마찬가지로 중원 제후국 중에서 비교적 남쪽에 있었지만 채나라는 진나라보다 더 남쪽에 있어서 초나라의 영향을 가장 직접적으로 받을 수밖에 없었다. 채숙의 추방시가 여건이 매우 좋지 않았던 곳이었다는 사실은 대를 이어 긴 세월 동안 채나라가 겪어야 했던 불운의

---

[3] 蔡侯鄭伯會于鄧,始懼楚也.『좌전』환공 2년

기반이었던 셈이다.

약소국이 강대국으로부터 시달림을 받는 데에는 힘의 논리가 우선적으로 적용되지만 거기에는 항상 약소국의 비례(非禮)나 경박(輕薄), 무리(無理)가 또 다른 계기로 작용하는 것이 보통이다. 채나라 애공(哀公) 11년, 기원전 683년의 사건도 마찬가지였다. 식(息)나라 군주는 부인을 진(陳)나라에서 맞았다. 훗날 식규(息嬀)로 불리게 되는 그녀가 시집을 가면서 이웃한 채나라에 들렀는데, 채나라의 군주 애공은 자신의 부인도 진나라에서 왔다는 이유로 "나의 처제가 왔다"고 하며 손님 취급을 하지 않았다. 식나라의 군주가 그 이야기를 듣고 화가 나서 초나라 문왕에게 사람을 보내 "우리 식나라로 쳐들어오시오. 그러면 내가 채나라에 구원을 요청할 테니 채나라가 오면 그때 채나라를 치시오" 하였다. 날로 신장되는 국위를 펼치기에 무엇 하나라도 명분이 필요했던 초나라로서는 눈이 번쩍 뜨이는 제안이 아닐 수 없었다. 초나라는 과연 그대로 하여 채나라 군사를 신(莘)에서 쳐부수고 군주 애공을 포로로 잡아갔다.

잡혀간 채나라의 애공은 식나라에 보복할 기회를 노리다가 4년 뒤 초나라 군주에게 식규의 미모를 예찬했다. 이에 초나라 문왕은 또 다시 식나라를 멸망시키고 식규를 초나라로 데려와 부인으로 삼았다. 식규는 후에 도오(堵敖)와 성왕(成王)을 낳았으나 입을 떼지 않았다. 두 남편을 섬겼으니 죽지는 못할망정 말까지 할 수는 없다는 뜻이었다. 초나라 군주는 자신으로 하여금 식나라를 멸망시키게 한 것이 결국 채나라 군주의 모략이었음을 알고 채나라를 쳤다. 채나라의 애공은 잡혀가 9년간이나 초나라에 있다가 결국 그곳에서 죽었다. 이 사건은 이후 채나라가 초나라로부터 당하게 되는 갖가지 시련의 서곡이었다.

애공이 죽고 뒤를 이어 군주가 된 목공(穆公)이 재위 18년 되던 기원전 657년의 일이다. 당시 제나라의 군주는 저 유명한 첫 번째 패자 제환공(齊桓公)이었다. 환공의 부인이 바로 채나라에서 시집온 채애공(蔡哀公)의 딸 채희(蔡姬)

였다. 채희는 환공과 함께 정원의 연못에서 배를 타고 놀았는데, 채희가 장난 삼아 배를 흔들었다. 환공은 무서워서 얼굴빛이 변하면서 장난을 제지했지만 채희는 멈추지 않았다. 환공은 분노하여 채희를 친정인 채나라로 돌려보내었다. 그러나 인연을 끊은 것은 아니었는데 채나라 사람들은 그녀를 다른 데로 시집을 보내버리고 말았다.

분노한 제나라의 환공은 이듬해 노나라, 송나라, 위나라, 진(陳)나라, 정나라 등 여러 나라의 군주들과 함께 채나라로 쳐들어가 채희의 오빠이기도 한 목공을 잡아가는 한편 초나라의 영역까지 침범해 들어갔다. 과연 채희를 둘러싼 일이 많은 나라의 군주들이 한꺼번에 군사들을 직접 움직일 만한 중대한 일인가 하는 것은 당시의 풍습을 잘 모르는 오늘날에 와서 단정적으로 언급하기는 어려운 일이다. 그러나 채나라를 침공한다는 것은 이미 사실상 채나라의 종주국이 되어버린 초나라를 건드리는 것임을 모르는 나라는 없었을 것이다. 더구나 그들 동맹군은 채나라를 친 후 바로 초나라를 침공했던 데에서 그 의도가 잘 드러나고 있는 것이다.

초나라의 성왕은 긴급히 사람을 보내 동맹군에 항의했다. 그러나 제나라의 관중(管仲)은 동맹군을 대표하여, 일찍이 소공(召公) 석(奭)께서 제나라의 태공망(太公望)에게 제후들이 잘못할 경우 정벌해서 주왕실을 도우도록 권한을 일임하였음을 상기시키고 초나라가 그동안 주왕실에 공물을 바치지 않았으며, 과거 소왕(昭王)이 남정(南征) 후 돌아오지 못한 것에 대해 초나라가 책임질 일이 있다는 두 가지 잘못을 지적하였다. 이에 초나라는 공물을 바치지 않은 것은 인정을 했지만 소왕의 문제에 대해서는 "강물에 물어보라"며 자신들과는 무관함을 주장하였다. 결국 제나라와 초나라는 충돌을 피하고 맹약을 맺고 물러나는 쪽으로 슬기롭게 사태를 해결하였다. 그렇지만 이 과정에서 약소국 채나라는 편리할 대로 이용되는 모습을 적나라하게 보여주었다.

이후 채나라의 목공이 죽고 장공, 문공을 거쳐 경공(景公)이 재위한 지 49

년 되던 기원전 543년의 일이다. 천하의 패자 제환공이 초나라와 회맹하고 100년도 더 지나서였다. 채경공(蔡景公)은 태자 반(般)을 위하여 초나라에서 배필을 데려왔다. 그런데 어이없게도 경공은 자신의 며느릿감으로 데려왔던 그 여자와 간통을 하고 말았다. 당시는 강간의 개념이 없을 때였으니 비록 간통(通)이라고 했지만 강간이었을 가능성이 높다. 태자 반은 분개하여 군주이자 아버지인 목공을 죽이고 말았다. 그리고 스스로 군주가 되었으니 그가 곧 채영공(蔡靈公)이다. 영공이 즉위하는 데에 이 살부시군(殺父弑君)이 문제가 되지는 않았는지 특별한 기록이 없지만 이후 세월이 지나면서 그것은 간헐적으로 심각하게 문제가 되었다.

채영공이 군주가 되고 2년 되던 해인 기원전 541년, 초나라의 유명한 폭군으로 영공과 시호가 같은 영왕(靈王) 자위(子圍)가 왕이 되었다. 영왕이 왕이 되는 과정은 역시 폭군다운 방식이었다. 당시 초나라의 왕은 강왕(康王)의 아들 겹오(郟敖)였다. 시호를 받지 못해 별칭인 겹오로 불린 그는 강왕의 동생이자 자신의 숙부인 자위를 영윤(令尹)으로 삼아 군사를 관장하게 하였다. 이것이 불행의 단초였다. 겹오는 허약한 왕이었고 자위는 권력욕이 넘치고 잔혹하기 짝이 없는 사람이었기 때문이다.

겹오 4년에 초나라의 자위는 정나라를 예방하러 가고 있었는데 국경을 채 넘기 전에 겹오가 병이 났다는 소식을 듣고 되돌아갔다. 자위는 도읍으로 들어가 문병을 한다는 구실로 군주 겹오를 만나 그 자리에서 목을 졸라 죽여버렸다. 뿐만 아니라 겹오의 두 아들마저 살해하였다. 그리고 스스로 왕위에 올라 영왕이 되었다. 주요 대신들도 잇달아 죽음을 당하거나 이웃나라로 도망가고 말았다. 영왕은 군주였던 조카 겹오에게 제대로 된 시호마저 부여하지 않고 겹오(郟敖)라는 별칭을 부여했는데, 겹(郟)은 죽어 묻힌 곳의 지명이지만 오(敖)는 정상적인 왕으로 인정해줄 수 없다는 차원에서 붙인 불명예스러운 호칭이었다.

영왕은 재위 3년 만에 진(晉)나라의 동의를 얻어 초나라의 신(申)에 제후들을 소집하였다. 패자 노릇을 해보겠다는 뜻이었다. 채(蔡), 진(陳), 정(鄭), 허(許), 등(滕), 서(徐), 돈(頓) 등 초나라에서 가까운 약소국들은 꼼짝없이 이 소집에 응했으나 노(魯), 위(衛), 조(曹), 주(邾) 등의 나라는 핑계를 대고 응하지 않았다. 영왕은 이 소집에서도 과거 제환공의 흉내를 내며 거들먹거렸다. 또 소집된 나라들과 함께 오나라를 침공하였고 마침 그곳에 망명 와 있던 제나라의 경봉(慶封)을 잡아 별 명분도 없는 상태에서 등에 도끼를 지게 하고 군사들 앞에서 조리를 돌린 후 야비하게 죽여버렸다.

영왕의 탐욕과 잔인함은 결국 약소국 채나라를 향했다. 채나라 영공 12년, 영왕은 신(申)에 체재하면서 영공을 초빙하였다. 일부 신하들의 반대에도 불구하고 영공은 이 초청에 응하여 신으로 갔다. 영왕은 영공에게 술대접을 해서 술에 취하게 한 다음 숨겨두었던 무장병들을 동원하여 그를 체포하였다. 며칠 후 영왕은 영공을 처형하였고 영공을 따르던 70인도 함께 죽었다. 그리고 아우 기질(棄疾)에게 채나라 도읍을 포위하게 하였다.

영공을 죽이고 나서 7개월 후 영왕은 채나라를 멸망시키고, 그 사실을 고하는 강산(岡山)에서의 제사에서 끔찍하게도 영공의 태자 은(隱)을 희생제물로 썼다. 당시 산 사람을 희생제물로 쓴다거나 순장(殉葬)하는 것은 거의 사라진 시절이라 그것은 중원 각국에 영왕의 악명을 더욱 떨치는 계기가 되었다. 때는 진(陳)나라를 멸망시키고 3년이 더 지난 기원전 531년이었다. 당시 만 20세이던 공자는 노나라에서 이 끔찍한 소식을 들었을 것이다.

악행을 거듭하던 초나라의 영왕은 결국 채나라를 멸망시킨 지 2년 후에, 그동안 자신 때문에 원한을 갖게 된 수많은 사람들의 반란을 자초하게 되었다. 반란을 일으킨 사람들은 영왕의 아우 기질을 옹립하면서 영왕의 두 아들을 먼저 죽인 후 파죽지세로 공격해 들어갔다. 형세가 불리하게 돌아가자 영왕은 결국 자신을 끝까지 따르던 한 신하의 집에서 목을 매어 자살하고 말았다. 이리하여 초나라의 왕위는 기질에게 돌아갔으니 그가 곧 평왕(平王)이다.

평왕은 민심수습의 일환으로 영왕이 멸망시켰던 진(陳)나라와 채(蔡)나라를 다시 복원시키고(BC 529) 이주시킨 성읍들을 되살리며 죄지은 자들을 사면하는 등 여러 가지 민심수습책을 내놓았다. 채나라는 영공의 남은 자식이 없었던 관계로 선대인 경공의 자식 중 희려(姫廬)를 찾아 군주로 삼았는데, 그의 시호가 역시 당시 평왕과 같은 평공(平公)이 된다. 평공은 기원전 527년 도읍을 여(呂)로 옮겼는데 전보다 훨씬 동쪽이었다. 아무래도 이 동쪽 땅이 초나라의 등쌀을 피하기는 좀 더 쉬웠을 것이다. 이 새 도읍은 신채(新蔡)로 불렸다. 평공이 재위 9년 만에 죽고 영왕에 의해 희생의 제물로 쓰였던 태자 은의 아들 희동국(姫東國)이 평공의 아들을 제치고 군주가 되었으니 그가 도공(悼公)이다. 도공은 재위 3년 만에 세상을 떠나 그의 아우가 군주가 되었으니 그가 곧 소공(昭公)이다.

소공이 28년간 재위하면서 보인 온갖 양상도 곧 초나라의 지배하에 있으면서 그 탐학스런 지배를 벗어나기 위해 진(晉)나라와 신흥 오(吳)나라 사이를 끊임없이 눈치 보며 오가는 것이었다. 재위 10년째 되던 해 소공은 초나라의 소왕(昭王)을 알현하러 갔다. 거기서 소공은 가죽옷 한 벌을 욕심낸 영윤 자상(子常)의 미움을 받아 3년이나 초나라에 억류되어 있었다. 뒤늦게 억류의 원인을 안 소공은 가죽옷을 자상에게 헌납하고서야 채나라로 돌아올 수 있었다. 소공은 채나라로 돌아오는 길에 진(晉)나라에 가서 제후들과 함께 초나라를 칠 것을 건의하였다. 소공 13년 기원전 506년, 진(晉)나라의 정공(定公)은 제후들을 소릉(召陵)에 소집하였다. 진(晉), 노(魯), 위(衛), 송(宋), 진(陳), 채(蔡), 유(劉), 정(鄭), 허(許) 등 18개국의 군주들과 제나라의 국하(國夏)가 참석한 이 회합이 소릉(召陵)에서 개최되었다는 사실 자체가 초나라에게는 엄청난 압박이었을 것이다. 그러나 진(晉)나라는 채나라 소공의 요청에도 불구하고 초나라를 치는 것은 위험하고 소득 없는 일이라는 대부 순인(荀寅)의 의견을 받아들여 소공의 요구를 거부하였다. 대신 제후들의 소집에 불응한 심(沈)나라를 채나라로 하여금 치게 하였다. 채나라는 진나라의 요구에 따라 심나라를 쳐서 멸망시켰다.

채나라는 진(晉)나라와 함께 초나라를 치는 것이 불가능해지자 초나라 공격에 오나라를 본격적으로 끌어들일 계획을 세웠다. 어쩌면 그것은 신채로의 이국(移國)과 함께 초나라에 대한 소공의 원한이 그만큼 깊었기 때문일 것이다. 소공은 자신의 아들 건(乾)과 대부의 아들 한 명을 스스로 오나라에 인질로 보내어 동맹을 담보히기도 하였다. 그 해 겨울 오나라는 채나라, 당(唐)나라와 함께 초나라를 침공하였다. 오나라는 왕 합려(闔廬)와 그의 아우 부개왕(夫槩王)이 진두지휘하였는데, 그에 맞서는 초나라는 소왕도 영윤 자상도 민심을 잃어 전쟁의 구심력으로 작용하지 못했기 때문에 오나라 군사의 공격에 모두들 뿔뿔이 흩어져 달아나기에 급급했다. 오나라는 백거(柏擧)에서의 전투에서 크게 승리를 거두고 초나라의 도읍 영(郢)으로 들어갔다. 기원전 506년이었다. 이로 인하여 오왕 합려는 일거에 중원에 명성을 떨치게 되었다. 초나라의 영윤 자상은 정나라로 망명하고 소왕도 이곳저곳으로 도망 다니다가 결국 수(隨)나라로 피신하기에 이르렀다.

사정이 급박하게 되자 초나라의 신포서(申包胥)가 멀리 진(秦)나라로 가서 군사를 내어줄 것을 눈물로 호소하여 간신히 승낙을 받았다. 이듬해 신포서는 진나라의 전차 500기를 대동하고 초나라에 당도하였다. 초나라의 영을 점령한 오나라는 마침 내분이 일어나 단합을 이루지 못하고 있다가 진나라의 공격을 받고 우왕좌왕했다. 그런데 엎친 데 덮친 격으로 오나라 군사가 초나라 공격으로 빠져나간 사이에 아래쪽에서 세력을 키운 월나라가 오나라를 침공하였다. 결국 오나라는 월나라의 침공을 막기 위해 초나라에서 철수하지 않을 수 없었다. 초나라로서는 천우신조였다. 이리하여 초나라는 간신히 위기를 넘기고 수나라에 가 있던 소왕도 영으로 다시 돌아왔다.

초나라가 안정을 되찾자 그동안 오나라를 초나라 도읍으로까지 불러들인 채나라의 소공은 다시 불안과 공포의 나날을 보내야 했다. 초나라의 보복이 두려웠던 것이다. 채소공 25년, 기원전 494년 드디어 초나라가 채나라를 포위하고 보루를 쌓기 시작하자 채소공은 오나라와 밀약을 하고 이듬해 오나라의 군사를 몰래 채나라로 끌어들인 다음 선대 군주들의 묘를 파서 오나라에서 가까운 주래(州來)로 도읍을 옮기기 시작했다. 그러나 이 이국은 대부들과도 상의하지 않은 것이어서 많은 대부들이 저항을 했던 것 같다. 2년 후 채소공 28년, 소공이 오나라를 방문하려 하자 대부들은 또 다시 도읍을 옮길까 두려워 결국 소공을 죽이고 말았다. 그러나 소공의 죽음에도 불구하고 대부들의 저항은 실패하여 채나라는 결국 예정대로 주래로 완전히 옮겨가게 되었다.

공자가 진(陳)나라를 떠나 채나라(新蔡)로 간 것은 기원전 491년 또는 490년으로 보이는데, 이때는 채나라가 주래로 옮겨간(BC 493) 직후로 매우 혼란한 시기였을 것이다. 거기서 공자는 임무를 띠고 채나라 쪽에 나와 있던 초나라의 섭공(葉公)을 만난 것 외에 어떤 활동을 하였는지 아무런 기록이 없다. 거기에서도 자신을 따르는 현지의 제자들을 가르쳤겠지만 공자의 술회를 따를 때 그곳의 제자들 역시 진나라에서와 마찬가지로 기대에 미치지 못했던 것 같다. 3년 후 그는 채나라를 떠나 위(衛)나라로 돌아온다. 약소국을 상대로 꿈을 실현해보려던 그의 시도는 그렇게 쓸쓸히 막을 내렸다.

주래로 옮긴 채나라는 하채(下蔡)라는 이름으로 불리게 되었다. 그에 따라 애초에 도읍이었던 원래의 채는 상채(上蔡)로 불렸다. 결국 상채에서 약 500년을 지낸 후 신채로 옮겨 겨우 34년을 지내고 다시 하채로 옮겨 50년을 채우지 못하고 전국시대로 막 접어든 기원전 445년, 벗어나고자 발버둥을 쳤음에도 끝내 벗어나지 못한 초나라에 의해 결국 채나라는 멸망하고 말았다.

①蔡叔 － ②蔡仲 － ③蔡伯 － ④宮侯 － ⑤厲侯(~BC 864) － ⑥武侯(~BC 838) ―

― ⑦夷侯(~BC 810) － ⑧僖侯(~BC 762) － ⑨共侯(~BC 760) － ⑩戴侯(~BC 750) ―

― ⑪宣侯(~BC 715) ┬ ⑫桓侯(~BC 695)
                  └ ⑬哀侯(~BC 675) － ⑭穆侯(~BC 646) － ⑮莊侯(~BC 612) ―

― ⑯文侯(~BC 592) － ⑰景侯(~BC 543) ┬ ⑱靈侯(~BC 531) － 隱太子 ┬ ⑳悼侯(~BC 519)
                                    └ ⑲平侯(~BC 522)   └ ㉑昭侯(~BC 491) ―

― ㉒成侯(~BC 472) － ㉓聲侯(~BC 457) － ㉔元侯(~BC 451) － ㉕蔡侯(~BC 447,멸망)

채나라 관련 논어 단편(2개)

11/2

선생님께서 말씀하셨다.

"진나라와 채나라에서 나를 좇던 자들은 모두 문에도 이르지 못했다."

子曰;從我於陳蔡者,皆不及門也.

18/9

악사장 지(摯)는 제나라로 갔다. 아반 간(干)은 초나라로 갔고 삼반 요

(繚)는 채나라로 갔으며 사반 결(缺)은 진(秦)나라로 갔다. 북을 치던 방숙(方叔)은 황하(黃河) 유역으로 들어갔고 소고를 흔들던 무(武)는 한수(漢水) 유역으로 들어갔으며 부악사장 양(陽)과 경(磬)을 치던 양(襄)은 바다 쪽으로 갔다.

大師摯適齊.亞飯干適楚.三飯繚適蔡.四飯缺適秦.鼓方叔入於河.播鼗武入於漢.少師陽擊磬襄入於海.

8

송(宋)나라

송 宋 나라

송나라는 주(周)나라가 건국되던 때 은(殷)나라의 유민들을 모아 세운 제후국이다. 무왕은 은나라의 말왕(末王) 주(紂)를 죽이고 그의 아들 무경녹보(武庚祿父)를 제후로 봉하여 유민들을 다스리면서 조상들의 제사를 이어갈 수 있도록 하는 한편 자신의 두 친동생 관숙(管叔)과 채숙(蔡叔)에게 그를 보좌하는 동시에 감독하도록 하였다. 후에 무왕이 죽고 어린 성왕이 등극하여 주공(周公)이 섭정을 하기에 이르자 무경과 관숙, 채숙이 함께 이른바 삼감(三監)의 난을 일으켰다. 이에 주공은 무경과 관숙을 처형하고 채숙을 추방하는 한편 주왕의 서형(庶兄)인 미자(微子) 계(啓)를 새로 제후에 봉하였다.

미자는 주가 생존해 있을 때에도 많은 간언을 했지만 주는 전혀 듣지 않았다. 절망한 미자는 결국 나라를 떠나고 말았다. 그러다가 무경이 처형되고 은나라의 자성(子姓)을 이을 새로운 계승자가 필요하였기에 그가 선택되었다. 그는 인자하고 어질다는 평판을 듣고 있었기에 무난히 계승자가 될 수 있었던 것 같다. 현재의 『서경』에는 미자를 송나라에 봉하며 성왕이 미자에게 주는 짧은 당부의 말이 미자지명(微子之命)이라는 글로 남아 있으나 고증 결과 위고문(僞古文)으로 밝혀졌다.

미자가 송나라에 봉해진 이후 초기 송나라의 역사는 다른 대부분의 제후국들과 마찬가지로 군주의 세계(世系)를 제외하고는 거의 남아 있는 것이 없다. 미자 계의 후사를 동생 미중(微仲)이 이었고 이어서 송공(宋公), 정공(丁公), 민공(閔公)의 직계로 이어지다가 민공의 뒤에 그의 동생 양공(煬公)이 이었는데, 민공의 아들 부사(鮒祀)가 양공을 죽이고 군주가 되었으니 그가 여공(厲公)이다. 이어 다시 역사는 별다른 기록을 남기지 못하고 이어졌는데, 군주는 직계로 이어졌던 것 같다. 그러다가 제13대 선공(宣公, BC 748~BC 729)에 이르러 그가 갑자기 아들을 외면하고 동생인 화(和)가 유덕하다며 그에게 양위하였으니 그가 목공(穆公)이다. 목공은 9년 재위 후 병이 들자 형인 선공에 대한 신의를 지켜야 한다며 자신의 아들 풍(馮)이 아닌 형의 아들 여이(與夷)를 세울 것을 명하고 자신의 아들 풍은 정나라로 옮겨가 살도록 조치하였다. 이렇게 세워진 여이가 바로 상공(殤公)이다. 이런 유별난 승계는 형제간에는 아름다운 것이었을는지 모르나 불안한 훗날을 예고하는 것이었다.

상공 원년에 위(衛)나라에서는 주우(州吁)가 형인 위환공(衛桓公)을 죽이고 스스로 군주가 되었다. 그는 전쟁을 좋아하여 전쟁을 통해 백성들의 지지를 얻으려는 망상을 가지고 있었다. 그래서 송나라에 사람을 보내어 "송나라의 공자 풍이 정나라에 있으니 화근이 아닐 수 없소. 송나라가 정나라를 친다면 위나라는 진(陳)나라, 채나라와 함께 돕겠소" 하였다. 송나라가 동의함으로써 결국 송(宋), 위(衛), 진(陳), 채(蔡) 네 나라 동맹군이 결성되어 정나라를 쳤다.

제11대 대공(戴公)의 손자이자 대부로 있던 화독(華督)은 이 명분 없는 전쟁에 참여하는 것을 달갑게 여기지 않았던 것 같다. 당시 경험 없는 군주를 대신하여 군사 문제를 총괄하던 사마(司馬)는 공보가(孔父嘉)였는데 공교롭게도 화독은 우연히 만난 공보가의 처를 보고 그 미색에 반하였다. 그래서 소문을 내기를 "10년 사이에 11차례나 전쟁을 일으켜 백성들의 고통이 이루 말할 수 없다. 이것이 다 공보가의 지시 때문이었다"며 그에게 모든 탓을 돌렸다. 그리고 상공 10년(BC 710)에 공씨를 습격하여 공보가를 죽이고 그의 처를 빼앗았다. 이때 공씨의 남은 가족들은 모두 노나라로 도망갔는데, 그 후 159년이 지나 노나라에서 태어난 공보가의 6대 후손이 바로 공자(孔子)였다고『좌전』은 기록하고 있다.

화독의 이런 독자행동에 상공이 노하자 화독은 두려운 나머지 상공마저 살해하고 말았다. 그리고 정나라에 있던 풍을 데려와 군주로 삼으니 바로 장공(莊公)이다. 주변 제후국들에 대하여는 모두 뇌물을 바쳐 물의를 가라앉혔다. 이때 특히 노나라에는 고(郜)나라에서 만든 대정(大鼎)을 뇌물로 헌납해서 많은 논란이 일었다.

장공이 들어서고 나서 화독은 대제(大宰)가 되어 이웃 정나라의 군주를 갈아 치우는 일에 나서기도 하였다. 송나라는 다른 제후국들에 비해 유독 군주의 권위가 실추되는 모습을 자주 보였다. 이를테면 제16대 장공의 아들 민공(閔公)이 재위하고 있던 시절에는 경으로 있던 남궁장만(南宮長萬)이 민공과 사냥을 가서 둘 사이에 싸움이 일어났는데, 민공이 남궁장만을 모욕하는 발언을 하자 남궁장만이 몽택(蒙澤)에서 민공을 쳐 죽였다. 소식을 듣고 무기를 들고 달려간 구목(仇牧)을 남궁장만은 역시 손으로 쳐서 죽이고 나아가 대제인 화독까지 죽이기에 이르렀다. 그는 공자 유(游)를 세웠으나 결국 송나라 사람들에 의해 죽임을 당하고 말았다. 이처럼 무법천지가 된 송나라는 결국 남궁장만이 진(陳)나라로 도망감으로써 평정되었다. 후에 송나라 사람들은 진나라에 뇌물을 주어 남궁장만을 체포토록 하여 송환을 받았다. 그들은 남궁장만을 소금에 절여 젓을 담갔다.

이어서 민공의 동생 환공(桓公)이 즉위하여 31년을 재위하고, 그 아들 양공(襄公)이 즉위하였다. 양공은 즉위를 앞두고 자신의 서형(庶兄) 목이(目夷)에게 사양할 뜻을 비치어 주목을 받기도 하였다. 양공 초기는 제나라의 환공이 최초로 춘추시대의 패자가 되어 뭇 제후들을 통솔하던 때였다. 송양공은 제환공이 패자로 역할하는 것을 누구보다 열심히 도왔다. 양공 8년 제환공이 죽자 양공은 제환공에 이어 자신이 패자가 되고 싶다는 욕망을 드러내었다. 그것은 어쩌면 제환공의 당부 사항이었을지도 모른다. 양공은 매사에 예를 갖추고 덕을 잃지 않기 위해 애를 썼으며, 그 점을 환공도 인정하여 심지어 자신의 후사 문제를 양공에게 부탁하기도 하였기 때문이다.

『좌전』은 이런 그의 예의 관념에 대해 부정적으로 기술하고 있는 반면 훗날 『춘추공양전(春秋公羊傳)』은 반대로 긍정적으로 평가하였다. 『좌전』의 저자는 노나라의 장문중(臧文仲)이나 송나라의 목이(目夷, 子魚)를 등장시켜 양공의 패권 추구가 작은 나라로서 할 일이 아님을 강조하거나 그가 지키려는 예법이 터무니없는 것임을 강조하였다.

실제 양공은 기원전 639년 초나라에 자신이 맹주가 되겠다고 청하였고, 초나라는 이를 받아들였다. 가을에 송양공은 우(盂)에 제후들을 소집하여 만났다. 그런데 이 회합에서 초나라는 양공을 체포하고 송나라를 쳤다가 박(薄)에서 회합을 갖고 다시 그를 품어주었다. 왜 초나라가 송양공을 맹주로 삼는 데동의하였다가 회합에서는 체포하였는지, 또 왜 석방하였는지는 자세한 설명이 없어 알기는 어렵다. 이듬해 송양공은 초나라와 홍수(泓水)에서 싸웠는데 "상대가 강을 다 건너지 못하고 있는 상태에서 상대를 공격하는 것은 안 된다"고 고집하다가 좌우의 군사도 죽고 양공 자신도 부상을 당했다. 양공은 이때의 부상으로 이듬해 여름 세상을 떠나고 말았는데 『좌전』의 기록자는 이런 결과를 조롱하고 있다. 후세에 송양지인(宋襄之仁)이라는 조롱 섞인 말이 생겨난 것도 같은 궤도에서였다. 그러나 예법에 대한 그의 독특한 집착은 호응도 얻었으니 송양공 또한 종종 춘추오패의 한 사람으로 거론되는 이유도 바로 그 때문이다.

그 후 양공의 아들 성공(成公)이 17년을 재위하고 나서 그의 동생 어(御)가 태자를 죽이고 스스로 즉위하였다. 그러나 그는 바로 송나라 사람들에 의해 죽임을 당하였기 때문에 결국 성공의 둘째아들이 즉위하였으니 그가 바로 소공(昭公)이다. 그러나 소공이 정도를 행하지 못하자 나라 사람들은 실망하여 능력과 덕행이 뛰어난 그의 동생 포(鮑)를 원하였다. 결국 양공의 부인 왕희(王姬)가 위백(衛伯)을 보내 소공을 죽임으로써 포가 즉위하니 그가 문공(文公)이다. 문공은 선대 군주들의 후손이나 혈육들이 난을 일으킬 위험이 많아 그들을 죽이거나 내쫓았다. 초나라와는 여전히 자주 부딪혔다.

재위 22년 만에 문공이 죽고 이어 그 아들 공공(共公)이 13년, 그 아들 평공(平公)이 44년, 그 아들 원공(元公)이 15년을 재위하는 동안 크게 세계사적인 사건은 발생하지 않았다. 다만 원공은 신의가 없고 사심이 많아 상(向)씨 가문과 화(華)씨 가문의 사람들을 미워했다. 그러나 두 가문 사람들은 두려움에 떨다가 "이대로 죽는 것보다는 우리가 선수를 치자" 하고는 군주의 공자(公子), 공손(公孫)을 유인하여 죽이거나 감금하였다. 나중에 원공이 찾아와 감금된 자들의 석방을 요청하자 결국 군주 측과 상씨, 화씨 측이 서로 다수의 인질을 교환하는 것으로 합의가 되었다. 나중에 군주도 그들의 집에 가서 자식들의 식사를 챙겨주고 오고 그들도 또한 그렇게 하였다. 이윽고 원공이 이 모욕을 참을 수 없다며 잡고 있는 인질을 죽이자 화씨도 데리고 있는 태자를 죽이려다가 후환을 감당할 수 없어 결국 석방함으로써 사태는 간신히 일단락이 되었다. 이 난리는 군주와 대부가 충돌하는 어느 나라의 양상보다 노골적이고 처참했다.

후에 원공은 노나라의 소공이 망명에서 귀국할 수 있도록 돕기 위해 진나라로 가던 중 돌연히 세상을 떠났다. 이어서 경공(景公)이 즉위하였다. 경공은 공자를 핍박한 것으로 유명한 사마 환퇴(桓魋, 向魋)를 매우 총애하여 나중에는 환퇴가 군주의 권위를 무시하고 제멋대로 행동하는 단계에까지 이르러 결국 향씨 일족이 모두 제나라 등으로 달아나고 말았다. 『사기』에는 경공의 남다른 덕성을 보여주는 천문학 관련 대화가 남아 있으나 경공의 다른 행태와 크게 다른 이런 사실이 어떻게 기록되었는지는 의문이 있다.

송나라는 경공 이후 간신히 잔명을 이어갔으나 기원전 286년 다른 나라에 비해 유난히 일찍 제나라에 의해 멸망하고 말았다.

①蔡叔 ― ②蔡仲 ― ③蔡伯 ― ④宮侯 ― ⑤厲侯(~BC 864) ― ⑥武侯(~BC 838) ―

┌①微子啓   弗父何[1]
└②微仲 ― ③宋公 ― ④丁公 ┬⑤湣公 ─┴⑦厲公(?~BC 859) ― ⑧僖公(~BC 831) ―
                        └⑥煬公

― ⑨惠公(~BC 801) ― ⑩哀公(BC 800) ― ⑪戴公(~BC 766) ― ⑫武公(~BC 748) ―

┌⑬宣公(~BC 729) ― ⑮殤公(~BC 710)
└⑭穆公(~BC 675) ― ⑯莊公(~BC 692) ┬⑰閔公(~BC 682)
                                  └⑱桓公(~BC 651) ― ⑲襄公(~BC 637) ―

― ⑳成公(~BC 620) ┬㉑昭公(~BC 611)
                 └㉒文公(~BC 589) ― ㉓共公(~BC 576) ― ㉔平公(~BC 532) ―

― ㉕元公(~BC 517) ┬㉖景公(~BC 469)
                 └褍秦 ― 公孫糾 ― ㉗昭公(~BC 404) ― 생략

---

1) 불보하(弗父何)는 민공(湣公)의 큰아들로 弗父何-宋父周-世子胜-正考父-孔父嘉-木金父(노나라로 피신)-祁父-防叔-伯夏-叔梁纥-孔子의 세계(世系)를 보여주고 있다.

송나라 관련 논어 단편(2개)

3/9

선생님께서 말씀하셨다.

"하(夏)나라의 예를 내가 능히 말할 수는 있으나 기(杞)나라가 그 증거가 되기에는 부족하다. 은(殷)나라의 예를 내가 능히 말할 수는 있으나 송(宋)나라가 그 증거가 되기에는 부족하다. 문헌이 부족하기 때문이다. 문헌만 충분하다면 내가 능히 입증할 수 있다."

子曰;夏禮吾能言之,杞不足徵也.殷禮吾能言之,宋不足徵也.文獻不足故也,足則吾能徵之矣.

6/16

선생님께서 말씀하셨다.

"축타(祝鮀)²⁾와 같은 말재간이 없다면 송조(宋朝)³⁾와 같은 미모를 지녔다 하더라도 요즈음 세상에서는 남아나기 어렵겠구나!"

子曰;不有祝鮀之佞,而有宋朝之美,難乎免於今之世矣!

---

2) 축타(祝鮀)는 위(衛)나라의 사직을 돌보던 대부로서 언변이 뛰어났다. 축(祝)은 종묘의 제사를 관장하던 관직명이며 타(鮀)는 그의 이름.

3) 송조(宋朝)는 원래 송(宋)나라 사람으로 위(衛)나라 임금이 그의 부인 남자(南子)를 위하여 불러온 자다. 대단한 미남으로 남자와 불륜관계를 유지하다가 마침내 위(衛)를 출분(出奔)한다.

환퇴 桓魋

환퇴는 송나라의 대부였다. 성은 향(向), 이름은 퇴(魋)였기 때문에 향퇴(向魋)라고도 불렀다. 또 사마(司馬)의 직에 있었기 때문에 사마환퇴(司馬桓魋)라고도 했다. 향씨는 송나라의 권위 있는 가문이었다.

『좌전』은 환퇴와 관련하여 다소 뜬금없는 일화 하나를 전하고 있다. 송나라 경공(景公, BC 517~BC 469)은 환퇴를 무척 총애했다. 그런데 그 총애의 정도가 좀 심했던 것 같다. 경공에게는 몇 사람의 아우가 있었는데 그 중 바로 밑의 아우가 지(地)였다. 지에게는 멋진 백마 네 필이 있었는데 환퇴가 그 백마를 가지고 싶어 했다. 경공은 그 말을 빼앗아 꼬리와 갈기에 붉은색을 물들여 환퇴에게 주었다. 지는 화가 나서 무리를 시켜 환퇴를 밀치고 말을 도로 빼앗았다. 환퇴는 그 과정에서 겁을 집어먹고 외국으로 달아나려 하니 경공은 그 소식을 듣고 문을 닫고 울어 눈이 퉁퉁 부을 지경이었다.

그러자 지의 아우 진(辰)이 나서서 지에게 "형은 거부렵(蘧富獵)을 총애하여 재산의 11분의 5를 그에게 주지 않았습니까? 그러면서 왜 큰형이신 군주님이 총애하는 환퇴는 그렇게 무시하십니까? 너무 편중되지 않습니까? 형은 군주님에게 예의를 갖출 필요가 있습니다. 만약 형이 예의상 군주님을 생각하여 다른 나라로 가겠다고 하면 아마 국경을 넘기도 전에 군주님은 만류하실 겁니다" 하였다. 그 말을 듣고 지는 진(陳)나라로 출분하였다. 그러나 경공은 막지 않았다. 아우 진이 나서서 만류하기를 요청하였지만 경공은 들어주지 않았다. 진이 경공에게 "이렇게 되면 제가 형을 속인 것이 됩니다. 만약 제가 나라 사람들과 나라를 떠난다면 군주님께서는 누구와 함께 지내시겠습니까?" 하였다. 그 해 겨울 결국 진은 중타(仲佗), 석구(石彄) 등과 함께 진(陳)나라로 망명을 떠나고 말았다. 환퇴에 대한 경공의 지나친 총애는 결국 형제들 간의 관계마저 파국으로 내몬 셈이었다.

이듬해인 기원전 499년 봄, 진나라에 망명해 있던 진과 중타, 석구, 그리고 공자 지는 송나라의 소(蕭)로 들어가 반란을 일으켰다. 그리고 4월에는 조(曹)나라에 가 있던 악대심(樂大心)이 역시 소로 들어가 이들에 합류했다. 사태가 이렇게 확대된 것은 결국 경공의 지나친 환퇴 총애 때문이었다. 그러나 이런 형제나 대부들의 반란으로 송나라의 권력구조에 특별한 변화가 초래되지는 않았던 것 같다.

이후 『좌전』은 환퇴의 모습을 더 이상 보여주지 않는다. 그러다가 15년이 지난 기원전 484년 다시 기록에 등장한다. 그는 여전히 장기 재위 중인 경공의 치세에서 사마로 역할했는데, 그 해 위나라의 공문자에게 쫓겨나 송나라로 출분한 태숙질(太叔疾)이 바로 환퇴의 가신이 되었다는 기록이 나오는 것이다. 그런데 송나라로 간 태숙질은 환퇴에게 잘 보이기 위해 아름다운 구슬을 바쳤더니 환퇴는 그 대가로 그에게 성서(城鉏)의 읍을 차지하게 해주었다. 문제는 그 구슬을 이번에는 경공이 탐을 냈지만 환퇴는 주지 않았다. 이로 인하여 이번에는 환퇴가 출분을 하게 되니 성서의 사람들이 태숙질을 공격하였고, 그 소식을 들은 위나라의 장공(莊公)이 다시 태숙질을 위나라로 불러들여 소(巢) 땅에 살게 하였다는 기사이다. 그러나 경공과 환퇴의 관계가 다소 틀어지기는 했지만 환퇴는 떠나지 않고 여전히 송나라에서 세력을 유지하고 있었고, 경공과의 관계도 일단 잘 유지가 되었던 것 같다.

또 2년 후인 기원전 482년, 환퇴가 정나라와의 싸움에서 자기 나라 군사를 구원하러 가다가 정나라 측이 환퇴를 생포하려 한다는 소문을 듣고 이리저리 도망하느라 여러 지역을 정나라에 빼앗긴 기록도 등장한다.

그 이듬해인 기원전 481년의 상황은 훨씬 복잡하다. 환퇴와 관련된 그 해의 기록은 "송나라 환퇴가 입은 총애는 송나라 군주에게 해가 되었다"(宋桓魋

之寵害於公)는 말로 시작한다. 경공은 환퇴를 제거하려 했던 것 같고 이를 눈치 챈 환퇴는 역으로 경공에게 손을 쓰려했던 것 같다. 왜 그토록 총애하던 환퇴를 경공이 제거하려고 했는지 『좌전』은 분명히 밝히지 않고 있다. 다만 "환퇴가 입었던 총애가 오히려 군주에게 해가 되었다"는 설명이 무언가를 말해주는 것이 아닐까 한다.

환퇴는 군주를 향연에 초청하였는데 거기에 음모가 도사리고 있다는 것을 경공은 눈치를 채었다. 그래서 대부 황야(皇野)에게 말하기를 "내가 환퇴를 키워주었는데 이제는 그가 내게 회를 끼치러 히오. 당신이 니를 구혜주시오" 하였다. 황야는 당시 사마중(司馬仲)이라고 불렸는데 사마의 직은 그 전에 환퇴에게서 황야에게 넘어갔던 모양이다. 황야는 경공의 요구에 응하면서 환퇴의 형인 좌사(左師) 향소(向巢)의 도움이 있어야 가능하다며 경공이 직접 향소를 불러줄 것을 요구하였다. 결국 황야는 군주의 도움을 받아 향소를 만나 군주께서 당신과 사냥을 나가고 싶어 하신다고 하고 마차에 태운 후 경공에게 데려갔다. 경공은 그를 부른 진짜 이유가 동생인 환퇴 제거임을 말해주었다. 향소는 엎드려 고개를 들지 못한 체 "아우 퇴가 군주님께 공손하지 못한 것은 나라의 재앙입니다. 제가 어찌 감히 명령을 듣지 않을 수 있겠습니까?" 하였다. 그리고 경공에게 군사지휘권을 위임받아 환퇴를 공격하도록 명령을 내렸다.

환퇴 형제는 모두 5형제로 맏형은 향소, 둘째가 환퇴, 셋째가 자우(子牛) 곧 사마우(司馬牛)였다. 사마우는 공자의 제자 사마우와 동일인이라는 설이 있으나 확실치는 않다. 그리고 넷째가 자기(子頎), 다섯째가 자거(子車)였다. 향소기 공격 명령을 내리니 자기가 말을 달려 그 사실을 환퇴에게 알렸다. 환퇴가 저항하면서 도읍으로 들어가려고 하니 막내동생 자거가 만류하였다. 결국 환퇴는 6년 전 송나라가 멸망시킨 조(曹)나라 옛 땅에 들어가 버티었다. 『춘추』는 그 해를 애공 14년, 그러니까 기원전 481년으로 기록하고 있다. 경공이 재차 향소에게 환퇴를 치라고 명령하니 환퇴는 더 버틸 수가 없을 것 같아 결국 같은 해 6월, 위나라로 도망갔다. 향소도 경공의 명령을 더 이상 받들지 못하고 결국 노나라로 망명하고 말았다.

환퇴는 위나라에서 공문씨(公文氏)가 옛 하나라 왕실의 보물이었던 서옥 황(璜)을 요구하니 다른 옥을 대신 내어주고 제나라로 달아났다. 제나라의 진성자(陳成子)가 그에게 차경(次卿)의 높은 벼슬을 내렸다. 동생 사마우도 제나라로 달아났다가 오나라를 거쳐 결국 노나라의 곽문(郭門) 밖에서 죽었다. 결국 송나라의 유서 깊은 향씨 가문은 조상의 제사도 잇지 못하고 뿔뿔이 흩어지고 말았으니 경공으로부터 받은 총애로 인하여 환퇴가 방자해진 것이 원인으로 보인다.

그런데 논어에서 환퇴가 주목받는 이유는 공자가 환퇴로부터 모종의 핍박을 받은 것처럼 기술되어 있기 때문이다. 그러나 논어 7/24가 어렴풋이 그려놓은 것을 제외하면 『좌전』에는 공자가 환퇴와 겹치는 행적이 전혀 등장하지 않는다. 단지 사마천의 『사기』가 남기고 있는 다음과 같은 기술이 있을 뿐이다.

경공 25년 공자가 송나라를 지나갈 때 송나라의 사마 환퇴가 그를 미워하여 공자를 죽이려 했다. 공자는 미복을 하고 피해갔다.[4]

공자가 조나라를 떠나 송나라로 갔다. 큰 나무 아래에서 제자들과 예를 익히고 있었는데 송나라 사마 환퇴가 공자를 죽이고자 하여 그 나무를 뽑았다. 공자가 떠나려 하니 제자들이 "빨리 떠나는 것이 좋겠습니다" 하였다. 공자가 "하늘이 나에게 덕을 주었는데 환퇴가 나를 어떻게 하겠느냐?" 하였다.[5]

---

4) 景公…二十五年,孔子過宋,宋司馬桓魋惡之,欲殺孔子,孔子微服去. 『사기』 「송미자세가(宋微子世家)」
5) 孔子去曹適宋,與弟子習禮大樹下.宋司馬桓魋欲殺孔子,拔其樹.孔子去.弟子曰: "可以速矣." 孔子曰 : "天生德於予,桓魋其如予何!" 『사기』 「공자세가」

그러나 『사기』가 남기고 있는 이 두 기록은 사실일 가능성도 낮고, 사실이라 하더라도 특별한 의미를 갖지 않는, 단지 환퇴가 공자를 싫어했다는 것을 드러낸 기록에 불과해 보인다. 오히려 『예기』에 보이는 다음 기록이 그에 비하면 훨씬 의미를 갖는 것이 아닌가 한다.

옛날 선생님께서 송나라에 머물고 계실 때 송나라 환사마(환퇴)가 죽으면 쓸 석곽을 만들면서 3년이 되도록 완성하지 못하는 것을 보셨다. 선생님께서 말씀하시기를 "이렇게 사치할 바에야 죽으면 속히 썩는 것이 낫다" 하셨다. '죽으면 속히 썩고 싶다'는 말은 환사마 때문에 나온 말이다.[6]

이 말은 묘하게 『좌전』의 여러 기록과 통하는 면이 엿보인다. 『좌전』에서 환퇴가 경공의 아우 지가 가지고 있던 백마를 탐내었던 것 때문에 경공의 동생들이 저마다 망명을 떠나야 했던 것, 또 위나라에서 망명 온 태숙질이 환퇴에게 뇌물로 준 아름다운 구슬을 경공이 탐을 내었지만 주지 않아 결국 경공의 총애가 떠나게 되었던 것, 또 위나라에 망명을 가서도 공문씨가 환퇴의 보옥을 탐내었는데도 주지 않아 결국 다른 나라로 떠나야 했던 것 등에서 재보(財寶)에 대한 환퇴의 병적 탐닉을 볼 수 있다. 『예기』에서 환퇴는 자신이 죽으면 쓸 석곽을 치장하느라 3년이 걸려도 완성하지 못하는 집착을 보이고 있는 점이 역시 재보에 대한 일관된 애착이라는 점에서 이 기록은 사실일 가능성이 높다.

그렇다면 환퇴의 이러한 재보에 대한 과도한 집착을 공자가 "죽으면 차라리 빨리 썩는 것이 낫다"고 한 비판이 환퇴의 귀에 들어갔다면 공자를 죽이려

---

6) 昔者夫子居於宋,見桓司馬自爲石槨,三年而不成. 夫子曰,"若是其靡也,死不如速朽之愈也." 死之欲速朽, 爲桓司馬言之也. 『예기』단궁상

할 만도 하지 않았겠느냐는 것이다. 환퇴의 입장에서 공자 같은 사람을 소중히 다루어야 할 이유가 어디에 있었겠는가? 『좌전』과 『예기』는 서로 다른 자료이면서도 환퇴에 관한 한 일관된 시각을 보여주고 있으며, 그가 공자를 죽이려 했던 것도 『사기』에서처럼 막연하고 뜬금없는 외형이 아니라 수긍할 만한 이유를 보여주고 있다. 재보에 대한 탐닉은 공자가 변함없이 강조한 호학(好學)과는 부딪힐 수밖에 없었을 것이다.

환퇴 관련 논어 단편(1개)

7/24
선생님께서 말씀하셨다.
"하늘이 나에게 덕을 내셨는데 환퇴(桓魋)가 나를 어찌 하겠느냐?"
子曰;天生德於予,桓魋其如予何!

송조 宋朝

송조는 송나라의 대부로 중원에 소문난 미남자였다. 송조의 집안 출신으로 위나라의 태숙질과 결혼한 여인의 동생도 뛰어난 미색이었다고 기록된 것을 보면 송조의 집안은 원래 미모가 뛰어난 집안이었던 것 같다. 영공이 부인 남자(南子)를 위해 송나라에 있을 때부터 남자와 다정하게 지내던 송조를 위나라로 불렀고, 그 때문에 야기된 추문을 부끄러워한 나머지 영공의 아들 괴외가 남자를 죽이려까지 했던 것은 위나라 역사에 엄청난 정변을 불러왔다.

위나라 영공의 아들이자 태자였던 괴외가 위령공 39년(BC 496) 외교적 임무를 띠고 송나라의 어느 시골길을 지나다가 듣게 된 시골 사람들의 노래 구절, "이미 그대의 암퇘지로 정했는데 어찌 우리의 예쁜 수퇘지는 돌려주지 않는가?"에서 "우리의 예쁜 수퇘지"가 바로 송조를 뜻하는 것이었다. 그러나 송조와 관련하여 다른 역사의 기록은 전하는 것이 없어 더 자세한 내용은 알 수가 없다.

송조는 괴외가 달아난 이후에도 위나라에 머물면서 남자를 중심으로 한 정치세력을 구성했던 것으로 보이나 영공이 죽은 기원전 493년 이후에는 결국 송나라로 되돌아갔을 것으로 추정된다.

다만 논어 6/16에 송조가 등장하는 것은 남자와 송조의 관계나 위나라의 정란과는 아무런 관계가 없는, 순수하게 송조가 가지고 있었던 매우 뛰어난 미모를 비유적으로 사용한 것에 불과해 보인다.(송조와 관련한 자세한 사항은 '남자', '위령공' 조항 참고)

송조 관련 논어 단편(1개)

6/16
선생님께서 말씀하셨다.
"축타(祝鮀)와 같은 말재간이 없다면 송조(宋朝)와 같은 미모를 지녔다 하더라도 요즈음 세상에서는 남아나기 어렵겠구나!"

子曰;不有祝鮀之佞,而有宋朝之美,難乎免於今之世矣!

9

초(楚)나라

초楚나라

초나라는 춘추시대 중국 남방의 대국이었다. 논어에서 초나라는 단 두 개의 단편에만 등장한다. 그나마 전형적인 단편이 아니라 하나는 전국시대에 진입하여 초나라를 중심으로 새로운 도가적 사유가 대두하던 시기의 단편이고, 또 하나는 기존 문화가 붕괴되면서 모든 시스템이 와해되던 시기의 단편이다. 그만큼 초나라는 노나라에서 멀었고 낯선 문화의 중심지였다고 할 수 있다.

초나라의 지배자는 황제(黃帝)의 손자 고양씨(高陽氏)에게서 비롯되었다고 한다. 그 중 은나라 말기에 살았던 죽웅(鬻熊)은 주나라의 문왕을 아들처럼 극진히 돌본 사람이었다고 하며, 또 훗날 그의 후손으로서 웅역(熊繹)이라는 사람은 주성왕(周成王)에 의해 초만(楚蠻) 지방에 봉해졌으며 예로부터 써오던 미(芈) 성과 함께 자작의 작위를 부여받았다 한다. 훗날 초영왕(楚靈王)도 "선대왕 웅역은 주공의 아들 백금 등과 함께 강왕(康王)을 섬기었다"고 진술(『좌전』 소공 12년) 하고 있으니 이는 사실일 것이다. 그러나 그 4세 후손이었던 웅거(熊渠)는 장강 일대에서 제법 민심을 얻고 만만치 않은 군사력까지 가지고 있었던 것 같다. 그는 "우리는 문화가 다르기 때문에 호칭이나 시호 같은 것을 저들과 함께 쓰지 않겠다"면서 자식들의 호칭에도 왕(王) 자를 사용하였다. 그러다가 주여왕(周厲王) 때에 이르러 그의 성격이 포악하다는 소리를 듣고 자신들을 공격할까 두려워 한동안 왕 호칭을 없애기도 하였다. 따라서 주나라와의 관계는 지속적이라기보다는 간헐적이었던 것 같다.

초나라의 역사도 역시 『좌전』이 기록되기 시작한 기원전 722년(초나라 무왕 19년)부터 그 내용이 조금 구체화되기 시작한다. 초나라 무왕에 앞서 군주로 있던 자는 무왕의 형 분모(蚡冒)였다. 분모가 죽자 동생 웅통(熊通)은 분모의 아들을 죽이고 스스로 왕이 되었다. 그가 바로 무왕(武王)이다. 무왕 31년 되던 해 『좌전』은 작지만 의미 있는 기록 하나을 남긴다. "채(蔡)나라 군주가 등(鄧)에서 정나라 군주를 만난 것은 비로소 초나라를 두려워하기 시작했기 때문이다." 이 짧은 진술은 앞으로 장강 유역에 있는 수많은 작은 나라들의 길고 고통스런 운명을 예고하는 것이었다.

아닌 게 아니라 무왕 35년(BC 706) 초나라는 한수(漢水) 동쪽에서 비교적 세력이 있는 수(隨)나라를 쳐서 위세를 과시하였다. 수나라는 한수 유역에 있는 대표적인 희(姬) 성의 나라였기 때문에 초나라의 입장을 주(周)나라에 전하기도 하고 그 반대 역할을 하기도 하였다. 따라서 이때에 초나라는 수나라로 하여금 주나라에 초나라의 지위를 격상시키는 일련의 조치를 요구하고 협상을 시도하였던 것 같다. 그러나 주왕실은 이 요구를 거부하였고, 이에 초나라는 분개하여 비로소 스스로를 무왕(武王)이라 호칭하고 수나라와는 맹약을 체결하는가 하면 복(濮) 지역을 개척하고 점령하였다.

초무왕의 뒤를 이은 무왕의 아들 초문왕(楚文王)은 향후 초나라의 왕도로 자리 잡은 영(郢)으로 수도를 옮기고 얼마 후에는 채(蔡)나라를 정벌하여 군주인 애후(哀侯)를 잡아갔다가 나중에 석방하는 등 한수 유역의 여러 작은 나라들을 괴롭히기 시작하면서 본격적으로 두려움의 대상이 되었다. 문왕 12년 등(鄧)나라를 정벌하여 멸망시킨 것은 전형적인 사건이었다.

그런데 문왕이 죽고 나서 이러한 관계에 약간의 변화가 생겼다. 아들 웅간(熊囏)이 뒤를 이어 왕이 되었지만 그는 자신의 동생 웅운(熊惲)을 죽이려 했고, 웅운은 수나라로 도망갔다가 수나라 사람들과 함께 초나라로 다시 들어와 웅간을 죽이고 왕이 되었다. 그가 초성왕(楚成王)이다. 성왕으로 인하여 초나라는 과거 주변 국가들을 비롯하여 주나라와의 관계도 확연히 달라졌다. 성왕의 초나라는 주변 제후국들과의 관계가 크게 호전되고 주나라 천자에게도 예물을 바쳐서 천자도 제육을 초나라에 하사하는가 하면 "남방의 여러 나라들의 반란을 잘 진압하고 중원 제후국들을 침범하지 마시오" 하고 지침을 내리기도 했다. 이로 인하여 초나라의 영토는 1천 리나 확대되었다.

성왕 때 제나라는 바야흐로 환공이 출현하여 명성과 패권을 떨치고 있었다. 제환공은 초나라로 군대를 끌고 내려와 "일찍이 소왕(昭王)이 남쪽으로 순수하러 가셨다가 돌아오지 않은 것과 주나라가 선대왕들에 대한 제사를 지냄에 초나라가 특산 제물을 바쳐지지 않아 제사상이 차려지지 못하고 있음에 이를 문책하러 왔소" 하자 초나라는 "제사 공물이 바쳐지지 않은 것은 인정하니 바치도록 하겠지만 소왕이 돌아오지 않은 것은 한수(漢水)가에 가서 물어 보시오" 하여 서로 체면과 실질을 살리는 선에서 합의하였다.

그러나 초나라는 얼마 지나지 않아 북쪽으로 올라가 허(許)나라를 치고 황(黃)나라를 정벌하고 영(英)나라를 멸망시켰다. 또 송나라와도 거칠게 세력 다툼을 벌여 송양공을 포로로 잡기도 하였다.

성왕은 46년간이나 재위하였는데 역시 가장 큰 사건은 진(晉)나라와 초나라가 대대적으로 맞붙은 성복(城濮)의 전투(BC 632)에서 초나라가 패배한 것이었다. 초성왕은 진을 이기기 어렵다는 것을 감지하고 정면충돌을 피하려 하였지만 전투를 맡은 영윤(令尹) 자옥(子玉, 成得臣)이 무리한 강공을 시도하다가 결국 대패한 후 자살하고 말았다.

이후 성왕은 후계자 문제도 순조롭게 해결하지 못하고 표독스런 성미의 아들 상신(商臣)을 태자로 정했다가 뒤늦게 다른 아들 직(職)으로 바꾸려 했기 때문에 상신의 반격을 받아 결국 자신도 목을 매어 자살하고 말았다. 상신은 목왕(穆王)이 되어 여전히 강(江)나라, 육(六)나라, 요(蓼)나라 등을 멸망시키며 악명을 떨치다 12년 만에 죽고 아들 장왕(莊王)이 즉위하였다.

초장왕은 즉위하고 나서 3년 동안 정령 하나 발하지 않고 아무것도 하지 않은 채 향락만 즐겼다. 감히 간하는 자는 죽음으로 다스리겠다 하니 아무도 나설 수도 없었다. 이에 신하 오거(伍擧)가 비유하여 말하되 "여기에 3년 동안 날지도 않고 지저귀지도 않는 새가 있습니다. 무슨 새입니까?" 하고 물었다. 장왕이 의중을 알아차리고 "3년 동안 날지 않았으니 날면 하늘을 치솟을 것이고 3년 동안 지저귀지도 않았으니 지저귀면 사람들을 놀라게 할 것이다. 무슨 말인지 알겠네" 하였다. 그러나 여전히 황음에만 빠져들어 다시 대부 소종(蘇從)이 간했다. 그러자 "당신은 금지령을 듣지 못했는가?" 하였다. 소종이 "죽음으로 군주님을 깨닫게 하는 것이 저의 소원입니다" 하였다. 그제야 장왕은 황음에서 깨어나 정사를 처리했다. 그는 오거와 소종을 크게 쓰니 백성들이 좋아하였다.

그는 용(庸)나라를 멸망시키고 송나라를 정벌하여 전차 500대를 노획하는 등 새삼 초나라의 위세를 떨쳤다. 그리고 육혼(陸渾)에 사는 융족을 정벌하여 낙수에까지 도달함으로써 주나라 강토의 경계에까지 군사력을 과시하니 주나라 정왕(定王)이 왕손만(王孫滿)[1]을 보내 장왕을 위로하였다. 이때 장왕이 구정(九鼎)의 크기와 무게를 물었다. 왕손만은 이 질문을 받고 "천자가 되는 것은 구정의 존재 여부에 있는 것이 아니라 덕의 존재 여부에 있다"며 옛날 하나라 때에 구정이 만들어진 경위며 그것이 걸왕(桀王)의 잘못으로 은나라로 넘어갔다가 다시 주왕(紂王)의 실덕으로 주나라로 넘어온 경위, 그리고 주 성왕(周成王) 때 점을 쳤더니 주나라의 운수가 30대, 700년간 이어질 것임이 계시되었으니 비록 주나라 천자의 덕이 쇠약해졌지만 천명은 바꾸어지지 않을 것이니 구정의 무게를 물을 것은 아님을 찬찬히 설명하였다.

이에 장왕도 납득을 하고 더 이상 묻지 않았지만 그가 주나라에 가서 구정의 무게를 물었다는 이 사실은 엄청난 화제로 중원 천하에 퍼졌던 것 같다. 장왕은 단순하지만 무모한 사람은 아니었던 것이다. 특히 다른 사람의 말을 잘 듣고 굵직하게 판단하는 특징이 있어 춘추오패의 또 한 명으로 거명되었다.

---

1) 왕손만(王孫滿)은 주(周)나라의 대부로 주양왕(周襄王)의 손자였다.

장왕은 얼마 후 또 진(陳)나라를 정벌하고 임금을 시해한 하징서(夏徵舒)를 죽이더니 결국 진나라를 멸망시켜 초나라의 일개 현으로 편입시켰다. 그러나 제나라에 사신으로 갔다가 돌아온 신숙시(申叔時)의 충간을 듣자 멸망시켰던 진나라를 다시 재건시켜주었다.

　　장왕이 재위 23년을 끝으로 죽고 나서 아들 공왕(共王)이 31년, 다시 그 아들 강왕(康王)이 15년을 재위하고 다시 그 아들 겹오(郟敖)가 재위했다. 겹오는 숙부인 자위(子圍)를 영윤으로 삼아 군권을 장악하게 하였다. 사람들은 얌전한 조카가 군주가 되고 거칠고 포악한 숙부가 영윤이 된 것을 우려하였다. 재위 4년 되던 해 영윤이 된 자위가 정나라에 사신으로 가던 중 본국으로부터 군주인 겹오가 위독하다는 소식을 들었다. 자위는 급하게 초나라로 돌아와서 왕 겹오의 병세를 살폈다. 그리고는 그 자리에서 겹오의 목을 졸라죽이고 그의 어린 두 아들도 함께 죽였다. 자위의 여러 형제들은 저마다 외국으로 달아났다. 태재(太宰)로 있던 백주리(伯州犁)도 자위에게 살해당했다. 자위는 군주를 겹(郟)에다 장사지내고 왕에 상응하는 시호를 부여하지 않고 겹오(郟敖)라 칭하였다. 그리고 스스로 군주가 되었으니 바로 악명 높은 영왕(靈王)이다.

　　영왕은 재위 3년 되던 해에 제후들을 신(申)에 소집하여 위세를 과시했다. 그러나 이 소집은 과거 제나라나 진(晉)나라의 경우와는 달랐는데, 우선 이 소집은 진나라에 사전 통보되어 허락을 받은 것이었다. 제나라, 진(秦)나라 등은 아예 소집대상도 아니었고 소집이 되었어도 노나라, 위나라, 조(曹)나라, 주(邾)나라 등은 핑계를 대고 참석하지 않았다. 채나라, 진(陳)나라, 정나라, 허나라, 서(徐)나라, 등나라, 소주나라 등 거부하기 어려운 10여 개 약소국만 참석한 제한된 소집이었다. 더구나 이 회합에서 초영왕은 거만한 모습을 보였기 때문에 제후국들의 신뢰를 크게 상실하였다.

　　같은 해 영왕은 오나라를 정벌하러 가서 제나라에서 망명 와 있던 경봉(慶封)을 체포하여 결국 그 일족을 몰살하기도 하였다. 또 영왕 8년에는 아우 기질(棄疾)을 시켜 진(陳)나라를 멸망시켜버렸다. 이미 장왕 당시에 한 번 멸망의 길로 들어섰다가 겨우 살아났던 진나라는 영왕의 치세를 만나 또 한 번 멸망하는 기구한 운명을 맞게 된 것이다. 그러나 이런 가혹한 국운도 채(蔡)나라에 비하면 약소한 것이었다.

영왕 10년 그는 채나라 군주 영공(靈公)을 신으로 불러 향연을 베풀고는 그가 취하자 체포하여 한 달 후에 죽였을 뿐 아니라 그를 따르던 사람들 70명[2]도 함께 처형하였다. 그 참상이 어떠하였을지 상상키 어려울 것이다. 뿐만 아니라 채나라를 멸망시켰다는 것을 고하는 제사 때 채나라의 태자 은(隱)을 희생으로 썼다. 이 끔찍한 소식은 중원에 파다하게 퍼졌을 것이다. 당시 21살이던 공자도 노나라에서 이 소식을 들었을 것이고, 어쩌면 그가 훗날 이 비극적 땅에 간 것이 그것과 어떤 연관이 있는지도 모른다. 초영왕은 아우 기질을 이 진나라와 채나라였던 땅을 다스리는 지방장관에 임명하였다.

이런 사정으로 영왕에 대한 백성들의 여론은 극도로 악화되었다. 영왕에 대한 반란은 완벽하게 짜인 각본에 의해 추진된 것이 아니라 이런 여건을 토대로 각본을 만들어가며 추진된 독특한 반란이었다. 주역은 관기(觀起)의 아들 관종(觀從)이었다. 훗날 초나라와 진(晉)나라가 충돌한 저 유명한 성복의 전투에서 초나라군을 이끌었던 영윤 자옥이 바로 그였다. 그는 유언비어를 유포하여 영왕의 동생이자 당시 채나라 땅을 다스리던 기질의 명령이라며 망명 중인 영왕의 형제 자간(子干)과 자석(子晳)이 곧 초나라로 귀국할 예정이며, 이들과 기질이 맹약을 맺어 곧 군사행동이 초나라에서 벌어질 것이니 사람들은 누구 편을 설 것인지 입장을 정하라고 촉구했다. 그러자 사람들은 대부분 영왕을 지지할 바에야 기질이 이끄는 쪽을 지지하겠다고 하였다. 뒤늦

---

2) 이때의 70명은 아마도 주초(周初) 채나라가 처음 건설될 때 함께 갔던 70인을 상징하는 인원이었을 것이다.

게 사태를 깨달은 기질은 일단의 사람들을 초나라 도읍에 투입하여 영공의 아들인 태자 녹(祿)을 죽이고, 군주에는 자비(子比), 영윤에는 흑굉(黑肱), 사마(司馬)에는 자신이 예정되어 있음을 선포하여 국민들의 지지를 이끌었다. 영왕이 이끄는 군사들은 급속히 이탈하고 와해되었다. 영왕은 사태가 심각한 단계에 이르렀음을 감지하고 더 이상 선택의 여지가 없다고 판단하자 우(芋)땅의 지방장관 신해(申亥)의 집에서 목을 매어 자살하고 말았다. 신해는 영왕을 장사지내고 자신의 두 딸을 순장하였다. 결국 기질이 왕위를 차지하였으니 그가 곧 평왕(平王)이다.

평왕은 민심을 수습하기 위하여 영왕이 멸망시킨 진나라와 채나라를 다시 재건하였다. 평왕은 태자인 건(建)의 배필을 진(秦)나라에서 맞아들이기 위해 비무기(費無棄)를 진나라에 보냈는데 태자비가 무척 아름다웠다. 그는 초나라로 돌아와 먼저 평왕을 만나 군주께서 그녀를 취하시고 태자비는 따로 주선하기를 부추겼다. 춘추시대에 전혀 없지 않은 사례였다. 평왕은 비무기가 부추긴 대로 그녀를 취하여 진(珍)을 낳았다. 이로 인하여 평왕과 비무기는 태자와 점점 소원해지고 말았다. 오사(伍奢)는 태자의 태부(太傅)였고, 비무기는 태자의 소부(少傅)였다. 그래서 비무기는 오사와 태자를 함께 미워하여 평왕에게 참소를 하곤 했다. 결국 태자 건은 소문을 듣고 송나라를 거쳐 정나라로 달아났고 오사는 맏아들 오상(伍尚)과 함께 평왕에 의해 처형되고 말았다. 이때부터 초나라는 오나라의 잦은 도전을 받아 영(郢)을 옮기기도 하고 다시 성을 쌓기도 하였다.

평왕이 재위 13년 만에 죽고 진(珍)이 왕위를 승계하니 그가 소왕(昭王)이다. 당시 초나라 사람들은 모두 비무기를 싫어하였다. 백비(伯嚭)는 할아버지 백주리(伯州犁)가 일찍이 영왕에게 죽임을 당한 것에 원한을 품고 오나라로 망명을 가 있었고, 오사의 둘째아들 오자서(伍子胥)는 아버지와 형이 평왕에게 죽임을 당한 것을 원망하여 역시 오나라에 망명을 가 있었다. 오나라가 초나라를 자주 공격한 배경에는 그런 사정들이 작용했던 것이다. 초나라는 결국 비무기를 죽였고 백성들은 그러한 조치를 기뻐했다.

그러나 소왕 10년 합려(闔閭)가 이끄는 오나라는 오자서, 백비와 함께 군사를 이끌고 초나라의 심장부 영(郢)으로까지 들어왔다. 이 소식은 중원에 큰 충격을 주었고 영원한 강자는 없다는 새로운 인식을 안겨주었다.

소왕 12년 밀고 밀리던 초나라는 영도(郢都)를 버리고 약(都)으로 도읍을 옮겼다. 소왕은 선대의 영왕이나 평왕과는 달리 가혹한 짓을 하지 않았을 뿐 아니라 속이 깊은 사람이었기 때문에 그런대로 민심을 얻고 있었다. 그는 죽음에 임박하자 자신의 형에게 왕위를 물려주고자 하였으나 형들이 잇달아 사양함으로써 결국 월나라 여자가 낳은 아들 자장(子章)을 데려와 왕위를 승계시켰다. 그가 곧 혜왕(惠王)이다.

혜왕 2년 되던 해 영윤 자서는 정나라에서 반역을 꾀하다 잡혀 죽은 태자 건(建)의 아들 승(勝)을 데려와 오나라와의 국경지역에 살게 하며 백공(白公)으로 삼았다. 백공은 아버지의 원수를 갚으려고 자서에게 정나라를 칠 것을 요구했다. 그때 정세가 바뀌어 오히려 진(晉)나라가 정나라를 치게 되니 초나라는 어쩔 수 없이 정나라를 구원할 수밖에 없게 되었다. 화가 난 백공은 자신을 데려와 보호해주고 있는 자서를 죽이고야 말겠다고 선언했다. 그는 그만큼 단순하고 직선적인 인물이었다. 결국 백공은 자서와 자기(子期)를 죽이고 혜왕을 체포하여 협박하였다. 소위 '백공의 난'이었다. 다행히 이 난은 논어에도 등장하는 저 유명한 섭공(葉公)에 의해 진압되었고, 혜왕은 다시 왕좌를 되찾아 초나라의 위세를 떨쳐나갔다. 이후 초나라는 진(陳)나라를 완전히 멸망시켰다. 후에 숙적 오나라는 월나라에 의해 멸망(BC 473)되었고 초나라는 채나라, 기나라 등 유서 깊은 나라들을 가차 없이 멸망시키는 등 전국 초기 강대국의 행보를 유감없이 이어나갔다.

```
                                            ┌ ⑯蚡冒(~BC ?)
鬻熊 …… ①熊繹(周成王時) …… ⑥熊渠(~BC 828)┤
                                            └ ⑰武王(~BC 699)─
                                              (熊通)
```

```
─ ⑱文王(~BC 677)┬ ⑲莊敖(~BC 672)
                └ ⑳成王(~BC 626) ─ ㉑穆王(~BC 614) ─ ㉒莊王(~BC 591)─
```

```
─ ㉓共王(~BC 560) ─ ㉔康王(~BC 545)┬ ㉕郟敖(~BC 541)
                                  ├ ㉖靈王(~BC 529)
                                  └ ㉗平王(~BC 516) ─ ㉘昭王(~BC 489)─
```

```
─ ㉙惠王(~BC 432) ── 생략
```

초나라 관련 논어 단편(2개)

18/5

초나라의 미치광이 접여(接輿)가 노래를 부르며 공자의 옆을 지나가면서 말했다.

"봉이여! 봉이여! 어찌 그리 덕이 쇠하였느뇨. 지나간 것은 간할 수 없지만 올 것은 그래도 좇을 수 있으리니. 아서라. 아서. 지금 정치에 종사하는 자들은 위태로워라."

공자께서 내리셔서 그와 이야기하려 하셨으나 뛰어 달아나 피하므로
이야기를 나누지 못하셨다.

楚狂接輿歌而過孔子曰;鳳兮鳳兮,何德之衰!往者不可諫,來者猶可追.已
而已而,今之從政者殆而.孔子下,欲與之言,趨而辟之,不得與之言.

18/9

악사장 지(摯)는 제나라로 갔다. 아반 간(干)은 초나라로 갔고 삼반 요
(繚)는 채나라로 갔으며 사반 결(缺)은 진(秦)나라로 갔다. 북을 치던 방
숙(方叔)은 황하(黃河) 유역으로 들어갔고 소고를 흔들던 무(武)는 한수
(漢水) 유역으로 들어갔으며 부악사장 양(陽)과 경(磬)을 치던 양(襄)은
바다 쪽으로 갔다.

大師摯適齊.亞飯干適楚.三飯繚適蔡.四飯缺適秦.鼓方叔入於河.播鼗
武入於漢.少師陽擊磬襄入於海.

영윤자문 令尹子文

영윤(令尹)은 초나라의 벼슬 명칭으로 훗날의 재상(宰相)과 비슷한 직위다. 영
윤이었던 자문(子文)은 직책과 시호에 따라 영윤자문(令尹子文)으로 통칭되지
만 그의 성은 미(芈), 씨는 투(鬪)로서 본명은 투곡어토(鬪穀於菟)였다. 다소 생
소하게 느껴지는 이 이름은 그가 모든 문물과 제도가 북방 제후국들과는 다

른 초나라의 사람이었다는 데에서 비롯되고 있다. 그의 이름과 출생에 관해서는 다소 전설적인 이야기 하나가 『좌전』 선공 4년조에 전해지고 있다.

영윤자문의 할아버지인 약오(若敖)는 일찍이 운(鄖)나라에서 부인을 맞이하여 투백비(鬪伯比)를 낳았다. 투백비는 아버지가 죽고 나서 어머니를 따라 운나라에서 자랐다. 후에 투백비는 운나라의 공녀(公女)와 간음을 하여 아들을 낳았다. 운나라 군주의 부인이 이 사실을 알고 그 아이를 몽(夢)이라는 곳에 버리게 하였다. 후에 운나라 군주가 공교롭게도 몽 지역에 사냥을 나갔다가 범이 그 아이에게 젖을 먹이고 있는 것을 보고 놀라서 돌아와 부인에게 말해주었다. 그러자 부인은 두려워서 그 아이를 도로 데려갔다. 그리고 자신의 딸을 투백비의 처로 삼게 하여 그 아이를 키우게 했다. 초나라에서는 젖(乳)을 곡(穀) 또는 누(穀)라 하고, 범을 오도 또는 어토(於菟)라고 하여 아이의 이름을 투곡어토(鬪穀於菟)라고 지었다. 이 아이가 자라 영윤이 되었으니 곧 영윤자문이다. 구약성서에 등장하는 모세 설화와의 유사성을 엿볼 수 있다는 점에서 흥미롭다.

영윤자문이 처음 『좌전』에 등장하는 것은 초성왕(楚成王) 8년, 기원전 664년이다. 기록은 그가 초나라의 영윤이 되었다는 것, 그리고 자신의 가재를 털어 초나라의 재정적 어려움을 해소시켰다는 것이다. 이 단순한 사실만 보아도 확실히 그는 좀 특이한 사람이었다. 이후 그의 이름은 간헐적으로 등장하지만 크게 중요한 사안들은 아니었다. 또 다시 의미 있는 기록은 초성왕 35년에 다시 나오는데, 그가 영윤이 된 지 27년 후였다. 그 해 초나라의 성득신(成得臣)은 군사를 거느리고 진(陳)나라를 쳤다. 진나라가 송나라와 내통하는 것에 대한 응징이었다. 성득신은 이 전투에서 진나라의 초(焦) 땅과 이(夷) 땅을 빼앗고 돈(頓)에 성을 쌓았다. 자문은 그와 관련하여 성득신의 공이 크기 때문에 합당한 상을 주어야 한다면서 자신의 직위인 영윤을 그에게 내어주었다. 대부 숙백(叔伯)이 "어쩌려고 영윤을 내어주느냐?"고 하자 그는 "나를 써서 나라를 편안하게 하기 위한 것이오. 무릇 큰 공을 세우고도 귀한 직위를 주지 않으면 마음이 편안할 사람이 몇이나 되겠소?" 하였다. 이 또한 사재를 털어 부족한 나라 재정을 도운 것만큼이나 특이하고 남다른 접근이 아닐 수 없다.

이어서 초성왕 39년에는 성왕이 송나라를 포위하기 위해 군사훈련을 자문과 자옥(子玉)에게 맡겼다. 자옥은 4년 전 자문이 자신의 직위를 내어주어 가며 영윤에 앉힌 성득신의 자(字)였다. 자문은 군사를 훈련시킴에 있어 아침식사 전에 마치는가 하면 한 명도 벌을 주지 않았다. 그런데 자옥은 해가 지고서야 마치는가 하면 일곱 명에게 채찍질을 하고 세 사람에게는 화살로 귀를 뚫는 벌을 내렸다.

나라의 원로들이 다 자문을 축하하여, 자문이 그들에게 술을 대접하였는데 유독 아직 나이가 젊은 위가(蔿賈)만이 늦게 와서 축하도 하지 않았다. 자문이 그 이유를 물으니 위가는 이렇게 말하였다. "무엇을 축하해야 하는지 모르겠습니다. 자옥에게 영윤의 자리까지 내어줘서 백성을 다스리게 했는데 그 결과가 나라를 망치는 것이라면 그것이 어찌 축하할 일이겠습니까? 자옥은 너무 강퍅하고 예의가 없어 백성을 다스릴 수 없습니다. 그가 전쟁을 수행한다면 나라로 무사히 돌아올 수 없을 것입니다. 그가 무사히 돌아온 뒤에 축하를 하더라도 어찌 늦다하겠습니까?"

과연 이듬해 저 유명한 성복의 전투에서 초나라가 패하고 진(晉)나라가 이겨 진문공이 제환공에 이어 춘추시대의 두 번째 패자가 되었다. 초나라의 자옥은 전투에서 패하자 결국 자살하고 말았다.

영윤자문에 대해 자장이 하고 있는 말은 『좌전』의 기록과 반드시 일치하지 않지만 그가 벼슬을 하였다고 해서 기뻐하지 않고, 물러났다고 하여 섭섭해 하지 않은 것은 기록된 내용을 통해서도 충분히 감지되는 바가 있다.

영윤자문 관련 논어 단편(1개)

15/19

자장(子張)이 물었다.

"영윤이었던 자문(子文)은 세 번 벼슬하여 영윤이 되었으나 기뻐하는 기색이 없었고 세 번 그만두었으나 섭섭해하는 기색이 없었으며 영윤으로 있었던 동안의 정사를 반드시 신임 영윤에게 알려주었으니 그 사람됨이 어떠합니까?"

선생님께서 말씀하셨다.

"충성스럽다."

자장이 말하였다.

"어질지는 않습니까?"

선생님께서 말씀하셨다.

"모르겠다. 어떻게 어짊을 얻었겠느냐?"

(하략)

子張問曰;令尹子文三仕爲令尹,無喜色,三已之,無慍色.舊令尹之政,必以告新令尹,何如?子曰;忠矣.曰;仁矣乎?曰;未知,焉得仁?崔子弑齊君,陳文子有馬十乘,棄而違之.至於他邦,則曰;猶吾大夫崔子也,違之.之一邦,則又曰;猶吾大夫崔子也.違之,何如?子曰;淸矣.曰;仁矣乎?曰;未知,焉得仁?

섭공
葉公

섭공은 초나라 정치인으로 성은 미(芈). 씨는 심윤(沈尹), 이름은 제량(諸梁), 자는 자고(子高)였다. 심윤술(沈尹戌)의 아들이었다. 섭(葉) 지역을 영유하고 있었기 때문에 섭공(葉公) 또는 섭윤(葉尹)으로 불렸다.

초소왕(楚昭王) 25년에 초나라는 양자강을 거슬러 올라오며 도읍인 영(郢)을 위협하고 있던 오나라를 제압하기 위해 채(蔡)나라 사람들을 부함(負函), 방성(方城) 바깥사람들을 증관(繒關)에 각각 소집하여 따르지 않는 주변 민족들을 공략했다. 이때 섭공이 그 임무의 일부를 맡아 수행했는데, 이 당시에 공자는 채나라에 와 있었다. 논어 7/20의 일화와 13편 16장과 18장의 두 대화는 그때를 배경으로 한 것이 아니었을까 한다.

세 개의 관련 단편은 논어에서도 매우 돋보이는 수작들인데, 과연 이 단편을 기록으로 남긴 사람이 누구였을지 궁금하다. 어쨌든 공자와 섭공의 인연은 이때로 끝난 것 같다. 이후 두 사람이 다시 만나지는 못한 것 같다. 공자는 섭공과 만나고 나서 1~2년이 지난 기원전 489년 위나라로 가고 다시 남방으로 간 적이 없으니 만날 수 없었을 것이다.

섭공은 10여 년이 더 지난 후 기원전 479년에 다시 모습을 보이는데 그때까지 채나라에 있었던 것으로 보인다. 그 해는 공자가 세상을 떠나던 해였다. 섭공은 공자가 세상을 뜨고 두 달이 더 지난 그 해 6월 다시 역사의 무대에 등장한다.

초혜왕(楚惠王)의 태자 건(建)이 진(晉)나라에 가서 정나라를 치는 무모한 계획을 꾸미다가 정나라에 들켜 처형되자 초나라의 영윤 자서는 오나라에 가 있던 건의 아들 승(勝)을 다시 국내로 불러들이려 했다. 그때 섭공이 승은 사람됨이 삿되고 반골 기질이 있어 불러들이지 않는 것이 좋겠다고 했지만 자서는 그가 의외로 신의가 있다며 굳이 불러들여 백(白) 고을의 지방장관을 시켰다. 백공(白公) 승은 아버지를 죽인 정나라를 칠 것을 자서에게 요구하였다. 자서는 반대하다가 거듭되는 백공의 요구에 마지못해 허락하였지만 마침 진(晉)나라가 정나라를 치니 오히려 정나라를 도와주었다. 백공은 화가 치밀어 "원수는 가까운 곳에 있었다"며 자서를 죽일 계획을 세웠다. 그리고 그 해 7월 군사를 이끌고 조정에 난입하여 영윤 자서와 사마(司馬) 자기(子期)를 죽이고 혜왕을 붙잡아 협박하였다. 소위 '백공의 난'이 일어난 것이다.

사태가 심각해지자 나라 사람들은 결국 섭공을 찾아가 백공의 난을 다스려줄 것을 요구하였다. 섭공은 민심의 동향을 살피다가 결국 영(郢)으로 군사를 이끌고 가서 궁으로 진격해갔다. 북문(北門)에 이르니 누군가가 외치기를 "당신은 왜 투구를 쓰지 않으셨습니까? 나라 사람들이 당신을 부모처럼 믿고 바라보는데 행여 역도들에게 해라도 입으면 우리는 누구를 믿고 따르란 말입니까?" 하였다. 그래서 섭공은 투구를 쓰고 전진했다. 그러다가 또 누군가를 만났는데 외치기를 "당신은 어찌 투구를 쓰셨습니까? 나라 사람들이 당신을 보게 되면 이제 살았구나 할 텐데 얼굴을 볼 수 없으면 백성들은 어찌 한단 말입니까?" 하였다. 그래서 섭공은 다시 투구를 벗고 전진하였다. 도중에 섭공은 백공을 도우러 가는 잠(箴) 고을 장관 고(固)의 무리를 만나 그들을 불러 세운 다음 백공의 잘못을 열거하며 바른 선택을 할 것을 설득하여 결국 고를 자기편으로 끌어들였다. 백공 승은 사세가 기울었음을 깨닫고 산으로 달아나 목을 매어 죽었다.

사태를 평정한 섭공은 영윤과 사마의 직을 스스로 겸직하다가 나중에는 자서의 아들 영(寧)을 영윤으로 삼고 자기의 아들 관(觀)을 사마로 삼은 다음 자신은 다시 섭(葉)으로 은퇴하였다. 섭공의 이런 남다른 행동의 배경에는 10여 년 전에 있었던 공자와의 만남이 모종의 계기로 작용하였을 가능성도 없지 않다.

섭공 관련 논어 단편(3개)

7/20

섭공(葉公)이 자로에게 공자에 관해 물었으나 자로는 대답하지 못했다. 이를 두고 선생님께서 말씀하셨다.

"너는 왜 그의 사람됨이 발분하면 먹는 것을 잊고 즐거움으로써 근심을 잊으며 장차 늙음이 오리라는 것도 모르고 있는 사람이라고 말하지 않았느냐?"

葉公問孔子於子路,子路不對.子曰;女奚不曰,其爲人也,發憤忘食,樂以忘憂,不知老之將至云爾.

13/16

섭공(葉公)이 정치에 대해 묻자 선생님께서 말씀하셨다.

"가까이 있는 자는 기뻐하고 멀리 있는 자는 오는 것입니다."

葉公問政.子曰;近者說,遠者來.

13/18

섭공(葉公)이 공자께 말했다.

"우리 무리에 행실이 곧은 자가 있는데 그 아비가 양을 훔치자 자식이 그것에 대해 증언을 했습니다."

공자께서 말씀하셨다.

"우리 무리의 곧은 자는 그와 다릅니다. 아비는 자식을 위해 숨겨주고 자식은 아비를 위해 숨겨주니 곧음이 그 가운데에 있습니다."

葉公語孔子曰;吾黨有直躬者,其父攘羊而子證之.孔子曰;吾黨之直者異
於是.父爲子隱,子爲父隱,直在其中矣.

초광접여 楚狂接輿

초광접여는 초나라의 미치광이 접여(接興)라는 뜻으로 실존 인물인지 가공 인물인지조차 알려지지 않았다. 그가 등장하는 최초의 문헌이 논어이니만큼『장자(莊子)』인간세(人間世) 편이나『고사전(高士傳)』에 나오는 이야기는 모두 논어 단편에서 부연된 이야기로 보인다. 따라서 그가 초소왕(楚昭王) 때의 사람으로 육통(陸通)이라는 성명을 가지고 있다든가 하는 것은 참고할 것이 못 된다. 이미 공자가 구축한 세계관이나 인간관이 뿌리째 흔들리기 시작한 전국시대의 한가운데에서 형성된 새로운 노장적 인간의 초기 형태로 보이는 만큼 공자의 일반적 인간관에서는 크게 멀어져 있다.

초광접여 관련 논어 단편(1개)

18/5
초나라의 미치광이 접여(接興)가 노래를 부르며 공자 옆을 지나가면서 말했다.

"봉이여! 봉이여! 어찌 그리 덕이 쇠하였느뇨. 지나간 것은 간할 수 없지만 올 것은 그래도 좇을 수 있으리니. 아서라. 아서. 지금 정치에 종사하는 자들은 위태로워라."

공자께서 내리셔서 그와 이야기하려 하셨으나 뛰어 달아나 피하므로 이야기를 나누지 못하셨다.

楚狂接輿歌而過孔子曰;鳳兮鳳兮,何德之衰!往者不可諫,來者猶可追.已而已而,今之從政者殆而.孔子下,欲與之言,趨而辟之,不得與之言.

장저 長沮, 걸익 桀溺

장저와 걸익은 은인일사(隱人逸士)의 한 유형으로 공자와 연관하여 창조된 인물로 보인다. 따라서 논어에 등장하는 초광접여(楚狂接輿)처럼 유가적 인간상을 바야흐로 넘어서는 새로운 인간 유형으로, 전국시대의 막다른 상황에서 그 시대를 헤쳐 나갈 도피적 가치관을 전형적으로 보여준다.

마지막 공자의 말은 장저와 걸익의 가치관에 동의하지 않는 공문의 가치관을 간신히 옹호는 하고 있지만 거기에서 어떤 적극성도 엿볼 수 없다는 점이 안타깝다.

장저, 걸익 관련 논어 단편(1개)

18/6

장저(長沮)와 걸익(桀溺)이 나란히 밭을 갈고 있었는데 공자께서 그 앞을 지나가시다가 자로(子路)로 하여금 나루터를 물어보게 하셨다. 장저가 말했다. "저기 수레를 잡고 있는 자는 누구요?"

자로가 말했다. "공구(孔丘)라는 분입니다."

장저가 말했다. "저자가 노나라의 공구란 말이오?"

자로가 말했다. "그렇습니다."

장저가 말했다. "저자는 나루터를 알고 있소."

걸익에게 물으니 걸익이 말했다. "당신은 누구요?"

자로가 말했다. "중유(仲由)라 합니다."

걸익이 말했다. "그러면 노나라 공구의 문도(門徒)요?"

자로가 대답했다. "그렇습니다."

걸익이 말했다. "도도히 흐르는 물처럼 천하가 다 이러하니 누가 그 흐름을 바꾸겠소? 당신도 사람을 피하는 선비를 따르기보다 차라리 세상을 피하는 선비를 따르는 것이 어떻겠소?"

그들은 고무래질을 그치지 않았다. 자로가 가서 있었던 일을 고하니 선생님께서 쓸쓸히 말씀하셨다.

"새나 짐승과는 함께 무리지어 살 수 없으니 내가 이 사람들 속에 섞여 살지 않는다면 무엇과 함께 살겠느냐? 천하에 도가 있다면 나도 굳이 바꾸려 들지 않을 것이다."

長沮桀溺耦而耕,孔子過之,使子路問津焉.長沮曰;夫執輿者爲誰?子路

曰;爲孔丘.曰;是魯孔丘與?曰;是也.曰;是知津矣.問於桀溺.桀溺曰;子爲
誰?曰;爲仲由.曰;是魯孔丘之徒與?對曰;然.曰;滔滔者天下皆是也.而誰
以易之?且而與其從辟人之士也,豈若從辟世之士哉?耰而不輟.子路行以
告.夫子憮然曰;鳥獸不可與同群,吾非斯人之徒與而誰與?天下有道,丘不
與易也.

10

기타

오_吳나라

오(吳)나라는 춘추시대 주요 제후국 중에서 다소 특이한 국가였다. 이 나라는 춘추시대 말기에 갑자기 역사의 무대에 등장한 나라였지만 노나라, 제나라, 진나라 등 그 어떤 나라보다 더 오랜 역사를 가지고 있었다. 다시 말해서 오나라의 건국 시조는 다름 아닌 주나라의 건설자 무왕(武王)의 두 큰할아버지들이었다. 이른바 태백(太伯)과 중옹(仲雍)으로, 이들은 무왕의 할아버지 계력(季歷)의 형들이었다. 아우 계력에게 기회를 주어 결과적으로 조카 창(昌, 文王)에게 역사의 대업이 이어지도록 배려한 이 두 형들의 결심은 주나라를 떠나 멀리 남만(南蠻) 땅으로 달아나 만족(蠻族)의 일원이 되는 것이었다. 그들은 몸에 문신을 새기고 머리를 잘라 주나라와 영원한 결별을 선언하였다.

형 태백이 그를 따르는 1천여 호의 백성들을 모아 나라 이름을 구오(勾吳)라 하고 임금 노릇을 하다가 후사 없이 죽은 뒤 동생 중옹이 대를 이었다. 국호도 오(吳)로 바꾸었다고 한다. 그 점에서 오나라는 진(晉)나라, 노나라 등과 같은 희(姬) 성의 국가였다. 그렇다면 오나라의 건국 연도는 대략 기원전 1,100년 정도가 될 것이다. 그러나 태백, 중옹의 전설 이후 오나라 왕 수몽(壽夢, BC 585~BC 561)이 등장할 때까지 공식적인 역사 기록은 18대에 이르는 세계 외에는 거의 없다. 다만 『좌전』 민공(閔公) 1년(BC 661)에 진(晉)나라의 대부 사위(士蔿)는 태자 신생(申生)의 장래를 우려하면서 그 옛날 남만지역으로 달아나 해결책을 마련했던 오태백(吳太伯)을 예로 들고 있다. 그것을 보면 당시에도 태백의 전설은 모든 제후국들 사이에 널리 알려져 있었던 것이 틀림없어 보인다. 또 기원전 488년 오나라의 태재(太宰) 비(嚭)와 공자의 제자 자공이 까마득한 옛날 중옹이 머리카락을 자르고 문신을 하였으며 벗은 몸에 장식품까지 걸었던 것을 당연한 사실(史實)로 전제하고 대화하는 것을 관찰할 수 있다. 이는 오나라의 건국 전설이 그냥 전설만이 아니었음을 시사하고 있다.

『춘추』에 오나라가 처음 등장하는 것도 성공(成公) 6년으로 기원전 585년이다. "오나라가 담(郯)나라를 쳤다"는 기사와 "오나라가 주래(州來)로 쳐들어 갔다"는 두 기사인데, 그 해는 바로 수몽(壽夢)이 오나라의 군주가 되던 해였다. 담나라를 친 기사에 노나라의 계문자가 "오랑캐 나라가 중원을 침입해도 어느 나라 하나 돕는 나라가 없다"는 한탄이 따라붙어 있다. 당시까지만 해도 오나라는 현재의 상해(上海) 부근의 야만스런 부족국가로서 동주(東周) 시대가 시작되고도 거의 2세기 가까이 세월이 흐른, 거의 공자가 태어날 무렵이 다 된 춘추말기였다.

그때 진(晉)나라의 대부 무신(巫申)이 군주 경공(景公)에게 오나라에 사신으로 가기를 희망하였고 경공이 이를 허락하였다. 오나라 군주 수몽이 이를 듣고 기뻐하였고 한다. 무신은 원래 초나라의 대부였으나 자반(子反) 등과 사이가 나빠져 결국 진(晉)나라로 옮겨갔다고 하는데 거기서 오나라 방문을 지원하여 초나라에 보복하려 했던 것이다. 무신은 오나라에 많은 숫자의 전차와 함께 전차 타는 법을 가르쳐주고 진법(陣法)도 전수해주는 등 오나라의 군사력을 키워 주었다.

무신의 도움으로 오나라는 급격히 군사강국이 되었다. 수몽 원년에 오나라는 이미 대국 초나라를 치는가 하면 『좌전』의 기록에 의하면 초나라를 섬기던 남만의 여러 나라들이 모두 오나라의 통제 하에 들어가게 되었다 한다. 오나라는 단숨에 중원 제후국들 사이에 알려지게 되었고, 군주 수몽도 그 명성을 떨치게 되었다. 불과 9년 후인 기원전 576년, 노나라는 오나라와 공식적인 외교 회담을 가지기도 했다. 남만 지역의 야만국 오나라로서는 크게 모습을 일신한 셈이었다.

수몽은 25년간 재위하면서 오나라를 명실상부한 신흥강국으로 부상시켜

놓고 기원전 561년 세상을 떠났다. 이어지는 이야기는 수몽의 뒤를 잇는 후계자 문제인데, 특이하게도 다른 나라와 달리 후계 경쟁의 문제가 아니라 그 반대로 후계 사양과 관련된 매우 차원 높은 문제였다. 수몽은 넷째아들 계찰(季札)이 현명하고 능력이 있다며 그에게 왕위를 물려주려 했다. 그러나 계찰은 왕이 되기를 극구 사양하였고, 결국 왕위는 맏아들인 제번(諸樊)에게 돌아갔다. 제번도 13년 만에 죽고 계찰이 또 사양하자 이번에는 둘째아들 여제(餘祭)가 이어받았다.

계찰은 왕이 되는 대신 현인(賢人)이 되었다. 여제 4년 되던 해(BC 544)에 오나라는 계찰을 노나라, 제나라, 정나라, 진나라에 사신으로 파견하였다. 특히 노나라에 간 계찰은 각국의 음악을 요청하여 듣고 일일이 그에 대한 비평을 하였다. 『좌전』 양공 29년조에 남아 있는 이 길고 상세한 음악비평은 그 탁월한 안목과 예언자적 감수성으로 유명하다. 제나라를 방문하여서는 안평중에게 제나라의 권력이 장차 강(姜)씨에게서 떠나 전(田, 陳)씨의 수중으로 돌아갈 것을 예언하기도 하고, 진(晉)나라에 가서는 권력이 장차 조(趙), 위(魏), 한(韓) 세 성씨의 수중으로 돌아갈 것을 예언하기도 하였다. 만약 그것이 정말 그 나라를 관찰한 통찰력에서 나온 것이라면 정말 놀랄 만한 예지력이라 할 것이다.

계찰은 그 후 연릉(延陵), 주래(州來) 등으로 옮겨가며 살았기 때문에 연릉계자(延陵季子), 연주래계자(延州來季子) 등으로 불렸는데, 그가 어느 나라를 예방한다고 하면 각국은 예의를 잃지 않기 위해 매우 전전긍긍하였다고 한다. 계찰은 노애공 10년에도 살아 활동하는 모습을 보여주고 있는 등 대략 90세 이상을 산 것으로 추정된다. 그는 진(晉)나라의 숙향(叔向), 정나라의 자산(子産), 제나라의 안영(晏嬰) 등 춘추시대의 대표적인 현인들과도 만나 많은 대화와 조언을 남겼다. 그러나 계찰이 노나라에 왔을 때 공자는 불과 여덟 살의 어린아이였기 때문에 만남은 있을 수 없었다.

여제가 재위 17년 만에 죽고 다시 그 동생 여말(餘昧)이 왕위에 올랐다. 여말은 재위 4년 만에 세상을 떠나 더 이상 왕위를 사양할 형들마저 없었지만 계찰은 여전히 사양하여 오나라는 할 수 없이 여말의 아들 요(僚)를 옹립하였다. 그때부터 가장 먼저 왕이 되었던 첫째 제번(諸樊)의 아들 광(光)이 "계찰이 왕이 되지 않겠다면 그다음 차례는 내가 되는 것이 마땅하다"는 소리를 하기 시작했다.

이때 역시 초나라에서 오자서(伍子胥)가 자신의 아버지 오사(伍奢)와 형 오상(伍尙)이 초평왕(楚平王)과 간신 비무극(費無極)에 의해 죽임을 당한 것에 원한을 품고 오나라로 망명을 와서 광(光)을 섬겼다. 오자서는 광의 야심을 알고 자객 전설제(鱄設諸)를 그에게 소개해주었다. 광과 전설제는 지하실에서 연회를 베풀고 오왕 요를 초빙하였다. 연회는 삼엄한 경비 속에서 베풀어졌다. 자객 전설제는 생선요리의 뱃속에 칼을 감추고 요의 바로 앞까지 접근하여 그를 찔러죽였다. 전설제 역시 피살되었다. 요를 죽인 광은 스스로 군주의 자리에 올랐으니(BC 515) 그가 바로 오왕 합려(闔廬)다.

합려는 공을 세운 오자서에게 행인(行人)의 직위를 부여하였다. 또 초나라의 백비(伯嚭)는 할아버지 백주리(伯州犁)가 영왕에게 죽임을 당하자 역시 오나라로 망명을 와서 대부가 되었다. 합려는 오자서와 손무(孫武)의 보필을 받아 국력을 신장시키는 한편 합려 10년에 초나라의 수도 영(郢)을 점령(BC 506)하고 오자서와 백비로 하여금 죽은 초평왕(楚平王)의 시체를 파내어 뼈가 으스러지도록 채찍질을 가하도록 하였다. 말하자면 남방의 강대국 초나라가 오나라의 기세에 급격히 눌리는 변혁기를 맞이하게 된 것이다. 그리고 나라에 야심가들이 몰리는 등 중원에는 어느새 춘추시대의 분위기가 사라지고 전국시대적 요소가 물씬 풍기기 시작하였다. 돌이켜보면 기원전 479년이던 애공 16년 공자가 세상을 떠났고, 그 해에 노나라의 저 거대한 역사 기록 『춘추』도 저 도도한 장정(長程)을 마쳤다.

이 변혁기는 초나라와 오나라 사이에서만 일어난 것이 아니라 오나라의 남쪽에서 흥기한 월(越)나라까지 이어졌다. 오나라의 합려는 초나라의 수도 영을 점령하여 거기에 머무르느라 상대적으로 오나라의 수도가 비게 되었다. 그 틈을 타 아래쪽의 월나라가 오나라를 공격하였다. 오나라는 맞서 싸웠지만 엄한 군율을 앞세운 구천(句踐)의 또 다른 신흥강국 월나라를 이길 수 없었다. 그 싸움에서 오왕 합려는 발가락을 다친 것이 계기가 되어 결국 죽고 말았다.

합려의 아들 부차(夫差)는 왕이 되면서 초나라에서 망명 온 백비(伯嚭)를 태재(太宰)로 삼았다. 그런데 왕이 된 부차는 그 해 원년부터 월나라로 쳐들어 갔다. 월왕 구천(句踐)은 부차에게 당신의 신하라도 되겠다며 무조건 항복하는 강화안을 내놓자 부차는 오자서의 완강한 반대에도 불구하고 태재 비(嚭)의 조언을 받아들여 강화에 동의하고 군대를 철수시키고 말았다.

오나라는 월나라를 멸망시키는 대신 제경공(齊景公)이 죽자 제나라를 공격하기도 하고 진(晉)나라 군주를 만나러 가는 데에 노애공(魯哀公)을 대동하여 위세를 과시하기도 했다. 한마디로 오나라는 자신들이 새로운 패자(覇者)인 것처럼 군림하려 하였고, 실제 가장 대표적이고 항열 높은 희(姬) 성 국가임을 강하게 내세웠다. 오자서는 부차의 이런 허세를 경고하고 월나라야말로 가장 위험한 대상임을 강조하다가 결국 부차의 미움을 받아 자결을 명받게 되었다. 오자서는 죽음에 임박하여 "내 눈을 뽑아서 동문에 걸어 월나라가 오나라를 멸망시키러 오는 것을 보게 해달라"고 한 맺힌 유언을 남기고 죽었다.

실제 월왕 구천은 오왕 부차의 비위만 맞추다가 이른바 와신상담 후 오나라를 한순간에 정벌하여 멸망시키고 말았다. 한때 부차가 자신을 너그럽게 대하고 강화를 체결해주었다 하여 그도 부차에게 100호의 민가를 거느리고 살 수 있게 허용하였지만 부차는 오자서의 조언을 무시한 것을 후회하며 자결함으로써 기원전 473년, 113년에 걸친 오나라의 짧은 역사는 종막을 고하고 말았다.

```
┌─①太伯
└─②仲雍 ┈┈┈ ⑱壽夢(BC 586~561) ┬─ ⑲諸樊(BC 561~548) ── ㉓闔廬(~BC 495) ──㉔夫差(~BC 471)
                                │                                        (光)
                                │
                                ├─ ⑳餘祭(~BC 531)
                                │
                                ├─ ㉑餘眛(~BC 527) ── ㉒僚(~BC 515)
                                │
                                └─  季札
```

오나라 관련 논어 단편(1개)

7/33

진(陳)나라의 사패가 물었다.

"소공(昭公)께서는 예를 아셨습니까?"

공자께서 말씀하셨다.

"예를 아셨습니다."

공자께서 물러나시자 (사패가) 무마기(巫馬期)[1]에게 읍하며 나아와 말했다.

"내가 듣기로 군자는 제 무리에 치우치지 않는다고 했는데 군자도 역시 제 무리에 치우칩니까? 임금께서는 오(吳)나라로부터 부인을 취하

---

1) 무마기(巫馬期)는 공자의 제자다. 성은 무마(巫馬), 이름은 시(施), 자는 자기(子期). 공자보다 30세 연하였다. 노나라 사람이라고도 하고 진(陳)나라 사람이라고도 한다.

섰는데 같은 성씨인지라 오맹자(吳孟子)라고 불렀습니다. 임금께서 예를 아셨다면 누군들 예를 모르겠습니까?'

무마기가 이를 말씀드리니 선생님께서 말씀하셨다.

"나는 다행이다. 조금만 잘못이 있어도 반드시 사람들이 그것을 아니!"

陳司敗問;昭公知禮乎?孔子曰;知禮.孔子退,揖巫馬期而進之曰;吾聞君子不黨,君子亦黨乎?君取於吳,爲同姓謂之吳孟子.君而知禮,孰不知禮?巫馬期以告.子曰;丘也幸,苟有過,人必知之.

태재 太宰

태재는 송(宋)나라 혹은 초(楚)나라, 오(吳)나라에만 있던 벼슬 이름으로 훗날의 재상(宰相)에 상응하는 직책이다. 그러나 초나라의 경우 영윤(令尹)보다는 아래였다.

논어 9/6에 등장하여 자공과 대화하는 태재는 오나라의 태재 비(嚭)다. 성은 백(伯), 이름은 비(嚭)로 백비(伯嚭) 또는 백희(帛喜, 白喜)로 불렀다. 자는 자여(子餘)였다. 그는 오나라의 태재이지만 원래 그의 증조부 백종(伯宗)은 진(晉)나라의 대부였다. 그러나 바른 말하기를 좋아하는 백종은 진나라의 삼극(三郤), 곧 극기(郤錡), 극지(郤至), 극주(郤犨)의 모함을 받아 죽었고, 그의 아들 백주리(伯州犁)는 기원전 576년 초(楚)나라로 도망을 갔다. 그러나 약 60년이 지난 기원전 515년 초나라에 극완(郤宛)의 난이 일어나 극완과 함께 백주리가 죽자 그들의 편에 섰던 백씨 가문도 모두 초나라를 떠나게 되었다. 그 중 백주리의 손자였던 비(嚭)는 오나라로 가서 합려(闔閭)에 의해 오나라의 대부가 되었다가 합려의 아들 부차(夫差)가 왕이 되자 태재가 되었다.

노애공 원년, 기원전 494년, 오왕 부차가 월나라 군대를 부초(夫椒)에서 쳐서 패배를 시키고 그 기세를 몰아 월나라로 진격해 들어갔다. 그러자 월왕 구천(句踐)은 무장병 5천 명을 거느리고 회계산(會稽山)에 들어가 버티면서 대부 종(種)으로 하여금 오나라의 태재 비를 경유하여 오나라에 화평을 청하였다. 오왕 부차가 이를 수용하려 하자 오자서(伍子胥)가 나서서 옛 히나라의 역사를 예로 들며 화평을 수용했다가는 나중에 오나라 땅이 못이 될 수도 있다(吳其爲沼)며 강력히 반대하였다. 그러나 부차는 화평 요구를 수락하고 말았다. 기록은 없지만 그런 결정에 태재 비가 어떤 역할을 하였을 가능성은 충분히 있어 보인다.

기원전 488년 태재 비는 증(鄫)에서 노나라의 애공(哀公)과 회동을 가졌다. 이 회동에서 비는 애공과 함께 온 계강자(季康子)를 소환하였다. 그러나 계강자는 나가지 않고 대신 자공을 보내 응대하게 하였다. 이에 태재 비가 군주를 모시는 대부가 대문 밖으로 나오지도 않고 있다고 질책을 하였다. 자공이 그에 대해 오나라를 두려워하다 보니 그런 것이라고 간신히 변명을 하고 넘어갔다. 그러나 오나라는 또 노나라에 대해 백뢰(百牢)[2]를 요구하여 자복경백(子服景伯)이 예법에 없는 요구라고 항의하기도 하였으나 결국 힘에 밀려 백뢰를 바치기도 하였다. 이 일을 겪으면서 자복경백은 오나라는 결국 망하고 말 것이라고 예언하였다.

노애공 12년이던 기원전 483년, 오나라의 태재 비는 탁고(橐皐)에서 애공

---

2) 백뢰는 100가지 요리의 향연 등 여러 가지 설이 있는데 대개 무리한 수준의 진상(進上)을 말하지만 그 실체가 무엇인지 분명하지는 않다.

을 다시 만나 전에 맺었던 맹약을 다시 확약하는 맹약을 요구하였다. 그것은 오나라 군주 부차의 요구 사항이기도 했다. 애공은 이 맹약을 맺기 싫어하여 자공으로 하여금 "이미 맹약을 맺었는데 못 미더워 또 맺는다면 날마다 맺은들 무엇 하겠는가? 맹약을 더 굳게 할 수 있다는 것은 풀어질 수도 있다는 것을 드러내는 것밖에 안 된다"며 요구를 거절하게 하였다.

또 그 해 가을에는 위나라 군주 출공(出公)이 오나라 태재 비와 운(鄖)에서 만나 회담을 하였는데, 오나라가 위나라 군주가 묵고 있는 집의 울타리를 둘러막아 마음대로 출입도 하지 못하게 하였다. 노나라의 자복경백이 이를 보고 자공에게 태재 비를 만나 어떻게든 해결해볼 것을 권했다. 자공이 비단 한 묶음을 가지고 태재 비를 찾아가서 그런 연금이 부당할 뿐 아니라 오나라에도 도움이 될 일이 아님을 구구히 설득하여 결국 연금 상태를 풀게 하였다. 자공이 원래 위나라 출신이었고 위나라와 높은 친화관계에 있었기 때문으로 보인다.

노애공 13년에는 오나라와 진(晉)나라가 맹약을 맺음에 서로 맹주(盟主)의 지위를 다투었다. 진나라는 희성(姬姓) 제후국 중에서 자기들이 대대로 패권국이었음을 강조했고 이에 대해 오나라는 시조인 태백(太伯)이 문왕의 백부(伯父)였을 뿐 아니라 신흥 패권국임을 내세웠다. 결과는 진나라의 맹주 자격으로 돌아갔지만 중원에 새로운 질서가 요동치고 있음을 전형적으로 보여주는 것이었다. 그날 오나라는 자신들이 신흥 패권국임을 과시하기 위하여 진나라와 만나는 자리에 노나라의 애공을 속국의 군주로 대동하고 참석하려 하였다. 이에 노나라의 자복경백이 약소국 군주를 대동하고 나가는 것은 곧 진(晉)나라가 패자임을 인정하는 셈이라고 주장하여 오나라가 그 계획을 포기토록 하였다. 나중에 오나라는 그것이 자복경백의 교묘한 논리에 휘말린 것이라 생각하고 그와 수행자 여섯 사람을 체포하려 하자 자복경백은 순순히 체포당하였다. 잡혀가는 도중에 자복경백은 태재 비에게 "노나라에 곧 하늘과 선왕에게 지내는 제사가 있는데 그 제사에 제가 참석하지 못하게 되면 제사장은 어쩔 수 없이 신명께 제가 오나라에 잡혀갔음을 고하게 됩니다. 또 노나라가 공경스럽지 못하다 하여 우리처럼 별 볼일 없는 일곱 명을 잡아갔지만 그것이 노나라에게 무슨 손해가 되겠습니까?" 하였다. 그러자 태재 비는 오왕 부차에게 "저 사람들을 잡아가 보아야 노나라에게는 손해될 것이 없고 우리에게도 자랑스러울 것이 없으니 돌려보내는 것이 나을 것 같습니다" 하였다. 결국 오나라는 자복경백과 여섯 사람을 돌려보내었다.

후에 오왕 부차는 송나라를 쳐서 군주를 죽이고 그 부인을 가두고 싶어 하였다. 태재 비가 부차에게 "송나라를 이길 수는 있지만 그들을 직접 통치할 수는 없습니다" 하였다. 이에 오나라는 돌아갔고 월나라와는 화평을 맺었다.

애공 15년 여름에 오나라가 초나라의 군사 공격을 받게 되자 진(陳)나라는 공손정자(公孫貞子)를 오나라에 보내어 위문케 하였다. 그런데 가는 도중에 불행히도 세상을 떠나고 말았다. 일행이 그의 시신을 모시고 오나라의 도읍에 들어가려 하자 오왕 부차는 태재 비를 시켜 시신의 입성을 정중히 거절토록 하였다. 이에 일행의 부사(副使)였던 개(蓋)가 죽은 사람을 산 사람처럼 받드는 예의와 그간의 관례를 들어 조목조목 따지자 결국 입성을 허락하였다.

그 후 노애공 22년, 기원전 473년에 월나라가 드디어 오나라를 멸망시켰다. 월왕 구천의 이른바 와신상담(臥薪嘗膽)이 오월간의 길고 치열한 싸움을 승리로 이끈 것이었다. 월나라가 오나라를 멸망시킨 후 월나라는 오왕 부차에게 용동(甬東)에 거주하여 살 수 있도록 배려하였으나 부차는 "이미 늙은데다 내가 어떻게 월왕을 섬길 수 있겠는가?" 하고 목을 매어 자살하였다. 기록된 바는 없지만 태재 비는 이때 월나라에게 회유되어 벼슬을 받은 것으로 추정된다. 왜냐하면 오나라가 멸망하고 2년 뒤인 노애공 24년, 기원전 471년에 태재 비는 월나라에 거주하고 있었는데, 노나라의 계강자로부터 노애공과 월나라 태자 녹영(鹿郢)이 가까워지는 것을 막아달라는 부탁을 받고 실제로 그렇게 했다는 기록을 볼 수 있기 때문이다. 그 후 태재 비가 어떻게 되었는지 또 언제 죽었는지 기록이 남아 있지 않다.

전체 기록을 볼 때 태재 비는 초나라에서 조부 백주리를 잃고 오나라로 망명을 간 이후 비교적 성심껏 오왕 합려와 그의 아들 부차를 섬겼던 것으로 보인다. 주목할 만한 것은 태재 비는 노나라의 자복경백은 물론 자공과도 대화가 잘 되었던 것 같고, 그 둘의 주장과 설명을 비교적 잘 받아들였다는 것이다. 이는 논어 9/6에서 보는 바와 같이 그가 공자라는 인물에 비상한 관심을 가지고 질문하고 있는 것과도 일맥상통하는 것이었다.

태재 관련 논어 단편(1개)

9/6

태재(太宰)가 자공에게 물었다.

"선생께서는 성자이신가요? 그렇다면 어떻게 그리 다능하실 수 있습니까?"

자공이 말했다.

"진실로 하늘이 장차 성자로 세우실 분이고 또 다능하신 분입니다."

선생님께서 그것을 들으시고 말씀하셨다.

"태재가 나를 아는구나! 나는 젊어서 미천하였기에 보잘것없는 일들에 다능하지만 군자야 다능하겠는가? 다능하지 않다."

노(牢)가 말했다.

"선생님께서 '나는 쓰이지 않았기 때문에 예(藝)에 능하게 되었다'고 말씀하셨다."

大宰問於子貢曰;夫子聖者與?何其多能也?子貢曰;固天縱之將聖, 又多能
也.子聞之曰;大宰知我乎!吾少也賤, 故多能鄙事.君子多乎哉?不多也.牢
曰;子云,吾不試, 故藝.

계찰 季札
연주래계자(延州來季子)

계찰은 논어에는 등장하지 않는다. 그러나 춘추시대에 등장하는 매우 특이
한 인물로 공자와 비교되는 바가 많기도 하기 때문에 살펴볼 필요가 있다.

계찰은 오나라를 중흥시킨 제18대 군주 수몽(壽夢, BC 586~BC 561)의 네 아
들 중 막내아들이었다. 수몽이 세상을 떠날 때 군주의 지위를 계찰에게 넘
겨주도록 유언을 하였지만 그가 극구 사양하여 결국 맏아들인 제번(諸樊, BC
561~BC 548)에게 군주 자리가 넘어가고 말았다. 그러나 제번이 죽고 나서 다
시 기회가 왔지만 이번에도 계찰은 둘째형 여제(餘祭)에게 사양하였다. 그러
나 여제도 17년 재위 후 죽자 계찰은 또다시 사양하여 결국 마지막 셋째형 여
말(餘昧, ~BC 527)에게 넘어갔다. 여말이 4년 만에 죽자 왕위는 다시 여말의
아들 요(僚, ~BC 515)에게 넘어갔다.

　말하자면 계찰은 단지 권력을 승계 받지 않는 사양이 목적이 아니라 권력

을 적극 거부하고 현자의 삶을 사는 것이 목적이었던 셈이다. 둘째형 여제가 왕으로 있던 때인 기원전 544년 오나라는 계찰을 각국에 사신으로 파견하여 여제가 군주가 되었음을 알리고 각국의 군주를 예방하였다. 이때 노나라의 숙손목자(叔孫穆子)를 만났을 때의 두 사람이 나눈 이야기가 남아 있다.

오나라의 공자 찰(札)이 노나라를 예방해와서 숙손목자(叔孫穆子)를 만나 기뻐하고 그에게 말하기를 "당신은 제대로 죽지 못할 것입니다. 선을 좋아하면서도 사람을 잘 택하지 못하십니다. 내 듣건데 군자는 임무가 사람을 잘 택하는 데에 있다 합니다. 당신께서는 노나라의 가장 높은 경이 되어 나라의 큰 정치를 도맡고 있는데 사람을 천거함에 신중히 하지 않는다면 어찌 그 역할을 감당하시겠습니까? 그 화가 반드시 당신에게 미칠 것입니다."[3]

그리고 이때의 예방기록에는 각국의 정치에 대한 통찰과 앞으로의 예언을 담고 있는데, 특히 노나라에 들렀을 때는 각국의 음악을 상세히 듣고 그에 대한 계찰의 감식(鑑識)을 구체적으로 담고 있다. 그 자세한 『좌전』의 내용은 다음과 같다.

그는 주나라의 음악을 들을 수 있도록 요청하였다. 그러자 악공을 시켜 주남(周南)과 소남(召南)을 노래하게 하였더니 듣고 말하기를 "아름답습니다. 비로소 그 기틀이 잡히던 모습이로군요. 아직은 미진함이 엿보입니다. 그러나 열심히 힘쓰고 남을 원망하지 않는군요." 이어서 패풍(邶風)과 용풍(鄘風)과 위풍(衛風)을 노래하게 하였더니 듣고 말하였다. "아름답습니다. 깊어서 걱정은 하지만 마음을 상하게 하지는 않습니다. 제가 듣기로는 위나라의 강숙(康叔)과 무

---

3) 숙손목자에게 들려주는 계찰의 이 말은 필시 숙손목자의 괴이한 아들 우(牛)의 괴이한 행적을 말하는 것으로 보인다.('숙손목자' 조항 참조)

공(武公)의 덕이 이러하였다 합니다. 이것이 바로 위풍(衛風)이로군요." 그를 위하여 왕풍(王風)을 노래하게 하였더니 듣고 "아름답습니다. 생각은 하지만 두려워하지는 않는군요. 도읍을 동쪽으로 옮긴 이후의 노래가 아닌가 합니다" 하였다. 그를 위하여 정풍(鄭風)을 노래하게 하였더니 듣고 말하기를 "아름답습니다. 그 섬세함이 너무 심하군요. 백성들이 감당하지 못할 것입니다. 정나라는 다른 나라보다 먼저 망할 것입니다" 하였다. 이어서 제풍(齊風)을 노래하게 하였더니 듣고 말하기를 "아름답습니다. 깊고 넓습니다. 거대한 풍도가 엿보입니다. 동쪽 바다의 기상이 드러나는 바 태공(太公)이 바로 그이겠시요. 나라는 가히 가늠할 수도 없군요" 하였다. 그를 위하여 다시 빈풍(豳風)을 노래하게 하니 듣고 말하기를 "아름답습니다. 즐거우면서도 음란하지 않으니 이는 주공이 동방을 정벌했을 때의 노래이겠지요?" 하였다. 그를 위하여 진풍(秦風)을 노래하게 하니 듣고 말하였다. "이것이 하나라 땅의 노래라 하는 것이지요? 무릇 이런 노래를 지을 수 있으니까 크다 하였고 크니까 지극하다 하였을 것입니다. 그리고 그 곳이 주나라의 옛 땅이었을 겁니다. 다시 그를 위하여 위풍(魏風)을 노래하게 하니 듣고 말하였다. "아름답습니다. 부드럽습니다. 웅장하면서도 완곡하고 험난하면서도 가뿐하니 덕으로써 보한다면 명철한 군주가 될 것입니다." 그를 위하여 당풍(唐風)을 노래하게 하니 듣고 말하였다. "생각이 깊으십니다. 도당씨(陶唐氏), 곧 요 임금의 후손들의 노래로군요. 그렇지 않다면 어찌 그 근심이 이렇게 깊고 멀 수가 있겠습니까? 아름다운 덕의 영향이 아니라면 누가 이러할 수 있겠습니까? 그를 위하여 다시 진풍(陳風)을 노래하게 하니 듣고 말했다. "나라에 주인이 없으니 어찌 나라가 오래 갈 수가 있으리오?" 이어서 회풍(鄶風) 이하의 민요도 노래하게 하였으나 계찰은 평을 하지 않았다. 이어서 그를 위해 소아(小雅)를 노래하게 하였더니 듣고 말하기를 "아름답습니다. 생각함에 두 마음이 없고 원망함에 말이 없었습니다. 주나라의 덕이 쇠약해져가던 때의 노래이겠지요. 그러나 안에는 역시 옛날의 어진 임금이 가르치신 백성의 미풍이 남아 있을 것입니다" 하였다. 그를 위하여 이번에는 대아(大雅)를 노래하게 하니 듣고 말하기를 "넓습니다. 완곡하면서도 곧음이 분명히 있으니 그것이 바로 문왕의 덕이 아니겠습니까?" 하였다. 그를 위하여 이번에는 송(頌)을 노래하게 하였더니 듣고 말하기를 "지극하군요. 곧으면서도 거만하지 않고 완곡하면서도 비굴하지 않고 친근하면서도 거리를 유지하고 먼 듯 하면서도 떨어지지 않고 옮는다 하더라도 배어들지는 않고, 되풀이해도 싫증내지 않으며, 슬퍼하면서도 비통해하지는 않으며, 즐거워하면서도 황음에 빠지지는 않으며, 쓰되 탕진하지 않으며 널리 알리면서도 퍼트리지 않으며, 베풀면서도 퍼주지는 않으며, 취(取)하면서도 탐내지는 않으며, 처(處)하면서도 안주하지는 않으며, 행하더라도 휩쓸리지는 않으며 다섯 음이 조화를 이루고 여덟 악기 소리가 고르며 음절에는 절도가 있고 분수에는 차례가 있어 성한 덕이 한결같은 바입니다" 했다. 다음에는 문왕의 덕을 상징하는 상소(象箾)와 남약(南籥)의 무악을 보고 말하기를 "아름답습니다. 그러나 오히려 문왕께서는 유감의 마음을 지니셨던 것 같습니다" 하였다. 이어서 무왕의 음악인 대무를 춤추는 것을 보고 말하기를 "아름답습니다. 주나라의 성함이 이와 같도다" 했다. 은나라 탕왕의 음악인 소호(韶濩)를 춤추는 것을 보고 말하기를 "성인의 홍덕이로구나. 그러나 오히려 부끄러운 덕이 있으니 성인이 되기란 어렵구나" 했다. 하나라 우의 음악인 대하를 춤추는 것을 보고서 말하기를 "아름답습니다. 힘쓰면서도 덕으로 여기지 아니하니 말입니다. 우임금이 아니면 누가 이런 덕을 닦을 것인가요" 했다. 순 임금의 음악인 소소(韶箾)를 춤추는 것을 보고 말하기를 "덕이 지극합니다. 그 위대함은 하늘이 하나의 물건이라도 가리어주지 아니함이 없고 땅이 하나의 물건이라도 실어주지 않은 것이 없는 것 같습니다. 비록 매우 성대한 덕일지라도 이보다 나은 것이 없군요. 더 이상 보기를 그만두겠습니다. 다른 음악이 있더라도 나는 감히 청하지 않을 것입니다"라고 했다.[4]

오나라의 계찰이 예방차 나온 것은 새 군주가 즉위했다는 것을 알리기 위한 것이었다. 그래서 곧 제나라를 예방했는데 제나라의 안평중을 만나 기뻐하고 그에게 말하기를 "당신은 빨리 하사받은 읍과 관직을 반납하시오. 읍도 관직도 없어야 환란을 피할 수 있게 됩니다. 제나라의 정치는 돌아갈 곳이 있기 때문에 돌아갈 곳으로 가기 전까지는 환란이 그치지 않을 것입니다" 하였다. 그래서 안평중은 진환자를 통하여 관직과 읍을 반납했다. 그 탓에 그는 난씨와 고씨의 난(欒高之難)에서 화를 면했다.

정나라를 예방하여서는 자산을 만나 마치 전부터 잘 아는 사이처럼 대했다. 그에게 비단 띠를 선사하자 자산은 모시옷을 선물로 주었다. 계찰은 자산에게 이렇게 말했다. "정나라의 정권을 잡고 있는 자가 사치하여 정란이 곧 닥칠 것입니다. 그러면 정치의 기회가 당신에게 올 것입니다. 당신이 정권을 잡게 되면 예로써 신중히 하시오. 그렇지 않으면 정나라는 반드시 패망할 것입니다."

이어서 위(衛)나라로 가서는 거원(蘧瑗), 사구(史狗), 사추(史鰌), 공자형(公子荊), 공숙발(公叔發), 공자조(公子朝)를 만나 좋아하고 "위나라에는 군자가 많으니 걱정이 없겠소이다" 하였다. 이어서 위나라에서 진(晉)나라로 가기 위

---

4) 請觀於周樂. 使工爲之歌周南召南, 曰:「美哉!始基之矣, 猶未也, 然勤而不怨矣.」爲之歌邶鄘衛, 曰:「美哉淵乎!憂而不困者也. 吾聞衛康叔武公之德如是, 是其衛風乎!」爲之歌王, 曰:「美哉!思而不懼, 其周之東乎!」爲之歌鄭, 曰:「美哉!其細已甚, 民弗堪也. 是其先亡乎!」爲之歌齊, 曰:「美哉, 泱泱乎!大風也哉!表東海者, 其大公乎!國未可量也.」爲之歌豳, 曰:「美哉, 蕩乎!樂而不淫, 其周公之東乎!」爲之歌秦, 曰:「此之謂夏聲. 夫能夏則大, 大之至也, 其周之舊乎!」爲之歌魏, 曰:「美哉, 渢渢乎!大而婉, 險而易行, 以德輔此, 則明主也.」爲之歌唐, 曰:「思深哉!其有陶唐氏之遺民乎!不然, 何憂之遠也?非令德之後, 誰能若是?」爲之歌陳, 曰:「國無主, 其能久乎!」自鄶以下無譏焉. 爲之歌小雅, 曰:「美哉!思而不貳, 怨而不言, 其周德之衰乎!猶有先王之遺民焉.」爲之歌大雅, 曰:「廣哉, 熙熙乎!曲而有直體, 其文王之德乎!」爲之歌頌, 曰:「至矣哉!直而不倨, 曲而不屈, 邇而不偪, 遠而不攜, 遷而不淫, 復而不厭, 哀而不愁, 樂而不荒, 用而不匱, 廣而不宣, 施而不費, 取而不貪, 處而不底, 行而不流. 五聲和, 八風平. 節有度, 守有序, 盛德之所同也.」見舞象箾南籥者, 曰:「美哉!猶有憾.」見舞大武者, 曰:「美哉!周之盛也, 其若此乎!」見舞韶濩者, 曰:「聖人之弘也, 而猶有慙德, 聖人之難也.」見舞大夏者, 曰:「美哉!勤而不德, 非禹, 其誰能修之?」見舞韶箾者, 曰:「德至矣哉, 大矣!如天之無不幬也, 如地之無不載也. 雖甚盛德, 其蔑以加於此矣, 觀止矣. 若有他樂, 吾不敢請已.」

해 곧 척(戚)에 머무르려 하던 중에 악기 종소리를 듣고 말했다. "기이하도다. 내가 듣기로 말을 잘 하고 덕이 없으면 반드시 형벌을 받게 된다고 했는데 손임보(孫林父)는 군주에게 죄를 짓고 여기에 와 있는 사람으로 두려워하는 것만으로는 안 될 텐데 하물며 무슨 음악인가? 그것은 마치 제비가 군 막사 지붕에 집을 짓는 것과 같소이다" 하였다. 그리고 유숙하지 않고 그냥 떠났다. 그 후 손문자는 이 말을 전해 듣고 평생 악기 소리를 듣지 않았다.

계찰은 진(晉)나라로 가서 조문자(趙文子), 한선자(韓宣子), 위헌자(魏獻子)를 만나 좋아하고 말하기를 "진나라는 결국 이 세 씨족의 수중으로 돌아갈 것입니다" 하였다. 또 숙향(叔向)을 만나보고 좋아하며 또 떠날 즈음에 그에게 일러 말하기를 "그대는 처신에 힘쓰시오. 군주는 사치하고 대부들은 많고 또 다들 부유합니다. 또 정치는 다들 그들에게 가 있습니다. 당신은 곧은 것을 좋아하니 반드시 환란을 면할 것을 생각하시기 바랍니다" 하였다.

세간에는 계찰괘검(季札掛劍)이라는 제목으로 그와 관련한 일화 하나가 널리 알려져 있다. 계찰이 각국을 예방하러 떠나던 초기에 서(徐)나라에 들렀을 때 그 임금(徐君)이 계찰이 가지고 있던 보검(寶劍)을 좋아했다고 한다. 그래서 그 검을 임금에게 주려 하였으나 각국을 예방하자면 검을 소지할 필요가 있어서 예방을 마치고 귀국하는 길에 주려했다고 한다. 그러나 돌아가는 길에 들렀을 때 서군은 이미 죽은 후였다. 계찰은 근처 나무에 그 보검을 걸어놓고 오나라로 떠났다. 측근이 계찰에게 "서군은 이미 죽었는데 그 보검은 누구에게 주는 것입니까?" 하니 계찰은 "나는 이미 그에게 주기로 결정했는데 그가 죽었다고 해서 뜻을 바꿀 수 있겠는가?" 하였다는 것이다. 이것은 『사기』「오태백세가(吳太伯世家)」에 들어 있는 일화로 훗날 『사기』 편찬 때 포함된 것으로 보이는데, 사실(史實)로 보이지는 않는다. 다만 계찰의 현인으로서의 무욕을 잘 반영하고 있는 일화가 아닐까 한다.

월越나라

월나라도 논어에는 등장하지 않는다. 그러나 춘추시대 말기 월나라는 오나
라와 더불어 제후국들 사이에 등장하여 많은 변화를 초래하면서 전국시대
를 견인하고 있어 알아볼 필요가 있다.

월나라가 『좌전』에 처음 등장하는 것은 선공(宣公) 8년조니까 기원전 601년
이다. 따라서 그때까지는 전혀 중요한 나라로 취급되지도 않았고 심지어 제
대로 알려지지도 않았던 셈이다. 또 그 해의 기록도 기껏 남방의 대국 초(楚)
나라가 이제 겨우 움직이기 시작하는 오(吳)나라, 월나라와 강역(疆域) 문제를
획정하는 사소한 것이었으니 그때서야 비로소 두 나라는 나라로서 꿈틀거리
기 시작했던 것으로 보인다.

그러나 월나라도 원래는 그 옛날 하(夏)나라의 6대 제왕이던 소강(小康)의
서자(庶子)가 회계(會稽) 땅에 봉해지면서 우(禹) 임금의 제사를 모셨고, 몸에
는 문신을 하는가 하면 머리를 짧게 잘랐다는 점에서 문화적으로는 중원의
다른 나라들과 크게 달랐을 뿐 아니라 오히려 같은 남만문화(南蠻文化)로서
오나라와 유사점이 많았다.

노정공(魯定公) 14년이던 기원전 496년, 오나라가 월나라를 쳤다. 월나라
군주 구천은 오나라 군사를 막아내기 위하여 추리(檇李)에 진을 쳤다. 구천은
결사대를 구성하여 두 번이나 오나라를 공격하였으나 요동이 없었다. 그래서
세 번째로 죄인들을 세 줄로 세워 각자 목에 칼을 차고 있다가 각자의 죄를 자
복하여 크게 외친 후 칼을 풀어 자결하였다. 오나라 군사는 이 기괴한 모습을
보고 정신이 하나도 없었고, 이때를 틈타 월나라 군사가 기습 공격을 하여 오

나라 군사를 대패시켰다. 엄밀하게 말한다면 아무리 군사행동이라지만 월나라의 행동은 극도로 야만스런 행동이 아닐 수 없었다. 어쨌든 이 전투에서 월나라의 영고부(靈姑浮)가 창으로 오나라 왕 합려를 쳐서 합려는 엄지발가락에 부상을 입었고 신발도 빼앗겼다. 후에 합려는 결국 그 부상으로 죽었는데 합려의 아들 부차는 궁정의 출입처에 사람을 세워놓고 자신이 궁정을 출입할 때마다 "부차야, 너는 월나라 왕이 너의 아버지를 죽인 것을 잊었느냐" 하고 외치게 하고 스스로 "아닙니다. 제가 어찌 감히 잊겠습니까" 했다. 부차는 그렇게 한 지 3년 만에 월나라에 보복을 가했다. 오나라 왕 부차가 월나라 군사를 부초(夫椒)에서 쳐부수었는데 그것은 추리에서 있었던 싸움의 보복이었다.(BC 494)

월나라를 쳐부순 오나라는 무장병 5천 명을 거느리고 회계산으로 들어가 지키면서 대부 종(種)으로 하여금 오나라의 태재 비를 통해 오나라와 화평을 체결하려 하였다. 월왕 구천이 화평에 응하려 하자 오자서가 극력 반대하면서 월왕 구천은 사람을 잘 다스리기 때문에 그냥 두었다가는 언젠간 우리 오나라가 월나라의 못(沼)이 되고 말 것입니다 하였다. 그러나 월왕 구천은 오자서의 말을 듣지 않고 오나라와의 화평을 체결하고 말았다.

애공 22년이던 기원전 473년 겨울 11월 정묘날에, 월나라가 오나라를 최종 멸망시켰다. 월나라는 오왕 부차에게 용동(甬東)에서 살 수 있도록 조치하여 주었지만 부차는 "내가 이 처지에 어떻게 월왕을 섬기며 살 수 있겠는가?" 하며 목을 매어 죽었다. 그러자 월나라 사람들은 오왕의 시체를 가지고 돌아갔다. 또 『사기』 「월왕구천세가(越王句踐世家)」는 구천이 부차를 장사지내고 태재 백비는 주살하였다고 기록하고 있다.

애공 23년이던 기원전 472년 8월에 노나라의 숙청(叔青)이 월나라에 갔는데 월나라에 사신이 가는 것은 처음 있는 일이었다. 이어서 월나라의 제앙(諸鞅)이 노나라를 예방했는데 그것은 숙청의 예방에 대한 답방이었다.

애공 24년이던 기원전 471년, 윤달에 애공이 월나라에 가서 태자인 녹영(鹿郢)과 친하게 되었다. 녹영이 애공에게 자기 딸을 주고 많은 땅도 주려 하자 공손유산(公孫有山)씨가 노나라로 사람을 보내 그 사실을 계손씨에게 알렸다. 그 소식을 들은 계손씨는 애공이 월나라의 힘을 빌어 자신을 칠까 두려워 태재 비에게 그것을 막아주기를 부탁하고 뇌물을 주었다. 그래서 그런 일은 중단되었다고 기록되어 있다. 그러나 애공 16년(BC 479) 이후의 이런 작은 사건들은 더 이상 『춘추』나 그와 관련된 『좌전』에 기록되어 있지도 않고, 『춘추』와 무관한 단독 『좌전』의 기록으로만 남아 있다. 따라서 이미 망한 오나라의 태재였던 비가 어떻게 계손씨의 뇌물을 받고 일정한 역할을 할 수 있었는지도 해명이 되지 않는다.

월나라 세계

—— 無餘(?~?) —— 無壬(?~?) —— 無瞫(?~BC 565) —— 夫譚(~BC 538) —— 允常(~BC 497) ——

—— 勾踐(~BC 465) —— 鹿郢(鼫与,~BC 459) —— 不壽(~BC 449) —— 朱勾(翁,~BC 410) —— 이하 생략

진秦나라

진나라는 오제시대의 한 사람인 전욱(顓頊), 곧 고양씨(高陽氏)의 후예라고도 하고, 소호씨(少昊氏)의 후예라고도 한다. 후에 순 임금이 그들에게 영(嬴) 성

을 하사하였다. 역사적으로 알려진 그들의 주된 활동 무대는 서융(西戎) 지역이었다. 지금의 산서성(山西省)을 토대로 은말에는 주왕(紂王)을 섬기고 주초(周初)에는 성왕(成王)을 섬기기도 했던 것 같다. 주목왕(周穆王) 때에는 목왕의 총애를 받던 조보(造父)라는 자가 공을 세워 왕으로부터 조성(趙城)을 하사받기도 하였는데, 그로 인하여 조보의 후손은 조씨(趙氏)가 되었다. 후에 진(晋)나라의 명문가가 되었다가 나중에 조(趙)나라를 세운 이 가문은 그래서 성이 진(秦)나라와 같은 영(嬴) 성이었다.

기원전 10세기 무렵 주효왕(周孝王) 때 조보의 후손 비자(非子)가 말을 잘 사육하고 관리하자 그에게 진(秦) 땅을 봉읍으로 나누어주고 영씨의 제사를 잇게 하는 한편 주나라의 부용국으로 삼았다. 비자의 후손으로 진중(秦仲)이 군주로 있을 때 여왕(厲王)이 무도하여 제후들과 서융이 함께 주나라 왕실에 반기를 들었다. 주선왕(周宣王)이 즉위하자 그는 진중을 대부로 삼아 서융을 토벌하였다. 진중은 재위 23년에 서융 땅에서 목숨을 잃었다. 주선왕은 죽은 진중의 다섯 아들을 불러 7천 명의 군사를 주고 서융을 무찌르게 하였고, 그들은 성공적으로 서융을 물리쳤다.

진양공(秦襄公) 7년 되던 해 주나라의 유왕(幽王)이 포사(褒姒)를 좋아하여 원래 태자를 폐하고 그녀가 낳은 아들 백복(伯服)을 태자로 삼았다. 포사의 웃는 모습을 보기 위해 제후의 군사를 소집하는 거짓 봉화를 올려 제후들로부터 신뢰를 잃은 유왕은 기원전 771년 급기야 견융(犬戎)과 신후(申侯)의 거센 연합공격을 받고 여산(酈山) 아래에서 죽었다.

원래의 태자이자 신후의 외손자였던 의구(宜臼)가 왕이 되니 그가 곧 평왕(平王)이다. 평왕은 파괴와 약탈로 폐허가 된 호경(鎬京)을 떠나 기원전 770년 드디어 낙읍(洛邑)으로 천도를 감행하였다. 이 낙읍 천도는 주나라 역사를 서주시대와 동주시대로 나누는 분기점이 될 만큼 큰 역사적 계기였다. 이때 진양공(秦襄公)이 군사를 동원하여 평왕을 낙읍으로 호송하는 역사적 과업을 수행하였다. 평왕은 이때 비로소 양공을 제후로 봉하고 기산(岐山)의 서쪽 땅을 하사하였다. 그리고 "서융이 우리 기산과 풍(豊)읍을 침탈하였으니 만약 진나라가 그들을 물리친다면 그 땅을 소유하게 할 것이다" 하고 약속하였다. 진나라는 이때에야 처음으로 제후국이 되는 한편 다른 제후국들과 사절을 교환하였다. 진나라가 주나라의 동천을 지원한 것은 서융과 크게 다르지 않게 인식되던 진(秦)나라를 중화권(中華圈)에 편입시키는 역사적인 계기가 되었다.

진문공(秦文公) 13년이던 기원전 753년, 진나라는 처음으로 사관을 두어 역사를 기록하기 시작했다. 망실되지 않고 잘 보존되었다면 노나라의 『춘추좌씨전』보다 더 유서 깊은 사서로 남았을 것이다. 기원전 750년에는 서융을 토벌하고 지난 싸움에서 포로가 되었던 주나라 유민들을 수습하여 진나라의 백성으로 삼았다.

문공이 죽고 그의 손자가 군주의 자리를 이어받으니 그가 곧 영공(寧公)이다. 영공 2년 그는 평양(平陽)으로 옮겨가 살았다. 이후 진나라는 주변의 융족들을 토벌하는 등 나라의 영향력을 확대하였는데 그 과정에서 군주에 대한 시해도 있었고(出子, BC 698), 군주의 단명(德公, BC 676)도 있었지만 국세는 비교적 순탄하게 이어졌던 것 같다. 특히 덕공(德公) 원년에는 지금의 협서성(陝西省) 봉상현(鳳翔縣)에 해당하는 옹(雍)으로 도읍을 옮긴 것이 좋은 계기가 되었다. 그러나 진나라의 국운은 무엇보다 제9대 목공(穆公, BC 660~BC 621)이라는 걸출한 군주를 만나면서 크게 뻗어가게 되었다.

진목공은 군주가 되자, 일찍이 우(虞)나라의 대부로 있다가 우나라가 멸망한 후 초나라에 잡혀 있던 백리해(百里奚)가 현명하다는 것을 알고 70세가 넘은 그를 검은 염소 가죽 다섯 장의 몸값으로 데려와 신하로 삼았다. 비싼 몸값을 제시하면 오히려 눈치를 채고 거절할까 해서 일부러 싼 값을 제시하였다 한다. 그리하여 백리해는 오고대부(五羖大夫)라는 별명으로 불리기도 하였다. 또 목공은 백리해가 추천하는 그의 친구 건숙(蹇叔)도 후한 예물을 갖추어 맞아들여 상대부(上大夫)로 삼았다.

목공 12년에 진(晉)나라가 가뭄이 들자 진(秦)나라에 식량 원조를 요청하였다. 일부에서 이런 호기를 이용하여 진(晉)나라를 정벌하자고 하였지만 백리해와 공손지(公孫支)가 "풍년과 기근은 번갈아 일어나니 원조하지 않을 수 없습니다" 하여 원조를 하였다. 그러나 2년 후 이번에는 진(秦)나라에서 기근이 발생하여 진(晉)나라에 원조를 요청했다. 그러나 진혜공(晉惠公) 이오(夷吾)는 원조는커녕 기회가 왔다며 진(秦)나라를 공격하였다.

결국 두 나라가 맞붙어 싸우다가 진목공이 부상을 당하고 위기에 몰렸다. 그때 300여 명의 백성들이 나서서 목공을 필사적으로 구출하였고, 오히려 진혜공을 사로잡았다. 이 백성들은 일찍이 목공의 말을 훔쳐 먹다가 붙잡혀 처벌을 받게 되었을 때 목공이 "사람이 짐승 때문에 처벌을 받는다는 것은 안될 일이다" 하면서 모두 사면시켜주었던 사람들이었다. 목공은 포로로 붙잡은 진혜공 이오를 제물 삼아 상제에게 제사를 올리겠다고 선포하였다. 그러자 주나라 양왕(襄王)이 진혜공은 우리와 같은 희(姬)씨라며 사면을 요청했다. 목공은 요청을 받아들여 이오를 풀어주는 대신 혜공의 아들 어(圉)를 인질로 잡아두었다.

이후 진(晉)나라로 돌아간 혜공이 병이 들자 인질로 잡혀 있던 어는 군주가 되기 위해 진나라로 몰래 도망을 갔다. 진혜공이 죽자 진(秦)나라는 도망간 어에 대한 보복을 겸하여 중이(重耳)를 맞아들여 극진히 예우하는 한편 그를 귀국시키기 위하여 진(晉)나라의 대신들과 협의하여 호송 작전을 전개하였다. 중이는 성공적으로 진나라로 건너가 갓 군주로 추대된 어(懷公)를 죽이고 진나라의 군주가 되었다. 장차 춘추오패의 두 번째 패자가 될 진문공(晉文公)으로, 그는 천신만고 끝에 62세의 나이로 군주가 되었다.

진목공은 이렇게 진문공의 등극을 적극적으로 지원하였을 뿐 아니라 기원전 636년에는 왕실에서 발생한 반란 사건에 진문공과 함께 개입하여 반란을 일으킨 주양왕(周襄王)의 동생 대(帶)를 죽이고 난을 피해 달아났던 양왕을 안전하게 귀국시키기도 하였다. 또 진문공을 두 번째 패자로 만든 저 성복(城濮)의 전투에도 참여하여 문공을 도와 초(楚)나라를 무찔렀다. 이렇게 그는 진(晉)나라의 문공을 돕고 지원하는 폭넓은 행보를 보여 그 자신도 춘추오패의 세 번째 패자로 일컬어졌다.

그러나 기원전 628년 진문공이 죽고 나서 목공은 호전적인 성향을 보였다. 그는 백리해와 건숙의 반대를 무릅쓰고 정나라를 공격하는 무리수를 두었다. 더구나 출병하는 세 명의 장수 중 맹명시(孟明視)와 서걸술(西乞術)은 각각 백리해와 건숙의 아들이었다. 그래서 출병하던 날 두 노인은 아들을 다시 보지 못할 것이라 여기고 통곡하였으나 목공은 출병을 강행하였다. 처음에 진나라 군사는 진(晉)나라의 활읍(滑邑)을 멸망시키는 등 파죽지세로 치고 나갔으나 결국 효산(殽山)에서 가로막혀 세 장수를 포함한 모든 군사들이 포로로 잡히고 말았다. 그렇지만 죽은 문공의 부인은 진(秦)나라 여자였다. 그녀는 항복한 세 장수를 진목공에게 돌려보내면 패전의 책임을 물어 삶아죽일 것이라며 그들은 진(秦)나라로 송환시키도록 하였다. 목공이 어떻게 책임을 물을지 알았기 때문이었다. 목공은 송환된 이들을 맞으면서 "내가 백리해와 건숙의 말을 듣지 않아 그대들에게 이런 굴욕을 안겼으니 그대들에게 무슨 죄가 있겠소?" 하고 그들을 원직에 복귀시키고 더욱 후대하였다.

그 후 목공은 서융의 책사(策士)인 요여(繇余, 혹은 由余)가 성인에 가까운 독특한 안목으로 나라를 잘 다스리는 것을 보고 그를 융왕(戎王)과 교묘하게 이간질하여 진나라로 데려왔다. 그리고 그를 이용하여 거꾸로 서융을 토벌함으로써 12개 나라를 정벌하고 천리의 땅을 개척하여 마침내 서융의 넓은 지역을 모두 차지하였다. 39년의 재위를 끝으로 죽음을 맞은 목공은 177명[5]이

---

5) 진목공이 순장시킨 사람들이 177명이라는 기록은 사마천의 『사기』「진본기(秦本紀)」에 나오며 그보다

나 되는 사람들을 자신의 무덤에 순장토록 하였다. 그 중에는 진나라의 대부 자차씨(子車氏)의 세 아들 엄식(奄息), 중행(仲行), 침호(鍼虎)도 포함되었다. 목공의 높은 명성에도 불구하고 이 순장은 진나라의 문화적 후진성을 여실히 보여주는 것이었다. 사람들은 그가 많은 명성을 남겼지만 이 순장으로 패자가 될 수 없는 오명을 남겼다고 아쉬워했다. 실제 이 무리한 순장으로 인하여 진나라는 당분간 더 이상 황하를 넘어 동쪽으로 영지를 넓혀갈 수 없었다.

목공은 자식이 40명이나 있었는데 그 중에서 앵(罃)이 계승하여 군주가 되니 그가 바로 강공(康公)이다. 강공이 12년, 다시 공공(共公)이 5년, 환공(桓公)이 27년, 경공(景公)이 40년을 재위하는 동안 진나라는 큰 변화를 보이지 않았다. 다만 그 사이에 초나라의 장왕(莊王, BC 614~BC 591)이 강해져서 역시 춘추오패의 한 명으로 일컬어질 정도가 되었다는 것뿐 진(晉)나라와 진(秦)나라 사이에서는 오랫동안 싸움이 없었다.

기원전 5세기 후반 제나라나 진(晉)나라는 눈에 띄게 군주의 권한이 약화되고 대부의 권한이 증대되어 진나라는 삼진(三晉)시대를, 제(齊)나라는 진(陳)씨의 시대를, 노(魯)나라도 삼환(三桓)의 시대를 각각 열어가는 것을 분명히 엿볼 수 있게 되었다. 그에 비하면 진(秦)나라는 이들 핵심 제후국들과 달리 대부들이 전횡하는 시대를 맞지는 않았으니 이것이 어쩌면 훗날 군주의 권한을 정점으로 새로운 통일국가를 형성할 수 있는 기반이 되었던 것인지도 모른다.

먼저 나온 『좌전』에는 자차씨의 아들 세 명을 순장하였다는 기록만 나온다. 사마천의 기록이 옳을 것으로 본다.

女脩 ─ 非子(?~BC858) ─ 秦侯(~BC848) ─ 秦仲(BC844~BC822) ─ 莊公(~BC778) ─

── ①襄公(~BC766) ─ ②文公(~BC716) ─ 太子靜公(~BC718) ─ ③寧公(~BC704) ─

┌ ⑤武公(~BC678) ─ ⑦宣公(~BC664)
├ ⑥德公(~BC676) ─ ⑧成公(~BC660)
└ ④出子(~BC698) ─ ⑨穆公(~BC621) ─ ⑩康公(~BC609) ─ ⑪公共(~BC604) ─

── ⑫桓公(~BC577) ─ ⑬景公(~BC537) ─ ⑭哀公(~BC501) ─ 太子夷公 ──

── ⑮惠公(~BC491) ─ ⑯悼公(~BC477) ─ ⑰厲共公(~BC443) ─ 생략

진(秦)나라 관련 논어 단편(1개)

18/9

악사장 지(摯)는 제나라로 갔다. 아반 간(干)은 초나라로 갔고 삼반 요(繚)는 채나라로 갔으며 사반 결(缺)은 진(秦)나라로 갔다. 북을 치던 방숙(方叔)은 황하(黃河) 유역으로 들어갔고 소고를 흔들던 무(武)는 한수(漢水) 유역으로 들어갔으며 부악사장 양(陽)과 경(磬)을 치던 양(襄)은 바다 쪽으로 갔다.

등_騰나라

등나라는 주나라 초기 문왕(文王)의 열네 번째 아들 착숙(錯叔) 수(繡)를 봉한
나라였다. 따라서 성은 당연히 희(姬)였다. 다만 정비인 읍강(邑姜)이 낳은 아
들이 아니었기 때문에 그 처우에 약간의 차별은 있었을 것이다. 그래서 그런
지 등나라는 노나라보다 조금 아래쪽에 있는 매우 작은 나라였다. 주나라에
서는 복관의 장(卜正)을 맡았다 한다.

노양공 27년 여러 제후국들이 모여 맹약을 체결하는 자리에서 송나라는
등나라가 자기 나라의 속국이기 때문에 맹약의 주체가 될 수 없다고 명단에
서 빼달라고 하였다. 그만큼 등나라는 송나라를 섬기기도 하였지만, 때로는
노나라나 진(晉)나라에 의존하기도 하였고 제나라나 초나라의 눈치를 보기도
하였다.

노나라 소공 3년이던 기원전 539년 소주(小邾)나라의 목공(穆公)이 노나라
에 예방차 왔을 때 계무자(季武子)가 약소국이라 하여 그를 격을 낮추어 예우
하려 하였다. 그러자 숙손목숙(叔孫穆叔)이 말하기를 "그러면 안 됩니다. 조
(曹)나라나 등나라, 주(邾)나라, 소주나라 등은 우리와의 우호를 잊지 않고 있
습니다. 우리가 공경스럽게 그들을 맞이하더라도 오히려 다른 생각을 갖기

쉬운 터에 좋은 관계를 갖고 있는 나라를 소홀히 대하다니요. 더욱 공경히 대해야 할 것입니다" 하였다. 계무자는 그의 말대로 하였다. 따라서 작은 나라도 제후국인 한 함부로 대하기가 어려운 전통이 작동하고 있었다 할 수 있다.

그래서 그런지 등나라나 설나라, 주나라, 소주나라 등의 작은 나라들에 대한 기록은 분량은 적지만 다분히 형식을 존중하는 『춘추』에 자주 등장하지만 그 내용은 주로 군주의 사망, 장례, 제후국들의 회합 등과 같은 형식적 기록이 많고, 반대로 실질적인 역사 내용을 주로 담고 있는 『좌전』에는 상대적으로 관련 기록이 그리 많지 않은 특징을 엿볼 수 있다.

등나라는 전국시대에 와서 등문공(滕文公)이 맹자와 만나 이야기한 것이 많은 사람들에게 기억되는 계기가 되었다.

등나라 관련 논어 단편(1개)

14/12
선생님께서 말씀하셨다.
"맹공작(孟公綽)은 조(趙)나 위(魏)의 가로(家老)가 되기에는 충분하지만 등(滕)나라나 설(薛)나라의 대부가 될 수는 없다."
子曰;孟公綽爲趙魏老則優,不可以爲滕薛大夫.

설薛나라

설나라는 하나라 때 해중(奚仲)을 봉한 임(任) 성의 제후국으로 역사가 매우 오래된 나라였다. 기원전 712년 등(滕)나라 군주와 설나라 군주가 노나라 은공(隱公)은 찾아왔다가 저마다 상석(上席)을 다툰 적이 있었다. 이때 설나라는 등나라보다 먼저 생겨난 나라임을 들어 상석을 주장했으나 결국 노나라 은공이 나서서 설나라는 타성이지만 등나라는 주나라와 같은 희(姬) 성임을 이유로 상석을 공인하였다.

설나라도 등나라와 마찬가지로 매우 작은 나라였기 때문에 주변의 송나라, 제나라, 심지어 노나라로부터 끊임없는 간섭과 통제를 받았다. 그렇지만 오랜 역사와 건국 시조의 권위 등을 앞세워 독립국으로서의 위상과 자존심을 강하게 표출하기도 하였다.

이를테면 노나라 정공 원년이던 기원전 509년에 왕실을 돕는다는 명목으로 여러 나라들이 모여 성주(成周)에 성을 쌓을 때였다. 진(晉)나라의 위서(魏舒)가 각국의 대부들을 적천(狄泉)에 불러놓고 나라별로 역할을 분담하였는데 이때 송(宋)나라의 중기(仲幾)는 할당을 받지 않았다. 그 대신 그는 등나라와 설나라, 예(郳)나라가 송나라의 할당을 거들어야 한다고 역설하였다. 이에 설나라의 대부 재신(宰臣)이 나서서 "송나라가 이렇게 무리한 요구를 하여 우리 작은 나라들을 주(周)나라에서 떼어내어 초(楚)나라에 기울게 한다. 과연 우리는 진문공이 주도한 천토(踐土)의 맹약을 따라야 하는지 송나라의 요구를 따라야 하는지 모르겠다"고 성토하였다. 이에 중기가 여전히 송나라의 주장이 옳다고 고집하자 진(晉)나라의 사백(士伯)이 듣고 분노하여 결국 송나라의 중기를 체포하여 진나라로 데리고 간 후 처벌을 위해 주나라로 송환하였다. 작은 나라들도 나름대로 명분이 걸린 일에서만큼은 결코 호락호락하지 않았음을 보여주는 대표적 사례였다.

이런 사례를 통해서 볼 때 논어 14/12에서 공자는 설나라의 재신이 보여준 것과 같은 자존심 높은 행동을 맹공작 같은 사람은 감히 보여줄 수 없을 것임을 말했다고도 할 수 있다.

설나라 관련 논어 단편(1개)

14/12
선생님께서 말씀하셨다.
"맹공작(孟公綽)은 조(趙)나 위(魏)의 가로(家老)가 되기에는 충분하지만 등(滕)나라나 설(薛)나라의 대부가 될 수는 없다."
子曰;孟公綽爲趙魏老則優,不可以爲滕薛大夫.

기杞나라

기나라는 주나라를 건국한 무왕이 은나라를 멸망시킨 후 옛날 하나라 우(禹) 임금의 후손 동루공(東樓公)을 찾아내어 봉한 나라였다고 전해지고 있다. 그러나 고고학적 연구 성과에 따르면 은허에서 발굴된 갑골문자에 이미 기나라가 언급되고 있기 때문에 기나라는 주대에 와서 건국된 것이 아니라 은대에도 있었던 것으로 보인다. 기록상으로도 은나라를 세운 탕 임금이 하나라의 후손을 제후에 봉하였다고 한다. 공실의 성은 당연히 우 임금과 같은 사(姒)성(姓)이었다.

원래 기나라의 위치는 오늘날 하남성(河南省) 기현(杞縣) 일대인 옹구(雍丘)였다. 그러나 후에 오늘날 산동성 안구현(安丘縣) 일대인 순우(淳于)로 나라를 옮겼다. 정나라에서 멀지 않은 곳에 있던 나라가 동방의 머나먼 제나라 도읍의 턱밑까지 나라를 옮겼다는 것은 매우 이례적인 것이었다. 아무리 지배계층만의 이전이라고는 하지만 나라가 작았으니 가능한 일이었을 것이다. 이전한 거리는 당시로서는 생각하기 힘들 만큼 먼 거리였다. 후에 기나라는 회수(淮水) 영역에 사는 이족(夷族)들에게 다시 시달렸기 때문에 기원전 646년 여러 제후들의 나라가 모여 조금 더 서쪽인 연릉(緣陵)에 성을 쌓고 다시 기나라를 옮겼다. 그리고 좀 더 후에 다시 원래 지역인 순우 지역으로 옮겨가는 등 채나라만큼이나 기구한 이국 행각을 보였다.

기나라는 원래 공작(公爵)의 작위를 부여받았다가 후에 후작(侯爵)으로 강등되었다. 그러나 『좌전』의 기록을 보면 기원전 709년까지 기후(杞侯)로 호칭되다가 기원전 667년부터 돌연히 기백(杞伯)으로 낮추어 불리더니 기원전 637년에 와서는 기자(杞子)로까지 격하되었다. 그러다가 기원전 615년부터 다시 기백(杞伯)의 호칭을 되찾는 것을 볼 수 있다. 아마 공작이나 후작의 작위를 잃게 된 것은, 하나라의 높은 문화 수준을 이어받은 나라였다가 이국으로 인하여 하루아침에 먼 동방의 야만한 풍토에 떨어진 것을 반영한 것이 아니었을까 짐작된다. 실제 『좌전』 희공(僖公) 27년조에는 다음과 같은 기록이 나온다.

기나라 군주 환공(桓公)이 노나라를 찾아와 오랑캐의 예법(夷禮)을 보였다. 그래서 자작이라 낮추어 말했다. 희공(僖公)이 기나라 군주를 비하한 것은 그가 공손하지 않았기 때문이었다. … 가을에 기나라를 쳐들어간 것은 기나라 군주가 무례했음을 문책하는 뜻에서였다.[6]

이런 기록을 미루어보면 기나라는 하나라의 왕들에 대한 제사는 받들었는지 모르겠지만 지리적 여건상 이미 오래 전에 하나라의 문화에서는 멀어졌던 것 같다. 따라서 공자가 기나라의 문헌 부족을 언급한 것은 당연한 귀결이었을 것이다.

기원전 646년에 기나라는 또 다시 나라를 이전했는데, 1차 이전지였던 순우에서 다시 서쪽으로 20킬로미터 정도를 옮겨가서 오늘날 산동성 창락현(昌樂縣) 일대인 연릉에 자리를 잡았다. 이전 사유는 1차 이전 때와 비슷하지만 이번에는 회수가에 사는 이족 오랑캐의 괴롭힘에서 벗어나기 위해서였다. 이 이전을 위해 주변 제후국들은 연릉에 성을 쌓아 주었다고 『좌전』은 기록하고 있다. 기나라는 이곳 연릉에서 나라를 꾸려가다가 기원전 445년 초나라에 의해 멸망하였다.

한때 기나라의 공자 중 한 명이 제나라를 섬겨 포(鮑) 땅을 하사받고 이후 포씨(鮑氏)를 자칭했다. 그의 후손 중에서 저 유명한 포숙(鮑叔)이 배출되었다. 그는 잘 알려진 바와 같이 친구 관중(管仲)을 제나라의 환공(桓公)에게 추천하여 환공을 천하의 패자로 만들었다.

---

6) 杞桓公來朝, 用夷禮, 故曰子. 公卑杞, 杞不恭也. …秋入杞, 責無禮也.

> ### 기나라 관련 논어 단편(1개)
>
> 3/9
> 선생님께서 말씀하셨다.
> "하(夏)나라의 예를 내가 능히 말할 수는 있으나 기(杞)나라가 그 증거
> 가 되기에는 부족하다. 은(殷)나라의 예를 내가 능히 말할 수는 있으나
> 송(宋)나라가 그 증거가 되기에는 부족하다. 문헌이 부족하기 때문이
> 다. 문헌만 충분하다면 내가 능히 입증할 수 있다."
> 子曰;夏禮吾能言之,杞不足徵也.殷禮吾能言之,宋不足徵也.文獻不足故
> 也,足則吾能徵之矣.

구이 九夷

구이는 중화주의의 입장에서 사방의 오랑캐 중 동쪽에 있는 여러 오랑캐를
일컫는 말이었다. 아홉은 구체적 숫자를 의미한다기보다는 많은 부족을 통
칭하는 것으로, 흔히 구이팔만(九夷八蠻) 또는 구이백만(九夷百蠻)이라는 말로
사방의 전체 비중화족(非中華族)을 일컫기도 하였다. 『후한서(後漢書)』 동이
전(東夷傳)에 구이의 구체적 명칭이 나오는데, 견이(畎夷), 우이(于夷), 방이(方
夷), 황이(黃夷), 백이(白夷), 적이(赤夷), 현이(玄夷), 풍이(風夷), 양이(陽夷)다.
그러나 구체적으로 고증된 것이 아닌 만큼 참고할 만한 것은 아니다.

하수 河水, 한수 漢水

하 또는 하수는 오늘날 황하강(黃河)으로 불리는 강이다. 중국에서 황하는 양자강 다음으로 두 번째로 긴 강이다. 북위 35도에서 40도 사이를 서에서 동으로 흘러 발해만으로 유입되는 이 강은 일찍이 황하문명이 발생한 유서 깊은 유역을 만들어 삼황오제는 물론 하나라, 은나라, 주나라, 이른바 삼대(三代) 문명이 모두 이 유역에서 발생하고 쇠락하였다.

한수(漢水)는 한강(漢江)이라고도 하며 중국에서 가장 긴 강인 강수(江水), 곧 양자강(揚子江)의 한 지류(支流)다. 중국 화중(華中) 지방을 흐르며 무한(武漢)에서 양자강 본류에 합한다. 춘추시대에는 한수 동쪽에서 상대적으로 큰 나라가 희성(姬姓)의 수(隨)나라였으며 북진정책을 추구하는 초나라와 자주 충돌하였다.

하수, 한수 관련 논어 단편(1개)

18/9

악사장 지(摯)는 제나라로 갔다. 아반 간(干)은 초나라로 갔고 삼반 요(繚)는 채나라로 갔으며 사반 결(缺)은 진(秦)나라로 갔다. 북을 치던 방숙(方叔)은 하수(河水) 유역으로 들어갔고 소고를 흔들던 무(武)는 한수(漢水) 유역으로 들어갔으며 부악사장 양(陽)과 경(磬)을 치던 양(襄)은 바다 쪽으로 갔다.

大師摯適齊.亞飯干適楚.三飯繚適蔡.四飯缺適秦.鼓方叔入於河.播鼗武入於漢.少師陽擊磬襄入於海.

11

주(周)나라
(西周時代)

주 紂

은나라의 마지막 제왕 주(紂)의 이름은 신(辛)이었다. 그는 아버지 을제(乙帝)의 둘째아들로서 맏아들 미자(微子) 계(啓)가 있었지만, 그의 어머니가 정후(正后)였기 때문에 후계자가 되었다. 신은 천성적으로 말을 잘 하고 일처리가 빨랐으며 사리판단이 매우 기민하였다. 재주와 힘이 보통 사람보다 뛰어나 힘은 맹수와 맞붙을 만했고, 지혜는 신하의 간언을 물리칠 만했으며, 말은 자신의 잘못을 호도하기에 족했다 한다. 그래서 천하에 자기보다 잘난 사람이 없다고 보아 자신의 재능을 남에게 과시하고 싶어 했고 천하에 명성이 나기를 바랐다.

그러나 대부분의 비극적 제왕들처럼 그는 점점 술과 음식을 좋아하고 여색에 빠져들었다. 유소씨(有蘇氏)가 그에게 여자를 바쳤는데 이름이 달기(妲己)였다. 주는 달기가 좋아하는 것이라면 무엇이든지 들어주었다. 음란한 노래와 퇴폐적인 춤을 즐겼고 개와 말, 진기한 보물을 수집하였다. 넓은 궁원을 지어 야생동물과 조류를 풀어 키웠다. 또 악공들과 광대를 불러 모으는가 하면 술로 연못을 만들고 고기를 매달아 숲을 이루어놓고 그 사이에서 남녀가 벌거벗고 서로 쫓아다니게 하면서 밤이 새도록 마시고 놀았다. 주지육림(酒池肉林)이라는 말이 여기서 비롯되었다.

그의 이런 행동 때문에 백성들 사이에서 원망이 터져 나오고 급기야 등을 돌리는 제후들이 속출하였다. 그러자 그는 가혹한 형벌을 만들었는데, 그것이 바로 유명한 포락형(炮烙刑)이었다. 포격형(炮格刑)이라고도 했던 이 형벌은 기름을 칠한 기둥을 가로로 걸쳐놓고 그 위로 죄인을 걷게 하되 기둥 아래에는 불을 피워놓아 떨어지면 죄인이 타죽게 하는 형벌이었다. 이 형벌의 잔혹함은 중원에 주의 악명을 떨치는 계기가 되었던 것 같다.

당시 주에게는 삼공(三公)이 있었는데, 구후(九侯)와 악후(鄂侯) 그리고 주(周)나라의 창(昌)이었다. 구후는 미모가 뛰어난 딸을 주에게 바쳤는데 그녀가 음탕한 짓을 싫어하자 죽여버렸다. 게다가 구후마저 죽여서 포를 뜬 다음 소금에 절였다. 악후가 이를 거칠게 비난하자 그 역시 포를 떴다. 주나라의 창이 이 소식을 듣고 은밀히 한숨을 쉬자 숭후호(崇侯虎)가 이를 알고 주에게 밀고를 했다. 주는 창을 유리(羑里)에 가두었다.

그러자 창의 신하인 굉요(閎夭)의 무리가 미녀와 진기한 보물, 멋진 말을 뇌물로 바치니 주는 창을 풀어주었다. 창은 풀려나자마자 낙수(洛水) 서쪽 땅을 바치면서 포락형을 없애줄 것을 청원하자 주는 마침내 허락하였다. 이런 조치들로 인하여 민심은 자연히 서백 창에게 기울어질 수밖에 없었다. 반면 주는 비중(費中)이라는 자를 등용하였는데 그는 아첨이나 하고 이익만 탐하였고, 또 오래(惡來)라는 자도 등용하였지만 그 역시도 남을 헐뜯을 뿐이었다. 제후들은 점점 주와 멀어질 수밖에 없었다. 서백 창의 신망은 날로 뻗어가고 주의 위세는 점점 줄어들었지만 주는 천하 판도의 변화를 알아차리지 못했던 것 같다. 주의 제부(諸父) 비간(比干)이 간곡히 충언을 하였지만 듣지 않았다.

서백 창이 기(饑)나라를 쳐서 멸망시키는 것을 보고 조기(祖己)의 후손이자 주의 신하이던 조이(祖伊)가 주에게 간하였다. "이미 천명이 은나라로부터 거두어지고 백성들이 왕의 멸망을 바라지 않는 사람이 없습니다. 어찌 하려 하십니까?" 이에 주는 답하기를 "나의 삶은 하늘에 그 명이 달려 있는 것이 아닌가?" 하였다. 조이는 되돌아와서 말하였다. "주왕에게는 도저히 간언할 수가 없소이다."

이때 서백 창이 세상을 떠나고 그의 아들 발(發)이 주나라의 제후가 되었다. 발이 동쪽을 정벌하여 맹진(孟津)에 이르자 은나라를 저버리고 주나라를 따르는 제후가 800명이나 되었다 한다. 물론 과장된 이야기겠지만 논어 8/21에서 주나라가 "천하의 삼분의 이를 가지고 있으면서도 은나라에 복속하였다"고 한 것은 바로 이즈음의 상황이었을 것이다. 제후들은 하나 같이 "주(紂)를 쳐야합니다" 하고 거사를 주문하였지만 발은 "아직 천명을 알 수 없다" 하고 되돌아갔다.

주는 갈수록 음란해졌다. 배다른 형 미자(微子)가 간곡히 직언을 했지만 주는 듣지 않았다. 결국 미자는 태사(太師)인 기자(箕子), 소사(少師)인 비간과 상의한 후 은나라를 떠나버렸다. 제부(諸父)[1]였던 비간은 "신하된 자로서 죽더라도 간하지 않을 수 없다"며 더욱 강하게 간언을 하였다. 주는 크게 노하여 "내가 일찍이 성인의 심장에는 일곱 개의 구멍이 있다고 들었다" 하고는 비간을 죽여 심장을 꺼내어 들여다보았다.

주의 또 다른 제부 기자는 두려워서 미친 척하며 남의 노비가 되었지만 주는 그를 잡아 가두어버렸다. 은나라의 태사와 소사는 제기(祭器)와 악기(樂器)를 가지고 주나라로 도망하였다. 예악의 기물들이 은나라를 떠나 주나라로 갔다는 것은 왕조의 교체를 상징하는 것이었다. 미자와 기자와 비간은 훗날 공자에 의해 삼인(三仁)으로 불렸다.

결국 주나라의 무왕(武王) 발은 제후들과 함께 주를 정벌하는 거사에 나섰다. 문왕(文王)의 위패를 수레에 싣고 출발한 정벌군은 도중에 백이숙제의 저지를 받기도 하였지만 결국 목야(牧野)에서 은나라와 치열한 전투를 벌인 끝에 커다란 승리를 거두었다. 대패한 주는 성으로 도망쳐 들어와 녹대에 올라 보옥으로 장식된 옷을 뒤집어쓰고 불 속에 뛰어들어 죽었다. 무왕은 주왕의 목을 베어 대백기(大白旗)에 매달았으며, 요부 달기도 죽였다. 무왕은 기자를 석방하고 비간의 묘에 봉분을 해주었다. 또 은나라 유민들을 모아 송(宋)나라

---

1) 아버지와 같은 항렬인 팔촌 이내의 친척

를 세우고, 주의 아들 무경(武庚)을 제후로 봉하여 은나라 역대 왕들의 제사를 모시게 하였다. 기원전 1046년, 무왕은 주왕국의 천자(天子)로 등극하였으니 은나라는 탕왕에 의해 세워진 이래 555년 만에 그 막을 내리고 말았다.

주 관련 논어 단편(1개)

19/20

자공(子貢)이 말했다.

"주(紂)의 선하지 못함이 알려진 것처럼 그렇게 심했던 것은 아니다. 그런 까닭에 군자는 하류에 처하기를 싫어한다. 천하의 악이 다 거기로 돌아가기 때문이다."

子貢曰;紂之不善,不如是之甚也.是以君子惡居下流,天下之惡皆歸焉.

미자微子, 기자箕子, 비간比干, 삼인三仁

공자가 삼인(三仁)으로 불렀던 은나라 말기의 미자(微子), 기자(箕子), 비간(比干)은 모두 주왕(紂王)의 가까운 친척이었다. 미자는 주의 서형(庶兄)이었고, 기자와 비간은 둘 다 제부(諸父), 즉 아버지와 같은 항렬의 아저씨들이었다.

미자는 이름이 계(啓)[2]였다. 미자의 미(微)는 도읍 가까운 곳에 있었던 나라의 이름이었다. 아마 그가 직할하던 봉지였을 것이다. 그는 은나라의 제왕이 될 수도 있었으나 어머니가 천한 집안 출신이라 제왕을 택정함에 정실 소생의 동생 주(紂)에게 밀릴 수밖에 없었을 것이다. 제왕이 된 동생의 무도한 짓에 대해 미자는 형으로서 여러 가지 간언을 해도 듣지 않자 그는 제부로서 당시 보사(父師)와 소사(少師)를 맡고 있던 기자, 비간과 상의 후 명망 높은 주나라로 도망가고 말았다. 『서경』에는 그때 대화를 사관이 기록한 내용이 상서(商書) 미자편에 남아 있는데, 당시 상황을 매우 절실하게 그리고 있다.

> 미자가 말하였다. "보사님 그리고 소사님. 은나라가 세상을 다스려 바로잡지 못하고 있습니다. 우리 조상님들이 이룬 과업이 찬란히 펼쳐져 있지만 우리는 술에 빠져 주정이나 일삼아 그 덕을 아래로 펼치지 못하고 있습니다. … 지금 은나라가 망하려 하는 것이 마치 큰 강을 건너려 하는데도 나루도 배 댈 곳도 없는 것과 같습니다. … 저는 떠나고 말까요?"[3]
> 보사가 말했다. "왕자님. 하늘이 지독한 재앙을 내려 은나라를 황폐하게 하고 있지만 모두들 일어나 술에 빠져 주정만 일삼고 있습니다. … 상나라에 바야흐로 재난이 있을 것입니다. 저는 그 멸망을 피하지 않고 맞겠습니다. 아뢰오니 왕자님께서는 도망가십시오. 왕자님께서 도망가지 않으시면 이 나라는 완전히 대가 끊어지고 말 것입니다. 저는 도망칠 생각은 없습니다."[4]

은나라가 망하고 난 후에 무왕은 주왕의 아들 무경(武庚) 녹보(祿父)로 하여금 은나라의 후예들을 다스리고 은나라의 제사를 잇게 하였으나 그가 삼감

---

2) 계(啓)는 개(開)라고도 한다.

3) 微子若曰父師少師.殷其弗或亂正四方.我祖底遂陳于上,我用沉酗于酒,罔亂敗厥德于下.…今殷其淪喪.若涉大水,其無津涯.…我其發出狂.

4) 父師若曰王子.天毒降災,荒殷邦,方與沈酗于酒.…商今其有災,我興受其敗.…詔王子出迪,詔王子出迪.…王子弗出,我乃顛隮.…我不顧行遯.

(三監)의 난을 일으켰기 때문에 주공에게 죽임을 당했다. 대신 미자 계가 그역을 대신 맡게 됨으로써 결국 송(宋)나라의 첫 군주가 되었다.

기자는 이름이 서여(胥餘)였다. 주왕의 제부이자 보사로서 주왕의 횡포에 대해 여러 번 충간하였으나 듣지 않자 나중에는 그가 두려운 나머지 미친 척하고 남의 노비가 되어 위험을 피했다. 무왕이 은나라를 멸망시키고 주나라를 세운 후 기자를 초빙하여 천도(天道)에 대하여 물었더니 기자가 홍범(洪範)을 지어 바쳤다고 한다. 현재도『서경』주서(周書)에 한 개 편으로 남아 있는 이 홍범은 인간이 지켜야할 규범 아홉 가지가 제시되어 소위 "홍범구주"(洪範九疇)라고 한다. 원래 우(禹) 임금이 낙수에서 나온 거북 등껍질의 낙서(洛書)를 보고 만든 것이라 한다. 오행(五行), 오사(五事), 팔정(八政), 오기(五紀), 황극(皇極), 삼덕(三德), 계의(稽疑), 서징(庶徵) 및 오복(五福)과 육극(六極)의 아홉으로 구성된 이것을 무왕은 새 왕조의 기초에 나름대로 반영하였을 것이다.

후에 기자는 조선(朝鮮)으로 가서 조선의 왕이 되었는데, 주나라의 신하로자처하지 않고 독립국으로 처신했다 한다. 이로 인하여 기자조선설이 뿌리내리기도 하였으나 지금은 단지 전설로 보고 역사적 사실로 보는 입장은 거의사라지게 되었다.

비간은 이름이 비(比)이고 간(干)은 봉지의 명칭이었다. 태정제(太丁帝)의둘째아들이었다 하니 주의 숙부였다. 미자가 주왕에게 간언을 하다 더 이상들어주지 않아 떠난 후에도 비간은 "신하는 죽더라도 왕에게 충간을 해야 한다며 간언을 멈추지 않았다. 주왕은 진노하여 "성인의 심장에는 구멍이 일곱개가 있다고 들었다" 하며 비간의 심장을 꺼내어 들여다보았다. 이 잔학한 소문은 주나라의 발(發)로 하여금 마지막 주(紂) 토벌의 결단을 내리게 하였을 것이다. 주나라를 건국한 무왕은 비간의 무덤에 봉분을 새로 쓰게 하여 그의충절을 기리도록 하였으며, 그의 아들 견(堅)에게는 그가 은거하고 있던 장림산(長林山)을 근거로 임(林) 성을 하사하였다. 지금도 우리나라 임씨들은 당나라 한림학사 임팔급(林八及)을 그들의 중시조로 보고, 은말의 비간을 그들의 태시조(太始祖)로 보고 있다.

공자는 미자, 기자, 비간을 삼인이라 불렀는데, 그들을 은나라 말기를 촛불처럼 지키다 꺼져간 의롭고 어진 인물로 규정하였다.

미자, 기자 등 관련 논어 단편(1개)

18/1
미자(微子)는 떠나고 기자(箕子)는 노예가 되고 비간(比干)은 간하다가 죽었다. 공자께서 말씀하셨다.
"은나라에는 세 명의 어진 이가 있었다."
微子去之,箕子爲之奴,比干諫而死.孔子曰;殷有三仁焉.

이일夷逸, 주장朱張, 소련少連

이일, 주장, 소련은 논어 18/8에 등장하는 일곱 명의 특별한 인물들 중에서 그 약전(略傳)마저 전해오지 않고 있는 이른바 실전(失傳) 인물들이다. 다만 백이, 숙제, 우중이 모두 은나라 말기의 인물이라는 점에서 뒤이은 이일 역시 은말의 인물이 아닐까 유추해볼 수 있다. 또 숨어살며 구애받지 않고 말했지만 몸은 맑음을 잃지 않았고 폐(廢)한 것이 권도(權道)에 맞았다고 한 점에서 그는 이름 이일에서 연상되는 바와 같이 전형적인 은인(隱人)이었을 것으로 본다.

소련은 유하혜와 함께 묶여 언급되고 있다는 점에서 현실에 기꺼이 몸을 맡겼던 사람으로 보인다. 그러나 사사로운 것에 얽매이거나 치우치지 않았고 진퇴가 자유로웠던 사람으로 보인다.

주장은 유일하게 논어 18/8에도 아무런 설명이 없는 사람이기 때문에 일민(逸民), 즉 세상에 모습을 드러내지 않고 숨어산 사람이라는 포괄적 규정 외에는 적용할 아무런 내용이 없다.

이일, 주장 등 관련 논어 단편(1개)

18/8

세상을 피해 숨어 지낸 사람으로 백이(伯夷)와 숙제(叔齊), 우중(虞仲), 이일(夷逸), 주장(朱張), 유하혜(柳下惠) 그리고 소련(少連)이 있었다.

선생님께서 말씀하셨다.

"그 뜻을 굽히지 않고 그 몸을 욕되게 하지 않은 이는 백이와 숙제일 것이다."

유하혜와 소련에 대해 말씀하셨다.

"뜻을 굽히고 몸을 욕되게 하였으나 말이 인륜에 맞았고 행동이 사려에 맞았으니 그들은 바로 그럴 따름이었다."

우중과 이일에 대해 말씀하셨다.

"숨어살며 구애받지 않고 말했으나 몸은 맑음을 잃지 않았고 폐(廢)한

것이 권도(權道)에 맞았다. 나로 말할 것 같으면 이와는 다르니 가하다
는 것도 없고 불가하다는 것도 없다."

逸民, 伯夷, 叔齊, 虞仲, 夷逸, 朱張, 柳下惠, 少連. 子曰; 不降其志, 不辱其身,
伯夷叔齊與! 謂柳下惠少連, 降志辱身矣, 言中倫, 行中慮, 其斯而已矣. 謂虞
仲夷逸, 隱居放言, 身中淸, 廢中權. 我則異於是, 無可無不可.

태백泰伯, 우중虞仲

태백과 우중은 주(周) 태왕(太王) 고공단보(古公亶父)가 부인 태강(太姜)과 사
이에서 낳은 첫째아들과 둘째아들이었다. 셋째아들이 계력(季歷)이었는데,
장차 그가 문왕(文王)이 될 창(昌)을 낳았기 때문에 두 형들은 동생 계력에게
기회가 돌아가게 하기 위해 주나라를 떠나 멀리 형만(荊蠻)이 사는 강남(江南)
땅으로 달아났다. 그들은 몸에 문신을 새기고 머리를 잘라 스스로 왕이 될 수
없음을 표시한 후 스스로를 구오(勾吳)라 불렀다. 결국 두 형들의 희생으로 계
력이 제후가 되고 그의 아들 창(姬昌)이 제후이자 서백(西伯)이 되어 주대 천
년의 기틀을 마련하였다.

형만 땅에서 왕으로 옹립된 태백(泰伯 혹은 太伯)이 아들 없이 죽자 동생 중
옹(仲雍)이 왕위에 올랐다. 사마천에 의하면 중옹이 죽은 뒤 아들 계간(季簡)
이 뒤를 이었고, 그 뒤를 아들 숙달(叔達)이 이었으며, 또 그 뒤를 아들 주장(周
章)이 이었다. 이때 주나라에서는 창의 아들 발(發)이 은나라를 멸망시키고

왕이 되어 태백과 중옹의 후손을 찾다가 중옹의 증손 주장을 찾게 되었다. 무왕은 주장을 오나라의 제후로 책봉을 하는 한편 주장의 동생을 주나라 도읍 북쪽에 있는 옛 하(夏)나라 도읍지에 우(虞)나라를 세우게 하고 제후로 책봉함으로써 그를 우중이라 부르게 되었다.

그러나 통상 역사는 태백의 동생 중옹을 우중이라고 불렀는데, 그것이 사실이라면 증조할아버지와 증손자를 모두 우중이라고 부르는 혼란이 발생한다. 사마천의 기록에 나름대로 신빙성이 있어 보이지만 통상 우중이라고 하면, 증손자 우중이 아닌 태백의 동생 우중으로 보는 것이 관례화되었다.

오나라는 춘추 말기에 매우 강력한 세력으로 부상하기도 하지만 결국 기원전 473년에 월(越)나라에 의해 멸망하고 만다. 이런 사정 때문인지 태백과 우중이 문왕의 큰아버지 되는 사람들이라는 사실이 사후에 소급되어 만들어진 전설로 보는 시각도 없지 않다. 그러나 『좌전』에 보면 당시 사람들도 이 이야기를 사실로 보고 있었다. 이를테면 『좌전』 희공(僖公) 5년조에 보면, 우(虞)나라의 군주가 "진(晉)나라가 우리 종실(宗室)나라인데 과연 우리 우나라를 해칠 것인가?" 하고 묻자 신하 궁지기(宮之奇)가 다음과 같이 말하고 있다.

태백과 우중은 태왕(太王)의 아드님들이었지만 태백은 부왕의 명을 따르지 않았기 때문에 후사를 잇지 못하셨습니다. 그러나 괵중(虢仲)과 괵숙(虢叔)은 왕계(王季)님의 아드님들이시고 문왕의 형제로서 경사(卿士)까지 되어 그 공훈이 왕실에 남아 있고 그 문서가 맹부에 갈무리되어 있기도 합니다. 진나라는 그런 괵(虢)나라도 멸망시키려 하는데 하물며 우리 같이 더 윗대에서 갈려나온 우나라에 대해 우애를 발휘하겠습니까?

혈연관계로 볼 때 더 가까운 괵나라도 멸망시키려 하는 판국에 우리 같은 우나라를 같은 희씨(姬氏)라 하여 봐주겠느냐 하는 설명 속에서 오나라의 희씨 혈연이 매우 자연스럽게 이야기되고 있다. 이런 이야기가 기원전 655년에 당연지사로 언급되고 있는 것을 볼 수 있다.

또 기원전 488년에는 공자의 제자 자공이 노나라의 외교관 자격으로 오(吳)나라의 태재(太宰) 비(嚭)를 만나 옛날 오나라 중옹(仲雍) 임금도 예법에 맞지 않는 예복을 입었던 것이 모두 당시의 사정에 따른 것이었듯 오늘 노나라의 계강자(季康子)가 예법에 맞지 않게 행동한 것도 나름대로 사정이 있었기 때문임을 설명하면서 자연스럽게 오나라 건국 초기의 역사를 말하고 있는데 이런 대화가 당시 매우 자연스럽게 전개되고 있었음을 볼 수 있다.

> 귀국 군주님의 조상이신 태백께서는 주나라의 예복을 갖추고 계셨지만 그 아우이신 중옹께서 후사를 이어받으셔서는 머리카락을 자르시고 문신을 하셨으며 벗은 몸에 장식품을 걸치셨습니다. 그것이 어찌 예의에 맞았겠습니까? 그러나 다 사정이 있었기 때문이 아니겠습니까?

춘추시대 말기에도 일관되게 태백과 중옹의 이야기가 화제로 등장하고 있었다는 점에서 이 두 사람의 일화는 실제 사실일 가능성이 높다. 그러나 두 사람에 관해서는 이러한 역사적 사실성 여부보다 공자가 지극한 덕(至德)의 대표적이자 전형적인 사례로서 그들의 예양(禮讓)을 들고 있는 점을 주목할 필요가 있다.[5] 결국 태백과 중옹은 예양이 곧 지덕임을 보여준 구체적 인물들이자 역사의 사례였던 셈이다.

---

5) 예양으로써 나라를 위할 수 있다면 무엇이 더 필요하겠느냐? 예양으로써 나라를 위할 수 없다면 온갖 예가 무슨 소용이 있겠느냐? 논어 4/13

태백, 우중 관련 논어 단편(2개)

8/1

선생님께서 말씀하셨다.

"태백(泰伯)은 가히 덕(德)이 지극했던 사람이라 할 수 있겠다. 세 번이
나 천하를 사양하였는데도 백성들은 일컬을 것이 없었으니!"

子曰;泰伯其可謂至德也已矣.三以天下讓,民無得而稱焉.

18/8

세상을 피해 숨어 지낸 사람으로 백이(伯夷)와 숙제(叔齊), 우중(虞仲),
이일(夷逸), 주장(朱張), 유하혜(柳下惠) 그리고 소련(少連)이 있었다.

선생님께서 말씀하셨다.

"그 뜻을 굽히지 않고 그 몸을 욕되게 하지 않은 이는 백이와 숙제일 것
이다."

유하혜와 소련에 대해 말씀하셨다.

"뜻을 굽히고 몸을 욕되게 하였으나 말이 인륜에 맞았고 행동이 사려
에 맞았으니 그들은 바로 그럴 따름이었다."

우중과 이일에 대해 말씀하셨다.

"숨어살며 구애받지 않고 말했으나 몸은 맑음을 잃지 않았고 폐(廢)한
것이 권도(權道)에 맞았다. 나로 말할 것 같으면 이와는 다르니 가하다
는 것도 없고 불가하다는 것도 없다."

逸民,伯夷,叔齊,虞仲,夷逸,朱張,柳下惠,少連.子曰;不降其志,不辱其身,
伯夷叔齊與!謂柳下惠少連,降志辱身矣,言中倫,行中慮,其斯而已矣.謂虞

문왕 文王

문왕은 은나라의 제후국 주(周)나라의 군주였던 창(昌)을 말한다. 물론 문왕이라는 호칭은 훗날 그의 아들 발(發)이 새로운 왕국 주나라를 건설하고 나서 아버지 창을 추존(追尊)한 호칭이기는 하다. 그는 주왕국의 건설을 보지 못하고 죽었기 때문에 그의 생애는 온전히 은나라 때에 걸쳐 있었다. 그러나 문왕으로 추존된 그의 존재는 주나라 800여 년에 걸쳐 지대한 의미로 작용하였기 때문에 실질적으로 그는 주나라의 문을 열고 그 초석이 되었다고 보는 것이 옳을 것이다.

문왕의 시조는 요 임금 당시 농정을 담당하던 신하 후직(后稷)이었다. 요 임금이 소문을 듣고 후직을 농사(農師)로 등용하였다. 그리고 그를 태(邰)에 봉하고 후직이라 불렀으며, 희씨(姬氏)의 성을 하사하였다.

후직의 12대 손이 고공단보(古公亶父)였다는데, 그는 훗날 문왕이 되는 창(昌)의 할아버지였다. 물론 요 임금 당시와 고공단보가 살던 은말은 천 년이 넘는 세월의 차이가 있기 때문에 12대 손이라는 말은 성립되지 않는 설화적 구성일 뿐이다.

어쨌든 설화에 의하면 고공단보가 제후로 있을 때에 융적(戎狄)이 침략해서 재물을 요구하자 그렇게 하였다. 후에 그들이 다시 공격해서 이번에는 땅과 백성을 요구했다. 백성들이 분노하며 싸우려고 하자 고공단보는 "백성들이 군주를 세우는 것은 그렇게 하여 득을 보기 위함이다. 지금 융적이 침략하는 이유는 나의 땅과 백성을 빼앗기 위한 것이다. 백성들이 나에게 속하나 그들에게 속하나 무엇이 다른가? 백성들이 나를 위해 싸우게 하는 것은 남의 아버지와 자식을 죽여가며 임금 노릇을 하는 셈이며 나는 그렇게 할 수 없다"며 땅과 백성을 내주기 위하여 측근들만 거느리고 빈(豳)을 떠나 칠수(漆水)와 저수(沮水)를 건너고 양산(梁山)을 넘어 기산(岐山) 아래쪽에 정착했다. 그랬더니 남겨진 빈의 백성들은 하나 같이 늙은이들을 부축하고 어린아이들을 데리고 고공단보가 있는 기산 아래로 와서 몸을 의탁했다. 뿐만 아니라 다른 나라에서도 고공단보가 어질다는 소문을 듣고 역시 사람들이 몰려와 의탁했다. 기산의 남쪽 평원이 주원(周原)이었기에 그때부터 나라 이름을 주(周)나라라 하였다.

주나라 왕가 계보

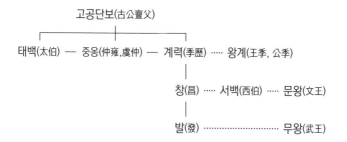

고공단보에게는 부인 태강(太姜)이 낳은 세 아들이 있었다. 맏아들은 태백(太伯), 둘째아들은 중옹(仲雍), 그리고 셋째아들은 계력(季歷)이었다. 계력은 태임(太任)을 아내로 맞아 창(昌)을 낳았는데 어렸을 때부터 성스러운 조짐이 엿보였다. 이에 태백과 중옹은 조카 창에게 기회가 돌아갈 수 있도록 하기 위

해 함께 형만(荊蠻) 땅으로 달아나 몸에 문신을 하고 머리카락을 짧게 잘라 돌아갈 뜻이 없음을 밝혔다. 태백은 후에 오(吳)나라의 왕이 되었다. 그러나 아들이 없어 태백이 죽은 후 동생인 중옹이 지위를 물려받았는데, 그의 증손자인 주장(周章)이 왕으로 있을 때 무왕이 그를 찾아내어 제후로 봉하였다. 또 주장의 동생을 주나라 도성 북쪽에 있는 옛 하나라의 도읍지에 우(虞)나라를 세우고 제후에 봉하기도 하였다. 이런 연유로 중옹을 우중(虞仲)이라 하기도 한다. 태백과 중옹의 이야기는 단순한 전설이나 만들어진 이야기는 아닌 것 같다. 『좌전』 희공(僖公) 5년조에 관련 기록이 있고 조금 더 훗날 애공 7년조에도 오나라와 자공과의 외교적 담화에서 오나라가 스스로 그 혈연관계를 인정하는 것을 볼 수 있기 때문이다.

어쨌든 두 형들의 지덕에 힘입어 고공단보가 죽은 이후 군주의 지위는 셋째 계력에게 돌아갔고, 이후 그의 아들 창이 군주가 되었다. 창은 덕망이 뛰어나서 늙은이를 공경하고 어린이를 자애롭게 대하여 수많은 인재들이 몰려왔다. 이때 은나라의 천자 주(紂)는 자신의 잘못을 지적하는 악후(鄂侯)를 죽여 포를 뜨는 등 학정을 거듭하고 있었는데, 주나라의 창도 불만 세력이라는 이유로 유리(羑里)에 감금하기도 했다.

그러자 창의 신하인 굉요(閎夭) 등이 주에게 뇌물을 바치고 회유하여 다행히 풀려날 수 있었는데, 창은 풀려나자마자 낙수(洛水)의 서쪽 땅을 바치면서 포락형을 없애줄 것을 청원하여 마침내 악명 높은 포락형이 없어지게 되었다. 뿐만 아니라 창을 믿은 주는 창에게 활과 화살, 그리고 큰 도끼와 작은 도끼(弓矢斧鉞)를 하사하면서 제후들에 대한 정벌의 권한까지 부여함으로써 서쪽의 만제후(西伯)로 삼았다. 서백(西伯)이라는 명예로운 이름은 그때부터 생겨난 이름이었다. 그가 가혹한 포락형을 없애주는가 하면 날뛰는 제후들에 대한 통제권까지 가지게 되니 민심은 자연히 서백 창에게 기울어질 수밖에 없었다. 우(虞)와 예(芮) 사람들이 해결하지 못한 송사를 서백이 서로 양보케 하여 해결하자 40여 개 제후국이 서백에게 귀순하면서 서백을 왕이라 불렀다.

서백 창은 여러 나라를 정벌하여 세력을 넓혔으니 견융(犬戎), 밀수(密須), 기국(耆國) 등을 정벌하고 풍읍(豐邑)을 건설하여 천도하였다. 그 과정에서 많은 제후국들이 주나라를 받들게 되었는데. 황하의 한 지류인 위수(渭水) 영역에서 만난 태공망(太公望) 강여상(姜呂尙)의 도움을 받아 결국 주(紂)의 실질적 통치권보다 더 큰 세력으로 성장하게 되었다. 그 밖에도 문왕의 주변에는 앞서 언급한 굉요를 비롯하여 산의생(散宜生), 태전(泰顚), 남궁괄(南宮括) 같은 소위 문왕사우(文王四友)가 있었고, 또 동생인 괵숙(虢叔)이 있어서 그를 사심 없이 도왔다. 그러나 서백 창은 그런 강력한 성장세에도 불구하고 은나라와 주왕에 대한 제후국으로서의 예의를 지켰던 것으로 기록되어 있는데, 물론 그것은 후대에 문왕을 높이기 위해 만들어진 순화된 설화일 가능성이 있다.

서백 창은 주나라를 중원에서 실질적 구심점으로 만들어놓은 전성기에 세상을 떠난 것 같다. 재위 기간이 50년이었다고 하니 군주로서 그의 지위는 매우 탄탄하였을 것이다. 아들 발은 서백 창의 이 탄탄한 기반을 토대로 결국 은나라를 무너뜨리고 새로운 왕조 주(周)왕조를 창건하였다. 그는 증조할아버지 고공단보를 태왕(太王), 할아버지 계력은 왕계(王季) 혹은 공계(公季)로 추대하는가 하면 아버지 서백 창을 문왕으로 추대하였는데, 문(文)이라는 시호는 모든 시호 중에서도 가장 명예로운 시호였다. 문은 무(武)와 쌍벽을 이루면서도 무보다 한 차원 높은, 문화적·정신적 지표였다. 따라서 아들 무왕과 결합하여 문무(文武)라는 기치로 세워지고 나서 문왕의 존재는 백이숙제와 주공 등의 설화적 역할 한가운데에 위치한 중심적 가치로 찬란하게 자리 잡게 되었다. 실로 문은 천(天)에 버금가는 가치로 도(道)와 통했고, 성리학의 시대에 떠오른 이(理)를 선구하였다. 훗날 공자의 시호가 바로 문성왕(文聖王)이었다는 것은 그 점에서 시사하는 바가 크다.

문왕 관련 논어 단편(2개)

9/5

선생님께서 광(匡) 지방에서 위기에 처하셨을 때 말씀하셨다.

"문왕(文王)은 이미 돌아가셨으나 문(文)은 여기에 남아 있지 않느냐! 하늘이 이 문(文)을 없애고자 했다면 후에 죽을 자들은 이 문(文)과 함께하지 못하였을 것이다. 하늘도 이 문을 없애지 않는다면 광(匡) 사람들이 나를 죽인들 무엇 하겠느냐?"

子畏於匡,曰;文王旣沒,文不在玆乎!天之將喪斯文也,後死者不得與於斯文也.天之未喪斯文也,匡人其如予何?

19/22

위나라의 공손조(公孫朝)가 자공에게 물었다.

"중니(仲尼)께서는 어디서 배우셨습니까?"

자공이 말했다.

"문왕과 무왕의 도가 아직 땅에 떨어지지 아니하고 사람에게 남아 있어 현명한 자는 그 중 큰 것을 알고 있고 현명하지 못한 자는 그 중 작은 것을 알고 있습니다. 문왕과 무왕의 도를 지니지 않은 자가 없으니 우리 선생님께서 어디서인들 배우지 않으셨겠으며 또한 어찌 일정한 스승이 따로 있었겠습니까?"

衛公孫朝問於子貢曰;仲尼焉學?子貢曰;文武之道,未墜於地,在人,賢者識其大者,不賢者識其小者.莫不有文武之道焉,夫子焉不學?而亦何常師之有?

무왕 武王
발(發)

무왕은 문왕의 아들로 이름은 발(發)이다. 그는 사실상 주왕조의 개창자였다. 문왕, 즉 서백 창(昌)이 살아 있었을 때에도 발은 일정한 역할을 하였을 것으로 보인다. 그렇지만 남아 있는 역사 기록이 별로 없기 때문에 그가 얼마나 역할을 하였는지는 알 수 없다. 문왕이 죽고 그가 제후의 지위에 올랐을 때에도 역시 기록은 빈약하다. 현재로서는 그가 1046년에 주나라를 창건하였다는 것이 정설이지만 사실 이마저 중국이 1996년부터 2000년까지 실시한 하상주(夏商周) 단대공정(斷代工程)의 결과이니만큼 확실하다고 단정하기는 어렵고 전후의 기록도 빈약하다.[6]

무왕이 흉포한 짓을 거듭하는 주(紂)를 친 것은 문왕이 죽고 나서 2년 후라는 설도 있고 4년 후라는 설도 있는데 그보다도 더 이른 시점이었을 가능성도 있다. 무왕은 필(畢)에서 제사를 올리고 맹진(盟津)에 군사들을 소집시켰다. 이때 함께 모인 제후들이 800여 명이나 되었다고 하지만 물론 과장된 이야기일 것이다. 『사기』의 기록에 의하면 그 후 또 다시 2년이 더 흘러 본격적인 군사 공격을 시작하였다고 하지만 왜 2년이나 지연되었는지에 대한 합리적 설명은 없다. 어쨌든 은나라의 교외인 목야(牧野)에서 최종적인 전투가 벌어졌고, 이 전투에서 은나라는 주나라를 중심으로 한 연합군에 참담한 패배를 한 것으로 보인다. 이 전투를 앞두고 무왕은 군사들을 상대로 훈시를 한 것이 남

---

6) 하상주 단대공정에서 주나라 건국을 기원전 1046년으로 정하기 전에는 오히려 기원전 1111년이라는 설이 다수설이었다. 65년 더 빨랐던 셈이다.

아 있으니 바로 『서경』의 목서(牧誓)다.

때는 갑자일 이른 새벽이었다. 왕께서 상나라 교외인 목야에 이르러 선포하셨다. 왕께서는 왼쪽에 누런 도끼를 들고 오른쪽에 흰 깃대를 들고 군사를 지휘하면서 말씀하셨다. "멀리 왔도다. 서쪽 땅의 사람들이여." 왕은 말씀하시기를 "아아, 나의 동맹국 제후들과 나라 일을 맡은 사도, 사마, 사공, 아려(亞旅), 사씨(師氏), 천부장, 백부장 그리고 용(庸), 촉(蜀), 강(羌), 무(髳), 미(微), 노(盧), 팽(彭), 복인(濮人)들이여. 그대들의 창을 들고 그대들의 방패를 세우고 내 훈시를 들으시오."
왕께서 말씀하셨다. "옛말에도 있듯이 암탉은 아침을 알리지 않으니 암탉이 아침을 알리면 집안이 망한다 하였소. 지금 상나라의 왕 수(受, 紂)는 오로지 부인의 말만 듣고 있소. 그 마땅히 제사 지내야 할 분들은 혼미하게 버려두고 응대치 않으며, 남아 있는 왕의 부모와 아우들도 혼미하게 버려두고 소통하지 않고 있소. 그리고 오직 사방에서 죄를 짓고 도망 온 자들을 받들고 높이 대우하며 믿고 쓰는가 하면 그들을 대부와 경사로 삼고 백성들에게 포악한 짓을 하는가 하면 상(商) 읍에서 간사하고 부정한 짓을 하였소. 그리하여 나 발은 오직 하늘이 벌을 내리는 것을 공손히 대행하려 하오."

주(紂)는 목야의 전투에서 패하여 성 안으로 들어간 다음 녹대(鹿臺)에 올라 보석으로 치장한 옷을 입고 불 속에 뛰어들어 타죽었다. 무왕은 죽은 주의 시신에 화살 세 발을 쏜 다음, 황색 도끼로 목을 베어 희 깃대에 매달았다. 달기 역시 자살하였는데 무왕은 그녀의 목도 베어 흰 깃대에 매달았다.
1046년 그는 왕국 주나라를 선포하고 왕국 건설에 본격적으로 나섰다. 주나라의 건설에는 문왕을 도왔던 강여상(姜呂尙)과 무왕의 아우 주공(周公), 그리고 무왕의 친척으로 보이는 소공(召公), 필공(畢公) 등이 큰 역할을 하였던 것 같다. 그러나 무왕은 오래 살지는 못했던 것으로 보인다. 무왕[7]이라는 시호로 불린 만큼 그는 체력은 강인하였던 것 같지만 생전에 죽을 지도 모르는 심각한 병에 걸려 생사의 위기 상황에서 주공과 관련된 금등(金縢) 일화도 남아 있는 만큼 치명적인 병에 걸렸던 것은 확실해 보인다. 결국 그는 나중에 성왕(成王)이 되는 아들 송(誦)이 아직 어려 제대로 왕 노릇 하기도 어려운 나이에 죽고 말았던 것 같다. 그래서 무왕의 아우 주공이 한동안 섭정을 해야만 했다. 그러나 무왕 발은 아버지 문왕과 함께 주왕국을 세웠고, 그 왕국은 역사상 그 어떤 왕국보다 오래도록 탄탄한 문화로 이어졌으니 공자를 비롯한 대부분의 주목할 만한 동양 정신들이 바로 이 주왕국의 치세에 출현한 것도 결코 우연이 아니었다.

무왕 관련 논어 단편(3개)

3/25
선생님께서 소(韶)에 대하여 말씀하셨다.
"아름다움을 다하였을 뿐 아니라 선함도 다하였다."
무(武)에 대해 말씀하셨다.
"아름다움은 다하였으나 선함은 다하지 못하였다."

---

7) 주나라는 왕국으로 건설되면서도 천자를 왕이라 호칭하였다. 이는 천자에 비해 다소 낮은 호칭이지만 그 점을 잘 알면서도 이렇게 낮은 호칭으로 스스로를 칭하였다는 것은 그 또한 주나라의 덕을 보여주는 일이 아니었나 한다.

子謂韶;盡美矣,又盡善也.謂武;盡美矣,未盡善也.

8/21

순 임금은 다섯 사람의 신하를 두었는데 천하가 다스려졌다. 무왕(武
王)은 말하기를 "나는 다스리는 신하 열 명이 있다"고 하였다. 공자께
서 말씀하셨다.

"인재만으로는 어렵다고 했으니 바로 그렇지 않으냐! 요순시절이 현왕
조보다 더 태평성대를 이루었으니."

부인이 있어서 아홉 명뿐이었다.

"천하의 삼분의 이를 가지고 있으면서도 은나라에 복속하였으니 주나
라의 덕은 가히 지고의 덕이라 말할 수 있겠구나!"

舜有臣五人,而天下治.武王曰;予有亂臣十人.孔子曰;才難,不其然乎?唐
虞之際,於斯爲盛.有婦人焉,九人而已.三分天下有其二,以服事殷,周之
德,其可謂至德也已矣!

19/22

위나라의 공손조(公孫朝)가 자공에게 물었다.

"중니(仲尼)께서는 어디서 배우셨습니까?"

자공이 말했다.

"문왕과 무왕의 도가 아직 땅에 떨어지지 아니하고 사람에게 남아 있
어 현명한 자는 그 중 큰 것을 알고 있고 현명하지 못한 자는 그 중 작
은 것을 알고 있습니다. 문왕과 무왕의 도를 지니지 않은 자가 없으니
우리 선생님께서 어디서인들 배우지 않으셨겠으며 또한 어찌 일정한

스승이 따로 있었겠습니까?"

衛公孫朝問於子貢曰;仲尼焉學?子貢曰;文武之道,未墜於地,在人,賢者
識其大者,不賢者識其小者.莫不有文武之道焉,夫子焉不學?而亦何常師
之有?

다스리는 신하 열 명_{亂臣十人}

무왕이 말하는 "다스리는 신하 열 명"은 보통 주공단(周公旦), 소공석(召公奭),
태공망(太公望), 필공고(畢公高), 영공(榮公), 태전(太顚), 굉요(閎夭), 산의생(散
宜生), 남궁괄(南宮括) 등 아홉 신하와 나머지 한 사람은 문왕(文王)의 비(妃)
이자 무왕의 어머니인 읍강(邑姜)을 말한다. 이 난신십인은 『서경』 태서중(泰
誓中)편에 보인다. 물론 태서중편이 위고문(僞古文)으로 밝혀졌기 때문에 『서
경』을 근거로 이 단편이 만들어졌다고 보기는 어렵다. 참고로 관련 구절은 다
음과 같다.

수(受=紂)는 수없이 많은 사람들을 거느리고 있으나 마음을 함께하지 못하고
덕에서 멀어져 있소. 나는 다스리는 신하 열 사람밖에 없으나 모두 마음을 같
이 하고 있고 덕을 함께하고 있소. 비록 지극히 가까운 친척이 있다 하더라도
어진 사람만은 못하오.[8]

난(亂)은 다스린다(治)는 뜻을 가지고 있으며, 『서경』 등 상고시대 경전에서 특히 자주 사용되고 있는 것을 볼 수 있다. 난신십인은 일반적으로 십란(十亂)으로 일컫기도 하는데, 간략하게 소개하면 다음과 같다.

주공단(周公旦) : 무왕(武王)의 아우이자 주(周)나라 건국의 최대 공신. 노(魯)나라에 봉해지지만 건국 초기의 불안정한 나라를 다잡느라 봉지에는 아들 백금(伯禽)을 대신 보내고 자신은 끝내 노나라 땅을 밟아보지 못하고 죽었다. 초창기 주나라의 문물제도를 기초하고 어린 조카 성왕(成王)을 도와 왕권을 확립하고 덕정을 세운 것은 후대 중국 모든 왕조의 기반이 되었다.

소공석(召公奭) : 주나라 건국 초기 주공과 더불어 나라의 기반을 다지는 데크게 기여하였다. 이름은 석(奭). 무왕의 혈족이었던 것으로 보이지만 친형제는 아니었다. 연(燕)나라에 봉해지지만 주공과 마찬가지로 현지에 가지는 못하고 아들 희극(姬克)을 대신 보냈다. 백성들에게 높은 신망을 받아서 훗날 백성들이 그가 그늘에 앉아 쉬던 감당나무를 두고 그를 그리워하는 민요를 남길 정도였다.('주周나라' 조항 참조)

태공망(太公望) : 일찍이 문왕을 돕다가 나중에는 무왕을 도와 주나라를 건국한다. 성은 강(姜), 이름은 여상(呂尙)으로 태공(太公)이라는 직함으로 불리기도 했고, 무왕 때는 존칭으로 사상보(師尙父)라 부르기도 했다. 먼 동방의 제(齊)나라에 봉해져 동방 일대를 주왕(周王)을 대신해서 정벌하고 규율할 권한까지 부여받아 춘추전국시대 내내 동방의 강국으로 만들었다. 무왕의 장인이기도 했기 때문에 주왕실의 입장에서 보면 제나라는 외가의 나라였다.

---

8) 受有億兆夷人, 離心離德. 予有亂臣十人, 同心同德. 雖有周親, 不如仁人. 『書經』 泰誓中

필공고(畢公高) : 필공은 문왕의 15째 아들로 무왕의 배다른 동생이었다. 이름
은 고(高). 무왕과 함께 주(紂)를 토벌하였으며 무왕에 의해 필(畢)나라
에 봉해졌다. 성왕을 거쳐 강왕 때까지 보필하였다. 필나라는 약 400
년 후 서융(西戎)에 의해 멸망하였다. 춘추시대 진(晉)나라의 대부 필
만(畢萬)이 필공의 후손이었고 다시 그 후손인 위환자(魏桓子)가 전국
시대에 가서 위(魏)나라를 세운다.

영공(榮公) : 무왕의 신하로 문왕의 아들이자 무왕의 배다른 동생으로 추정된
다. 자세한 행적은 알 수 없다.

태전(太顚) : 서백이 민심을 얻기 시작하자 가서 그를 따랐다. 무왕의 즉위식
때는 검을 들고 무왕을 호위하였다.

굉요(閎夭) : 서백이 민심을 얻기 시작하자 가서 그를 따랐다. 서백이 모함을
받아 유리(羑里)에 감금되자 주왕(紂王)에게 각종 뇌물을 바쳐 그가 석
방될 수 있도록 주선하였다. 이윽고 주나라를 세워 즉위식을 할 때 검
을 들고 무왕을 호위하였다. 의롭게 죽은 비간(比干)의 무덤에 무왕의
지시를 받아 봉분을 쓰기도 하였다.

산의생(散宜生) : 서백이 민심을 얻기 시작하자 가서 그를 따랐다. 무왕의 즉
위식에서 검을 들고 무왕을 호위하였다.

남궁괄(南宮括) : 원래 문왕의 친구였다고 하며 무왕의 즉위 후 창고의 재물과
곡식을 가난한 백성들에게 풀어 구제하였고 구정(九鼎)과 보옥을 전시
하였다.

읍강(邑姜) : 문왕의 정비(正妃)이자 무왕의 어머니. 강여상의 딸이었다. 중국
에서는 대대로 성모(聖母)로 존중되어왔다.

관련 논어 단편(1개)

8/21

순 임금은 다섯 사람의 신하를 두었는데 천하가 다스려졌다. 무왕(武王)은 말하기를 "나는 다스리는 신하 열 명이 있다"고 하였다. 공자께서 말씀하셨다.

"인재만으로는 어렵다고 했으니 바로 그렇지 않으냐! 요순시절이 현왕조보다 더 태평성대를 이루었으니."

부인이 있어서 아홉 명뿐이었다.

"천하의 삼분의 이를 가지고 있으면서도 은나라에 복속하였으니 주나라의 덕은 가히 지고의 덕이라 말할 수 있겠구나!"

舜有臣五人,而天下治.武王曰;予有亂臣十人.孔子曰;才難,不其然乎?唐虞之際,於斯爲盛.有婦人焉,九人而已.三分天下有其二,以服事殷,周之德,其可謂至德也已矣!

백이숙제 伯夷叔齊

백이숙제는 은나라 말엽, 발해만 인근에 있던 고죽국(孤竹國)의 두 형제였다. 아버지 고죽군(孤竹君)은 사후 군주의 지위를 아우인 숙제에게 물려주겠다고 유언을 남겼다. 고죽군이 죽자 형 백이는 아버지의 유언에 따라 아우인 숙제에게 지위를 물려받게 하였다. 그러나 숙제는 아무리 유언이었다 하더라도 형이 있는데 아우인 자신이 물려받을 수 없다고 사양하였다. 둘은 서로 사양을 굽히지 않았다. 결국 두 사람은 모두 나라를 떠나버렸다. 나라 사람들은 할 수 없이 다른 아들을 세워서 군주의 지위를 잇게 하였다.

세월이 흘러 백이와 숙제는 노인이 되었는데, 서백 창(昌)이 노인을 잘 돌본다는 소문을 듣고 문왕에게 몸을 의탁하려고 지팡이를 짚고 그를 찾아갔다. 그런데 가보니 이미 서백 창은 죽고 없었다. 대신 그의 아들 발(發)이 서백을 문왕(文王)이라 일컬으며 그의 위패를 수레에 싣고 은나라의 주(紂)를 치러 나서고 있었다. 백이와 숙제는 무왕이 탄 말을 손으로 쳐서 멈추고 간하였다. "아버지가 돌아가시고 아직 장례도 지내지 않았는데 손에 창과 방패를 잡았으니 효라 할 수 있겠소? 신하로서 임금을 죽이고자 하니 어질다 할 수 있겠소?" 좌우에 있던 사람들이 그들을 체포하려 하자 태공망(太公望)이 "이들은 의로운 사람들이다" 하고는 부축하여 보내었다.

이후 무왕은 은나라를 평정하고 주나라를 중심으로 천하를 다시 세웠는데 백이숙제는 이를 부끄럽게 여겨 의로움을 지키고자 주나라에서 나는 곡식을 먹지 않겠다며 수양산에 들어가 고사리를 캐어 먹었다. 굶어 죽음에 이르러 노래를 지었으니 그 내용이 다음과 같았다.

저 서산에 올라
고사리를 캐노라
(무왕은) 폭력으로 폭력을 바꾸되
그 그릇됨을 모르누나.
신농·우·하, 그 시절은 어느덧 사라졌으니
나 어디로 돌아갈꼬?
아아, 가리라.

명(命)도 쇠하였나니!⁹⁾

　이것이 백이숙제에 관한 설화의 전체 내용이다. 공자 당시만 해도 백이숙제는 거의 550년 전의 옛사람들이었기 때문에 남아 있던 설화는 지금보다 더 길지도 자세하지도 않았을 것이다. 다만 『사기』「백이열전(伯夷列傳)」에 기록된 백이숙제의 거병 반대의 논리, 즉 '아버지가 돌아가시고 아직 장례도' 하는 것과 '신하로서 임금을 죽이고자 하니' 운운하는 것은, 타성에 젖은 유교의 논리라는 점에서 태곳적의 순수한 논리는 아니었을 것이다. 태고의 논리는 오히려 채미가(采薇歌) 속에 잘 녹아 있다고 본다. 짧고 간단한 시 속에 담겨 있는 태곳적 정신은 위대한 것이었다. 그리고 그것은 그 후 지금까지 3천 년 가까운 세월 동안 동양의 정치학적 상상력을 불러일으키는 지속적인 원천으로 작용하였다.

　설화의 중심은 어디까지나 두 노인이 무왕의 은 정벌을 막지 못하자 주나라에서 나는 곡식은 먹지 않겠다며 고사리만 캐먹다가 죽었다는 사실이다. 두 형제가 군주의 지위를 사양하다가 모두 나라를 떠났다는 앞부분은 그들이 현인이라는 토대를 만들기 위해 후발적으로 구성된 2차 설화로 보인다. 따라서 논어 7/16에서 자공이 공자에게 질문할 때 스승과 제자가 염두에 두었던 백이숙제는 어디까지나 중심된 설화의 주인공이지 사소한 2차 설화의 주인공은 아니었다. 전통적 해석은 7/16을 사소한 2차 설화에 기대어 해석함으로써 7/16이 가진 엄청난 함의를 놓치고 있다. 또 논어 5/23의 不念舊惡도 전통적 해석은 일화에 나오지도 않는, '옛 원한을 마음에 담아두지 않았다'는 근거 없는 일화를 만들어 연결시킴으로써 5/23이 가진 위대한 역설적 진실을 역시 놓쳐버렸다. 오호 애재!

---

9)　登彼〈西山〉兮, 采其薇矣, 以暴易暴兮, 不知其非矣, 神農虞夏, 忽焉沒兮, 我安適歸矣? 于嗟徂兮, 命之衰矣!

백이숙제 관련 논어 단편(4개)

5/23

선생님께서 말씀하셨다.

"백이와 숙제는 구악(舊惡)을 생각했던 것이 아니라 그것이 드물게 쓰이는 것을 원망하였다."

子曰;伯夷叔齊,不念舊惡,怨是用希.

7/16

염유(冉有)가 말하였다.

"선생님께서는 위나라 임금을 도와주실까?"

자공이 말하였다.

"그래, 내가 여쭈어 보지."

자공이 들어가 물었다.

"백이숙제는 어떤 사람입니까?"

선생님께서 말씀하셨다.

"옛 현인이다."

자공이 말하였다.

"원망하였습니까?"

선생님께서 말씀하셨다.

"어짊을 구해서 어짊을 얻었는데 또 무엇을 원망했겠느냐?"

자공이 나와서 말했다.

"선생님께서는 도와주지 않으실 것이네."

冉有曰;夫子爲衛君乎?子貢曰;諾,吾將問之.入曰;伯夷叔齊何人也?曰;古
之賢人也.曰;怨乎?曰;求仁而得仁,又何怨?出曰;夫子不爲也.

16/12

('진실로 부유함 때문이 아니라 역시 다른 까닭으로 인함이네.')

"제나라의 경공(景公)은 사두마차 천 대를 가지고 있었으나 죽는 날에
백성들이 덕이 있다 일컫지 않았다. 백이숙제는 수양산 아래에서 굶어
죽었지만 백성들이 오늘에 이르기까지 그들을 일컫고 있다. 그것은 바
로 이런 것을 말하는 것이 아니겠느냐?"

(誠不以富,亦祇以異.)齊景公有馬千駟,死之日,民無德而稱焉.伯夷叔齊餓
于首陽之下,民到于今稱之.其斯之謂與?

18/8

세상을 피해 숨어 지낸 사람으로 백이(伯夷)와 숙제(叔齊), 우중(虞仲),
이일(夷逸), 주장(朱張), 유하혜(柳下惠) 그리고 소련(少連)이 있었다.

선생님께서 말씀하셨다.

"그 뜻을 굽히지 않고 그 몸을 욕되게 하지 않은 이는 백이와 숙제일 것
이다."

유하혜와 소련에 대해 말씀하셨다.

"뜻을 굽히고 몸을 욕되게 하였으나 말이 인륜에 맞았고 행동이 사려
에 맞았으니 그들은 바로 그럴 따름이었다."

우중과 이일에 대해 말씀하셨다.

"숨어살며 구애받지 않고 말했으나 몸은 맑음을 잃지 않았고 폐(廢)한

것이 권도(權道)에 맞았다. 나로 말할 것 같으면 이와는 다르니 가하다는 것도 없고 불가하다는 것도 없다."

逸民,伯夷,叔齊,虞仲,夷逸,朱張,柳下惠,少連. 子曰; 不降其志, 不辱其身, 伯夷叔齊與! 謂柳下惠少連, 降志辱身矣, 言中倫, 行中慮, 其斯而已矣. 謂虞仲夷逸, 隱居放言, 身中淸, 廢中權. 我則異於是, 無可無不可.

주周나라

이른바 삼대(三代)의 마지막을 구성하는 주대(周代), 곧 주나라는 은나라를 무너뜨리고 기원전 1046년 무왕(武王)에 의해 역사의 무대에 등장하였다. 이 왕조는 기원전 221년 진시황에 의해 막을 내릴 때까지 자그마치 825년간이나 지속된 중국 역사상 가장 긴 왕조였다. 평균 300년 정도를 존속기간으로 하는 중국의 왕조에서 그 세 배에 상당하는 이처럼 긴 왕조가 출현하였다는 것은 이 왕조가 그 어떤 왕조보다 끈질긴 생명력을 가지고 있었다는 것을 말해 준다.

그 끈질긴 생명력을 만들어낸 것은 무엇보다 건국의 높은 명분과 체제, 그리고 여러 설화적 장치들이었다. 다시 말해서 건국 과정을 구성하는 여러 명분과 체제, 설화들이 존엄과 품위, 그리고 논리적 타당성을 갖추고 있어서 후대로 가면서 그 위용이 점점 전설적 가치로 자리 잡았으며, 누구도 그 가치와 타당성을 무너뜨리기 어려웠다는 말이다. 대개 그것은 두 단계로 나뉘어 있는데, 먼저 은나라가 쇠락하고 무도해지기 시작하면서 제후국 주나라가 음덕으로 천하 민심을 모으다가 결국 무왕에 의해 새 왕조로 등장한다는 1단계 과정이 있고, 이어서 주공이라는 특별한 인물이 등장하여 새 왕조가 갖추어야 할 높은 정신과 예법을 구축하여 후세에 물려주었다는 2단계 과정이 있다.

문무지도(文武之道)

한 왕조가 이전 왕조의 타락과 무도를 딛고 새롭게 등장하는 단순 논리는 여러 왕조에서 흔하게 찾아볼 수 있다. 하나라를 딛고 떠오른 전 왕조 은나라도 그런 논리에 맞는 사례일 것이다. 그 밖에 지구상의 여러 왕조들이 비슷하게 그런 논리를 표방하고 등장하였으니 고려를 딛고 개국한 조선도 마찬가지였다. 또 그에 따른 명분과 논리가 바로 새 왕조가 건실하게 지속할 수 있는 근본적인 힘이었다.

주나라도 당연히 그런 구조를 가지고 있었지만 은나라나 조선처럼 그 논리가 단순하지 않았다. 우선 건국한 사람이 단순하게 무왕 한 사람이 아닌 문왕과 무왕이라는 2대에 걸친 부자로 제시되어 있다는 점이다. 실질적으로 나라를 세운 사람은 문왕이었다. 무왕은 어쩌면 문왕에 의해 이루어진 결과로서 화룡점정(畵龍點睛) 정도였다. 그것도 시호처럼 한 사람은 문(文)으로서, 또 한 사람은 무(武)로서. 이런 설화적 역할은 후대로 내려가면서 소위 문무지도(文武之道)라는 이상적 가치로 자리 잡았다. 이렇게 구심점이 문무로 나뉘어져 있다는 사실도 주왕조의 범상치 않은 구조적 특징이지만 그 역시도 단순하지 않으니 위로는 문왕의 할아버지인 고공단보(古公亶父)가 남다른 위민정신으로 주원(周原)에서 새로운 나라를 만들어갔다는 전설 같은 이야기가 뒷받침되어 있다. 또 문왕의 두 백부(伯父)인 태백(泰伯)과 중옹(仲雍)이 막냇동생 계력(季歷)과 그의 아들 창(昌)을 위하여 역시 전설적인 사양의 지덕(至

德)을 발휘하여 주나라의 건설을 도왔다.

그러나 그보다 훨씬 중요한 건국설화로 작용한 것이 바로 백이숙제의 전설이다. 무왕이 주(紂)를 치는 것에 대해 완강히 반대하다 뜻을 이루지 못하자 주나라에서 나는 곡식을 먹지 않겠다며 수양산에 들어가 고사리만 캐먹다 굶어 죽었다는 이 현자들을 둘러싼 극단적인 또 하나의 전설은 낡은 왕조의 폭압적 정치를 새 왕조가 치죄하는 것은 당연하다는 일반적 논리에 제약을 가하고 있다. 그리하여 백이숙제의 설화는 주나라의 건국 논리를 결코 단순하지 않게 만들고 사뭇 역설적인 논리로 몰고 간다.

백이숙제는 왕조의 실질적 건국자인 무왕을 다른 여느 왕조와 달리 절대적 선의 자리에 위치토록 하지 않는다. 문무의 구도에서 문의 아래에 위치케 하며, 그리하여 문도 무도 완전하지 않으면서 그럼에도 불구하고 완전하다는 모순된 논리 속으로 끌고 들어간다. 중국 고대 정치학의 높은 정신성은 바로 이 모순된 논리적 구도를 넘어서는 과정에서 비롯되고 있다.

삼감(三監)의 난과 천년 왕국의 꿈

무왕은 건국 후 오래 살지 못하고 어린 성왕을 남기고 죽는다. 어쩌면 그 상황은 주나라에 던져진 하늘의 시험과도 같았다. 아우 주공은 무왕이 살아 있을 때부터 사심 없이 무왕을 도왔다. 이는 무왕 사후 조카 성왕을 돕는 단계에 와서 더욱 빛났다.

초기의 가장 큰 어려움은 역시 은나라 유민들을 통제하는 것이었다. 무왕과 주공은 은나라의 유민들을 모아 주(紂)의 아들인 무경(武庚) 녹보(祿父)가 다스리게 하였다. 이것은 매우 과감하기도 했지만 동시에 위험한 조치였다. 그래서 무왕의 바로 아래 동생인 관숙(管叔)과 주공의 바로 아랫동생인 채숙(蔡叔)을 감독 차원에서 무경과 은나라 유민들에게 붙여놓았다. 그러나 이 두 형제들은 무왕 사후 주공이 섭정을 시작함에 따라 주나라의 권력을 찬탈하려 한다는 의심을 갖게 되었고, 결국 나중에는 무경과 함께 반란을 일으켜 주공이 있는 성주(成周)를 공격하였다. 자세한 역사 기록이 없어 그 동기와 전개 과정이 모호한 채 단지 '삼감의 난'이라는 제목만으로 전해지고 있는 이 난은 주공의 직접 개입으로 진압이 되었다. 무경과 관숙은 처형되었고, 채숙은 채(蔡) 땅으로 추방되었다. 일설에서는 삼감에서 무경을 빼고 또 다른 동생인 곽숙(霍叔)을 포함시키기도 하나 확실하지는 않다.

그 후 은나라 유민들은 둘로 분리시키되 상구(商丘) 중심의 주된 무리들은 송(宋)나라라 하여 주(紂)의 배다른 형인 미자(微子) 계(啓)가 다스리도록 하였다. 그리고 다른 유민들은 상허(商墟)에 거주시킨 다음 위(衛)나라라 하여 주공의 아우 강숙(康叔)이 다스리게 하였다. 이는 삼감의 난 후 또 다른 반혁명을 통제하기 위해 도입된 분할통치(devide and rule)가 아니었던가 한다. 주공이 후세에 남긴 『주서(周書)』 10편 중 강고(康誥), 주고(酒誥), 자재(梓材) 세 편이 모두 위나라에 부임한 강숙에게 주는 위나라 통치의 지침이었는데, 이는 아직 어린 강숙을 염려한 것이기도 하지만 그만큼 은나라 유민들을 다스리는 일이 주나라 초기의 어려운 과제였기 때문일 것이다.

주나라 건설 초기 무왕을 결정적으로 도왔던 사람은 여러 기록을 종합해 볼 때 대개 세 명으로 보인다. 우선은 문왕 때부터 참여한 것이 확실해 보이는 태공망(太公望) 강여상(姜呂尙)이 있다. 그는 위수(渭水)의 북쪽에서 서백 창을 만났다고 하는데 자세한 내용은 전해지는 것이 거의 없다. 그가 위수에서 곧은 낚시를 하며 문왕의 출현을 기다렸다는 이야기 등 각종 전설적 이야기들은 모두 후세에 만들어진 것들이다.

그다음은 소공석(召公奭)이 있다. 그는 무왕과 같은 혈족으로 희씨(姬氏)였으나 친형제는 아니었던 것이 분명하다. 무왕의 배다른 형제라는 설도 있고 일가친척이라는 설도 있지만 정확한 관계는 알 수 없다. 다만 그는 초창기 왕조 건설사에서 매우 신망 받는 지도자였던 것은 틀림없어 보인다. 지금도『시경』에 남아 있는 '감당(甘棠)' 즉 팥배나무라는 시는 소공의 덕망을 기리는 시로 유명하다.『좌전』양공 14년조에는 진(晉)나라 대부 사앙(士鞅)의 말로 그 옛날 주나라 사람들이 소공이 떠난 이후 그가 그 아래에서 쉬었던 팥배나무를 사랑하였던 일을 자세히 기록하고 있다.

팥배나무

무성한 팥배나무 자르거나 치지 마라. 소공께서 지내시던 곳이다.

무성한 팥배나무 자르거나 꺾지 마라. 소공께서 쉬시던 곳이다.

무성한 팥배나무 자르거나 휘지 마라. 소공께서 머무시던 곳이다.[10]

소공은 주공이 성왕을 도와 섭정을 하게 되는 단계에서 너무 많은 나이를 이유로 은퇴의 뜻을 비쳤던 것 같다. 이에 대해 주공은 무왕은 돌아가시고 성왕은 아직 어린아이에 불과한데 나를 도와주고 책할 사람이 없다면 어떻게 왕조에 주어진 하늘의 사명을 다할 것이냐며 간곡히 함께 성왕을 돕자고 간청하였다.『서경』군석(君奭)편에 남아 있는 글은 지금 읽어도 그 진실함이 3천 년을 넘어 전해질 만큼 간절하다. 사마천의『사기』「연소공세가(燕召公世家)」에 의하면, 물러날 뜻을 비친 소공의 입장 또한 무왕이 죽고 주공의 섭정 단계로 접어든 개국 초기의 불안정한 권력 구도를 반영하는 것이었다. 소공은 주공의 간청을 받아들여 결국 함께 성왕을 도왔던 것 같다. 소공은 분봉 받은 연(燕)나라에도 아들을 대신 보내고 끝내 가지 못했던 것 같고, 호경(鎬京)과 자신의 식읍인 소(召) 땅을 중심으로 활동하며 심지어 성왕보다 오래 살아 제3대 강왕(康王)까지 보필하였던 것 같다.

---

10) 蔽芾甘棠,勿翦勿伐,召伯所茇.蔽芾甘棠,勿翦勿敗,召伯所憩.蔽芾甘棠,勿翦勿拜,召伯所說.

그리고 마지막 한 명이 바로 주공이다. 이들은 삼공(三公)으로 불렸고 주공이 자신을 제외하고 두 사람을 부를 때는 이공(二公)이라 하기도 했다.

초기의 제후국들

초창기 제후국에 제후를 임명하는 것은 주로 무왕의 형제나 아들, 조카 중심이었지만 옛 왕국의 후예들도 선조의 제사를 봉행하게 하기 위해 임명하기도 했고, 건국의 공신들을 임명하기도 하였다. 문왕에게는 정비인 태사(太姒)가 낳은 열 명의 아들이 있었다. 일찍 죽은 맏아들 백읍고(伯邑考)와 무왕 자신을 제외하면 모두 여덟 명의 아들들이 있었으나 셋째 관숙은 삼감의 난을 일으킨 죄로 처형되어 나머지 일곱 명이 일곱 나라의 시조로 등장하게 되었다. 그러나 일곱 나라 중 정치적·군사적 강대국으로 발전한 나라는 공교롭게도 한나라도 없었다. 주공의 명성에 걸맞게 문화적 중심국으로 발전한 노나라와 인근 위(衛)나라, 그리고 조(曹)나라가 그나마 중간 규모의 나라로 발전한 경우였다.

첫째 백읍고(伯邑考)	일찍 죽음
둘째 무왕(武王) 발(發)	무왕
셋째 관숙(管叔) 선(鮮)	관(管)나라에 봉해졌으나 삼감의 난을 일으킨 죄로 처형됨
넷째 주공(周公) 단(旦)	주공. 노(魯)나라에 봉해지나 아들 백금(伯禽)을 대신 보냄
다섯째 채숙(蔡叔) 도(度)	삼감의 난을 일으킨 죄로 채(蔡) 땅에 추방됨
여섯째 조숙(曹叔) 진탁(振鐸)	조(曹)나라에 봉해짐
일곱째 성숙(郕叔) 무(武)	성(郕)나라에 봉해짐
여덟째 곽숙(霍叔) 처(處)	곽(霍)나라에 봉해짐
아홉째 강숙(康叔) 봉(封)	위(衛)나라에 봉해짐(국명이 康나라였다가 衛나라로 바뀜)

열째 염계(冉季) 재(載)	염(冉)나라에 봉해짐

그 밖에 문왕의 아들이 봉해졌다는 기타 나라로 모(毛), 담(聃), 고(郜), 옹(雍), 등(滕), 필(畢), 원(原), 풍(酆), 순(郇)이 『좌전』 희공 24년조에 기록되어 있다. 이는 정비인 태사(太姒)의 소생이 아닌 서출(庶出)의 아들들이 봉해진 나라들로 보이는데 모두 아홉 나라였다. 무왕의 아들이 봉해진 나라도 네 나라가 있으니 우(邘), 진(晉), 응(應), 한(韓)이다. 무왕의 맏아들 송(誦)은 왕위를 이어 성왕(成王)이 되었고 둘째아들 우(虞)가 당(唐)나라에 봉해졌는데, 후에 우의 아들에 이르러 도읍을 진(晉)으로 옮기면서 나라 이름도 진(晉)으로 바뀌었다. 진나라는 약 600년 후인 기원전 453년 조(趙), 한(韓), 위(魏) 세 나라로 분열되었다. 그 세 나라는 전국칠웅(戰國七雄)에 들 정도로 큰 나라였는데 결국 그 분열로 천하통일의 기회는 진(秦)나라에 돌아가고 말았다. 그러나 분열 전까지 춘추시대에서는 진(晉)나라가 사실상 최강의 제후국이었다. 또 주공의 아들들로 봉해진 나라도 『좌전』은 여섯 나라를 기록하고 있는데 범(凡), 장(蔣), 형(邢), 모(茅), 조(胙), 제(祭)가 있다. 다만 이들 나라 중에는 후대로 가면서 크게 번성한 나라는 하나도 없다.

지리적으로 볼 때 이들 희성(姬姓)의 나라들은 대부분 하수(河水), 즉 황하를 따라 길게 동서로 분포되어 있고 하수에서 크게 북쪽이나 남쪽에 치우친 나라들이 없는 특징이 있다. 가장 남쪽에 있는 나라가 채(蔡)나라라 할 수 있는데, 이는 삼감의 난에 참여한 데에 따라 징벌적으로 위치가 정해진 탓이었을 것이다. 『좌전』 희공 24년조와 양공 29년조에 나오는 희성의 나라들은 다음과 같다.

- 문왕의 아들을 봉한 나라 : 관(管), 노(魯), 채(蔡), 조(曹), 성(郕), 곽(霍), 위(衛), 모(毛), 담(聃), 고(郜), 옹(雍), 등(滕), 필(畢), 원(原), 풍(酆), 순(郇)

- 무왕의 아들을 봉한 나라 : 우(邘), 진(晉), 응(應), 한(韓)

- 주공의 아들을 봉한 나라 : 범(凡), 장(蔣), 형(邢), 모(茅), 조(胙), 제(祭)

- 기타 희성(姬姓)의 나라 : 우(虞), 괵(虢), 초(焦), 활(滑), 양(楊), 위(魏)

　옛 왕국의 후예들을 찾아 분봉한 나라들도 있으니 초(焦)나라는 신농씨(神農氏)의 후손을, 축(祝)나라는 황제의 후손을, 계(薊)나라는 요 임금의 후손을, 진(陳)나라는 순 임금의 후손을, 기(杞)나라는 하나라 우임금의 후손을, 그리고 송(宋)나라는 은나라 탕 임금의 후손을 각각 봉하였다.

　다수의 공신들 역시 분봉을 받았지만 그 내역은 제(齊)나라의 태공망(太公望)을 제외하고는 자세하게 전해지는 바가 없다. 유명한 소공(召公) 희석(姬奭)이 연(燕)나라에 봉해진 것도 공신 분봉에 해당하는 것인지 친족 분봉에 해당하는 것인지 구분하기 애매하다. 다만 최대의 공신이라고 할 이공(二公)이 모두 너무나도 먼 동쪽 변방에 분봉된 것을 어떻게 이해해야 할지는 다소 곤혹스럽다. 물론 제나라에 분봉된 태공망에게는 동쪽의 군소 제후국들에 대한 일정한 통제권을 부여하여 후일 강대국으로 발돋움할 수 있는 계기가 되었던 것은 사실이다.

　그 밖에도 100여 개가 넘는 수많은 제후국들이 있었던 것을 고려하면, 아마 은나라 시절부터 유지되어왔던 다수의 제후국들이 그대로 유지되었던 것 같다. 이런 나라들 중에는 주나라와의 새로운 맹약 하에 제후국의 지위를 인정받은 나라들도 있었을 테지만 지리적으로 먼 나라들 중에는 신생 왕국 주에 크게 위협이 되지 않는 한 그대로 존속된 나라들도 많았던 것으로 보인다. 이를테면 주대를 일관하여 가장 강대한 나라들이었다고 할 네 나라가 제(齊), 진(晉), 초(楚), 진(秦)이었다고 할 수 있는데. 이 사강(四强) 중 초(楚)와 진(秦)이 바로 그런 나라였다.

　초나라와 진(秦)나라는 주나라 건국 초기에 누군가를 보내어 봉한 나라가 아니었다. 초나라는 주성왕 후기에 이미 그 지역을 다스리고 있던 미씨(芈氏) 성의 웅역(熊繹)을 사후적으로 제후로 봉한 나라였고 그나마 주나라와의 관계는 견고하지 못하여 관직의 명칭 등 각종 문물제도를 달리하기도 하고 칭왕(稱王)을 하기도 했다. 또 진(秦)나라는 원래부터 있던 나라로 주나라가 건국되고도 오랫동안 제후국으로 편입되지 않고 있다가 자그마치 건국 270여 년이 지나 주나라의 동천 후 진(秦)나라의 양공(襄公)이 동천을 도운 것을 계기로 기산(岐山)의 서쪽 땅을 진나라에 하사하면서 비로소 다른 제후국에 사절단을 보내는 등으로 관계를 갖게 되었다. 따라서 주나라는 건구 초기에 있어서는 황하 유역의 비교적 넓지 않은 지역에 걸쳐서만 지배력을 행사하고 나머지 먼 지역과는 단지 선린 관계만 유지했던 것으로 보인다.

주나라는 각 제후국에 일정한 작위를 부여하였다. 공후백자남(公侯伯子男)이 그것인데 가장 높은 공작(公爵)은 오직 문왕의 형제가 봉해진 괵(虢)나라와 은나라의 후손 미자(微子) 계(啓)가 봉해진 송나라에만 부여되었다. 기(杞)나라도 원래 하(夏)나라 우(禹)의 후손을 봉한 나라로 공(公)의 작위가 부여되었으나 어찌된 일인지 후작으로 강등되었다가 나중에는 백작을 거쳐 자작으로까지 강등되었다. 설(薛)나라도 후작이었다가 백작으로 강등된 경우다. 대부분의 나라들은 후작과 백작, 자작 세 작위 중 하나가 부여되었고, 가장 낮은 작위인 남작(男爵)은 오직 허(許)나라와 숙(宿)나라의 경우에만 보이고 있다. 비록 나라가 크고 힘이 있더라도 주변 국가로서 문화적 수준이 높지 않은 초(楚)나라나 오(吳)나라, 월(越)나라 등에는 보통 자작(子爵)이라는 낮은 작위가 부여되었다. 대신 무왕의 친형제나 자식을 봉한 나라에는 후작의 높은 작위가 부여되었다. 물론 이런 작위는 크게 중요한 것은 아니었는지 작위를 두고 크게 갈등이 생긴 경우는 별로 없었으나 경우에 따라서는 제후국에서 불만을 표시하고 더 높은 작위를 요구한 경우도 없지는 않았다. 주요 나라들의 작위는 다음과 같다.

공(公) : 송(宋), 괵(虢)

후(侯) : 채(蔡), 제(齊), 진(晉), 진(陳), 노(魯), 위(衛), 형(邢), 기(杞)

백(伯) : 조(曹), 진(秦), 성(郕), 북연(北燕), 설(薛), 정(鄭)

자(子) : 초(楚), 거(莒), 주(邾), 등(滕), 고(郜), 증(鄫), 호(胡), 심(沈), 오(吳), 월(越),

　　　　호(胡), 소주(小邾), 돈(頓), 유(劉), 담(譚), 온(溫)

남(男) : 허(許), 숙(宿)

　어린 나이에 왕위에 오른 성왕은 숙부 주공의 사심 없는 도움을 받아 무난
히 왕의 임무를 수행했고, 이윽고 자신의 힘으로 직접 통치함으로써 주나라
의 체통을 살려나갔던 것 같다. 성왕은 풍(豊)에 머무르면서 소공에게 낙읍을
건설하게 하는 등 무왕의 낙읍 존중의 뜻을 이어갔다. 주공은 낙읍의 건설을
둘러보고 점을 친 결과 모두 길하다는 점괘가 나오자 성왕을 낙읍으로 모시
고 와 건설 결과를 보고하였다. 은나라 유민들을 옮겨와 살게 하고 구정(九鼎)
을 그 곳에 안치케 한 것을 보면 주공은 실제 낙읍을 왕도로 정하려 했던 것처
럼 보인다.

　그러나 성왕은 주공을 낙읍에 머무르게 하면서 자신은 호경으로 돌아갔
다. 그 이유는 확실치 않다. 어쨌든 주나라의 왕도는 여전히 호경으로 남게
되었고 낙읍은 제2의 왕도와 같은 위치로 남아 동방 경영의 중심지가 되었
다. 이후 호경은 종주(宗周), 낙읍은 성주(成周)로 불리게 되었다. 성왕은 7년
간 주공의 도움을 받아 통치한 후 총 36년간 재위하며 주나라를 다스리다가
죽고 아들 쇠(釗)가 즉위하였으니 그가 3대 강왕(康王)이다. 강왕은 소공(召公)
과 필공(畢公)의 보좌를 받으며 비교적 안정되게 나라를 다스렸다. 강왕이 죽
고 아들 제4대 소왕(昭王)이 즉위했는데, 이때부터 왕권이 조금씩 약해지기
시작했다. 후에 소왕은 남쪽으로 순수한다고 초나라 쪽으로 가다가 한수(漢
水)에서 익사로 추정되는 의문의 죽음을 당하였다. 이후 목왕(穆王), 공왕(共

王), 효왕(孝王), 이왕(夷王)을 거치면서 부침을 거듭하다가 제10대 여왕(厲王) 호(胡)에 이르러 주나라의 역사는 크게 한 번 출렁이게 된다.

여왕(厲王), 체(彘)로 달아나다

여왕은 시호처럼 가혹하고 백성을 괴롭히는 왕이었다. 그로 인하여 신하들이나 백성들의 마음이 크게 이반하였으나 여왕은 자신의 잘못을 지적하는 충신 예량부(芮良夫)의 고언을 듣지 않았다. 게다가 민심을 더욱 악화시킨 것은 이익 독점을 좋아하는 신하 영이공(榮夷公)을 경사(卿士)로 중용하여 국정을 주관케 한 것이었다. 왕이 부덕하더라도 훌륭한 신하를 두어 그의 보좌를 받으면 나라를 큰 무리 없이 다스려나갈 수 있지만 왕이 부덕함에 더하여 지탄받는 신하를 중용하게 되면 백성들은 절망에 비명을 지르기 마련이다. 백성들은 포악하고 사치를 좋아하고 교만한 여왕을 비난하기 시작했다. 여왕은 위(衛)나라에서 용한 무당을 불러와 백성들을 감시하게 하고 무당이 문제 있는 자라고 보고하면 가차 없이 잡아 죽였다. 이에 여왕의 악명이 중원에 파다하게 되자 제후들은 점점 조회하러 오지 않게 되었고, 백성들은 비난도 함부로 하지 못해 길에서 만나면 단지 눈짓으로 뜻을 교환했다. 소공(召公)[11]이 나서서 간곡히 진언을 했지만 여왕은 듣지 않았다.

언로가 막힌 지 3년이 되자 나라 사람들은 드디어 뜻을 모아 난을 일으켰고 여왕을 공격했다. 여왕은 결국 멀리 북방에 있는 체(彘)로 달아났다. 왕조시대에 이 사건은 엄청난 사건이었고 훗날 사가들은 이 사건을 "국인폭동"(國人暴動)이라고 지칭하였다. 기원전 841년에 발생한 이 사건은 워낙 유명해서 각 제후국들의 역사에 빠짐없이 기록되었던 것 같다. 훗날 사마천은 사기세

가에서 각 제후국들의 역사를 기술할 때 함에 거의 빠짐없이 이 해에 "여왕이 체로 달아났다"(厲王奔彘)라고 기록하고 있는데, 그만큼 기원전 841년의 이 사건은 중국 고대사에서 시대 측정의 분기점 역할을 한 셈이다.

사람들은 달아난 여왕의 아들마저 죽이려고 하였기 때문에 후사도 세우지 못하고 두 대신인 주공과 소공이 왕을 대신하여 함께 정사를 돌보게 되었다. 당시까지 주나라에는 주공과 소공으로 불리는 양 대신들이 있었는데, 이는 주초 주공과 소공이 모두 자신의 봉국인 노나라와 연나라에 아들을 대신 보내고 왕조를 돌보았고 사후 두 사람 모두 둘째아들을 세워 가문을 이어감으로써 대대로 주공과 소공으로 불렸다. 이 두 사람이 14년간 공동으로 다스린 정치를 사람들은 "공화"(共和)라고 불렀다. 후일 서구문명을 받아들여 Republic을 번역할 때 번역자가 이를 공화 내지 공화국으로 번역한 것도 이처럼 당시의 공화를 왕이 없는 정치의 드문 전례로 보았기 때문이다. 물론 이 번역은 다소 지나친 것으로 당시의 공화가 곧바로 Republic을 의미하는 것은 아니었다. 여왕은 돌아오지 못하고 체에서 살다가 공화 14년에 죽었다. 소공은 숨겨서 돌보고 있던 태자 정(靜)을 세워 왕정을 복원했으니 그가 선왕(宣王)이다.

제11대 선왕은 비교적 선조의 유풍을 잘 되살려 여왕에 의해 무너진 왕조의 체통을 되살렸다. 선왕은 재위 22년 되던 해(BC 806)에 자신의 이복동생 우(友)를 왕도에서 크게 멀지 않은 곳에 분봉하고 제후로 삼으면서 나라 이름을 정(鄭)나라라 하였다. 말하자면 주나라 건국 200년이 훨씬 지난 시점에서 제후국 하나를 더 세우고 자신의 동생을 제후로 봉한 것이었다. 이 매우 예외적인 조치는 왕도를 가까운 곳에서 지원하고, 보필할 각별한 제후국을 주왕실이 필요로 하였기 때문으로 보인다. 기록에 의하면 정나라의 첫 번째 군주가 된 환공(桓公, 友)은 백성들로부터 매우 높은 지지를 받았다고 한다. 선왕의 이 역사적인 조치는 이복동생 우에 대한 남다른 신뢰가 있었기 때문에 가능한 일이었던 것 같다. 정나라는 후에 비교적 중요한 나라로 발전하였는데, 지정학적 위치 때문에 주나라 왕도와 각별한 애증 관계를 형성하는가 하면 주변 강국들에 의해 많은 시달림을 받기도 하였다. 그런 과정에서 자산(子産)과 같은 걸출한 정치가를 낳기도 하였다. 물론 세월이 흐르면서 주나라의 왕도 바뀌고 정나라의 군주도 바뀔 수밖에 없었기 때문에 주왕실과 정나라와의 최초의 각별한 관계가 그대로 유지되지는 않았으니 그것은 불가피한 현실이었다.

유왕(幽王)의 실정과 낙읍으로 동천(東遷)

선왕 때에 비교적 안정된 정치를 구현하였던 주나라는 선왕이 재위 46년 만에 죽고 그 뒤를 제12대 유왕(幽王)이 잇게 되면서 또 다시 심각한 국면을 맞게 되었다. 일반적으로 널리 알려진 요녀 포사(褒姒)가 바로 유왕의 후궁으로 들어왔던 것이다. 천하 미색인 포사는 아들 백복(伯服)을 낳자 자신을 총애한 유왕을 움직여 정비가 낳은 태자 의구(宜臼)를 폐위시키고 백복을 태자로 책봉하였다. 정비의 아버지, 곧 선왕의 장인이던 인근 신(申)나라의 제후(申侯)도 크게 그 위상이 추락한 것은 물론이었다.

포사는 잘 웃지 않았다. 유왕이 여러 방법을 동원하여 웃게 하려 했지만 백방이 무효였다. 그러다가 유왕이 봉수(烽燧)와 대고(大鼓)를 설치하고 적이 나타나면 봉화를 올리게 하였다. 어느 날 실수로 봉화가 잘못 올랐는데, 제후들이 군사를 이끌고 모두 달려왔지만 적군은 없었다. 포사는 그것을 보자 비로소 크게 웃었다. 이에 유왕은 기뻐하여 여러 차례 거짓 봉화를 올렸다. 이 일로 결국 신뢰를 잃어 그 후 제후들은 봉화가 올라도 오지 않았다. 말하자면 양치기 소년과 늑대 이야기의 원조격이었는데, 물론 사실일 가능성은 낮고 어리석고 많은 실정을 거듭한 유왕을 둘러싸고 만들어진 설화였을 것이다.

후에 유왕은 마치 할아버지인 여왕이 영이공을 경사에 임명하여 국인의 신망을 잃었듯이 간사한 아첨배 괵석보(虢石父)를 중용함으로써 신망을 잃고 말았다. 결국 유왕의 폐위된 장인 신후는 증(繒)나라와 견융(犬戎)과 함께 유왕을 공격하였다. 유왕은 봉화를 올려 제후들의 군사를 소집하였지만 아무도 오지 않았다. 기원전 771년, 견융은 유왕을 여산(驪山) 아래에서 죽이고 왕도의 각종 보물을 노략질하는가 하면 포사를 사로잡아 견융의 여자로 삼았다. 또 호경을 처참하게 파괴하였는데 이때 많은 초창기 문물이 불타고 멸실되었을 것으로 보인다. 제후들은 신후를 지지하여 그의 딸이 낳은 원래의 태자 의구를 옹립하여 왕으로 세웠으니 그가 바로 평왕(平王)이다.

제13대 평왕은 즉위 2년 되던 해에 견융의 재침이 두려워 전란으로 파괴된 호경을 떠나 낙읍으로 수도를 이전하였다. 이것이 저 유명한 주나라의 동천(東遷)이었다. 건국 후 276년이 지난 기원전 770년이었다. 이 동천을 계기로 주나라 왕실은 쇠약해졌고 제후들은 약한 나라를 겸병하기 시작하였다. 또 제(齊)나라, 진(晉)나라, 초(楚)나라, 진(秦)나라가 강대해졌으며 권력이 왕으로부터 나오는 것이 아니라 방백(方伯), 즉 패자(覇者)로부터 나오기 시작했다. 사가들은 이 동천을 기점으로 그 이전을 서주시대(西周時代), 이후를 동주시대(東周時代)로 부르게 되었다.

춘추시대의 개막과 패자(覇者)들의 등장

중국의 평균적인 왕조 존속기간이 약 300년임을 고려하면 동천 때는 건국한 지 276년이 되어 왕조의 생명력이 거의 다하여 새로운 왕조가 등장할 때가 된 셈이다. 그러나 문왕-무왕-주공 트리오에 의해 기초된 이 기이한 왕조는 현실적인 구심력을 크게 잃었으면서도 끈질긴 생명력으로 제후국들을 주나라라는 느슨한 틀 안에서 결속시키고 이끌어갔다. 존왕양이(尊王攘夷), 곧 왕을 받들며 오랑캐를 물리친다는 대의명분으로 주나라의 제2기를 열어갔으니 바로 춘추시대(春秋時代)가 시작된 것이다. 춘추시대의 굵직한 역사의 흐름은 주로 제나라 환공(桓公)이나 진(晉)나라 문공(文公) 같은 패자들이 권력의 정점을 향해 걸어온 영웅담으로 구성되곤 했다.

주나라 왕실의 역사는 일반 제후국들의 경우와 크게 다르지 않게 역시 왕좌가 누구에게 이어지느냐 하는 것을 둘러싸고 전개되곤 했다. 이를테면 18대 양왕(襄王)은 이복동생 숙대(叔帶)의 심각한 도전에 직면해 있었는데, 숙대가 오랑캐인 적(翟)의 군사를 끌어들이자 양왕은 정나라로 도망가게 되었다. 정나라에 초라하게 도망가 있던 양왕은 결국 진(晉)나라에 도움을 요청하였고, 진문공은 군사를 이끌고 가서 왕 노릇을 하고 있던 숙대를 죽이고 양왕을 복위케 해주었다. 기원전 632년 진문공은 제후들을 온(溫)에 소집시키고 양왕을 그곳으로 불렀다. 제후가 왕을 부른다는 것은 있을 수 없는 일이었다. 그러나 진문공은 당시 왕도에 가기는 어려운 입장이었고, 왕을 배알을 하여 패자로 인정을 받고는 싶었기 때문에 부르지 않을 수 없었다. 그러나 양왕으로서는 자신의 왕위를 되찾아준 진문공의 소환에 불응하는 것은 여러 면에서 어려웠을 것이다. 『춘추』는 이 치욕적인 소환을 숨기기 위하여 양왕이 그곳으로 사냥을 나가서 우연히 제후들을 만나 배알을 받은 것으로 기술했다. 이것은 『춘추』 기록의 역사에서 유명한 일화로 남게 되었다. 양왕은 진문공에게 많은 선물을 하사하는 한편 그에게 후백(侯伯)의 지위를 내렸다. 존왕양이의 명분 뒤에서 현실은 이렇듯 엎치락뒤치락하며 전국시대를 향해 나아갔다.

『춘추』 기록의 시작

이 무렵의 가장 특기할 사항이라 하면, 주나라 다수의 역사서 중에서 오늘날까지 유일하게 남아 있는 노나라의 역사서 『춘추(春秋)』와 그 전(傳), 즉 『춘추좌씨전(春秋左氏傳)』이 기록되기 시작했다는 사실일 것이다. 노나라 은공(隱

公) 원년(BC 722)부터 기록되기 시작한 이들 역사서는 지금까지 남아 있다는 점에서 사실상 중국 최초의 역사서였다. 그 이전에도 역사서는 있었을 테지만 불행히도 전해지지 않고 망실되고 말았다. 심지어 하나라나 은나라의 역사마저 바로 이 『춘추좌씨전』에 과거사로 언급된 부분이 없었다면 현재 알려진 정도로나마 복원될 수 없었을 것이다. 비록 『좌전』은 노나라의 역사이기는 했지만 노나라 역사에만 국한된 것은 아니었고 다른 제후국들과 주왕실의 주요 변화를 폭넓게 망라한 것이었기 때문에 춘추시대 이후의 역사는 비교적 내실 있게 전해질 수 있었다.

패권의 추구

강대국들이 형성되면서 동시적으로 이루어진 일이 바로 이들 강대국들이 작은 나라들을 병탄하기 시작한 것이다. 우선 제(齊)나라가 멸망시킨 나라를 살펴보면 담(譚)나라가 기원전 684년에, 이어서 수(遂)나라가 기원전 681년에 멸망했다. 이는 두 해 뒤인 기원전 679년 제환공(齊桓公)이 첫 번째로 제후들을 불러 모으며 패자가 된 것과 불가분의 관계에 있었다. 그러나 제환공만 해도 패자들 중에서는 가장 무력을 적게 사용한 패자였다. 두 번째 패자가 된 진문공(晉文公)만 해도 고의적으로 무력을 사용하는 전형적인 패자였다. 진(晉)나라가 멸망시킨 나라는 기원전 704년의 익(翼)나라, 기원전 661년의 경(耿), 곽(霍), 위(魏) 세 나라가 있고 그리고 기원전 658년의 하양(夏陽)나라, 기원전 655년의 괵(虢)나라, 우(虞)나라가 있다. 이는 역시 기원전 632년 진문공이 두 번째 패자로 등장하는 긴 과정을 뒷받침하는 사건들이었다.

그러나 이 두 나라의 경우는 그래도 나은 편이었다. 주나라의 동천을 계기로 일약 중원 무대에 뛰어든 초나라가 강대국이 되어가는 과정은 제나라나 진나라, 심지어 진(秦)나라의 경우와도 사뭇 달랐다. 문화적으로도 삼대

춘추시대 전도

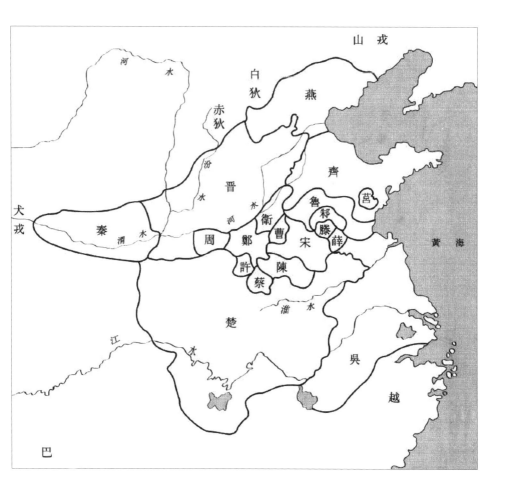

(三代) 전통 바깥에 있던 초나라는 단지 힘의 논리만으로 중원 무대에 등장하였다. 그 점에서 초나라의 패권 추구는 후일 전국시대의 혼란과 무도를 앞질러 구현하는 것처럼 보일 지경이었다. 초나라가 멸망시킨 나라는 우선 수적으로 앞서의 경우보다 훨씬 많았다. 기원전 680년 식(息)나라에 이어 등(鄧)나라(678년), 현(弦)나라(655년), 황(黃)나라(648년), 기(夔)나라(634년), 강(江)나라(623년), 육(六)나라(622년), 요(蓼)나라(622년), 용(庸)나라(611년), 약오(若敖)나라(605년), 서요(舒蓼)나라(601년), 소(蕭)나라(597년), 서용(舒庸)나라(574년), 서구(舒鳩)나라(548년), 진(陳)나라(534년, 478년), 채(蔡)나라(531년, 445년), 심(沈)나라(506년), 돈(頓)나라(496년), 호(胡)나라(495년) 등이 지도 상에서 사라지면서 밤하늘의 별처럼 찬란하던 주나라의 제후국들은 결국 10여 개의 열국(列國)들로 줄어든 전국시대를 향하여 줄달음치게 되었다.

공자와 진채(陳蔡)

약소국들의 멸망 중에서 역시 가장 큰 사건은 역시 진(陳)나라와 채(蔡)나라의 멸망이었다. 두 나라는 약소국 중에서는 비교적 규모가 있었고, 특히 진나라는 순 임금의 후손을 봉한 나라, 채나라는 무왕의 친동생을 봉한 나라였기 때문에 그 명분이 어느 나라보다 찬란했다. 두 나라가 멸망하였다가 초나라에 평왕(平王)이 들어서서 다시 재건시켜준 것도 바로 이 두 나라의 무시할 수 없는 위상 때문이었다.

- 기원전 534   진나라 1차 멸망
- 기원전 531   채나라 1차 멸망
- 기원전 529   진과 채를 멸망시킨 초영왕 죽고 평왕 등극
- 기원전 527   진과 채 재건

- 기원전 496 공자 진나라에 와서 3년 머물다
- 기원전 493 공자 채나라에 와서 3년 머물다
- 기원전 478 진나라 최종 멸망
- 기원전 445 채나라 최종 멸망

그러나 그런 재건보다 더 주목할 만한 일은 바로 공자가 12년의 외유 기간 동안 유독 이 두 나라에 와서 각각 3년씩이나 체재했다는 것이다. 이는 대단히 해독하기 어려운 공자의 수수(께끼)가 아닐 수 없다. 제재기간만으로 볼 때 전후 두 차례에 걸쳐 가장 오랜 기간을 체재한 위나라는 단지 노나라의 인근 연고국이기 때문이라고 할 수 있고, 송나라나 정나라 등을 잠시 들른 것은 단지 경유국이었다고 할 수 있다. 그런데 구체적인 목적을 가지고 방문한 것으로 보이는 나라는 먼 남방의 두 나라밖에 없었다. 둘 다 춘추시대의 전형적인 비운을 몸으로 겪고 있는 나라들이었다. 그것은 저 희유한 인물 공자와 어떤 관련성이 있을까? 서투른 해명보다는 그저 단순한 사실(史實)이나 우연처럼만 받아들이던 이 문제를 고차원의 화두처럼 진지한 문제로 부상시켜 생각한다는 데에 아직은 더 의미를 두는 것이 좋을 것 같다.

공자의 죽음, 그리고 봉건질서의 와해와 전국시대의 개막

기원전 479년 공자가 73세를 일기로 세상을 떠나자 노나라의 사가는 『춘추』의 기록을 돌연 중단하고 말았다. 심지어 그 해의 기록마저 다 채우지 않고 4월 공자가 죽었음을 기록한 "孔丘卒"이 긴 『춘추』 기록의 마지막 문장이었다. 아무런 설명도 없었다. 『좌전』은 약간의 전문(傳文)을 더 남겼지만 그나마 경문보다 11년을 더 쓰고 마찬가지로 중단되었다. 이들 사가들의 마음속에서 어떤 일이 일어났던가? 역시 역사의 수수께끼가 아닐 수 없다.

그리고 공자가 죽고 26년이 더 지난 기원전 453년, 진(晉)나라에서는 육경(六卿) 중 두 가문이었던 범(范)씨와 중항(仲行)씨의 땅을 빼앗아 가장 강대해졌던 순(荀)씨 가문의 순영(荀罃), 곧 지백(知伯)이 과도한 욕심을 부려 나머지 조(趙)씨, 위(魏)씨, 한(韓)씨 세 가문을 향해 또 다시 토지를 요구했다. 위기감을 느낀 세 가문은 연대를 했고 이들의 역공을 받은 지백은 결국 죽음을 맞고 말았다. 세 가문은 지백의 토지를 나누어 가지면서 명실공히 진나라를 완전히 삼분하는 새로운 역사 단계로 돌입한다. 제후인 진애공(晉哀公)은 실권을 잃었고, 특히 그의 아들 진유공(晉幽公) 때에는 이 세 가문이 사실상 군주를 자칭하고 있어서 유공이 세 군주를 찾아가 알현하는 지경에까지 이르렀다. 사가들은 정당하게도 진나라의 사실상의 분열 시점인 기원전 453년을 전국시대가 시작된 시점으로 보고 있다. 50년이 더 지난 기원전 403년 조, 위, 한 세 나라의 자칭 군주들은 단지 형식적으로만 남아 있던 주나라의 위열왕(威烈王)으로부터 후작의 작위를 부여받으면서 제후로 공식 임명되었다.

한편 제나라에서는 대부 진성자(陳成子)가 간공(簡公)을 시해하고 평공(平公)을 허수아비 군주로 세우면서 사실상 제나라를 지배하게 되는 일이 발생하였다. 기원전 481년으로 공자가 세상을 떠나기 두 해 전의 일이었다. 훗날 진성자의 증손자인 전화(田和)는 기원전 386년 정식으로 제나라의 군주로 등극하게 된다. 이로써 제나라는 건국 최대의 공신 태공망을 시조로 하던 강(姜)씨 성의 나라에서 전(田)씨 성의 나라로 뒤바뀌는 최대 격변을 겪게 되었다. 봉건질서의 붕괴가 본격적으로 시작된 것이다. 또 주공의 명망과 위대성을 어느 나라보다 잘 보존하고 이어가던 노나라는 소공(昭公)이 삼환(三桓)의 실질적 맹주(孟主) 계평자(季平子)를 제거하려다 도리어 역공을 당해 노나라에서 쫓겨나 7년간 이방을 떠돌다가 진(晉)나라의 변방 건후(乾侯)에서 쓸쓸히 객사하고 만 것도 이런 변화의 또 다른 전형을 보여주는 것이었다.

주나라를 질서 잡던 여러 나라 중에서 삼대의 전통을 가장 강하게 이어받은 진(晉)나라와 제(齊)나라 그리고 노나라가 각각 분열과 봉건질서 와해의 단계로 들어가면서 드디어 전국시대가 개막되었다. 중원 천하는 약소국들이 사라지면서 진(晉), 초(楚), 제(齊)라는 전통 강국과 삼진(三晉), 즉 조(趙), 한(韓), 위(魏) 세 나라와 북동쪽에 치우쳐 있다가 새로이 싸움판에 끼어든 연(燕)의 이른바 전국칠웅(戰國七雄)과 송(宋)나라, 노(魯)나라, 위(衛)나라, 주(周)나라, 월(越)나라, 정(鄭)나라 등이 각축하는 쟁패의 시대를 맞이하게 되었다.

공자의 사상은 많은 추종자들을 낳으면서 동시에 다양한 양상으로 분화(分化)되었고 또 속화(俗化)되었다. 그에 지향하거나 그를 극복한다는 차원에서 새로운 사상들이 이곳저곳에서 돌출하였다. 이른바 제자백가(諸子百家)의

주왕조 세계

①武王(BC 1046~?) ─ ②成王(?~?) ─ ③康王(?~?) ─ ④昭王(?~?) ─ ⑤穆王(?~?) ─

┬ ⑥共王(?~?) ─ ⑦懿王(?~?) ─ ⑨夷王(?~?) ─ ⑩厲王(~BC 841) ─ 共和(~BC 828) ─
└ ⑧孝王(?~?)

─ ⑪宣王(~BC 782) ─ ⑫幽王(~BC 771) ─ ⑬平王(~BC 720) ─ 洩父 ─ ⑭桓王(~BC 697) ─

─ ⑮莊王(~BC 682) ─ ⑯釐王(~BC 677) ─ ⑰惠王(~BC 652) ─ ⑱襄王(~BC 619) ─

─ ⑲頃王(~BC 613) ┬ ⑳匡王(~BC 609)
                  └ ㉑定王(~BC 586) ─ ㉒簡王(~BC 572) ─ ㉓靈王(~BC 545) ─

─ ㉔景王(~BC 520) ┬ ㉕悼王(BC 520)
                  └ ㉖敬王(~BC 477) ─ ㉗元王(~BC 469) ─ ㉘定王(~BC 441) ─ 생략

시대가 열린 것이다. 이후 진(秦)나라가 법가적 현실 이해에 기반을 두고 하나씩 나라들을 병합하여 새로운 통일제국을 형성할 때까지의 역사 또한 간단하지 않다. 그 영역은 공자와 논어를 정점으로 하는 역사의 영역에서 일정하게 벗어나 있어 자세한 설명을 생략키로 한다.

주나라 관련 논어 단편(6개)

2/23

자장(子張)이 물었다.

"십 세 후의 일을 알 수 있겠습니까?"

선생님께서 말씀하셨다.

"은나라는 하나라의 예에 기인하였으니 보태지고 감해진 것을 알 수 있다. 주나라는 은나라의 예에 기인하였으니 보태지고 감해진 것을 알 수 있다. 주나라를 잇는 어떤 나라가 있다면 비록 백 세 후의 일이라도 알 수 있다."

子張問;十世可知也?子曰;殷因於夏禮,所損益可知也.周因於殷禮,所損益可知也.其或繼周者,雖百世可知也.

3/14

선생님께서 말씀하셨다.

"주(周)나라는 하(夏), 은(殷) 이대(二代)를 거울삼았으니 찬란하구나, 그 문화여! 나는 주를 따르겠다."

子曰;周監於二代,郁郁乎文哉!吾從周.

3/21

애공(哀公)이 재아(宰我)에게 사(社)에 관해 묻자 재아가 대답하였다.

"하후씨(夏后氏)는 소나무로써 하였고 은나라 사람은 잣나무로써 하였으며 주나라 사람은 밤나무로써 하였습니다."

"백성들로 하여금 두려워 떨게 한 것입니다."

선생님께서 그 말을 들으시고 말씀하셨다.

"이루어진 일은 설명하지 않고 끝난 일은 간하지 않으며 이미 지나간 일은 탓하지 않는 법이다."

哀公問社於宰我.宰我對曰;夏后氏以松,殷人以柏,周人以栗.曰;使民戰栗.子聞之曰;成事不說,遂事不諫,旣往不咎.

8/21

순 임금은 다섯 사람의 신하를 두었는데 천하가 다스려졌다. 무왕(武王)은 말하기를 "나는 다스리는 신하 열 명이 있다"고 하였다. 공자께서 말씀하셨다.

"인재만으로는 어렵다고 했으니 바로 그렇지 않으냐! 요순시절이 현왕조보다 더 태평성대를 이루었으니."

부인이 있어서 아홉 명뿐이었다.

"천하의 삼분의 이를 가지고 있으면서도 은나라에 복속하였으니 주나라의 덕은 가히 지고의 덕이라 말할 수 있겠구나!"

舜有臣五人,而天下治.武王曰;予有亂臣十人.孔子曰;才難,不其然乎?唐

虞之際,於斯爲盛.有婦人焉,九人而已.三分天下有其二,以服事殷,周之
德,其可謂至德也已矣!

15/11

안연(顏淵)이 나라 다스리는 것에 대해 묻자 선생님께서 말씀하셨다.
"하나라의 역법(曆法)을 쓰고 은나라의 수레를 타며 주나라의 관을 쓰
되 음악은 소무(韶舞)로 하여라. 정나라 소리를 추방하고 말 잘하는 자
를 멀리하여라. 정나라 소리는 음란하고 말 잘하는 자는 위태롭다."
顏淵問爲邦.子曰;行夏之時,乘殷之輅,服周之冕,樂則韶舞.放鄭聲,遠佞
人.鄭聲淫,佞人殆.

20/1

(전략)

(무왕이 말했다.) "주나라는 크나큰 천은(天恩)을 입어 선한 사람이 이처
럼 많도다. 비록 주(周)의 친척이 있다 하나 어진 사람만은 못하느니
라. 백성들이 잘못이 있다면 그 원인은 나 한 사람에게 있느니라."

(후략)

堯曰;咨,爾舜.天之曆數在爾躬,允執其中.四海困窮,天祿永終.舜亦以命
禹.曰;予小子履,敢用玄牡,敢昭告于皇皇后帝.有罪不敢赦.帝臣不蔽,簡
在帝心.朕躬有罪,無以萬方.萬方有罪,罪在朕躬.周有大賚,善人是富.雖
有周親,不如仁人.百姓有過,在予一人.謹權量,審法度,脩廢官,四方之政
行焉.興滅國,繼絶世,舉逸民,天下之民歸心焉.所重民食喪祭.寬則得衆,
信則民任焉,敏則有功,公則說.

주공 周公

주공은 문왕의 아들이자 무왕의 아우다. 또 제2대 성왕(成王)에게는 숙부이며 주나라 문화의 실질적 건설자다. 그는 아마도 아버지 문왕, 곧 서백 창이 생존해 있던 당시부터 그를 도와 주나라의 번성을 도왔을 것이고 문왕 사후에는 형인 무왕을 도와 주왕국의 건설에 누구보다 적극 기여하였을 것이나. 그가 얼마나 형을 도와 주나라 건설에 사심 없이 헌신하였는가 하는 것은 『서경』 금등(金縢)편에 잘 기록되어 있다.

은나라를 멸망시킨 뒤 2년 되던 해 무왕은 병이 들었다. 주공은 단을 쌓고 북쪽을 향해 서서 경건히 태왕과 왕계와 문왕에게 아뢰었다.

당신들의 맏손자 아무개가 지금 큰 병에 들어 있습니다. 바라건대 그의 병을 이 단(旦)으로 하여금 대신하게 하소서. 그래야만 이 땅의 백성들도 안정이 될 것이며 옛 임금님들도 영원히 의지할 곳이 있게 될 것입니다.

그리고 점을 치니 길한 괘가 나왔다. 주공은 자신이 조상들께 빈 글을 궤에 넣고 쇠밧줄로 밀봉하여 사관에게 맡기고 아무에게도 말하지 못하게 하였다. 그 이튿날 무왕은 씻은 듯이 병이 나았다. 당시 조상신들에게 빈다는 것이 결코 형식이나 시늉에 불과한 것이 아니라는 것을 생각할 때 병들어 죽을 운명을 자신이 대신하게 해달라는 것은 보기 드문 충절이었다. 이 전설 같은 이야기에서 주공의 사람됨과 주나라 건설에 대한 그의 지극정성을 엿볼 수 있다.

초창기 그는 무왕과 더불어 제후국들을 편성하고 제후들을 봉지(封地)에 파견하였을 것이다. 그러나 무왕은 그리 오래 재위하지 못했던 것 같다. 초창기 역사가 충실히 기록되어 있지 않아 무왕의 재위 기간이 정확히 얼마나 되는지는 여러 추측이 있으나 대개 재위 3년 만에 세상을 떠나고 말았다는 것이 다수설이다. 7년간 재위하였다는 설도 있으나 그렇다 하더라도 역시 오래 재위하지 않았던 것은 사실이다. 무왕 사후 제위에 오른 아들 성왕은 너무 어렸다. 그때 성왕이 몇 살이었는지 역시 정확한 기록이 없다. 전술한 『서경』 금등편에서 당시 성왕을 유자(孺子), 곧 어린아이라고 한 것을 보면 아무리 나이가 많아도 일반적으로 추정되고 있는 13살보다 더 많지는 않거나 오히려 그보다 훨씬 어렸을 것이다. 왕조를 창건한 사람이 3년 또는 7년 만에 죽고 후계자가 13살도 되지 않았다면 이는 새 왕조로서는 엄청난 위기였던 셈이다. 이 위기를 슬기롭게 넘긴 사람이 바로 주공이었다.

우선 그는 어린 조카 성왕을 사심 없이 보필하였다. 그것이 온전한 대행(代行)이었는지 아니면 말 그대로 보필이었는지는 분명한 기록이 남아 있지 않지만 아무래도 초기에는 대행에 가까웠다가 점점 보필의 형태로 나아갔을 것이다. 이런 경우 숙부 주공에 의한 왕권 찬탈은 구조적으로 발생 가능한 시나리오였을 것이다. 그런 일은 일어나지 않았지만 당시에도 심각한 의혹으로 존재했다. 주공의 바로 위의 형인 관숙(管叔)과 바로 아래 아우인 채숙(蔡叔) 등이 헛소문을 퍼트렸다. 주공이 장차 어린 조카 성왕에게 이롭지 않은(不利) 짓을 할 것이라는 내용이었다. 이 소문은 나라를 뒤흔들 만큼 거세게 퍼졌던 것 같지만 그 진원은 밝혀지지 않았다. 의혹의 중심이 된 주공은 견디다 못해 이공(二公)으로 일컬어지던 태공(太公) 강여상과 소공(召公) 석(奭)에게 말하기를 "내가 몸을 피하지 않는다면 선왕들께 고할 말씀이 없을 것입니다" 하고는 동쪽으로 몸을 피하였다. 아마 동도였던 낙읍으로 피신하여 권력의 중심에서 스스로 멀어지는 방법을 택했던 것 같다.

기록에 의하면 2년여가 지나 죄인들, 즉 헛소문을 퍼뜨린 관숙 등이 붙잡했다. 그 후 주공은 올빼미(鴟鴞)라는 시를 지어 성왕에게 바쳤는데 그 첫 장은 다음과 같았다.

올빼미야, 올빼미야
이미 내 새끼 빼앗았거늘
내 둥지 허물지마라
알뜰살뜰 키운
어린 자식 불쌍하다.[12]

시의 의미는 정확히 해석하기 어려우나 대체로 새 왕조의 기틀을 잡아가는 과정에서 이를 방해하는 세력에 대한 원망을 표현한 것으로 풀이하는 것이 보통이다. 그러나 그 후에도 오해가 완전히 풀어졌던 것 같지는 않으나, 어느 폭풍우가 휘몰아치고 큰 나무가 뿌리째 뽑혀서 나라 사람들이 두려움에 사로잡혀 있던 날, 성왕이 대신들과 함께 예복을 차려 입고 그 옛날 주공이 쇠줄로 봉해놓았던 궤를 열고 그 속의 글을 읽게 되었다. 그리고 비로소 주공이 주나라 왕실을 위해 자기 자신까지 바쳐가며 빌었던 글을 보게 되면서 주공의 진심을 확인하게 되었다.

은나라 유민들을 모아 다스리게 한 무경(武庚)이 감독 임무를 맡은 주공의 형 관숙과 동생 채숙이 '삼감의 난'을 일으키자 주공은 직접 나서서 이 난을 평정한 다음 무경과 관숙은 죽이고 채숙은 먼 곳으로 쫓아버렸다. 이런 일련의 과정에서 주나라는 많은 정치적 문서를 남기게 되었으니 오늘날 『서경』의 주서(周書)가 그것이다. 위고문으로 밝혀진 것을 제외할 때 주서는 모두 20개의 문서로 이루어져 있는데, 무왕과 성왕 때 이루어진 초창기 문서는 15개로

---

12) 鴟鴞鴟鴞,旣取我子,無毁我室,恩斯勤斯,鬻子之閔斯. 『시경』 빈풍(豳風)

그 중 주공이 직접 관련된 문서만 해도 금등(金縢), 강고(康誥), 주고(酒誥), 자재(梓材), 낙고(洛誥), 다사(多士), 무일(無逸), 군석(君奭), 다방(多方), 입정(立政) 등 모두 10개에 이른다. 이 문서들은 대부분 사관이 기록한 주공 관련 일화이거나 제후로 임명되어 떠나는 아우들에 대한 주공의 당부 사항, 통치지침, 주공과 성왕과의 대화, 관리들에게 내리는 복무 준칙, 주공이 성왕에게 올리는 훈계, 외교적 담화 등으로 주나라 통치의 기본 정신 내지 골자가 고스란히 담긴 것이다.

초창기 역사 기록이 하나도 남아 있지 않은 주나라에서 이 정치 문서는 주나라를 이끌어가는 중요한 정치적 기준으로 작용하였을 것이다. 그가 성왕을 도와 섭정한 기간이 과연 7년인지 그 이상인지 모르지만 그는 노나라의 제후로 봉해졌음에도 불구하고 성왕을 도와 초창기 주왕국의 기초를 세우느라 노나라에는 발도 딛지 못하고 자신의 아들 백금(伯禽)을 대신 보내 다스리게 할 수밖에 없었다.

그는 왕도 아니었고 문왕의 아들이자 무왕의 아우에 불과하였다. 따라서 주나라 건설에서 외형적으로 가장 중요한 인물은 역시 무왕이었지만, 주나라의 실질적인 건설자이자 그 어떤 나라보다 주나라를 825년이라는 긴 세월 동안 존속하게 한 실질적 원동력이 된 사람은 주공이었다 해도 과언이 아닐 것이다.

주공은 언제 죽었는지 기록이 없지만 성왕 재위 중에 죽은 것으로 보이며, 그가 죽은 후 둘째아들을 후계자로 삼아 대대로 왕을 보좌했던 것으로 보인다. 그들도 일반적으로 주공이라고 불렀으나 사후에는 가운데에 시호를 넣어 불렀으니, 이를테면 최초의 주공은 주문공(周文公)으로 불렀다. 사실상 주나라 왕도의 관직명처럼 된 주공은 왕도의 재정, 특히 모든 제후국에서 올라오는 공물(貢物)을 수합(收合), 관리하는 역할을 맡고 있었을 것으로 추정된다. 논어 11/18에서 공자가 말한 주공은 그런 의미에서 공자 당시에도 실제 있었던 주왕실의 관직명이었을 것이다. 소공(召公)도 마찬가지였던 것으로 보이는데, 이를테면 서주말 국인폭동으로 여왕(厲王)이 체(彘)로 달아난 이후 14년 동안은 바로 이들 주공과 소공 두 사람이 함께 다스리는 공화(共和) 통치의 기간이었다.

따라서 주공은 문왕의 아들이자 무왕의 아우로서 주나라를 창건하고 초창기 왕국을 건설하는 데에 탁월한 능력과 안목으로 기여한 뛰어난 인물을 지칭하기도 하고 봉지인 노나라에는 가지도 못하고 초기에는 호경(鎬京)의 인근 주(周)에서 성주(成周)라고 부른 낙읍(洛邑)에서 동방 개척에 매달렸다.

주공은 나이가 들고 병이 들어 죽을 때가 다가오지 자신의 육신을 성주에 묻음으로써 성왕을 떠나지 않겠다는 유언을 남겼다. 그렇게 주공이 죽자, 성왕은 주공을 문왕이 묻힌 필(畢) 땅에 묻어 성왕이 주공을 결코 신하로 여기지 않았다는 것을 보여주었다.

널리 알려져 있는 것처럼 공자는 주공을 이상적인 성인으로 여기고 꿈에서도 그를 보고 싶어할 정도로 경모하여, "나의 노쇠함이여! 내가 꿈에 주공을 다시 뵙지 못한 지가 오래되다니!"(久矣吾不復夢見周公!) 하고 탄식할 정도였다.

주공 관련 논어 단편(4개)

7/5

선생님께서 말씀하셨다.

심하다. 나의 노쇠함이여! 내가 꿈에 주공(周公)을 다시 뵙지 못한 지가 오래되다니!"

子曰;甚矣吾衰也!久矣吾不復夢見周公!

8/12

선생님께서 말씀하셨다.

"주공(周公)의 재능과 같은 아름다운 점이 있다 하더라도 교만하고 인색하다면 그 나머지는 볼 것도 없다."

子曰;如有周公之才之美,使驕且吝,其餘不足觀也已.

11/18

계씨(季氏)는 주공(周公)보다 부유한데도 구(求)가 그를 위해 부세(賦稅)를 걷어 더욱 부유하게 해주니 선생님께서 말씀하셨다.

"내 제자가 아니다. 너희들은 북을 울려 가며 그를 성토해도 좋다."

季氏富於周公,而求也爲之聚斂,而附益之.子曰;非吾徒也.小子鳴鼓而攻之,可也.

18/10

주공(周公)이 노공(魯公)에게 말했다.

"군자는 그 친족에게만 편중하지 않아 대신들로 하여금 써주지 않는다고 원망하게 하지 않는다. 오래 함께해 온 사람은 큰 문제가 없는 한 버리지 않는다. 한 사람에게 모든 것이 갖추어져 있기를 요구하지 않는다."

周公謂魯公曰;君子不施其親,不使大臣怨乎不以.故舊無大故,則不棄也.無求備於一人.

소韶, 소무韶舞, 무武

소는 일찍이 순(舜) 임금이 제정한 음악, 또 무는 주나라 무왕이 제정한 음악으로 알려져 왔다. 순 임금, 우임금, 탕 임금, 문왕, 무왕 등의 성왕(聖王)을 예악(禮樂)의 제정자로 보는 고대 중국의 시각은 이해하기도 어렵지만 무시하기도 어렵다. 더구나 소나 무는 현재 그 음악적 실체가 남아 전해지지도 않고 있기 때문에 음악적 체험을 통해 본질에 접근하는 것도 사실상 불가능하다.

다만 『좌전』 양공(襄公) 29년조(BC 544)의 기록에 보면 오나라의 현자(賢者) 계찰(季札)이 노나라를 순방하였을 때의 기록이 남아 있다. 계찰은 오나라 군주 수몽(壽夢, BC 585~BC 561 재위)의 막내 넷째아들로, 아버지가 지위를 물려주려 하였으나 끝까지 형들에게 사양함으로써 천하에 현자로 명성이 자자한 인물이었다. 그는 『좌전』 기록에 기원전 559년부터 485년까지 이름이 등장하는 것으로 보아 거의 100세 가까이 살았을 것으로 추정된다. 노나라에 들른 젊은 시절의 계찰은 양공에게 천하의 음악을 들려주기를 요청하여 여러 음악을 듣고 일일이 비평을 남겼다. 그때의 기록을 보면 다음과 같다.

> … 대무(大武)의 무악(舞樂)을 듣고 말하였다. "아름답습니다. 주나라의 성함이 이와 같았던가요?" 소호(韶濩)의 무악을 듣고 말하였다. "성인의 넓음이 나타나 있군요. 그러나 부끄러워하는 덕인가 합니다. 성인의 어려움이 엿보입니다. 대하(大夏)의 무악을 듣고 말하였다. "아름답습니다. 부지런히 힘쓰고도 덕으로 여기지 않았으니 우임금이 아니면 누가 능히 그렇게 처신할 수 있었겠습니까?" 소소(韶箾)의 무악(舞樂)을 듣고 말하였다. "덕이 지극하군요. 위대합니다. 마치 하늘이 덮지 않음이 없는 것 같고 땅이 싣지 않음이 없는 것 같습니다. 비록 심

히 성대한 덕이라 하더라도 이보다 더 할 수는 없겠습니다. 이제 그만 듣겠습니다. 다른 음악이 있다 하더라도 저는 감히 더 이상 청하지 않겠습니다.

대무는 무왕의 음악, 소호는 탕 임금의 음악, 대하는 우임금의 음악, 소소는 순 임금의 음악을 지칭했다. 일반적으로 소라고 하면 여기서 말하는 소소를 가리켰다. 그리고 그 소는 계찰의 비평에서도 드러나는 바와 같이 모든 음악 중에서 최고의 음악이었던 것 같다. 무(舞)가 붙은 것은 일반적으로 그 음악들이 춤과 함께 시연되었기 때문일 것이다.

계찰이 노나라에 와서 소나 무를 포함하여 천하의 모든 음악을 듣고 비평하던 해인 양공 29년, 공자는 여덟 살의 어린아이였다. 훗날 공자가 제나라를 방문하여 소를 들었던 것은 대략 공자가 30대 후반의 어떤 시점이었던 것으로 추정된다. 그렇다면 그때는 계찰이 노나라에 와서 음악을 듣던 시점보다 약 30년 정도 뒤였을 것이다. 따라서 공자가 제나라에 가서야 처음으로 소를 들었다는 것은 모국인 노나라에서는 소가 사라지고 없었기 때문이라고 보기는 어려울 것이다. 아마 노나라에서는 공자의 나이나 지위로 볼 때 그 음악을 들어볼 기회를 갖기 어렵다가 제나라에 가서 비로소 그런 기회를 가질 수 있었던 것이라 하겠다. 그때 그 음악에 대한 평가는 놀랍게도 30년 전 대선배 계찰이 내렸던 극찬을 고스란히 반복하는 극찬이었다. 음악에 관심이 있는 사람이라면 이제는 사라진 역사 속의 음악 소에 대해 궁금증을 아니 가질 수 없을 것이다.

소, 소무, 무 관련 논어 단편(3개)

3/25

선생님께서 소(韶)에 대하여 말씀하셨다.

"아름다움을 다하였을 뿐 아니라 선함도 다하였다."

무(武)에 대해 말씀하셨다.

"아름다움은 다하였으나 선함은 다하지 못하였다."

子謂韶;盡美矣,又盡善也.謂武;盡美矣,未盡善也.

7/15

선생님께서 제(齊)나라에 계실 때 소(韶)를 들으시고 석 달 동안 고기 맛을 모른 채 말씀하셨다.

"음악을 하는 것이 이런 경지에까지 이를 줄은 미처 몰랐구나!"

子在齊聞韶,三月不知肉味.曰;不圖爲樂之至於斯也!

15/11

안연(顏淵)이 나라 다스리는 것에 대해 묻자 선생님께서 말씀하셨다.

"하나라의 역법(曆法)을 쓰고 은나라의 수레를 타며 주나라의 관을 쓰되 음악은 소무(韶舞)로 하여라. 정나라 소리를 추방하고 말 잘하는 자를 멀리하여라. 정나라 소리는 음란하고 말 잘하는 자는 위태롭다."

顏淵問爲邦.子曰;行夏之時,乘殷之輅,服周之冕,樂則韶舞.放鄭聲,遠佞人.鄭聲淫,佞人殆.

『서書』

『서』는 중국의 가장 오래된 문헌으로 원래『서』라고만 불리다가 한대(漢代) 이후에는『상서(尙書)』라는 이름으로 존중되었으며 송대(宋代) 이후 경전으로 인정되고 나서 오늘날까지는『서경(書經)』이라 불리게 되었다.『서경』에 수록되어 있는 글로서 가장 오래 된 것으로는 우서(虞書)가 있다. 요 임금과 순 임금의 치적에 관한 기록을 담고 있으나 물론 그 문헌이 요순 당시에 성립된 것으로 보는 것은 무리다. 편수도 몇 편 되지 않는다. 그다음으로 하서(夏書)와 우공(禹貢), 감서(甘誓) 등이 있으나 시기적으로나 성격적으로 우서와 뚜렷이 구분되지 않는다.

이어서 은대(殷代)를 대상으로 한 상서(商書)가 있는데 가장 대표적인 것이 은나라를 건설한 탕 임금의 탕서(湯書)가 있다. 탕서는 탕왕이 하나라 걸왕(桀王)이 무도하여 백성들을 고통에 빠뜨리고 있으니, 나는 하늘의 명을 받아 그를 치려하는 바 여러분은 나를 도와 하늘이 내리는 이 벌을 이룰 수 있도록 해달라는 선전포고문이자 독전 연설문이다. 내용도 간단하고 분량도 짧다. 그 점에서 탕서는 전형적인『서경』의 기록문일 가능성이 높다. 또 은나라 제19대 반경(盤庚) 임금 때에 도읍을 은(殷) 땅으로 옮기는 과정에서 생산된 기록으로서의 반경이 있다. 분량도 제법 많고 비교적 높은 사실성(史實性)을 보여주고 있다.

또 고종융일(高宗肜日)도 매우 짧은 단편이지만 고종임금의 명성에 걸맞는 충신 조기(祖己)의 충언으로서 의미를 갖는다. 그러나 서백감려(西伯戡黎)와 미자(微子)는 비록 은나라의 문서로 분류되어 있지만 이미 그 내용으로 보면 주나라의 탄생에 관련된 문서로 보아야 할 것이다.

결국『서경』의 가장 핵심적인 부분은 분량도 가장 많고 내용상으로도 가장 주목할 만한 부분인 주서(周書)라 할 수 있다. 그리고 주서의 핵심적이고 중요한 부분은 역시 주공(周公)이 직간접으로 관련된 10여 개의 글들이다. 주공은 주나라 건설의 실권자로서 천년왕국(千年王國) 주나라의 탄탄하고 안정적인 토대를 건설하기 위하여 정신적·제도적 기초를 확립하려는 노력을 기울였는데, 그것은 주공의 훈시, 건의, 당부, 회유 등 다양한 형태로 전개되었다. 주공은 그때마다 전개된 발언을 사가들에게 기록하게 후 보존하게 하였던 것으로 보인다. 당연히 거기에는 주공의 수준 높은 사유와 인격이 녹아들어 있을 수밖에 없을 것이다.

이처럼 주서의 대부분은 주나라 건국 초기의 문서들이다. 다만 제3대 강왕(康王) 이후로는 문서가 없다가 뒤로 가면서 제5대 목왕(穆王) 때의 문서가 하나, 제13대 평왕(平王) 때의 문서가 하나, 제18대 양왕(襄王) 때에 노(魯)나라와 진(秦)나라에서 생산된 문서가 둘 출현했을 따름이다. 이는『서』가 사실상 기원전 11세기였던 주초, 주공의 노력에 의해 편성이 완료되어 주대의 정치에 폭넓게 활용되다가 기원전 7세기 무렵까지 약간의 추록이 있었음을 말해주는 것이다.

논어에서 말하는『서』, 춘추시대 공자가 살았을 때 그가 읽고 배우고 제자들을 가르치던『서』는 이 원래의『서』일 가능성이 크다. 망실이나 위작의 문제가 대두된 것은 주로 진시황의 분서갱유를 거치고 한대 이후 다수의 고전들이 복원되는 과정에서였다. 복원된『서』의 대표적인 것은 진(秦) 말에서 한(漢)초에 걸쳐 살았던 노옹 복생(伏生)에 의해 복원된 것이다. 기억력에 의해 복원되었다는 설도 있고 감추어두었던『서』중 일부 망실하고 남은 일부를 금문으로 복원하여 가르치던 것이라고도 한다.[13] 어쨌든 그렇게 복원된 것이

---

13) 대개 후자로 본다. 따라서 복생의 금문상서도 원래는 고문상서였던 셈이다.

모두 29편이었는데 이것이 소위 금문상서(今文尙書)였다. 효문제(孝文帝, BC 179~BC 157) 때의 일이었다.

뒤이은 효경제(孝景帝, BC 156~BC 141) 때 노(魯)나라의 공왕(恭王)이 궁전을 넓히려고 공자의 옛집을 헐다가 벽 속에서 『서경』을 비롯한 많은 경전을 얻었다. 문자 혁명 이전의 고문으로 작성된 이『서경』에는 복생이 복원한 29편 외에 16편이 더 있었다. 그러나 이 고문상서는 새로 숨겨져 있다가 발견된 다른 몇몇 고문상서들과 함께 별로 주목을 받지 못하다가 결국 모두 멸실되고 말았다.

오늘날 우리에게 전해지고 있는 58편짜리 상서는 동진(東晉, 317~419) 때 예장내사(豫章內史) 매색(梅賾)이 공자의 11세 손 공안국(孔安國)의 전(傳)을 얻었다며 임금에게 바친 것이다. 이 58편의 『서경』은 복생이 복원한 29편 중 일부를 나누어 모두 33편으로 만든 다음 새로 25편을 더 한 것이다. 이것이 폭넓게 읽히기 시작했다. 그러나 이 새로 추가된 25편은 송대에 와서 주자 등 일부 학자들이 의심하기 시작하다가 원대와 명대를 거치며 그 거짓됨을 논하는 학자들이 더 많아졌다. 결국 청대에 이르러 염약거(閻若璩, 1636~1704)의 『상서고문소증(尙書古文疏證)』과 혜동(惠棟, 1697~1758)의 『고문상서고(古文尙書考)』에 이르러 비로소 그것이 위작임이 드러났다. 공안국이 전했다는 것도 물론 거짓이었다. 최술(崔述, 1740~1843)의 『고문상서변위(古文尙書辨僞)』에 이르러서는 더 모든 것이 분명히 드러났다.

상서가 모두 진짜라고 믿었던 유학자들은 큰 충격에 빠졌다. 즐겨하던 많은 문구들이 위작으로 밝혀진데다 주자도 경탄해 마지않던 저 人心惟危道心惟微.惟精惟一允執厥中이 들어 있던 대우모(大禹謨)도 가차 없이 위고문(僞古文)으로 판정되었기 때문이다. 그러나 비록 위작으로 밝혀졌지만 빼어난 문장이 많고 내용이 일실되고 편명만 남았던 편들을 중심으로 만들어졌다는 점, 또 일부는 논어 등 믿을 만한 전거에 인용되었던 문구에서 문장이 만들어지는(논어 2/21, 14/43) 등 완전히 도외시하기는 어려운 점이 있다. 그런 과정을 겪으며『서경』관련 학문은 또 한 걸음 진일보하게 되어 오늘날도『서경』은 3천 년 전 주공(周公)이라는 한 진실했던 정치인의 정치적 꿈, '천년의 꿈'이 살아 숨 쉬는 희귀한 문헌으로 남아 전해지고 있다. 참고로 금문상서와 고문상서를 함께 놓고 정리하면,『서』의 각편 목차와 주요 내용은 다음과 같다.

우서(虞書)

1. 요전(堯典)　　　요 임금의 통치양상과 순 임금을 선택하는 과정.

2. 순전(舜典)　　　순 임금의 통치양상. 요전의 후반을 이루고 있다가 분리됨.

3. 대우모(大禹謨)　금문에는 없는 위고문으로 우가 순 임금, 익과 나누는 대화.

4. 고요모(皐陶謨)　고요(皐陶)가 순 임금 앞에서 우(禹)와 나누는 대화.

5. 익직(益稷)　　　순 임금과 고요와 우의 대화. 고요모의 후반을 이루고 있다가 분리됨.

하서(夏書)

1. 우공(禹貢)　　　우의 치수와 공물(貢物)에 관한 기록. 하서는 우서에 붙여 우하서라 했음.

2. 감서(甘誓)　　　우의 아들 계(啓)가 감(甘) 땅에서 유호씨(有扈氏)와 싸울 때의 군령.

3. 오자지가(五子之歌)　금문에는 없는 위고문. 태강(太康)의 다섯 동생들의 훈계.

4. 윤정(胤征)　　　금문에는 없는 위고문.

상서(商書)

1. 탕서(湯誓)　　　하나라 말 탕(湯)이 걸(桀)을 치기 위해 박(亳)에서 전군에게 행한 포고문.

2. 중훼지고(仲虺之誥)　금문에는 없는 위고문으로 신하 중훼(仲虺)가 탕에게 보고하는 글.

3. 탕고(湯誥)　　　금문에는 없는 위고문으로 탕이 박으로 돌아와 행한 연설.

4. 이훈(伊訓)　　금문에는 없는 위고문으로 이윤(伊尹)이 태갑(太甲)에게 행한 권고.

5. 태갑상(太甲上)　금문에는 없는 위고문으로 이윤이 태갑에게 행한 경고.

6. 태갑중(太甲中)　　　　〃

7. 태갑하(太甲下)　　　　〃

8. 함유일덕(咸有一德)　금문에는 없는 위고문으로 이윤이 태갑에게 일관된 덕을 강조
　　　　　　　　함.

9. 반경상(盤庚上)　원래 상중하편이 하나로 되어 있었으며 은(殷)으로 천도하는 과정
　　　　　　　　별로 백성들에게 천도를 설득하고 다독임.

10. 반경중(盤庚中)　　　　〃

11. 반경하(盤庚下)　　　　〃

12. 열명상(說命上)　금문에는 없는 위고문으로 고종(高宗)이 부열(傅說)을 얻고 내린
　　　　　　　　훈시.

13. 열명중(說命中)　금문에는 없는 위고문으로 부열이 고종에게 올리는 상소.

14. 열명하(說命下)　금문에는 없는 위고문으로 부열이 고종에게 올리는 상소.

15. 고종융일(高宗肜日)　고종을 제사지낸 다음날 또 지내던 융제에서 조경(祖庚)의 제문.

16. 서백감려(西伯戡黎)　서백(西伯)이 여(黎)나라를 이기자 조이(祖伊)가 주(紂)를 경고함.

17. 미자(微子)　　주의 악행을 보고 그의 서형 미자가 기자와 비간에게 출분을 탄
　　　　　　　　원함.

주서(周書)

1. 태서상(泰誓上)　금문에는 없는 위고문으로 주를 칠 때 맹진에서 군사들에게 행한
　　　　　　　　군령.

2. 태서중(泰誓中)　　　　〃

3. 태서하(泰誓下)　　　　〃

4. 목서(牧誓)　　무왕 발(發)이 목(牧)에서 은나라 주(紂)를 치기 전에 행한 군령.

5. 무성(武成) 금문에는 없는 위고문으로 무왕이 주를 치고 주나라를 건설하는 과정.

6. 홍범(洪範) 기자(箕子)가 지어 무왕에게 바쳤다는 큰 아홉 가지 규범(洪範九疇).

7. 여오(旅獒) 금문에는 없는 위고문으로 당시 태보(太保)가 임금에게 지어 바친 교훈.

8. 금등(金縢) 주초 주공(周公)이 무왕을 위하여 진력한 감동적 일화를 사관이 적은 비록(秘錄).

9. 대고(大誥) 무왕이 죽고 성왕이 어렸을 때 산간의 난이 나 주공이 이를 정벌하려 함.

10. 미자지명(微子之命) 금문에는 없는 위고문. 성왕이 송나라에 미자를 봉하며 한 말.

11. 강고(康誥) 성왕 대신 주공이 위나라에 아우 강숙(康叔)을 봉하며 내린 당부의 말.

12. 주고(酒誥) 성왕 대신 주공이 강숙에게 술의 폐해를 경고하며 내린 당부의 말.

13. 자재(梓材) 성왕 대신 주공이 강숙에게 가래나무에 비유한 치국의 절차를 가르침.

14. 소고(召誥) 소공(召公)이 주공과 함께 낙읍을 개척하고 성왕께 덕치를 강조함.

15. 낙고(洛誥) 성왕은 주공에게 낙읍을 당부하고 호경으로 돌아가며 각자 사명을 상기함.

16. 다사(多士) 주공이 은나라 고관들에게 새 왕조의 사명에 따라 새 땅에 살기를 권함.

17. 무일(無逸) 주공이 성왕에게 안일하지 말고 은나라 중종, 고종처럼 부지런하기를 권함.

18. 군석(君奭) 소공이 늙어 은퇴하려 하자 주공이 만류하던 말.

19. 채중지명(蔡仲之命) 금문에는 없는 위고문. 채숙의 아들 채중을 채에 봉하며 내린 말.

20. 다방(多方) 주공이 새 왕국의 질서에 순응하지 못하는 여러 나라를 회유, 설득

하는 말.

21. 입정(立政)　　주공이 성왕에게 나라의 기본으로 관리를 잘 세워야 함을 강조함.

22. 주관(周官)　　금문에는 없는 위고문. 성왕의 관에 관한 훈시.

23. 군진(君陳)　　금문에는 없는 위고문. 성왕이 주공 사후 낙읍을 다스린 군진에게 한 훈시.

24. 고명(顧命)　　왕이 소공과 필공(畢公) 등을 불러 유언을 하고 강왕(康王)이 등극함.

25. 강왕지고(康王之誥)　원래 고명에 포함되었던 것 중 강왕의 발언만을 따로 떼어냄.

26. 필명(畢命)　　금문에는 없는 위고문. 강왕이 낙읍의 백성들을 필공에게 맡겨 다스리게 함.

27. 군아(君牙)　　금문에는 없는 위고문. 목왕(穆王)이 군아에게 행한 훈계.

28. 경명(冏命)　　금문에는 없는 위고문. 목왕이 백경(伯冏)에게 행한 훈계.

29. 여형(呂刑)　　목왕이 사구(司寇)가 된 여후(呂侯)에게 형벌을 조심히 행사하라고 당부함.

30. 문후지명(文侯之命)　평왕(平王)이 진문후(晉文侯)에게 방백(方伯)으로서 역할을 당부함.

31. 비서(費誓)　　노희공(魯僖公)이 회이와 서융을 치고자 비(費)에서 군령을 포고함.

32. 진서(秦誓)　　진목공(秦穆公)이 남탓은 쉽지만 남의 탓 수용하기는 어렵다 등 좀 난해함.

『서(書)』 관련 논어 단편(3개)

2/21

어떤 사람이 공자에게 말했다.

"선생님께서는 어째서 정치를 하지 않으십니까?"

선생님께서 말씀하셨다.

"『서(書)』에 '효성스러우시오! 효성이야말로 형과 아우에게 우애를 다 하게 하고 정사에까지 베풀어지는 것이오!' 하는 말이 있습니다. 이도 또한 정치니 어찌 그것만을 정치라 하겠소."

或謂孔子曰;子奚不爲政?子曰;書云,孝乎惟孝,友于兄弟,施於有政,是亦 爲政,奚其爲爲政.

7/19

선생님께서 평소 말씀하신 바는 『시(詩)』와 『서(書)』와 예법에 관한 것 이었으니 이것들에 대해서는 모두 평소 말씀하셨다.

子所雅言,詩書執禮,皆雅言也.

14/43

자장(子張)이 말했다.

"『서(書)』에 말하기를 '고종(高宗)께서는 복상(服喪)하는 삼 년 동안 말 씀을 아니 하셨다' 하는데 무슨 뜻입니까?"

선생님께서 말씀하셨다.

"어찌 고종만 그랬겠느냐? 옛사람들은 다 그랬으니 임금이 돌아가시면 백관들은 자기 일을 총괄하며 삼 년간 총재(冢宰)의 지휘를 따랐다."

子張曰;書云,高宗諒陰,三年不言,何謂也?子曰;何必高宗?古之人皆然.君 薨,百官總己以聽於冢宰,三年.

『시詩』, 주남周南, 소남召南, 관저關雎, 옹雍

논어에서 시(詩)라고 하면 우리가 일반적으로 말하는 그 시(詩)를 의미하면서도 대부분은 더 구체화된 뜻에서 여러 민족의 시를 모아놓은 책으로서의 『시(詩)』를 말한다. 후대에 와서 『시』는 경전으로 받들어지면서 『시경(詩經)』이라 불리게 되었다.

『시경』은 중국 고대의 시가집으로 전체 시의 숫자는 현재 제목만 남아 있는 여섯 개의 시를 제외하면 모두 305편이다. 논어에서 공자가 두 번(2/2. 13/5)이나 "시삼백"(詩三百)이라고 한 것을 보면 현재 남아 있는 『시경』의 편수나 내용은 공자 당시와 크게 달라지지 않은 것으로 보인다.

그렇다면 『시경』은 언제 채록되고 편찬되었을까? 아무래도 주나라가 건국되고 얼마간의 세월이 지나 주대 문화가 정착된 어느 시점이었을 것이다. 그리고 누군가에 의해 철저히 기획되고 채록되어 비교적 단기간에 걸쳐 편찬되어 최초의 모습을 선보였을 것으로 보인다. 국풍(國風)에 포함된 나라들이 건국 초기의 여러 나라들임을 볼 때 그런 판단이 들 뿐 아니라 그 첫 부분을 차지하고 있는 주남(周南)과 소남(召南)을 보면 더욱 그런 생각이 든다. 뿐만 아니라 이 『시경』 편찬 사업은 어쩌면 바로 공자가 존경해 마지않던 저 주공(周公)에 의해 기획되었던 사업이었을 가능성도 있다.

공자는 완성된 『시경』으로 제자들을 교육한 것으로 보이기 때문에 확실히 『시경』의 편찬 종료 시점은 공자 이전의 어떤 시점이었을 것이다. 그리고 국풍에 정풍(鄭風)이 포함된 것을 보면 주대의 많은 제후국들 중에서 비교적

늦게 건국된 정나라의 건국 시점인 기원전 806년 이후에 최종 편찬된 것이 틀림없다. 또 여러 작품들에 드러난 개별적 사실들로 미루어볼 때 주나라가 도읍을 낙읍으로 옮긴 소위 동천(東遷) 이후로 볼 수밖에 없다. 따라서 동천이 있었던 기원전 770년 이후의 어떤 시점이었을 것이다.

한편 노나라 양공(襄公) 29년, 기원전 544년 오나라의 현인 계찰(季札)이 노나라를 예방하였을 때 주나라의 음악을 연주해줄 것을 요청하여 각국의 민요 등을 듣고 상세한 비평을 남겼다. 『좌전』 양공 29년조에 남아 있는 악곡들은 주남(周南), 소남(召南), 패풍(邶風), 용풍(鄘風) 등 그 명단은 물론 악곡들의 순서마저 지금 기록되어 있는 『시경』 국풍의 내용과 거의 일치한다. 그런가 하면 노나라 양공 4년, 기원전 569년에는 노나라의 숙손목자(叔孫穆子)가 진(晉)나라에 갔을 때 진도공(晉悼公)이 향연을 베풀어 소아의 녹명(鹿鳴), 사모(四牡), 황황자화(皇皇者華)를 연주하는 모습을 보여주고 있다.

이 모든 것을 고려하면 『시경』이 최종 편찬된 것은 대체로 기원전 700년을 전후한 시점이었을 것으로 보인다. 물론 편찬 시점이 그렇다는 것이고, 편찬 대상은 국풍의 경우 편찬 시점의 민요 등이겠지만 소아(小雅)나 대아(大雅), 송(頌) 등의 경우 일부는 은나라 때부터 전해오던 것들도 있었을 수 있다. 그 내용은 다음과 같다.

시(詩)	305	내용
국풍(國風)	160	주요 15개국의 민요로서 평범한 백성들이 사랑과 그리움, 원망 등을 자연스럽게 노래한 것들이다. 인간의 상정(常情)을 다루었다는 점에서 높이 평가 받을 수 있는 시가들이다. 주남(周南) 11, 소남(召南) 14, 패풍(邶風) 19, 용풍(鄘風) 10, 위풍(衛風) 10, 왕풍(王風) 10, 정풍(鄭風) 21, 제풍(齊風) 11, 위풍(魏風) 7, 당풍(唐風) 12, 진풍(秦風) 10, 진풍(陳風) 10, 회풍(檜風) 4, 조풍(曹風) 4, 빈풍(豳風) 7

십오 국풍(國風)

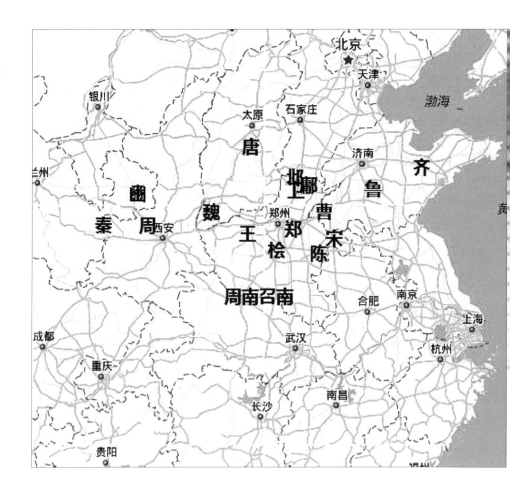

소아(小雅)	74	국풍과 달리 민간에서 수집된 것이 아니라 사대부 계층에서 정치와 관련하여 지은 것이다. 그러나 실제 내용을 보면 민요적 성격의 시가 많이 포함되어 있다. 제목만 있는 작품 여섯 개가 더 있다. 녹명지십(鹿鳴之什) 10, 남유가어지십(南有嘉魚之什) 10, 홍안지십(鴻雁之什) 10, 절남산지십(節南山之什) 10, 곡풍지십(谷風之什) 10, 보전지십(甫田之什) 10, 어조지십(魚藻之什) 14
대아(大雅)	31	연회 음악으로 나라의 기초를 되돌아보고 선왕을 기리거나 나라의 위기를 경고하는 내용이다. 문왕지십(文王之什) 10, 생민지십(生民之什) 10, 탕지십(蕩之什) 11
송(頌)	40	제사의 음악으로 선왕의 공덕을 기리는 것이 주된 내용이다. 주송(周頌) 31, 노송(魯頌) 4, 상송(商頌) 5

그러나 옛 시의 구절로 인용된 것들 중에 현재의 『시경』에 나오지 않는 시들이 제법 있는 것을 보면 편찬 당초의 『시경』이 오늘날 그대로 전수되고 있다고 보기도 어려운 측면이 있다. 그러나 공자가 직접 개입하여 『시경』을 산정하였다는 설은 인정하기 어렵다.

예나 지금이나 『시경』의 가장 중요한 부분은 역시 전체 시의 절반 이상을 차지하는 국풍, 즉 민중들의 시가다. 공자가 아들 백어(伯魚)에게 읽어보았느냐고 물었던 주남과 소남도 바로 국풍의 첫 두 시편들이었다. 주남은 일찍이 주공이 직할하던 왕도 인근의 식읍이었고, 소남 역시 전설적인 소공(召公)이 직할하던 그 옆의 식읍이었다. 아마 후대에도 이 두 곳의 시가들은 두 사람의 남다른 덕화로 인하여 나른 곳과는 다른 수준과 내용을 보여준다고 생각했던 것 같다. 주남의 첫 시가 바로 관저(關雎)다. 전문은 다음과 같다.

징경이 우는 소리

모래톱에 들리네

아리따운 아가씨는

사나이의 좋은 짝

올망졸망 마름 풀들

이리저리 찾는다

아리따운 아가씨

자나 깨나 그리네

구해도 얻을 수 없어

자나 깨나 그 생각뿐

끝없는 이 마음

잠 못 이뤄 뒤척이네

올망졸망 마름 풀들

이리저리 뜯는다

아리따운 아가씨

거문고로 즐기리

올망졸망 마름 풀들

이리저리 고르고

아리따운 아가씨

북을 치며 즐기리[14)]

논어 3/2에 나오는 옹(雍)은 주송(周頌)의 신공지십(臣工之什)에 나오는 옹(雝=雍)으로 주왕조를 연 무왕(武王)이 태조 문왕(文王)을 제사지내는 체제(禘祭)의 노래라 하며, 전문은 다음과 같다.

---

14) 關關雎鳩, 在河之洲, 窈窕淑女, 君子好逑. 參差荇菜, 左右流之, 窈窕淑女, 寤寐求之, 求之不得, 寤寐思服, 悠哉悠哉, 輾轉反側, 參差荇菜, 左右采之, 窈窕淑女, 琴瑟友之, 參差荇菜, 左右芼之, 窈窕淑女, 鐘鼓樂之. 이가원 감수역.

북화기도 애애하게 종묘 찾아와 경건하고 엄숙히 들어오도다

제사를 도우러 오는 제후들 천자의 높은 덕망 아리따우서

아아 여기에 큰 제물 바쳐 제후들 이 몸 도와 제사 드리오

지극히 거룩하신 부왕이시여 이 아들 평안하게 하여 주소서

어질고 슬기로운 어른이시며 문무를 겸비하신 임금이시니

하늘의 신께서도 마음 놓으사 우리들 자손을 번영케 하리

우리들 자손에게 장수 주시고 누리는 복을 더욱 크게 하셨네

빛나는 그 은혜는 주상님들과 문덕 높은 이미니의 도움이었네[15]

『시경』은 진시황의 분서갱유로 사라졌다가 전한대에 이르러 다시 출현하였는데 재건된 제(齊)나라 원고생(轅固生)의 제시(齊詩), 노(魯)나라 신배공(申培公)의 노시(魯詩), 연(燕)나라 한영(韓嬰)의 한시(韓詩), 노(魯)나라 모형(毛亨)의 모시(毛詩) 등 네 개 주석본이 유명했다. 그 후 제시는 조위(趙魏) 때, 노시는 동진(東晉) 때, 한시는 남송(南宋) 때 없어지고, 남은 것은 모형의 모시뿐이다. 모시는 같은 전한대 조(趙)나라의 모장(毛萇)에게 전해졌다가 후한대에 와서는 유명한 정현(鄭玄)의 주석이 달리는가 하면 당대에 와서는 공영달(孔穎達)의 소(疏)가 붙는 등 점점 유명해져서 나중에는 모시는 『시경』의 별칭처럼 불리게 되었다. 오늘날 우리에게 전해지고 있는 『시경』도 바로 이 모시다.

---

15)　有來雍雍,至止肅肅,相維辟公,天子穆穆,於薦廣牡,相予肆祀,假哉皇考!綏予孝子,宣哲維人,文武維后,燕及皇天,克昌厥後,綏我眉壽,介以繁祉,既右烈考,亦右文母.

『시(詩)』 관련 논어 단편(13개)

1/15

자공이 말했다.

"가난하면서도 비굴하지 않고 부유하면서도 거만하지 않다면 어떻습니까?"

선생님께서 말씀하셨다.

"괜찮다. 그러나 가난하면서도 즐거워하고 부유하면서도 예를 좋아하는 것만은 못하다."

자공이 말하였다.

"『시경』에서 '자른 듯, 벼린 듯, 쫀 듯, 간 듯' 한 것은 바로 이를 두고 한 말이겠군요?"

선생님께서 말씀하셨다.

"사(賜)야. 비로소 함께 시를 말할 수 있게 되었구나. 가는 것에 대해 일러주었더니 오는 것까지 아는구나."

子貢曰;貧而無諂,富而無驕,何如?子曰;可也,未若貧而樂,富而好禮者也.子貢曰;詩云,如切如磋,如琢如磨,其斯之謂與?子曰;賜也,始可與言詩已矣.告諸往而知來者.

2/2

선생님께서 말씀하셨다.

"시 삼백편을 한마디로 규정하자면 '생각에 사악함이 없다'는 것이다."

子曰;詩三百,一言以蔽之曰,思無邪.

3/8

자하(子夏)가 물었다.

"'짓는 웃음 고와라, 반짝이는 눈매 어여뻐라, 순수한 바탕이 고운 무늬 되었네' 하는 것은 무엇을 말한 것입니까?"

선생님께서 말씀하셨다.

"그리는 일이 있은 후에야 순수함이 살아난다는 뜻이다."

자하가 말하였다.

"예가 있은 후라는 뜻인가요?"

선생님께서 말씀하셨다.

"나를 일깨워 주는 자는 상(商)이다. 비로소 함께 시를 말할 수 있게 되었구나."

子夏問曰;巧笑倩兮,美目盼兮,素以爲絢兮,何謂也?子曰;繪事後素.曰;禮後乎?子曰;起予者商也,始可與言詩已矣.

7/19

선생님께서 평소 말씀하신 바는 『시(詩)』와 『서(書)』와 예법에 관한 것이었으니 이것들에 대해서는 모두 평소 말씀하셨다.

子所雅言,詩書執禮,皆雅言也.

8/4

증자(曾子)께서 병이 드시자 문하 제자들을 불러 모으시고 말씀하셨다.

"내 발을 펴고 내 손을 펴 다오. 『시(詩)』에서 말한 것처럼 '두려워 떨며 조심조심하기를 깊은 못가에 임한 듯 살얼음을 딛는 듯' 하였으나 이제부터는 내가 거기에서 벗어남을 알겠구나. 얘들아."

曾子有疾,召門弟子曰;啓予足,啓予手.詩云,戰戰兢兢,如臨深淵,如履薄
冰,而今而後,吾知免夫,小子.

8/9

선생님께서 말씀하셨다.

"시를 통해 일어나고 예를 통해 서며 음악을 통해 이룬다."

子曰;興於詩,立於禮,成於樂.

13/5

선생님께서 말씀하셨다.

"시 삼백 편을 다 외우고도 그에게 정사를 맡겼을 때 제대로 수행해 내
지 못하고 각국에 사신으로 나가 알아서 대응하지 못한다면 비록 많이
외웠다한들 무슨 소용이 있겠느냐?"

子曰;誦詩三百,授之以政,不達,使於四方,不能專對,雖多,亦奚以爲?

16/13

진항(陳亢)이 백어(伯魚)에게 물었다.

"당신은 역시 달리 들은 것이 있겠지요?"

백어가 대답했다.

"없습니다. 일찍이 혼자 서 계실 때 내가 바삐 뜰을 지나가는데 '시는
배웠느냐?'고 하시기에 '아직 배우지 못했습니다' 했더니 '시를 배우지
않으면 말을 할 수가 없단다' 하셨습니다. 나는 물러나 시를 배웠습니

다. 후일 또 홀로 서 계실 때 내가 바삐 뜰을 지나가는데 '예는 배웠느냐?'고 하시기에 '아직 배우지 못했습니다' 했더니 '예를 배우지 않으면 설 수가 없단다' 하셨습니다. 나는 물러나 예를 배웠습니다. 이 두 가지를 들었습니다."

진항이 물러나와 기뻐하며 말했다.

"한 가지를 물어서 세 가지를 얻었다. 시에 대해 들었고 예에 대해 들었으며 또 군자는 자기 자식을 멀리한다는 것을 들었다."

陳亢問於伯魚曰;子亦有異聞乎?對曰;未也.嘗獨立,鯉趨而過庭.曰,學詩乎?對曰,未也.不學詩,無以言.鯉退而學詩.他日又獨立,鯉趨而過庭.曰,學禮乎?對曰,未也.不學禮,無以立.鯉退而學禮.聞斯二者.陳亢退而喜曰;問一得三.聞詩,聞禮,又聞君子之遠其子也.

17/9

선생님께서 말씀하셨다.

"너희들은 왜 시를 배우지 않느냐? 시는 그로써 깨어 일어날 수 있고 그로써 살필 수 있고 그로써 어울릴 수 있으며 그로써 원망할 수 있다. 또 가깝게는 아버지를 섬기고 멀리로는 임금을 섬기며 새와 짐승과 풀과 나무의 이름도 많이 알게 된다."

子曰;小子何莫學夫詩?詩,可以興,可以觀,可以群,可以怨,邇之事父,遠之事君,多識於鳥獸草木之名.

17/10

선생님께서 백어(伯魚)에게 말씀하셨다.

"너는 주남(周南)과 소남(召南)을 배웠느냐? 사람이 주남과 소남을 배우지 않으면 그것은 담을 마주하고 서 있는 것과 같을 것이다."

子謂伯魚曰;女爲周南召南矣乎?人而不爲周南召南,其猶正牆面而立也與.

3/20

선생님께서 말씀하셨다.

"관저(關雎)는 즐거우나 음란하지 않고 애틋하나 감상에 떨어지지 않는다."

子曰;關雎,樂而不淫,哀而不傷.

3/2

삼가(三家)의 사람들이 옹가(雍歌)를 부르며 제사를 파하자 선생님께서 말씀하셨다.

"시경의 '제사를 도와 드리는 제후들, 천자의 모습 아름다우셔라'를 어떻게 삼가의 묘당(廟堂)에서 쓸 수 있단 말인가!"

三家者以雍徹,子曰;相維辟公,天子穆穆,奚取於三家之堂!

체 禘

체는 체제(禘祭)로서 천자가 지내던 큰 제사(王者之大祭)를 말한다. 원래는 하(夏)나라의 대제(大祭)를 은(殷)나라 사람들이 체(禘)라 일컬었다 한다. 종묘의 역대 선왕들을 합사(合祀)하는 제사, 즉 체협(禘祫)이라고도 하나 조상을 기리는 제사라기보다 원래는 하늘(天)에 대한 제사였던 것으로 보인다.

『예기』 상복소기(喪服小記)편과 대전(大傳)편에 각각 "예에 제왕이 아니면 체제를 지내지 않는다. 제왕은 그 시조가 나온 곳에서 체제를 지내고 그 조상을 배향한다"[16]는 동일 문장이 보인다. 그러나 노나라만큼은 성왕(成王)의 명에 따라 천자의 예악으로 노나라의 시조 주공을 제사지낼 수 있도록 하였다 한다.[17]

『예기』 제통(祭統)편에 나오는 다음과 같은 설명을 참고할 수 있다.

체제(禘祭)와 상제(嘗祭)의 의미가 커서 나라를 다스리는 근본이 되니 알지 않으면 안 된다. 그 의미를 밝히는 자는 임금이요 그 일을 능히 받들어 행하는 자는 신하다. 그 의미를 밝히지 못하면 임금 노릇이 온전치 못할 것이요 그 일을 능히 받들어 행하지 못하면 신하 노릇이 온전치 못할 것이다.[18]

---

16) 禮不王不禘, 王者禘其祖之所自出, 以其祖配之.

17) 成王以周公爲有勳勞於天下, 是以封周公於曲阜, 地方七百里, 革車千乘, 命魯公世祀周公以天子之禮樂. 『禮記』明堂位

18) 禘嘗之義大矣, 治國之本也, 不可不知也. 明其義者君也. 能其事者臣也. 不明其義, 君人不全, 不能其事, 爲臣不全.

3/10

선생님께서 말씀하셨다.

"체제(禘祭)를 지낼 때 술을 부어 강신(降神)을 빈 이후의 절차는 나는
보고 싶지 않다."

子曰;禘,自旣灌而往者,吾不欲觀之矣.

3/11

어떤 사람이 체제(禘祭)의 이치를 물으니 선생님께서 말씀하셨다.

"모릅니다. 그 이치를 아는 자에게 있어서 천하란 여기에 올려놓고 보
여 주는 것과 같을 것입니다"

하고 자신의 손바닥을 가리키셨다.

或問禘之說.子曰;不知也.知其說者之於天下也,其如示諸斯乎!指其掌.

팔일무 八佾舞

팔일무는 고대의 제례무악(祭禮舞樂)으로 춘추시대에는 제후국 중에는 오직
송나라와 노나라만이 예악을 시행하고 있었다 한다.(『좌전』 양공 10년조) 노나
라 은공(隱公) 5년에 혜공(惠公)의 부인 중자(仲子)의 사당이 완공되어 은공이

만무(萬舞)를 추게 하려고 중중(衆仲)에게 춤추는 사람의 수에 대해 물었다. 그때 중중은 이렇게 답하였다.

천자는 여덟 줄로 춤을 추고 제후는 여섯 줄, 대부는 네 줄로 추며 사(士)는 두 줄을 사용합니다. 무릇 무악은 팔음(八音)을 조절하고 팔풍(八風)을 행하는 것 이므로 여덟 이하로 줄을 정하고 있습니다.

그리하여 은공은 그 기준에 따라 처음으로 여섯 줄을 써서 만무를 추었다. 육일(六佾)이 처음 시행된 것이었다. 한 줄은 모두 여덟 명이었기 때문에 팔일 무는 64명, 육일무는 48명, 사일무는 32명, 이일무는 16명이었다. 그러나 노 나라는 원래 주공의 나라로서 일찍이 성왕(成王)이 노나라에 한해서 모든 예 악을 천자에 준해서 시행할 수 있도록 특별히 허용한 상태였기 때문에 은공 이 오랜만에 만무를 시행하면서 육일무를 선택한 것은 원칙적 기준으로 되돌 아간 것이었다.

그러나 논어의 기록에 의하면 계강자가 자신의 집에서 팔일무를 추었다는 것인데, 이는 원래 사일무밖에 출 수 없는 예법을 크게 어긴 것이었다. 다만 그렇게 된 데에는 약간의 사정을 유추해볼 수는 있다. 우선 노나라가 삼환의 치세에 와서 다시 성왕이 허용해준 천자의 기준으로 돌아갔을 가능성이 있 고, 소공(昭公)의 망명 기간에 제후의 역할을 경대부가 대행하는 것이 불가피 한 경우가 많았는데 그것이 소공 이후에도 그대로 관습화되었을 가능성이 있 었을 것이다. 공자는 그래도 원칙적 예법이 아니었기 때문에 지적을 하였겠 지만 춘추시대에 와서 예법이 어지러워진 것은 권력질서가 어지러워진 데에 따른 부수적 현상이었다고 볼 필요도 있다.

태산 泰山

태산은 중국 산동성 태안(太安)시의 북쪽에 있는 산으로 해발 1,545미터의 산이다. 높이나 규모가 특별한 산은 아니나 전통적으로 천자가 하늘에 봉선(封禪) 의식을 행하거나 여제(旅祭)를 지내는 곳으로 전해 내려와 특별한 의미를 지니는 산으로 여겨지고 있다. 그 점에서 중국인들이 가장 숭배하는 다섯 산(五嶽-泰山, 華山, 衡山, 恒山, 嵩山) 중에서 으뜸이라는 뜻을 담아 대종(岱宗)이라 부르기도 했다.

『서경』 순전(舜典)에 보면, 일찍이 요 임금이 순에게 천자의 지위를 양위하자 순은 사양하다가 종묘에서 받으시고 상제(上帝)에게 제사를 지내고 천지사시(天地四時)와 여러 신들에 제사를 지낸 다음 동쪽으로 순수(循守)하심에 첫 번째로 대종(岱宗, 泰山)에 이르러 시(柴) 제사를 올리고 차례로 산천을 제사지내었다고 기록되어 있다. 봉선은 흙을 쌓아(封土) 제단을 만들고 하늘에 제사를 지내는 것을 봉(封), 땅을 깨끗이 쓸고 산천에 제사를 지내는 것을 선(禪)이라 했다 한다. 봉을 태산에서 하였고 선을 양보산(梁父山)[19]에서 하였다. 순수는 순 임금 때부터 5년에 한 번씩으로 관례화된 듯하다.

과거 주나라 때에도 왕이 태산에 여제를 지내려 할 때는 왕도(王都)와 태산의 소재가 서로 멀기 때문에 태산 가까운 곳에 왕의 제사를 돕기 위한 곳이 있었다. 왕이 정(鄭)나라에 하사한 조숙읍(朝宿邑)이 바로 그런 땅이었다. 그런데 세월이 지나면서 실제로 제사가 거의 이루어지지 않았기 때문에 정나라와 가까운 노나라 땅 허전(許田)과 그 땅을 바꿀 것을 제안하여 왕의 허락도 없이 교환이 이루어졌다. 왕의 권위도 추락하고 관련 제사도 무관심해진 결과였다.

제나라 환공이 패자가 된 후 제환공 35년에 스스로 봉선을 행하고자 하여 관중이 간신히 만류한 기록도 『사기』 「제태공세가」에 전해지고 있다. 그러나 역시 태산에서의 봉선은 더 훗날 진시황이 그곳에서 제례를 치르고 연이어 전한의 무제, 후한의 광무제, 당나라 고종, 송나라 진종, 청나라 강희제 등이 각별한 관심을 가지고 제례를 치름으로서 그 의미가 더욱 확실해진 듯하다.

태산 관련 논어 단편(1개)

3/6
계씨(季氏)가 태산(泰山)에서 여제(旅祭)를 지내려 하자 선생님께서 염유(冉有)에게 말씀하셨다.

---

19) 양보산(梁父山)은 태산의 남쪽 20km 부근에 있는 해발 288m의 낮은 산으로 영불산(映佛山) 혹은 영복산(迎福山)이라고도 했다. 지금은 태산과 더불어 모두 산동성(山東省) 태안시(泰安市)에 속해 있다.

"네가 말릴 수 없겠느냐?"

염유가 대답하였다.

"어쩔 수 없습니다."

선생님께서 말씀하셨다.

"슬프다! 태산의 신이 임방만도 못하단 말인가!"

季氏旅於泰山.子謂冉有曰;女弗能救與?對曰;不能.子曰;嗚呼!曾謂泰山
不如林放乎!

주임 周任

주임(周任)은 주임(周壬)이라고도 하는데 일반적으로 주나라 때의 대부라 하기도 하고 그냥 고대의 훌륭한 사관이라고도 한다. 쓰임을 볼 때 사람이었지만 당시에는 이미 알려진 서책의 이름으로 전화되어 있었을 가능이 크다.

『좌전』 은공 6년의 기록에 주임이 한 말이 있으니 "나라를 위하는 자는 농부가 풀을 보고 없애는 것처럼 하니 잡초를 뽑아다가 쌓아두어 썩혀 뿌리가 자라지 못하게 하는 것 같으니 나라를 잘 다스리는 자도 바로 그렇게 하는 것이다"[20] 하였다.

또 『좌전』 소공 5년의 기록에는 공자의 말로 주임이 한 말이 있으니 "위정

---

20) 周任有言曰:爲國家者,見惡,如農夫之務去草焉,芟夷蘊崇之,絶其本根,勿使能殖,則善者信矣.

자는 사사로운 공로에 상 주지 않고 사사로운 원한에 벌주지 않는다"[21] 하였다는 기록도 있다.

주임 관련 논어 단편(1개)

16/1

계씨(季氏)가 전유(顓臾)나라를 치려 하자 염유(冉有)와 계로(季路)가 공자를 찾아뵙고 말했다.

"계씨께서 전유나라에 대해 장차 일을 벌이려 합니다."

공자께서 말씀하셨다.

"구(求)야, 네가 이러는 것은 잘못이 아니냐? 실로 전유나라는 옛날 선왕께서 동몽(東蒙)의 제주(祭主)로 삼으셨고 또 나라 한가운데에 있으니 곧 사직의 신하다. 어찌하여 치려 하느냐?"

염유가 말했다.

"계씨께서 하려는 것이지 우리 두 신하는 모두 원치 않습니다."

공자께서 말씀하셨다.

"구(求)야, 주임(周任)이 한 말에 '힘을 펼쳐 관직에 나아가되 그럴 수 없는 자는 그만 둔다'는 것이 있다. 위태로운데 붙잡아 주지 않고 넘어지는데 부축하여 주지 않는다면 그런 신하를 장차 어디에 쓸 것이냐? 또 너의 말이 잘못인 것이 범이나 외뿔소가 우리에서 뛰쳐나오고 구갑(龜

---

21) 仲尼曰…周任有言曰:爲政者不賞私勞,不罰私怨.

甲)이나 보옥(寶玉)이 상자 안에서 깨진다면 이는 누구의 잘못이냐?"

염유가 말했다.

"오늘날 전유나라는 견고하고 비읍(費邑)에서 가까워 지금 취하지 않으면 후세에 반드시 자손의 근심거리가 될 것입니다."

공자께서 말씀하셨다.

"구(求)야, 군자는 원한다고 말하지 않고 어쩔 수 없다고 말하는 것을 미워한다. 내가 듣기에 '나라를 다스리고 대부의 가(家)를 다스리는 자는 백성이 적은 것을 근심하지 않고 균등하지 못한 것을 근심하며 가난한 것을 근심하지 않고 평안하지 못한 것을 근심한다'고 했다. 대개 균등하면 가난함이 없고 화목하면 백성 적음이 문제되지 않으며 평안하면 기울어지지 않는다. 실로 이러한 까닭에 멀리 있는 사람들이 복속(服屬)하지 않으면 문덕(文德)을 닦아 저절로 오게 하고 이미 오게 하였으면 평안케 하는 것이다. 지금 너희들은 계씨를 돕고 있지만 멀리 있는 사람들이 복속하지 않아도 능히 오게 하지 못하고 나라가 쪼개져 풍비박산이 되어도 능히 지켜내지 못하며 오히려 나라 안에서 싸움을 벌일 궁리만 하고 있다. 나는 계손씨의 근심이 전유나라에 있는 것이 아니라 오히려 담장 안에 있는 것이 아닌가 두렵구나."

季氏將伐顓臾,冉有季路見於孔子曰;季氏將有事於顓臾.孔子曰;求,無乃爾是過與?夫顓臾,昔者先王以爲東蒙主,且在邦城之中矣,是社稷之臣也.何以伐爲?冉有曰;夫子欲之,吾二臣者,皆不欲也.孔子曰;求,周任有言曰;陳力就列,不能者止.危而不持,顚而不扶,則將焉用彼相矣?且爾言過矣.虎兕出於柙,龜玉毀於櫝中,是誰之過與?冉有曰;今夫顓臾,固而近於費,今不取,後世必爲子孫憂.孔子曰;求,君子疾夫舍曰欲之,而必爲之辭.丘也聞,有國有家者,不患寡而患不均,不患貧而患不安.蓋均無貧,和無寡,安無傾.夫如是,故遠人不服,則脩文德以來之.旣來之,則安之.今由與求也相夫子,遠人不服而不能來也,邦分崩離析而不能守也,而謀動干戈於邦內.吾恐季孫之憂不在顓臾,而在蕭牆之內也.

경磬

경은 옥이나 돌로 만든 주대(周代)의 대표적인 악기. 나무로 만든 틀에 2 : 1의 비례로 꺾어진 ㄱ자 모양의 경돌을 매달아서 긴 쪽인 고(鼓)의 끝을 뿔로 만든 각퇴(角槌)로 쳐서 소리를 낸다. 두께가 서로 다른 16개의 경돌을 8개씩 상하 두 줄로 매단 일반적인 것을 편경(編磬)이라 하고. 한 개의 경돌만을 매단 것을 특경(特磬)이라 한다. 단단한 경돌은 그 특성상 여러 악기의 기본음을 맞추는 기준이 되기도 했다. 후에 이 경은 중국 불교문화와 만나 건축물의 처마 끝에 매다는 풍경(風磬) 등을 낳기도 했고, 경돌을 종으로 바꿔 편종(編鐘)이라는 새로운 악기를 만들기도 했다.

경(磬)

경(磬) 관련 논어 단편(2개)

14/42

선생님께서 위나라에서 경(磬)을 치실 때 어떤 자가 삼태기를 지고 공씨의 집 문 앞을 지나가면서 말했다.

"마음이 담겨 있구나, 경 치는 것이!"

얼마 있다가 또 말했다.

"비속하구나. 저 경 소리! 아무도 자기를 알아주지 않으면 자기만으로 그치고 마는구나. '깊으면 옷을 입은 채로 건너고 얕으면 옷을 걷고 건넌다'고 하지 않았는가?"

선생님께서 말씀하셨다.

"과감하구나! 그럴 수만 있다면 어려움이 없겠다."

子擊磬於衛,有荷蕢而過孔氏之門者,曰;有心哉,擊磬乎!旣而曰;鄙哉,硜硜乎!莫己知也,斯己而已矣.「深則厲,淺則揭」.子曰;果哉!末之難矣.

18/9

악사장 지(摯)는 제나라로 갔다. 아반 간(干)은 초나라로 갔고 삼반 요(繚)는 채나라로 갔으며 사반 결(缺)은 진(秦)나라로 갔다. 북을 치던 방숙(方叔)은 황하(黃河) 유역으로 들어갔고 소고를 흔들던 무(武)는 한수(漢水) 유역으로 들어갔으며 부악사장 양(陽)과 경(磬)을 치던 양(襄)은 바다 쪽으로 갔다.

大師摯適齊.亞飯干適楚.三飯繚適蔡.四飯缺適秦.鼓方叔入於河.播鼗武入於漢.少師陽擊磬襄入於海.

12

고대(古代)
- 요순(堯舜), 하(夏)나라,
은(殷)나라

하도 河圖

옛날 복희씨(伏羲氏) 때에 하수, 즉 황하(黃河)에서 용마(龍馬)가 지고 나왔다는 55점의 그림. 우임금 때 낙수(洛水, 황하 상류의 한 지류)에서 나온 거북등에 그려져 있었다는 글씨(書)와 함께 하도낙서(河圖洛書)로 일컬어지며 주역(周易) 팔괘(八卦)의 기본이 되었다.

『주역』계사전(繫辭傳)에 "하수(河)에서 도(圖)가 나오고 낙수(洛)에서 서(書)가 나오니 성인(聖人)이 이를 본으로 삼으시다"[1] 하였다. 우임금은 거북의 등에 그려져 있던 낙서를 보고 홍범구주(洪範九疇)를 지었는데 그것을 후에 주(周)나라 건국초기에 기자(箕子)가 무왕에게 전했고 지금도 『서경』의 '홍범'에 남아 있다.

하도 관련 논어 단편(1개)

9/8
선생님께서 말씀하셨다.
"봉황은 오지 않고 하수(河水)는 도문(圖文)을 내지 않으니 나도 이제 다되었나 보다!"
子曰;鳳鳥不至,河不出圖,吾已矣夫!

---

1) 河出圖,洛出書,聖人則之.

봉조
鳳鳥

봉조는 전설 속의 새 봉황(鳳凰)을 말한다. 성군(聖君)이 출현하여 덕정을 베풀면 항상 봉황이 날아왔다는 오랜 전설에 기반을 두고 있다. 소호(少昊) 김천씨(金天氏), 곧 소고지(少皞摯)가 제위에 오르자 역시 봉조가 날아왔다고 하며 요 임금, 순 임금, 우임금 때도 마찬가지였다고 한다.

한유(韓愈)의 『송하견서(送何堅序)』에 "내가 듣기로 새 중에 봉황이라는 새가 있는데, 항상 도(道)가 있는 나라에 출현한다"[2]고 했다. 『순자(荀子)』 애공(哀公)편에도 "옛 성왕의 정치가 생(生)을 좋아하고 죽임을 미워하니 봉황이 나무에 줄지어 앉았다"[3]고 했다.

봉조 관련 논어 단편(1개)

9/8
선생님께서 말씀하셨다.
"봉황은 오지 않고 하수(河水)는 도문(圖文)을 내지 않으니 나도 이제 다되었나 보다!"
子曰;鳳鳥不至,河不出圖,吾已矣夫!

---

2) 吾聞鳥有鳳者恒出於有道之國.

3) 古之王者,其政好生惡殺,鳳在列樹.

요 堯

요 임금과 순 임금은 중국인들이 고대의 성군(聖君)이었다고 믿어온 전설적인 두 인물이다. 중국의 전설시대를 일반적으로 삼황오제(三皇五帝) 시대라고 일컫는데, 요와 순은 그 중 오제(황제, 전욱, 제곡, 요, 순)의 마지막 두 제왕이었다. 그리고 순 임금을 끝으로 제위를 물려받은 우임금부터는 제위가 세습되는 소위 왕조 시대가 시작되어 하(夏), 은(殷), 주(周)라는 삼대(三代)가 이어진다.

삼황오제는 전설에 걸맞게 삼황이 누구이고 오제가 누구인지조차 확정되어 있지 않다. 사마천은 『사기(史記)』 본기(本紀)를 오제본기(五帝本紀)로 시작하면서 황제(黃帝) 헌원씨(軒轅氏)를 가장 먼저 언급하고 있다. 그것은 적어도 사마천이 살았던 한대(漢代)까지만 해도 중국이라는 나라는 황제의 후손이며, 마치 한민족이 단군을 시조로 삼듯이 중국은 황제를 시조로 삼고 있었음을 보여준다.[4] 황제는 질서를 문란하게 하는 제후들을 평정하고 길을 내고 곡식과 초목을 심어 덕화(德化)가 백성은 물론 금수초목에까지 이르렀다 한다.

---

[4] 사마천도 오제까지만 언급하고 삼황(三皇)에 대해 언급하지 않았던 것은 삼황의 존재를 몰랐기 때문은 아니었다. 사마천은 사관으로서 삼황은 도저히 역사의 범주에 넣어 이야기할 수는 없었던 것이다. 사마천은 오제본기(五帝本紀)에서 "황제(黃帝)의 시대는 신농씨(神農氏)의 세력이 쇠퇴해져서 제후들끼리 서로 침략하고 백성들을 못살게 굴었으나 신농씨는 이들을 통제하지 못하였다"고 하여 황제 이전에 신농씨가 있었음을 기술하고 있다. 신농씨는 농경을 개발하여 보급한 인물로 알려져 있다.(敎民耕作) 그 이전에는 복희씨(伏羲氏)가 있어서 수렵을 가르쳤다고 한다.(敎民漁畋) 또 그 이전에는 수인씨(燧人氏)가 있어서 나무를 비벼 불을 만듦(鑽木取火)으로써 인류가 화식(火食)과 난방을 할 수 있게 한 점에서 흔히 서양의 프로메테우스에 비견된다. 일반적으로 수인씨, 복희씨, 신농씨 이 세 인물을 삼황이라고 부르지만, 이들은 제왕이라기보다는 인류 문명의 진척 단계를 대표하는 인물로 보인다. 이 외에도 유소씨(有巢氏)가 있어 주거문화를 정착시킨 인물로 운위되고 있고, 여와씨(女媧氏)도 있어서 복희씨의 부인 또는 누이동생으로 알려졌는데 여와씨에 이르면 얼굴은 사람이지만 몸은 뱀으로 알려질 만큼 신화의 세계로 들어가게 된다. 그리고 더 소급하면 거인 반고(盤古)로까지 올라가는데, 반고는 인류의 시조이자 천지만물의 근원이기도 하다.

오제본기에 의하면 황제가 죽고 제위는 그의 손자인 전욱(顓頊) 고양씨(高陽氏)에게 승계되었다. 두 번째 제왕 전욱도 예의를 제정하고 백성을 교화하는 등 모든 방면에서 찬사를 받았다.

전욱이 죽자 다음 제위는 세 번째 제왕 제곡(帝嚳) 고신씨(高辛氏)에게로 넘어갔다. 제곡은 황제의 증손자였는데 전욱에게는 오촌조카였다고 한다. 제위가 손자에게로 갔다가 다시 오촌조카에게로 가는 이 승계는 역시 전설의 일부분이겠지만 일련의 느슨한 종법제도라 할 수 있다. 제곡 또한 선대인 황제나 전욱과 마찬가지로 온갖 미사여구로 칭송되었다. 제곡이 죽고 제위는 그의 아들 방훈(放勳)에게 넘어갔으니 그가 바로 네 번째 제왕 요 임금이다.

요 임금 방훈(放勳)은 원래 도(陶) 지방에 살다가 당(唐) 지방에 옮겨 살았기 때문에 도당씨(陶唐氏) 혹은 당요(唐堯)라고도 불렸다. 당(唐)은 그가 다스렸던 나라를 지칭했지만 때로는 그의 시대를 지칭하기도 하였다. 그는 "어질기가 하늘같았고 지혜롭기가 귀신같았으며 사람들이 그에게 해처럼 나아갔고 그를 우러르기를 구름처럼 하였다"[5]고 기록되어 있다. 황제, 전욱, 제곡에 대한 찬사와 비슷하지만 그 격이 한층 높다는 것을 알 수 있다.

요 임금은 희중(羲仲), 희숙(羲叔), 화중(和仲), 화숙(和叔)이라는 네 신하로 하여금 각기 동서남북과 춘하추동 사시를 관장하게 하고, 사시의 변화에 따라 농사를 비롯한 경제생활을 운용하게 하였다 한다.

요 임금은 제왕으로서 천하를 다스린 것보다 평범한 백성 중에서 후계자 순(舜)을 찾아내어 권력을 선양(禪讓)하였다는 점에서 더 큰 의의를 갖는다고 할 수 있다. 물론 그 후 중국의 역사는 세습제를 골격으로 하는 왕조 체제가 이어졌지만 이 요순시대에 이상적 선양이 있었던 것만으로도 중국의 전체 문화는 그들의 모든 꿈과 선(善)을 회부할 수 있는 한 이상시대(理想時代)를 역

---

5) 其仁如天,其知如神,就之如日,望之如雲.

사의 좌표 위에 가질 수 있었다고 본다.

요 임금이 순에게 선양하고 순 임금이 우(禹)에게 선양함으로써 하(夏)나라가 창건되었는데, 중국 정부가 하나라의 창건을 기원전 2070년으로 보고 있기 때문에 요 임금의 시대가 실제 있었다면 대략 기원전 2130년~2100년 무렵으로 추정해볼 수 있다.

요 관련 논어 단편(4개)

6/30

자공(子貢)이 말했다.

"만약 백성들에게 널리 베풀어서 많은 사람을 구제할 수 있다면 어떠합니까? 가히 어질다 할 수 있겠습니까?"

선생님께서 말씀하셨다.

"어떻게 어진 정도이겠느냐? 필시 성인의 경지일 것이니 요 임금과 순 임금도 그 문제만은 부심했었다. 실로 어진 자는 스스로 서기를 바라서 남을 세우고 스스로 통달하기를 바라서 남을 통달시키며 가까운 데서 능히 예(例)를 드니 그것이 어짊의 비결이라 할 수 있다."

子貢曰;如有博施於民,而能濟衆,何如?可謂仁乎?子曰;何事於仁,必也聖乎!堯舜其猶病諸.夫仁者,己欲立而立人,己欲達而達人,能近取譬,可謂仁之方也已.

선생님께서 말씀하셨다.

"위대하구나! 요의 임금됨은. 우뚝하게 높구나! 오직 하늘만이 큰데 오직 요 임금만이 그를 본받았으니. 한없이 넓구나! 백성들은 무어라 이름 짓지 못했으니. 우뚝하게 높구나! 그 공을 이룸이여. 빛나는구나! 그 문화의 위용이여."

子曰;大哉堯之爲君也!巍巍乎!唯天爲大,唯堯則之.蕩蕩乎!民無能名焉.巍巍乎!其有成功也,煥乎!其有文章.

자로가 군자에 대해 묻자 선생님께서 말씀하셨다.

"경(敬)으로써 자신을 닦는다."

자로가 말했다.

"그러할 뿐입니까?"

선생님께서 말씀하셨다.

"자신을 닦아 사람들을 편안케 한다."

자로가 말했다.

"그러할 뿐입니까?"

선생님께서 말씀하셨다.

"자신을 닦아 백성을 편안케 한다. 자신을 닦아 백성을 편안케 하는 것은 요 임금과 순 임금도 오히려 부심했던 것이다."

子路問君子.子曰;脩己以敬.曰;如斯而已乎?曰;脩己以安人.曰;如斯而已乎?脩己以安百姓.脩己以安百姓,堯舜其猶病諸.

20/1

요(堯) 임금이 말했다.

"아아, 너 순(舜)아. 하늘의 정해진 운수가 너의 일신에 있으니 모름지기 그 가운데를 잡을지어다. 온 세상이 곤궁해지면 하늘의 녹이 영영 끊어지리라."

순 임금은 역시 그 말로써 우(禹) 임금께 명했다.

堯曰;咨,爾舜.天之曆數在爾躬,允執其中.四海困窮,天祿永終.舜亦以命禹

순 舜

순 임금은 오제의 마지막 제왕이기는 하지만 다른 선대의 제왕들과는 달리 혈연에 의해 제왕이 된 것은 아니다. 그는 이름 없는 백성이었다가 그 사람됨만으로 요 임금에 의해 선발된 최초의 제왕이었다. 물론 그 과정은 전설이지만 매우 중요한 역사적 의미가 있다.

요 임금은 만년에 이르러 제위를 물려줄 후계자를 찾다가 결국 신하들에게 적임자를 묻게 되었다. 그러자 방제(放齊)가 요의 아들 단주(丹朱)가 총명하다며 추천했다. 그러나 요는 아들 주(朱)가 덕이 부족하고 말싸움을 좋아한다는 점을 들어 거부하고 다른 자의 추천을 요청했다. 이번에는 환두(驩兜)가 공공(共工)이라는 자를 추천했다. 공공은 토목공사 분야에 공이 많았다. 그러나 요 임금은 이번에도 공공이 말만 잘할 뿐 품행이 미치지 못하고 공손한 척 하지만 오만하여 후계자가 될 수 없다며 또 거부하였다. 요 임금이 이번에는 사악(四岳)에게 심각한 홍수를 다스릴 수 있는 사람을 추천해줄 것을 의뢰하자 이번에는 곤(鯀)을 추천하였다. 곤은 훗날 하(夏)나라의 시조가 되는 우(禹)의 아버지였다. 요 임금은 곤도 명을 어기고 동족간의 단결을 해쳤다는 이유로 받아들이지 않았다. 그러나 워낙 모든 신하들이 강하게 추천하는 바람에 일단 그를 등용하였다. 그러나 곤은 9년이 지나도록 공적을 세우지 못했다. 실망한 요 임금은 사악에게 직접 제위를 물려받을 것을 권유하였으나, 그는 자신이 부덕하여 그럴 수 없다고 사양하였다. 그러자 요는 이번에는 추천 기준을 크게 완화하여 신분이 낮고 은거하는 자 중에서라도 좋은 사람이 있으면 추천해줄 것을 요청하였다. 그랬더니 모든 신하들이 하나 같이 추천하는 사람이 있었다.

민간에 홀아비가 한 명 있는데, 그 이름이 우순(虞舜)이었다. 순의 아버지는 맹인으로, 완악한(頑) 사람이었다. 또 어머니는 말 많은(囂) 사람이었고 동생은 오만한(傲) 사람이었다. 그럼에도 불구하고 순은 효성이 지극하여 가족 관계에서 문제가 생기지 않았다. 이에 요 임금은 순을 시험해보기 위해 자신의 두 딸을 그에게 시집을 보내 그의 덕행을 관찰하였다. 순은 두 여인을 자신이 살고 있는 규예(嬀汭)로 맞이하여 부인으로서의 예절을 지키게 하였다. 요 임금은 또 순에게 갖가지 임무와 역할을 맡겨보기도 했는데 순은 그 임무와 역할을 모두 잘 수행하였다.[6] 3년이 지나자 요 임금은 제위를 순에게 물려

---

6) 순 임금에 대한 전설은 훗날 조금씩 더 곁가지를 치며 뻗어나갔다. 이를테면 순의 가족들이 다들 좀 별나고 부덕한 사람들이었다는 전설이 생겨났는데 그의 어머니가 친어머니가 아니라 계모였고 동생도 이복동생이었다는 설화 등이 그것이다. 또 요 임금이 자신의 두 딸 외에도 아홉 명이나 되는 아들을 순에게 보내어 순의 집 밖에서의 행실을 살피게 하였다는 전설도 생겨났다. 심지어 순의 아버지와 동생은 이유도 없이 순을 죽이려 하여 순에게 창고 일을 시킨 후 그 창고에 불을 질렀다든가 우물을 파게 하고 그 우물을 메워버렸다든가 하는 해괴한 전설도 생겨났다.

줄 뜻을 피력하였다. 그러나 순은 아직 자신의 덕이 부족하여 사람들을 감복시킬 수 없다며 사양하였다. 그러자 요 임금은 순에게 정사를 대신 수행하게 하였다.

순은 드디어 하늘에 대한 제사를 지내고 천하를 순수하였으니 동쪽으로는 태산(泰山)까지 남쪽으로는 형산(衡山)까지 서쪽으로는 화산(華山)까지 그리고 북쪽으로는 항산(恒山)까지 1년에 걸친 순수를 마치고 돌아와 종묘에 제사를 올렸다. 그리고 5년에 한 번씩 순행을 하고 제후들은 4년에 한 번씩 내조케 하는가 하면 제후들에게 수레와 옷을 하사하였다. 또 전국에 12개의 주(州)를 설치하고 형벌을 정하되 너그러이 하고 그 적용에는 신중에 신중을 기하도록 하였다. 또 사흉(四凶)인 공공과 환두, 곤, 삼묘(三苗)를 각각 먼 지역으로 귀양을 보내니 천하가 모두 감복하였다.

요 임금은 재위한 지 70년 만에 순을 얻었고, 그리고 20년 지난 후에 순에게 정사를 대신하게 하고 은거하였으며, 그리고 또 28년이 지난 후에 붕어(崩御)하였다. 물론 있을 수 없는 과정이지만 선양(禪讓)에 얼마나 신중하였는지를 보여주는 것이라 할 것이다. 천하 백성들은 모두 부모를 잃은 것처럼 슬퍼하였다. 3년상을 마치고 순은 요의 아들 단주에게 제위를 양보하고 남쪽으로 몸을 피했다. 그러나 제후들과 백성들이 단주를 섬기지 않고 오직 순에게만 의존하였기 때문에 순도 할 수 없이 도성으로 돌아와 천자의 자리에 올랐다.

순의 성은 요(姚), 이름은 중화(重華)로 그가 살았던 지역인 우(虞)를 앞에 붙여 우순(虞舜)이라 부르기도 했다. 우 또한 지역 명칭에 그치지 않고 순 임금이 다스린 나라의 이름 또는 그 시대를 지칭하기도 한다. 그래서 논어 태백 편에도 나오는 당우지제(唐虞之際)라는 말은 결국 요순시대라는 말이 된다. 또 순이 요 임금의 부름을 받을 당시에 살았던 지역인 규예(嬀汭)는 그의 새로운 성(姓)이 된 규(嬀) 성의 근원이기도 했다. 훗날 순 임금의 후예를 찾아 제후로 봉한 진(陳)나라가 바로 규씨 성의 나라였다.

순 임금은 전술한 바와 같이 선양이라는 방법으로 제왕이 된 중국 역사상 첫 번째 제왕이었다. 요 임금은 순 임금에게 제위를 선양하였지만 자신은 혈통에 의해 제왕이 된 경우였다. 또 하나라의 시조가 된 우(禹) 임금은 순 임금이 선양하여 제왕이 되었지만 결국 자식에게 제위를 물려주어 하(夏)나라라는 세습 왕조를 탄생시켰다. 이런 점에서 순은 비록 전설이기는 하나 중국 역사에서 수미일관하게 선양의 요건을 모두 갖춘 제왕이었다. 그리하여 선양을 최초로 시행한 요 임금은 순 임금과 함께 요순이라는 결합된 이름으로 역사에 남아 추앙받게 된 것이다. 중국 역사상 가장 오래된 문헌인 『시경』에서 그 첫 번째 장이 바로 요전(堯典)이라는 사실은 주목할 만한 것이며, 이는 전한대의 사마천이 자신의 『사기』 첫머리를 오제본기(五帝本紀)로 하여 황제(黃帝) 때까지 소급시킨 것과 차이 나는 점이다.

순 임금은 제왕이 된 후 사악 등의 추천을 받아 우(禹)를 사공(司空)에 임명하여 물과 땅을 관장하게 하고, 기(棄)를 후직(后稷)에 임명하여 곡식을 관장하게 하고, 설(契)을 사도(司徒)에 임명하여 윤리를 관장하게 하고, 고요(皐陶)를 사(士)에 임명하여 형벌을 담당하게 하고, 익(益)을 우(虞)에 임명하여 초목과 새와 짐승을 담당하게 하였다. 그리고 백이(伯夷), 기(夔), 용(龍), 수(垂) 등 모두 22명의 신하들에게 직분을 맡겼는데, 그 중에서도 우(禹), 기(棄, 后稷), 설(契), 고요(皐陶), 익(益, 伯益) 다섯이 가장 훌륭했다. 순 임금은 죽기 전에 우(禹)를 후계자로 지명하여 그를 하늘에 천거하고 재위 70년이 지나 붕어하였다 한다.

황제(黃帝)가 중국 민족 차원에서 최초의 제왕이었다면, 요순(堯舜)은 통치 이념과 도덕 차원에서 최초의 제왕이었다. 훗날 그 이념적·도덕적 차원은 유교라는 이름으로 좁혀졌지만 요순은 유교의 비조라고 할 공자가 태어나기 전에 이미 그런 이념과 도덕을 표방하는 제왕으로 자리 잡고 있었던 것이다. 전국시대가 전개되고 노장(老莊)의 도가적 사상이 중원을 휩쓸면서 현실 유교를 사실상 압도하자 유교의 이상인 요순을 뛰어넘는 새로운 이상적 존재를 구축할 필요성에 따라 노장은 요순보다 앞선 황제에게 소급하여 도가적 옷을 입혔다. 그럼에도 불구하고 요순은 아직까지도 동양 문명에서 가장 완벽한 성군의 이상형으로 남아 있으며, 그 절대적 위상은 여전히 흔들리지 않고 있다.

순(舜) 관련 논어 단편(7개 중 5개 발췌)

8/19

선생님께서 말씀하셨다.

"우뚝하게 높구나! 순 임금과 우임금은 천하를 차지하고 있었으면서도 그에 초연하였으니!"

子曰;巍巍乎!舜禹之有天下也,而不與焉.

8/21

순 임금은 다섯 사람의 신하를 두었는데 천하가 다스려졌다. 무왕(武王)은 말하기를 "나는 다스리는 신하 열 명이 있다"고 하였다. 공자께서 말씀하셨다.

"인재만으로는 어렵다고 했으니 바로 그렇지 않으냐! 요순시절이 현왕조보다 더 태평성대를 이루었으니."

부인이 있어서 아홉 명뿐이었다.

"천하의 삼분의 이를 가지고 있으면서도 은나라에 복속하였으니 주나

라의 덕은 가히 지고의 덕이라 말할 수 있겠구나!'

舜有臣五人,而天下治.武王曰;予有亂臣十人.孔子曰;才難,不其然乎?唐虞之際,於斯爲盛.有婦人焉,九人而已.三分天下有其二,以服事殷,周之德,其可謂至德也已矣!

12/23

번지(樊遲)가 어짊에 대해 묻자 선생님께서 말씀하셨다.

"사람을 사랑하는 것이다."

앎에 대해 묻자 선생님께서 말씀하셨다.

"사람을 아는 것이다."

번지가 미처 이해하지 못하자 선생님께서 말씀하셨다.

"곧은 것을 들어 굽은 것 위에 놓으면 능히 굽은 것을 곧게 할 수 있다."

번지가 물러나와 자하를 보고 말했다.

"아까 내가 선생님을 뵙고 앎에 대해 묻자 선생님께서 '곧은 것을 들어 굽은 것 위에 놓으면 능히 굽은 것을 곧게 할 수 있다'고 하셨는데 무엇을 말씀하신 것인가?"

자하가 말했다.

"뜻 깊은 말씀이군. 순 임금은 천하를 다스리게 됨에 뭇사람 중에서 골라 고요(皐陶)를 등용하시니 어질지 못한 자들이 멀어져 갔고 탕 임금은 천하를 다스리게 됨에 뭇사람 중에서 골라 이윤(伊尹)을 등용하시니 어질지 못한 자들이 멀어져 갔소."

樊遲問仁.子曰;愛人.問知.子曰;知人.樊遲未達.子曰;舉直錯諸枉,能使枉者直.樊遲退.見子夏曰;鄕也,吾見於夫子而問知,子曰,舉直錯諸枉,能使枉者直,何謂也?子夏曰;富哉言乎!舜有天下,選於衆,擧臯陶,不仁者遠矣.湯有天下,選於衆,擧伊尹,不仁者遠矣.

15/5

선생님께서 말씀하셨다.

"아무것도 하지 않고 다스린 이는 곧 순 임금이실 게다. 실로 무엇을 하셨겠느냐? 스스로를 공경히 한 채 똑바로 남면하셨을 뿐이다."

子曰;無爲而治者,其舜也與.夫何爲哉?恭己正南面而已矣.

20/1

요(堯) 임금이 말했다.

"아아, 너 순(舜)아. 하늘의 정해진 운수가 너의 일신에 있으니 모름지기 그 가운데를 잡을지어다. 온 세상이 곤궁해지면 하늘의 녹이 영영 끊어지리라."

순 임금은 역시 그 말로써 우(禹) 임금께 명했다.

堯曰;咨,爾舜.天之曆數在爾躬,允執其中.四海困窮,天祿永終.舜亦以命禹

6/30, 14/45는 생략, 요(堯) 조항 관련 논어 단편 참고

당우 _{唐虞}

당우지제(唐虞之際)는 당우의 시대, 곧 중국 최고의 이상적 태평시대인 요순시절을 말한다. 요(堯) 임금이 살았던 지역이 당(唐), 순(舜) 임금이 살았던 지역이 우(虞)였기 때문에 통상 요를 당요(唐堯), 순을 우순(虞舜)으로 불렀다. 당과 우는 각각 그 출신 지역명을 넘어 요 임금과 순 임금의 성(姓)처럼 통용되기도 하였고, 더 나아가 그들이 통치하던 나라 내지 시대를 지칭하기도 하였다.

또 요와 순은 각각 이름을 도당씨(陶唐氏), 유우씨(有虞氏)라고도 불렀는데, 그것은 요가 원래 살던 지역이 도(陶)였다가 나중에 당으로 옮겼기 때문인데, 그렇게 두 지역의 명칭을 사실상 성처럼 사용한 경우는 중국 역사에 드물지 않게 볼 수 있다. 이를테면 춘추시대 오(吳)나라의 현인 계찰(季札)은 연주래계자(延州來季子)라고도 불렀는데, 그가 연릉(延陵)에 살다가 주래(州來)로 옮겨 살았기 때문이다. 우순은 유우씨라고도 부르는데 유(有)는 지명 앞에서 흔히 크다는 뜻으로 붙는 수식어다.

당우 관련 논어 단편(1개)

8/21

순 임금은 다섯 사람의 신하를 두었는데 천하가 다스려졌다. 무왕(武王)은 말하기를 "나는 다스리는 신하 열 명이 있다"고 하였다. 공자께서 말씀하셨다.

"인재만으로는 어렵다고 했으니 바로 그렇지 않으냐! 요순시절(唐虞)

이 현왕조보다 더 태평성대를 이루었으니."

부인이 있어서 아홉 명뿐이었다.

"천하의 삼분의 이를 가지고 있으면서도 은나라에 복속하였으니 주나

라의 덕은 가히 지고의 덕이라 말할 수 있겠구나!"

舜有臣五人,而天下治.武王曰;予有亂臣十人.孔子曰;才難,不其然乎?唐

虞之際,於斯爲盛.有婦人焉,九人而已.三分天下有其二,以服事殷,周之

德,其可謂至德也已矣!

다섯 사람의 신하 臣五人

순 임금을 둘러싼 다섯 사람의 신하(臣五人)는 일반적으로 우(禹), 직(稷), 설
(契), 고요(皐陶), 백익(伯益)을 말한다. 간략히 다섯 사람을 언급하면 다음과
같다.

우(禹) : 순(舜) 임금의 신하로 있으면서 치수에 독보적인 공적을 남겼으며『서
　　　 경』우공(禹貢)편에는 치수에 관한 우의 자세한 공적이 남아 있다. 나
　　　 중에 순 임금으로부터 천자의 지위를 선양받아 하(夏)나라를 세웠다.
　　　 선양으로 등극한 마지막 황제였으며 그의 하나라 때부터 세습제가

시행되었다.

직(稷) : 순 임금의 신하로 보통명사로서의 직이 기장을 의미하듯 그는 오곡
(五穀)을 관장하는 신하였다. 후직(后稷)이라고도 했다. 이름은 기(棄)
였다. 후에 주(周)왕조를 창건한 문왕(文王), 무왕(武王)의 선조로 알려
져 있다.

설(契) : 요(堯) 임금 때부터 사도(司徒)를 지냈으며 순 임금 때에도 우(禹)의 치
수를 도왔다. 순 임금이 설을 상(商) 땅에 봉하고 자씨(子氏) 성을 하사
하였다. 은(殷)나라를 세운 탕(湯) 임금의 신조로 알려져 있다.

고요(皐陶) : 순 임금의 대표적인 현신(賢臣)으로 형정(刑政)을 세우고 덕정을
강조했다. 우(禹)와 나라를 잘 다스리는 이치와 필요한 덕에 대해 나
눈 대화가 『서경』 고요모(皐陶謨)편에 남아 있다. 우(禹) 임금이 천자
의 지위를 물려주려 했지만 그보다 먼저 죽었다.

백익(伯益) : 그냥 익(益)이라 부르기도 한다. 순 임금의 신하로 조수초목을 관
장하는 우(虞)의 직을 받았으며 우임금 때에는 그의 치수를 도와 공을
세워 영(嬴) 성을 하사받았다. 우임금이 죽을 때 지위를 물려주려 했
지만 사양하고 대신 우의 아들 계(啓)에게 물려주어 세습제가 시작되
었다.

다섯 사람의 신하 관련 논어 단편(1개)

8/21
순 임금은 다섯 사람의 신하를 두었는데 천하가 다스려졌다. 무왕(武

王)은 말하기를 "나는 다스리는 신하 열 명이 있다"고 하였다. 공자께서 말씀하셨다.

"인재만으로는 어렵다고 했으니 바로 그렇지 않으냐! 요순시절이 현왕 조보다 더 태평성대를 이루었으니."

부인이 있어서 아홉 명뿐이었다.

"천하의 삼분의 이를 가지고 있으면서도 은나라에 복속하였으니 주나라의 덕은 가히 지고의 덕이라 말할 수 있겠구나!"

舜有臣五人,而天下治.武王曰;予有亂臣十人.孔子曰;才難,不其然乎?唐虞之際,於斯爲盛.有婦人焉,九人而已.三分天下有其二,以服事殷,周之德,其可謂至德也已矣!

고요 皐陶

고요는 순 임금의 신하였다. 순임금은 제왕이 된 후 사악(四岳) 등의 추천을 받아 모두 22명의 신하들에게 직분을 맡겼는데 그 중에서도 우(禹), 기(棄, 后稷), 설(契), 고요(皐陶), 익(益, 伯益) 다섯이 가장 훌륭하였다. 순 임금은 우를 사공(司空)에 임명하여 물과 땅을 관장하게 하고, 기를 후직(后稷)에 임명하여 곡식을 관장하게 하는가 하면, 설을 사도(司徒)에 임명하여 윤리를 관장하게 하였다. 또 고요를 사(士)에 임명하여 형벌을 담당하게 하고, 익을 우(虞)에 임명하여 초목과 새와 짐승을 담당하게 하였다. 기타 백이(伯夷), 기(夔), 용(龍),

수(垂) 등의 많은 신하들에게 각자의 할 일을 부여하였다.

순 임금의 치세에는 그 다섯 중에서도 아마 고요가 가장 어질고 현명한 신하였던 것 같다. 물론 고요는 순 임금의 후계자가 되지는 못하였는데, 실제 논어에도 자하(子夏)는 후배인 번지(樊遲)에게 "순 임금은 천하를 다스리게 됨에 뭇사람 중에서 골라 고요를 등용하시니 어질지 못한 자들이 멀어져 갔다네" 하는 말을 하고 있다. 그만큼 순 임금의 치세에 가장 어진 신하로 후세에 전해진 사람은 고요였던 것으로 보인다. 다만 그럼에도 불구하고 모종의 사정, 이를테면 건강이나 고령 등의 문제로 제왕이 될 기회가 우에게 돌아가지 않았나 한다.

가장 오래된 역사 자료인 『서경』에는 순 임금 앞에서 고요와 우, 세 사람이 대화하는 모습이 남아 있는데, 여기에서 고요가 우를 대하는 모습은 한 차원 높은 경지임을 여실히 보여주고 있다.

고요가 말했다.
"아아! 삼가 자신의 몸을 닦고 생각을 깊이 하면 모든 족속들이 돈독하고 질서 있게 되고 백성들은 슬기로워져서 임금을 힘써 보필하게 되니 먼 곳까지도 가까운 곳처럼 다스리는 법이 바로 그것입니다."
우(禹)는 그 훌륭한 말에 대해 절하며 "그렇습니다" 하였다.[7]

순 임금은 죽기 전에 우를 후계자로 지명하여 그를 하늘에 천거하고 재위 70년이 지나 붕어하였다 한다. 물론 70년은 설화적 구성일 것이다.

---

7) 皐陶曰;都!愼厥身脩,思永,惇叙九族,庶明勵翼,邇可遠在茲,禹拜昌言曰;兪. 『書經』皐陶謨

고요 관련 논어 단편(1개)

12/23

번지(樊遲)가 어짊에 대해 묻자 선생님께서 말씀하셨다.

"사람을 사랑하는 것이다."

앎에 대해 묻자 선생님께서 말씀하셨다.

"사람을 아는 것이다."

번지가 미처 이해하지 못하자 선생님께서 말씀하셨다.

"곧은 것을 들어 굽은 것 위에 놓으면 능히 굽은 것을 곧게 할 수 있다."

번지가 물러나와 자하를 보고 말했다.

"아까 내가 선생님을 뵙고 앎에 대해 묻자 선생님께서 '곧은 것을 들어 굽은 것 위에 놓으면 능히 굽은 것을 곧게 할 수 있다'고 하셨는데 무엇을 말씀하신 것인가?"

자하가 말했다.

"뜻 깊은 말씀이군. 순 임금은 천하를 다스리게 됨에 뭇사람 중에서 골라 고요(皐陶)를 등용하시니 어질지 못한 자들이 멀어져 갔고 탕 임금은 천하를 다스리게 됨에 뭇사람 중에서 골라 이윤(伊尹)을 등용하시니 어질지 못한 자들이 멀어져 갔소."

樊遲問仁.子曰;愛人.問知.子曰;知人.樊遲未達.子曰;擧直錯諸枉,能使枉者直.樊遲退.見子夏曰;鄕也,吾見於夫子而問知,子曰,擧直錯諸枉,能使枉者直,何謂也?子夏曰;富哉言乎!舜有天下,選於衆,擧皐陶,不仁者遠矣.湯有天下,選於衆,擧伊尹,不仁者遠矣.

직稷

직은 후직(后稷)이라고도 하며 황제의 현손(玄孫)으로 성은 희(姬)이고 이름은 기(棄)였다. 아버지는 제곡(帝嚳), 어머니는 강원(姜嫄)이었으며 유태씨(有邰氏)의 딸이었다. 요(堯) 임금과 순(舜) 임금의 신하로 있으면서 농사를 주관했다. 나중에 우(禹)가 천자의 지위를 신양받아 하(夏)나라를 세우자 우의 신하가 되었다.

워낙 요순시절의 전설적 인물이라 후직에게는 다음과 같은 전설이 전해 내려오고 있다.

한때 어머니 강원이 교외에 나갔다가 거인의 발자국을 발견했다. 보는 순간 마음이 상쾌하고 편안해지면서 그 발자국을 밟고 싶었다. 그래서 발자국을 밟았더니 배 안이 꿈틀거리더니 태아가 움직이는 것 같은 느낌이 들었다. 이후 강원은 달이 차서 아들을 낳았지만 상서롭지 못하다 생각하고 좁은 골목에 버렸다. 그러자 소와 말들이 아이를 피해 다니며 밟지 않았다. 이어서 사람을 시켜 아이를 산 속에 갖다버렸더니 많은 사람들이 나타나 아이를 돌보았다. 다시 아이를 얼음이 언 강 위에 버렸는데 큰 새가 날아와 날개로 아이를 덮어 보호하였다. 강원은 이것이 신의 뜻이라고 생각하고 아이를 안고 돌아와 키웠다. 원래 아기를 버릴 생각이었기 때문에 아이의 이름을 기(棄)라고 지었다.

기는 어릴 때부터 거인의 기개가 있었는데, 삼(麻)과 콩을 심는 것을 좋아하였다. 성인이 된 후에도 농사짓는 것을 좋아하여 토지의 특성에 따라 적합한 농작물을 잘 심어서 백성들이 따라 배웠다. 요 임금이 이 말을 듣고 후직을 농사(農師)로 삼으니 천하에 이득이 돌아갔다.

순 임금은 그에게 "기여 백성들이 굶주리고 있으니 그대는 온갖 곡식을 파종하시오" 하였다. 그리고 그를 태(邰)에 봉하고 후직이라 호칭하면서 희씨 성을 하사하였다. 후직이 흥성한 시대는 당요(唐堯), 우순(虞舜), 하우(夏禹)의 시대로 모두 아름다운 덕을 지니고 있었다. 후직의 아들은 부줄(不窋)이고, 그의 아들은 국(鞠)이고, 또 그의 아들은 공류(公劉)다. 이 공류의 9세손이 주나라 문왕의 조부인 고공단보(古公亶父)인데, 그는 기산(岐山)으로 옮겨 국명을 주(周)로 개명하니 상(商) 왕조의 제후국 중 하나가 되었다. 그리고 후일 그 후손 문왕(文王) 창(昌)과 무왕(武王) 발(發)에 의해 주왕조가 건설되었다. 그러나 이런 계보나 9세손이니 하는 것은 모두 현실성 없는 설화적 구성으로 보아야 할 것이다.

직 관련 논어 단편(1개)

14/6

남궁괄(南宮适)이 공자께 물었다.

"예(羿)는 활을 잘 쏘고 오(奡)는 배를 움직이는 힘이 있었으나 둘 다 순리의 죽음을 맞지 못하였습니다. 그러나 우(禹)와 직(稷)은 몸소 농사를 지었으나 천하를 얻었습니다."

선생님께서 대답하지 않으시다가 남궁괄이 나가자 말씀하셨다.

"군자로구나! 저런 사람은. 덕을 숭상하는구나! 저런 사람은."

南宮适問於孔子曰;羿善射,奡盪舟,俱不得其死然.禹稷躬稼而有天下.夫子不答.南宮适出.子曰;君子哉!若人.尙德哉!若人.

삼대三代, 이대二代

기원전 2070년부터 기원전 221년까지 중국 땅에 존재했던 세 왕조, 하나라와 은나라, 주나라를 통칭할 때 삼대(三代)라고 불렀다. 다만 주나라 당시에 앞선 하, 은 두 왕조만을 부를 때에는 이대(二代)라고도 했다.

존속기간은 하나라기 470년(BC 2070~BC 1600), 은나라가 554년(BC 1600~BC 1046), 주나라가 825년(BC 1046~BC 221)으로 주나라가 가장 길었다. 따라서 삼대의 총 존속기간은 1849년, 이대만으로는 1024년, 공자의 입장에서 보았을 때 삼대는 약 1500년이 될 것이다.

하나라는 신석기 문화에 걸쳐 있었고, 은나라는 주로 청동기 문화에 걸쳐 있었지만 그것도 양자강 유역에서는 청동기가 발견되지 않는 것으로 볼 때 황하 유역에 비해 남쪽은 청동기 문화가 늦었던 것으로 보인다. 철기 문화는 진한(秦漢)대에 가서야 본격화되었으니 삼대는 철기가 본격화된 시대는 아니었던 것 같다.

삼대의 세 왕조를 우리나라에서는 여러 제후국들과 마찬가지로 모두 "나라"라고 불렀다. 이를테면 주(周)도 주나라, 주(邾)도 주나라라고 불러서 혼동될 때가 많았다. 그래서 주(周)는 근대로 오면서 "주대"(周代)라는 시대적 호칭으로 부르거나 아예 "주왕국"(周王國)으로 부르기도 했다. 그러나 오랜 관습 때문에 이 호칭은 혼란스럽지만 여전히 나라로 불리고 있다.

은나라는 제례 문화로서 나름대로 높은 격식을 갖추고 있었지만 주나라로 넘어오면서 제례 문화는 인본적 문화로 크게 변화되면서 훗날 유교 문화로 발전할 소지를 다분히 지닌 문화행태를 형성하였다. 주나라가 크게 와해된 상태로 800년이 넘게 지속된 것은 이런 인본적 문화행태를 기본 체질로 하는 토대 위에 문무(文武) 양왕(兩王)과 주공(周公)에 의한 세련된 국가 이념 내지 문물 체제가 어느 왕조보다 높은 권위와 감화력으로 주대 문화와 사회를 지배할 수 있었기 때문으로 보인다. 동양 사회는 중국은 말할 나위도 없이 비교적 높은 문화 수준을 가꾸어온 한국, 일본 등은 모두 이 삼대의 문화로부터 커다란 영향을 받아왔음을 부인할 수 없다 하겠다.

왕조	건국	건국	도읍	멸망	멸망 계기
하(夏)	우(禹)	BC 2070	陽城	BC 1600	걸(桀)의 패정(悖政)
은(殷)	탕(湯)	BC 1600	亳, 殷	BC 1046	주(紂)의 패정
주(周)	무왕(武王)	BC 1046	鎬京, 洛邑	BC 221	패권의 추구

('하나라' '은나라' '주나라' 조항 참고)

삼대, 이대 관련 논어 단편(2개)

3/14

선생님께서 말씀하셨다.

"주(周)나라는 하(夏), 은(殷) 이대(二代)를 거울삼았으니 찬란하구나, 그 문화여! 나는 주를 따르겠다."

子曰;周監於二代,郁郁乎文哉!吾從周.

15/25

선생님께서 말씀하셨다.

"내가 사람을 대함에 있어서 누구를 깎아 내리고 누구를 추어올리겠느냐? 만약 추어준 것처럼 여겨진 자가 있었다면 그는 다만 평가됨이 있었을 뿐이다. 이 백성들은 하, 은, 주 삼대의 곧은 도리를 좇아 걸어온 자들이다."

子曰;吾之於人也,誰毀誰譽?如有所譽者,其有所試矣.斯民也,三代之所以直道而行也.

우 禹
하후씨(夏后氏)

우는 이름이 문명(文命)으로 곤(鯀)의 아들이었다. 곤은 전욱(顓頊)의 아들이었고, 전욱은 황제(黃帝)의 손자였으니 결국 우는 황제의 현손(玄孫)이 된다. 순 임금의 치세 때 사공(司空)의 직을 맡아 물과 토지를 관장하여 산을 개간하고 호수를 통하게 하며 강의 물길을 열고 홍수를 막는 데 탁월한 업적을 남겼다. 후대에 이르기까지 우가 치수(治水)의 대명사처럼 여겨진 것도 그 때문이었다.

우의 아버지 곤은 요 임금 때 물을 다스리는 신하였으나 9년 동안 홍수가 끊이지 않았다. 결국 요가 선택한 후계자 순의 권고에 따라 곤은 우산(羽山)으로 추방되어 죽을 때까지 그곳에서 살았다. 우는 치수를 함에 아버지 곤의 실패와 그로 인한 처벌을 슬퍼하여 엄청난 부지런함과 혼신의 열정으로 일에 임했다. 그것은 순 임금 앞에서 우가 스스로 말한 다음과 같은 말에서도 잘 나타나고 있다.

> 저는 도산(塗山)으로 장가들었으나 불과 나흘밖에 함께 있지 못하였고 아들 계 (啓)가 소리 내어 울었지만 저는 자식을 돌아볼 틈도 없이 모든 힘을 흙일에만 쏟아부었습니다.[8]

이런 우의 남다른 열성은 훗날 공자가 "우 임금에 대해서는 나는 아무런 거리감이 없다. 마시고 먹는 것은 변변치 못하면서도 귀신에 대해서는 정성을 다했고 의복은 누추해도 제례의 의관은 정갈하게 했으며 궁실은 초라해도 치수 사업에는 온 힘을 다 바쳤으니 우임금에 대해서는 나는 아무런 거리감이 없다"(논어 8/22)고 말한 데에도 일관되게 나타나고 있다.

『서경』의 우공(禹貢)편에는 우에 의해 추진된 치수 내지 토목의 공사가 얼마나 방대하고 치밀한 것이었는지 잘 드러나 있다. 물론 그것은 요 임금을 보필할 때부터 순 임금의 시기를 거쳐 우가 하나라의 제왕이 된 이후까지 긴 세월에 걸쳐 추진된 것이겠지만 우의 공적을 짐작하기에는 부족함이 없다.

순은 일찌감치 우를 후계자로 정하고 하늘에 우를 천거하였으며 천거한 지 17년 후에 순은 세상을 떠났다고 한다. 삼년상을 마치고 우는 순 임금의 아들 상균(商均)에게 제위를 양보하고 양성(陽城)으로 피하였으나 순의 등극 때와 마찬가지로 모든 제후들이 우를 따랐기 때문에 결국 제위에 올랐다.

---

8) 予創若時,娶于塗山,辛壬癸甲,啓呱呱而泣,予弗子,惟荒度土功. 『書經』 益稷

우 관련 논어 단편(5개)

3/21

애공(哀公)이 재아(宰我)에게 사(社)에 관해 묻자 재아가 대답하였다.

"하후씨(夏后氏)는 소나무로써 하였고 은나라 사람은 잣나무로써 하였으며 주나라 사람은 밤나무로써 하였습니다."

"백성들로 하여금 두려워 떨게 한 것입니다."

선생님께서 그 말을 들으시고 말씀하셨다.

"이루어진 일은 설명하지 않고 끝난 일은 간하지 않으며 이미 지나간 일은 탓하지 않는 법이다."

哀公問社於宰我.宰我對曰;夏后氏以松,殷人以柏,周人以栗.曰;使民戰栗.子聞之曰;成事不說,遂事不諫,旣往不咎.

8/19

선생님께서 말씀하셨다.

"우뚝하게 높구나! 순 임금과 우(禹) 임금은 천하를 차지하고 있었으면서도 그에 초연하였으니!"

子曰;巍巍乎!舜禹之有天下也,而不與焉.

8/22

선생님께서 말씀하셨다.

"우임금에 대해서는 나는 아무런 거리감이 없다. 마시고 먹는 것은 변변치 못하면서도 귀신에 대해서는 정성을 다했고 의복은 누추해도 제례의 의관은 정갈하게 했으며 궁실은 초라해도 치수 사업에는 온 힘을 다 바쳤으니 우임금에 대해서는 나는 아무런 거리감이 없다."

子曰;禹,吾無間然矣.菲飮食而致孝乎鬼神,惡衣服而致美乎黻冕,卑宮室而盡力乎溝洫.禹,吾無間然矣.

14/6

남궁괄(南宮适)이 공자께 물었다.

"예(羿)는 활을 잘 쏘고 오(奡)는 배를 움직이는 힘이 있었으나 둘 다 순리의 죽음을 맞지 못하였습니다. 그러나 우(禹)와 직(稷)은 몸소 농사를 지었으나 천하를 얻었습니다."

선생님께서 대답하지 않으시다가 남궁괄이 나가자 말씀하셨다.

"군자로구나! 저런 사람은. 덕을 숭상하는구나! 저런 사람은."

南宮适問於孔子曰;羿善射,奡盪舟,俱不得其死然.禹稷躬稼而有天下.夫子不答.南宮适出.子曰;君子哉!若人.尙德哉!若人.

20/1

요(堯) 임금이 말했다.

"아아, 너 순(舜)아. 하늘의 정해진 운수가 너의 일신에 있으니 모름지기 그 가운데를 잡을지어다. 온 세상이 곤궁해지면 하늘의 녹이 영영 끊어지리라."

순 임금은 역시 그 말로써 우(禹) 임금께 명했다. (이하 생략)

堯曰;咨,爾舜.天之曆數在爾躬,允執其中.四海困窮,天祿永終.舜亦以命禹,(이하 생략)

하夏나라

하나라는 순(舜) 임금으로부터 제위를 물려받은 우(禹) 임금에 의해 개창된 왕조로서 기원전 2070년에 시작되어 기원전 1600년까지 약 470년간 존속되었다. 이른바 삼대(三代)라고 부르는 하(夏), 은(殷), 주(周) 시대의 첫 왕조다.

그는 국호를 하후(夏后)라 하고 성을 사씨(姒氏)로 하였디. 그래서 우 임금을 하후씨(夏后氏) 또는 하우씨(夏禹氏)라 부르기도 한다. 우 임금은 즉위하자 고요(皐陶)를 하늘에 천거하고 제위를 그에게 넘겨주려 하였으나 고요는 오래 살지 못하고 곧 죽어서 뜻을 이룰 수 없었다. 우의 즉위 이후 행적에 대해서는 특별한 기록이 남아 있지 않다. 그는 익(益)에게 정사를 맡겼다고 하니 정무에서 어느 정도 물러나 있었을 수도 있을 것이다. 그리고 재위 10년이 지나 동쪽을 순시하다가 회계(會稽)에 이르러 제후들의 공적을 심사하다가 붕어하였다. 재위 기간도 그리 길지 않았던 셈이다.

우는 붕어하면서 제위를 익에게 물려주었다. 그러나 익은 삼년상이 끝나자 우의 아들 계(啓)에게 제위를 양보하고 자신은 기산(箕山) 남쪽으로 몸을 피했다. 결국 제위는 우의 아들 계에게로 넘어갔는데, 과연 이렇게 순조롭고 모양 좋은 과정을 거쳐 제위 상속이 이루어졌는지는 모르겠지만(우의 아들 계가 무력으로 왕위를 빼앗았다는 설도 있다.) 이 제위 세습은 앞선 요-순-우로 이어지던, 선양에 의한 승계가 끝나고 제위가 세습되는 종법질서가 정착되는 역사적 계기가 되었다. 이후 이 종법제도는 무력에 의해 새로운 왕조가 들어설 때까지 한 왕조의 지배자가 결정되는 기본 질서로서 현대 중국이 들어설 때까지 거의 4천여 년 간 변함없이 지속되었다. 이 종법질서는 선양을 기반으로 했던 순 임금의 치세와 우 임금의 치세를 구분하는 근간이기도 했던 것으로 보인다. 이렇게 성립된 하왕조는 기원전 2070년경부터 기원전 1600년경까지 약 470년간 이어졌는데, 사서는 우(禹)—계(啓)—태강(太康)—중강(中康)으로 시작하여 마지막 제17대 이계(履癸) 걸(桀)에 이르는 계보를 빠짐없이 기록하고 있다.

그러나 17명에 이르는 제왕들의 계보를 제외하고 나면 470년에 걸친 왕조의 구체적 사실(史實)은 거의 남아 있지 않다. 『서경』에는 감서(甘誓)라고 하는 짧은 글이 하나 남아 있는데, 우의 아들 계가 왕으로 있을 때 유호씨(有扈氏)가 복종하지 않아 그와의 결전을 앞두고 감(甘)이라는 지역에서 육경(六卿)에게 전쟁의 취지와 군율을 선포하는 것을 내용으로 하고 있다. 이로써 계(啓)가 제왕으로 있을 때 유호씨와의 전쟁이 있었다는 것을 알 수 있지만 그마저 우 임금 때의 일일 가능성이 있다고 한다.

계의 뒤를 이어 계의 아들 태강이 왕이 되었다. 태강은 백성을 하찮게 보고 여색과 사냥에 탐닉하는가 하면 술과 음악에 빠져 국정을 돌보지 않았다고 한다. 『서경』에는 오자지가(五子之歌)라는 장이 있는데, 태강의 다섯 동생들이 태강이 정사에 관심이 없고 향락에만 젖어 있는 것을 원망하고 비판하는 노래가 수록되어 있다. 그러나 이 오자지가는 후대에 와서 위고문(僞古文)으로 밝혀진 만큼 그대로 믿기는 어려운 자료다. 그러나 3대 태강이 정사에 관심이 없는 무능한 제왕이었던 것만큼은 반영하고 있는 것이 사실이 아닐까한다.

사마천의 하본기(夏本紀)는 태강이 붕어하자 중강이 즉위하였고, 중강은 즉위한 후에 희씨(羲氏)와 화씨(和氏)가 술에 빠져 일력(日曆)을 어지럽힘으로써 윤(胤)나라의 제후에게 정벌하게 하였다는 기록이 있고, 정벌군에 대한 포고문으로 윤정(胤征)을 지었다고 했다. 그리고 중강 임금이 붕어하자 아들 상(相)이 즉위하였고, 상 임금이 붕어하자 아들 소강(少康)이 즉위하였다고만 기록되어 있고 그 사이에 아무런 기록 없다.

그러나 『좌전』 양공(襄公) 4년조에 진(晉)나라의 위장자(魏莊子)가 임금인 도공(悼公)의 질문에 답한 내용에 보면 이때의 역사가 제법 자세히 서술되어 있다. 사마천이 이 기록을 보지 못하였을 리가 없을 텐데 왜 그 기록을 무시하였는지 알 수 없다. 하여간 이 기록과 『좌전』의 다른 기록을 종합하면 그 공백기간은 다음과 같이 재구성할 수 있다.

　　태강이 사냥을 나갔다가 백 일이 지나도 돌아오지 않자 태강의 동생 중강이 즉위한 것은 맞는 것 같다. 그러나 동쪽에 있던 유궁씨(有窮氏)의 임금 후예(后羿)가 나라를 서(鉏)에서 하나라 인근인 궁석(窮石, 현 낙양시 남쪽)으로 옮겨와 하나라를 사실상 지배하기 시작한 것은 이미 태강 때부터였던 것 같다. 그리고 중강이 죽고 그 아들 상이 집권하려 할 때에는 사실상 나라 권력이 예(羿)에게 모두 넘어가 상은 상구(商丘)로 도망쳐 우 임금의 다른 후손 짐관씨(斟灌氏)와 짐심씨(斟尋氏)의 나라에 피해 있었던 것 같다.

　　후예 혹은 예는 하나라의 권력을 사실상 오로지하면서 더 동쪽 오랑캐 나라 출신의 한착(寒浞)을 받아들여 중용하고 자신은 뛰어난 활솜씨를 뽐낼 수 있는 사냥에만 열중하였다. 그러자 원망이 깊어진 신하들에 의해 예는 죽임을 당하고 제위는 결국 한착에게 넘어가고 말았다. 한착은 자신의 두 아들 요(澆)와 희(豷)를 시켜 망명해 있던 제왕 상(相)을 죽였다. 그러나 한착도 결국 하나라 신하였던 미(靡)가 유민들을 모아 한착을 공격하여 그를 죽였다.(예와 한착의 시대에 관한 자세한 내용은 예羿, 오豷 조항 참고)

　　한착과 그의 아들들이 상을 죽일 때 왕비 민(緡)은 아이를 임신하고 있었다. 그녀는 하수구로 빠져나와 친정인 잉(仍)나라로 도망가서 아들 소강(少康)을 낳았다. 소강은 커서 잉나라의 목정(牧正), 즉 가축 키우는 자들의 우두머리가 되어 몸을 숨겼다. 한착의 아들 요(澆)가 두려워하며 경계를 하다가 초(椒)를 시켜 그를 잡게 하니 소강은 유우씨(有虞氏)의 나라로 달아나 이번에는 포정(庖正), 즉 요리하는 자들의 우두머리가 되어 몸을 피했다. 후에 우(虞)나라 군주가 두 딸을 그에게 시집을 보내고 윤(綸)을 읍으로 주어 다스리게 하였다. 그 땅은 사방 10리, 인구는 500명에 불과했지만 그는 덕을 베풀고 그를 토대로 하나라를 부흥시킬 계획을 세웠다. 그리고 하나라 사람들을 불러 모아 관직을 안배하는가 하면 여애(女艾)에게 요(澆)의 동태를 염탐하게 하고, 계저(季杼)에게 한착의 아들 희(豷)를 유인토록 하여 드디어 요가 다스리는 과(戈)나라와 희가 다스리는 과(過)나라를 멸망시켰다. 그리하여 우 임금의 업적을 회복하고 하늘에 선왕들을 배향할 수 있게 되었다.

『좌전』 애공 원년조에 기록되어 있는 이 하나라의 왕통 회복기(回復記)[9]는 어느 시대 어느 나라에서나 있을 법한 전형적이고도 감동적인 기록인데, 이런 기록 때문에 사가들도 하왕조가 단절되지 않고 이어온 것으로 기록한 것이 아닌가 생각된다. 이 예와 한착의 시대 후 다시 하왕조는 맥락을 이어 진행이 되었던 것 같다.

소강이 왕통을 되찾아 다시 7대에 걸친 제왕들이 거쳐 갔지만 200년 가까운 역사는 역시 아무런 기록도 남기지 않았다. 제14대 제왕으로 등극한 공갑(孔甲)에 이르러 약간의 기록이 전해지고 있지만 그것도 그가 귀신을 좋아하였고 음란하였다는 것과 하늘이 그에게 암수 두 마리의 용을 내려보내 그 용을 키우는 데에서 발생한 해괴한 이야기에 불과하니 기록이라 할 것도 없는 기록이다. 어쨌든 공갑 이후 제후들은 제왕의 지시를 따르지 않아 하나라의 기강은 완전히 해이해진 것 같다.

다시 3대가 더 지나 제위에 오른 사람이 하나라의 마지막 제왕 이계(履癸), 곧 걸(桀)이었다. 걸은 덕행에 힘쓰지 않고 무력에만 기대어 백성들은 피폐해지고 견딜 수 없게 되었다. 걸은 탕(湯)을 소환하여 하대(夏臺)라는 곳에 구

---

9) 하왕조의 왕통이 끊어질 뻔하다가 소강에 의해 간신히 유지된 것과 비슷한 설화는 『사기』 趙世家에서도 발견되니 진(晋)나라의 대부 조(趙)씨 가문이 끊어질 뻔하다가 조무(趙武)에 의해 간신히 이어진 사례가 있다. 조(趙) 조항 참고.

하대(夏代) 전도

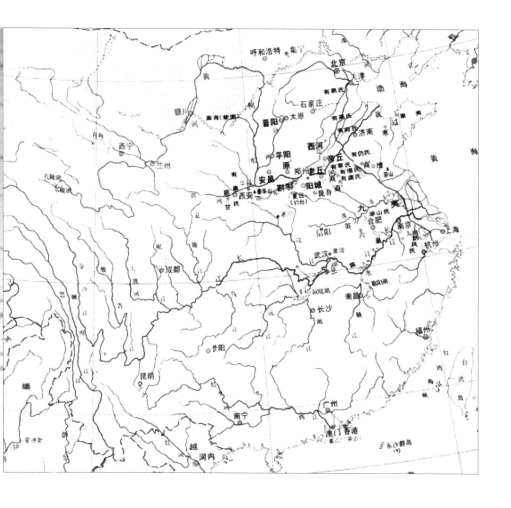

금하였으나 얼마 후 석방하였다. 탕은 덕을 닦아 제후들이 점점 그의 주변으로 몰리게 되었다. 결국 탕은 군사를 소집하여 걸을 쳤고, 걸은 명조(鳴條)로 달아났다가 거기서도 쫓겨나 멀리 남소(南巢)로 가서 죽고 말았다. 걸은 사람들에게 "내가 탕을 하대에서 죽이지 않아 결국 이 지경에 이르고 말았다"고 한탄하였다 한다. 탕은 은나라를 세웠고 하나라의 후손을 제후에 봉하여 제사를 잇도록 하였다.

전체적으로 볼 때 하나라에 대한 역사 기록은 초라하기 짝이 없다. 따라서 공식적인 역사학은 아직도 하나라를 역사시대로 보기보다는 전설시대로 보고 있다. 건국과 패망 과정도 너무나도 소략하고 구체성이 떨어진다. 다소 구체적인 부분도 상 임금 당시 나라를 위협한 세력인 유궁씨의 예와 그가 등용한 한착을 둘러싼 일련의 사태 정도인데, 그나마 그것이 『좌전』 속에 옛 이야기로 남았기 때문에 가능한 일이었다. 어쨌든 오늘날 우리들이 알고 있는 하나라에 대한 지식보다는 훨씬 더 많은 것을 알고 있었던 것이 틀림없는 공자는 이 시대를 위대한 시대로 인정하고 있었던 만큼 하나라는 훌륭한 문화를 은대와 주대에 물려주었던 것 같다.

하왕조 세계

①禹 ── ②啓 ┬ ③太康
(BC 2070~?)   └ ④中康 ── ⑤相 ── ⑥少康 ── ⑦予 ── ⑧槐 ── ⑨芒 ──

── ⑩泄 ┬ ⑪不降 ── ⑭孔甲 ── ⑮皐 ── ⑯發 ── ⑰履癸(桀)
        └ ⑫경(扃) ── ⑬厪   (?~BC 1600)

하나라 관련 논어 단편(3개)

2/23

자장(子張)이 물었다.

"십 세 후의 일을 알 수 있겠습니까?"

선생님께서 말씀하셨다.

"은나라는 하나라의 예에 기인히였으니 보태지고 삼해진 것을 알 수 있다. 주나라는 은나라의 예에 기인하였으니 보태지고 감해진 것을 알 수 있다. 주나라를 잇는 어떤 나라가 있다면 비록 백 세 후의 일이라도 알 수 있다."

子張問;十世可知也?子曰;殷因於夏禮,所損益可知也.周因於殷禮,所損益可知也.其或繼周者,雖百世可知也.

3/9

선생님께서 말씀하셨다.

"하(夏)나라의 예를 내가 능히 말할 수는 있으나 기(杞)나라가 그 증거가 되기에는 부족하다. 은(殷)나라의 예를 내가 능히 말할 수는 있으나 송(宋)나라가 그 증거가 되기에는 부족하다. 문헌이 부족하기 때문이다. 문헌만 충분하다면 내가 능히 입증할 수 있다."

子曰;夏禮吾能言之,杞不足徵也,殷禮吾能言之,宋不足徵也,文獻不足故也,足則吾能徵之矣.

15/11

안연(顏淵)이 나라 다스리는 것에 대해 묻자 선생님께서 말씀하셨다.
"하나라의 역법(曆法)을 쓰고 은나라의 수레를 타며 주나라의 관을 쓰
되 음악은 소무(韶舞)로 하여라. 정나라 소리를 추방하고 말 잘하는 자
를 멀리하여라. 정나라 소리는 음란하고 말 잘하는 자는 위태롭다."
顏淵問爲邦. 子曰;行夏之時,乘殷之輅,服周之冕,樂則韶舞. 放鄭聲,遠佞
人. 鄭聲淫,佞人殆.

예羿, 오奡

예는 하나라 건국 초기 하나라의 인근에 있던 유궁씨(有窮氏)의 임금이었다.
후예(后羿) 또는 이예(夷羿)라고도 한다. 당시 하나라는 우(禹) 임금의 손자이
자 제3대 제왕이던 태강(太康)이 정사는 돌보지 않고 사냥만 좋아하여 하남
(河南)으로 사냥을 나가서 백 일이 지나도 돌아오지 않고 있었다. 유궁씨의 임
금 예는 하나라의 국력이 쇠약해짐을 빌미로 나라를 서(鉏) 지역에서 궁석(窮
石, 현 낙양시 남쪽) 지역으로 옮기는 한편 돌아오지 않는 제왕 태강을 대신하
여 하나라의 통치권을 행사하면서 제위에는 형식적으로 태강의 동생 중강(仲
康)을 앉혔다.
　후에 중강이 죽고 그의 아들 상(相)에 이르러서는 예가 모든 권한을 장악하
여 상은 상구(商丘)로 도망쳐서 같은 우 임금의 후손인 짐관씨(斟灌氏)와 짐심
씨(斟尋氏)에게 의지했다. 그러나 하나라를 차지한 예도 자신의 뛰어난 활솜

씨에 의존하며 민생은 돌보지 않고 사냥에만 매달렸다. 그는 몇몇 어진 신하가 있었지만 중용하지 않고 배척하는가 하면 한(寒)나라 출신의 착(浞)을 중용하였다. 한착(寒浞)은 한나라의 군주 백명(伯明)의 아들이었다. 백명은 사악한 기질의 아들 한착을 미워하여 나라에서 추방했는데 예는 그를 받아들였을 뿐 아니라 재상으로까지 삼았다. 한착은 아첨과 뇌물로 주변을 장악하고 백성들은 우롱하며 예에게는 사냥에만 전념할 수 있도록 모든 여건을 갖추어주었다. 결국 사기와 거짓으로 한착이 나라를 빼앗으니 안팎이 모두 그를 따르게 되었나. 그럼에노 불구하고 예는 여전히 상황 판단도 못하고 있다가 사냥에서 돌아오려 할 때 신하들이 그를 붙잡아 삶은 다음 그 자식에게 먹게 하니 자식은 차마 먹지 못하고 궁(窮)나라 성문 근처에서 자살하고 말았다. 예의 신하 미(靡)는 유격씨(有鬲氏)의 나라로 달아났다.

한착은 죽은 예의 권한을 이어받는가 하면 예의 아내 현처(玄妻, 그녀는 칠흑 같은 머리를 가지고 있어서 玄狐, 즉 검은 여우로 불렸다)까지 차지하여 그녀와의 사이에 요(澆)와 희(豷), 아들 둘을 낳았다. 한착은 아들인 요를 시켜 짐관씨와 짐심씨를 멸망시키고 그들의 보호를 받고 있던 하나라의 상(相) 임금도 죽였다. 아들 요는 기록에 따르면 오(奡)라고도 했는데(논어 14/6) 엄청나게 힘이 세어 배를 뭍에서도 밀어 움직일 정도였다고 한다. 한착은 스스로 왕위에 올라 아들 요와 희를 각각 과(戈)나라와 과(過)나라의 제후로 삼았다.

훗날 유격씨의 나라로 달아났던 하나라 출신의 신하 미가 유격씨와 유우씨의 도움을 받아 멸망한 두 나라, 짐관씨와 짐심씨 나라의 유민들을 모아 한착을 공격하여 죽였다. 그 후 죽은 상의 부인은 친정인 잉(仍)나라로 몸을 피해 거기서 아들 소강(少康)을 낳았고 그가 장성하여 하나라 유민들을 모아 결국 한착의 두 아들 요(澆, 奡)와 희가 세운 두 나라, 과(戈)나라와 과(過)나라를 멸망시키고 하나라의 왕통과 권력을 온전히 회복하였다.

하나라를 온통 뒤흔든 활의 명수 예는 워낙 유명해서 그런지 혹은 워낙 고

대의 인물이어서 그런지 이후 여러 신화나 전설의 주인공이 되었다. 다른 전설에 의하면 그는 요 임금 당시에도 있었던 인물로, 땅을 황폐하게 만드는 풍신(風神)을 활로 쏘았을 뿐 아니라 어느 날 열 개의 태양이 떠올라 온천하가 뜨겁게 괴로움을 당하고 있을 때 활로 아홉 개의 태양을 쏘아 떨어뜨려 재앙에서 벗어날 수 있었다고 한다. 뿐만 아니라 그는 달의 여신 항아(姮娥)[10]의 남편으로 곤륜산의 서왕모(西王母)에게 불사약(不死藥)을 얻었는데 둘이 먹으면 불로장생하지만 혼자 먹으면 신선이 되어 하늘로 올라갈 수 있다고 하자 항아가 그것을 혼자 먹고 월궁(月宮)으로 달아나서 월신(月神)이 되었다고 한다.('하나라' 조항 참고)

예(羿), 오(奡) 관련 논어 단편(1개)

14/6

남궁괄(南宮适)이 공자께 물었다.

"예(羿)는 활을 잘 쏘고 오(奡)는 배를 움직이는 힘이 있었으나 둘 다 순리의 죽음을 맞지 못하였습니다. 그러나 우(禹)와 직(稷)은 몸소 농사를 지었으나 천하를 얻었습니다."

선생님께서 대답하지 않으시다가 남궁괄이 나가자 말씀하셨다.

"군자로구나! 저런 사람은. 덕을 숭상하는구나! 저런 사람은."

南宮适問於孔子曰;羿善射,奡盪舟,俱不得其死然.禹稷躬稼而有天下.夫子不答.南宮适出.子曰;君子哉!若人.尙德哉!若人.

---

10) 상아(嫦娥)라고도 한다.

탕 湯
이(履)

탕은 일찍이 요 임금과 순 임금, 우 임금까지 보필하던 신하 설(契)의 후손이
었다. 우(禹)의 치수사업을 도와 공을 세우기도 한 설은 순 임금 때 교육을 담
당하는 사도(司徒)의 벼슬을 받는가 하면 상(商) 땅에 봉해져서 자씨(子氏) 성
을 하사받기도 하였다. 탕은 그 설의 13대 후손으로서 이름은 이(履) 또는 천
을(天乙)이었고, 탕(湯)은 죽은 후에 붙여진 시호였다.

하나라를 멸망시키고 은나라를 건국한 탕은 하나라의 제후로 있을 때부터
무력으로 세를 떨쳤던 것 같다. 이를테면 그는 갈(葛)나라를 정벌하였는데 그
이유는 갈나라가 하늘에 대한 제사를 지내지 않는다는 것이었다. 이 갈나라
정벌 때 이미 이윤(伊尹)은 탕 임금을 보좌하고 있었다. 순 임금에게 고요(皐
陶)가 있었다면 탕에게는 이윤이 있었다고 해도 좋을 것이다.

이후 하나라의 마지막 제왕 걸(桀)이 포악한 정치를 하며 주색에 빠져 나날
을 보내자 백성들의 고통이 심해졌다. 걸은 하나라 제후 탕을 소환하여 하대
(夏臺)에 가두었다가 얼마 후 그를 석방하였다. 그 후 제후인 곤오씨(昆吾氏)
가 반란을 일으켰다. 이에 탕이 이윤과 함께 제후들을 거느리고 곤오씨를 쳤
는데, 그 정벌에 연이어 걸왕까지 치고 말았다. 그 과정과 배경은 어디에도 상
세하게 기록되어 있지 않다. 단지 전투에 앞서 탕이 전군을 박(亳)에 모아놓고
전쟁의 이유를 설명하고 그에 따른 군율을 선포하였는데 그것이 지금도 『서
경』에 남아 있는 탕서(湯誓)다.

그는 이 선포에서 "전쟁은 하늘의 명령이며 하나라 임금은 죄가 있기 때문
에 나는 하늘의 명령을 따르지 않을 수 없다"고 했다. 그리고 "하나라 임금은

백성들의 힘을 고갈시키고 성읍을 피폐하게 만들어 백성들이 복종하지 못하게 하였을 뿐 아니라 '이 해는 언제나 다 할 것인가? 우리는 너와 함께 망해버렸으면 좋겠다'고 원망하게 하였으니 덕이 쇠한 하나라는 이제 정벌하지 않을 수 없다. 나를 따르는 자에게는 상을 주겠지만 따르지 않는 자는 죽일 것이다"라고 하였다.

걸을 타도한 탕은 잇달아 걸을 추종하던 제후국 삼종(三變)을 치는 등 새로운 제국 건설에 나섰다. 이 과정에서 이윤이 새 나라 정치의 바른 기틀을 잡았고, 이에 제후국들이 모두 복종하게 되었다. 탕은 드디어 제위에 오르고 제후국이던 상나라는 상(商)왕국이 되어 당당히 역사 무대에 등장하게 되었다.

탕은 하나라의 정령을 폐지하고 박으로 돌아와 제후들에게 엄한 담화를 발표하였으니 그것이 바로 탕고(湯誥)다. 현재 『서경』에 남아 있는 탕고는 후대에 만들어진 위고문으로 판정되었지만 『사기』에 그 일부가 남아 있는 탕고는 원본으로 추정된다. 그 글에서 탕은 "옛날 하우(夏禹)와 고요(皐陶), 후직(后稷)이 모두 자신의 직분을 열성적으로 수행하여 공을 세움으로써 백성들이 편히 살 수 있었다"고 환기시키고 "모든 제후들이 직분을 다하지 않고 정도를 따르지 않으면 반드시 징벌할 터인즉 그때 가서 원망하지 말라"고 강하게 경고하고 있다.

탕은 역법(曆法)을 바꾸는 한편 복색(服色)도 바꾸어 하대에서 검은색을 숭상하던 것을 흰색을 숭상토록 하였다. 그렇지만 그 밖에 그가 어떤 일을 하였는지 또 얼마나 오랫동안 제위에 있었는지는 기록이 남아 있지 않다. 사마천은 『사기』에서 탕이 치세하던 시기에 기록된 글로서 제고(帝誥), 탕정(湯政), 여구(女鳩), 여방(女房), 탕서(湯誓), 보전(寶典), 하사(夏社), 중훼지고(仲虺之誥), 탕고(湯誥), 함유일덕(咸有一德), 명거(明居) 등을 언급하고 있으나 탕서를 제외하고는 모두 멸실되거나 위작만 남아 있어 아쉽게도 당시를 알아보기는 어렵게 되고 말았다.

그가 죽자 은나라는 그의 시호를 탕으로 정하였는데 그것은 그가 걸에 의해 조성되었던 가혹함과 잔인함을 제거하였다는 취지에서였다.(除虐去殘日湯)

탕 관련 논어 단편(2개)

12/23

번지(樊遲)가 어짊에 대해 묻자 선생님께서 말씀하셨다.

"사람을 사랑하는 것이다."

앎에 대해 묻자 선생님께서 말씀하셨다.

"사람을 아는 것이다."

번지가 미처 이해하지 못하자 선생님께서 말씀하셨다.

"곧은 것을 들어 굽은 것 위에 놓으면 능히 굽은 것을 곧게 할 수 있다."

번지가 물러나와 자하를 보고 말했다.

"아까 내가 선생님을 뵙고 앎에 대해 묻자 선생님께서 '곧은 것을 들어 굽은 것 위에 놓으면 능히 굽은 것을 곧게 할 수 있다'고 하셨는데 무엇을 말씀하신 것인가?"

자하가 말했다.

"뜻 깊은 말씀이군. 순 임금은 천하를 다스리게 됨에 뭇사람 중에서 골라 고요(皐陶)를 등용하시니 어질지 못한 자들이 멀어져 갔고 탕 임금은 천하를 다스리게 됨에 뭇사람 중에서 골라 이윤(伊尹)을 등용하시니 어질지 못한 자들이 멀어져 갔소."

樊遲問仁.子曰;愛人.問知.子曰;知人.樊遲未達.子曰;舉直錯諸枉,能使
枉者直.樊遲退.見子夏曰;鄕也,吾見於夫子而問知,子曰,舉直錯諸枉,能
使枉者直,何謂也?子夏曰;富哉言乎!舜有天下,選於衆,舉皐陶,不仁者遠
矣.湯有天下,選於衆,舉伊尹,不仁者遠矣.

20/1

(전략)(탕왕이) 말했다.

"나 소자(小子) 이(履)는 감히 검은 황소를 바치고 감히 크디크신 천제
(天帝)께 소상히 아뢰나이다. 죄가 있으면 감히 용서받을 수 없나이다.
천제와 신하 사이는 가릴 수 없으니 살펴보심이 천제의 마음에 있나이
다. 짐의 일신에 죄가 있다면 만방의 백성과는 무관하고 만방의 백성
에게 죄가 있다면 짐의 일신에 죄가 있기 때문이나이다."(후략)

(전략)曰;予小子履,敢用玄牡,敢昭告于皇皇后帝.有罪不敢赦.帝臣不蔽,
簡在帝心.朕躬有罪,無以萬方.萬方有罪,罪在朕躬.(후략)

은殷나라

은나라는 삼대(三代)에서 하나라에 뒤이은 두 번째 왕국으로 원래는 상(商)나
라라고 했다. 2000년에 마무리된 중국의 하상주(夏商周) 단대공정(斷代工程)
결과에 따르면 은나라는 기원전 1600년에 건국되어 기원전 1046년까지 555

년에 걸쳐 존속하였다. 은나라는 원래 상나라라고 불렀으나 많은 도읍지 이전 중 반경(盤庚)이 도읍지로 삼았던 마지막 도읍지 은(殷)을 대표 국호로 하여 후세인들에 의해 통칭되었다.

하나라의 제후국이었던 은나라를 왕국으로 만든 군주 탕(湯)에 대한 사항은 '탕' 항목에 자세하게 다루었다. 여기에서는 탕 사후의 은나라에 대해서 언급하도록 하자.

탕이 죽었을 때 태자는 태정(太丁)이었으나 그는 즉위하지 못하고 바로 죽었다. 할 수 없이 ㄱ의 동생 외병(外丙)이 즉위하었나. 그러나 외병도 3년밖에 재위하지 못하고 죽었기 때문에 다시 그의 동생 중임(中壬)이 즉위하였으나 그 또한 4년 만에 죽고 말았다. 이에 탕을 보좌했던 이윤(伊尹)이 태정의 아들 태갑(太甲)을 옹립하였는데, 아마 태정이 죽었을 때 태갑은 너무 어렸는지는 모르겠다. 태갑은 즉위하고 3년 정도 지나자 포악하고 방종해져서 이윤이 그를 별궁으로 내쫓고 약 3년간 섭정을 하다가 그가 뉘우치고 덕을 함양하자 다시 정권을 돌려주었다고 한다. 태갑은 그 공적을 기리기 위해 태종(太宗)으로 불려졌다.

태종 이후의 제왕들은 어리석고 부덕한 제왕들과 현명하고 유덕한 제왕들이 간헐적으로 등장하며 부침의 역사를 보인 것 같다. 이를테면 제8대 제왕 옹기(雍己) 때에는 국세가 쇠해져서 제후들이 불러도 오지 않는 경우가 생겼다. 그러나 9대 태무(太戊) 때에는 이윤의 아들 이척(伊陟)을 재상에 앉혔는데 그는 아버지 못지않은 덕성과 정성으로 태무를 잘 보필하여 다시 은나라가 흥성하게 되었다. 그래서 태무에게 중종(中宗)이라는 시호가 부여되었다. 그러나 제10대 중정(仲丁)에 이르러서부터는 적자계승제가 흔들리면서 형제계승의 사례가 빈발하게 되었다. 그와 함께 제위 계승을 둘러싸고 혼란과 싸움이 잇따르게 되자 다시 제후들이 조회하러 오지 않게 되었다. 제12대 하단갑(河亶甲)에 이르기까지 쇠락했던 은나라는 다시 제13대 조을(祖乙)에 와서 무현(巫賢)이 등용되어 정무를 맡음으로써 부흥하였다.

그 후 제19대 반경(盤庚) 때에는 하북(河北)에 도읍하였던 것을 성탕(成湯)의 옛 도읍지였던 하남(河南)의 은(殷)으로 옮기는 것이 중대한 과제로 등장하였다. 은은 옛 도읍지 박(亳 혹은 薄)에서 그리 멀지 않았는데, 오늘날의 안양시(安陽市) 인근이었다. 은나라는 잦은 천도를 한 것으로 유명하다. 순 임금 때의 조상인 설(契)이 상(商) 땅을 봉지로 부여받아 상나라로 불렸지만 상은 아직 제후국이던 시절부터 여러 곳으로 옮겨 다녀 사실상 상은 지역 명칭이라기보다는 나라 내지 종족의 명칭으로 불렸다. 탕이 박에 자리 잡은 이후 제9대 중종까지 그곳에서 살다가 제10대 중정 때 오(隞)로 옮겼고, 제12대 하단갑 때 상으로 옮기는가 하면, 제13대 조을에 와서 다시 형(邢, 일명 耿)으로 천도하였다. 후한의 반고(班固)에 의하면 그 후에도 두 번이나 더 천도를 한 후 반경(盤庚) 때에 은으로의 천도가 추진되었다고 한다. 왜 이렇게 자주 천도를 하였는지는 어디에도 자세히 밝혀져 있지 않다. 홍수나 외침을 막기 위해서, 혹은 농업 또는 방목의 생산성을 높이기 위해서라는 설이 있으나 다 추정에 지나지 않는다. 설득력 있는 이유가 제시되지 못하다 보니 점복(占卜)에 기댄 결과일 가능성이 높다는 설도 있다.

반경의 은으로의 천도는 많은 저항을 불렀던 것 같다. 지금의 『서경』에도 반경이 천도를 설득하기 위해, 또 천도를 코앞에 두고, 마지막에는 천도 후에 각각 신하들과 백성들에게 행한 세 차례의 연설이 반경이라는 글로 남아 있다. 물론 거기에도 천도의 이유는 설득력 있게 기록되어 있지 않고 다만 당위적 목표로만 제시되어 있다. 다행히 이 천도는 성공적으로 이루어져 반경은 박을 정비하고 탕의 정치를 복원하니 백성들이 다시 안정을 되찾고 제후들도 내조하게 되었다 한다. 이 천도를 기점으로 상나라로 불리던 이 제국은 당시의 지역 명칭인 은나라로 광범위하게 불린 것 같다. 『사기』에 의하면 그 후에도 제27대이자 마지막에서 네 번째 제왕이었던 무을(武乙)에 이르러 다시 하북으로 천도하였다 하는데, 그것이 사실이라면 마지막 도읍지가 은이었기 때문에 은나라라고 불리게 되었다는 널리 알려진 설은 시정되어야 할 것이다.

반경 이후 제위는 소신(小辛), 소을(小乙)을 거쳐 제22대 무정(武丁)에 이르는데, 무정은 곧 고종(高宗)이다. 그는 부왕이던 소을이 죽자 3년 동안 아무 말도 하지 않고 총재(冢宰)에게 모든 정무를 맡겼다고 한다. 사마천의『사기』에 의하면 고종은 그 3년 동안 나라의 기풍을 묵묵히 관찰하였다 한다. 고종은 자신을 보좌해줄 사람이 없어 고민하던 중 꿈에 성인이 나타났는데 이름이 열(說)이었다. 꿈에서 본 사람을 주변 신하와 관리 중에서 찾았지만 찾을 수 없었다. 그래서 재야에서 찾게 하였더니 부험(傅險)이라는 곳에서 열을 찾았다. 당시 그는 노역을 하던 죄수로서 거친 일을 하고 있었는데, 고종이 만나 이야기를 나누어보니 과연 꿈에서 보았던 그 사람이었다. 그를 등용하니 은나라가 크게 다스려졌다. 이후 부험을 성(姓)으로 삼아 그를 부열(傅說)이라 부르게 되었고, 그의 보좌를 받은 고종은 은나라를 크게 흥성시켰다.

무정이 죽고 그의 아들 조경(祖庚)이 즉위하여 무정의 공덕을 기리고자 그에게 고종이라는 시호를 부여했다. 조경 때에는 조기(祖己, 조경의 형으로 보기도 하고 신하로 보기도 한다)가 매우 깊이 있는 조언을 했다는 기록이『서경』고종융일(高宗肜日)에 남아 있다. 조경 후에 제위는 조갑(祖甲), 늠신(廩辛), 경정(庚丁), 무을로 이어졌다. 무을은 사람이 해괴하여 우상을 만들어놓고 천신(天神)이라 하는가 하면 천신과 도박을 하여 천신이 이기지 못하면 모욕하기도 하였다. 또 가죽주머니에 피를 담아 매달아놓고 활을 쏘면서 그것을 사천(射天)이라 불렀다. 무을은 하수와 위수 사이로 사냥을 나갔다가 엄청난 뇌우를 만났는데 거기서 벼락을 맞아 죽었다.

무을이 죽고 태정이 즉위하였고, 태정이 죽고 다시 을(乙)이 즉위하였으며, 을이 죽고 드디어 신(辛)이 즉위하였으니 그가 바로 은나라의 마지막 제왕 주(紂)다. 주는 원래 매우 총명하고 말재주도 뛰어나고 힘도 세었지만 점점 자

은대(殷代) 전도

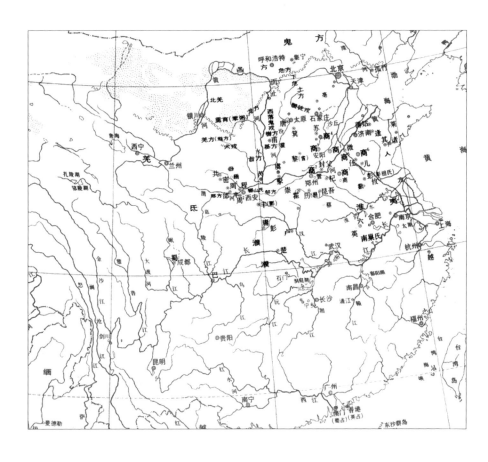

만하고 쾌락을 즐기다가 끝내 잔악해져서 결국 민심이 떠나고 말았다. 그는 제후국이던 주(周)나라의 군주 창(昌)과 그의 아들 발(發)의 급격한 성장에 밀리고 민심 이반에 쫓기다가 목야(牧野)에서 있었던 주나라와의 전투에서 대패하여 죽었으니 그로써 은나라 555년의 역사는 막을 내리고 말았다.

은나라도 공식적인 역사 기록이 있었겠지만 남아 있지 않다. 제왕들의 계보와 약간의 일화들이 남아 전하는 것은 하나라의 경우와 크게 다르지 않다. 그나마 그 대부분이 주대 노나라의 역사 기록인 『춘추』와 『좌전』에 의존해 있는데, 하나라보다 더 후대라고 하여 은나라에 관한 기록이 더 많거나 상세하지 않다. 오히려 하나라가 한때 예(羿)와 한착(寒浞)을 둘러싸고 겪었던 일련의 역사적 파란만큼은 비교적 구체적으로 보여주고 있는 반면 은나라는 그만한 구체성을 가진 사실(史實)도 보여주지 못하고 있다는 점에서 더 빈약한 것이 사실이다. 있다면 주나라의 창건과 맞닿아 있는 마지막 패망 과정이 있을 뿐인데 그 부분은 결국 주나라의 건국 과정이기도 하기 때문에 '주(周)나라'와 '주'(紂) 조항에서 언급하고자 한다.

은왕조 세계

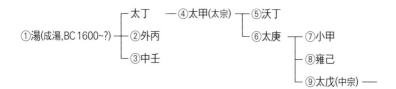

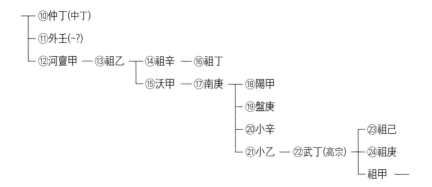

은나라 관련 논어 단편(6개)

2/23

자장(子張)이 물었다.

"십 세 후의 일을 알 수 있겠습니까?"

선생님께서 말씀하셨다.

"은(殷)나라는 하나라의 예에 기인하였으니 보태지고 감해진 것을 알 수 있다. 주나라는 은나라의 예에 기인하였으니 보태지고 감해진 것을 알 수 있다. 주나라를 잇는 어떤 나라가 있다면 비록 백 세 후의 일이라도 알 수 있다."

子張問;十世可知也?子曰;殷因於夏禮,所損益可知也.周因於殷禮,所損益可知也.其或繼周者,雖百世可知也.

3/9

선생님께서 말씀하셨다.

"하(夏)나라의 예를 내가 능히 말할 수는 있으나 기(杞)나라가 그 증거가 되기에는 부족하다. 은(殷)나라의 예를 내가 능히 말할 수는 있으나 송(宋)나라가 그 증거가 되기에는 부족하다. 문헌이 부족하기 때문이다. 문헌만 충분하다면 내가 능히 입증할 수 있다."

子曰;夏禮吾能言之,杞不足徵也.殷禮吾能言之,宋不足徵也.文獻不足故也,足則吾能徵之矣.

3/21

애공(哀公)이 재아(宰我)에게 사(社)에 관해 묻자 재아가 대답하였다.

"하후씨(夏后氏)는 소나무로써 하였고 은(殷)나라 사람은 잣나무로써 하였으며 주(周)나라 사람은 밤나무로써 하였습니다."

"백성들로 하여금 두려워 떨게 한 것입니다."

선생님께서 그 말을 들으시고 말씀하셨다.

"이루어진 일은 설명하지 않고 끝난 일은 간하지 않으며 이미 지나간 일은 탓하지 않는 법이다."

哀公問社於宰我. 宰我對曰; 夏后氏以松, 殷人以柏, 周人以栗. 曰; 使民戰栗. 子聞之曰; 成事不說, 遂事不諫, 旣往不咎.

8/21

순 임금은 다섯 사람의 신하를 두었는데 천하가 다스려졌다. 무왕(武王)은 말하기를 "나는 다스리는 신하 열 명이 있다"고 하였다. 공자께서 말씀하셨다.

"인재만으로는 어렵다고 했으니 바로 그렇지 않으냐! 요순시절이 현왕 조보다 더 태평성대를 이루었으니."

부인이 있어서 아홉 명뿐이었다.

"천하의 삼분의 이를 가지고 있으면서도 은나라에 복속하였으니 주나라의 덕은 가히 지고의 덕이라 말할 수 있겠구나!"

舜有臣五人, 而天下治. 武王曰; 予有亂臣十人. 孔子曰; 才難, 不其然乎? 唐虞之際, 於斯爲盛. 有婦人焉, 九人而已. 三分天下有其二, 以服事殷, 周之德, 其可謂至德也已矣!

15/11

안연(顔淵)이 나라 다스리는 것에 대해 묻자 선생님께서 말씀하셨다.
"하나라의 역법(曆法)을 쓰고 은(殷)나라의 수레를 타며 주나라의 관을
쓰되 음악은 소무(韶舞)로 하여라. 정나라 소리를 추방하고 말 잘하는
자를 멀리하여라. 정나라 소리는 음란하고 말 잘하는 자는 위태롭다."
顔淵問爲邦.子曰;行夏之時,乘殷之輅,服周之冕,樂則韶舞.放鄭聲,遠佞
人.鄭聲淫,佞人殆.

18/1

미자(微子)는 떠나고 기자(箕子)는 노예가 되고 비간(比干)은 간하다가
죽었다. 공자께서 말씀하셨다.
"은(殷)나라에는 세 명의 어진 이가 있었다."
微子去之,箕子爲之奴,比干諫而死.孔子曰;殷有三仁焉.

이윤 伊尹

이윤은 은나라를 세운 탕 임금의 신하로 은나라 걸왕을 타도하는 건국 과정
은 물론 탕 임금이 새 왕조의 기초를 세우는 과정과 탕 임금 사후 제2대 외병
제(外丙帝), 제3대 중임제(中壬帝), 제4대 태갑제(太甲帝), 제5대 옥정제(沃丁帝)
때까지도 충실한 신하로 커다란 역할을 수행한 인물이다.

이윤은 다른 이름이 아형(阿衡, 스승이라는 뜻)이었다. 탕이 이윤을 얻게 된 과정에 관해 언급하면, 유신씨(有莘氏)의 딸이 탕에게 시집갈 때 이윤이 잉신(媵臣)이기를 자청하여 탕을 만나게 되었다 한다. 그렇다면 이윤은 원래 유신씨 나라의 궁중에서 일하는 비교적 신분이 낮은 사람이었을 것이다. 그런데 탕이 이윤을 만나고자 하여 다섯 번이나 사람을 보내었으나 번번이 거절당하다가 여섯 번째 가서야 승낙을 받고 만나 탕의 신하가 되었다는 설도 있다. 후자가 후대에 좀 더 보편화된 설화의 구조, 이를테면 삼국지에서 유비가 공명을 얻기 위해 삼고초려(三顧草廬)했다는 이야기 등과 궤를 같이 하는 반면 전사는 보다 오래된 설화로서의 특징을 보이고 있다. 잉신을 자처하여 따라간 이윤은 요리에 쓰는 솥(鼎)과 제상(俎)을 메고 가서 탕을 만나 음식 맛을 예로 들면서 왕도를 설파하였다 한다.

　　그는 탕 임금이 죽은 후에도 제5대 옥정제에 이르기까지 여전히 제왕을 보필하며 신하로서의 사명을 다했다는 점에서 순 임금을 보좌한 고요(皐陶), 우 임금을 보좌한 백익(伯益), 무왕을 보좌한 주공(周公) 등에 비견되곤 한다. 제4대 제왕 태갑제는 성정이 포악하여 국정을 함부로 하자 이윤이 그를 동(桐)으로 추방하고 자신이 직접 정치를 담당하다가 3년 후 태갑제가 뉘우치고 정도를 되찾자 다시 그에게 정권을 돌려주었다. 워낙 오래된 나라의 초기에 건국의 제왕을 보필한 신하였기 때문에 후대로 가면서 그가 신통한 능력의 소유자라는 등 여러 전설적 일화들이 생겨났지만 참고할 만한 사항은 별로 없다.

　　논어에서 자하의 말처럼 탕 임금이 이윤을 등용함으로써 무수한 어질지 못한 사람들이 물러나게 되었다면 그는 무엇보다 인격적으로 훌륭한 사람이었을 것이다. 이윤의 아들 이척(伊陟)도 훌륭한 신하였다. 그는 제9대 태무제(太戊帝, 中宗)를 보필하였는데 『서경』에 함예(咸乂)라는 네 편의 글을 남겼고 태무제도 이척(伊陟), 원명(原名)이라는 두 편의 글을 남겼다 하지만 지금은 모두 전하지 않는다.

이윤 관련 논어 단편(1개)

12/23

번지(樊遲)가 어짊에 대해 묻자 선생님께서 말씀하셨다.

"사람을 사랑하는 것이다."

앎에 대해 묻자 선생님께서 말씀하셨다.

"사람을 아는 것이다."

번지가 미처 이해하지 못하자 선생님께서 말씀하셨다.

"곧은 것을 들어 굽은 것 위에 놓으면 능히 굽은 것을 곧게 할 수 있다."

번지가 물러나와 자하를 보고 말했다.

"아까 내가 선생님을 뵙고 앎에 대해 묻자 선생님께서 '곧은 것을 들어 굽은 것 위에 놓으면 능히 굽은 것을 곧게 할 수 있다'고 하셨는데 무엇을 말씀하신 것인가?"

자하가 말했다.

"뜻깊은 말씀이군. 순 임금은 천하를 다스리게 됨에 뭇사람 중에서 골라 고요(皐陶)를 등용하시니 어질지 못한 자들이 멀어져 갔고 탕 임금은 천하를 다스리게 됨에 뭇사람 중에서 골라 이윤(伊尹)을 등용하시니 어질지 못한 자들이 멀어져 갔소."

樊遲問仁.子曰;愛人.問知.子曰;知人.樊遲未達.子曰;舉直錯諸枉,能使枉者直.樊遲退.見子夏曰;鄉也,吾見於夫子而問知,子曰,舉直錯諸枉,能使枉者直,何謂也?子夏曰;富哉言乎!舜有天下,選於衆,舉皐陶,不仁者遠矣.湯有天下,選於衆,舉伊尹,不仁者遠矣.

고종 高宗

고종은 은나라의 제22대 제왕으로 마지막 제왕 주(紂)가 30대였음을 생각하면 다소 후기의 제왕이었다. 재위 시대는 대략 기원전 1200년을 전후한 시대였을 것이다. 제19대 반경 이후 제위는 20대 소신(小辛), 21대 소을(小乙)을 거쳐 제22대 무정(武丁)에 이르는데, 무정이 곧 고종이다. 그는 부왕이던 소을이 죽자 3년 동안 아무 말도 하지 않고 총재(冢宰)에게 모든 정무를 맡겼다고 한다. 사마천의 『사기』에 의하면 고종은 그 3년 동안 나라의 기풍을 묵묵히 관찰하였다 한다.

고종은 자신을 보좌해줄 사람이 없어 고민하던 중 꿈에 성인이 나타났는데, 이름이 열(說)이었다. 그는 꿈에 본 사람을 주변 신하와 관리 중에서 찾았지만 찾을 수 없었다. 그래서 재야에서 그런 사람을 찾은 결과 부험(傅險)이라는 곳에서 열을 찾았다. 당시 그는 노역을 하던 죄수로서 거친 일을 하고 있었다. 고종이 만나 이야기를 나누어보니 과연 꿈에 보던 그 사람이었다. 그를 등용하니 은나라가 크게 다스려졌다. 이후 부험을 성(姓)으로 삼아 그를 부열(傅說)이라 부르게 되었고, 그의 보좌를 받은 고종은 은나라를 크게 흥성시켰다.('은나라' 조항 참조) 고종은 부열에게 이렇게 말했다.

아침저녁으로 가르침을 올려 덕을 보해주시오.
만약 내가 쇠라면 당신을 숫돌로 삼겠소.
만약 내가 큰 내를 건넌다 치면 당신을 배와 노로 삼겠소.
만약 내가 큰 가뭄을 겪는다 치면 당신을 장마비로 삼겠소.
당신의 마음을 열어 내 마음을 윤택하게 해주오.[11]

무정이 죽고 그의 아들 조경(祖庚)이 즉위하여 무정의 공덕을 기리고자 그에게 고종이라는 시호를 부여했다. 조경 때에는 조기(祖己, 신하로 보기도 하고 조경의 형인 23대 제왕으로 보기도 한다)가 매우 깊이 있는 조언을 했다는 기록이 『서경』 고종융일(高宗肜日)에 남아 있다.

고종 관련 논어 단편(1개)

14/43

자장(子張)이 말했다.

"서(書)에 말하기를 '고종(高宗)께서는 복상(服喪)하는 삼 년 동안 말씀을 아니 하셨다' 하는데 무슨 뜻입니까?"

선생님께서 말씀하셨다.

"어찌 고종만 그랬겠느냐? 옛사람들은 다 그랬으니 임금이 돌아가시면 백관들은 자기 일을 총괄하며 삼 년간 총재(冢宰)의 지휘를 따랐다."

子張曰;書云,高宗諒陰,三年不言,何謂也?子曰;何必高宗?古之人皆然. 君薨,百官總己以聽於冢宰,三年.

---

11) 朝夕納誨以輔台德. 若金,用汝作礪. 若濟巨川,用汝作舟楫. 若歲大旱,用汝作霖雨. 啓乃心,沃朕心. 『서경』 상서(商書) 열명상(說命上). 이 글은 위고문으로 밝혀졌지만 내용은 나름대로 뛰어나다.

고_觚

고는 은(殷)나라 때에 쓰인 술잔의 일종으로 대부분
청동기다. 윗부분이 나팔모양으로 둥글게 벌어지고
아랫부분이 윗부분보다 조금 좁은 형태다. 은대 중기
의 고는 높이가 낮고 몸통이 굵다. 은대 후기가 되면
몸통이 가늘어지는 대신 높이가 높아지면서 기능적
측면보다 장식적 측면이 강조된다.

고(觚)

   어떤 이유로 둥글면서도 모나다는 뜻의 고(觚)라
는 명칭이 쓰이게 되었는지는 알려진 바가 없다. 그
러나 바로 그 점 때문에 공자가 이 둥글면서도 모났다는 모순된 이름을 가진
술잔을 가르침의 소재로 삼을 수 있었던 셈이다. 따라서 전통적 해석은 신주
와 고주를 막론하고 모두 "명실(名實)의 불일치를 공자가 한탄한 것"이라 하
는데, 너무 형식적이고 무의미한 해석으로 보인다. 그래서 필자는 『새번역 논
어』에서 사람이 인(仁)에 다가갈수록 이 세상에 대해서는 더욱 첨예한 예각적
존재가 되는 역설적 현상을 지적한 것으로 보았다. 다시 말해서 공자의 깊은
자의식을 담고 있는 단편이 아닌가 한다. 주나라 때에 고는 거의 생산되지 않
았는데, 제례가 양적으로 크게 축소되었기 때문일 것이다.

고 관련 논어 단편(1개)

6/25

선생님께서 말씀하셨다.

"고(觚)는 모난 데가 없으니 실로 고로구나! 고로구나!"

子曰;觚不觚,觚哉!觚哉!

■ 참고문헌

- 『孔子家語』
- 『孔叢子』
- 『論衡』
- 『孟子』
- 『墨子』
- 『史記』「孔子世家」「仲尼弟子列傳」
- 『書經』
- 『說苑』
- 『隋書』經籍志
- 『荀子』
- 『詩經』
- 『新序』
- 『禮記』
- 『莊子』
- 『周禮』
- 『中庸』
- 『春秋左氏傳』
- 『春秋』
- 『韓非子』
- 『漢書』藝文志
- 『孝經』
- Arthur Waley, the Analects of Confucius
- D. C. Lau, Confucius·The Analects
- James Legge, Confucius Analects

- 朴世堂, 『思辨錄』論語篇
- 蘇轍, 『論語拾遺』
- 孫星衍, 『孔子集語』
- 沈濤, 『論語孔注辨僞』
- 柳健休, 『東儒四書集評』
- 劉寶楠, 『論語正義』
- 陸德明, 『經典釋文』
- 伊藤仁齋, 『論語古義』
- 李栗谷, 『論語栗谷先生諺解』
- 李瀷, 『論語疾書』
- 李滉, 『論語釋義』, 『論語釋義』論語篇
- 張九成, 『論語絶句』

- 張栻, 『癸巳論語解』
- 荻生徂徠, 『論語徵』
- 鄭逑 外, 『宣祖命撰論語諺解』
- 程樹德, 『論語集釋』
- 丁若鏞, 『論語古今注』, 『論語對策』, 『春秋聖言蒐』
- 鄭汝諧, 『論語意原』
- 正祖, 『弘齋全書』 「經史講義」
- 鄭玄, 『論語鄭氏注』
- 朱熹, 『論語集註』, 『論語或問』, 『論語精義』, 『論語語類』, 『近思
- 陳士元 『論語類考』
- 崔述, 『洙泗考信錄』, 『洙泗考信餘錄』, 『論語餘說』
- 太宰純, 『論語古訓』
- 何晏, 『論語集解』
- 韓愈, 李翶, 『論語筆解』
- 邢昺, 『論語正義』
- 皇侃, 『論語義疏』

- 郭沫若, 『十批判書』(『中國古代思想史』, 조성을 역, 까치, 1991)
- 金都練, 『朱注今釋 論語』(현음사, 1992)
- 金暎鎬, 『鄭茶山의 論語解釋에 관한 연구~論語古今註를 중심으로』(성균관대대학원 박사학위논문)
- 金鍾武, 『釋紛訂誤 論語新解』(민음사, 1989)
- 金學主, 『論語』(서울대출판부, 1993), 『孔子의 生涯와 思想』(명문당, 1988)
- 論語硏究會, 『論語全解』(창신문화사, 1958)
- 武内義雄, 『論語の硏究』(岩波書店, 東京, 1940), 『論語義疏校勘記』
- 王素, 『唐寫本論語鄭氏注及基硏究』(文物出版社, 北京, 1991)
- 李民樹, 『論語解說』(일조각, 1992)
- 李長之, 『人間孔子』(조명준 역, 한겨레, 1985)
- 任繼愈, 『中國哲學史』(전택원 역, 까치, 1990)
- 鄭聰, 『論語와 孔子』(원광대학교 출판국, 1986), 『孔子의 敎育思想』(집문당, 1986)
- 趙紀彬, 『反논어』(『論語新探』 조남호·신정근 역, 예문서원, 1996)
- 車柱環, 『論語』(을유문화사, 1969), 『孔子』(삼성문화재단, 1975)
- 貝塚茂樹, 『공자, 생애와 사상』(박연호 역, 서광사, 1991)
- 馮友蘭, A Short History of Chinese Philosophy(『中國哲學史』, 정인재 역, 형설철판사, 1989)
- 胡適, 『中國古代思想史』(송근섭·함홍근·민두기 역, 대한교과서주식회사, 1990)
- 黃秉國, 『論語』(범우사, 1990)
- Edwin O. Reischauer, John K. Fairbank, 『東洋文化史』(전해종·고병익역. 을유문화사, 1982)
- H. G. Creel, Chinese thought, 『공자, 인간과 신화』 (이성규 역, 지식산업사, 1988)
- Hrebert Fingarette, Confucius:The Secular as sacred(『공자:성스러운 속인』 노인숙 역, 일선기획, 1990

항목

ㄱ

아형(阿衡) 845

악기(樂頎) 44, 365, 398

악기리(樂祁犁) 239

악대심(樂大心) 638

악사 면(師冕) 16

악사장 지(大師摯) 16

악왕부(樂王鮒) 573

악후(鄂侯) 718

악후(鄂侯) 535, 705

안각(顔刻) 467

안구현(安丘縣) 698

안로(顔路) 16, 127, 197, 385

안양시(安陽市) 838

안어(晏圉) 478

안연(顔淵) 13, 14, 42, 43, 47, 49, 51, 96, 98, 107, 127, 129~137, 158, 159, 167, 175, 178, 179, 187, 197, 385, 457, 469, 586, 604, 756, 765, 830, 844

안영(晏嬰) 34, 477, 505, 519, 670

안유자(安孺子) 507

안유자(晏孺子) 478, 528

안읍(安邑) 569

안자(晏子) 151, 519

안징재(顔徵在) 25

안탁추(顔濁鄒) 49

안평중(晏平仲) 17, 519, 524, 670

안회(顔回) 113, 137, 254

애강(哀姜) 62, 221, 223, 264, 268, 490

애공(哀公) 5, 7, 15, 73, 95, 150, 152, 156, 228, 253, 254, 255, 474, 527, 531, 545, 566, 610, 620, 675, 755, 797, 821, 843

애후(哀侯) 536, 647

앵(罃) 692

야구부(冶區夫) 296

야정(野井) 506

약(鄀) 653

약오(若敖) 656, 750

양(梁)나라 538, 549, 571

양(楊) 740

양간(楊干) 569

양공(煬公) 232, 630

양공(襄公) 64, 220, 233, 272, 426, 474, 475, 485, 541, 543, 582, 632, 741, 763, 775, 825

양관(陽關) 39, 226, 358, 360

양구거(梁丘據) 40, 522

양군(兩軍)제 234

양단(兩端) 177

양보산(梁父山) 789

양부(陽膚) 16, 190, 393

양사(羊肆) 589

양산(梁山) 717

양생(陽生) 478, 528

양설(羊舌) 545

양설부(羊舌鮒, 叔魚) 572

양설사족(羊舌四族) 572

양설씨(羊舌氏) 569, 572

양설적(羊舌赤, 伯華) 572

양설직(羊舌職) 572

양설호(羊舌虎, 叔羆) 572

양설힐(羊舌肸) 572

양성(陽城) 820

양왕(襄王) 540, 555, 690, 747, 767

양우(襄牛) 439

양월(陽越) 359

양자강(揚子江) 701

양주(陽州) 225

양중(襄仲) 222, 353

양혜왕(梁惠王) 571

양호(陽虎) 36~38, 60, 64, 226, 262, 299, 300, 301, 356~361, 363, 364, 368, 398, 428, 442, 467